江西统计年鉴

JIANGXI STATISTICAL YEARBOOK

2000

总第 18 期

江西省统计局　编

中国统计出版社
China Statistics Press

(京)新登字 041 号

图书在版编目(CIP)数据

江西统计年鉴.2000/江西省统计局编.—北京:中国统计出版社，2000.6
ISBN 7－5037－3214－8/C·1725

Ⅰ.江…　Ⅱ.江…　Ⅲ.社会经济统计－统计资料－江西－2000－年鉴　Ⅳ.C832.56－54

中国版本图书馆 CIP 数据核字(2000)第 27963 号

江西统计年鉴－2000

作　　者/ 江西省统计局
责任编辑/ 陈悟朝　胡钰
E － mail/ yearbook@stats.gov.cn
封面设计/ 梁步新
出版发行/ 中国统计出版社
通信地址/ 北京市西城区三里河月坛南街 75 号　中国统计出版社
电　　话/ (010)63262295
印　　刷/ 江西宜春资料印刷厂
经　　销/ 新华书店
开　　本/ 787×1092 毫米 1/16
字　　数/ 1200 千字
印　　张/ 40
印　　数/ 1700 册
版　　别/ 2000 年 6 月第 1 版
版　　次/ 2000 年 6 月第 1 次印刷
书　　号/ ISBN 7－5037－3214－8/C·1725
定　　价/ 180 元

《江西统计年鉴—2000》编辑委员会

王孝槐	省邮电管理局局长
梁凯峰	省出版局局长
杨建兴	南昌铁路局局长
胡德成	省电力局局长
余当贵	省民航局局长
徐新明	省粮食局局长
方　彦	省物价局局长
揭国雄	省烟草专卖局局长
朱秉发	省供销社主任
金细安	省乡镇企业局副局长
黄　涛	江西出入境检验检疫局局长
刘义洪	省储备局局长
陈双溪	省气象局局长
李国华	省邮政局局长
邱慎诚	省人防办主任
阎鑫元	省冶金总公司董事长兼总经理
魏新安	省建材工业总公司总经理
周立文	省纺织总公司总经理
江云龙	省国际信托投资公司董事长、总经理
徐日辉	省土管局局长
白　伟	南昌海关关长
丁金祥	省测绘局局长
管荣升	省国资局局长
姜　亮	洪都航空工业集团董事长、总经理
孟　枋	江西民星企业集团公司董事长、总经理
钟虹光	江西江中制药(集团)有限责任公司董事长、总裁
杨邵愈	诚志股份有限公司副总经理
付小山	江西英雄乳业股份有限公司总经理
郑　伟	南昌卷烟厂厂长
彭小英	江西草珊瑚集团公司总经理
徐芦山	南昌亚洲啤酒有限分司总经理
张　跃	江西绿叶集团公司总经理
邓爱群	江西远望经济开发总公司总经理
邓绍聪	贵溪市市长
陈爱民	宜春市市长

《江西统计年鉴—2000》编辑部

主　　编： 邓祖龙

副 主 编： 金　绮

编　　审： （以姓氏笔划为序）

邓祖龙　叶　强　叶德祥　刘正明　李　兵　李广友　吴　强
吴兴华　何　勇　陈裕先　杨志峰　金　绮　钟小娟　胡水泉
殷仕华　徐晓林　涂福军　游会龙　梁步新　曹青云　韩志生
彭勇平　蔡哈奇

编　　辑： （以姓氏笔划为序）

万　玲　李光东　刘　凡　刘晓红　刘爱娇　张　捷　何小敏
邹纪新　陈望汉　洪　安　杨国万　赵志辉　胡绍铭　逯　虹
钱　锋　涂姗华　徐烈强　喻　荣　章　鹏　章小彪　康冬明
黄韶华　黄建村　喻　滨　曾永生　曾淑珍　谢国梅　谢海东

电脑排版： 黄正坤

英文目录： 幸红波

编 者 说 明

一、《江西统计年鉴— 2000》是一本统计信息密集、综合性强的资料书。它通过统计数字，向广大读者系统地、全面地介绍江西省国民经济、科学技术和社会发展情况，为各级领导和有关部门研究经济发展战略、制订规划、管理经济提供统计数据；为农、工 、商企业，生产经营，贸易交往，投资决策和科研机构、大专院校科研教学提供较全面、翔实的经济信息。

二、本《年鉴》以1999年各项统计资料为主。全书内容分为20个篇目，即：综合，人口，从业人员和职工工资，固定资产投资，能源生产和消费，物价，人民生活，城市建设、环境保护和水资源，农业，工业，建筑业，交通运输、邮电通讯业，批发零售贸易业、餐饮业，对外经济贸易和旅游，财政、金融、保险，科技、教育、文化，卫生、体育、社会福利和其他，企业调查，市、县基本情况及1999年江西统计工作大事记。篇末附有《主要统计指标解释》，对主要统计指标的含义、统计范围和统计方法以及历史上的变动情况，作了简要说明。

三、本《年鉴》指标体系科学配套，资料完整适用，数据翔实可靠，既可与全国和其他地方统计年鉴配套使用，又具有地方特色和时代特点，如商品粮、棉基地县情况，农村贫困监测和扶贫情况调查，企业景气监测、现代企业制度及国家重点企业调查，职业介绍情况，个体、私营工商企业情况，妇女发展基本情况，儿童生存、保护和发展状况，重点风景旅游点情况等。

四、本《年鉴》统计表中的符号使用说明：

“...”表示数据不足本表最小计量单位数；

空格表示该项统计数据不详或无该项数据；

“#”表示其中的主要项。

五、本《年鉴》自问刊出版以来，备受广大读者的关心和支持。为使本《年鉴》不断改进和完善，更好地满足社会各界的需要，敬希广大读者提出宝贵意见。

目　录
CONTENTS

一、综合
CHAPTER 1　GENERAL SURVEY

二、人口
CHAPTER 2 POPULATION

三、从业人员和职工工资
CHAPTER 3 EMPLOYMENT AND WAGE

五、能源生产和消费

CHAPTER 5 PRODUCTION AND CONSUMPTION OF ENERGY

六、物价

CHAPTER 6 PRICES

八、城市建设、环境保护和水资源

CHAPTER 8 CITY CONSTRUCTION, ENVIRONMENTAL PROTECTION AND WATER RESOURCES

九、农业
CHARGE 9 AGRICULTURE

十、工业
CHAPTER 10 INDUSTRY

十一、建筑业
CHAPTER 11 CONSTRUCTION

十二、交通运输、邮电通讯业
CHAPTER 12 TRANSPORTATION, POSTAL AND TELECOMMUNICATIONS

十三、批发零售贸易业、餐饮业
CHAPTER 13　WHOLESALE AND RETAIL TRADE AND CATERING TRADE

十四、对外经济贸易和旅游
CHAPTER 14 FOREIGN ENCONOMY TRADE AND TOURISM

十八、企业调查
CHARPTER 18 ENTERPRISE INVESTIGATION

宣传彩页

江西省人民代表

省委书记、省人大常委会主任舒惠国在全省人大工作会议上作了重要讲话

1999年，省人大常委会在省委的领导下，坚持以邓小平理论和党的基本路线为指导，认真贯彻党的十五大和十五届三中、四中全会精神，落实省九届人大二次会议各项决议，紧紧围绕经济建设这个中心，积极行使宪法和法律赋予的职权，为推进依法治省进程，促进我省改革、发展和稳定作出了新的成绩。一是全年共制定地方性法规9件，修订1件，批准制定5件。二是重视监督工作，增强监督实效，在全省开展了森林法、水土保持法执法检查，同时组织部分省人大代表对省林业厅、省水利厅工作进行评议，先后听取和审议了十余项政府及其组成部门和省高级人民法院工作情况的汇报，有的作出了相应的决议，开展了“’99环保赣江行”活动。三是依法任免了国家工作人员203人次，依法罢免全国人大代表1人。同时，注意充分发挥人大代表的作用，积极办理代表议案、建议、批评和意见，接待群众来信来访4967件次，密切与人民群众的联系；围绕中心，服务大局，深入调查研究；积极开展民主法制和人民代表大会制度理论研究和宣传。常委会机关还以“三讲”教育为契机，切实加强了自身建设。特别值得一提的是，省委重视和支持人大工作，去年12月召开了全省人大工作会议，随后下发了《关于进一步加强人大工作的若干意见》，这对我省人大工作的发展将产生深远的影响。

大会常务委员会

1999年12月23日至25日，中共江西省委在南昌召开全省人大工作会议

省人大常委会会议正在举行

出席省九届人大三次会议的代表们正在湖口大桥视察

《江西省反窃电办法》施行新闻发布会在省人大常委会会议厅举行

政 协 江 西

1999年9月17日，省政协召开庆祝中国人民政治协商会议成立五十周年大会

省委书记舒惠国同志在省政协八届三次会议小组讨论会上听取委员发言

1999年，政协江西省委员会在中共江西省委的正确领导和省人民政府的大力支持下，依靠各参加单位和全体委员的共同努力，紧紧围绕我省改革、发展、稳定的大局，不断改进履行职能的各项工作，在政治协商、民主监督、参政议政等方面取得了新的进展。

在省政协八届二次会议期间，委员们对我省的改革、发展、稳定等重大问题提出了许多建设性的建议。省政协八届七次和八届八次常委会议形成的《关于加快发展我省食品工业的建议案》和《关于加快发展我省个体私营经济的建议案》引起了省委、省政府的高度重视。

1999年，省政协通过视察、调查、提案、反映社情民意等参政议政的基本形式认真履行职责。先后组织9个团进行专题视察，收到良好效果。调研报告《关于减轻农民负担问题的调查报告》、《关于我省农村社会治安情况的调查报告》、《关于我省中小学网点布局的调整与建议》等受到了省委、省政府领导的肯定。全年共收提案439件，办复425件，办复率达99%。运用《江西政协信息》、《参政议政》向全国政协和省委、省政府报送信息262条，较好地反映了社情民意。

1999年，省政协在发挥优势，在帮助建立灾民新村、推介我省经济协作项目、加强与海外“三胞”人士交友联谊等方面取得了一定的成绩。

省政协领导班子和领导干部“三讲”教育总结大会

1999年，按照中共江西省委的部署，省政协领导班子和领导干部以及机关党组和厅、处级党员干部开展了“三讲”教育，进一步加强了自身建设。

省 委 员 会

1999年9月8日，华东六省一市政协第七次提案工作座谈会在南昌召开

省政协学习文史委员会组织部分省政协委员就进一步完善爱国主义教育基地建设，在“上饶集中营”开展专题调研

省政协经济科技委员会召开全省乡镇企业发展问题协商座谈会

省政协教文卫体委员会委员在南昌洪都街办医疗点进行社区卫生调研

省政协法制社团委员会组织委员走访慰问我省十大杰出青年——贵溪市国税局郊区分局干部曾志强

香港地区省政协委员赴赣南视察、考察

军记职责使命

1999年10月26日至29日，中共中央政治局委员、书记处书记、中央军委副主席张万年率领总部机关有关领导到江西省军区进行视察调研。图为张副主席在省军区司令员冯金茂、政委陈礼久的陪同下视察省军区营区时的情景。

伴随改革的春风，喜迎新世纪的曙光。过去的一年，江西省军区各级党委、机关坚定不移地坚持以邓小平理论和党的十五大精神为指导，以军委新时期军事战略方针统揽全局，以“打得赢”、“不变质”为工作标准，认真贯彻落实上级的一系列重要指示，思想政治建设明显加强，在针对以美国为首的北约袭击我驻南使馆、李登辉抛出的“两国论”以及批驳“法轮功”三大政治斗争中，做到政治立场坚定，头脑清醒；以“讲学习、讲政治、讲正气”为主要内容的党性党风教育扎实有效。军事斗争准备工作进展顺利，科技大练兵成果迭出，一批科研革新成果在军内外获奖，22项科技训练成果参加了南京军区科技练兵成果观摩交流和全军科技练兵成果交流。按照“高起点、高标准、高质量、创一流”的目标，顺利完成了江西预备役师改建工作。加大了正规化建设的力度，不断深化改革，部队和民兵预备役部队建设水平一年一大步。深入开展全民国防教育，依法廉洁征兵，兵员质量明显提高。自觉服从和服务于党和国家“改革、稳定、发展”大局，积极组织部队和民兵预备役人员投入两个文明建设，广泛开展以“扶一批科技能人，促一方特色产业，富一片老区群众”为主要内容的科技扶贫活动，大大提高了扶贫工作的质量和效益。在振兴江西经济建设中当尖兵、精神文明建设当标兵、维护社会稳定当卫兵、急难险重任务当神兵，特别是在扶贫攻坚和发展县域经济中起到了重要作用，为建设文明富强的江西作出了积极的贡献。

在新世纪的征途上，江西省军区各级党委将更加紧密地团结在以江泽民同志为核心的党中央、中央军委的周围，高举邓小平理论伟大旗帜，振奋精神，锐意进取，积极探索，开拓创新，以“打得赢”、“不变质”为标准，扎扎实实做好各项工作，努力把我区部队和民兵预备役全面建设推向前进。

按纲施训，不断加强部队正规化建设的力度，部队和民兵预备役全面建设取得丰硕成果。图为部队官兵迎寒斗雪，磨练顽强意志，苦练军事技能。

积极组织部队官兵和民兵预备役人员投身两个文明建设。图为部队官兵上街开展学雷锋为民服务时的情景。

积极响应军委科技兴训的号召，深入开展群众性科技大练兵活动，取得了一大批科技革新成果。图为民兵利用远程战地救护系统实施野外救护伤员训练时的情景。

强化“打赢”意识

——江西省军区部队和民兵预备役建设成果斐然

1999年9月12日，在南昌市“八一”广场隆重举行了江西陆军预备役步兵师成立大会暨阅兵式，充分展示了预备役部队过硬的军事素质和良好的精神风貌。图为江西陆军预备役师暨高射炮兵团成立大会时的情景。

积极组织民兵协助公安部门维护社会治安、追捕逃犯、打击刑事犯罪和车匪路霸等专项斗争。图为民兵应急分队人员在“京九”铁路线上执勤巡逻时的情景。

大力加强思想政治建设，始终把思想政治建设摆在部队各项建设的首位，注重打牢官兵的思想根基。图为老红军为部队官兵介绍当年战斗的经历，让官兵接受革命传统教育。

大力开展“兴赣强兵”、“科技扶贫”等活动，使一大批民兵成为脱贫致富的领头人，并帮助近百万农民摆脱贫困走上致富新路，为江西经济发展作出了重要贡献。图为部队官兵在科技示范基地向群众介绍食用菌种植技术。

危难时刻方显英雄本色，哪里有险情，人民子弟兵就出现在哪里，谱写出一曲曲爱民凯歌。图为部队官兵和民兵预备役人员投入抗洪抢险时的情景。

中国人民武装警察

总队长崔阳生少将

政治委员李恩德少将

在九江长江大桥上执勤的江西总队官兵

中国人民武装警察部队江西省总队(简称江西总队),诞生于解放初期的公安武装,1951年1月正式成立,1983年1月重新组建。1999年1月,根据中央军委通知精神,江西总队由正师级调整为副军级。总队机关现驻南昌市洪城路488号。

1999年,江西总队坚持以邓小平理论和江泽民提出的“政治合格、军事过硬、作风优良、纪律严明、保障有力”的总要求为指导,认真贯彻总队党委“举旗帜、抓龙头、打基础、保中心、促稳定”的总体思路,始终坚持把思想政治建设摆在首位,大力加强思想政治工作,保证了官兵政治上的坚定和思想道德的纯洁;认真贯彻《执勤规定》,抓好各项勤务制度的落实,确保了执勤目标的安全;深入进行以“讲学习、讲政治、讲正气”为主要内容的党性党风教育,各级党委机关工作的原则性、纪律性和艰苦性明显增强;坚持抓基层、打基础,促进了基层全面建和整体上,部队按纲建队和正规化建设水平有新进步;强化后勤管理,加强基础设施建设,部队物质生活水平有了明显提高。部队圆满完成了以执勤和处置突发事件为中心的各项任务,为江西的社会稳定和经济发展作出了积极的贡献。

江西总队坚持全心全意为人民服务的宗旨
树立人民武警爱人民的良好形象,努力为保卫
促进地方社会主义建设作贡献,特别是在抢险
灾战斗中,哪里有险情,那里就有武警战士的身

部队江西省总队

江西总队大力加强军事训练，不断提高部队战斗力。图为官兵正在进行战术训练

江西总队充分发挥驻地优势，在全省建立起一批革命传统教育示范基地。图为总队机关和驻昌部队官兵参加总队与南昌八一起义纪念馆举行的革命传统教育基地挂牌仪式

1999年，江西总队充分利用现代科技手段，在全总队建立起政治工作信息网络

江西总队大力加强后勤建设，基层农副业生产取得丰硕成果

江西省计划委员会

省计委主任王明善受省政府委托向省人民代表大会作计划报告

江西省计划委员会是省政府管理国民经济和社会发展的综合部门。主要职能是制定国民经济和社会发展战略、调控目标和产业政策，编制国民经济和社会发展中长期规划、年度计划，搞好经济预测，规划经济结构调整、生产力布局和重点项目的建设，综合协调宏观经济政策和经济杠杆的运用。

1999年，省计委在省委、省政府的直接领导下，认真落实党中央、国务院扩大内需的各项政策措施，千方百计筹措资金，加强水利、交通、能源、城建等基础设施建设，加大科技教育投入，抓好重点工程建设，推进经济结构调整，促进全省经济运行质量的提高。同时，结合“三讲”教育，加强队伍建设，促进计划工作职能转变和工作效率的提高，为江西经济建设作出了应有的贡献。

面向新世纪，省计委将按照社会主义市场经济的要求，继续扎实工作，开拓创新，为江西的经济建设作不懈努力。

省计委党组成员在一起研究工作

江 西 省 劳 动 厅

江西省社会保险事业管理局

局领导集体在研究工作

江西省社会保险工作会议

江西省社会保险事业管理局成立于1987年，成立十多年来，按照建立独立于企业之外的社会保障体系的总体目标，积极探索、勇于实践，全面深化社会保险制度改革，初步建立起包括养老保险、医疗保险、工伤保险和生育保险在内的社会保险体系，为促进江西经济发展和维护社会稳定发挥了积极的作用。截止到1999年底，全省参加基本养老保险职工达253.99万人，基本确保了66.72万离退休人员的基本生活，医疗保险制度改革正稳定推进，工伤保险和生育保险也不断得到发展。

江西对外劳务经济合作有限公司

江西对外劳务经济合作有限公司是1998年经国家经贸部批准成立的具有对外劳务经营权的专业外向型国有企业，隶属于江西省劳动厅，是江西省对外劳务输出的窗口之一。公司注册资本伍佰万元人民币，在日本国设有办事处。公司与江西省职业介绍中心、江西省境外就业介绍所合署办公。

公司经营范围：信息咨询、劳务合作、向境外派遣各类工程、生产及服务行业的劳务人员。近年来，公司先后与美国、日本、新加坡、澳大利亚、毛里求斯、俄罗斯、越南、博茨瓦那等国家有过业务往来，派遣的劳务人员均受到雇主的好评，保持了良好的信誉。

公司愿本着平等互利、信誉第一、顾客至上原则和信守合约、确保质量、薄利经营、信誉第一的经营方针与国内外新老朋友，各界人士密切合作，共同发展。

公司出国人员培训中心多媒体语音教室

公司董事会部分成员
董事长：龚绵春（左二）总经理：贺求先（右一）
董　事：蔡汝平（右二）、蔡建一（左一）

江 西 省 教

党组书记、主任漆权

改革开放以来，由于“科教兴赣”战略的逐步确立，我省教育事业获得迅猛发展，取得了巨大的成绩，现已初步形成一个适应省情、与经济协调发展、人才培养能基本满足经济和社会发展需要的教育体系。全省已基本扫除青壮年文盲；基本普及九年义务教育的目标可望在2000年实现，全省99个县（市、区）已有93个县（市、区）通过“两基”达标评估验收，人口覆盖率达到91.79%，比全国平均水平高11.79个百分点；高中阶段教育发展较快，1999年招生数和在校生数分别达到24.65万人和60.82万人；高等教育已形成层次结构合理、科类较为齐全的框架体系，高等职业教育和民办高等教育发展很快。教育事业的迅速发展使全民素质有了显著提高。

从教育工作来看，我省在许多方面有特色、有创新。如：在全国第一个制定了筹措经费的地方法规《江西省义务教育经费筹措和使用管理办法》；第一个成功地进行高校合并，重点建设南昌大学；最早采取“三沟通”形式教育培训中小学师资，为九年义务教育创造条件；在改造中小学危房、教工住房建设、教育经费审计、教育电视台建设等方面，在一定时期内走在全国前列。

面向新世纪，我省将深入贯彻落实江泽民总书记《关于教育问题谈话》和第三次教育工作会议精神，继续深化教育改革，全面推进素质教育。在重点发展“两基”教育，巩固提高“两基”成果的同时，将积极发展高等教育和高中阶段教育，满足人民日益增长的教育需求。全省高校招生将以较大幅度增长，2000年高考录取率将超过50%，2002年力争达到67%。同龄人口的高等教育入学率每年提高一个百分点，2005年达到13%以上，2015年达到15%，使接受各类高等教育的在校生人数分别达到45万人、68万人。

设计新颖的学校综合楼

新落成的乡村学校教学大楼

育 委 员 会

小学生在上美术课

中小学逐步开设计算机课程

"减负"后的小学生

优美、宁静的校园

江西省科学

党组书记、主任：李国强

江西省科学技术委员会是省人民政府综合管理全省科技工作的职能部门。主要负责国家和省有关科技工作方针、政策和法规的贯彻执行，拟订全省科技发展战略、政策和规定；拟定并组织实施各类科技计划，组织跨部门、跨行业和重大科技攻关，协调有关部门组织技术出口、引进、消化和吸收创新；组织推动全省科技体制改革，归口管理自然科学研究机构，指导全省民营科技工作及管理民营科技企业；指导、协调各部门和各地、市、县的科技工作；负责全省重要科技成果的登记、鉴定、奖励和推广工作，归口管理全省高新技术产业开发区、星火密集区、社会发展综合试验区、技术市场、专利、软科学研究、山江湖开发治理、知识产权、科技外事、科技管理干部培训以及科技信息、科技保密、科技期刊、实验动物、大型精密仪器、放射性同位素等工作。工作重点是根据本省实际和需要，组织开展各类科研开发的推广应用工作，加速各个生产领域和全社会的科技进步，更好地发挥科技第一生产力的作用，推动全省经济和社会快速、协调发展。

技术委员会

近年来，在省委、省政府的正确领导下，江西省科学技术委员会大力推进科教兴赣战略实施，积极促进各个领域的科技发展，取得了较好的成绩：科技兴农成效显著，京九星火产业开发带、星火密集区和区域性支柱产业的建设形成规模，以培育区域性支柱产业的龙头企业为重点，先后启动了“猪沼果”、草菇等先进农业技术的应用与推广工程，实施两系杂交水稻、两系杂交油菜、特种水产养殖、蔬菜无土立体栽培、绿茶生物保鲜等研究项目，改善了农村产业结构和产品结构。用高新技术改造传统工业初见成效，加强了具有共同性、基础性的电子信息技术和先进制造技术的推广应用，不少企业靠技术进步和技术升级，提高了经济运行质量和效益，产品的市场竞争力得到增强。高新技术产业稳步发展，各类高新技术产业开发区建设加快，光机电一体化、新材料及精细化工、生物技术及新医药、农业高新技术等领域，初步构建了我省高新技术产业的雏形。实施可持续发展战略，为保护和改善我省生态环境，探索发展生态经济的路子，实现人口、资源、环境和经济协调发展奠定了基础，山江湖开发治理工程列入《中国21世纪议程》。

省科委领导学习座谈江总书记关于“三个代表”重要论述

江 西 省

1999年9月30日，省市各界人民庆祝中华人民共和国成立50周年焰火晚会结束后，省委书记舒惠国称赞安全保卫工作做得好。

江西省公安厅作为省政府主管全省公安工作的职能部门和全省人民警察的领导和指挥机关，担负着组织、指导侦破全省特大刑事案件、经济案件和协调处置重大治安案件，依法指导管理全省社会治安，规划、指导全省公安队伍建设，检查、监督全省公安机关的执法活动的重任。内设25个处、7个综合部门和边防、消防、警卫3个现役单位。

1999年，全省各级公安机关和广大公安民警，在省委、省政府和公安部的正确领导下，高举邓小平理论伟大旗帜，认真贯彻党的十五大和十五届三中、四中全会精神，坚持“两手抓”（一手抓队伍建设，一手抓业务工作）、“抓两头”（一头抓班子和机关建设，一头抓基层建设和基础工作）的全省公安工作基本思路，努力实践全心全意为人民服务的宗旨，广泛深入开展向邱娥国、施华山等英雄模范学习活动，不断加强和改革公安工作，全力维护社会政治稳定，严厉打击刑事犯罪和重大经济犯罪活动，严密各项公安行政管理，圆满完成了建国50周年和澳门回归庆典活动的安全保卫任务，为维护全省政治稳定，促进改革开放和经济建设作出了重要贡献。

省委书记舒惠国在省公安厅厅长丁鑫发的陪同下，参观全国禁毒展览，对全省禁毒工作取得的成绩给予了高度的评价。

1999年4月5日至10日，省直全国人大代表和省人大代表危仁晸、黄俊民、宫正、王仕筠、周群珠、李小平在省公安厅副厅长彭焕恭的陪同下，赴吉安、赣州、南昌等地，专题视察公安工作。

公　安　厅

1999年9月26日下午，我省公安系统英模邱娥国、余帮金离昌赴京出席国庆50周年招待会和国庆观礼活动。

厅领导班子成员在一起研究工作

贵溪市公安局流口镇派出所民警施华山近8年来，先后从福建、广东、江苏、山东等地解救被拐妇女62名，抓获人贩子9名。1999年，施华山先后评为“江西省人民满意的公务员”、“江西省十大杰出青年”、“全国优秀人民警察”，第二届中国十大杰出青年卫士。图为施华山又一次解救成功。

1999年6月16日，省公安厅召开座谈会，新老干部相聚一堂共话江西公安辉煌五十年。

江 西 省

党组书记、厅长卢联灿

团结奋进的省建设厅党组成员

背景图为城市立交

江西省建设厅是省政府综合管理全省工程建设、城市建设、村镇建设和建筑业、房地产业、市政公用业的职能部门。现有15个处室，33个厅直属二级单位，全厅系统共有职工1652人。全省建设系统设有建设局113个，房产局95个，建管局4个，规划局（处）11个，市容环卫局和城市管理办公室9个，国家级风景名胜区管理局4个，村镇规划建设管理办公室1649个，全系统共有各类人员68万人。

建设系统工作覆盖面宽，与经济建设和群众生活关系密切。建设部门肩负着城乡规划、建设、管理的繁重任务。新中国成立后，在各级党和政府的领导下，全省城乡建设日新月异，尤其是改革开放以来，各项建设事业突飞猛进，城乡面貌发生了翻天覆地的变化。

1949年初，全省城镇仅184个，其中设市城市仅6个，城市化水平为8.7%。随着城市的发展，到1999年底，全省已有城镇738个，其中设市城市达21个。全省城市实有住宅达8677万平方米，人均居住面积提高到9.21平方米。全省92个市县均已完成新一轮城市总体规划调整修编，专业规划、详细规划编制得到加强，规划管理日趋规范，城市规划对城市建设的指导作用增强。

改革开放20年间，全省城建系统用于城市市政公用设施固定资产投资金额就达68.1亿元，新增固定资产为34.58亿元。目前全省所有市县均建有自来水厂，总供水能力达622.71万立方米/日，城市人均道路面积6.49平方米，人均公共绿地面积5.78平方米，有5.78万户居民用上了燃气，建成公园108个，垃圾无害化处理率达63.64%，拥有公交车3852辆。城市居民的生活质量有了明显提高。

截止1999年底，全省共有独立建制镇646个（不含县城关镇），集镇1180个，村庄191227个，已有1753个乡镇，1万个以上的村庄编制了建设规划。1999年全省村镇建设总投资达114.25亿元，其中公共设施、道路建设和生产性建筑投资达17.88亿元，建成了一大批规划合理、功能齐全、各具特色的新型小城镇。村镇建设水平大大提高。

建 设 厅

现代住宅小区

经济适用住宅（安居）工程

绿树如荫的城市道路

充满浓郁现代气息的城市一景

目前全省最大的水厂——青云水厂全貌

江 西 省

省委书记舒惠国视察九景高速公路

舒圣佑省长视察温厚高速公路

本世纪初，江西的交通运输主要靠砂石驿道，人挑车拉和天然的内河船运。到1949年全国解放时，公路通车里程仅有647公里，内河航道完全处于天然状态，客货运输主要依赖遍布江河的木帆船。

建国五十年来，在党的领导下，江西交通经过坚持不懈的努力，尤其近二十年来，在省委、省政府的领导下，在全省人民的大力支持下，江西省交通厅认真贯彻改革开放方针，抓住机遇，乘势而上，加大投资力度，使江西交通事业取得前所未有的发展，有力地促进了江西经济的发展。至一九九九年底，全省公路通车总里程为36918公里，公路密度22.11公里/百平方公里，超过全国平均水平。建成高速公里263公里，有6条国道共3486公里、95条省道共6390公里和县道17633公里、乡道9170公里将全省的地市、县、编织串联在公路网上。形成了以省会南昌市为中心纵贯南北、横跨东西具有较高技术等级和良好通行条件的“十”字型主骨架，形成城乡一体、干支相连的公路客货运输网络，港航设施和内河运输、远洋运输也形成比较完整的水运体系。昌九、温厚、昌樟、九景等一批高速公路和南昌八一大桥、湖口大桥等特大桥梁的建设及快速客运的开通，标志着我省在本世纪末已进入现代化交通的新纪元。

二十世纪即将过去，二十一世纪正迎面走来，江西12万交通职工将在省委省政府的领导下，承前启后，进一步解放思想，用汗水和心血精心描绘二十一世纪交通更新更美的蓝图。

南昌新八一大桥

交　通　厅

江西远洋船队

井冈山登山公路

昌北机场高速公路

昌樟高速公路药湖高架桥

江　西　省

党组书记、厅长：李海泉

审计是独立检查会计帐目，监督财政、财务收支真实、合法、效益的行为。江西省审计厅于1983年10月29日成立，是省政府主管全省审计工作的职能部门。十多年来，在省委、省政府和审计署的正确领导下，省审计厅率领全省广大审计干部职工紧贴江西实际，积极开动脑筋，勇于探索工作新路，不断加大审计执法力度，增强服务大局意识，使我省审计事业得到长足发展。尤其是《审计法》自1995年1月1日施行以来的五年，是江西省审计机关发展的最好时期之一。从1995年至1999年，全省各级审计机关共审计单位57398个，查出违纪违规金额151亿元，已上缴财政7.55亿元，应核减财政拨款或补贴28.68亿元，应归还原渠道资金9.05亿元，共为国家增收节支45.28亿元，其中查出违纪违规金额和已上缴财政金额分别比1995年前12年总和的45亿元和7.3亿元增长236%和3.4%。省审计厅1995年至1999年共审计单位2786个，查出违纪违规金额68.4亿元，已上缴财政2.16亿元，应核减财政拨款或补贴14.4亿元，归还原渠道资金3.44亿元，共为国家增收节支20亿元，其中查出违纪违规金额和已上缴财政金额分别比1995年前12年总和的8.1亿元和1.37亿元增长740%和57%，在维护财经秩序，推进依法治省，促进廉政建设和提高资金使用效益，保障我省经济持续快速健康发展等方面发挥了重要作用。

赣审大厦是集培训、餐饮、食宿、办公于一体的综合性大厦，位于南昌市叠山路209号，大厦将以优质的服务迎接各方来宾

地址：南昌市叠山路209号
邮编：330006

审　计　厅

中华苏维埃共和国中央审计委员会旧址修复暨全国审计系统爱国主义教育基地揭牌庆典于1999年10月29日在江西瑞金市举行，中共中央委员、中华人民共和国审计署审计长李金华出席，亲自揭牌并作重要讲话，江西省政府朱英培副省长出席，亲自揭牌并致词；审计署纪检组长王道成出席揭牌庆典

省审计厅积极开展“审计质量年”考评和“十佳审计官”、“二十名审计标兵”及“三项优胜杯”评选等活动，不断提高审计干部队伍素质和执法水平，从而使审计成果大幅增长。图为厅领导颁奖

1999年8月，省审计厅积极开展《中华人民共和国审计法》颁布五周年的宣传活动，召开座谈会，出动宣传车，在南昌市主要街道进行宣传

江 西 省

省政府胡振鹏副省长，省卫生厅熊小江厅长视察广昌县乡村卫生组织一体化管理工作

党组书记、厅长熊小江同志指导九江市医疗卫生单位人事分配制度改革

1999年，在省委、省政府的正确领导下，经过全省广大卫生人员的共同努力，各项卫生工作都取得好成绩。

群策群力，群防群治，夺取了大灾之后无大疫的胜利。1999年开春以后，省卫生厅党组一直把加强防疫防病，确保大灾之后无大疫作为今年卫生工作的头等大事来抓。在省政府的领导和重视下，先后开展了春季.夏季防疫防病大行动，动员了几万名防疫、血防、爱卫和医务人员，深入灾区、深入农村、深入防疫防病第一线，扎扎实实地开展防治工作，收到了很好的效果，得到省委省政府的充分肯定，受到灾区群众的一致好评。历经两年的艰苦努力，我省取得了大灾之后无大疫的伟大胜利，成为全国第一个宣布大灾之后无大疫的省份，在全国产生了较大影响。

农村卫生工作进一步加强。由点到面推进乡村卫生组织一体化管理，深化了农村卫生管理体制改革，合理配置农村卫生资源。加强了农村基础卫生设施建设，我厅与省财政厅联合下达灾后恢复重建机构补助经费2000万元，共安排灾后恢复重建乡镇卫生院175所。修复和重建工作用房69600平方米。其中原地或异地重建30400平方米，修复39200平方米。积极探索乡镇卫生院经营体制改革，按照因地制宜、分类指导的原则，采取多元化办医模式，积极探索适应农村实际的乡镇卫生院经营管理体制。因地制宜，积极稳妥地发展农村合作医疗，全省出现了良好的发展势头。

城市医疗卫生单位人事分配制度改革开始起步。省卫生厅进行了人事制度改革试点工作，厅直全额事业单位今年接受大中专毕业生及人员调入开始实行聘用制和人事代理制。全省各地市医疗单位人事分配制度改革也有新的进展。医学教育科研、中医、妇幼以及卫生法制等工作都取得可喜的成绩。

卫 生 厅

省卫生厅召开江西省春季防疫防病动员大会

省卫生厅领导班子开展“三讲”教育

认真贯彻执行《食品卫生法》，对食品的卫生质量进行监督与监测

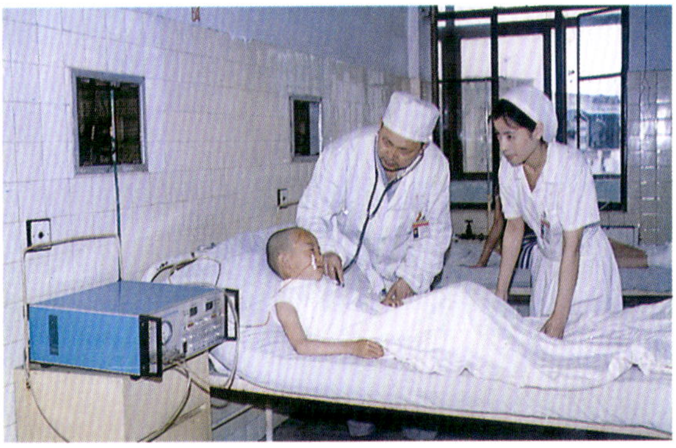
依靠医学科技进步，用获国家发明三等奖的“高频喷射呼吸机”抢救病人

江西医学院第一附属医院门诊大楼

江西省

厅长傅敏先

1999年，我们在省委、省政府的正确领导和民政部的指导帮助下，高举邓小平理论伟大旗帜，按照"讲学习、讲政治、讲正气"的要求，认真贯彻党的基本路线，大力推进民政工作的改革与发展，取得了较好的成绩，为江西的社会稳定和经济发展作出了积极的贡献。一是救灾救济工作成效明显。一年来，我们以安排灾民基本生活和灾后重建为重点，深入扎实地开展工作，使灾民和困难群众的吃、穿、住问题得到了较好地解决。99年下拨救灾款2.39亿元，接收捐赠衣被29万多件（床），省厅定做棉被1.3万床，都陆续发到灾民和困难群众手中。二是全面建立并实施了城市居民最低生活保障制度。全省6个省辖市的城区、84个县（市）人民政府所在地的镇全部建立并实施了城镇居民最低生活保障制度，保障对象63526人，其中一类保障对象14945人，二类保障对象14054人，三类保障对象34527人。各级财政共列支保障2369万元。三是勘界工作取得重大进展。6条省已经开展勘界的有5条，3条全线贯通，共勘定界3609公里，勘定率为前4年任务的98.8%、5年任的88%。99年，国家安排省界2条，全长约1871里，勘定1842公里，贯通率99%。全省259条县界全线贯通234条，勘定界线13824公里，勘定率前4年任务的96%、5年任务的93%。99年安排县53条，实际全线贯通的有82条，贯通率为155%，勘定界线4735公里，占98%。安排三县交会点17个实际勘定21个，勘定率为124%。四是优抚安置作取得突出成绩。"爱心献功臣行动"经各级民政门的争取，出台了一些优惠政策，全省9个地市个县（市）下发了减免优抚对象医疗费用的主件证卡。各级政府加大了财政投入。全省共安排资1.65亿元，帮助重点优抚对象解决"三难"问题为1.75万户优抚对象解决了住房难，达到92.6%财政投入2105万元，其中地方财政1452万元，于提高优抚对象的定补标准，老复员军人由每人月35元提高到75元，带病回乡退伍军人由每月元提高到30元。动员社会各界和广大人民群众积参与"爱心献功臣行动"。捐赠资金1328.3万元，被73万件（床），其它物资9.1万件，均发放到抚对象手中。结成帮扶对子5.72万对，投入帮扶金5351万元。创建双拥模范城（县）工作出现新貌。政策得到进一步落实，全省有36个市（县）命名为全省双拥模范城（县），南昌、景德镇、九江新余、萍乡、井冈山市被命名为全国双拥模范城。村义务兵家属的优待标准，户均达1228元，城镇务兵家属的优待金基本解决。退伍安置工作任务满完成。全省共接收退役士兵23805人。军休安置工作进展顺利。第四批军休干部的移交安置已完任务83.5%。五是基层政权建设取得新的进展。台了《江西省实施<中华人民共和国村民委员会组织法>办法》，以省委、省政府名义召开了"全省第四届村委会选举工作会议"，顺利地进行了第四届村（居）委会选举工作，全省首次全面推行"海选获得了基本成功，并积累了宝贵的经验。总结推广了我省第一个全国村民自治模范县—崇仁县的经验

中国南昌SOS儿童村

民　政　厅

国家民政部多吉·才让部长、省民政厅傅敏先厅长在都昌县慰问灾民。

兴国县成立党委、政府各有关部门组成的一把手"一助一"扶优指导委员会，加强爱心献功臣行动的指导。

新建成了崇义、芦溪、永丰三个全省村民自治模范县和一批模范乡、村，使我省村民自治工作更加规范，目标更加明确，效果更加明显。街道、居委会建设得到进一步加强。居委会通过换届选举和开展社区服务，安排了大批下岗职工，为党和政府分了忧、解了愁。六是社会行政事务管理更加规范有序。民间组织管理进一步加强。集中时间、集中力量查清了法轮组织和人员在我省的分布情况，对一些重点组织和骨干分子进行了追踪调查，提出了处理意见。组织对全省气功和功派组织进行了全面调查摸底。对违法和非法社团进行了查处和打击。殡葬改革加大了力度。召开了全省首次殡葬工作会议，下发了《江西省殡葬事业发展规划》，明确了火化殡仪馆发展建设目标，扩大了火化区，规范了殡葬服务收费标准。收容遣送工作围绕纳入了社会治安综合治理规划，与省公安厅联合下发了《关于在全省收容遣送站设立治安办公室的通知》。解决了十多年来站内治安问题。婚姻登记体制改革和办公自动化建设得到稳步推进。99年新增加集中登记和相对集中登记的县（市、区）21个，累计达到60个，已有6个县级婚姻登记机关实现了微机出证和微机管理，提高了工作效率和工作质量。行政区划工作按计划有序开展。促进了当地经济的发展和社会稳定。七是社会福利事业取得新的进步，以社区服务中心为主体的社区服务基础设施建设有新的进展，拓展了社区服务业务，全省销售福利彩票2亿多元，筹集了一批福利资金，对全省福利院的更新改造达到了预定目标，为加快我省福利事业的发展发挥了重要作用。

浙江省人民政府和江西省人民政府在南昌市举行浙赣两省行政区域界线勘界协议书签字仪式。

南昌市殡仪馆于1996年被国家民政部评定为国家一级殡仪馆。

江 西 省

办公大楼

江西省农业厅是江西省政府主管农村经济和种植业、畜牧业、渔业以及农业机械化的职能部门。内设18个职能处室，2个派驻机构和江西省种子站、江西省农技推广站、江西省民星企业集团公司、江西省金牛企业集团公司、江龙大酒店等31个直属企事业单位。

改革开放以来，在省委、省政府的正确领导下，我厅全体干部职工紧紧围绕农业增产、农民增收、农村稳定的目标，认真贯彻落实党的农村政策，积极推广良种良法，深入开展农业产业化经营，为全省农业和农村经济发展作出了重要的贡献。到1999年底，全省粮食总产量1733万吨，油料作物产量94万吨，肉类总产量198万吨，水产品总产量122万吨，农民人均纯收入2129.45元。

在新世纪里，全厅干部职工将同全省人民一道，以农民增收为己任，深化改革，开拓进取，调优农业结构，推广农业科技，落实农村政策，为我省跨世纪农业和农村经济发展作出新的贡献！

优质水稻生产基地

农　业　厅

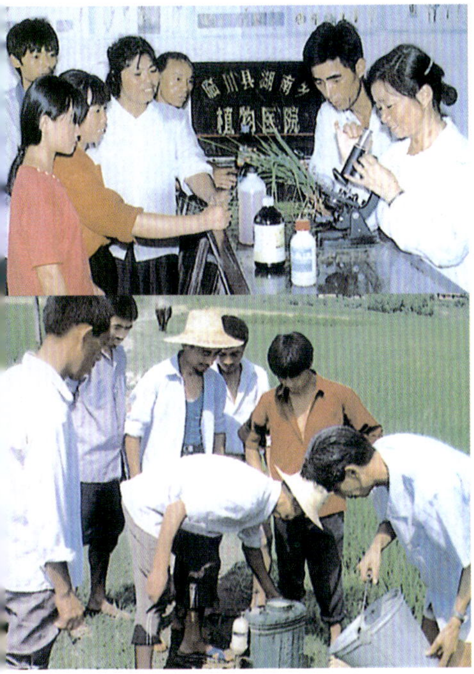

农技人员指导农业生产

快速增长的畜牧业

机械化抛秧

大水面开发工程(网箱养鱼)

果业工程(信丰脐橙基地)

江 西 省 地

党组书记、厅长、勘查开发局局长：周纪成

江西省地矿厅、江西省地勘局领导班子决心带领职工为江西经济发展作出更大贡献

江西自古号称“物华天宝”。几十年来，在16.7万平方公里土地上共发现各类有用矿产158种，矿产地5000余处，保有储量居全国前十位的达53种，其中钨、铜、钽铌、金、铀、银和稀土矿被誉为“七朵金花”。固体矿产保有储量潜在经济价值达1.56万亿元。

建国50年来，特别是改革开放以来，江西已建成有色金属、黑色金属、化工、建材、煤炭、盐业等六大矿业体系，从业人员50万人。1998年，全省矿产品和冶炼加工产值381.4亿元，占全省工业总产值的39.5%，矿产品出口创汇达1.67亿美元，占全省出口创汇总额的10%。矿业已成为江西重要经济支柱之一。

江西还是地热、地下水丰富的省份之一。全省已发现温泉和隐伏热水地117处，总流量达7.5万吨/日，饮用矿泉水地183处，总流量6.1万吨/日。

江西省地质矿产厅作为省政府地矿行政职能管理部门，全面履行地矿法制建设、矿业权管理、矿产资源管理、矿产开发利用监督管理和地质环境管理职责，地矿行政工作迈入全国先进行列，全省矿业秩序已实现全面好转，为境内外客商投资勘查、开发矿产资源提供了良好环境。至1999年底，全省已累计引进矿业勘查开发资金23亿元。

为实现矿产资源开发和地质环境保护的良性循环，江西省委、省政府高度重视地质环境的管理。近两年来，省地矿厅在全省10个地（市）、61个县（市、区）举办了各类地质灾害防治培训班167期，培训各类人员7137人，其中乡镇、村干部4143人。初步建立起省、地、县、乡、镇、村五级地质灾害防灾体系。在1998年特大地质灾害中由于成功预报使2606人脱离险境。1999年，对5处重要地质灾害点进行了治理，对103处危害点进行了应急治理，大大降低了地质灾害的损失。

目前，江西省正认真贯彻江泽民总书记“在保护中开发，在开发中保护”的指示精神和党的十五大确定的“资源开发和节约并举，把节约放在首位，努力提高资源利用效率”的总方针，为实现矿业可持续发展而努力。

浙江椒江大桥施工现场

质 矿 产 厅

江西省地质矿产勘查开发局由江西省地矿厅归口管理，下属地质调查、探矿、水文地质工程地质、物化探、实验测试、建筑工程、测量测绘、专业公司等29个企事业单位，拥用各类专业技术人才5000多人，各类先进仪器设备6000余台套。有4个单位获国家"地质找矿功勋单位称号"，有近200项地质科研成果获国家、部、省科技成果奖和国家特级科技进步奖。

近年来，江西省地勘局加大改革力度，转换经营机制，大力推进产业结构调整和队伍重组，不断扩大服务领域，初步形成了适应社会主义市场经济体制的生产经营多元化格局。

局属江西省地质工程总公司是国家一级施工企业，先后荣获"全国施工技术进步先进企业"和"全国先进施工企业"称号，具有基础工程、工民建、路桥、找水建井等总承包能力。施工了南昌滕王阁、上海南浦大桥、北京永安地铁、武汉长江三桥等一批全国闻名的基础工程和巴基斯坦等国外找水建井工程。在局长周纪成主持下，研制开发了新一代防渗造墙机，因技术先进，成本低，在长江和内湖堤坝治理工程中，受到了广大施工单位欢迎和当地政府的好评。

该局还组建了享有独立矿产品进出口权的江西省地质矿产开发总公司及樟树富达集团有限公司、鹰潭天久矿泉水厂、稀土分离厂等一大批经济实体。全局已形成了以地质找矿为主体，地质市场、矿业开发、多种经营并驾齐驱的产业格局。1999年，全局实现总收入5.49亿元，较上年增长29.5%；实现生产增加值1.92亿元，较上年增长22.2%；实现利润716万元。

世纪之交，全局广大干部职工将牢记江泽民总书记"献身地质事业无尚光荣"的勉励，以"三讲"教育为动力，深化改革，开拓进取，为取得物质文明和精神文明共同进步努力奋斗。

在巴基斯坦承接的找水建井工程

砖窑用地复垦

4.22"世界地球日"广场宣传活动

前 进 中 的

局党组书记、局长戴子钧（曹文摄）

江西省国税局于1994年8月15日正式挂牌成立以来，省局党组带领全省各级国税机关12000多名国税干部，坚持“法治、公平、文明、效率”的治税思想，带好队，收好税，努力培养造就了一支爱岗敬业、廉洁奉公、精通业务、文明征收的国税队伍，税收工作成绩显著，为促进全省经济发展、社会稳定，作出了积极的贡献。

强化了税收基本职能，税收收入稳定增长。1994年至1999年，全省国税系统共组织征收各项收入入库382.02亿元，平均每年达60多亿元，且呈逐年上升趋势。税收征管不断加强，征管改革不断深化。为强化税收征管，系统上下积极推进征管改革，实现税收征管模式的转换，普遍推行了纳税人自行申报，建立了以办税服务厅为载体的综合服务体系，全系统投入7000多万元，用于征管电子化，使计算机网络化管理有了长足的进步，各级国税机关加大税务稽查力度，6年来国税稽查部门查补税款、加收滞纳金、罚款28.69亿元。基层建设得到加强，队伍素质不断提高。本着“两手抓，两手都要硬”的原则，江西国税从严治队，精神文明建设创出佳绩，63个单位先后获得中央、省部级先进单位或文明单位。

在世纪之交的2000年，江西省国税系统将坚持围绕组织收入这个中心，紧紧抓住依法治税和从严治队两个关键，努力实现改革、管理、科教、思想政治工作“四轮”驱动，创造新的成绩，迎接新的世纪。

省国税局戴子钧局长与原省政府洪礼和副秘书长陪同国家税务总局金人庆局长在九江视察（曹文摄）

省国税局局长戴子钧深入月兔集团了解企业生产情况（曹文摄）

江 西 国 税

国税系统强化干部素质，树立国税新形象（曹文摄）

江西省国税局加强税企联系，召开“纳税人话税收”座谈会，倾听企业意见、建议（曹文摄）

全省国税实行新的税收征管模式。图为南昌市国税局直属分局现代化的办税服务厅（刘 竑 摄）

全省税收宣传广泛、深入、受到纳税人好评（张华寿、蔡建田摄）

江 西 省 邮

省委书记舒惠国视察江西省党政专用电信局

省长舒圣佑视察南昌电信局新业务演示厅

局党组书记、局长王孝槐

局现任领导班子

电 管 理 局

江西省邮电管理局是江西电信的生产经营管理部门，同时，也是江西通信行业管理的主管部门，隶属信息产业部与江西省人民政府双重领导。继1998年完成邮电分营，1999年完成移动通信业务分离后，目前江西电信主要经营国际、国内电话业务；电报、传真业务；数据通信、INTERNET、多媒体通信；电话号码薄及电话磁卡的印刷发行和销售；宽带综合业务；全球个人通信业务等。江西电信现有职工1万5千余人，管局下辖11个地市电信局、82个县电信局、9个省局直属单位。

作为基础性和先导性产业，江西电信已连续11年超过江西国民经济发展速度，成为省内国民经济发展最快的行业之一。到1999年底，江西电信交换机总容量达到365万门，分组网和DDN总端口达6112个，公众多媒体网端口达5830个。全省已形成了以地面光缆为主，空中微波及卫星通信为辅的可靠性高的立体交叉传输网，整个通信技术层次和能力跨入了现代通信行列。同时，江西电信始终坚持“人民邮电为人民”的宗旨，建立健全了企业内部和社会监督机制，向用户推出了承诺服务、首问负责制等有效举措，服务水平得到很大提高。

2000年江西电信将继续坚持以邓小平理论和党的基本路线为指导，以“团结、进取、务实、创新”为企业发展的精神动力，建立和完善与社会主义市场经济相适应的企业运行机制，为江西电信在新的世纪实现新的腾飞奠定扎实的基础。

局领导亲切慰问困难职工

第31届世界电信日南昌电信局业务宣传现场

江西电信2000年时钟过渡主控机房——全省电视、电话会议室

江西省新

江西省出版总社

在1996年中国出版成就展期间，江泽民总书记参观江西展馆

1995年11月16日，李鹏总理和夫人朱琳在江西省委书记吴官正的陪同下到庐山考察，在庐山新华书店设在“庐山会议”会址图书专柜选购图书

江西省新闻出版局重视农村图书出版工作。图为1999年2月召开的江西省图书出版为农业、农村工作服务座谈会

即将竣工的江西出版大厦外观

获“五个一工程”一本好书奖的赣版图书

闻 出 版 局

江 西 省 出 版 集 团

1996年10月，中共中央政治局委员、中宣部部长丁关根同志（左2）在江西省出版总社社长、江西省出版集团董事长梁凯峰同志（左1）等的陪同下参观中国少儿出版成就展江西展馆

江西省新闻出版局（总社）党组成员共商江西出版事业发展大计

1996年5月6日-10日，全国新闻出版系统跨世纪人才培养工程工作会议在江西召开。图为：江西省委书记吴官正（左3）、副书记钟起煌（左1）与新闻出版署署长于友先（左2）、副署长桂晓风（左4）亲切会谈

获国家图书奖的赣版图书

位于江西瑞金的中央出版局旧址

江 西 省

总经理：胡德成

江西省电力公司是江西电网经营企业，又是全省电力生产、建设经营的联合企业，对全省电网实施统一规划，统一管理，培养专业人才，保证全省电力的稳定供应，努力适应国民经济发展。

公司所属46个单位，其中供电局10个，火电厂11座，水电厂7座，基建单位3个，学校3所，其他单位12个。到1998年底，固定资产107.5亿元。职工4万余人（含赣能、新余、丰城、东津发电有限责任公司）。全省统调发电装机容量447.17万千瓦，年发电量181.06亿千亿瓦时。

江西电网是以南昌为中心，北起九江，南接赣州，东至上饶，西抵萍乡；以300兆瓦、200兆瓦为骨架的发电机组和以220千伏等级的输电线路和变电站为主网架覆盖全省的统一电网。80年代初又以220千伏双回输电线路与华中电网并联。现有220千伏等级的输电线路2921.9公里，变电容量307.2万千伏安，500千伏等级的输电线路182公里，110千伏等级的输电线路延伸到全省广大农村。

本公司力求适应时代的发展，坚持以安全文明生产为基础，以经济效益为中心，以市场为导向，以优质服务为宗旨，以最大限度地满足社会用电需要为目标，继续与各界新老朋友合作，为江西省经济发展和社会进步做出更大的贡献。

省公司领导向灾区捐赠

南昌发电厂党委被中组部授予“全国先进基层党组织”

电 力 局

公司领导参加招商引资签字仪式

省公司主要领导向职工代表报告工作

省电力开发总公司持股新建的开源水电站

公司在井冈山建立的职工疗养、教育、培训、旅游基地

江 西 省

局党组书记、局长徐新明

江西省粮食局是负责全省粮食储备和粮食流通工作的行政管理机关。目前全省11个地市、96个县（市、区）设粮食局，作为当地粮食行政管理部门，全省国有粮食企业2326个，国有粮食事业单位116个。省粮食局直属单位有省粮油总公司等14家独立核算企业，省工业贸易学校等5个事业单位，省工业贸易学校是全国、全省重点中专学校。近年来，在省委、省政府的领导下，全省粮食部门认真贯彻“按保护价敞开收购农民余粮，粮食顺价销售，粮食收购资金封闭运行”等三项政策，深化粮食企业改革，保护了农民利益，促进了全省农村和农业经济的稳定和发展。1999年全省粮食企业粮食收购总量达100亿斤（原粮，下同），粮食销售总量达55亿斤，粮食调出省外（含出口）31亿斤。1999年全省粮食系统完成了中央直属粮库21亿斤的建仓任务，有效地缓解了我省部分地区仓容紧缺粮食收储难的矛盾，发挥了较好的社会效益和经济效益。

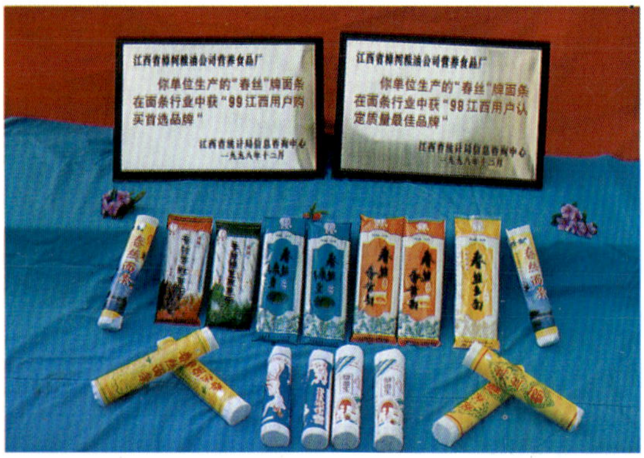

省樟树粮油公司“春丝”系列产品

省樟树粮油公司“仙人牌”系列产品。

粮　食　局

省工业贸易学校语音教室

江西南良仓储有限公司

省工业贸易学校，第二教学大楼

江西省樟树粮油公司面粉厂全景

江 西 省 烟

局长、总经理、党组书记揭国雄

1999年，江西烟草面对全国烟草行业产销下降、库存增加，价格低迷、效益下滑的严峻形势，加大了调整结构、开拓市场、专卖管理、深化改革的力度，经济运行质量显著提高。

经济效益显著提高。全行业实现税利13亿元，同比增长39.5%，其中系统内实现税利10.8亿元，同比增长42.61%，增幅居全国先进行列；三个地方烟厂实现税利2.2亿元。全行业实现税金10.3亿元，比上年净增2.2亿元，圆满完成了省政府交给的新增税金2亿元的任务。

产品结构明显优化。名优卷烟发展势头强劲。一、二类烟产量同比增长150.34%，尤其是“金圣”烟被评为全国名优烟，生产32157箱，同比增长88.3%，销售33846箱。赣南烟厂的佳品“赣”烟调拨销售3032箱，实现当年投产，当年见效；主攻中档烟取得突破。共生产中档烟4.4万箱，同比增长48.9%；翻盖烟8.32万箱，同比增长52.40%；低档烟改造取得成效。共改造老产品6个，开发新产品12个。

企业管理成效明显。全省烟草工商企业深入开展“企业管理年”活动，坚持“以效益为中心”，以财务管理为龙头，加强资金调度，积极推行成本管理。直属烟厂烟叶单耗41.1公斤，同比下降0.13公斤；卷烟纸单耗3371米，咀棒单耗8544支，均较上年有所下降；主要设备有效作业率达到75%，同比提高3%；销售成本率为50.05%，同比下降2.37个百分点。商业企业费用开支也在上年大幅下降的基础上继续下降。

专卖专营水平提高。全年共查处违法违规案件21367起，查缴假冒烟52752件，标值10997万元，端掉制假窝点4个，组织销毁假烟51次。还查获走私烟937件。全省大力加强销售网络建设，到年底共有自办网点512个。卷烟市场“三乱”现象得到有效遏制，市场净化程度明显提高。

烟叶生产提质增效。全省共签订烟叶产购合同54596份，签约面积13.78万亩。全省包衣种子、地膜覆盖、双层施肥和营养袋育苗比例分别达到95%、20%、64%和72%，明显高于往年。烟叶创名牌工程开始启动，“赣南紫石”牌烟叶已经小有名气，品质和声誉逐步提高。

草 专 卖 局

全省烟草专卖行政执法人员统一佩戴执法标志新闻发布会

全省烟草网络建设现场会

焚烧假烟

烟叶大田长势喜人

江 西 省 供

党组书记、主任：朱秉发

联系地址：江西省南昌市省人民政府大院内
联系电话：6216640
邮政编码：330046

新中国成立以来，全省供销合作事业在各级党委和政府的领导下，经历了一个由小到大、由弱到强的发展过程。特别是改革开放以来的二十年，全省供销合作社广大干部职工坚持合作制原则和市场取向，以深化改革求生存争发展，以强化服务促经济增效益，各项工作取得了长足发展，形成了连接城乡、覆盖生产和流通以及生活领域的社会化服务网络，较好地完成了为农业生产和农民生活服务的任务，在发展农村市场经济中发挥了不可替代的重要作用。目前全系统共拥有经营网点30000个，建成了具有相当规模的综合商场、宾馆饭店、生产加工、仓储等经营设施800多个，庄稼医院1623个，综合服务站3339个，专业合作社1039个，商品生产基地1380个。社办工业已由传统的以棉花、食品加工为主拓展到纺织、服装、粮油、建材、化工等10多个门类100多个品种的工业生产体系。各地供销合作社还积极创办了一批“三资”企业，开设省外、境外“窗口”，在与外商的合资、合作项目上涉及棉纺、服装、农副产品加工、装饰、建材、餐饮、娱乐等多个行业。1999年，全省供销合作社系统实现商品购销总额达203.71亿元、资产总额106.94亿元，上缴国家税费9900万元。

省棉麻集团公司所属三星级酒店—江西银海大酒店

销　合　作　社

省棉麻集团公司董事长、总经理(法人代表)：谢英胜

银海大酒店标准间客房

省棉麻集团公司联合设立的棉花良种试验基地

省棉麻集团公司所属现代化棉花储备库

省棉麻集团公司控股的江西旧货大市场

江 西 省

局领导班子：左二为党组书记、局长李国华，右二为党组成员、副局长郭华，左一为党组成员、副局长欧阳天高，右一为党组成员、纪检组长兼工会主席张路敏。

江西省邮政局于1998年12月29日正式挂牌成立，其主要职责是：受国家邮政局委托，负责全省邮政通信行业管理；负责全省邮政通信建设与邮政业务经营的组织与管理。

江西省邮政局下辖10个省直单位，11个地市邮政局和82个县（市）邮政局，邮政分支机构和营业网点遍布全省城乡。到1999年底，全省邮政职工总数为11937人。全省邮政固定资产总值达17.08亿元。

1999年，是江西邮政独立运营的第一年，全省邮政职工在以党组书记、局长李国华为首的江西省邮政局党组的领导下，开拓进取，奋力拼博，坚持以经营为中心，以改革为动力，以服务为宗旨，努力加快全省邮政通信事业的发展，邮政业务稳步增长，通信能力明显增强。1999年，全省邮政业务收入累计完成9.75亿元，比上年同期增长35.8%，安排建设项目275个，固定资产投资2.9亿元，为我省邮政通信的进一步发展打下了良好的基础。

作为公共服务性行业，江西省邮政局坚持“人民服务为人民”的宗旨，采取各种措施提高服务意识，改善服务环境，提高服务水平，拓宽服务范围，不遗余力地向广大用户提供品种丰富、优质高效的服务。目前，江西邮政开办的邮政业务有：函件、邮政储蓄、包裹、集邮、特快专递、报刊发行、邮政礼仪、邮购、邮政广告等。江西邮政将以不懈的努力，不断扩大服务领域，提高服务水平，为满足全省城乡广大群众日益增长的通信需求作出更大的贡献。

迅速、敏捷的EMS（特快专递）车

邮　政　局

党组书记、局长李国华在生产一线调研

丰富多彩的文娱活动

温馨可人的邮政礼仪业务

邮政业务宣传与咨询

高雅、现代化的邮政营业厅

南　　昌

南昌站软席候车室荣获“中国文明示范岗”称号

1998年6月18日，开行全国首列双层动车组运行南昌—九江之间

局　　长：杨建兴
党委书记：郑明理
地　　址：南昌市站前路007号
邮政编码：330002

铁 路 局

南昌铁路局线路在江西、湖北、河南三省境内。人称南昌局为“三省托一局，一局跨三省”。全路局营业里程2481.7公里，其中京九线1101.3公里，浙赣线562.9公里，皖赣线198.4公里，武九线55.1公里，鹰厦线7.6公里，分文线154公里，向乐线106.9公里，新增横南线上饶至铅山西36公里。合计线路延展长5679.7公里。其中正线4166.3公里，双线1655.1公里，内燃化线路2044.7公里，电气化线路7.6公里。有九江长江大桥等桥梁共计1107座，延展长126.3公里；隧道98座，延展长37.23公里；车站200个；配属机车647台，其中内燃机车538台，配属客车1239辆。运输主业固定资产264亿元。在职职工75320人，干部16533人，专业技术干部11779人，1999年运营人数49443人，完成换算周转量77500百万吨公里，人均完成换算周转量152.5万吨公里，全员劳动生产率在全路位居首位。从固定资产和职工人数上统计，南昌铁路局是江西省境内最大的国有企业。

1999年面对运输市场激烈竞争，南昌铁路局上下落实资产经营责任制，推动产品结构调整优化。先后6次优化列车开行方案，推出“假日列车”、“旅游列车”等运输新产品。“庐山号”列车免费提供早餐，获得广大旅客的青睐。初步形成了南昌市区售票网络，并在庐山、井冈山等名胜旅游地区建立微机售票点。利用灵活的运价政策，上门提供优质服务，重新夺回了部分“昌河”、“江铃”汽车运输市场，拓展了九江炼油总厂石化产品等大宗货物市场。加强运输组织，确保了京广、京九客货分流。全年旅客发送量完成3089万人，为年计划的109.2%，比上年增长9.6%；货物发送量完成2845万吨，为年计划的105.4%。比上年增长2.8%，换算周转量完成775亿吨公里，为年计划的109.1%，比上年增长12.3%；按换算周转量计算，运输主业人员劳动生产率为152万换算吨公里/人，比上年同期相比增长14.9%，比全路平均水平高4.5个百分点；运输收入完成18.68亿元，为年计划的107.3%，比上年增长10%；按运输进款计算，运输主业从业人员劳动生产率39885元/人，比上年同期增长13.1%。实现运输利润44826万元，比计划增长22%。完成和超额完成了铁道部下达的增盈和资产经营责任制“三率”目标。各单位协同作战，密切配合，确保了专、特、军运的运输质量。工附业实现了收支平衡。多元经济克服了市场需求不旺的困难，产业结构调整取得进展。江西东方科技开发有限责任公司被认定为江西省高新技术企业，组建了铁路大厦有限责任公司。全年完成多经销售收入65000万元，为年计划的130%，较上年增长16.8%；实现利润8400万元，为年计划的200%，较上年增长27.3%。完成集经销售收入25800万元，为年计划的133%，较上年增长0.4%；实现利润890万元，为年计划的148.3%，较上年增长17.9%。1999年，在全路十四个铁路局中，南昌局运输收入排名第十四名，货物发送量第十四名；日均装车1326车，比昆明局稍微多些，占第十三名；货物周转量54031百万吨公里，超过柳州局、呼和浩特局、昆明局、乌鲁木齐局，接近兰州局在全路占第十名；旅客周转量23228百万人公里，占第九名；换算周转量77500百万吨公里，超过兰州局在全路占第九名，占全路1669608百万吨公里的4.6%。（史志办）

南昌站为京九线途径的唯一省会城市的客运站，南昌已成为全国铁路网的重要枢纽之一

江西省林业厅

厅党组书记、厅长吴志清

团结进取的江西省林业厅党组一班人

江西山川秀丽、风景优美，是我国南方重点林业省份。全省现有森林面积1.33亿亩，活立木蓄积量2.77亿立方米，森林覆盖率达53.3%。

建国以来，江西省森林资源培育取得重大成果，累计人工造林保存面积4500万亩。尤其是近年来，全省先后实施了一批国家生态林业工程建设，取得瞩目成就。其中完成长防林工程营造面积1954万亩；为国家下达计划的3倍；防沙治沙工程完成沙化土壤治理面积47万亩；京九绿色长廊工程完成建设任务156万亩；中德造林项目1998年开始实施，进展顺利。同时，全省21个平原绿化工程县已有12个通过了国家达标验收。生态林业建设的迅速发展，为全省森林资源的增长和生态环境改善作出了积极有效的贡献。

随着社会主义市场经济体制的确立，围绕建设一个比较完备的林业生态体系和一个比较发达的林业产业体系的目标，江西林业正向建设高效林业，实现“跨世纪绿色工程”迈进。从现在起到下世纪初，全省将全面推进鄱阳湖水系生态防护林工程建设，加快商品林业基地发展，综合开发山区资源，提高林业产业的整体效益，为江西经济腾飞作出新的贡献。

莽莽林海

江西省煤炭工业厅

党组书记、厅长包尚贤（中）
党组成员、副厅长胡会诗（右二）
党组成员、副厅长易光景（左二）
党组成员、副厅长贺爱民（左一）
党组成员、纪检组长黄言忠（右一）

江西省煤炭厅与江西煤炭工业管理局两块牌子一套人马，承担行业管理和管理直属企业两种职能，煤炭生产企业10户，机械制造企业户，还有地质、矿建、设计、科研等配套单位。

江西矿区主要分布在浙赣、皖赣铁路沿线，乐平煤系和安源煤系为主要勘探和开发对象。截止1998年底，累计探明地质储量17.31亿吨，保有储量13.73 亿吨。

江西开发和利用煤炭的历史悠久。建国以来，经过50年的发展，全省煤炭工业逐步形成以萍乡、丰城等11个矿区为主力，以乡镇煤矿为重要方面的多层次、多种所有制的发展格局。产品除1720万吨煤炭外，还有建材、矸石发电、矿山机械、电焊条、炸药、客车、玻璃等产品。年末，厅属企业资产总额43.85亿元。

按照十五大和十五届四中全会精神，江西煤炭工业正在按照“有所为和有所不为”的原则，加大结构调整力度，做好关井压产和关闭破产工作，积极推进大中型企业改制，努力实现三年扭亏脱困目标，以崭新的姿态进入新千年。

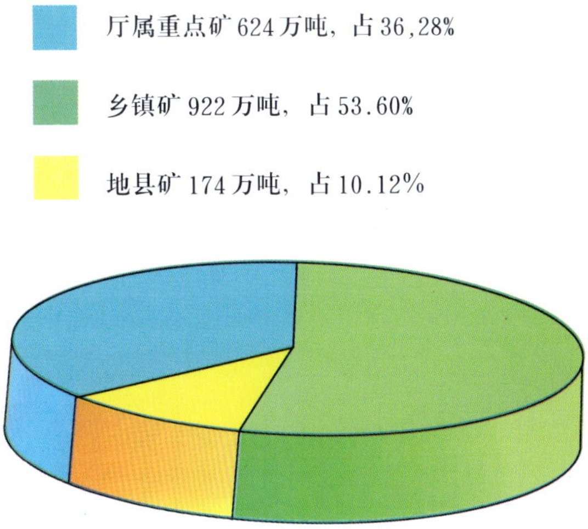

江西省广播电视厅

省委书记舒惠国在省电台直播室与赣沪两地听众畅谈国企改革与发展

厅长：李立功

省电视台等摄制的《朱德上井岗》剧照

1999年，全省广播电视系统坚持正确的舆论导向，努力提高节目质量和舆论引导水平，节目创优和精品生产保持了良好态势，广播剧《文天祥》《神羊峰》、电视剧《朱德上井岗》《沈鸿》、理论文献电视专题片《共和国之魂》和歌曲《爸爸》获中宣部第七届精神文明“五个一工程”奖，还有一批新闻、专题获中国新闻奖、中国彩虹奖、中国广播电视奖等。积极实施“村村通广播电视”工程，全年有2200个盲点村脱盲；广播电视光缆传输干线实现了省地联通，全省有线电视网（含同轴电缆和光缆）达21127公里，转播发射台781座，卫星地面站7054座，全省广播电视的人口覆盖率分别达到85%、90%。注重依法行政，规范行业行为，各项管理得到加强。同时，以“三讲”教育为契机，大力开展思想政治教育和业务培训活动，禁止有偿新闻、树立行业新风，《社会传真》栏目组被评为全国广播影视系统首批优秀“青少年维权岗”，省电台记者柯斌被评为第三届省直机关“十大杰出青年”。

江西省工商行政管理局

局领导班子

局注册大厅一角

1999年，全省各级工商行政管理机关以邓小平理论为指导，认真贯彻落实党的十五大和十五届三中、四中全会精神，贯彻落实省委、省政府和国家局工作部署，以积极推进工商行政管理体制改革、加强班子建设、强化市场监管、加大执法力度、支持经济发展为重点，各项工作都取得明显成效。一是全省工商行政管理体制改革的基本完成，标志着工商行政管理新体制基本建立。二是通过“三讲”教育和采取得力措施，各级班子建设进一步加强。三是市场监管、行政执法力度加大，有力地维护了市场秩序。粮食市场监管严，维护了粮食收购秩序；执法重点明确，力度加大，办案数量比上年大幅上升；积极清理不良文化，促进了精神文明建设，与“法轮大法”作了坚决斗争；加强和改进了市场监管，各项监管工作有创新；法制工作进一步加强。四是支持、促进经济建设取得明显成效，尤其是支持国企改革、鼓励促进个私经济发展取得成果。监管创新，大力支持了国有企业深化改革；充分发挥职能作用；大力支持促进了县域经济发展；认真贯彻落实全省个私经济工作会议精神，鼓励、引导发展个私经济；培育市场体系，促进农产品流通；搞好服务，促进外商投资软环境的改善；运用商标、广告战略，帮助支持企业开拓市场，促进了我省名牌战略的实施，“凤凰”、“鸭鸭”实现了我省驰名商标零的突破。五是确保社会稳定，全系统做到了思想不散、秩序不乱、工作不断。六是完善机关建设，求真务实，为基层服务的意识得到加强。

民航江西省管理局

局长余当贵在昌北机场通航庆典会上致辞

民航华东局党委授予江西省局党委“好班子”称号

机场问询：(0791)3961126 - 2217
机场售票：(0791)3961126 - 2176
机场宾馆：(0791)3961126 - 2888
市内订票电话：　(0791)-6278246

昌北机场候机大楼

南昌昌北民用机场位于江西省南昌市北郊新建县乐化镇，与市区直线距离20公里，公路距离26公里，乘车只需30分钟即可到达机场，。

昌北机场于1999年9月10日正式启用，从此翻开了江西民航发展史上新的一页。

昌北机场候机楼以“雄鹰展翅”为主体背景，象征着江西民航事业面向新世纪振翅腾飞的信心和决心。飞行区按照4D级标准建设，跑道长2800米，宽45米，两侧道肩各宽7.5米，可满足A300。B767等大中型客机全重起降。机场站坪面积12万平方米，可同时停靠17架大型飞机，航站区工程按满足年旅客吞吐量200万人次，货邮吞吐量3万吨，高峰小时1100人次要求建设。昌北机场总概算10.8亿元。

作为国内重要干线机场，昌北机场配置安装了航管信息自动化管理系统，仪表着陆系统，全向信标测距仪。1类进近灯光系统等国际、国内先进水平的安全保障设施。随着环境和硬件设施的改善，可完全根据市场的需求，选择起降不同类型的飞机，适时增加航班，合理布局航线，今年夏秋航班每周飞行160余班，通达全国30个城市，形成了南昌辐射全国的航空网络。

昌北机场将以优质服务，安全保障，文明形象，优美环境迎接八方来客。

沐浴着新世纪的朝霞，南昌昌北机场的正式启用，标志着江西人民终于圆了省会城市拥用现代化民用机场的世纪梦想。民航江西省管理局从此也开始了二次创业，全体员工将以开拓进取，勇于创新的决心。在两年内把昌北机场建设成为江西省精神文明建设的先进单位三年内建设成为花园式机场和华东地区乃至全国文明机场。让昌北机场犹如凌空飞翔的雄鹰，为二十一世纪江西经济的发展插上腾飞的翅膀。

江西省乡镇企业局

省领导参观“江西省乡镇企业名优特新产品展销会”

全省乡镇企业局长会

江西省乡镇企业局是江西省政府主管全省乡镇企业的行政管理部门，其主要职责是对全省乡镇企业进行规划、协调、监督和服务。

改革开放以来，在省委、省政府和各级地方党委、政府的关怀重视下，江西乡镇企业获得较快发展。1999年，全省有各类乡镇企业71.6万个，职工306.91万人；完成乡镇企业总产值1469.6亿元，其中乡镇工业产值962.1亿元；增加值383.8亿元，工业增加值251.5亿元；出口产品交货值31.4亿元；实交税金31.2亿元，实现利润总额93.6亿元；为农民提供人均收入601元。乡镇企业增加值占全省国内生产总值的19.5%，乡镇企业上缴税金占全省财政收入的20.1%。乡镇企业提供的农民收入占全省农民人均纯收入的28.2%。

目前，我省乡镇企业已形成乡（镇）、村集体、个体私营、股份制及股份合作制、“三资”企业等“多轮驱动”、多层次、多形式发展的新格局，并建成以工业为主，拥有三大产业和40多个工业门类的比较完整的结构体系。我省乡镇企业已经成为农村经济的主体力量和全省国民经济的重要支柱。

在未来发展中，江西乡镇企业将继续贯彻省委、省政府提出的“大发展大提高”方针，进一步深化改革，强化管理，优化结构，推进科技进步，加快两个根本转变，努力创造更加良好的投资环境，竭诚欢迎全国各地和境外投资家到江西这片红土地上投资办企业。

江西省人民防空办公室

江西人防指挥通信枢纽

江西省人民防空办公室在2000年省直机关机构改革中，确定为省国防动员委员会办事机构，也是省政府人民防空工作的主管部门，在省政府、省军区双重领导下，承担全省人防战备工作职能。

1996年10月29日，《中华人民共和国人民防空法》颁布，我省各项人防建设纳入依法行政的轨道，取得了可喜的成绩。1999年人防工程利用率为47.62%，年产值（营业额）2.78亿元，年上交税金1353.67万元，营业利润3213.6万元，安排就业人员4990人。与此同时，增设了8个省级人防重点城市，拟制了防空袭预案，人防通信系统逐步完善，在289所学校的54万余名初中学生中开展了人防知识教育，并采取多种形式向社会进行宣传，增强了广大群众的防空意识，促进了人防建设的顺利发展。

人防工程平时用作地下商场

人防防化专业队伍训练

江西省气象局

省委书记舒惠国、省委常委钟家明、副省长孙用和视察省气象局

局党组书记、局长陈双溪

气象事业是重要的社会基础性公益事业。江西省气象局依据《中华人民共和国气象法》、《江西省气象管理规定》对全省气象事业发展和社会气象活动实施管理，内设9个处室，下辖8个直属事业单位，11个地市气象局。全省共有89个地面气象观测站（其中4个为全球气象情报交换站、7个为亚洲气象情报交换站）、16个农业气象观测站、2个地面卫星接收站、2个天气雷达观测站。建有畅通的以气象卫星通信为主，地面通信为辅，上联国家气象中心，下联全省各地、市、县的计算机广域网。全省5-7天的中期数值预报准确率超过75%，3天以内的短期预报准确率已达85%，大范围灾害性天气预报准确率在95%以上，处全国领先水平。90年代以来，全省气象防灾减灾服务经济效益年均达40亿元以上。

全省气象部门100%建成县级文明单位，有11个单位被省委宣传部列为文明示范窗口单位，1998年在全省率先建成了省级文明系统。1998年和1999年，在全国气象部门目标管理考核评比中，分别以总分名列第三、第四的优异成绩，荣获目标管理优秀单位称号。

中国气象局、江西省文明委授予江西省气象部门“创建文明行业工作先进系统”称号。

江西省气象防灾减灾指挥中心机房

江西省技术监督局

局长杨毓模(右二)与省局领导班子其他成员共同研究工作

技术监督稽查人员在市场进行执法监督检查

江西省技术监督局是省政府统一管理和组织协调全省标准化、计量和质量工作的职能部门，同时又是《产品质量法》、《标准化法》、《计量法》的行政执法单位。主要任务是：贯彻执行国家有关质量技术监督工作的方针、政策；统一管理全省的标准化、计量和质量监督工作，并对质量管理进行宏观指导，负责全省质量技术监督法规建设，制定质量技术监督有关制度和办法；实施技术监督执法检查，保护国家、集体、个人和企业的合法权益，维护正常的社会经济秩序。

江西省技术监督局机关内设：办公室、综合计划科技处、法规宣教处、标准化处、计量处、监督稽查处等8个业务处（室）。省技术监督局下属：江西省产品质量监督检验所、省计量测试研究所、江西省技术监督信息研究所、江西省技术监督局稽查大队4个县（处）级单位。全省地、市、县均设立了技术监督局。

1999年江西省技术监督局对生产领域127类192家企业的2663批次产品，定期监督检查共抽查2663批次产品，合格率为83.7%。确定88家企业质量好、信誉高、效益高的115种产品为1999年度江西省技术监督局重点保护产品。全省共查处假冒伪劣产品标值达9698万元；端掉制售假冒伪劣产品窝点214个。全省已有73个县（市）通过消灭无标生产的验收。全省已制定地方标准152项，共受理1128项企业产品标准备案。对20个产品颁发了采标标志证书，颁发达标证书37份。全省强检计量器具的受检数为436420台（件）。受检合格率为92%。有138个质检机构通过计量认证。江西省现有技术监督地方性法规《江西省标准化管理条例》、《江西省产品质量监督管理条例》及《江西省计量监督管理条例》。

江西省高等级公路管理局

团结进取的领导班子

江西省高等级公路管理局是负责全省高速公路建设、养护、收费和管理的专门机构，按照《江西省高速公路管理条例》的规定，具体行使高速公路的行政管理职责。现有职工近1600人，管理昌九、昌樟、机场高速公路及九景高速公路九湖段230多公里。自1993年初建局以来，广大高速公路职工发扬“团结拼搏、无私奉献”的昌九精神，坚持“强化管理、精心养护、依法征费、文明服务”，逐步探索出了具有江西特色的高速公路管理模式和运行机制，创造了良好的经济效益和社会效益。江西赣粤高速公路股份有限公司作为我省公路行业唯一一家上市公司，已于2000年5月成功发行股票，标志着我省高速公路管理体制和投融资体制改革取得了重大进展。几年来，高速公路部门以“服务社会、奉献人民”为宗旨，深入开展文明行业创建活动，所有基层单位均已建成各级文明单位和青年文明号，其中省级文明单位3个，国家级青年文明号2个，昌九高速公路整体建成为“青年文明号一条路”。

“十五期间”，我省将继续加快以高速公路为重点的公路建设步伐，以赣粤高速公路和上海至瑞丽国道主干线江西段为“十字型”主骨架，我省高速公路总里程将达到1000多公里。高速公路部门全体职工肩负跨世纪的重任，将迎着深化改革的春风，以更快的步伐前进，努力搞好高速公路建设和管理，为促进全省经济发展和改革开放作出新的贡献。

昌九高速公路

药湖大桥

江 西 省

朱英培副省长、凌成兴省长助理参观省测绘局基础地理信息中心

省测绘局领导班子研究工作

江西省测绘局为省人民政府主管测绘工作的事业单位(副厅级)，归口省建设厅。主要负责贯彻执行国家和省制订的测绘法律、法规；拟订全省测绘事业发展规划；主管全省各测绘单位资格审查、省境内测绘任务登记、各地市和大型建设项目建立相对独立的座标系统，全省各类地图编制出版、地名在地图上表示的审定和制定全省行政区划标准样图。依法进行全省测绘行业管理、地图编制出版管理、测绘市场管理、测量标志保护管理、测绘成果成图管理和用于测绘的航天、航空遥感项目的归口管理测绘计量标准化管理，组织全省基础测绘、重点工程测绘、行政区域界线、地籍测绘及测绘质量监督和全省测绘科技成果转化重大测绘科技项目攻关。管理并审核我省的重要地理信息数据并按省政府的授权进行发行工作。

城市立体建筑模型地图

测 绘 局

局属单位拥有一支高素质的专业技术队伍，先进的仪器设备，测绘产品品种齐全。并建立了我省地理信息科研开发、示范、培训、生产四位一体数字化基地，主要承担基础测绘和基础地理信息等工作，可进行各级大地控制网测量、航空摄影测量、工程测量、大中比例尺地形测量、地籍测量、土地利用现状调查测量、房地产测量，可生产各种比例尺地形图、影像地图、专题地图、电子地图、立体模型地图、4D技术及其复合产品。为全省各项建设提供了准确的测绘数据和地图资料保障。

省测绘局召开鄱阳湖地区基础地理信息数据演示会

省测绘局技术人员为昌北机场测绘

江西省 1:50 万数据库建库工作。

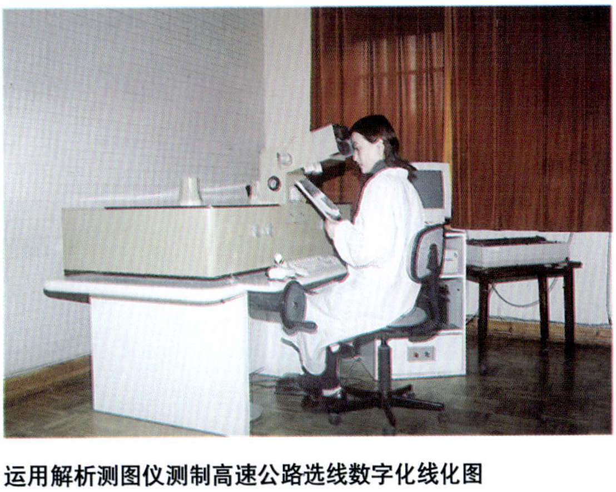

运用解析测图仪测制高速公路选线数字化线化图

江 西 省

主任：刘生樑

我省自1994年开始实施《国家八七扶贫攻坚计划》，在省委省政府正确领导下，通过贫困地区广大干部群众艰苦努力和社会各界大力支持，取得了最著成绩：

一、贫困状况明显缓解，贫困户生活水平逐步提高。实施"八七"扶贫攻坚计划以来，我省共投入扶贫资金191022万元（未含以工代赈扶贫资金），其中财政资金38222万元，专项贷款152800万元。这些扶贫资金的投入，促进了贫困地区经济发展。全省没有解决温饱的贫困人口由93年底的450万人减少到99年底的126万人；贫困户的人均纯收入也从386.37元提高到99年底的1182元。

兴国县输电线路

二、基础设施状况有一定的改善。六年来我省利用扶贫资金共修建小水电站167座，总装机容量58616千瓦；架设输电线路1844公里，解决了2838个村的用电困难；修建了村公路1454条，总长10397公里；架设桥梁456座，总长14473米；修建小水库196座，总库容6013万立方；兴建排灌站511座，增加灌溉面积136万亩；修建饮水工程688处，解决了33万人的饮水困难；还修建卫生院120所，学校330所。

三、扶贫支柱产业初具规模。经长期努力，我省已初步建成果茶、蚕桑、畜禽、水产、矿产、林业化工、经济作物等7大扶贫支柱产业。到99年底，已建成果茶基地236万亩，蚕桑基地652万亩，用材林、经济林、毛竹林基地648万亩，1999年这些扶贫支柱产业覆盖了757万人口，贫困户人均从中获益达346元。

扶贫开发，推动了贫困地区经济发展，也促进了广大群众思想观念的变革。通过培训，目前已有90%以上的贫困户有1个以上劳力掌握了一至二门实用技术，劳动者的素质不断得到提高。贫困群众已经从自给自足的小生产束缚中解放出来，开始走上发展商品经济，奔小康的道路，贫困群众的精神面貌和思想观念焕然一新。这些可喜的变化，将成为改变我省贫困地区落后面貌的有力保证。

老 建 办

巴西陆稻试种基地

安远万亩脐橙基地

技术人员在检查水轮机运转情况

铅山县傍罗乡信江大桥

江西省移民办公室

省移民办公室领导班子在研究库区移民生产开发工作

建国以来，在我省先后兴建了上犹江、江口、柘林、洪门、罗湾、万安等部属水利水电工程以及省属水利水电工程200余座，产生了大量的水库移民，同时，还接收了浙江新安江、富春江水库移民14.6万人，至1999年底，全省水库移民人数已达到103万人，我省是全国水库移民工作任务最重的几个省份之一。

水库移民是水利水电工程建设不可分割的重要组成部分。移民安置的好坏，不仅关系到群众的切身利益，而且直接影响水利水电事业的顺利建设和移民区经济的发展、社会的稳定。为做好水库移民的搬迁安置和生产扶持工作，我省根据工作需要，早在70年代，各有关地(市)的各级政府成立了相应的移民管理机构。多年来，在省委、省政府的领导下，认真贯彻国家开发性移民方针，在库区和移民安置区完成移民搬迁后，进行了大规模的基础设施建设和生产开发，为确保水利水电工程的顺利建设和促进移民所在区域的经济发展做出了贡献。

1996年8月，华东水利勘测设计院院长张发华同志（左二）在省移民办主任曾庆赓（左一）的陪同下，就万安水库100米运行对赣州市的移民安置和城区防护的可行性问题进行考察论证

水利部移民办主任赵人骧同志（右二）率有关专家，就江口水库回水区应迁未迁移民遗留问题处理进行考察咨询

江西省交通厅工程管理局

江西省交通工程质量监督站

该局、站为省交通厅直属单位，合署办公，代厅依法行使交通基本建设管理和工程质量监督职能。内设8个职能科室，所属江西交通工程监理公司具甲级监理、咨询资质。近年来，干部职工团结拼搏，开拓进取，加强交通建设市场管理和项目工程质量监管，积极开展全省“交通建设质量”活动，认真落实各项质量管理制度和措施，促使全省交通建设质量效益有新的提高。多年被上级评为先进集体。

加强高速公路质量检查

通过验收的新八一大桥

江西省交通设计院

院长兼党委书记：车宇琳

江西省交通设计院成立于1975年10月，现有职工459人，是一个集路桥、港航、民用建筑勘察设计，工程咨询、工程监理、工程总承包等为一体的综合型设计院。具有公路、桥梁、隧道甲级工程设计证书，工程技术咨询甲级资格证书，工程总承包甲级工程证书，交通建设施工监理甲级资质等级证书，水运工程勘察设计乙级资格证书，测绘乙级许可证书和工业民用建筑丙级工程设计证书、计量认证合格证书等。可承担高等级公路、特大桥、大桥、大型互通立交、隧道、内河航道渠化与整治、港口、码头、民用建筑的勘察设计及其材料试验、工程检测、工程地质勘探、物探；高等级公路、大型桥梁、水运工程监理、咨询及工程总承包等业务。

该院技术力量雄厚，专业设备先进。现有教授级高级职称者3人，高级职称者66人，中级职称者113人。拥有现代化的全站型电子速测仪、红外测距仪、GPS全球定位系统仪、24道信息增强型地震仪、大型工程复印机、晒图机、激光照排印刷系统，以及以计算机工作站为主体的计算中心及其网络。全院共有电子计算机160余台，计算机绘图率已达90%以上，并在继续向计算机自动化、智能化方向迈进。在工程勘察方面，现代化的地震物探、电脑程控试验和工程地质遥感等先进技术，均已广泛应用。

该院注重设计质量，重视科技进步，并在长期的勘察设计实践中形成了许多独特技术专长和技术特色。建院20多年来，完成各类测设项目230多项，获得优秀勘察设计和技术进步奖励共135项，其中国家级奖9项（国家金奖2项、银奖3项、铜奖1项、全国科学大会奖1项、科技进步奖2项）；部省级奖67项；厅级奖59项；产生了良好的经济效益和社会效益，经有关主管部门评定位列江西省勘察设计单位综合实力排位的榜首。

该院狠抓内部管理，不断强化全员质量意识。在推进科技质量效益型的发展战略中，恪守“以强烈的事业心求一流的技术和质量，凭高度的责任感创良好的服务和信誉”的质量方针，积极宣贯GB/T19000-ISO9000族标准，不断完善内部质量体系，在1998年荣获国家建设部“八五”期间全国工程建设管理先进单位的基础上，向更新、更严、更高的目标迈进。

该院发扬“团结、严谨、拼搏、奉献、自强、进取”的企业精神，切实加强思想政治工作，大力开展职业道德教育，不断推进精神文明建设，连续多年荣获全省交通系统两个文明建设先进单位、全国交通系统学习青岛港先进单位、南昌市文明单位等称号。该院将以良好的风貌、优良的服务，竭诚满足顾客的合理要求，为交通建设事业作出新的贡献。

南昌银三角立交桥之夜

江西省统计信息咨询中心

Jiangxi Statistics Information Consulting Centre

主任（总经理）：梁步新

微机室

江西省统计信息咨询中心是一个集市场研究，信息咨询、数据资料服务三位一体的综合性信息咨询机构，是江西省统计局唯一的对外服务窗口。本中心拥有丰富翔实的社会经济统计资料，形成了上接国家统计信息咨询中心，下联全省各地市、县统计局、内依本局农调队、城调队、企调队、计算中心等专业处室，外靠各省市、自治区统计信息咨询中心的巨大网络，可根据用户需求，及时方便地提供江西省及全国各地的国民经济统计资料。

江西省统计信息咨询中心拥有江西省的人口数据库、工业普查数据库、企业基本单位数据库、第三产业普查数据库、农业普查数据库、商贸和外资企业数据库，可方便快捷的为客户提供各种查询及数据分析报告。

江西省统计信息咨询中心下设五部一公司和二个编辑部，即“市场研究部”、“产品调研部”、“信息咨询部”、“发展部”、“行政财务部”，和具有独立法人资格的专业市场研究机构“江西华通市场信息有限责任公司”，以及《江西统计年鉴》编缉部、《江西省工商指南》编辑部。并拥有省内第一家设备完善的消费者研究座谈会监控室。

江西省统计信息咨询中心拥有一批经验丰富的专兼职调查队伍。有15000户居民家庭组成的居民调查网络，并与全国各大中城市的社会调查机构有着广泛的业务联系，可完成全国性市场调研项目的总体策划，问卷设计，调查实施，数据处理及提供中英文研究报告。多年来通过入户访问、产品派发、街头访问、深度访问、座谈会等多种调查形式，为国内和国外跨国集团以及外资企业、合资企业、广告公司和市场研究机构提供了如：日用消费品、食品、文化用品、家电设备和电视收视率、产品市场占有率等项调查结果及分析报告、还为政府机构承担了中国职工生活、中国社会问题等专项调查。我们的调查涉及消费者、生产厂家、零售网点等商品流通等诸多领域，客观高效的工作赢得了客户的肯定。

“权威、客观、优质、高效”，我们本着这一宗旨 愿为各界客户提供满意的服务，我们将成为您可信赖的、理想的合作伙伴。

地址： 江西省南昌市省府大院省统计局信息中心
电话： (0791)6217739 6269813
传真： (0791)6266208
邮编： 330046
E-mail: Lpxin@public. nc. jx. cn

中心领导班子

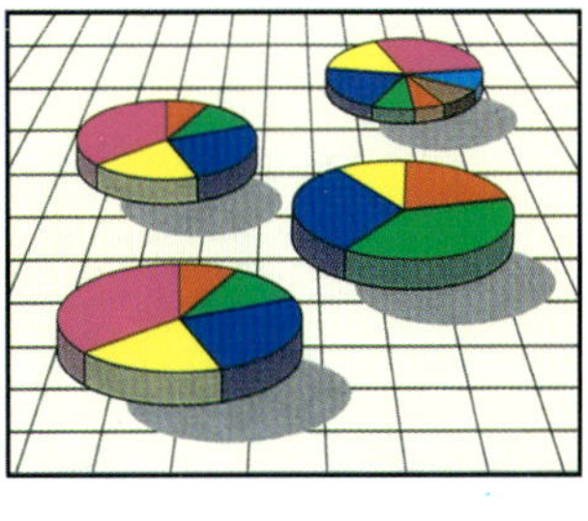

江西江中制药（集

办公楼

江西江中制药（集团）有限责任公司是由国家512户国有大中型企业、全国医药行业10强企业之一的江中制药厂联合国家大二型企业、南方最大的抗生素生产基地江西东风制药有限责任公司共同组建而成的大型综合性集团公司，系国家级重点高新技术企业和江西省唯一的一家企业博士后科研工作站，江中制药集团公司于1998年7月在江西南昌注册成立，包括5家全资成员企业和一家控股上市公司。资产总规模达到13亿元，净资产7亿元，年利税总额1.5亿元左右。职工总人数4300余人，其中各类专业技术人员930余人。生产经营中成药、抗生素、合成药、生物制剂、保健食品、日化产品等十多个系列一百余种产品。董事长兼总裁由留美归国硕士、全国有突出贡献的中青年专家钟虹光主任中药师担任。

江中制药集团公司自组建以来，狠抓现代企业制度建设，强化企业内部管理，努力开拓国内外医药市场，积极推进企业技术创新和人才培养，围绕企业发展战略有效实施资本运营，全面提高企业的整体素质，努力使集团公司早日走上现代企业高速稳健发展的快车道，成为江西医药工业的“航空母舰”，为江西医药工业的全面振兴做出更大的贡献。

厂房

团）有限责任公司

公司大门

中医药展示中心

综合楼

诚志股份

董事长：荣泳霖教授

副董事长、总经理：龙大伟

诚志股份有限公司是由清华同方股份有限公司、江西合成洗涤剂厂、江西草珊瑚企业（集团）公司、江西省日用品工业总公司和南昌高新区建设开发有限责任公司五家企业，本着强强联合、优势互补的原则，以各自的部份优质资产进行合并重组而发起设立，是江西省与清华大学实行省校合作、共同发展的重大成果，并于2000年6月8日经中国证监会核准公开发行股票。

诚志股份有限公司现有员工近991人。总部设有八个精干高效的职能部门，下设合成洗涤剂、草珊瑚牙膏、草珊瑚生活用纸三个分公司及北京清华永昌化工有限公司、江西诚志日化营销有限公司、江西诚志医药营销有限公司、江西同方药业有限责任公司、江西京鹰汽车新技术有限责任公司五个子公司。公司现任董事长为清华大学校长助理兼清华大学企业集团董事长荣泳霖教授，清华大学企业集团副总裁龙大伟先生出任副董事长兼总经理。

诚志股份有限公司积极响应“科教兴国”战略，坚持走“以科技为先导，以人才开发为基础，以拓展市场、科学管理和资本运营为手段”的发展道路；牢牢把握“以人为本”，“培育优秀企业文化，全面提高员工整体素质”的管理理念，充分利用自己的科技优势和品牌，既强调用高科技提升传统工业产品的科技含量和产品附加值，同时还十分重视在生物医学、环境工程和汽车新技术产品等领域作为新的增长空间。对内转换经营机制，强化内部管理，调整产品结构，提高经济效益；对外积极倡导现代营销理念，培养一批敬业精神强、业务素质高的骨干人才，积极开拓市场，不断满足市场和消费者的需要。

诚志股份有限公司，禀承“自强不息、厚德载物”的精神，全体员工精诚团结，锐意进取，追求卓越。决心努力把诚志建设成富有自己特色、具有发展潜力的国内同行业强势企业和国内外知名的高科技上市公司。

诚志股份有限公司总部

有 限 公 司

董事会全体成员

诚志股份第一届董事会第六次会议

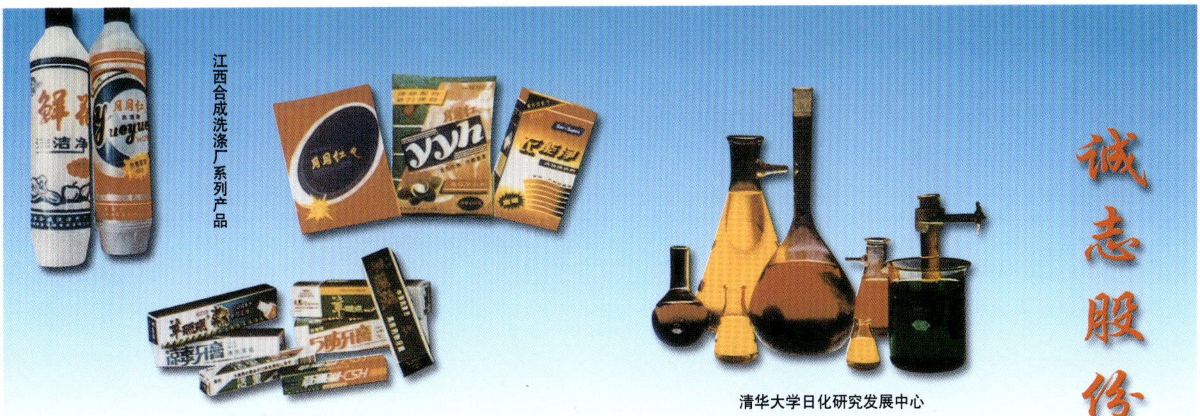

江西草珊瑚集团公司系列产品

部分产品

地　　址：江西省南昌市北京西路88号江信国际大厦21楼
电　　话：0791-6304760　　传　　真：0791-6304524
电子邮件：czgsh@.public.nc.jx.cn
邮政编码：330046

江西英雄乳业

乳品厂液体奶车间

江西英雄乳业股份有限公司是以江西金牛企业集团公司为主要发起人，联合江西丰物实业有限责任公司、江西亨达实业有限公司、九江市派拉蒙百货有限公司、江西起来实业有限公司、江西省南昌滕王阁房地产开发有限公司等五家企业共同发起设立的江南最大的乳业股份公司。股份公司净资产7447万元，拥有奶牛近万头，占江西省奶牛存栏数的70%。股份公司具备雄厚的科研开发实力，聚集了优良资产和人才精英，并有三十多年乳制品生产与开发的历史，其主导产品“英雄”牌奶粉为全国乳品十大名牌之一，深受消费者的青睐。

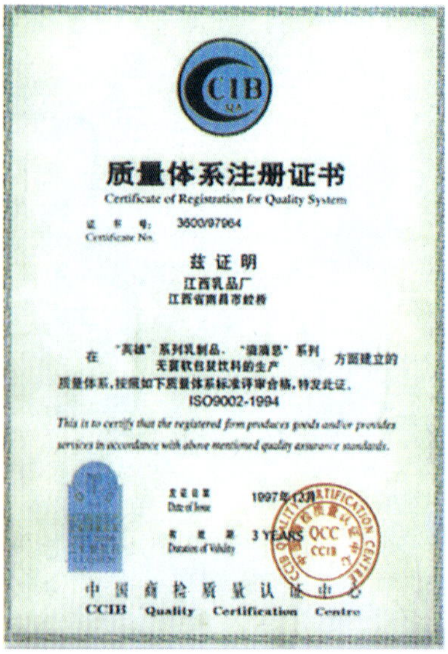
CIB

质量体系注册证书

Certificate of Registration for Quality System

证书号：3600/97964
Certificate No.

兹证明

江西乳品厂

在“英雄”系列乳制品、……系列无菌软包装饮料的生产方面建立的质量体系，按照如下质量体系标准评审合格，特发此证。

ISO9002-1994

This is to certify that the registered firm produces goods and/or provides services in accordance with above mentioned quality assurance standards.

发证日期 1997年12月
Date of Issue

有效期 3 YEARS
Duration of Validity

中国商检质量认证中心
CCIB Quality Certification Centre

江西食品行业首家通过ISO9002国际标准质量体系认证

股份有限公司

股份公司主要生产经营英雄系列乳制品。今后，将在稳定系列奶粉生产的基础上扩大鲜奶、可可奶以及其它花色奶的生产规模，增加牛肉制品、生物制品的生产和销售，经营重点逐步从以奶粉为主向液态奶、奶饮料以及高附加值的生物制品转变。

江西英雄乳业股份有限公司将尽力发挥“英雄乳品”的名牌优势，努力扩大经营规模和企业知名度及美誉度，扩大市场占有率和竞争力，不断满足消费者对高品位乳制品的需求，促进江西食品工业的发展，并使股份公司成为在全国有影响的食品企业。

纳米比亚共和国总统萨姆·努乔马来访

利乐包无菌灌装生产线

公司外景

董事长：郭基琬
总经理：傅小山
地　址：南昌市蛟桥
邮　编：330044
电　话：0791-3800746
传　真：0791-3804264

南 昌

中共中央书记处书记温家宝在"全国第九届发明展览会"颁奖仪式上亲自向南昌卷烟厂郑伟厂长颁发金奖和荣誉证书

南昌卷烟厂是具有五十年历史的老企业，拥有员工2000余人，占地面积160亩。近十余年来，该厂先后从德国、英国、意大利等国家引进了具有九十年代先进水平的卷烟加工设备。目前形成了以"金圣"、"海鸟"、"南方"等三大系列品牌，产品畅销省内外、年产30万大箱，创税利近十亿元的国家烟草二十九家重点企业。其中，"金圣"牌卷烟是目前唯一获24届日内瓦国际新技术发明金奖和全国第九届新技术新发明金奖的保健型卷烟品牌，被国家评为名优卷烟，其品牌无形资产价值被评估为十二点八亿元，成为江西省第一有价品牌。

在第24届日内瓦世界发明展览会上，我厂厂长郑伟向我国驻日内瓦联合国大使吴健民(左二)介绍"金圣"卷烟的开发、生产、销售情况，吴大使听后对"金圣"卷烟给予了高度评价，他说："金圣卷烟开发思路独特、包装精美，要发挥我国中药的优势，参与国际竞争"

地址：江西省南昌市抚生路118号

电话：0791-6521297

卷　烟　厂

第二十八届日内瓦世界发明展览会金奖证书及金牌

获奖证书和奖杯

江西省远望经济开发总公司

中秋节人们正在抢购月饼的场景

江西乔家栅食品厂地处南昌市区，始建于1984年，1995年投入1280万异地建新厂，更新添置设备，扩大规模，现有员工700多人，下辖糕点、速冻冷饮、连锁经营（前店后坊）等3个分厂和省外一家加工天然水果馅原料的股份公司。

在经济体制改革的浪潮中，企业从引进、吸收上海百年老店和广州、香港名家的先进技术、工艺入手，认真消化吸收，先后开发生产出糕点、糕团、面包、月饼、速冻食品、冷饮等六大类200多个食品品种。产品不仅畅销省内，并且远销北京、上海、武汉、长沙、厦门等全国20多个大中城市。经省统计信息中心调查论证，被评为1997－1999年全省糕点行业产量、销量、市场占有率第一名，成为全省食品行业的龙头企业。品牌是本，质量是魂。十几年来，该厂始终把创名牌、争市场放在首位。1999年同时荣获蛋糕裱花技术大赛个人和团体金奖，代表了江西蛋糕裱花技术的最高水平。该厂生产的“腾王阁”牌月饼，深受广大消费者喜爱，产销量连续3年突破135万斤，居国内同行业前列。1996－1999年连续4年被评为“中国名牌月饼”。生产规模的扩大和产品质量的提高，推动了企业经济效益高速增长。1994－1999年的5年间，产值、利润年均分别递增30%和20%以上。1997年省工业实施名牌战略领导小组和中国食品工业协会授予“江西名牌企业”、“全国食品行业质量效益型先进企业”等称号。

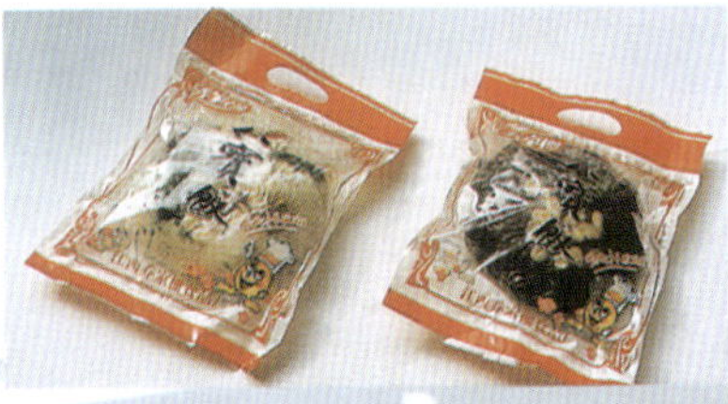

乔家栅系列产品

月饼生产线

法人代表：邓爱群
地　　址：南昌市八一大道176号
电　　话：0791-6255371
邮　　编：330003

乔家栅大门

湖南星港床具有限公司

——星港公司倡导健康优质睡眠

湖南星港床具有限公司江西分公司总经理：胡晶白

中外合资湖南星港床具有限公司自1985年成立以来，一直致力于倡导健康优质睡眠。十几年来，星港人凭藉“以用户为中心”的经营理念，在为社会提供优质产品的同时，也提供了代表社会文明的服务，创造了优秀的企业文化。从92年开始，其主导产品“星港”牌弹簧软床垫已连续8年被中国轻工部家具质量检测中心检测认定为A级产品，并屡获96～97中国消费者协会推荐品牌、92～96中国质量万里行上榜品牌、98～99中国消费者协会推荐品牌(全国床垫行业仅活力、星港两个品牌)、97～99江西市场占有率最高品牌、97～99江西消费者认定质量最佳品牌、98～2000江西消费者购买首选品牌等荣誉。从97年开始，星港公司开始拓展室内寝居用品新领域，其生产的“爱斯达”系列床上用品已同“星港”床垫一样进入了全国各地市场。

作为一个弹簧软床垫的专业企业，星港公司在弹簧的热处理工艺、检测设备及电脑绗缝工艺等方面在国内同行业中首屈一指。2000年元月25日，“星港”牌弹簧软床垫继“爱斯达”系列床上用品之后，正式通过ISO9002国际质量论证。

作为中国家具协会的常务理事，星港一直在为规范床垫行业的市场竞争、提高床垫行业的服务水平及产品内在品质而竭诚努力。

“让用户百分之百满意”是星港人的服务宗旨。自93年底进入江西以来，星港人以优秀的商品品质和真诚的服务获得江西朋友的认同与信任，目前，星港在江西已有连锁店84家，拥有了70000多位江西的星港床垫用户，形成了庞大的用户网络，共资料进入了星港的用户档案电脑数据库。八年的质量承诺及从98年开始实施的每年一次的“呵护八年关怀永远”主动质量跟踪回访活动的全面开展，更是让众多的消费者享受到了实实在在的权利与关爱。

与顾客交朋友，让用户更满意，星港将与您共同营造新世纪的家居生活！

服务专线： 0791-861120

中国质量万里行活动组委会上榜企业

广丰月兔卫生用品有限公司

办公大楼

月兔集团，广丰月兔卫生用品有限公司位于江西省东北部，毗邻浙江、福建。自一九九七年创建以来，通过不断技改扩建，现拥有固定资产8000余万元，先进的生产线20条，厂房达25000平方米，成为江西省最大的卫生用品生产企业。

公司“月兔”品牌六大系列主导产品，具有“防侧漏、防断裂、防移位、防收缩”等特点。销售覆盖省内80%的城乡市场，闽、浙、皖、湘等省外市场颇有盛名，被评为 “全国消费者信得过产品”、 “江西省质量免检产品”。在“99江西市场大型调查活动”中，荣获“最高、最佳和首选品牌”等三项桂冠。

值世纪更替之际，公司将一如继往地信奉：“员工十智慧＋质量＋热情＋信誉”想女性之所想，急女性之所需，不断开拓进取，共创美好未来。

地 址：广丰县芦林工业区
邮 编：334600
传 真：0793-2610001
电 话：0793-2654370

“月兔”品牌六大系列主导产品：

20片装	16片装	14片装	12片装	10片装	5片装
20 × 64 简易型	(15+1) × 60 混合型	14 × 60 标准型	(4+8) × 40 混合型	10 × 80 圆头独立型	5 × 80 护翼独立型
	(14+2) × 60 混合型		(4+6+2) × 40 混合型	10 × 80 直条独立型	
	16 × 16 标准型			10 × 80 简易型	
				10 × 40 护翼独立型	

办公大楼

BAYIHOTEL

KTV包房

标准间

舞厅

坐落位置

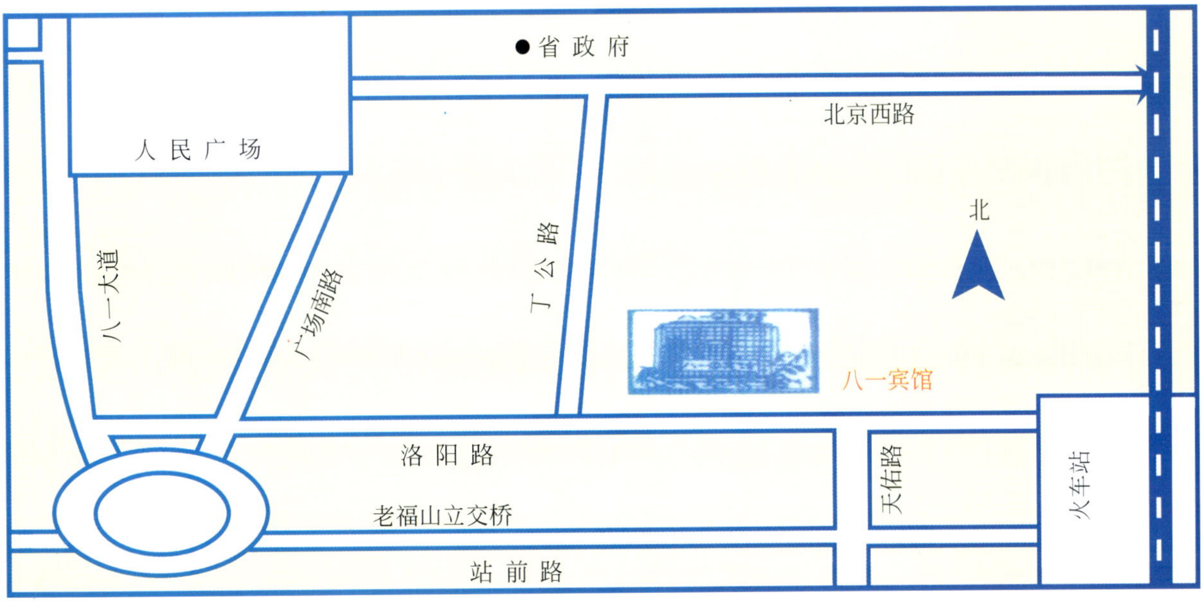

宜春地区汽车运输总公司

党委书记：杨斗辉

总经理：时德田

中央文明委授予先进单位的205车队的豪华奔驰车

宜春地区汽车运输总公司是江西省最大的专业汽车运输企业之一。现有职工4200余人，其中高中级技术人员300多名；拥有客货车920余辆，客运班线达500余条，日发班次1200余班。下辖46个二级经营单位分布在宜春地区八个县（市）及南昌昌北地区。经营汽车客、货运输、出租车运输、货物代理及零担运输、以及汽车制造、维修、检测和汽车配件销售、旅游、广告、土石方工程、食宿等业务。

总公司客运车辆种类多，规格全，客运班线辐射面广，满足了不同层次旅客的乘车需求。有客车620余辆，其中近100万元一台的亚星—奔驰25座中型客车、高档“依维柯”及其它高档空调中型客车130余辆。客运班线辐射全国10多个省（市）。开行了至广州、深圳、珠海、东莞、福州、石狮、温州、长沙、株州、湘潭、上海、武汉、重庆等中心城市和沿海地区的长途、超长途客运班线。形成了以宜春为中心，辐射全地区各县（市）的直达快客客运网络，巩固了至各乡村的区乡班线。

总公司具有雄厚的货物运输实力，现有货车300余辆，并具有保养、维修各级各类车辆的实力，有维修用机器设备360余台。所属宜春客车厂自行开发生产的JYK系列客车畅销全省及周边省（市）。

总公司在生产经营中积极采取现代高科技成果。现有微机售票内部网络2个，管理用微机近50台。

总公司在不断发展中，取得了精神文明建设和经济效益双丰收。1997年至1999年连续三年被评为“江西省优秀企业”，1998年至1999年连续两年被评为全省思想政治工作先进单位。总公司205车队1999年被中央文明委授予全国创建文明行业工作先进单位。

建国五十周年文艺晚会

总公司大门

总公司办公大楼

临川市房产管理局

局长：黄冬木

局领导班子

临川市房产管理局于一九九七年五月由原抚州市房地产管理局、临川县房地产管理局（分别于1979年、1992年成立）合并成立，属市政府组成部门。

临川市房产管理局是市人民政府管理全市房地产业的职能部门，它包括行业管理和行政管理两个方面。房地产行业管理，主要从事小区规划、开发、经营、白蚁防治、服务（中介、咨询、评估、信息、物业）等行业管理；房地产行政管理，主要从事房地产产权产籍、房地产开发经营、房地产交易市场、住宅建设、居民住房解危解困、房屋装饰、直管公房维修以及资产管理、权属管理和经营管理等。

临川市房产管理局机关内设机构：办公室、产权产籍科、房屋拆迁安置科、总务科、房产经营科、计划财务科、发证办、私人建房审批办、工会、团委、妇联等。全系统干部、职工达800余人。

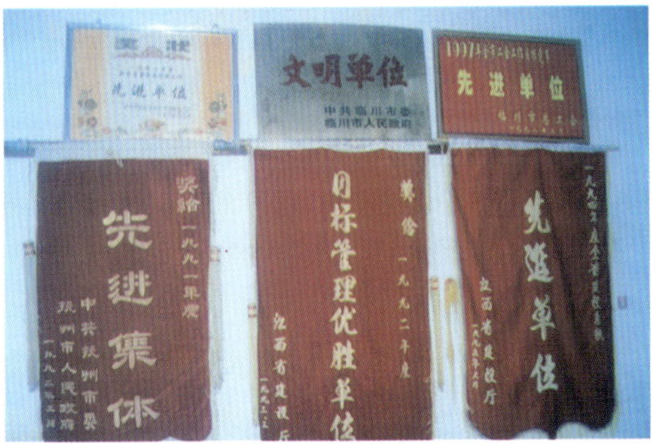

局部份荣誉

临川市房产管理局在改革中崛起，在创新中发展，房地产开发、经营、管理、服务取得了跳跃性发展，呈现了“经济大发展，效益大提高，改革大突破，建设大飞跃，两个文明大丰收”的喜人局面。1997年，启动的全省第一批国家安居工程—伍塘住宅小区玉茗花园安居工程，工程总投资1亿元人民币，建筑面积13万平方米，娱乐、商业、银行、学校等一条龙配套，全封闭性管理，在全区率先建立了中低收入家庭住宅供应市场。大力实施危旧房改造开发，坚持“新旧城区并举、建房带路、以房补路、路房结合、综合开发、配套建设”的方针，几年来，组织改造开发建设了住宅面积40余万平方米。加强房地产市场管理，建规立制，实现地产市场“四化”法制化、规范化、科学化、制度化。房地产事业的崛起，完善了城市载体功能，提高了城市品味，促进了城市建设的整体水平，改善了人民的住房环境和条件，促进了临川市商贸的繁荣。该局多次获得“全国房地产业管理先进单位”、“全省住房解困解危先进单位”、“全省建设系统先进单位”、“全区建设系统先进单位”、“全区精神文明建设先进单位”、“全市先进单位”等殊荣。

局投资兴建的防洪墙

第一批国家安居工程临川市玉茗花园

江西省宜春市中医院

院长、书记：吴华国

“闭合复位内固定治疗股骨干骨折”获省科技进步三等奖

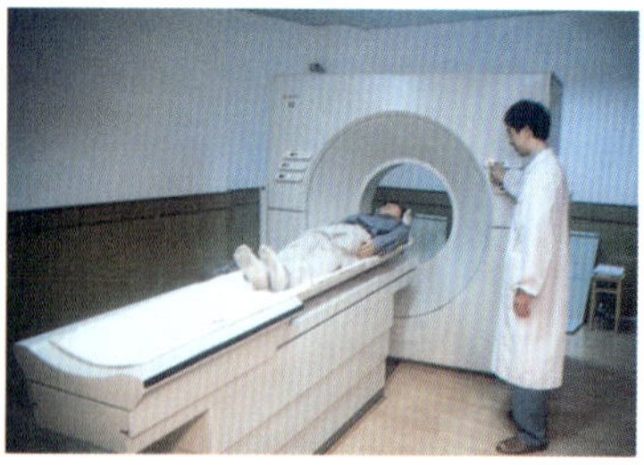

美国产全身CT

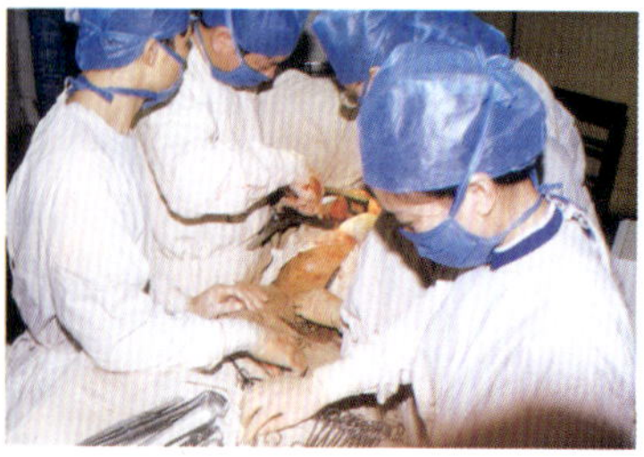

外科“食管中段癌”手术

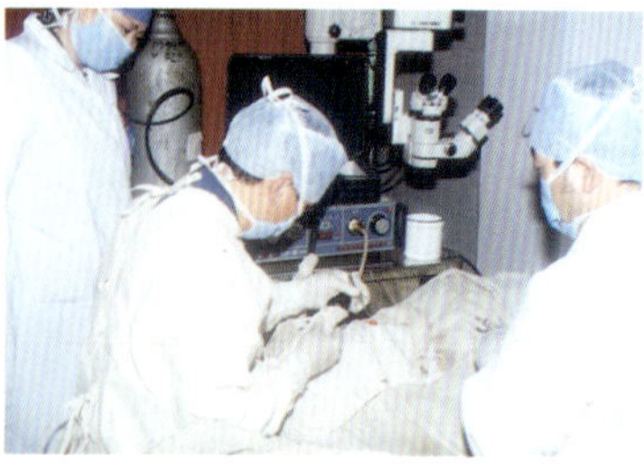

眼科“视网膜脱离”手术

宜春市中医院创建于1956年，经过40余年的发展，现已成为一所集医疗、教学、科研为一体的综合性中医院。

近几年来，医院以建设现代化中医院，突出中医特色、中西医并重为发展方向，积极引进先进的医学诊断、治疗、检查设备，以提高中医院的综合实力和诊断水平。

主要设备有：美国产全身CT、日本SDU-350型多探头B超仪、日本欧林巴士纤维胃镜、血球计数仪、自动洗片机、C臂X光机、自动生化仪、多功能心电监护仪等。

骨伤科是该院的重点中医特色专科，也是江西省骨伤治疗中心。该中心将传统的正骨入法与自己的临床经验相结合，摸索出一系列独特巧妙的整复骨伤方法，并不断引进现代医疗新技术新项目，成功地开展了“股骨头置换术”、“椎间盘切除术”、“血管吻合术”、“髋关节先天性脱位切开复位加造盖术”、“闭合复位内固定治疗股骨干骨折术”、(此项目获省科技进步三等奖）等手术。同时在骨科手术前后配用活血化瘀，行气止痛、益肾壮骨之中药及手法按摩治疗，具有愈合快、疗程短、安全可靠的特点。

该院运用中医及中西医结合治疗其它各类疾病也颇具特色，其中对血液病、肝肾病、消化病、妇科病、毒蛇咬伤等疑难杂症疗效显著，针灸、理疗、推拿、按摩治疗各种痿证痹证效果良好，并能开展胸外、泌外、普外、子宫全切、剖腹产、人造阴道、输卵管复通、视网膜脱离、白内障人工晶体、抗青光眼、角膜移植等手术。

医院坚持以“病人至上、质量第一”为宗旨，先后获得“全国卫生文明先进单位”、“江西省医疗卫生文明窗口单位”、“全区六强医疗卫生单位”、“地级文明单位标兵”等荣誉，并于95年跨入“全国示范中医院”、“二级甲等医院”行列。

院长、书记：吴华国
地 址：宜春市中山中路357号
邮 编：336000
电 话：0795-3236666（急救电话）
0795-3223346（办 公 室）
0795-3227996（院 长 办）

住院大楼

门诊大楼

宜春市人民医院

院长、书记：肖锡征

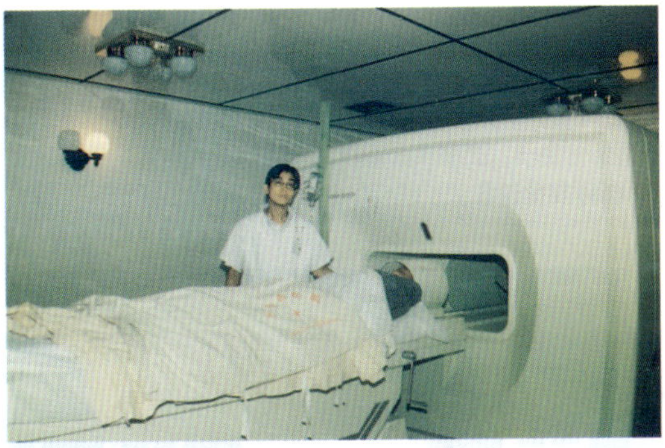

先进设备

我院是一所具有60多年建院历史的综合性医院，1995年1月通过了全省第一周期医院分级管理建设评审，为我省首批“二级甲等医院”。医院占地面积22881平方米，建筑面积42022平方米，编制总床位450张。设有职能科室9个，一级临床科室10个，二级专业组22个，医技科室（组）8个，固定资产2000余万元。

几十年来，我院在党和政府的关心和支持下，经过几代人的努力，医院已发展成为一所规模较大，技术力量较强，仪器设备较先进，集医疗、教学、科研于一体的市级综合性医院，为宜春市医疗、保健中心。为江西中医学院、赣南医学院、宜春医专教学实习基地，同时承担了九江医专、宜春卫校、抚州卫校等10余所院校教学实习任务。医院现有在职职工376人，专业技术人员314人，其中主任医师3人，副主任医师16人，副主任护师1人，中级技术人员85人。在全区率先引进了磁共振成像系统、远程医疗网络会诊系统以外，还先后引进了奥力动态心电图分析系统、日产心腹两用B超、奥林帕斯系列纤维内窥镜、电子消化道内窥镜、多功能心电监护仪、人工血透仪、经颅彩色多普勒、放免检测仪、PCR体外基因扩增仪，医用自动中心吸引、心电工作站、动态血压、MDI多功能显微诊断仪、微生物细菌鉴定分析仪等。

近几年来，医院领导班子团结一致，全院职工齐心协力，医院面貌焕然一新，为病友提供了优雅的休治环境。先后派出60多名技术骨干到北京、上海、南京、广州、南昌等大医院进修深造。医院加强了与上级医院、特色医院的协作，先后成立了“石家庄糖尿病医院宜春分院”、“江西医学院第一附属医院协作医院”。我院有一个健全的急救指挥系统，1996年6月，“宜春市急救中心”正式挂牌，同时开通了医疗专线免费电话一“1202”，大大提高了我院对全市各种危重病人的院前急救和社会灾害抢险救灾能力。目前，无论在城区还是乡村，只需拨打“1202”电话，我院医务人员就可以及时到达急救地点。

医疗质量在不断提高，科研工作也开展得十分活跃，近几年来，医务人员的科研意识逐年增强。讫今为止，共有《癌症三阶梯止痛疗法》、《推进性皮瓣移植术》、《手术治疗小儿麻痹后遗症》、《人工晶体植入术》、《立体定向治疗脑出血》、《速尿雾化吸入治疗支气管哮喘》、《直视下经尿道机械碎石术》等30多项科研项目分别通过省、地、市专家鉴定并获奖，《肩“人”字石膏支撑架》等3项发明获国家专利。“泌尿外科”被定为全区重点专科，有5人获全区百名“跨世纪优秀卫技人才”称号。有3人获市“跨世纪优秀卫技人才”称号。开展了“颈椎管内肿瘤”、“脑内肿瘤”切除术、“超声乳化治疗白内障”等高难手术，纯中药制剂治疗糖尿病以其独特的疗效和无任何副作用的特点已为200多位糖尿病患者解除了痛苦。

在医疗技术和科研水平不断提高的同时，医院各方面工作均得到了协调发展，先后被有关部门授予地市“文明单位”和“诚信单位”称号。省卫生厅98年“抗洪抢险救灾防病先进单位”。

门诊部大楼

江西省高安市独城镇

镇党委书记付红保

镇长：王介红

镇党委被宜春地委评为
"先进基层党组织"

风景如画的居民住宅小区

独城镇地处高安市区东南31公里处，辖14个村（居）委会，人口3.06万。多年来，镇党委政府围绕推进两个根本性转变，大力培植新的增长点，促进了全镇经济的全面发展。独城镇由一个名不见经传的穷乡僻壤发展成了经济繁荣文化昌盛、科技进步、社会稳定、生活小康的新型乡镇，先后跻身江西省亿元乡镇、江西省财政百强乡镇行列。多次获地市党委政府的大力表彰。1999年7月被中共宜春地委评为"先进基层党组织"

1999年，独城镇共实现工农业总产值2.06亿元，其中工业产值达16303万元；实现财政收入922.815万元，其中工商税收840万元；实现农民人均纯收入2500元。各项经济指标居高安市乡镇首位

江西瑞景陶瓷集团有限公司

江西瑞景陶瓷集团有限公司，采用国际标准精心组织生产和进行检测的"江铃"牌五大系列陶瓷产品规格齐全，风姿卓越200x200，200x300经典欧式墙砖，水晶印花砖，光洁如镜，花色新颖，200x200，600x600等规格地砖质地淳厚，坚韧耐磨；各种颜色规格仿石、仿古瓷质外墙砖理化性能优异，呈色稳定；风格独特的腰带砖，晶莹剔透，均匀细腻；古朴自然的拼图艺术精品，色泽鲜润，意境悠远。年产量达500万平方米，质量优良。97年获省级免检、江西省著名商标和中国乡镇"星级"企业殊荣，99年5月获第十一届中国新技术新产品博览会金奖，99年6月获辽宁省市场"用户最满意品牌"。勤奋向上的瑞景人以没有最好，只有更好的拼搏精神，使"江铃"精品不断涌出，数百多个花色图案为新老用户、各界人士提供了不同层次的选择和追求。

瑞景陶瓷集团与您共创美好未来！愿来自红土地的"江铃"瓷砖装点您绚丽多彩的生活！

公司董事长、总经理　熊冬根

团结务实的领导集体

综　　合 1

GENERAL SURVEY

- 全省土地面积16.69万平方公里。
- 1999年,全省设7个省辖市,4个地区,14个县级市,71个县,14个市辖区。
- 1999年,国内生产总值1962.98亿元,比上年增长7.8%。

本篇章

‖整理	微机处理
捷	洪　安
光东	李光东
正明	黄建村
建村	

江西省统计局关于1999年国民经济和社会发展的统计公报

1999年，全省人民在党中央、国务院和省委、省政府的领导下，高举邓小平理论伟大旗帜，认真贯彻落实党中央、国务院的一系列方针政策，努力把扩大内需、促进发展与结构调整、深化改革结合起来，经济形势继续沿着好的方向发展，改革开放稳步向前推进，社会事业有了新的进步。

一、综　合

国民经济稳定增长。1999年，全省国内生产总值1962.98亿元，比上年增长7.8%。其中，第一产业增加值464.40亿元，增长6.0%；第二产业增加值758.15亿元，增长6.7 %；第三产业增加值740.43亿元，增长10.7%。经济结构得到调整。第一、第二、第三产业增加值在国内生产总值中的构成比例，由上年的24.3:40.0:35.7调整为23.7:38.6:37.7。公有制经济在改革开放中稳定发展，混合所有制经济和个体、私营经济发展迅速。在综合经济实力不断增强的同时，市场零售物价总水平继续下降。全年全省商品零售物价总水平比上年下降3.2%；居民消费价格总水平比上年下降1.4%。

财政收入继续增长。全省财政收入155亿元，比上年增长6.4%，其中地方财政收入105.1亿元，增长8.2%。

国民经济和社会发展中存在的主要问题是：有效需求不足，经济结构不合理，综合竞争力不强的矛盾仍很突出；农民增收困难；物价持续下降；外贸出口和实际利用外资出现负增长；就业和再就业压力大。

二、农　业

农业生产实现了恢复性增长。全省农业总产值750亿元，按可比价格计算，比上年增长4.9%。粮食总产量1732.7万吨，增长11.4%，是历史上第三个高产年。油料总产量94.38万吨，增长11.9%，其中油菜籽产量54.67万吨，增长14.4%。水果总产量达70.39万吨，增长54.8%。由于面积下调和受市场影响，棉花、甘蔗和烤烟产量分别下降16.7%、7.7%和11.0%。

林业生产蓬勃发展。全省各地把培育森林资源放在首位，森林面积扩大，覆盖率提高，林木蓄积量增加；主要林产品产量增长较多。

畜牧业生产有增有减。全年全省出栏肉猪达2064万头，下降9.1%，肉类总产量198.3万吨，下降7.7%；年末生猪存栏1554.3万头，下降13.6%；年末羊存栏79.24万头，增长8.7%。

水产品生产继续增长，全年水产品产量122万吨，增长3.2%。

农业生产条件进一步改善。全省农业机械总动力达853万千瓦，比上年增长7.4%；农用载重汽车2.63万辆，增长1.3%；农用排灌动力机械200万千瓦，增长6.0%；全年化肥施用量(折纯)116.65万吨，增长3.2%；农村用电量33.56亿千瓦小时，增长0.8%。全年有效灌溉面积1901.11千公顷，增加4.13千公顷。

三、工业和建筑业

工业生产稳定增长。1999年全省完成全部工业增加值613.12亿元，比上年增长5.9%。全省全部工业总产值1806.61亿元，增长8.0%。

全省全部国有工业和年销售收入500万元以上非国有工业企业完成工业总产值854.65亿元，增长8.4%。全省乡及乡以上国有工业完成产值584.38亿元，增长6.6%，非国有工业完成389.85亿元，下降4.6%。在非国有工业中集体工业下降14.7%，股份制工业增长6.6%，外商及港澳台工业增长11.8%。全省全部重工业完成产值995.82亿元，增长8.0%，轻工业完成产值810.79亿元，增长7.9%。

工业产品结构有所优化。食品工业全年一直保持强劲的发展势头，大多数食品产量增势良好，其中乳制品增长38.2%，罐头增长56.5%，卷烟增长7.5%，食用植物油增长17.6%；纺织行业经过一年多的压锭调整重组，市场空间相对增大，加上棉花降价，出口退税率提高，主要纺织产品增长，布增长4.9%，纱增长1.0%；冶金行业由于国家扩大内需的政策，生产快速发展，生铁增长29.0%，钢和钢材分别增长19.8%和27.5%；原煤由于实施国家关井压产的政策，产量下降17.9%；耐用消费品中，彩电增长7.1倍，电冰箱持平。

工业产品产销衔接状况良好，工业经济效益趋向好转。全省工业产品销售率为96.94%，比上年提高1.12个百分点。工业经济效益综合指数为70.68%，比上年提高6.88个百分点。在七项经济效益指标中，其中资产贡献率为5.27%，提高0.01个百分点；资产保值增值率为116.19%，提高5.43个百分点；资产负债率为69.23%，下降3.24个百分点。

地质勘查工作取得新的进展。全年完成钻探工作量1954米。

建筑业全面增长。全社会建筑业增加值145.03亿元，增长12.2%。全年资质等级四级以上的建筑施工企业完成建筑业总产值102.20亿元，增长14.3%。施工房屋建筑面积2440.7万平方米，增长9.9%；竣工房屋建筑面积1217.9万平方米，增长17.6%；实现利税3.72亿元，增长21.45%。

四、固定资产投资

固定资产投资平稳增长。全年全社会固定资产投资完成491.48亿元，比上年增长8.1%。其中：基本建设投资173.15亿元，增长0.1%；更新改造投资69.36亿元，增长5.0%；房地产开发投资33.59亿元，增长23.8%；其他投资215.29亿元，增长14.2%。国有单位投资250.59亿元，增长3.0%。

投资结构得到改善，基础产业和基础设施建设进一步加强。全年国有单位农林水利、电力、交通运输、城市建设、科技教育等基础设施和基础产业完成投资147.25亿元，比上年增长6.6%.其中：农林水利投资19.34亿元，增长41.7%；电力工业投资37.27亿元，增长55.2%。

重点项目建设成效显著。全省29个重点基本建设项目，1999年共完成投资57.28亿元，温厚高速公路于1999年2月8日通车；宜春中密度纤维板厂1999年5月19日投料试车一次成功，已生产出符合中国质量标准和欧洲质量标准的产品；国家“九五”重点工程——京九铁路南段复线工程已于1999年6月28日全线开通运营；昌北机场于1999年9月10日通航；南昌市麦园垃圾卫生填埋场一期工程于1999年9月16日竣工验收；横南铁路联络线于1999年10月12日通车。1999年12月16日，我省唯一利用日本海外协力基金贷款兴建的电力项目九江三期发电工程开工典礼在九江隆重举行，总投资37.17亿元，工程建成后，与九江电厂一、二期工程一起将形成135万千瓦装机能力，成为华中网局最大的火力发电枢纽；1999年12月30日省科技馆工程开工建设，这是我省科技事业发展中的一件大事，是实施“科技兴赣”战略的一个具体步骤。全省30个重点技术改造项目，1999年共完成投资9.45亿元。已建成投产的项目有：宜春工程机械股份有限公司年产1520台轮式装载机、南昌卷烟厂引进高速卷接机组生产线和江西燕京啤酒有限责任公司新增5万吨啤酒等9个项目。

全省国有单位基本建设和更新改造新增加的主

要生产能力：市内电话自动交换机50.7万门，长途自动电话交换机容量8100线，新建公路289.70公里，改建公路1491.19公里，城市自来水供水能力40.35万吨/日等。

五、科学技术和教育

科技事业蓬勃发展。科技队伍进一步扩大，全省地方国有事业企业单位专业技术人员共6.8万人，比上年增长10.8%。

科技活动更加活跃，全年技术贸易机构发展到903个，签订各类技术合同2802项，成交额51443.9万元。

科技成果累累。共获9项国家级科技进步奖和国家技术发明奖，获98项省级科技进步奖，其中：一等奖4项，二等奖26项，三等奖68项。全年专利申请数为1387项，专利授权数为1011项。

质量检验标准化建设和天气预报服务水平有了新的提高。社会科学研究取得一批成果，部分已被有关部门采纳，产生了良好的社会效益和经济效益。

教育事业取得新的进展。高等教育发展加快，全年全省招收研究生661人，比上年增加163人，在校研究生1573人，增加292人；普通高等学校招收学生43586人，增加14850人，在校学生110873人，增加16770人，毕业生25057人，增加2119人。中等教育发展较快。普通中等专业学校在校学生161755人，增加16502人；职业高中在校学生124230人，相当于普通中学高中阶段在校学生总数322198人的38.56%。普及义务教育有新进展。全省普通中学初中在校学生214.62万人；小学在校学生439.94万人，小学适龄儿童入学率达到99.61%。在托儿童62.60万人。成人教育取得新成绩。成人高等学校在校学生6.87万人；成人中等专业学校在校学生4.92万人。全年参加高、中等教育自学考试的达311751人，获得单科合格证350937科次数，获得本科、大专毕业证书的分别为2746人和10065人。

六、交通运输和邮电通信业

交通运输发展较快。网络结构进一辰朝着适应市场需求的方向调整。全年完成货物周转量706.2亿吨公里，比上年增长7.95%。卿中：铁路增长10.1%，公路增长1.81%，水运增长0.29%。完成旅客周转量391.77亿人公里，增长11.93%。其中：铁路增长18.41%，公路增长3.86%。

邮电通信事业发展进一步加快，新淹业务不断出现。全省邮电业务总量完成59.11亿元，比上年增长48.12%。住宅电话发展迅速，年末全省市内住宅电话用户146.84万户，比上年末增加28.84万户；移动电话全年新增用户33.72万户。计算机互联网用户达到30430户，增长2.9倍。全省电话普及率8.27部/百人。邮电通信服务质量有了明显提高。

七、国内贸易

国内消费品销售继续保持平稳增长。全年社会消费品零售总额650.47亿元，比上年增长7.5%，扣除价格因素，实际增长11.1%。

分城乡看，城市消费品零售额302.5亿元，比上年增长8.6%；县及县以下消费品零售额348亿元，增长6.5%，扣除价格因素实际分别增长11.6%和10.6%。分行业看，批发零售贸易业实现397.7亿元，增长8.5%；餐饮业实现52.9亿元，增长8.7%；制造业实现47.2亿元，增长3.8%；农业生产者实现130.5亿元，下降0.9%。

生产资料市场由于有效需求不足，销售减少。全年全省物资供销企业生产资料销售额27.6亿元，比上年减少3.8亿元，下降12.0%。

八、对外经济

在对外贸易方面，出口下降，进口上升。全年进出口贸易总额达131387万美元，其中，出口总额90611万美元，比上年下降11.1%，进口总额40776万美元,增长78.5%。

利用外资下降。当年实际利用外资56829万美元,比上年下降19.8%。全年新签利用外资项目250项,下降26.9%。签约外资金额38147万美元,下降38.9%。

1999年全省新登记注册的“三资”企业189家,其中:合资企业75家,合作企业9家,外商独资企业105家。年末实有”三资”企业2149家。全年对外承包工程、劳务合作和设计咨询新签合同金额11663万美元,比上年增长51.0%;实际完成营业额8531万美元,增长12.0%。

旅游外汇收入有所增长。全年接待来我省旅游、参观、访问及从事各项交流活动的外国人、华侨和港澳台同胞共计138643人次,比上年增长20.6%。全年旅游外汇收入5037.76万美元,增长17.6%。

九、金融和保险业

金融形势稳定。1999年末,全省金融机构各项存款余额为1786.13亿元,比上年末增加218.48亿元,增长13.9%,其中:企业存款余额为462.53亿元,比上年末增加83.87亿元,增长22.2%。城乡居民储蓄存款余额达1162.49亿元,比上年末增加93.18亿元,增长8.7%。全省金融机构各项贷款余额1696.09亿元,比上年末增加92.58亿元,增长5.8%,其中短期贷款余额为1267.67亿元,增长4.1%,中长期贷款余额为340.37亿元,增长8.4%。

保险事业继续发展。全年全省保险机构各类保险金额达22164.6亿元,比上年增长17.7倍。保费收入25.56亿元,增长14.9%。其中:财产险保费收入10.04亿元;人身险保费收入15.52亿元。财产险赔款金额4.90亿元,人身险给付金额2.56亿元。参加社会保险职工人数增加。年末全省已有313.2万名在职职工和离退休人员参加了社会养老保险。

十、文化、卫生和体育

文化事业进一步发展。年末全省共有各类电影放映单位961个,艺术表演团体79个,文化馆、群艺馆113个,公共图书馆104个,博物馆84个。全省共有无线广播电台10座,中短波广播发射台和转播台15座,广播人口覆盖率82.9%;电视台12座,电视发射台和转播台778座,电视人口覆盖率90.1%。全年共出版各种图书、杂志、报纸2174种,共印图书、杂志29637万册,报纸40470万份。坚持以“五个一工程”为龙头,推动精神文明产品生产,一批优秀文艺、广播影视作品在国内外获奖。

卫生事业稳定发展。年末全省共有各类医疗卫生机构7953个(包括个体机构),其中:医院608个,农村卫生院1690个,疗养院(所)14个,门诊部34个,卫生防疫站128个,妇幼保健所、站102个,诊所、卫生保健所、医务室4965个。各类卫生技术人员12.23万人,其中:医生5.31万人,护师、护士3.61万人,医院病床6.18万张。

体育事业取得新的成就。全年我省体育健儿在国际、国内重大比赛中,获得金牌18枚,银牌12枚,铜牌19枚。全民健身运动掀起新热潮,并成功举办了第一届全民健身运动会。

十一、人口、人民生活和环境保护

计划生育工作成效显著。据人口抽样调查统计,全省人口出生率为16.51‰,死亡率为7.02‰,自然增长率为9.49‰。年末全省人口为4231.17万人,比上年增加39.96万人。

城镇居民收入水平继续提高。由于提高了离退休人员、下岗职工、失业人员和城镇贫困人口保障水平,增加了机关事业单位干部职工工资和补贴,使城镇居民收入水平明显提高。全省城镇居民平均每人年可支配收入达4720.58元,比上年增长11.04%,扣除价格因素,实际增长12.04%。农村居民人均纯收入2129.45元，比上年增长3.98%，扣除价格因素，实际增长5.97%。

劳动领域的改革步伐进一步加快。全省城镇失业人员被安排就业人数15.2万人。妥善安置了退伍军人的生活和就业。城镇个体劳动者107.3万人。国有企业下岗职工基本生活得到保障。但随着结构调整和企业改革的深化，多年积累的劳动就业矛盾逐渐显露，劳动就业和再就业压力增大。年末全省登记失业率2.6%，比上年底上升0.1个百分点。

居民居住条件继续改善。全省国有单位和城镇集体单位竣工住宅面积为1193.35万平方米，增长32.8%。

社会福利事业有较大发展。年末全省有社会福利事业单位2317个，收养人数5.31万人，城乡各种社会救济对象得到国家定期定量救济的达31.74万人，临时救济困难户达37.81万人次。全省各县(市)已建立最低生活保障制度。

环境保护事业进一步加强。年末全省环境保护系统共有3166人，环境监测站94个，环境监测人员1075人。全省已建成自然保护区39个，风景名胜区28个，森林公园50个。全省完成环境污染限期治理项目150个，总投资1799万元。在19个城市中(含县级市)建成了89个烟尘控制区，面积达335平方公里，并建成了46个环境噪声达标区，面积达147平方公里。

注:(1)公报中所列国内生产总值和各产业增加值指标按当年价格计算，增长速度按可比价格计算。(2) 国内生产总值和各产业增加值主要包括劳动者报酬、利润、税金和固定资产折旧等价值，不包括能源、原材料等各种中间消耗价值。表示一年内生产的可用于社会最终消费的物质产品和服务价值的总和。(3)公报中数据已由初发表时的快报数改为年报数。

自然、地理、资源

位　　置

江西省，简称赣，位于长江中下游交接处的南岸。地处北纬24°29′～30°04′、东经113°34′～118°28′之间，东邻浙江、福建，南连广东，西接湖南，北毗湖北、安徽。北控长江，上接武汉三镇，下通南京、上海，东南与沿海开放城市相邻近。京九铁路和浙赣铁路纵横贯通全境，交通便利，地理位置优越。

地势、面积

全省东南西三面群山环绕，内侧丘陵广亘，中北部平原坦荡，整个地势，由外及里，自南而北，渐次向鄱阳湖倾斜，构成一个向北开口的巨大盆地。全省面积16.69万平方公里。全境以山地、丘陵为主，山地占全省总面积的36%，丘陵占42%，岗地、平原、水面占22%。

山脉、河流、湖泊

主要山脉分布于省境边陲，山峰一般海拔1000米左右，少数海拔2000余米。省境东和东北有蜿蜒于赣闽、赣浙之间的武夷山和怀玉山；南有逶迤于赣粤之间的大庾岭和九连山；西有耸峙于赣湘之间的罗霄山脉，雄伟的井冈山就在罗霄山脉的中段；西北有盘亘于赣鄂之间的幕阜山，庐山即是它向东延伸的余脉。

全省有大小河流2400多条，总长约18400公里，大部分河流汇向鄱阳湖，再注入长江。主要河流有5条，即赣江、抚河、信江、修河、饶河。赣江全长751公里，为本省第一大川，水量为长江第二大支流，它自南而北流贯全省，从赣州至湖口而入长江，通航里程600余公里。

鄱阳湖是全国最大的淡水湖，它是江西最大的聚水盆，长江水量的巨大调节器，也是沟通省内外各地航道的中转站。

气　　候

江西气候四季变化分明。春季温暖多雨，夏季炎热温润，秋季凉爽少雨，冬季寒冷干燥。1999年全省平均气温在17.0℃～20.4℃之间，降水量为1182－2906毫米，日照为1259－1905小时。全年气候温暖，光照充足，雨量充沛，无霜期长，具有亚热带湿润气候特色。

资　　源

1999年末，全省耕地面积956.87万公顷，有效灌溉面积190.11万公顷。

全省有林地面积956.87万公顷，活木蓄积量2.77亿立方米，森林覆盖率57.3%。

1999年，全省淡水面养殖面积33.1万公顷。淡水鱼类有170多种，产量较多，经济价值较高的有鲤、鲫、青、鲢等30余种。名贵鱼类有荷包红鲤鱼、玻璃鲤鱼、银鱼、石鱼、鲥鱼、鳜鱼等。省内还有众多的水禽和珍禽，其中不少是受到世界性保护的珍禽。

江西地下矿藏丰富，是我国矿产资源配套程度较高的省份之一。在全国已探明储量的155多种矿产中，江西就有98种。储量居全国前三位的有铜、钨、银、钽、钪、铀、铷、铯、金、伴生硫、滑石、粉石英、硅灰石等。铜、钨、铀、钽、稀土、金、银被誉为江西的“七朵金花”。

1-1 行　政　区　划

（1999年末）

地　区	省辖市	地　区	县级市	县	市辖区	市、县、区名称
全　省	**7**	**4**	**14**	**71**	**14**	
南昌市	1			4	5	东湖区、西湖区、青云谱区、湾里区、郊区、南昌县、新建县、安义县、进贤县
景德镇市	1		1	1	2	昌江区、珠山区、浮梁县、乐平市
萍乡市	1			3	2	安源区、湘东区、莲花县、上栗县、芦溪县
九江市	1		1	9	2	庐山区、浔阳区、九江县、武宁县、修水县、永修县、德安县、星子县、都昌县、湖口县、彭泽县、瑞昌市
新余市	1			1	1	渝水区、分宜县
鹰潭市	1		1	1	1	月湖区、余江县、贵溪市
赣州市	1		2	15	1	章贡区、赣　县、信丰县、大余县、上犹县、崇义县、安远县、龙南县、定南县、全南县、宁都县、于都县、兴国县、会昌县、寻乌县、石城县、瑞金市、南康市
宜春地区		1	4	6		宜春市、丰城市、樟树市、高安市、奉新县、万载县、上高县、宜丰县、靖安县、铜鼓县
上饶地区		1	2	10		上饶市、德兴市、上饶县、广丰县、玉山县、铅山县、横峰县、弋阳县、余干县、波阳县、万年县、婺源县
吉安地区		1	2	11		吉安市、井冈山市、吉安县、吉水县、峡江县、新干县、永丰县、泰和县、遂川县、万安县、安福县、永新县、宁冈县
抚州地区		1	1	10		临川市、南城县、黎川县、南丰县、崇仁县、乐安县、宜黄县、金溪县、资溪县、东乡县、广昌县

1－2 国民经济和社会发

指　　标	单　位	1978年	1980年	1985年	1990年
一、年末总人口	万人	3 182.82	3 270.20	3 509.80	3 810.64
二、年末社会从业人数	万人	1 254.3	1 356.3	1 584.8	1 816.5
#职工人数	万人	267.4	286.7	341.6	386.2
三、国民生产总值(当年价格)	亿元	87.00	111.15	207.89	426.23
国内生产总值(当年价格)	亿元	87.00	111.15	207.89	428.62
第一产业	亿元	36.18	48.31	84.06	175.96
第二产业	亿元	33.08	41.00	76.05	133.56
第三产业	亿元	17.74	21.84	47.78	119.10
四、全社会固定资产投资额	亿元	8.13	18.82	44.03	70.65
国有经济	亿元	8.02	12.14	25.58	47.16
集体经济	亿元	0.11	2.98	4.45	6.24
个体经济	亿元		3.70	14.00	17.25
其他经济	亿元				
五、财　　政					
财政收入(含中央两税)	亿元	12.22	12.47	21.18	40.62
财政支出	亿元	16.27	15.99	29.73	50.76
六、物价指数(以上年价格为100)					
居民消费价格指数	%	100.1	103.0	109.0	102.1
商品零售价格指数	%	100.1	104.3	108.3	101.3
农产品收购价格指数	%	101.6	114.4	109.0	98.6
七、人民生活					
全部职工年平均工资	元	552	713	997	1 729
城镇住户人均年可支配收入	元	305.36	385.50	583.44	1 187.88
农村住户人均年纯收入	元	140.70	181.24	377.31	669.90
城乡居民储蓄存款年末余额	亿元	4.16	7.71	34.85	142.79
八、农　　业					
农业总产值(当年价格)	亿元	49.29	68.15	114.50	255.24
主要农产品产量					
粮　　食	万吨	1 125.74	1 240.04	1 533.54	1 658.20

注:1.1998年及以后职工人数和职工平均工资为在岗职工人数和平均工资。
2.国民(内)生产总值、农业总产值、工业总产值发展速度均按可比价格计算。

展主要指标与发展速度

1995年	1996年	1997年	1998年	1999年	1999年为下列各年%	
					1978年	1998年
4 062.54	4 105.46	4 150.33	4 191.21	4 231.17	132.94	100.95
2 100.5	2 107.2	2 120.6	2 094.3	2 089.0	166.50	99.7
411.3	412.0	409.4	322.5	305.9	114.40	94.9
1 261.73	1 533.41	1 732.94	1 870.20	1 981.73	808.6	107.7
1 245.11	1 517.26	1 715.18	1 851.98	1 962.98	785.6	107.8
374.64	440.00	475.18	450.44	464.40	309.0	106.0
479.12	588.82	658.25	740.33	758.15	1 408.1	106.7
391.35	488.44	581.75	661.21	740.43	1 204.2	110.7
284.18	355.85	384.30	454.77	491.48	6 044.1	108.1
157.90	176.87	199.12	243.22	250.59	3 124.5	103.0
22.09	47.86	53.37	55.14	60.30	54 174.6	109.4
74.34	104.31	106.29	127.37	145.72		114.4
29.85	26.81	25.52	29.04	34.87		120.1
105.22	123.58	134.92	145.66	154.98	1 267.8	106.4
110.34	131.85	152.60	175.26	207.83	1 277.4	118.6
116.9	108.4	102.0	101.0	98.6		98.6
115.9	106.6	99.6	98.8	96.8	369.2	96.8
121.8	106.5	97.0	90.9	90.2	461.8	90.2
4 211	4 852	5 089	5 384	6 749	1 222.6	125.4
3 376.56	3 780.24	4 071.36	4 251.42	4 720.58	1 545.9	111.0
1 537.36	1 869.63	2 107.28	2 048.00	2 129.45	1 513.5	104.0
613.96	777.04	928.24	1 069.22	1 162.49	27 944.5	108.7
631.71	733.49	785.51	734.88	750.29	325.4	104.9
1 607.40	1 766.30	1 767.70	1 555.50	1 732.70	153.9	111.4

1－2 续表 1

指　　标	单 位	1978 年	1980 年	1985 年	1990 年
棉　　花	万 吨	3.48	4.30	6.22	5.70
油料折油	万 吨	6.63	6.78	12.23	19.61
油　　料	万 吨	13.49	13.76	28.88	54.89
黄 红 麻	万 吨	0.48	1.08	2.99	1.88
甘　　蔗	万 吨	68.29	85.74	197.10	194.29
烟　　叶	万 吨	0.61	0.37	0.88	2.31
茶　　叶	吨	8 878	10 385	14 291	19 415
蚕　　茧	吨	143	181	640	2 639
水　　果	万 吨	2.92	5.61	10.75	23.30
水 产 品	万 吨	5.93	7.55	16.02	30.68
肉类总产量	万 吨	26.27	38.05	64.25	111.74
猪年末存栏	万 头	944.27	1 018.03	1 232.51	1 547.26
当年出栏肉猪	万 头	574.00	700.00	881.32	1 313.18
九、工　　业					
工业总产值(当年价格)	亿 元	73.57	94.01	181.10	425.75
轻 工 业	亿 元	32.91	45.85	77.12	189.77
重 工 业	亿 元	40.66	48.16	103.98	235.98
主要工业产品产量					
化 学 纤 维	万 吨	0.42	1.33	1.30	2.00
布 (混合数)	万 米	20 173	30 011	26 009	30 566
机制纸及纸板	万 吨	9.26	12.69	22.17	25.59
机　制　糖	万 吨	4.09	7.14	13.32	10.59
照　相　机	万 架	1.00	1.40	10.55	9.00
原　　煤	万 吨	1 435.50	1 490.31	1 938.15	2 027.11
发　电　量	亿千瓦时	45.31	57.21	83.75	121.41
化学肥料(折合 100%)	万 吨	15.97	25.73	19.41	31.07
化学农药 (原药)	吨	13 539	17 405	2 753	5 146
钢	万 吨	25.64	38.76	77.42	112.09
成 品 钢 材	万 吨	24.50	46.65	60.98	92.32
汽　　车	辆	991	1 463	7 060	9 711
水　　泥	万 吨	155.56	201.00	354.19	469.13
木　　材	万立方米	216.45	301.83	297.14	262.45
独立核算工业企业					
年末固定资产原值	亿 元	74.69	87.53	147.10	267.83
工业总产值(当年价格)	亿 元	65.60	82.33	157.96	343.14
工业增加值(当年价格)	亿 元				
产品销售收入	亿 元		75.40	151.45	308.51

注:1995 年及以后工业总产值按工业普查新规定计算,后同。

1995年	1996年	1997年	1998年	1999年	1999年为下列各年%	
					1978年	1998年
11.85	12.31	13.24	7.61	6.34	182.3	83.3
34.67	33.93	36.54	28.25	31.86	480.8	112.8
103.58	101.04	105.63	84.35	94.38	699.4	111.9
1.36	0.90	0.80	0.66	0.43	88.8	64.9
200.03	185.78	220.59	186.38	172.01	251.9	92.3
1.59	2.13	3.90	1.96	1.75	284.3	89.2
20 341	20 543	19 215	17 530	17 125	192.9	97.7
15 510	8 420	4 661	3 766	2 959	2 061.0	78.6
42.76	50.39	67.64	45.62	70.39	2 408.1	154.8
84.04	100.10	115.08	118.35	122.12	2 069.2	103.2
219.40	221.93	227.57	214.71	198.27	754.7	92.2
1 951.03	1 978.70	1 979.83	1 799.63	1 554.30	164.6	86.4
2 365.83	2 384.18	2 445.99	2 271.05	2 064.00	359.6	90.9
1 170.13	1 375.52	1 573.13	1 673.49	1 806.61	3 011.4	108.0
520.01	611.91	676.39	750.31	810.79	3 583.1	107.9
650.12	763.61	896.74	923.18	995.82	2 581.1	108.0
5.11	4.80	6.33	6.42	7.65	1 821.4	119.2
35 784	33 256	36 086	25 088	26 315	130.4	104.9
41.07	38.24	35.49	23.39	27.96	301.9	119.5
9.04	8.62	9.92	9.31	8.37	204.6	89.9
21.75	21.78	17.32	29.34	37.61	3 761.0	128.2
2 877.90	2 437.72	2 064.42	2 107.46	1 730.73	120.6	82.1
176.34	183.29	179.82	181.06	187.80	414.5	103.7
38.44	37.86	44.73	52.22	54.55	341.6	104.5
5 997	5 793	6 257	7 495	6 012	44.4	80.2
149.73	173.02	173.80	222.94	267.03	1 041.5	119.8
126.36	139.87	154.79	179.23	228.60	933.1	127.5
52 479	63 166	90 943	121 987	119 915	12 100.4	98.3
1 005.59	1 062.16	1 105.39	1 133.38	1 315.02	845.3	116.0
147.98	276.48	268.65	131.67	156.98	72.5	119.2
755.15	875.47	1 009.33	1 117.23	1 177.41	1 576.3	105.4
837.97	930.22	1 027.84	965.74	974.23	792.6	101.5
213.11	274.79	284.46	278.33	286.44		102.9
789.10	803.45	890.23	846.59	889.89		105.1

1－2 续表 2

指　　　　　　标	单 位	1978 年	1980 年	1985 年	1990 年
利润和税金总额	亿 元	9.04	12.15	24.26	25.62
十、运输、邮电					
铁路营业里程	公 里	1 293	1 389	1 481	1 642
公路通车里程	公 里	30 245	29 651	31 760	33 203
货物周转量	亿吨公里	128.63	140.55	233.59	299.27
铁　　路	亿吨公里	108.48	118.68	156.61	204.48
公　　路	亿吨公里	5.14	5.62	51.63	62.83
水　　运	亿吨公里	15.01	16.25	25.35	31.96
空　　运	万吨公里			19	56
旅客周转量	亿人公里	44.67	66.22	136.69	170.37
铁　　路	亿人公里	26.73	39.49	69.52	74.65
公　　路	亿人公里	16.83	25.41	65.66	93.88
水　　运	亿人公里	1.13	1.34	1.40	1.11
空　　运	万人公里			1 150	7 306
邮电业务总量(1990 年不变价)	万 元	7 682	9 120	13 593	28 510
报刊发行量	万 份	37 075	42 334	64 274	46 842
十一、内外贸易和旅游					
社会消费品零售总额	亿 元	33.93	45.48	85.71	151.94
海关出口额	万美元				58 023
海关进口额	万美元				13 911
签订利用外资协议额	万美元			3 196	12 292
实际利用外资额	万美元			1 021	5 141
涉外旅游人数	人次		12 327	31 225	52 875
涉外旅游收汇	万美元		91	122	418
十二、教育、文化、卫生					
高等学校在校学生数	人	21 847	35 681	45 126	57 087
中等专业学校在校学生数	人	28 926	40 800	49 426	61 675
普通中学在校学生数	万 人	169.20	154.86	155.53	181.06
小学在校学生数	万 人	513.77	529.30	572.83	450.44
学龄儿童入学率	%	94.15	93.66	96.89	98.24
报纸出版数量	万 份	14 453	17 048	30 698	58 930
杂志出版数量	万 册	378	584	2 329	2 714
图书出版数量	万 册	8 495	8 474	13 429	19 216
卫生机构数	个	5 178	5 373	5 538	5 632
卫生技术人员	人	70 247	79 014	102 209	116 786
#医　　生	人	30 430	32 675	43 322	51 994
病　床　数	张	72 289	76 924	84 134	92 274

注:从 1996 年始卫机构数中包括个体机构。

1995年	1996年	1997年	1998年	1999年	1999年为下列各年%	
					1978年	1998年
54.28	49.76	54.12	51.33	61.48	680.2	119.8
1 640	2 175	2 175	2 197	2 245	173.6	102.2
34 915	34 963	35 234	36 867	36 918	122.1	100.1
393.16	431.70	549.55	650.04	702.32	546.0	108.0
252.25	286.63	407.36	491.03	540.59	498.3	110.1
106.88	112.69	109.67	129.44	131.79	2 564.0	101.8
33.70	32.05	32.07	29.13	29.47	196.4	101.2
3 189	3 256	4 439	4 348	4 661		107.2
239.06	247.16	304.88	350.01	391.77	877.0	111.9
115.90	111.53	160.17	196.17	232.28	869.0	118.4
117.85	130.31	138.17	147.38	153.06	909.5	103.9
1.39	1.30	1.18	1.38	1.29	114.2	93.5
39 311	40 075	53 673	50 811	51 372		101.1
141 794	197 247	275 576	399 047	604 882	7 874.0	151.6
56 016	55 359	52 652	53 125	52 126	140.6	98.1
410.86	490.44	558.55	605.09	650.47	1 917.2	107.5
101 035	85 243	111 438	101 870	90 611		88.9
28 009	26 429	21 846	22 850	40 776		178.5
68 389	48 035	92 677	62 444	38 147		61.1
45 356	47 136	65 348	70 865	56 829		80.2
73 591	98 978	133 443	114 930	138 643		120.6
2 498	3 398	4 457	4 284	5 038		117.6
82 756	85 505	89 069	95 384	112 446	514.7	117.9
106 297	125 342	138 011	145 253	161 755	559.2	111.4
193.27	208.63	223.59	234.87	246.84	145.9	105.1
430.54	443.56	454.47	452.89	439.94	85.6	97.1
99.42	99.65	99.56	99.57	99.61		
34 935	33 949	35 052	34 985	40 470	280.0	115.7
5 183	6 345	6 275	7 906	9 043	2 394.2	114.4
14 486	22 557	18 645	20 929	20 594	242.4	98.4
5 423	7 966	8 056	7 972	7 953	153.6	99.8
122 649	118 700	120 072	121 119	122 321	174.1	101.0
55 095	50 876	51 864	52 498	53 147	174.7	101.2
93 669	88 509	90 251	91 641	91 230	126.2	99.6

1-3 国民经济主要比例关系

单位：%

指　　标	1978年	1980年	1985年	1990年	1995年	1996年	1997年	1998年	1999年
国内生产总值中									
第一产业	41.6	43.5	40.4	41.0	30.1	29.0	27.7	24.3	23.7
第二产业	38.0	36.9	36.6	31.2	38.5	38.8	38.4	40.0	38.6
工　业	26.6	27.8	30.4	27.2	31.3	31.9	32.0	32.9	31.2
建筑业	11.4	9.1	6.2	4.0	7.2	6.9	6.4	7.1	7.4
第三产业	20.4	19.6	23.0	27.8	31.4	32.2	33.9	35.7	37.7
#交通、运输邮电业	2.9	3.5	5.9	5.9	6.3	6.7	6.7	7.9	8.5
商业、饮食业	5.6	5.2	5.6	4.6	6.6	7.1	7.3	7.8	8.2
金融业	1.4	1.3	2.7	6.4	5.8	5.7	5.7	5.4	5.2
国内支出总额中									
最终消费中									
居民消费		84.5	83.5	80.6	79.7	79.5	77.3	74.7	73.9
政府消费		15.5	16.5	19.4	20.3	20.5	22.7	25.3	26.1
资本形成中									
固定资本形成	86.1	86.1	75.6	62.1	73.2	74.8	74.1	74.1	74.0
存货增加	13.9	13.9	24.4	37.9	26.8	25.2	25.9	25.9	26.0
农业总产值中									
农　业	74.0	70.8	64.7	60.1	52.5	52.7	50.2	49.2	51.7
林　业	11.9	14.1	12.3	9.4	6.5	6.3	6.0	6.5	6.6
牧　业	12.8	14.0	19.9	26.4	33.2	31.5	32.6	32.4	29.9
渔　业	1.3	1.1	3.1	4.1	7.8	9.5	11.2	11.9	11.8
工业总产值中									
轻工业	44.7	48.8	42.6	44.6	44.4	44.5	43.0	44.8	44.9
重工业	55.3	51.2	57.4	55.4	55.6	55.5	57.0	55.2	55.1
基本建设投资中									
农　业	13.9	10.3	3.4	4.3	4.2	3.4	3.8	7.5	11.1
能源工业	33.1	21.0	22.3	30.2	20.1	21.0	21.1	16.0	19.4
运输邮电业	4.6	3.9	3.2	11.0	26.4	25.7	35.5	40.4	27.2
财政支出中									
基建拨款	34.5	25.3	14.1	6.6	3.6	3.6	4.6	7.1	17.9
文教科学卫生事业费	18.0	25.4	26.3	27.4	27.8	27.5	25.7	24.5	23.0
#科　学	0.2	0.4	0.6	0.8	0.7	0.6	0.6	0.5	0.5
教　育	10.6	15.6	15.4	16.4	17.6	17.3	16.2	15.9	15.4

1-4 江 西 的 一 天

指 标	单 位	1978 年	1980 年	1985 年	1990 年	1995 年	1996 年	1997 年	1998 年	1999 年
一、全省每天创造的财富										
国民生产总值	万元	2 384	3 045	5 696	11 678	34 568	42 011	47 478	51 238	54 294
国内生产总值	万元	2 384	3 045	5 696	11 743	34 113	41 569	46 991	50 739	53 780
第一产业	万元	991	1 324	2 303	4 821	10 264	12 055	13 019	12 341	12 723
第二产业	万元	907	1 123	2 084	3 659	13 127	16 132	18 034	20 283	20 771
工业	万元	635	845	1 730	3 192	10 682	13 242	15 024	16 692	16 798
建筑业	万元	272	278	354	467	2 445	2 890	3 010	3 591	3 973
第三产业	万元	486	598	1 309	3 263	10 722	13 382	15 938	18 115	20 286
#运输邮电业	万元	70	107	336	690	2 146	2 785	3 162	3 984	4 596
商业、饮食业	万元	135	158	317	541	2 257	2 967	3 415	3 933	4 428
金融业	万元	32	38	153	749	1 968	2 365	2 668	2 753	2 771
农业总产值	万元	1 350	1 867	3 137	6 993	17 307	20 096	21 521	20 134	20 556
工业总产值	万元	2 016	2 576	4 962	11 664	32 058	37 685	43 099	45 849	49 496
财政收入	万元	335	342	580	1 113	2 883	3 386	3 696	3 991	4 246
财政支出	万元	446	438	814	1 391	3 023	3 612	4 181	4 802	5 694
布产量	万米	55	82	71	84	98	91	99	69	72
原煤产量	吨	39 329	40 830	53 100	55 537	78 847	66 787	56 559	57 739	47 417
发电量	万千瓦小时	1 241	1 567	2 295	3 326	4 831	5 022	4 927	4 961	5 145
钢产量	吨	702	1 062	2 121	3 071	4 102	4 740	4 762	6 108	7 316
二、全省每天消费										
最终消费	万元	1 558	2 219	4 145	8 496	21 654	26 127	28 229	30 203	32 099
居民消费	万元		1 875	3 460	6 850	17 254	20 777	21 829	22 549	23 722
农业居民消费	万元		1 348	2 486	4 735	11 010	13 584	13 816	14 164	14 590
非农业居民消费	万元		527	974	2 115	6 244	7 193	8 013	8 385	9 132
政府消费	万元		344	685	1 646	4 400	5 350	6 400	7 654	8 376
能源消费	万吨标准煤			3.68	4.75	6.55	5.90	5.84	5.56	5.85
社会消费品零售总额	万元	930	1 246	2 348	4 163	11 257	13 437	15 303	16 578	17 821
三、全省每天其他活动										
货物运输量	万吨	12.89	12.55	52.27	48.43	61.08	61.99	59.96	61.07	61.87
旅客运输量	万人	17.69	26.92	67.66	68.20	82.50	84.22	90.73	87.95	93.54
出版图书	万册	23.27	23.22	36.79	52.65	39.69	61.80	51.08	57.34	56.42
出版杂志	万册	1.03	1.60	6.38	7.44	14.20	17.38	17.19	21.66	24.78
出版报纸	万份	39.60	46.71	84.10	161.45	95.71	93.01	96.03	95.85	110.88
邮电业务总量	万元	21.05	24.99	37.24	78.11	388.48	540.40	755.00	1 093.28	1 657.21
邮寄函件	万件	20.20	24.56	42.39	47.02	63.71	53.95	46.77	48.34	40.50
长途电话	万次	1.15	1.41	2.30	5.28	45.20	56.58	63.90	75.17	91.94
电影观众人数	万人次	174.71	240.69	187.65	156.32	6.41	3.51	2.29	18.17	9.40
出生人数	人	2 331	1 653	1 937	2 546	2 096	1 961	1 971	1 925	1 905
死亡人数	人	637	568	514	781	806	785	742	806	810
结婚人数	对	437	406	637	917	714	743	746	762	793
离婚人数	对	28	20	30	48	54	55	58	59	74

1-5 主要指标每人年平均水平

指　　标	单位	1978年	1980年	1985年	1990年	1995年	1996年	1997年	1998年	1999年
一、国民生产总值	元	276	342	597	1 128	3 124	3 755	4 198	4 484	4 706
国内生产总值	元	276	342	597	1 134	3 083	3 715	4 155	4 440	4 661
二、农业总产值	元	156	210	329	676	1 564	1 796	1 903	1 762	1 782
三、工业总产值	元	234	289	520	1 127	2 897	3 368	3 811	4 012	4 290
四、财政收入	元	39	38	61	107	261	303	327	349	368
五、居民储蓄存款	元	13	24	99	375	1 511	1 893	2 237	2 551	2 747
六、主要农产品产量										
粮　　食	公斤	357.33	381.60	440.19	438.86	397.97	432.49	428.23	372.95	411.45
棉　　花	公斤	1.10	1.32	1.79	1.51	2.94	3.01	3.21	1.82	1.51
油料折油	公斤	2.10	2.09	3.51	5.19	8.58	8.31	8.85	6.77	7.57
甘　　蔗	公斤	21.68	26.38	56.58	51.42	49.52	45.49	53.44	44.69	40.84
水　　果	公斤	0.93	1.73	3.09	6.17	10.59	12.34	16.39	10.94	16.71
肉　　类	公斤	8.34	11.71	18.44	29.57	54.32	54.34	55.13	51.48	47.08
牛　　奶	公斤	0.16	0.28	0.52	0.59	0.79	0.86	0.86	1.13	1.22
水 产 品	公斤	1.88	2.32	4.60	8.12	20.81	24.51	27.88	28.38	29.00
七、主要工业产品产量										
布	米	6.40	9.24	7.47	8.09	8.86	8.14	8.74	6.02	6.25
机 制 糖	公斤	1.30	2.20	3.82	2.80	2.24	2.11	2.40	2.23	1.99
成品钢材	公斤	7.78	14.36	17.50	24.43	31.29	34.25	37.50	42.97	54.28
发 电 量	千瓦小时	143.82	176.05	240.40	321.32	436.59	448.80	435.62	434.12	445.95
原　　煤	公斤	455.65	458.62	556.33	536.50	712.53	596.90	500.11	505.29	410.98
八、主要消费品消费量										
1.农民生活消费量										
粮　　食	公斤		314.55	325.20	340.85	325.39	327.52	310.46	309.86	313.89
植 物 油	公斤		2.03	3.41	4.76	6.21	5.59	4.90	4.12	5.95
猪牛羊肉	公斤		6.60	10.16	11.99	12.22	13.15	12.95	12.30	13.79
蛋　　类	公斤		1.04	1.73	1.95	2.58	2.92	2.90	2.82	3.01
水 产 品	公斤		1.54	1.66	2.02	3.58	4.15	4.07	4.16	4.60
2.城镇居民购买量										
粮　　食	公斤		149.04	130.80	132.60	98.88	95.28	95.88	92.52	91.20
植 物 油	公斤		3.96	5.16	5.76	6.96	7.68	8.88	9.12	9.36
猪牛羊肉	公斤		19.84	19.56	22.32	21.72	21.36	20.28	20.04	20.40
鱼　　类	公斤		2.88	4.80	3.72	8.40	9.48	4.20	11.04	9.84
蛋　　类	公斤		12.00	6.12	8.28	6.00	6.36	7.44	6.60	7.2

1-6 国内生产总值

（按当年价格计算） 单位：亿元

年份	国民生产总值	国内生产总值	第一产业	第二产业	工业	建筑业
1978	87.00	87.00	36.18	33.08	23.16	9.92
1979	104.15	104.15	48.70	36.41	26.43	9.98
1980	111.15	111.15	48.31	41.00	30.84	10.16
1981	121.26	121.26	56.09	41.10	31.93	9.17
1982	133.96	133.96	63.91	42.64	33.44	9.20
1983	144.13	144.13	63.98	49.20	38.12	11.08
1984	169.11	169.11	71.89	61.31	49.89	11.42
1985	207.89	207.89	84.06	76.05	63.13	12.92
1986	230.82	230.82	90.27	83.60	71.21	12.39
1987	262.90	262.90	104.63	92.44	79.33	13.11
1988	325.83	325.83	119.18	117.38	100.73	16.65
1989	373.06	376.46	133.19	131.23	111.91	19.32
1990	426.23	428.62	175.96	133.56	116.50	17.06
1991	475.54	479.37	183.27	154.77	135.82	18.95
1992	571.01	572.55	200.81	199.40	168.14	31.26
1993	745.23	723.04	225.58	282.46	233.76	48.70
1994	983.67	948.16	314.35	338.23	269.16	69.07
1995	1 261.73	1 245.11	374.64	479.12	389.87	89.25
1996	1 533.41	1 517.26	440.00	588.82	483.35	105.47
1997	1 732.94	1 715.18	475.18	658.25	548.39	109.86
1998	1 870.20	1 851.98	450.44	740.33	609.26	131.07
1999	1 981.73	1 962.98	464.40	758.15	613.12	145.03

年份	第三产业	#交通运输邮电业	#商业饮食业	#金融保险业	人均国民生产总值（元）	人均国内生产总值（元）
1978	17.74	2.54	4.91	1.18	276	276
1979	19.04	3.27	4.92	1.04	325	325
1980	21.84	3.92	5.78	1.39	342	342
1981	24.07	4.19	6.50	1.48	369	369
1982	27.41	5.39	7.04	1.98	403	403
1983	30.95	6.28	8.21	2.29	428	428
1984	35.91	6.47	8.62	4.19	497	497
1985	47.78	12.27	11.57	5.60	597	597
1986	56.95	13.53	13.47	7.50	652	652
1987	65.83	14.54	13.84	11.71	729	729
1988	89.27	20.30	19.23	19.63	891	891
1989	112.04	21.03	28.30	25.86	1 004	1 013
1990	119.10	25.18	19.74	27.33	1 128	1 134
1991	141.33	26.73	27.86	31.17	1 239	1 249
1992	172.34	31.61	35.80	38.83	1 468	1 472
1993	215.00	39.43	44.68	48.44	1 892	1 835
1994	295.58	55.93	57.76	61.71	2 465	2 376
1995	391.35	78.32	82.39	71.84	3 124	3 083
1996	488.44	101.64	108.31	86.32	3 755	3 715
1997	581.75	115.41	124.66	97.40	4 198	4 155
1998	661.21	145.40	143.54	100.50	4 484	4 440
1999	740.43	167.74	161.63	101.15	4 706	4 661

1-7 国内生产总值构成

（以国内生产总值为100） 单位：%

年份	第一产业	第二产业	工业	建筑业	第三产业	#交通运输邮电业	#商业饮食业	#金融保险业
1978	41.6	38.0	26.6	11.4	20.4	2.9	5.6	1.4
1979	46.8	34.9	25.3	9.6	18.3	3.1	4.7	1.0
1980	43.5	36.9	27.8	9.1	19.6	3.5	5.2	1.3
1981	46.3	33.9	26.3	7.6	19.8	3.5	5.4	1.2
1982	47.7	31.8	24.9	6.9	20.5	4.0	5.3	1.5
1983	44.4	34.1	26.4	7.7	21.5	4.4	5.7	1.6
1984	42.5	36.3	29.5	6.8	21.2	3.8	5.1	2.5
1985	40.4	36.6	30.4	6.2	23.0	5.9	5.6	2.7
1986	39.1	36.2	30.9	5.3	24.7	5.9	5.8	3.2
1987	39.8	35.2	30.2	5.0	25.0	5.5	5.3	4.5
1988	36.6	36.0	30.9	5.1	27.4	6.2	5.9	6.0
1989	35.4	34.8	29.7	5.1	29.8	5.6	7.5	6.9
1990	41.0	31.2	27.2	4.0	27.8	5.9	4.6	6.4
1991	38.2	32.3	28.3	4.0	29.5	5.6	5.8	6.5
1992	35.1	34.8	29.4	5.4	30.1	5.5	6.3	6.9
1993	31.2	39.1	32.3	6.8	29.7	5.5	6.2	6.7
1994	33.1	35.7	28.4	7.3	31.2	5.9	6.1	6.5
1995	30.1	38.5	31.3	7.2	31.4	6.3	6.6	5.8
1996	29.0	38.8	31.9	6.9	32.2	6.7	7.1	5.7
1997	27.7	38.4	32.0	6.4	33.9	6.7	7.3	5.7
1998	24.3	40.0	32.9	7.1	35.7	7.9	7.8	5.4
1999	23.7	38.6	31.2	7.4	37.7	8.5	8.2	5.2

1-8 国内生产总值项目结构

（按当年价格计算） 单位：亿元

年份	国内生产总值	劳动者报酬	固定资产折旧	生产税净额	营业盈余
1978	87.00	57.36	8.19	7.62	13.83
1979	104.15	68.87	8.74	8.55	17.99
1980	111.15	73.40	9.06	9.05	19.64
1981	121.26	79.84	9.88	10.11	21.43
1982	133.96	89.26	10.66	10.79	23.25
1983	144.13	95.08	11.10	12.37	25.58
1984	169.11	115.06	12.78	14.12	27.15
1985	207.89	134.11	17.82	19.79	36.17
1986	230.82	143.36	19.71	24.56	43.19
1987	262.90	159.16	22.11	40.64	40.99
1988	325.83	192.43	25.94	32.75	74.71
1989	376.46	218.11	29.44	44.21	84.70
1990	428.62	265.24	33.85	42.61	86.92
1991	479.37	277.58	44.06	45.52	112.21
1992	572.55	358.84	55.87	50.56	107.28
1993	723.04	462.89	61.49	80.65	118.01
1994	948.16	613.87	97.04	106.10	131.15
1995	1 245.11	752.00	133.99	114.10	245.02
1996	1 517.26	954.42	155.07	139.36	268.41
1997	1 715.18	1 102.67	209.89	181.95	220.67
1998	1 851.98	1 152.11	251.60	186.70	261.57
1999	1 962.98	1 210.35	300.73	197.81	254.09

1-9 国内生产总值指数

（按可比价格计算）

以1978年为100

年份	国民生产总值	国内生产总值	第一产业	第二产业	工业	建筑业	第三产业	# 交通运输邮电业	# 商业饮食业	# 金融保险业
1978	100.0	100.0	100.0	100.0	100.0	100.0	100.0	100.0	100.0	100.0
1979	115.8	115.8	115.4	115.9	120.9	104.2	116.6	141.6	108.2	83.3
1980	120.7	120.7	116.4	129.7	138.9	108.1	114.4	147.1	106.1	98.1
1981	127.5	127.5	128.3	127.8	142.2	93.6	125.0	152.0	120.4	107.2
1982	139.4	139.4	144.1	131.5	146.5	96.4	141.4	202.3	131.1	141.6
1983	148.9	148.9	144.2	150.6	165.5	115.4	154.8	221.7	149.1	155.1
1984	171.8	171.8	157.9	182.5	211.0	115.4	183.0	235.9	156.6	314.1
1985	197.2	197.2	169.1	218.3	258.7	123.5	222.9	303.1	182.8	382.9
1986	210.4	210.4	171.0	234.2	286.9	117.0	256.8	312.5	210.6	514.6
1987	227.9	227.9	186.6	250.4	310.4	115.5	280.2	320.9	199.9	761.6
1988	253.9	253.9	191.6	291.5	361.3	134.4	327.6	375.1	233.7	1 077.7
1989	266.8	269.4	199.1	305.2	373.9	150.8	364.0	390.9	207.8	1 353.6
1990	279.9	281.5	211.8	312.8	392.2	133.9	382.9	439.0	136.5	1 368.5
1991	302.0	304.6	219.2	349.7	434.6	138.5	429.2	407.4	177.7	1 467.0
1992	348.5	349.7	231.9	430.1	511.5	222.7	511.6	449.0	275.3	1 665.0
1993	409.1	397.6	235.6	554.4	650.1	315.3	573.0	489.4	277.5	1 981.4
1994	482.7	465.2	249.0	714.6	840.6	392.5	659.0	580.4	301.6	2 211.2
1995	551.2	532.7	261.5	881.8	1 051.6	449.0	749.3	705.2	348.6	2 339.4
1996	624.0	604.1	283.7	1 032.6	1 240.9	499.3	848.2	777.8	425.3	2 470.4
1997	694.5	673.6	303.0	1 166.8	1 419.6	520.8	966.9	912.4	482.7	2 670.5
1998	750.8	728.8	291.5	1 319.7	1 602.7	597.4	1 087.8	1 121.3	562.3	2 729.3
1999	808.6	785.6	309.0	1 408.1	1 697.3	670.3	1 204.2	1 320.9	634.3	2 786.6

以上年为100

年份	国民生产总值	国内生产总值	第一产业	第二产业	工业	建筑业	第三产业	# 交通运输邮电业	# 商业饮食业	# 金融保险业
1978	113.3	113.3	99.8	126.1			128.6			
1979	115.8	115.8	115.4	115.9	120.9	104.2	116.6	141.6	108.2	83.3
1980	104.2	104.2	100.9	111.9	114.9	103.7	98.1	103.9	98.1	117.8
1981	105.6	105.6	110.2	98.5	102.4	86.6	109.3	103.3	113.5	109.3
1982	109.3	109.3	112.3	102.9	103.0	103.0	113.1	133.1	108.9	132.1
1983	106.8	106.8	100.1	114.5	113.0	119.7	109.5	109.6	113.7	109.5
1984	115.4	115.4	109.5	121.2	127.5	100.0	118.2	106.4	105.0	202.5
1985	114.8	114.8	107.1	119.6	122.6	107.0	121.8	128.5	116.7	121.9
1986	106.7	106.7	101.1	107.3	110.9	94.7	115.2	103.1	115.2	134.4
1987	108.3	108.3	109.1	106.9	108.2	98.7	109.1	102.7	94.9	148.0
1988	111.4	111.4	102.7	116.4	116.4	116.4	116.9	116.9	116.9	141.5
1989	105.1	106.1	103.9	104.7	103.5	112.2	111.1	104.2	88.9	125.6
1990	104.9	104.5	106.4	102.5	104.9	88.8	105.2	112.3	65.7	101.1
1991	107.9	108.2	103.5	111.8	110.8	103.4	112.1	92.8	130.2	107.2
1992	115.4	114.8	105.8	123.0	117.7	160.8	119.2	110.2	154.9	113.5
1993	117.4	113.7	101.6	128.9	127.1	141.6	112.0	109.0	100.8	119.0
1994	118.0	117.0	105.7	128.7	129.3	124.5	115.0	118.6	108.7	111.6
1995	114.2	114.5	105.0	123.4	125.1	114.4	113.7	121.5	115.6	105.8
1996	113.2	113.4	108.5	117.1	118.0	111.2	113.2	110.3	122.0	105.6
1997	111.3	111.5	106.8	113.0	114.4	104.3	114.0	117.3	113.5	108.1
1998	108.1	108.2	96.2	113.1	112.9	114.7	112.5	122.9	116.5	102.2
1999	107.7	107.8	106.0	106.7	105.9	112.2	110.7	117.8	112.8	102.1

1－10　支出法国内生产总值

（按当年价格计算）　　单位：亿元

年　份	支出法国内生产总值	最终消费	居民消费	农村居民	城镇居民	政府消费	资本形成总额	固定资本形成总额	存货增加	货物和服务净出口
1978	87.00	56.88					34.52	29.71	4.81	－4.40
1979	104.15	65.01					39.33	33.85	5.48	－0.19
1980	111.15	81.02	68.45	49.22	19.23	12.57	36.34	31.28	5.06	－6.21
1981	121.26	89.05	75.74	51.28	23.56	13.31	33.93	28.63	5.30	－1.72
1982	133.96	103.72	88.54	63.62	24.92	15.18	38.91	32.31	6.60	－8.67
1983	144.13	111.17	95.00	69.28	25.72	16.17	42.96	38.67	4.29	－10.00
1984	169.11	127.36	105.81	77.13	28.68	21.55	53.05	44.81	8.24	－11.30
1985	207.89	151.31	126.30	90.76	35.54	25.01	68.83	52.05	16.78	－12.25
1986	230.82	165.63	137.54	96.46	41.08	28.09	80.91	61.63	19.28	－15.72
1987	262.90	184.12	150.66	103.47	47.19	33.46	95.68	65.75	29.93	－16.90
1988	325.83	219.19	182.06	120.81	61.25	37.13	129.06	71.66	57.40	－22.42
1989	376.46	268.42	212.44	140.28	72.16	55.98	134.76	79.14	55.62	－26.72
1990	428.62	310.12	250.02	172.83	77.19	60.10	126.99	78.87	48.12	－8.88
1991	479.37	341.79	270.89	185.27	85.62	70.90	147.60	86.56	61.04	－10.02
1992	572.55	381.98	299.37	196.36	103.01	82.61	219.50	136.93	82.57	－28.93
1993	723.04	460.22	349.29	222.92	126.37	110.93	298.34	222.47	75.87	－35.52
1994	944.75	597.07	471.91	291.17	180.74	125.16	368.62	282.84	85.78	－20.94
1995	1 217.13	790.36	629.78	401.86	227.92	160.58	444.93	325.55	119.38	－18.16
1996	1 469.60	953.63	758.36	495.80	262.56	195.27	529.49	395.85	133.64	－13.52
1997	1 664.58	1 030.36	796.77	504.29	292.48	233.59	644.29	477.30	166.99	－10.07
1998	1 797.35	1 102.40	823.03	516.98	306.05	279.37	702.45	520.82	181.63	－7.50
1999	1 911.98	1 171.61	865.87	532.56	333.31	305.74	747.17	552.67	194.50	－6.80

注：支出法国内生产总值不等于前表国内生产总值是由于计算误差的影响，后同。

1－11　支出法国内生产总值结构

（按当年价格计算）　　单位：%

年　份	最终消费率（消费率）	资本形成率（投资率）	以最终消费为100		以资本形成总额为100		以居民消费为100	
			居民消费	政府消费	固定资本形成总额	存货增加	农村居民	城镇居民
1978	65.38	39.68			86.1	13.9		
1979	62.42	37.76			86.1	13.9		
1980	72.89	32.69	84.5	15.5	86.1	13.9	71.9	28.1
1981	73.44	27.98	85.1	14.9	84.4	15.6	67.7	32.3
1982	77.43	29.05	85.4	14.6	83.0	17.0	71.9	28.1
1983	77.13	29.81	85.5	14.5	90.0	10.0	72.9	27.1
1984	75.31	31.37	83.1	16.9	84.5	15.5	72.9	27.1
1985	72.78	33.11	83.5	16.5	75.6	24.4	71.9	28.1
1986	71.76	35.05	83.0	17.0	76.2	23.8	70.1	29.9
1987	70.03	36.39	81.8	18.2	68.7	31.3	68.7	31.3
1988	67.27	39.61	83.1	16.9	55.5	44.5	66.4	33.6
1989	71.30	35.80	79.1	20.9	58.7	41.3	66.0	34.0
1990	72.35	29.63	80.6	19.4	62.1	37.9	69.1	30.9
1991	71.30	30.79	79.3	20.7	58.6	41.4	68.4	31.6
1992	66.72	38.34	78.4	21.6	62.4	37.6	65.6	34.4
1993	63.65	41.26	75.9	24.1	74.6	25.4	63.8	36.2
1994	63.20	39.02	79.0	21.0	76.7	23.3	61.7	38.3
1995	64.94	36.56	79.7	20.3	73.2	26.8	63.8	36.2
1996	64.89	36.03	79.5	20.5	74.8	25.2	65.4	34.6
1997	61.90	38.71	77.3	22.7	74.1	25.9	63.3	36.7
1998	61.33	39.08	74.7	25.3	74.1	25.9	62.8	37.2
1999	61.28	39.08	73.9	26.1	74.0	26.0	61.5	38.5

1-12 支出法国内生产总值指数

（可比价格，以1980年为100）

年份	支出法国内生产总值	最终消费	居民消费	农村居民	城镇居民	政府消费	资本形成总额	固定资本形成总额	存货增加
1980	100.0	100.0	100.0	100.0	100.0	100.0	100.0	100.0	100.0
1981	105.6	106.4	107.1	102.6	118.6	104.3	87.8	80.0	105.2
1982	115.4	122.8	121.9	121.8	122.2	129.2	113.0	105.2	145.7
1983	123.2	130.0	129.5	131.3	124.9	133.9	125.1	128.0	77.7
1984	142.2	146.6	141.5	143.5	136.6	180.0	149.0	140.9	163.0
1985	163.2	159.1	154.1	154.0	154.4	192.8	198.5	161.9	315.2
1986	174.1	168.3	158.6	156.0	165.5	233.9	216.4	212.4	204.6
1987	188.6	176.4	166.7	161.1	182.2	240.7	221.2	182.0	324.1
1988	210.1	187.5	177.5	166.4	208.4	252.7	291.8	145.6	815.8
1989	222.9	205.7	181.6	172.4	195.9	362.4	397.7	211.3	904.7
1990	232.9	219.5	193.9	184.8	207.5	385.6	371.8	205.8	811.5
1991	253.6	234.9	205.3	194.8	222.0	430.7	414.6	212.2	1 018.4
1992	291.1	257.5	221.9	207.3	248.6	498.3	589.1	313.8	1 367.7
1993	331.0	282.0	238.1	220.1	273.0	588.0	705.7	453.8	1 131.1
1994	389.3	307.1	260.7	238.4	306.3	627.4	870.8	557.3	1 411.6
1995	440.7	344.6	295.4	270.1	346.7	678.2	981.4	613.0	1 712.3
1996	487.4	389.1	333.8	314.5	367.8	760.9	1 044.2	655.3	1 797.9
1997	544.4	419.8	352.2	326.5	401.6	892.5	1 224.8	756.2	2 209.6
1998	586.9	445.0	361.7	333.0	418.1	1 051.4	1 344.8	816.7	2 530.0
1999	633.3	478.4	384.8	348.0	462.0	1 167.1	1 456.4	878.8	2 788.1

1-13 支出法国内生产总值指数

（可比价格，以上年为100）

年份	支出法国内生产总值	最终消费	居民消费	农村居民	城镇居民	政府消费	资本形成总额	固定资本形成总额	存货增加
1980	104.2	100.2	99.8	97.9	105.3	100.3	93.7	99.3	57.5
1981	105.6	106.4	107.1	102.6	118.6	104.3	87.8	80.0	105.2
1982	109.3	115.4	113.8	118.7	103.0	123.9	128.7	131.5	138.2
1983	106.8	105.9	106.2	107.8	102.2	103.6	110.7	121.7	53.3
1984	115.4	112.8	109.3	109.3	109.4	134.4	119.1	110.1	209.8
1985	114.8	108.5	108.9	107.3	113.0	107.1	133.2	114.9	193.4
1986	106.7	105.8	102.9	101.3	107.2	121.3	109.0	131.2	64.9
1987	108.3	104.8	105.1	103.3	110.1	102.9	102.2	85.7	158.4
1988	111.4	106.3	106.5	103.3	114.4	105.0	131.9	80.0	251.7
1989	106.1	109.7	102.3	103.6	94.0	143.4	136.3	145.1	110.9
1990	104.5	106.7	106.8	107.2	105.9	106.4	93.5	97.4	89.7
1991	108.9	107.0	105.9	105.4	107.0	111.7	111.5	103.1	125.5
1992	114.8	109.6	108.1	106.4	112.0	115.7	142.1	147.9	134.3
1993	113.7	109.5	107.3	106.2	109.8	118.0	119.8	144.6	82.7
1994	117.6	108.9	109.5	108.3	112.2	106.7	123.4	122.8	124.8
1995	113.2	112.2	113.3	113.3	113.2	108.1	112.7	110.0	121.3
1996	110.6	112.9	113.0	116.4	106.1	112.2	106.4	106.9	105.0
1997	111.7	107.9	105.5	103.8	109.2	117.3	117.3	115.4	122.9
1998	107.8	106.0	102.7	102.0	104.1	117.8	109.8	108.0	114.5
1999	107.9	107.5	106.4	104.5	110.5	111.0	108.3	107.6	110.2

1－14 第三产业增加值

（按当年价格计算）

行业	绝对额（亿元）		构成（以总计为100）	
	1998年	1999年	1998年	1999年
总计	**661.21**	**740.43**	**100.0**	**100.0**
农林牧渔服务业	6.70	7.16	1.0	1.0
地质勘查业、水利管理业	6.80	7.83	1.0	1.1
交通运输、仓储及邮电通信业	145.40	167.74	22.0	22.6
批发和零售贸易、餐饮业	143.54	161.63	21.7	21.8
金融保险业	100.50	101.15	15.2	13.7
房地产业	60.56	76.31	9.2	10.3
社会服务业	43.28	47.79	6.5	6.4
卫生、体育和社会福利业	17.71	19.09	2.7	2.6
教育、文化艺术和广播电影电视业	51.03	54.13	7.7	7.3
科学研究和综合技术服务业	5.41	5.77	0.8	0.8
国家机关、政党机关和社会团体	62.03	73.33	9.4	9.9
其他行业	18.25	18.50	2.8	2.5

1－15 第三产业增加值指数

（按可比价格计算，以上年为100）

行业	1998年	1999年
总计	**112.5**	**110.7**
农林牧渔服务业	117.6	108.5
地质勘查业、水利管理业	116.1	109.0
交通运输、仓储及邮电通信业	122.9	117.8
批发和零售贸易、餐饮业	116.5	112.8
金融保险业	102.2	102.1
房地产业	111.7	112.7
社会服务业	106.6	107.6
卫生、体育和社会福利业	109.9	110.5
教育、文化艺术和广播电影电视业	109.4	108.6
科学研究和综合技术服务业	110.0	109.1
国家机关、政党机关和社会团体	107.0	110.9
其他行业	121.2	101.4

1－16 各地区国内生产总值

（1999 年，按当年价格计算）　　单位：万元

地　　区	国内生产总值	第一产业	第二产业	工　业	建 筑 业
南 昌 市	3 998 020	459 217	1 880 875	1 477 584	403 291
景德镇市	861 989	104 233	425 454	393 248	32 206
萍 乡 市	919 901	138 347	499 358	474 968	24 390
九 江 市	1 919 469	390 819	839 550	611 907	227 643
新 余 市	599 750	131 456	257 244	221 744	35 500
鹰 潭 市	420 336	106 373	180 985	165 743	15 242
赣 州 市	2 505 231	920 970	715 763	552 876	162 887
宜春地区	1 815 000	675 980	589 450	504 030	85 420
上饶地区	1 703 669	568 446	550 658	481 512	69 146
吉安地区	1 448 048	578 882	441 850	319 400	122 450
抚州地区	1 203 285	446 097	437 208	360 595	76 613

地　　区	第三产业	# 交通运输邮电业	# 商业饮食业	# 金融保险业	人均国内生产总值（元）
南 昌 市	1 657 928	219 529	506 920	399 616	9 505
景德镇市	332 302	40 562	92 716	103 475	5 778
萍 乡 市	282 196	57 763	65 760	34 202	5 166
九 江 市	689 100	139 438	198 895	90 011	4 241
新 余 市	211 050	44 000	38 500	40 000	5 565
鹰 潭 市	132 978	30 710	25 195	21 544	3 900
赣 州 市	868 498	192 229	156 985	90 853	3 152
宜春地区	549 570	109 381	129 482	83 175	3 518
上饶地区	584 565	150 862	140 822	60 456	2 616
吉安地区	427 316	59 884	72 171	60 804	3 119
抚州地区	319 980	57 388	36 716	66 456	3 234

1－17　各地区国内生产总值构成

（1999 年，按当年价格计算）　　单位：%

地　区	国内生产总值	第一产业	第二产业	工　业	建筑业	第三产业	# 交通运输邮电业	# 商业饮食业	# 金融保险业
南 昌 市	100	11.5	47.0	36.9	10.1	41.5	5.5	12.8	10.1
景德镇市	100	12.1	49.4	45.6	3.8	38.5	4.7	10.8	12.0
萍 乡 市	100	15.0	54.3	51.6	2.7	30.7	6.3	7.2	3.7
九 江 市	100	20.4	43.7	31.9	11.8	35.9	7.3	10.4	4.7
新 余 市	100	21.9	42.9	37.0	5.9	35.2	7.3	6.4	6.7
鹰 潭 市	100	25.4	43.1	39.5	3.6	31.6	7.3	6.0	5.1
赣 州 市	100	36.7	28.6	22.1	6.5	34.7	7.7	6.3	3.6
宜春地区	100	37.2	32.5	27.8	4.7	30.3	6.0	7.1	4.6
上饶地区	100	33.4	32.3	28.2	4.1	34.3	8.9	8.3	3.6
吉安地区	100	40.0	30.5	22.1	8.4	29.5	4.1	5.0	4.2
抚州地区	100	37.1	36.3	30.0	6.3	26.6	4.8	3.1	5.5

1－18　各地区国内生产总值指数

（1999 年，以上年为 100）　　单位：%

地　区	国内生产总值	第一产业	第二产业	工　业	建筑业	第三产业	# 交通运输邮电业	# 商业饮食业	# 金融保险业	人均国内生产总值
南 昌 市	108.9	110.2	108.5	108.5	108.2	109.2	112.0	109.2	109.2	107.8
景德镇市	107.0	105.2	103.6	102.8	118.8	113.6	111.7	110.9	109.1	106.0
萍 乡 市	109.6	103.0	111.1	111.5	104.5	110.2	111.2	108.1	107.6	108.7
九 江 市	114.4	125.1	113.1	108.8	129.7	111.6	115.2	109.8	105.0	113.3
新 余 市	108.2	103.9	110.8	110.3	115.9	107.0	114.6	108.9	89.1	107.3
鹰 潭 市	106.8	104.9	105.5	104.9	110.7	110.7	126.8	114.5	84.0	105.8
赣 州 市	107.5	103.5	108.9	108.1	112.4	110.7	117.7	111.0	101.8	106.4
宜春地区	106.5	103.2	108.6	108.9	106.5	108.2	111.5	108.6	108.4	105.6
上饶地区	108.3	104.0	114.6	114.4	116.3	105.7	108.5	109.5	70.5	107.3
吉安地区	108.5	103.4	111.5	106.9	127.5	111.7	111.9	111.0	109.4	107.4
抚州地区	104.5	103.0	105.0	104.9	105.6	106.0	105.0	105.0	104.5	103.4

注：本表按可比价格计算。

1－19 各地区国内生产总值项目结构

（1999年，按当年价格计算） 单位：万元

地区	国内生产总值	劳动者报酬	固定资产折旧	生产税净额	营业盈余
南昌市	3 998 020	1 999 018	410 168	455 015	1 133 819
景德镇市	861 989	500 980	93 286	89 340	178 383
萍乡市	919 901	542 962	128 331	65 368	183 240
九江市	1 919 469	1 047 819	308 969	282 963	279 718
新余市	599 750	384 829	85 339	48 999	80 583
鹰潭市	420 336	228 896	111 574	22 246	57 620
赣州市	2 505 231	1 784 088	249 224	212 708	259 211
宜春地区	1 815 000	1 211 677	219 942	157 542	225 839
上饶地区	1 703 669	1 081 791	157 559	110 974	353 345
吉安地区	1 448 048	907 140	165 745	183 073	192 090
抚州地区	1 203 285	915 722	132 179	76 850	78 534

1－20 各地区支出法国内生产总值

（1999年，按当年价格计算）

地区	支出法国内生产总值（万元）	最终消费	资本形成总额	货物和服务净出口	资本形成率（%）	最终消费率（%）
南昌市	3 998 020	2 458 779	1 183 899	355 342	29.6	61.5
景德镇市	861 989	439 413	444 100	－21 524	51.5	51.0
萍乡市	919 901	501 387	271 890	146 624	29.6	54.5
九江市	1 919 469	1 140 573	765 768	13 128	39.9	59.4
新余市	599 750	368 850	226 700	4 200	37.8	61.5
鹰潭市	420 336	298 157	121 112	1 067	28.8	70.9
赣州市	2 485 133	1 901 552	669 035	－85 454	26.9	76.5
宜春地区	1 815 000	1 149 592	663 874	1 534	36.6	63.3
上饶地区	1 707 925	1 512 331	316 288	－120 694	18.5	88.5
吉安地区	1 448 048	1 021 432	427 636	－1 020	29.5	70.5
抚州地区	1 203 285	875 382	314 884	13 019	26.2	72.7

1－21 各地区资本形成总额及构成

（1999 年，按当年价格计算）

地区	资本形成总额（万元）	固定资本形成总额	存货增加	资本形成总额＝100 固定资本形成总额	存货增加
南昌市	1 183 899	906 096	277 803	76.5	23.5
景德镇市	444 100	198 819	245 281	44.8	55.2
萍乡市	271 890	212 310	59 580	78.1	21.9
九江市	765 768	527 633	238 135	68.9	31.1
新余市	226 700	217 900	8 800	96.1	3.9
鹰潭市	121 112	107 248	13 864	88.5	11.5
赣州市	669 035	601 514	67 521	89.9	10.1
宜春地区	663 874	454 614	209 260	68.5	31.5
上饶地区	316 288	422 525	－106 237	133.6	－33.6
吉安地区	427 636	346 500	81 136	81.0	19.0
抚州地区	314 884	254 189	60 695	80.7	19.3

1－22 各地区最终消费及构成

（1999 年，按当年价格计算）

地区	最终消费（万元）	居民消费	农村居民	城镇居民	政府消费	最终消费＝100 居民消费	政府消费	居民消费＝100 农村居民	城镇居民
南昌市	2 458 779	1 682 502	610 940	1 071 562	776 277	68.4	31.6	36.3	63.7
景德镇市	439 413	417 935	188 295	229 640	21 478	95.1	4.9	45.1	44.9
萍乡市	501 387	448 780	230 497	218 283	52 607	89.5	10.5	51.4	48.6
九江市	1 140 573	943 083	602 110	340 973	197 490	82.7	17.3	63.8	36.2
新余市	368 850	299 490	165 750	133 740	69 360	81.2	18.8	55.3	44.7
鹰潭市	298 157	238 479	97 136	141 343	59 678	80.0	20.0	40.7	59.3
赣州市	1 901 552	1 520 319	1 102 824	417 495	381 233	80.0	20.0	72.5	27.5
宜春地区	1 149 592	1 012 357	705 433	306 924	137 235	88.1	11.9	69.7	30.3
上饶地区	1 512 331	1 229 751	917 206	312 545	282 580	81.3	18.7	74.6	25.4
吉安地区	1 021 432	930 440	653 560	276 880	90 992	91.1	8.9	70.2	29.8
抚州地区	875 382	796 796	571 205	225 591	78 586	91.0	9.0	71.7	28.3

1－23　投入产出直接消耗系数表

（1997 年）

		农　业	工　业	建筑业	运输邮电业	商业饮食业	非物质生产部门	**中间使用合计**
中间投入	农业	0.1470670	0.0999975		0.0118141	0.0631890	0.0025560	**0.0786752**
	工业	0.1643726	0.4261605	0.6117282	0.3615355	0.1443305	0.2234758	**0.3371630**
	建筑业	0.0000343	0.0008091	0.0007129	0.0030703	0.0049988	0.0338395	**0.0061106**
	运输邮电业	0.0212893	0.0466011	0.0195656	0.0258803	0.1242216	0.0559198	**0.0452608**
	商业饮食业	0.0210835	0.0634474	0.0022446	0.0163559	0.0301257	0.0300098	**0.0405280**
	非物质生产部门	0.0271853	0.0397717	0.0159882	0.0568193	0.2568125	0.1246906	**0.0643594**
	中间投入合计	**0.3810321**	**0.6767874**	**0.6502396**	**0.4754755**	**0.6236780**	**0.4704914**	**0.5720970**
增加值	固定资产折旧	0.0144318	0.0502305	0.0350718	0.1156029	0.0353347	0.1189554	**0.0553721**
	劳动者报酬	0.5354119	0.1639656	0.2592786	0.2468051	0.2315310	0.2683485	**0.2672445**
	生产税净额	0.0183022	0.0626220	0.0499852	0.0272792	0.0517161	0.0374604	**0.0466341**
	营业盈余	0.0508221	0.0463945	0.0054248	0.1348374	0.0577402	0.1047442	**0.0586523**
	增加值合计	**0.6189679**	**0.3232126**	**0.3497604**	**0.5245245**	**0.3763220**	**0.5295086**	**0.4279030**
总　投　入		**1.0000000**	**1.0000000**	**1.0000000**	**1.0000000**	**1.0000000**	**1.0000000**	**1.0000000**

1－24　投入产出完全消耗系数表

（1997 年）

	农　业	工　业	建筑业	运输邮电业	商业饮食业	非物质生产部门
农　业	0.22939400	0.24678528	0.15502760	0.11456162	0.15485914	0.08521839
工　业	0.43953980	0.99589560	1.24886039	0.79690435	0.60114929	0.63065890
建筑业	0.00356684	0.00776510	0.00635676	0.00887020	0.01886170	0.04211212
运输邮电业	0.06004429	0.12776315	0.10168629	0.08483119	0.19221511	0.11262110
商业饮食业	0.05895704	0.14270494	0.09263080	0.07705146	0.08830983	0.08242233
非物质生产部门	0.07941451	0.14865729	0.11371996	0.13295597	0.36425206	0.20601751

1－25 投 入 产 出

（1997年，按当年

投入 \ 产出		中间			
		农业	工业	建筑业	运输邮电业
中间投入	农业	1118462.36	1816887.42		26587.32
	工业	1250073.29	7743050.58	1936080.39	813625.56
	建筑业	261.22	14701.56	2256.31	6909.72
	运输邮电业	161907.66	846710.20	61924.00	58242.97
	商业饮食业	160342.60	1152797.41	7103.88	36808.60
	非物质生产部门	206747.20	722625.82	50601.67	127870.29
	中间投入合计	**2897794.33**	**12296772.99**	**2057966.25**	**1070044.46**
增加值	固定资产折旧	109755.20	912654.13	111000.00	260161.05
	劳动者报酬	4071871.23	2979145.76	820600.00	555427.95
	生产税净额	139190.44	1137799.98	158200.00	61391.04
	营业盈余	386507.77	842957.24	17169.21	303447.86
	增加值合计	**4707324.64**	**5872557.11**	**1106969.21**	**1180427.90**
总投入		**7605118.97**	**18169330.10**	**3164935.46**	**2250472.36**

基 本 流 量 表

生产者价格计算）　　　　　　　　　　　　　　　　　单位:万元

投入			最终使用		
			最终消费		
			居民消费		
商业饮食业	非物质生产部门	中间使用合计	农业居民消费	非农业居民消费	居民消费合计
174237.28	15626.47	3151800.85	1548453.02	340542.99	1888996.01
397976.97	1366258.97	13507065.76	1898276.80	1589373.76	3487650.56
13783.67	206884.09	244796.57			
342528.59	341875.56	1813188.98	338027.73	275474.79	613502.52
83068.73	183470.34	1623591.56	378420.87	294549.34	672970.21
708134.82	762318.01	2578297.81	966411.99	502951.62	1469363.61
1719730.06	2876433.44	22918741.53	5129590.41	3002892.50	8132482.91
97431.96	727255.23	2218257.57			
638423.71	1640596.39	10706065.04			
142602.02	229021.15	1868204.63			
159212.72	640372.52	2349667.32			
1037670.41	3237245.29	17142194.56			
2757400.47	6113678.73	40060936.09			

1－25 续表

投入＼产出		最终			
		最终消费		资本形	
		政府消费	**最终消费合计**	固定资本形成总额	存货增加
中间投入	农业	18598.22	**1907594.23**	78416.50	709985.24
	工业		**3487650.56**	1662371.11	985262.32
	建筑业			2920138.89	
	运输邮电业		**613502.52**	34391.75	30543.76
	商业饮食业		**672970.21**	146842.74	128921.11
	非物质生产部门	2335881.74	**3805245.35**	1419.12	6065.82
	中间投入合计	**2354479.96**	**10486962.87**	**4843580.11**	**1860778.25**
增加值	固定资产折旧				
	劳动者报酬				
	生产税净额				
	营业盈余				
	增加值合计				
总投入					

单位:万元

使用				
成总额				
资本形成总额	调出地区外	最终使用合计	地区外调入	总产出
788401.74	1949789.36	**4645785.33**	192467.21	**7605118.97**
2647633.43	4502035.13	**10637319.12**	5975054.78	**18169330.10**
2920138.89		**2920138.89**		**3164935.46**
64935.51	122881.29	**801319.32**	364035.94	**2250472.36**
275763.85	323203.97	**1271938.03**	138129.12	**2757400.47**
7484.94	40016.98	**3852747.27**	317366.35	**6113678.73**
6704358.36	**6937926.73**	**24129247.96**	**6987053.40**	**40060936.09**

主要统计指标解释

国内生产总值　国内生产总值是按市场价格计算的国内生产的简称，它是我国所有常住单位在一定时期内生产活动的最终成果。国内生产总值有三种表现形态，价值形态、收入形态和产品形态。从价值形态看，它是所有常住单位在一定时期内所生产的全部货物和服务价值超过同期投入的全部非固定资产货物和服务价值的差额，即所有常住单位的增加值之和；从收入形态看，它是所有常住单位在一定时期内所创造并分配给常住单位和非常住单位的初次分配收入之和；从产品形态看，它是最终使用的货物和服务减去进口货物和服务。在核算中，国内生产总值的三种表现形态表现为三种计算方法，即生产法，收入法和支出法。三种方法分别从不同的方面反映国内生产总值及其构成。

国民生产总值　国民生产总值是按市场价格计算的国民生产总值我国所有常住单位在一定时期内收入初次分配的最终成果，它等于国内生产总值加上来自国外的劳动者报酬和财产收入减支付给国外的劳动者报酬和财产收入，与国内生产总值不同，国内生产总值是一个生产概念，而国民生产总值是一个收入概念。

当年价格　指报告期的实际价格，如工厂的出厂价格，农产品的收购价格，商业的零售价格等。按当年价格计算，是指一些以货币表现的物量指标如社会总产值、工农业总产值、国民收入、国民生产总值等，按照当年的实际价格来计算总量。使用当年价格计算的数字，是为了使国民经济各项指标互相衔接，便于考察当年经济效益，便于对生产和流通、生产和分配、生产和消费进行经济核算和综合平衡。按当年价格计算的价值指标，在不同年份之间进行对比时，因为包含有各年间价格变动因素，不能确切地反映实物量的增减变动。必须消除价格变动因素后，才能真实反映经济发展动态。因此，在计算增长速度时都使用按可比价格计算的数字。

可比价格　指在不同时期的价值指标对比时，扣除了价格变动的因素，以确切表示物量的变化。按可比价格计算有两种方法：一种是直接按产品产量乘其不变价格计算，一种是用物价指数换算。

不变价格　用某一时期的同类产品的平均价格作为固定价格，来计算各个时期的产品价值。新中国成立后，随着工农业产品价格水平的变化。国家统计局先后五次制定了全国统一的工业产品不变价格和农业产品不变价格。从 1949 年到 1957 年使用 1952 年工（农）业产品不变价格，从 1957 年到 1971 年使用 1957 年不变价格，从 1971 年到 1981 年使用 1970 年不变价格，从 1981 年开始使用 1980 年不变价格，从 1990 年开始使用 1990 年不变价格。

平均每年增长速度　在我国计算平均增长速度有两种方法，一种是习惯上经常使用的“水平法”又称几何平均法，是以间隔期最后一年的水平同基期水平对比来计算平均每年增长（或下降）速度。另一种是“累计法”，又称代数平均法或方程法，是以间隔期内各年水平的总和同基期水平对比来计算平均每年增长（或下降）速度。在一般正常情况下，两种方法计算的平均每年增长速度比较接近，但在经济发展不平衡，出现大起大落时，两种方法计算的结果差别较大。本《年鉴》内所列的平均每年增长速度，除固定资产投资用“累计法”计算外，都是用“水平法”计算的。从某年到某年平均增长速度的年份，均不包括基期年在内。如建国 44 年的平均增长速度是以 1949 年为基期计算的，则写为 1950－1993 年平均增长速度，余类推。

支出法国内生产总值＼指一个国家（或地区）所有常住单位在一定时期内用于最终消费和投资，以及净出口的货物和服务支出总额，它反映本期生产的国内生产总值的使用构成。

最终消费 是指常住单位在一定时期内对于货物和服务的全部最终消费支出，也就是常住单位为满足物质、文化和精神生活的需要，从本国经济领土和国外购买的货物和服务的支出。它不包括非常住单位在本国经济领土内的消费支出。最终消费分为居民消费和政府消费。

(一)居民消费：指常住住户在一定时期内对于货物和服务的全部最终消费支出。居民关于货物的最终消费支出在货物的所有权发生变化时记录，关于服务的最终消费支出在服务提供的时候记录。居民消费支出按市场格计算，即按居民支付价格计算，货物的购买者价格是购买者取得交货所支付的价格，它包括购买者支付的运输和商业费用。居民消费支出除了直接以货币形式购买的货物和服务的消费支出外，还包括以其他方式获得的货物和服务的消费支出，即所谓的虚拟消费支出。居民虚拟消费支出包括如下几种类型：单位以实物报酬及实物转移的形式提供给劳动者的货物和服务；住户生产并由本住户消费了的货物和服务，其中的服务仅指住户的自有住房服务；金融机构提供的金融媒介服务；保险公司提供的保险服务。

(二)政府消费：指政府部门为全社会提供的公共服务的消费支出和免费或以较低的价格向居民住户提供的货物和服务的净支出，前者等于政府服务的产出价值减去政府单位所获得的经营收入的价值，政府服务的产出价值等于它的经常性业务支出加上固定资产折旧；后者等于政府部门向居民住户提供的货物和服务的市场价值减去向居民住户收取的价值。

资本形成总额 指常住单位在一定时期内获得减去处置的固定资本和存货的净额，包括固定资本形成总额和存货增加两项。

(一)固定资本形成总额：指常住单位在一定时期内购置、转入和自产自用的固定资本价值，扣除固定资本的销售和转出后的价值。可分为有形固定资本形成总额和无形固定资本形成总额。有形固定资本形成总额包括一定时期内完成的建筑工程、安装工程和设备器具购置(减处置)价值，以及土地改良、新增役、种、奶、毛、娱乐用牲畜和新增经济林木价值。无形固定资本形成总额包括矿藏的勘探、计算机软件、娱乐和文学作品原件等获得减处置。

(二)存货增加：指常住单位在一定时期内存货实物量变动的市场价值即期末价值的差额。存货增加可以是正值，也可以是负值，正值表示存货上升，负值表示存货下降。它包括生产单位购进的原材料、燃料和储备物资等存货，以及生产单位生产的产成品、在制品和半产品等存货等。

货物和服务净出口 指货物和服务出口减货物和服务进口的差额。出口包括常住单位向非常住单位出售或无偿转让的各种货物和服务的价值；进口包括常住单位从非常住单位购买或无偿得到的各种货物和服务的价值。由于服务活动的提供与使用同时发生，因此服务的进出口业务并不发生出入境现象，一般把常住单位从国外得到的服务作为进口，非常住单位从本国得到的服务作为出口。货物的出口和进口都按离岸价格计算。

净出口 指出口与进口的差额。出口包括常住单位向非常住单位出售或无偿转让的各种货物和服务的总值；进口包括常住单位从非常住单位购买或无偿得到的各种货物和服务的总值。由于服务活动提供与使用同时发生，因此，服务的进出口业务并不发生出入境现象，应把常住单位从国外得到的服务作为进口，反之，非常住单位从我国得到的服务作为出口。

三次产业 根据社会生产活动历史发展的顺序对产业结构的划分，产品直接取自自然界的部门称为第一产业，对初级产品进行再加工的部门称为第二产业，为生产和消费提供各种服务的部门称为第三产业。它是世界上通用的产业结构分类，但各国的划分不尽一致。我国的三次产业划分是：

第一产业：农业(包括种植业、林业、牧业、副业和渔业)。

第二产业:工业(包括采掘工业、制造业、自来水、电力、蒸气、热水、煤气)和建筑业。

第三产业:除第一、第二产业以外的其他各业。

固定资产折旧　指一定时期内为弥补固定资产损耗而应提取的补偿价值,它反映了全部固定资产在本期生产中的资产转移价值。各类企业的固定资产折旧是指从成本费用中提取的折旧费。对不计提折旧的单位,如政府机关、事业单位、学校医院、部队和居民住房则应进行虚拟折旧。

劳动者报酬　指劳动者为常住单位提供劳务而获得的各种报酬,它反映劳动者参与增加值创造而获得的原始收入。具体包括从各种来源开支的货币工资和实物工资,即单位以工资、福利、社会保险等形式,从成本、费用和利润中为劳动者支付的各种开支,以及个体和其他劳动者通过参加社会生产活动所获得的各种劳动报酬。

生产税净额　指生产税与补贴之差,它反映政府从本期创造的增加值中所得到的原始收入份额。生产税是指政府对生产单位的生产经营活动所征收的各种税、附加和规费,具体包括销售(营业)税金及附加、增值税、管理费开支的税、应缴纳的养路费、排污费和水电附加等,以及烟酒专卖上缴政府的专项收入。补贴与生产税相反,是政府对生产单位的单方面收入转移,因此视为负税处理,包括政策亏损补贴、粮食系统价格补贴、外贸企业出口退税收入等。

营业盈余　指常住单位创造的增加值扣除固定资产折旧价值、支付劳动者报酬和上缴政府生产税净额后的余额,它反映企业参与增加值创造而应得到的原始收入份额。该指标相当于企业的营业利润,但要扣除利润后项目中支付的工资、福利及公益金等。

人　口 2

POPULATION

- 1999年，全省年末总户数1031.84万户，总人口4231.17万人,人口密度每平方公里253人。

- 全省总人口中，农业人口占78.57%；非农业人口占21.43%。

- 1999年,全省人口出生率为16.51‰,死亡率7.02‰,自然增长率9.49‰。

本篇章

整理　微机处理

娇　杨裕光

2-1 户数人口数

年份	总户数（户）	总人口（人）	按性别分	
			男	女
1978	6 153 908	31 828 203	16 427 779	15 400 424
1979	6 233 041	32 289 778	16 659 570	15 630 208
1980	6 364 176	32 701 960	16 866 769	15 835 191
1981	6 501 985	33 039 235	17 031 186	16 008 049
1982	6 584 978	33 483 485	17 265 308	16 218 177
1983	6 644 902	33 945 033	17 524 255	16 420 778
1984	6 851 758	34 578 879	17 872 492	16 706 387
1985	6 986 097	35 097 971	18 155 525	16 942 446
1986	7 266 117	35 757 637	18 500 090	17 257 547
1987	7 562 209	36 323 111	18 801 109	17 522 002
1988	7 857 618	36 838 811	19 053 453	17 785 358
1989	8 185 762	37 462 196	19 381 113	18 081 083
1990	8 524 926	38 106 418	19 727 708	18 378 710
1991	8 748 781	38 646 374	19 978 326	18 668 148
1992	8 877 008	39 130 927	20 259 917	18 871 010
1993	8 987 115	39 660 405	20 500 789	19 159 616
1994	9 165 092	40 154 459	20 586 009	19 568 450
1995	9 422 399	40 625 406	20 837 093	19 788 313
1996	9 611 344	41 054 635	21 184 192	19 870 443
1997	9 784 924	41 503 338	21 345 274	20 158 064
1998	10 040 894	41 912 074	21 364 925	20 547 149
1999	10 318 396	42 311 742	21 810 874	20 500 868

年份	按农业、非农业分		按城乡分	
	非农业人口	农业人口	市镇人口	乡村人口
1978	4 594 562	27 233 641	5 331 228	26 496 975
1979	4 806 203	27 483 575	5 630 294	26 659 484
1980	5 080 910	27 621 050	6 145 928	26 556 032
1981	5 406 181	27 633 054	6 298 459	26 740 776
1982	5 533 231	27 950 254	6 434 778	27 048 707
1983	5 633 184	28 311 849	7 091 431	26 853 602
1984	5 870 066	28 708 813	7 612 069	26 966 810
1985	6 247 793	28 850 178	9 647 059	25 450 912
1986	6 365 561	29 392 076	10 292 053	25 465 584
1987	6 582 218	29 740 893	11 672 730	24 650 381
1988	6 745 216	30 093 595	13 086 174	23 752 637
1989	6 931 147	30 531 049	14 311 292	23 150 904
1990	7 083 983	31 022 435	14 725 312	23 381 106
1991	7 228 163	31 418 211	14 931 890	23 714 484
1992	7 407 802	31 723 125	15 698 614	23 432 313
1993	7 601 785	32 058 620	18 765 581	20 894 824
1994	7 889 735	32 264 724	20 587 995	19 566 464
1995	8 224 854	32 400 552	22 599 737	18 025 669
1996	8 423 556	32 631 079	24 611 554	16 443 081
1997	8 659 324	32 844 014	25 817 873	15 685 465
1998	8 877 268	33 034 806	26 383 725	15 528 349
1999	9 065 485	33 246 257	27 099 605	15 212 137

注：1983年前为公安年报数，1983年及以后年份的总户数、非农业人口、市镇人口为公安年报数，其他数为人口变动抽样调查推算数，后同。

2-2 人口构成

年份	以年末总人口为100					
	男	女	非农业人口	农业人口	市、镇人口	乡村人口
1978	51.6	48.4	14.4	85.6	16.8	83.2
1979	51.6	48.4	14.9	85.1	17.4	82.6
1980	51.6	48.4	15.5	84.5	18.8	81.2
1981	51.5	48.5	16.4	83.6	19.1	80.9
1982	51.6	48.4	16.5	83.5	19.2	80.8
1983	51.6	48.4	16.6	83.4	20.9	79.1
1984	51.7	48.3	17.0	83.0	22.0	78.0
1985	51.7	48.3	17.8	82.2	27.5	72.5
1986	51.7	48.3	17.8	82.2	28.8	71.2
1987	51.8	48.2	18.1	81.9	32.1	67.9
1988	51.7	48.3	18.3	81.7	35.5	64.5
1989	51.7	48.3	18.5	81.5	38.2	61.8
1990	51.8	48.2	18.6	81.4	38.6	61.4
1991	51.7	48.3	18.7	81.3	38.6	61.4
1992	51.8	48.2	18.9	81.1	40.1	59.9
1993	51.7	48.3	19.2	80.8	47.3	52.7
1994	51.3	48.7	19.6	80.4	51.3	48.7
1995	51.3	48.7	20.3	79.7	55.6	44.4
1996	51.6	48.4	20.5	79.5	59.9	40.1
1997	51.4	48.6	20.9	79.1	62.2	37.8
1998	51.0	49.0	21.2	78.8	63.0	37.0
1999	51.6	48.4	21.4	78.6	64.1	35.9

2-3 人口自然变动情况

年份	年平均人口（人）	人口出生率（‰）	人口死亡率（‰）	人口自然增长率（‰）	人口密度（人/平方公里）
1978	31 504 121	27.01	7.39	19.62	191
1979	32 058 990	20.97	7.23	13.74	193
1980	32 495 869	18.57	6.38	12.19	196
1981	32 870 597	20.42	6.54	13.88	198
1982	33 261 360	19.18	6.07	13.11	201
1983	33 714 259	21.92	8.23	13.69	203
1984	34 261 956	25.30	6.80	18.50	207
1985	34 838 425	20.29	5.39	14.90	210
1986	35 427 804	24.15	5.53	18.62	214
1987	36 040 374	22.92	7.23	15.69	218
1988	36 580 961	19.90	5.80	14.10	221
1989	37 150 503	23.04	6.26	16.78	224
1990	37 784 307	24.59	7.54	17.05	228
1991	38 376 396	21.20	7.13	14.07	231
1992	38 888 651	19.53	7.07	12.46	234
1993	39 395 666	20.33	6.89	13.44	238
1994	39 907 432	19.38	7.00	12.38	241
1995	40 389 933	18.94	7.28	11.66	243
1996	40 840 020	17.53	7.02	10.51	246
1997	41 278 987	17.43	6.56	10.87	249
1998	41 707 706	16.85	7.05	9.80	251
1999	42 111 908	16.51	7.02	9.49	253

2－4 各地区户数和人口数

（1999 年末）

地　　区	户　数（户）	人口数（人）	#女	#非农业人口	平均每户人口数(人)	人口密度(人/平方公里)
全　　省	**10 318 396**	**42 311 742**	**20 500 868**	**9 065 485**	**4.10**	**253**
南 昌 市	1 055 035	4 226 585	2 047 863	1 691 573	4.01	571
景德镇市	402 084	1 499 165	726 375	504 309	3.73	286
萍 乡 市	426 125	1 787 974	866 308	532 709	4.20	467
九 江 市	1 119 875	4 547 871	2 203 533	929 079	4.06	242
新 余 市	309 519	1 082 126	524 312	323 288	3.50	342
鹰 潭 市	264 940	1 052 646	510 028	267 697	3.97	296
赣州地区	1 875 326	7 987 571	3 870 135	1 269 608	4.26	203
宜春地区	1 314 782	5 180 228	2 509 922	1 034 041	3.94	277
上饶地区	1 509 727	6 542 735	3 170 083	1 012 966	4.33	287
吉安地区	1 118 757	4 665 489	2 260 520	778 463	4.17	185
抚州地区	922 226	3 739 352	1 811 789	721 752	4.05	199

2－5 各地区人口自然变动情况

（1999 年）

地　　区	年平均人口（人）	出生		死亡		自然变动	
		人　数（人）	率（‰）	人　数（人）	率（‰）	人　数（人）	率（‰）
全　　省	**42 111 908**	**695 268**	**16.51**	**2 95 626**	**7.02**	**3 99 642**	**9.49**
南 昌 市	4 206 395	64 105	15.24	23 724	5.64	40 381	9.60
景德镇市	1 491 804	23 108	15.49	8 384	5.62	14 724	9.87
萍 乡 市	1 780 709	25 553	14.35	11 023	6.19	14 530	8.16
九 江 市	4 525 494	76 074	16.81	31 316	6.92	44 758	9.89
新 余 市	1 077 816	15 359	14.25	6 736	6.25	8 623	8.00
鹰 潭 市	1 047 895	17 154	16.37	7 650	7.30	9 504	9.07
赣州地区	7 947 161	135 817	17.09	54 994	6.92	80 823	10.17
宜春地区	5 159 668	80 130	15.53	39 007	7.56	41 123	7.97
上饶地区	6 512 356	109 277	16.78	48 517	7.45	60 760	9.33
吉安地区	4 642 417	78 735	16.96	32 590	7.02	46 145	9.94
抚州地区	3 720 193	60 639	16.30	22 321	6.00	38 318	10.30

注：本表采用 1998 年人口变动情况抽样调查推算数(后七表同)，故各地、市合计不等于全省数。

2-6 分年龄、性别的人口构成

（1999年） 单位：%

年龄别（岁）	人口构成 合计	男	女	性别比（女=100）
总计	**100**	**51.55**	**48.45**	**106.39**
0—4	6.39	3.62	2.76	131.28
5—9	8.73	4.78	3.94	121.30
10—14	10.89	5.67	5.21	108.77
15—19	6.72	3.74	2.98	125.61
20—24	8.05	4.05	3.99	101.45
25—29	9.35	4.61	4.73	97.44
30—34	9.67	4.84	4.83	100.34
35—39	7.70	3.85	3.85	100.08
40—44	7.25	3.70	3.55	104.41
45—49	6.44	3.32	3.12	106.21
50—54	4.75	2.44	2.32	105.30
55—59	3.58	1.84	1.73	106.44
60—64	3.48	1.79	1.70	105.34
65—69	2.78	1.39	1.39	100.49
70—74	2.03	1.00	1.03	97.82
75—79	1.33	0.58	0.75	76.82
80—84	0.61	0.24	0.37	64.47
85—89	0.22	0.07	0.14	51.19
90—94	0.05	0.02	0.03	47.76
95岁及以上	0.01	0.00	0.01	46.15

2-7 6岁及以上人口的文化构成

（1999年） 单位：%

年龄别（岁）	不识字或识字很少	小学	初中	高中	大专以上
总计	**11.64**	**43.56**	**32.36**	**9.98**	**2.45**
6—9	0.61	7.48			
10—14	0.05	6.19	5.34	0.21	
15—19	0.05	1.12	4.32	1.69	0.10
20—24	0.11	2.35	5.66	1.25	0.34
25—29	0.23	3.66	4.56	1.26	0.40
30—34	0.38	4.34	4.15	1.20	0.40
35—39	0.41	3.14	2.91	1.54	0.35
40—44	0.77	3.53	2.12	1.22	0.21
45—49	0.91	3.64	1.72	0.52	0.17
50—54	0.93	2.68	1.02	0.39	0.13
55—59	1.10	1.71	0.65	0.29	0.12
60—64	1.57	1.51	0.38	0.19	0.12
65岁及以上	4.52	2.21	0.53	0.22	0.11

注：0-5岁人口占总人口比重为7.63%。

2-8 15岁及以上人口的婚姻构成

(1999年)

单位:%

年龄别（岁）	合计		未婚		初婚有配偶		再婚有配偶		离婚		丧偶	
	男	女	男	女	男	女	男	女	男	女	男	女
总　计	**50.66**	**49.34**	**11.84**	**7.02**	**35.63**	**36.61**	**0.88**	**1.05**	**0.52**	**0.22**	**1.78**	**4.45**
15—19	5.05	4.03	5.02	3.99	0.03	0.04						
20—24	5.48	5.40	4.33	2.51	1.14	2.87		0.01				0.01
25—29	6.23	6.40	1.54	0.43	4.62	5.87	0.02	0.06	0.04	0.03	0.01	0.01
30—34	6.54	6.52	0.38	0.04	5.99	6.30	0.05	0.10	0.08	0.04	0.03	0.04
35—39	5.21	5.20	0.15	0.03	4.86	4.94	0.09	0.14	0.08	0.04	0.03	0.05
40—44	5.01	4.79	0.11	0.01	4.65	4.49	0.12	0.16	0.07	0.03	0.06	0.10
45—49	4.48	4.22	0.10		4.10	3.88	0.11	0.14	0.07	0.03	0.10	0.17
50—54	3.30	3.13	0.08		2.94	2.76	0.11	0.11	0.05	0.01	0.12	0.25
55—59	2.49	2.34	0.05		2.19	1.96	0.08	0.07	0.04	0.01	0.14	0.30
60—64	2.41	2.29	0.04		2.03	1.56	0.09	0.09	0.04	0.01	0.21	0.63
65岁及以上	4.46	5.02	0.04	0.01	3.08	1.94	0.21	0.16	0.05	0.02	1.09	2.89

2-9 育龄妇女分年龄的生育状况

(1999年)

年龄别（岁）	平均育龄妇女比重（%）	出生人口比重（%）	育龄妇女生育率（‰）	一孩	二孩	三孩及以上
总　计	**100**	**100**	**61.41**	**44.80**	**14.90**	**1.71**
15—19	10.59	0.31	1.79	0.90	0.90	
20—24	15.29	45.60	183.12	166.98	15.52	0.62
25—29	17.34	41.89	148.33	95.79	50.36	2.19
30—34	17.83	10.20	35.13	12.24	18.09	4.79
35—39	14.01	1.85	8.13	2.71	2.71	2.71
40—44	13.39					
45—49	11.55	0.15	0.82		0.82	

2－10 分年龄、性别的在业人口构成

（1999年） 单位：%

年龄别（岁）	在业人口占同龄人口比重			各年龄组在业人口所占比重		
	合计	男	女	合计	男	女
总计	**77.74**	**84.12**	**71.22**	**100**	**100**	**100**
16—19	65.04	63.47	67.03	5.62	5.60	5.64
20—24	86.97	90.34	83.60	12.33	11.73	13.07
25—29	90.69	96.09	85.54	14.75	13.97	15.70
30—34	93.16	97.54	88.92	15.87	14.93	17.01
35—39	93.21	97.48	89.03	13.00	12.30	13.84
40—44	92.73	97.12	88.14	11.84	11.58	12.15
45—49	88.32	95.60	84.27	10.66	11.08	10.14
50—54	77.51	89.73	64.72	6.82	7.39	6.15
55—59	63.63	80.94	45.59	4.25	5.04	3.29
60—64	45.49	60.55	28.14	2.82	3.67	1.79
65岁及以上	16.91	25.71	8.81	2.04	2.71	1.22

2－11 家庭户类别构成

（1999年） 单位：%

地区	合计	单身户	一代户	二代户	三代及以上户
全省	**100**	**4.97**	**10.30**	**63.45**	**21.28**
南昌市	100	4.19	10.16	62.93	22.72
景德镇市	100	6.05	10.25	64.07	19.63
萍乡市	100	3.32	8.05	62.98	25.65
九江市	100	4.61	11.50	62.09	21.80
新余市	100	5.97	13.40	67.30	13.33
鹰潭市	100	4.76	10.09	62.00	23.15
赣州地区	100	4.87	10.17	61.66	23.30
宜春地区	100	7.81	12.00	63.33	16.86
上饶地区	100	3.78	9.11	63.95	23.16
吉安地区	100	5.58	9.99	63.34	21.09
抚州地区	100	3.60	8.36	64.82	23.22

2－12 家庭户规模构成

（1999年）　　单位：%

地　　区	合　计	一人户	二人户	三人户	四人户
全　省	**100**	**4.96**	**13.85**	**27.94**	**29.15**
南昌市	100	4.19	12.68	28.11	27.94
景德镇市	100	6.05	14.37	28.38	28.79
萍乡市	100	3.32	11.89	28.24	29.45
九江市	100	4.61	14.67	27.71	27.76
新余市	100	5.97	16.31	35.27	28.23
鹰潭市	100	4.76	13.05	27.19	29.19
赣州地区	100	4.87	14.34	26.31	27.86
宜春地区	100	7.81	16.34	27.65	29.37
上饶地区	100	3.76	12.53	26.48	31.85
吉安地区	100	5.48	14.96	28.34	28.00
抚州地区	100	3.60	10.67	25.30	31.99

地　　区	五人户	六人户	七人户	八人户	九人户	十人及以上户
全　省	**13.89**	**6.22**	**2.45**	**0.95**	**0.29**	**0.30**
南昌市	13.69	7.09	3.32	1.79	0.44	0.75
景德镇市	12.85	5.64	2.53	0.95	0.26	0.18
萍乡市	15.21	7.41	2.72	1.00	0.34	0.42
九江市	14.51	6.84	2.57	0.93	0.20	0.20
新余市	9.88	2.93	1.00	0.23	0.11	0.07
鹰潭市	15.43	6.22	2.58	1.09	0.17	0.32
赣州地区	15.54	6.57	2.75	1.07	0.36	0.33
宜春地区	11.53	4.88	1.60	0.49	0.14	0.19
上饶地区	14.45	6.84	2.49	1.09	0.25	0.26
吉安地区	13.68	5.80	2.38	0.60	0.49	0.27
抚州地区	15.85	7.83	2.99	1.22	0.30	0.25

主要统计指标解释

人口数　指一定时点，一定地区范围内的有生命的个人的总和。

市镇人口　指市、镇辖区内的全部人口。包括市(镇)区与郊区，农业与非农业人口，但不包括市辖县人口。

乡村人口　指县(不含镇)的全部人口。

市　是指经国家批准成立"市"建制的城市。

镇　是指经省正式批准了行政建制的城镇。其标准，1963年以前为常住人口在2000人以上，非农业人口占50%以上的。1964年起改为常住人口在3000人以上，非农业人口占70%以上，或常住人口在2500人以上，不满3000人，非农业人口占85%以上的。1984年后又调整为，凡县级地方国家机关所在地；或总人口在20000人以下的乡，乡政府驻地非农业人口超过2000人的，或总人口在20000人以上的乡，乡政府驻地非农业人口占全乡人口10%以上，或少数民族地区，人口稀少的边远地区，山区和小型工矿区、小港口、风景旅游、边境口岸等地，非农业人口虽不足2000人，确有必要，也可建镇。

人口密度　指一定时点一定地区的人口数与该地区的面积数之比，即一定时点的单位土地面积上的人口数，通常以每平方公里的居住人数来表示：

$$人口密度=\frac{该地区的人口数}{一定地区的土地面积}$$

出生率　(又称总出生率或粗出生率)指在一定时期内(通常为在一年内)出生人数与同期人口总数之比。它反映人口的出生水平，一般以千分率即平均每千人口所出生的人数来表示，计算公式为：

$$出生率=\frac{年出生人数}{年平均人口数}\times1000‰$$

死亡率　指在一定时期内(通常为在一年内)一定地区的死亡人数与同期平均人口数(或期中人口数)之比。一般以千分率表示。计算公式为：

$$死亡率=\frac{年死亡人数}{年平均人口数}\times1000‰$$

人口自然增长率　指在一定时期内(通常为在一年内)一定地区人口自然增加数(即出生人数减死亡人数)与平均人口数(或期中人口数)之比，一般以千分率表示。计算公式为：

$$人口自然增长率=\frac{本年出生人口数-本年死亡人口数}{年平均人口数}\times1000‰$$

也可直接用出生率减死亡率求得。

从业人员和职工工资 3

EMPLOYMENT AND WAGE

- 1999年,全省社会从业人员2089.0万人,其中,城镇私营企业从业人员26.8万人,城镇个体劳动者114.0万人。

- 1999年，在岗职工人数305.9万人;在岗职工工资总额205.8亿元;在岗职工年平均工资6749元。

- 1999年全省城镇新增就业者15.17万人。

- 1999年， 城镇登记失业人员15.50万人， 失业率2.60%。

本篇章

料整理　　微机处理

韶华　　杨金华

3-1 劳动力资源

（年末数） 单位:万人

年份	劳动力资源总数	社会从业人数	#职工人数	国有经济单位	城镇集体经济单位	其他各种经济单位	劳动力资源总数占人口数的%	劳动力资源利用率(%)
1978	1 448.1	1 254.3	267.4	221.0	46.4		45.5	86.6
1979	1 503.5	1 307.0	269.6	219.6	50.0		46.6	86.9
1980	1 559.6	1 356.3	286.7	233.0	53.7		47.7	87.0
1981	1 610.2	1 409.8	301.9	242.2	59.7		48.7	87.6
1982	1 638.9	1 434.0	311.9	249.3	62.6		49.0	87.5
1983	1 731.4	1 498.2	311.1	245.6	65.5		51.2	86.5
1984	1 824.8	1 537.3	324.9	247.0	77.9		53.4	84.3
1985	1 887.1	1 584.8	341.6	261.4	80.1	0.1	54.5	84.0
1986	1 934.6	1 622.6	351.9	269.4	82.3	0.2	55.1	83.9
1987	1 981.4	1 668.4	365.3	281.4	83.7	0.2	55.7	84.2
1988	2 055.3	1 723.0	379.2	293.8	85.0	0.4	56.6	83.8
1989	2 107.2	1 760.4	380.1	298.3	81.3	0.5	57.0	83.5
1990	2 175.3	1 816.5	386.2	304.0	81.6	0.6	57.1	83.5
1991	2 248.8	1 874.5	398.9	313.9	83.9	1.1	58.2	83.4
1992	2 354.0	1 870.4	408.4	322.0	84.4	2.0	60.2	79.5
1993	2 418.7	1 903.7	412.0	326.9	80.4	4.7	61.0	78.7
1994	2 636.1	2 007.7	413.5	328.6	79.2	5.7	65.6	76.2
1995	2 653.3	2 100.5	411.3	332.7	71.4	7.2	63.3	79.2
1996	2 735.4	2 107.2	412.0	336.0	68.8	7.2	66.6	77.0
1997	2 768.8	2 120.6	409.4	334.0	67.6	7.8	66.7	76.6
1998	2 809.1	2 094.3	322.5	254.9	41.0	26.6	67.0	74.6
1999	2 830.2	2 089.0	305.9	242.8	36.3	26.8	66.9	73.8

注:自 1998 年起,职工人数为在岗职工人数。

3-2 三次产业社会从业人员数

（年末数）

年份	合计(万人)	第一产业	第二产业	第三产业	构成(以合计数为100) 第一产业	第二产业	第三产业
1978	1 254.3	968.7	163.4	122.2	77.2	13.0	9.8
1979	1 307.0	1 015.3	163.9	127.8	77.7	12.5	9.8
1980	1 356.3	1 053.8	166.9	135.6	77.7	12.3	10.0
1981	1 409.8	1 093.4	172.7	143.7	77.6	12.2	10.2
1982	1 434.0	1 100.9	180.4	152.7	76.8	12.6	10.6
1983	1 498.2	1 133.6	195.3	169.3	75.7	13.0	11.3
1984	1 537.3	1 117.8	216.3	203.2	72.7	14.1	13.2
1985	1 584.8	1 057.2	320.5	207.1	66.7	20.2	13.1
1986	1 622.6	1 068.1	330.6	223.9	65.8	20.4	13.8
1987	1 668.4	1 098.3	339.3	230.8	65.8	20.4	13.8
1988	1 723.0	1 111.6	368.1	243.3	64.5	21.4	14.1
1989	1 760.4	1 146.4	367.0	247.0	65.1	20.9	14.0
1990	1 816.5	1 193.1	368.6	254.8	65.7	20.3	14.0
1991	1 874.5	1 224.2	388.7	261.6	65.3	20.7	14.0
1992	1 870.4	1 186.2	412.9	271.3	63.4	22.0	14.6
1993	1 903.7	1 085.9	462.5	355.3	57.3	24.3	18.4
1994	2 007.7	1 127.2	493.3	387.2	56.1	24.6	19.3
1995	2 100.5	1 071.7	525.1	503.7	51.0	25.0	24.0
1996	2 107.2	1 049.7	539.7	517.8	49.8	25.6	24.6
1997	2 120.6	1 000.9	549.8	569.9	47.2	25.9	26.9
1998	2 094.3	975.5	548.8	570.0	46.6	26.2	27.2
1999	2 089.0	969.3	530.7	589.0	46.4	25.4	28.2

3-3 社会从业人员数

（1999年末）　　单位:万人

分　　类	合　计	城　镇	乡　村
总　　计	**2 089.0**	**543.2**	**1 545.8**
一、按经济类型分			
国有	301.2	301.2	
城镇集体	59.5	59.5	
其他	41.7	41.7	
#联营	0.3	0.3	
股份合作	4.7	4.7	
有限责任公司	20.1	20.1	
股份有限公司	3.3	3.3	
外商投资	2.3	2.3	
港澳台投资	3.1	3.1	
其他	7.9	7.9	
农村乡(村)劳动者	1 545.8		1 545.8
城镇私营企业从业人数与城镇个体劳动者	140.8	140.8	
二、按国民经济行业分			
农、林、牧、渔业	969.3	26.7	942.6
采掘业	} 429.6	23.4	} 251.3
制造业		154.9	
电力、煤气及水的生产和供应业	10.0	10.0	
建筑业	91.1	22.5	68.6
地质勘查业、水利管理业	3.9	3.9	
交通运输、仓储及邮电通信业	80.7	31.7	49.0
批发和零售贸易业、餐饮业	267.3	126.0	141.3
金融、保险业	8.6	8.1	0.5
房地产业	1.8	1.8	
社会服务业	75.8	24.5	51.3
卫生、体育和社会福利业	18.9	12.9	6.0
教育、文化艺术和广播电影电视业	55.0	43.8	11.2
科学研究和综合技术服务业	7.7	3.5	4.2
国家机关、政党机关和社会团体	39.7	35.4	4.3
其他行业	29.6	14.1	15.5

注:城镇集体单位、城镇私营企业从业人数与城镇个体劳动者均含户口在城镇的乡镇企业从业人员。

3－4 各地区社会从业人员数

（1999 年末） 单位：万人

地区	合计	第一产业	第二产业			第三产业		
				工业	建筑业		# 交通运输邮电通信业	# 批发零售贸易餐饮业
全省	**2 089.0**	**969.3**	**530.7**	**439.6**	**91.1**	**589.0**	**80.7**	**267.3**
南昌市	218.2	87.8	59.1	48.6	10.5	130.4	8.8	23.8
景德镇市	77.8	29.9	26.5	23.6	2.9	21.4	1.9	6.3
萍乡市	87.0	38.0	31.7	27.9	3.8	17.3	2.7	6.4
九江市	242.4	123.5	41.4	32.9	8.5	77.5	6.6	20.8
新余市	52.6	25.5	13.0	10.4	2.6	14.1	1.0	4.9
鹰潭市	51.5	29.2	7.6	5.8	1.8	14.7	0.9	4.3
赣州市	414.6	250.5	53.4	40.5	12.9	110.7	7.5	35.2
宜春地区	260.7	134.6	46.2	35.2	11.0	79.9	5.1	22.9
上饶地区	292.3	149.7	38.3	27.1	11.2	104.3	6.6	20.6
吉安地区	227.7	138.4	27.7	21.3	6.4	61.6	4.7	8.5
抚州地区	175.5	105.2	26.7	15.9	10.8	43.6	5.0	15.1

3－5 城镇私营企业从业人数和城镇个体劳动者

（1999 年末） 单位：人

行业	城镇私营企业从业人数	城镇个体劳动者
总计	**267 580**	**1 140 239**
农、林、牧、渔业	5 434	12 507
采掘业	9 385	3 467
制造业	96 062	178 821
电力煤气及水的生产和供应业		
建筑业	10 816	11 465
地质勘查业、水利管理业		
交通运输、仓储及邮电通讯业	6 019	89 501
批发和零售贸易业、餐饮业	108 946	676 489
房地产业		
社会服务业	17 967	149 167
卫生、体育和社会福利事业		
教育、文化艺术和广播电影电视业		
科学研究和综合技术服务业		
其他	12 951	18 822

注：城镇和私营企业从业人数和个体劳动者含户口在城镇的乡镇企业从事私营、个体的从业人员 。

3-6 城镇从业人员数

（1999年末） 单位：万人

地区	合计	各种单位从业人员					
			国有	集体	联营	股份合作	有限责任公司
全省	**543.2**	**402.4**	**301.2**	**59.5**	**0.3**	**4.7**	**20.1**
南昌市	103.4	84.1	57.6	16.0	0.1	0.3	6.2
景德镇市	28.3	24.0	16.5	5.3			2.0
萍乡市	25.8	18.9	12.0	3.2		3.6	
九江市	58.3	47.9	35.4	6.0			4.5
新余市	14.8	12.6	6.7	0.8		0.1	4.9
鹰潭市	14.0	10.3	9.5	0.4	0.1		0.1
赣州市	65.4	44.9	37.8	5.5		0.1	0.4
宜春地区	55.8	45.6	32.6	5.8	0.1	0.1	1.0
上饶地区	57.1	42.1	35.3	6.7			
吉安地区	39.1	33.7	28.8	3.4		0.2	0.6
抚州地区	39.7	25.6	20.3	2.7		0.3	0.2

地区					城镇私营企业从业人数	城镇个体劳动者
	股份有限公司	外商投资经济	港澳台投资经济	其他		
全省	**3.3**	**2.3**	**3.1**	**7.9**	**26.8**	**114.0**
南昌市	1.0	1.4	1.5		8.0	11.3
景德镇市		0.1	0.1		0.9	3.4
萍乡市		0.1			2.9	4.0
九江市	0.7	0.2	0.2	0.9	2.6	7.8
新余市			0.1		0.3	1.9
鹰潭市	0.1		0.1		0.7	3.0
赣州市	0.5	0.1	0.5		3.9	16.6
宜春地区	0.6	0.2	0.1	5.1	1.9	8.3
上饶地区			0.1	0.1	1.5	13.4
吉安地区	0.4		0.2	0.1	1.3	4.1
抚州地区		0.1	0.1	1.9	3.0	11.1

3-7 城镇新增就业人数

单位:万人

年　　份	合　　计	国有单位	城镇集体单位	从事个体劳动
1978	6.18	3.30	2.78	0.10
1979	15.50	10.40	4.80	0.30
1980	17.00	11.65	5.08	0.27
1981	19.22	11.50	6.50	1.22
1982	13.77	8.16	3.60	2.01
1983	19.32	8.28	8.72	2.32
1984	21.10	7.49	11.18	2.43
1985	20.74	8.89	9.59	2.26
1986	20.10	8.89	9.76	1.45
1987	22.73	12.13	9.15	1.45
1988	20.84	8.37	10.74	1.73
1989	21.21	8.92	10.63	1.66
1990	20.45	7.81	10.93	1.71
1991	21.21	10.31	9.47	1.43
1992	21.26	12.06	8.09	1.11
1993	22.65	14.88	6.60	1.17
1994	19.09	12.78	4.45	1.86
1995	17.38	10.46	5.06	1.85
1996	16.94	10.32	4.70	1.92
1997	17.89	11.80	2.92	3.17
1998	16.96	10.24	2.54	4.18
1999	15.17	8.79	2.69	3.69

注:国有单位新增就业人数中包括其他各种单位新增就业人数。

3-8 城镇失业人数及失业率

年　　份	城镇失业人数（万人）	#失业青年	占城镇失业人数（%）	失业率（%）
1978	21.38			7.39
1979	15.17	13.35	88.0	5.31
1980	17.03	14.43	84.7	5.59
1981	14.58	11.61	79.6	4.57
1982	14.81	11.63	78.5	4.47
1983	13.26	10.60	79.9	3.98
1984	7.57	6.10	80.6	2.21
1985	5.21	4.74	91.0	1.45
1986	5.42	4.98	91.9	1.46
1987	5.56	4.83	86.9	1.45
1988	6.17	5.57	90.3	1.53
1989	6.95	6.60	95.0	1.69
1990	10.26	9.60	93.6	2.44
1991	10.56	10.14	96.0	2.40
1992	8.65	7.92	91.6	1.92
1993	8.65	8.29	95.8	1.82
1994	8.85	7.13	80.6	1.79
1995	8.66	7.48	86.3	1.57
1996	10.10	6.36	63.1	2.20
1997	14.22	8.52	60.0	2.32
1998	14.45	8.26	57.2	2.47
1999	15.50	5.95	38.4	2.60

注:1999年失业青年为长期失业者。

3-9 在岗职工年末人数、工资

（1999年）

分　类	在岗职工人数（人）	在岗职工工资总额（万元）	在岗职工平均工资（元）
总　计	**3 059 305**	**2 057 810.9**	**6 749**
一、按经济类型分组			
国有单位	2 427 610	1 675 968.7	6 930
城镇集体单位	363 284	170 517.6	4 692
其他单位	268 411	211 324.6	7 913
#股份合作	25 543	17 569.9	6 867
联营经济	2 580	1 703.8	6 700
股份有限公司	28 229	22 198.9	7 884
有限责任公司	162 997	129 914.7	7 954
港澳台投资经济	28 228	22 369.9	8 291
外商投资经济	19 330	16 993.1	8 827
其他	1 031	574.3	6 090
二、按隶属关系分组			
中央	350 957	377 154.3	10 830
地方	2 708 331	1 680 650.2	6 223
其他	17	6.4	3 765
三、按企业、事业、机关分组			
企业	1 908 625	1 196 799.3	6 282
事业	799 006	591 384.9	7 467
机关	351 674	269 626.7	7 658
四、按国民经济行业分组			
农、林、牧、渔业	206 452	92 009.3	4 461
采掘业	144 754	84 290.0	5 601
制造业	835 849	519 875.6	6 232
电力、煤气及水的生产和供应业	91 903	72 232.6	8 015
建筑业	153 571	90 201.8	6 072
地质勘查业、水利管理业	31 271	22 366.7	7 187
交通运输、仓储及邮电通信业	179 637	170 896.7	9 563
批发和零售贸易、餐饮业	296 130	147 816.0	4 974
金融、保险业	81 041	81 990.4	10 197
房地产业	16 064	10 770.9	6 877
社会服务业	69 009	41 963.1	6 088
卫生、体育和社会福利业	127 017	97 623.8	7 773
教育、文化艺术和广播电影电视业	433 896	324 550.4	7 581
科学研究和综合技术服务业	33 310	25 687.7	7 694
国家机关、政党机关和社会团体	346 687	266 559.6	7 667
其他行业	12 714	8 976.3	7 069
五、按地区分组			
南昌市	611 339	448 521.5	7 513
景德镇市	168 304	91 732.8	5 507
萍乡市	134 945	90 646.8	6 676
九江市	359 361	215 574.5	6 010
新余市	125 367	89 300.9	7 175
鹰潭市	92 123	68 826.3	7 528
赣州市	353 658	204 722.1	5 664
宜春地区	315 537	176 775.0	5 549
吉安地区	258 251	144 042.4	5 604
上饶地区	328 219	172 040.0	5 252
抚州地区	223 425	127 355.7	5 743

3－10 各种分组的在岗职工人数

（1999年末）　　　　单位：人

分　　类	合　计	国有单位	城镇集体单位	其他单位
总　计	**3 059 305**	**2 427 610**	**363 284**	**268 411**
一、按企业、事业、机关分组				
企业	1 908 625	1 293 151	347 063	268 411
#地方	1 604 025	988 551	347 063	268 411
事业	799 006	784 436	14 570	
#地方	767 835	753 265	14 570	
机关	351 674	350 023	1 651	
#地方	336 471	334 820	1 651	
二、按国民经济行业分组				
农、林、牧、渔业	206 452	203 762	2 352	338
农业	122 639	122 287	337	15
林业	49 957	49 957		
畜牧业	4 084	3 879	205	
渔业	8 330	8 218	10	102
农、林、牧、渔服务业	21 442	19 421	1 800	221
采掘业	144 754	136 495	4 895	3 364
制造业	835 849	480 710	129 409	225 730
电力、煤气及水的生产和供应业	91 903	82 555	757	8 591
建筑业	153 571	76 901	71 903	4 767
土木工程建筑业	137 941	64 014	69 315	4 612
线路、管道和设备安装业	14 068	12 046	1 986	36
装修装饰业	1 562	841	602	119
地质勘查业、水利管理业	31 271	31 263	8	
地质勘查业	18 519	18 519		
水利管理业	12 752	12 744	8	
交通运输、仓储及邮电通信业	179 637	162 101	15 084	2 452
铁路运输业	71 270	68 700	2 570	
公路运输业	31 247	25 467	3 415	2 365
管道运输业				
水上运输业	11 374	6 297	5 077	
航空运输业	1 542	1 542		
交通运输辅助业	27 143	24 588	2 527	28
其他交通运输业	2 193	706	1 487	
仓储业	8 943	8 876	8	59

3－10 续表1　　单位：人

分　　类	合　计	国有单位	城镇集体单　位	其他单位
邮电通信业	25 925	25 925		
批发和零售贸易、餐饮业	296 130	185 047	98 579	12 504
食品、饮料、烟草和家庭用品批发业	99 823	74 001	23 099	2 723
能源、材料和机械电子设备批发业	27 486	24 647	1 155	1 684
其他批发业	28 098	14 900	12 576	622
零售业	121 414	59 936	55 279	6 199
商业经纪与代理业	4 804	4 263	362	179
餐饮业	14 505	7 300	6 108	1 097
金融、保险业	81 041	59 780	17 883	3 378
金融业	75 908	54 707	17 883	3 318
保险业	5 133	5 073		60
房地产业	16 064	13 824	1 120	1 120
房地产开发与经营业	6 620	4 626	874	1 120
房地产管理业	9 005	8 768	237	
房地产经纪与代理业	439	430	9	
社会服务业	69 009	52 270	11 212	5 527
公共服务业	35 096	28 206	5 855	1 035
居民服务业	4 795	1 981	2 814	
旅馆业	19 385	15 056	1 042	3 287
租赁服务业	56	30	26	
旅游业	1 771	1 771		
娱乐服务业	907	213	2	692
信息、咨询服务业	3 148	2 206	942	
计算机应用服务业	112	32		80
其他社会服务业	3 739	2 775	531	433
卫生、体育和社会福利业	127 017	120 476	6 538	3
卫生	121 130	114 654	6 473	3
体育	1 677	1 648	29	
社会福利保障业	4 210	4 174	36	
教育、文化艺术和广播电影电视业	433 896	433 755	141	
教育	408 008	407 916	92	
普通高等教育	22 888	22 888		
普通中学	148 085	148 085		

3－10 续表2 单位:人

分类	合计	国有单位	城镇集体单位	其他单位
小学校	197 763	197 763		
文化艺术业	14 025	14 004	21	
广播电影电视业	11 863	11 835	28	
科学研究和综合技术服务业	33 310	33 119	144	47
科学研究业	18 778	18 773		5
自然科学研究	16 094	16 094		
社会科学研究	1 313	1 313		
其他科学研究	1 371	1 366		5
综合技术服务业	14 532	14 346	144	42
气象	1 745	1 745		
地震	44	44		
测绘	769	769		
技术监督	2 297	2 217	43	37
海洋环境				
环境保护	2 197	2 143	54	
技术推广和科技交流服务业	717	717		
工程设计业	4 683	4 678		5
其他综合技术服务业	2 012	1 965	47	
国家机关、政党机关和社会团体	346 687	344 855	1 832	
国家机关	317 511	315 865	1 646	
政党机关	18 444	18 391	53	
其他行业	12 714	10 697	1 427	590
#企业管理机构	9 657	7 894	1 303	460
三、按地区分组				
南昌市	611 339	419 798	101 863	89 678
景德镇市	168 304	124 597	25 899	17 808
萍乡市	134 945	98 533	17 582	18 830
九江市	359 361	277 516	41 936	39 909
新余市	125 367	67 423	7 847	50 097
鹰潭市	92 123	84 203	3 749	4 171
赣州市	353 658	301 251	36 985	15 422
宜春地区	315 537	271 475	34 215	9 847
吉安地区	258 251	222 046	22 172	14 033
上饶地区	328 219	283 600	44 121	1 349
抚州地区	223 425	191 689	26 915	7 267

3－11　各种分组的女专业技术人员

（1999年末）　　单位：人

分　　类	合　计	国有单位	城镇集体单位	其他单位
总　计	**318 522**	**285 464**	**18 407**	**14 651**
一、按企业、事业、机关分组				
企业	113 325	82 985	15 689	14 651
#地方	82 445	52 105	15 689	14 651
事业	190 880	188 235	2 645	
#地方	186 535	183 890	2 645	
机关	14 317	14 244	73	
#地方	13 469	13 396	73	
二、按国民经济行业分组				
农、林、牧、渔业	6 354	6 255	85	14
农业	3 671	3 666	5	
林业	1 333	1 333		
畜牧业	164	149	15	
渔业	149	148		1
农、林、牧、渔服务业	1 037	959	65	13
采掘业	7 346	7 128	120	98
制造业	40 956	24 996	4 922	11 038
电力、煤气及水的生产和供应业	5 035	4 540	57	438
建筑业	6 302	4 095	1 907	300
土木工程建筑业	5 750	3 611	1 855	284
线路、管道和设备安装业	489	457	28	4
装修装饰业	63	27	24	12
地质勘查业、水利管理业	2 317	2 317		
地质勘查业	1 694	1 694		
水利管理业	623	623		
交通运输、仓储及邮电通信业	11 326	10 372	397	557
铁路运输业	3 845	3 800	45	
公路运输业	2 370	1 736	85	549
管道运输业				
水上运输业	608	411	197	
航空运输业	52	52		
交通运输辅助业	1 267	1 221	46	
其他交通运输业	115	91	24	
仓储业	889	881		8

分　　类	合　计	国有单位	城镇集体单位	其他单位
邮电通信业	2 180	2 180		
批发和零售贸易、餐饮业	19 287	13 945	4 308	1 034
食品、饮料、烟草和家庭用品批发业	7 010	5 604	1 014	392
能源、材料和机械电子设备批发业	2 139	1 893	62	184
其他批发业	3 301	1 774	1 427	100
零售业	5 560	3 573	1 687	300
商业经纪与代理业	795	769	8	18
餐饮业	482	332	110	40
金融、保险业	18 043	14 173	3 664	206
金融业	17 237	13 374	3 664	199
保险业	806	799		7
房地产业	1 260	1 049	110	101
房地产开发与经营业	605	446	58	101
房地产管理业	598	549	49	
房地产经纪与代理业	57	54	3	
社会服务业	4 032	2 802	489	741
公共服务业	1 911	1 380	166	365
居民服务业	281	116	165	
旅馆业	1 035	645	58	332
租赁服务业	5	5		
旅游业	113	113		
娱乐服务业	33	21		12
信息、咨询服务业	411	331	80	
计算机应用服务业	12	6		6
其他社会服务业	231	185	20	26
卫生、体育和社会福利业	51 151	49 085	2 066	
卫生	50 507	48 443	2 064	
体育	155	155		
社会福利保障业	489	487	2	
教育、文化艺术和广播电影电视业	128 038	127 998	40	
教育	123 623	123 593	30	
普通高等教育	6 237	6 237		
普通中学	38 754	38 754		

3－11　续表2　　单位：人

分　　类	合　计	国有单位	城镇集体单位	其他单位
小学校	66 024	66 024		
文化艺术业	3 016	3 008	8	
广播电影电视业	1 399	1 397	2	
科学研究和综合技术服务业	5 187	5 173	3	11
科学研究业	2 668	2 666		2
自然科学研究	2 215	2 215		
社会科学研究	225	225		
其他科学研究	228	226		2
综合技术服务业	2 519	2 507	3	9
气象	406	406		
地震	8	8		
测绘	102	102		
技术监督	218	209	2	7
环境保护	376	375	1	
技术推广和科技交流服务业	124	124		
工程设计业	1 028	1 026		2
其他综合技术服务业	246	246		
国家机关、政党机关和社会团体	10 883	10 794	89	
国家机关	10 234	10 151	83	
政党机关	226	226		
其他行业	1 005	742	150	113
#企业管理机构	713	484	149	80
三、按地区分组				
南 昌 市	70 431	60 854	4 028	4 028
景德镇市	13 098	11 380	807	807
萍 乡 市	17 679	15 359	969	969
九 江 市	34 097	29 707	1 961	1 961
新 余 市	10 943	7 872	413	413
鹰 潭 市	9 983	9 687	161	161
赣 州 市	37 397	34 358	2 490	2 490
宜春地区	36 793	33 117	3 133	3 133
吉安地区	26 214	24 665	1 137	1 137
上饶地区	34 250	32 095	2 152	2 152
抚州地区	22 548	21 426	1 156	1 156

3－12 工业企业在岗职工人数、工资

（1999年）

分　　类	在岗职工人　数（人）	在岗职工工资总额（万元）	在岗职工平均工资（元）
总　　计	**1 072 506**	**676 398.2**	**6 293**
一、按经济类型分组			
国有单位	699 760	429 308.5	6 099
集体单位	135 061	60 146.3	4 479
其他单位	237 685	186 943.4	7 900
采掘业	144 754	84 290.0	5 601
煤炭采选业	78 459	48 531.1	5 934
黑色金属矿采选业	862	403.0	4 010
有色金属矿采选业	27 764	16 193.1	5 631
非金属矿采选业	6 757	3 446.4	5 028
其他矿采选业	6 021	4 119.1	6 180
木材及竹材采运业	24 891	11 597.3	4 559
制造业	835 849	519 875.6	6 232
#食品加工业	49 778	24 335.9	5 022
食品制造业	13 342	6 080.6	4 557
饮料制造业	17 209	8 163.9	4 676
烟草加工业	7 711	6 744.0	9 067
纺织业	73 627	42 864.9	5 780
服装及其他纤维制品制造业	10 494	4 747.0	4 559
皮革、毛皮、羽绒及其制品业	14 311	7 908.7	5 340
木材加工及竹、藤、棕、草制品业	16 565	7 926.3	4 833
家具制造业	3 259	1 413.2	4 324
造纸及纸制品业	20 462	11 461.6	5 533
印刷业、记录媒介的复制	23 383	14 433.9	6 354
文教体育用品制造业	1 698	800.8	4 778
石油加工及炼焦业	7 214	9 114.8	12 607
化学原料及化学制品制造业	49 301	27 550.5	5 512
医药制造业	26 421	17 379.0	6 623
化学纤维制造业	14 369	8 963.4	6 157
橡胶制品业	7 034	3 487.8	5 193

3－12 续表

分　　类	在岗职工人　数（人）	在岗职工工资总额（万元）	在岗职工平均工资（元）
塑料制品业	11 477	5 445.2	4 697
非金属矿物制品业	86 398	43 336.3	5 068
黑色金属冶炼及压延加工业	62 817	58 314.4	9 127
有色金属冶炼及压延加工业	34 387	35 626.2	10 141
金属制品业	15 129	7 634.2	5 142
普通机械制造业	66 913	34 427.8	5 224
专用设备制造业	26 260	15 597.9	5 881
交通运输设备制造业	78 766	62 731.8	8 037
电气机械及器材制造业	21 994	12 468.1	5 737
电子及通信设备制造业	26 090	15 742.2	6 011
仪器仪表及文化、办公用机械制造业	12 046	7 423.3	6 093
其他制造业	33 113	14 926.3	4 562
电力、煤气及水的生产和供应业	91 903	72 232.6	8 015
电力、蒸汽、热水的生产和供应业	73 577	59 119.7	8 198
煤气生产和供应业	3 675	3 657.8	9 770
自来水的生产和供应业	14 651	9 455.1	6 629
二、按地区分组			
南 昌 市	233 417	159 045.8	6 987
景德镇市	85 412	47 168.9	5 615
萍 乡 市	64 479	44 115.5	6 726
九 江 市	137 300	77 552.3	5 582
新 余 市	74 867	55 798.7	7 465
鹰 潭 市	37 741	36 567.3	9 643
赣 州 市	103 344	55 523.2	5 098
宜春地区	112 046	58 715.1	5 121
吉安地区	73 581	36 570.0	4 958
上饶地区	84 471	42 132.5	5 057
抚州地区	59 784	29 975.4	5 112

3－13 离开本单位仍保留劳动关系的职工人数

（1999年末）　　　　单位：人

行　　业	合　　计	# 内部退养
总　　计	**854 834**	**144 098**
一、按经济类型分组		
国有	584 220	103 983
城镇集体单位	199 231	17 989
其他单位	71 383	22 126
#股份合作	20 596	3 083
联营经济	289	82
股份有限公司	4 933	2 528
有限责任公司	38 441	15 078
港澳台投资经济	3 097	254
外商投资经济	3 529	1 076
其他	376	
二、按企业、事业、机关分组		
企业	804 254	134 333
事业	42 548	6 749
机关	8 032	3 016
三、按国民经济行业分组		
农、林、牧、渔业	43 522	5 336
采掘业	83 157	8 534
制造业	417 886	80 658
电力、煤气及水的生产和供应业	8 591	4 412
建筑业	47 329	5 898
地质勘查业、水利管理业	8 047	765
交通运输、仓储及邮电通信业	41 390	9 045
批发和零售贸易、餐饮业	175 710	22 166
金融、保险业	254	152
房地产业	1 680	344
社会服务业	8 794	1 844
卫生、体育和社会福利业	2 183	335
教育、文化艺术和广播电影电视业	4 411	1 152
科学研究和综合技术服务业	1 738	313
国家机关、政党机关和社会团体	7 255	2 689
其他行业	2 887	455
四、按地区分组		
南 昌 市	188 947	39 904
景德镇市	66 906	7 620
萍 乡 市	49 202	8 343
九 江 市	98 228	16 536
新 余 市	24 865	7 539
鹰 潭 市	20 360	2 733
赣 州 市	100 735	12 880
宜春地区	87 084	11 077
吉安地区	77 505	14 108
上饶地区	82 443	11 495
抚州地区	54 593	8 871

3－14 单位从业人员增加情况

（1999年） 单位：人

分类	总计	国有单位	城镇集体单位	其他单位
本年增加	**141 198**	**109 001**	**14 802**	**17 395**
#从农村招收	17 633	11 623	2 461	3 549
从城镇招收	14 727	7 233	2 629	4 865
录用的退伍军人	9 273	7 993	580	700
录用的大、中专、技工学校毕业生	43 419	38 544	2 099	2 776
由外省、自治区、直辖市调入	447	409	20	18

3－15 单位从业人员减少情况

（1999年） 单位：人

分类	总计	国有单位	城镇集体单位	其他单位
本年减少	**328 537**	**224 133**	**64 479**	**39 925**
#离休、退休、退职	50 304	36 465	10 048	3 791
开除、除名、辞退	21 007	15 442	3 561	2 004
终止、解除合同	26 023	18 396	4 011	3 616
离开单位仍保留劳动关系的职工	149 497	96 332	31 770	21 395
调到外省、自治区、直辖市	1 399	1 269	26	104

3-16 职工工资总额和平均工资

年份	职工工资总额（万元）				职工平均工资（元）			
	合计	国有经济单位	城镇集体经济单位	其他各种经济单位	合计	国有经济单位	城镇集体经济单位	其他各种经济单位
1978	145 123.0	122 929.0	22 194.0		552	562	500	
1979	161 102.0	135 538.0	25 564.0		603	624	512	
1980	199 674.0	167 220.0	32 454.0		713	733	625	
1981	210 974.0	175 632.0	35 342.0		719	745	613	
1982	223 632.0	185 973.0	37 659.0		732	758	625	
1983	230 035.0	190 050.0	39 985.0		747	774	640	
1984	284 282.0	230 178.0	54 067.0	37.0	894	949	716	949
1985	329 858.4	266 559.7	63 213.2	85.5	997	1 052	817	1 132
1986	394 647.4	321 559.8	72 890.2	197.4	1 147	1 215	919	1 190
1987	431 756.4	352 659.5	78 895.0	201.9	1 215	1 286	974	1 312
1988	533 073.6	440 106.9	92 403.1	563.6	1 446	1 539	1 121	1 675
1989	583 499.2	486 784.9	95 916.6	797.7	1 562	1 658	1 205	1 809
1990	656 974.5	551 601.8	104 212.6	1 160.1	1 729	1 843	1 300	2 079
1991	719 290.8	598 920.2	118 233.7	2 136.9	1 842	1 946	1 446	2 329
1992	860 275.3	724 645.9	131 368.3	4 261.1	2 154	2 295	1 606	2 414
1993	1 042 007.1	883 776.4	144 510.3	13 720.4	2 580	2 753	1 842	3 114
1994	1 407 031.0	1 207 665.4	176 282.0	23 083.6	3 450	3 720	2 268	4 214
1995	1 621 603.0	1 393 677.2	189 980.2	37 945.6	4 211	4 427	2 990	5 623
1996	1 858 269.2	1 588 202.8	218 857.2	51 209.2	4 852	5 050	3 562	7 275
1997	1 944 010.9	1 666 515.8	219 198.5	58 296.6	5 089	5 303	3 636	7 843
1998	1 739 295.4	1 400 368.4	152 032.3	186 894.7	5 384	5 473	3 720	7 104
1999	2 057 810.9	1 675 968.7	170 517.6	211 324.6	6 749	6 930	4 692	7 913

注：自 1998 年起，职工工资为在岗职工工资。

3-17 职工平均工资指数

(以上年为100)

年份	货币工资指数				实际工资指数			
	合计	国有经济单位	城镇集体经济单位	其他各种经济单位	合计	国有经济单位	城镇集体经济单位	其他各种经济单位
1978	106.8	105.4	102.0		106.6	105.2	101.8	
1979	109.2	111.0	102.4		107.0	108.7	100.3	
1980	118.2	117.5	122.1		112.0	111.4	115.7	
1981	100.8	101.6	98.1		97.1	97.9	94.5	
1982	101.8	101.7	102.0		98.7	98.6	98.9	
1983	102.0	102.1	102.4		100.1	100.2	100.5	
1984	119.7	122.6	111.9		116.7	119.5	109.1	
1985	111.5	110.9	114.1	119.3	102.5	101.9	104.9	109.7
1986	115.0	115.5	112.5	105.1	108.5	108.7	106.1	99.2
1987	105.9	105.8	106.0	108.0	98.1	98.1	98.2	100.1
1988	119.0	119.7	115.1	127.7	96.2	96.8	93.0	103.2
1989	108.0	107.7	107.5	108.0	92.2	91.9	91.7	92.2
1990	110.7	111.2	107.9	114.9	109.1	109.6	106.3	113.2
1991	106.5	105.6	111.2	112.0	102.0	101.1	106.5	107.3
1992	116.9	117.9	111.1	103.6	108.7	109.7	103.3	96.4
1993	115.9	115.9	111.5	127.8	100.1	100.1	96.3	110.4
1994	138.2	139.8	126.1	136.6	108.9	110.2	99.4	107.6
1995	122.1	119.0	131.8	133.4	104.4	101.8	112.7	114.1
1996	115.2	114.1	105.8	129.4	106.6	105.5	97.9	119.7
1997	104.9	105.0	102.1	107.8	101.8	101.9	99.1	104.7
1998	105.8	103.2	102.3	90.6	104.8	102.2	101.3	89.7
1999	125.4	126.6	126.1	111.4	127.2	128.4	127.9	112.9

注:自1998年起,职工工资为在岗职工工资。

3－18 各种分组在岗职工工资总额

（1999 年） 单位:万元

分 类	合 计	国有单位	城镇集体单位	其他单位
总 计	**2 057 810.9**	**1 675 968.7**	**170 517.6**	**211 324.6**
一、按企业、事业、机关分组				
企业	1 196 799.3	825 362.5	160 112.2	211 324.6
#地方	864 184.6	492 747.8	160 112.2	211 324.6
事业	591 384.9	582 100.0	9 284.9	
#地方	561 986.6	552 701.7	9 284.9	
机关	269 626.7	268 506.2	1 120.5	
#地方	254 479.0	253 358.5	1 120.5	
二、按国民经济行业分组				
农、林、牧、渔业	92 009.3	90 903.0	907.4	198.9
农业	51 949.3	51 821.3	117.2	10.8
林业	23 857.6	23 857.6		
畜牧业	2 182.3	2 098.8	83.5	
渔业	3 360.1	3 291.9	4.5	63.7
农、林、牧、渔服务业	10 660.0	9 833.4	702.2	124.4
采掘业	84 290.0	79 367.7	2 691.7	2 230.6
制造业	519 875.6	287 836.0	57 044.0	174 995.6
电力、煤气及水的生产和供应业	72 232.6	62 104.8	410.6	9 717.2
建筑业	90 201.8	52 978.6	32 816.6	4 406.6
土木工程建筑业	78 011.3	41 990.8	31 721.3	4 299.2
线路、管道和设备安装业	11 338.2	10 467.0	844.3	26.9
装修装饰业	852.3	520.8	251.0	80.5
地质勘查业、水利管理业	22 366.7	22 362.7	4.0	
地质勘查业	14 184.0	14 184.0		
水利管理业	8 182.7	8 178.7	4.0	
交通运输、仓储及邮电通信业	170 896.7	162 771.8	6 361.0	1 763.9
铁路运输业	89 765.8	88 347.6	1 418.2	
公路运输业	18 205.8	14 967.5	1 535.3	1 703.0
水上运输业	5 678.3	3 648.3	2 030.0	
航空运输业	2 850.5	2 850.5		
交通运输辅助业	18 498.7	17 562.9	907.6	28.2
其他交通运输业	990.0	523.3	466.7	
仓储业	5 444.4	5 408.5	3.2	32.7

3-18 续表1 单位:万元

分　　类	合　计	国有单位	城镇集体单　位	其他单位
邮电通信业	29 463.2	29 463.2		
批发和零售贸易、餐饮业	147 816.0	96 340.6	42 681.3	8 794.1
食品、饮料、烟草和家庭用品批发业	48 354.5	37 124.9	9 227.4	2 002.2
能源、材料和机械电子设备批发业	15 706.9	13 734.9	478.1	1 493.9
其他批发业	13 925.4	8 103.0	5 330.2	492.2
零售业	57 560.5	29 044.7	24 555.9	3 959.9
商业经纪与代理业	4 998.2	4 690.2	181.6	126.4
餐饮业	7 270.5	3 642.9	2 908.1	719.5
金融、保险业	81 990.4	62 852.2	15 006.5	4 131.7
金融业	76 969.9	57 871.5	15 006.5	4 091.9
保险业	5 020.5	4 980.7		39.8
房地产业	10 770.9	9 435.5	633.4	702.0
房地产开发与经营业	4 341.5	3 162.0	477.5	702.0
房地产管理业	6 153.4	6 000.5	152.9	
房地产经纪与代理业	276.0	273.0	3.0	
社会服务业	41 963.1	32 136.3	5 811.8	4 015.0
公共服务业	20 212.5	16 843.8	2 782.9	585.8
居民服务业	2 854.6	1 153.1	1 701.5	
旅馆业	12 261.8	9 136.8	513.1	2 611.9
租赁服务业	33.1	19.5	13.6	
旅游业	1 119.2	1 119.2		
娱乐服务业	652.4	198.8	1.4	452.2
信息、咨询服务业	2 178.3	1 633.7	544.6	
计算机应用服务业	83.0	23.0		60.0
其他社会服务业	2 568.2	2 008.4	254.7	305.1
卫生、体育和社会福利业	97 623.8	93 643.0	3 978.8	2.0
卫生	93 460.4	89 514.1	3 944.3	2.0
体育	1 257.6	1 241.0	16.6	
社会福利保障业	2 905.8	2 887.9	17.9	
教育、文化艺术和广播电影电视业	324 550.4	324 455.1	95.3	
教育	306 135.6	306 062.4	73.2	
普通高等教育	22 489.1	22 489.1		
普通中学	112 214.8	112 214.8		

3－18　续表 2　　单位:万元

分　　类	合　计	国有单位	城镇集体单　位	其他单位
小学校	140 767.6	140 767.6		
文化艺术业	9 730.1	9 720.2	9.9	
广播电影电视业	8 684.7	8 672.5	12.2	
科学研究和综合技术服务业	25 687.7	25 539.2	82.9	65.6
科学研究业	14 445.5	14 442.5		3.0
自然科学研究	12 356.1	12 356.1		
社会科学研究	1 089.0	1 089.0		
其他科学研究	1 000.4	997.4		3.0
综合技术服务业	11 242.2	11 096.7	82.9	62.6
气象	1 297.7	1 297.7		
地震	33.2	33.2		
测绘	596.0	596.0		
技术监督	1 676.3	1 591.3	27.2	57.8
环境保护	1 575.4	1 542.6	32.8	
技术推广和科技交流服务业	597.8	597.8		
工程设计业	3 971.6	3 966.8		4.8
其他综合技术服务业	1 463.0	1 440.1	22.9	
国家机关、政党机关和社会团体	266 559.6	265 442.1	1 117.5	
国家机关	242 002.2	240 997.3	1 004.9	
政党机关	14 327.8	14 298.5	29.3	
其他行业	8 976.3	7 800.1	874.8	301.4
#企业管理机构	6 519.1	5 468.7	831.4	219.0
三、按地区分组				
南 昌 市	448 521.5	326 793.7	47 727.8	74 000.0
景德镇市	91 732.8	71 012.2	9 637.0	11 083.6
萍 乡 市	90 646.8	72 076.2	8 559.3	10 011.3
九 江 市	215 574.5	174 798.5	17 303.8	23 487.2
新 余 市	89 300.9	44 187.2	4 025.1	41 088.6
鹰 潭 市	68 826.3	64 234.2	1 800.7	2 791.4
赣 州 市	204 722.1	176 989.7	18 142.3	9 590.1
宜春地区	176 775.0	155 782.6	13 773.6	7 218.8
吉安地区	144 042.4	127 662.4	9 575.5	6 804.5
上饶地区	172 040.0	153 590.5	17 834.3	874.0
抚州地区	127 355.7	112 264.2	11 850.9	4 089.2

3－19　各种分组的在岗职工平均工资

（1999年）　　　　单位：元

行　　业	合　计	国有单位	城镇集体单位	其他单位
总　　计	**6 749**	**6 930**	**4 692**	**7 913**
一、按企业、事业、机关分组				
企业	6 282	6 394	4 613	7 913
#地方	5 390	4 982	4 613	7 913
事业	7 467	7 488	6 344	
#地方	7 389	7 409	6 344	
机关	7 658	7 663	6 710	
#地方	7 554	7 558	6 710	
二、按国民经济行业分组				
农、林、牧、渔业	4 461	4 464	3 881	7 286
农业	4 236	4 238	3 467	7 200
林业	4 771	4 771		
畜牧业	5 341	5 412	4 014	
渔业	4 048	4 020	4 500	6 245
农、林、牧、渔服务业	5 023	5 099	3 941	7 974
采掘业	5 601	5 581	5 482	6 601
制造业	6 232	5 986	4 436	7 786
电力、煤气及水的生产和供应业	8 015	7 683	5 211	11 431
建筑业	6 072	7 228	4 654	9 320
土木工程建筑业	5 709	6 553	4 666	9 399
线路、管道和设备安装业	10 911	12 424	4 370	7 686
装修装饰业	5 618	6 543	4 169	6 765
地质勘查业、水利管理业	7 187	7 187	5 000	
地质勘查业	7 679	7 679		
水利管理业	6 468	6 469	5 000	
交通运输、仓储及邮电通信业	9 563	10 104	4 218	7 005
铁路运输业	12 685	12 938	5 723	
公路运输业	5 832	5 871	4 659	7 011
水上运输业	4 933	5 815	3 876	
航空运输业	19 312	19 312		
交通运输辅助业	6 867	7 213	3 541	10 444
其他交通运输业	4 492	7 433	3 111	
仓储业	6 135	6 143	4 000	5 274

3－19 续表1 单位:元

行　　业	合　计	国有单位	城镇集体单位	其他单位
邮电通信业	11 459	11 459		
批发和零售贸易、餐饮业	4 974	5 244	4 240	6 878
食品、饮料、烟草和家庭用品批发业	4 875	5 033	4 074	7 220
能源、材料和机械电子设备批发业	5 630	5 529	4 129	7 863
其他批发业	4 820	5 483	3 954	7 813
零售业	4 711	4 924	4 312	6 333
商业经纪与代理业	10 901	11 627	4 856	7 141
餐饮业	5 035	4 974	4 796	6 833
金融、保险业	10 197	10 607	8 442	12 228
金融业	10 225	10 681	8 442	12 329
保险业	9 783	9 820		6 633
房地产业	6 877	6 921	5 753	7 573
房地产开发与经营业	6 828	6 913	5 572	7 573
房地产管理业	6 933	6 945	6 506	
房地产经纪与代理业	6 434	6 500	3 333	
社会服务业	6 088	6 171	5 054	7 509
公共服务业	5 833	6 050	4 759	6 077
居民服务业	5 709	5 859	5 612	
旅馆业	6 224	5 987	4 382	7 990
租赁服务业	7 043	6 964	7 158	
旅游业	6 403	6 403		
娱乐服务业	7 721	9 333	7 000	7 178
信息、咨询服务业	6 861	7 284	5 843	
计算机应用服务业	9 022	7 188		10 000
其他社会服务业	7 017	7 330	5 135	7 196
卫生、体育和社会福利业	7 773	7 867	6 061	6 667
卫生	7 801	7 900	6 068	6 667
体育	7 715	7 751	5 724	
社会福利保障业	6 988	7 006	4 972	
教育、文化艺术和广播电影电视	7 581	7 581	6 759	
教育	7 604	7 604	7 957	
普通高等教育	9 804	9 804		
普通中学	7 665	7 665		

3－19 续表2 单位:元

行 业	合 计	国有单位	城镇集体单位	其他单位
小学校	7 225	7 225		
文化艺术业	7 055	7 059	4 714	
广播电影电视业	7 420	7 427	4 357	
科学研究和综合技术服务业	7 694	7 695	5 418	16 000
科学研究业	7 652	7 652		6 000
自然科学研究	7 631	7 631		
社会科学研究	8 281	8 281		
其他科学研究	7 297	7 302		6 000
综合技术服务业	7 750	7 750	5 418	17 389
气象	7 428	7 428		
地震	7 545	7 545		
测绘	7 801	7 801		
技术监督	7 427	7 306	5 667	18 645
海洋环境				
环境保护	7 213	7 256	5 655	
技术推广和科技交流服务业	8 046	8 046		
工程设计业	8 492	8 491		9 600
其他综合技术服务业	7 246	7 303	4 872	
国家机关、政党机关和社会团体	7 667	7 675	6 167	
国家机关	7 601	7 608	6 180	
政党机关	7 800	7 807	5 528	
其他行业	7 069	7 205	5 988	7 316
#企业管理机构	6 861	6 905	6 390	7 794
三、按地区分组				
南 昌 市	7 513	7 982	4 823	8 348
景德镇市	5 507	5 788	3 685	6 252
萍 乡 市	6 676	7 264	4 871	5 273
九 江 市	6 010	6 317	4 148	5 832
新 余 市	7 175	6 612	5 414	8 185
鹰 潭 市	7 528	7 616	5 021	7 969
赣 州 市	5 664	5 781	4 558	6 203
宜春地区	5 549	5 690	3 936	7 384
吉安地区	5 604	5 778	4 328	4 869
上饶地区	5 252	5 430	4 037	6 557
抚州地区	5 743	5 905	4 405	5 693

3－20　职业介绍机构基本情况

项　　目	职业介绍机构数（个）		职业介绍机构工作人员数（人）	
	1998年	1999年	1998年	1999年
合　　计	**2 082**	**937**	**4 003**	**2 824**
1.劳动部门办	**1 841**	**670**	**3 121**	**2 017**
省	1			
地、市	12			
县、区	115			
街道	54			
乡、镇	1 659			
2.非劳动部门办	**241**	**267**	**882**	**807**
机关	19			
事业单位	51	151		457
企业	32			
社会团体	36			
私人	100	116		350
其他	3			

3－21　劳动部门职业介绍工作情况

项　　目	单位	1999年
一、本期登记求职人次数	**人次**	**338 772**
下岗职工	人次	78 229
失业人员	人次	118 516
获得职业资格人员	人次	32 917
二、本期介绍成功人次数	**人次**	**177 273**
女　性	人次	134 906
下岗职工	人次	43 144
失业人员	人次	64 862
获得职业资格人员	人次	21 857

主要统计指标解释

从业人员 指从事一定社会劳动并取得劳动报酬或经营收入的人员。包括(1)职工；(2)再就业的离退休人员；(3)私营业主；(4)个体户主；(5)私营企业和个体从业人员；(6)乡镇企业从业人员；(7)农村从业人员；(8)其他从业人员。

单位从业人员 各单位的从业人员是指在各级国家机关、政党机关、社会团体及企业、事业单位中工作，取得工资或其他形式的劳动报酬的全部人员。包括职工、再就业的离退休人员、民办教师以及在各单位中工作的外方人员和港澳台方人员、兼职人员、借用的外单位人员和第二职业者。不包括离开本单位仍保留劳动关系的职工。

在岗职工 指在本单位工作并由单位支付工资的人员，以及有工作岗位，但由于学习、病伤产假等原因暂未工作，仍由单位支付工资的人员。

离开本单位仍保留劳动关系的职工 指由于各种原因，已离开本人的生产或工作岗位，并已不在本单位从事其他工作，仍与用人单位保留劳动关系的职工。

内部退养职工 指接近正常退休年龄，但由于各种原因退出工作岗位，并办理了内退手续，在办理正式退休手续前由单位按月发给一定生活费的职工。

长期职工 指实行劳动合同制之前的固定职工和实行劳动合同制后合同期限在一年或一年以上的职工。

临时职工 指合同期限不到一年的职工。

增加人数 指在报告期内，本单位招收、录用和调入的全部人员数。

录用的退伍军人 指从部队复员和转业后，直接由单位或职业介绍所录用的人员。

录用的大、中专、技工学校毕业生 指在大、专院校、研究生院(部)以及中专和技工学校毕业后，直接由单位或职业介绍所录用的人员。

单位从业人员劳动报酬 指各单位在一定时期内直接支付给本单位全部从业人员的劳动报酬总额。包括在岗职工工资总额和本单位其他从业人员劳动报酬两部分。

在岗职工工资总额 指各单位在一定时期内直接支付给本单位全部在岗职工的劳动报酬总额。包括：计时工资(含计时标准工资)、计件工资、计件超额工资、奖金、津贴和补贴、加班加点工资、特殊情况下支付的工资等。

津贴和补贴 包括：(1)补偿职工特殊额外劳动消耗的津贴及岗位性津贴；(2)保健性津贴；(3)技术性津贴；(4)年功性津贴；(5)地区津贴；(6)其他津贴包括伙食补贴、上下班交通补贴、洗理卫生费、书报费等。以及为保证职工工资不受物价上涨或变动影响而支付的各种补贴，如副食价格补贴(含肉类等价格补贴)、粮、油、蔬菜等价格补贴，煤价补贴、房贴、水电贴、房改补贴等。

离开本单位仍保留劳动关系职工的生活费 指离开本单位仍保留劳动关系职工在离开本单位仍保留劳动关系期间从本单位领取的生活费用。

固定资产投资 4

INVESTMENT IN FIXED ASSETS

- 1999年,全社会固定资产投资491.5亿元。其中:中央项目投资57.6亿元,地方项目投资433.9亿元。

- 1999年全社会新增固定资产394.3亿元,其中国有经济175.0亿元。

- 1999年,全社会竣工房屋面积5788.55万平方米,其中住宅面积5100.23万平方米。

本篇章

料整理	微机处理
永生	曾永生
晓红	

4－1 全社会固定资产投资和增长速度

年　　份	总　　计	国有经济	集体经济	个体经济	其他经济
一、绝对数(万元)					
1980	188 219	121 394	29 825	37 000	
“六五”时期	1 489 137	916 505	171 214	401 418	
1981	170 858	104 099	30 099	36 660	
1982	244 972	151 173	46 407	47 392	
1983	280 948	180 800	20 659	79 489	
1984	352 080	224 622	29 599	97 859	
1985	440 279	255 811	44 450	140 018	
“七五”时期	3 342 388	1 896 982	316 541	1 128 865	
1986	533 527	303 172	40 444	189 911	
1987	587 729	323 214	54 765	209 750	
1988	781 751	400 832	86 001	294 918	
1989	732 849	398 137	72 964	261 748	
1990	706 532	471 627	62 367	172 538	
“八五”时期	9 235 791	5 731 213	845 009	2 121 526	538 043
1991	910 773	588 643	97 106	225 024	
1992	1 253 607	823 317	136 076	294 214	
1993	1 855 038	1 307 266	150 293	397 479	
1994	2 374 548	1 433 018	240 661	461 366	239 503
1995	2 841 825	1 578 969	220 873	743 443	298 540
“九五”时期					
1996	3 558 519	1 768 689	478 598	1 043 102	268 130
1997	3 843 045	1 991 245	533 721	1 062 900	255 179
1998	4 547 650	2 432 166	551 394	1 273 690	290 400
1999	4 914 811	2 505 948	602 963	1 457 158	348 742
1980－1999	31 119 560	17 364 142	3 529 265	8 525 659	1 700 494
二、发展速度(上年=100)					
1981	90.8	85.8	100.9	99.1	
1982	143.4	145.2	154.2	129.3	
1983	114.7	119.6	44.5	167.7	
1984	125.3	124.2	143.3	123.1	
1985	125.1	113.9	150.2	143.1	
1986	121.2	118.5	91.0	135.6	
1987	110.2	106.6	135.4	110.4	
1988	133.0	124.0	157.0	140.6	
1989	93.7	99.3	84.8	88.8	
1990	96.4	118.5	85.5	65.9	
1991	128.9	124.8	155.7	130.4	
1992	137.6	139.9	140.1	130.7	
1993	148.0	158.8	110.4	135.1	
1994	128.0	109.6	160.1	116.1	
1995	119.7	110.2	91.8	161.1	124.6
1996	125.2	112.0	216.7	140.3	89.8
1997	108.0	112.6	111.5	101.9	95.2
1998	118.3	122.1	103.3	119.8	113.8
1999	108.1	103.0	109.4	114.4	120.1
三、平均增长速度(%)					
“六五”时期	15.7	14.1	4.6	27.0	
“七五”时期	14.3	13.4	12.1	16.4	
“八五”时期	34.0	31.2	35.3	31.7	
1981－1999	19.0	17.8	16.2	21.8	

注:1.各年投资均不包括跨省市的铁路投资,后同。1999年跨省市的铁路投资完成65000万元。

2.其他经济包括联营经济、股份制经济、外商投资经济、港澳台投资经济及其他经济类型投资。

4－2　全社会固定资产投资

指　　　　标	1995 年	1996 年	1997 年	1998 年	1999 年
一、投资总额(万元)	**2 841 825**	**3 558 519**	**3 843 045**	**4 547 650**	**4 914 811**
按隶属关系分					
中央项目	434 710	633 922	486 867	584 270	575 852
地方项目	2 407 115	2 924 597	3 356 178	3 963 380	4 338 959
按经济类型分					
国有经济	1 578 969	1 768 689	1 991 245	2 432 166	2 505 948
集体经济	220 873	478 598	533 721	551 394	602 963
个体经济	743 443	1 043 102	1 062 900	1 273 690	1 457 158
联营经济	6 336	4 117	8 752	6 148	4 577
股份制经济	161 096	128 651	113 881	108 684	183 082
外商投资经济	94 781	91 457	71 659	75 948	91 409
港、澳、台投资经济	23 095	37 424	53 749	93 874	58 499
其他经济	13 232	6 481	7 138	5 746	11 175
按管理渠道分					
基本建设	1 017 217	1 145 352	1 302 557	1 730 118	1 731 457
更新改造	597 737	602 594	658 714	661 578	694 544
房地产开发	258 631	263 962	251 323	271 234	335 876
其他投资	968 240	1 546 611	1 630 451	1 884 720	2 152 934
二、资金来源合计(万元)	**2 824 734**	**3 559 466**	**3 774 727**	**4 595 096**	**4 928 874**
国家预算内资金	133 839	176 160	137 082	228 143	381 443
国内贷款	522 011	672 783	880 018	894 580	935 786
利用外资	207 407	150 910	97 538	239 136	135 487
自筹资金	1 667 375	2 225 794	2 281 543	2 699 008	2 885 198
其他资金	294 102	333 819	378 546	534 229	590 960
三、新增固定资产(万元)	**2 098 117**	**2 780 158**	**3 756 409**	**3 829 117**	**3 943 474**
基本建设	581 577	681 782	1 434 935	1 290 380	1 107 121
更新改造	495 207	430 191	571 669	533 904	535 633
房地产开发	116 780	199 104	182 225	205 798	245 665
其他投资	904 553	1 469 081	1 567 580	1 799 035	2 055 055
四、竣工房屋面积(万平方米)	**4 383.29**	**5 176.09**	**4 910.30**	**5 481.58**	**5 788.55**
基本建设	417.32	511.59	475.04	490.01	636.99
更新改造	102.38	84.89	71.38	61.83	76.13
房地产开发	281.66	300.09	267.79	251.93	361.38
其他投资	3 581.93	4 279.52	4 096.09	4 677.81	4 714.05
五、竣工住宅面积(万平方米)	**3 733.56**	**4 457.63**	**3 800.94**	**4 732.05**	**5 100.23**
基本建设	197.83	243.98	215.86	240.81	359.47
更新改造	19.66	28.75	16.81	24.03	36.56
房地产开发	224.01	251.40	216.34	197.31	286.16
其他投资	3 292.06	3 933.50	3 351.93	4 269.90	4 418.04

注:资金来源合计为资金到位数,不等于投资总额。

4-3 农、轻、重及运输邮电业基本建设投资

单位:万元

年份	农业	轻工业	重工业	#能源工业	运输邮电业
1980	9 474	7 349	48 105	19 333	3 593
1981	5 448	5 550	25 036	9 550	3 678
1982	8 641	7 529	52 791	18 293	3 961
1983	5 666	8 827	77 406	26 916	3 954
1984	10 860	11 585	92 017	32 682	6 685
1985	5 599	15 587	92 552	36 912	5 341
1986	7 223	19 229	84 689	43 448	14 970
1987	12 933	16 836	92 917	56 267	16 063
1988	15 054	20 298	103 090	61 133	7 671
1989	13 675	24 344	123 108	66 505	15 162
1990	11 262	26 140	141 565	78 491	28 691
1991	20 771	36 575	145 741	77 626	35 810
1992	24 712	43 036	166 038	96 524	60 962
1993	19 593	64 064	242 216	134 804	143 716
1994	28 055	63 902	319 268	191 803	224 916
1995	43 091	54 179	388 871	204 835	268 943
1996	39 121	43 124	420 007	240 588	294 752
1997	49 376	30 161	362 171	274 705	461 789
1998	130 193	37 054	368 175	276 805	699 186
1999	192 798	43 577	485 414	336 353	471 784

4-4 农、轻、重及运输邮电业更新改造投资

单位:万元

年份	农业	轻工业	重工业	#能源工业	运输邮电业
1980	485	6 937	16 359	4 547	4 585
1981	1 283	13 356	20 522	6 945	2 829
1982	757	16 587	20 035	6 162	9 829
1983	302	13 904	27 241	8 132	8 189
1984	245	16 341	38 302	11 341	9 233
1985	615	27 664	45 043	7 028	7 457
1986	688	32 048	69 665	5 985	9 102
1987	361	34 612	80 740	6 462	9 520
1988	704	61 559	101 547	10 348	8 229
1989	442	41 803	96 944	10 977	9 088
1990	373	48 256	108 355	16 298	11 009
1991	576	64 234	120 195	10 293	13 570
1992	1 600	108 217	167 801	19 384	10 204
1993	678	144 436	298 751	24 666	17 178
1994	183	110 847	422 318	80 227	38 195
1995	303	118 573	316 996	45 703	143 763
1996	2 339	131 861	312 825	80 723	136 835
1997	3 313	133 146	289 788	61 835	210 502
1998	6 285	122 584	211 922	31 953	303 955
1999	565	114 661	252 711	66 839	299 620

4-5 按企业登记注册类型

（19

指　　　标	合　计	内资企业	国有企业	股份合作企　业
一、投资总额	**1 731 457**	**1 666 411**	**1 559 399**	**1 064**
1.按隶属关系分				
中央	407 105	407 105	324 345	
省	627 641	580 568	577 206	
地区	248 711	246 407	237 604	315
县	428 552	423 169	415 854	749
其他	19 448	9 162	4 390	
2.按构成分				
建筑工程	1 188 179	1 163 863	1 109 061	990
安装工程	130 078	122 519	110 929	26
设备工器具购置	277 567	252 011	232 426	15
其他费用	135 633	128 018	106 983	33
二、建设项目(个)				
施工项目个数	2 848	2 822	2 754	7
#本年新开工	1 604	1 597	1 569	3
#大中型项目	18	17	15	
本年投产项目个数	1 648	1 632	1 600	3
三、本年资金来源合计	**1 893 076**	**1 770 600**	**1 671 071**	**1 039**
1.上年末结余资金	222 294	145 151	123 034	
2.本年资金来源小计	1 670 782	1 625 449	1 548 037	1 039
国家预算内资金	335 899	335 853	334 697	
国内贷款	425 632	396 246	374 458	80
债券	35 349	35 349	35 349	
利用外资	58 166	46 559	36 423	
#外商直接投资	12 204	2 277	2 277	
对外借款	38 393	38 393	28 257	
#统借统还	139	139	139	
自筹资金	594 758	590 571	552 191	679
中央各部门自筹	38 655	38 655	38 655	
省自筹	69 393	69 374	67 174	
地(市)自筹	51 662	51 585	50 781	
县自筹	134 363	134 065	133 782	
企事业单位自筹	300 685	296 892	261 799	679
其他资金来源	220 978	220 871	214 919	280
#集资	130 349	130 259	127 059	280

分的基本建设投资

99年）　　　　　　　　　　　　　　　　　　　　　　　　　　单位:万元

联营企业	有限责任公司	股份有限公司	其他企业	港澳台商投资企业	外商投资企业
71 090	**24 009**	**5 497**	**5 352**	**11 214**	**53 832**
68 616	14 144				
	1 585	1 777		155	46 918
340	5 265	733	2 150	1 540	764
1 920	1 833	187	2 626	1 383	4 000
214	1 182	2 800	576	8 136	2 150
37 816	9 055	3 674	3 267	6 546	17 770
10 126	983	85	370	1 846	5 713
8 958	8 858	1 259	495	2 030	23 526
14 190	5 113	479	1 220	792	6 823
13	23	8	17	20	6
5	12	4	4	4	3
1	1				1
4	13	4	8	13	3
38 379	**41 716**	**14 372**	**4 023**	**11 374**	**111 102**
21 039	1 078			55	77 088
17 340	40 638	14 372	4 023	11 319	34 014
30	1 126				46
45	15 452	5 750	461	1 436	27 950
	10 136			6 053	5 554
				5 973	3 954
	10 136				
15 069	10 944	8 435	3 253	3 723	464
	2 200				19
		804			77
			283	80	218
15 069	8 744	7 631	2 970	3 643	150
2 196	2 980	187	309	107	
25	2 630	187	78	90	

4-6 分行业基本建设投资和新增固定资产

（1999 年）　　单位：万元

行　业	投　资 完成额	#住宅	按建设性质分 #新建	#扩建	#改建	新　增 固定资产
总　计	**1 731 457**	**207 726**	**786 824**	**447 156**	**413 794**	**1 107 121**
农、林、牧、渔业	24 343	926	7 399	6 655	10 072	20 809
农　业	7 532	70	1 575	2 658	3 299	4 854
林　业	2 496	139	1 715	653	71	3 202
畜牧业	636	55	518	118		1 204
渔业	1 175	180	588	180	407	1 168
农林牧渔服务业	12 504	482	3 003	3 046	6 295	10 381
工业	528 991	35 815	279 695	150 234	75 793	295 529
采掘业	7 981	746	6 441	1 357		5 998
煤炭采选业	3 358	313	3 175			4 450
有色金属矿采选业	2 679		2 250	429		
非金属矿采选业	1 363	193	573	790		1 172
木材及竹材采运业	581	240	443	138		376
制造业	164 380	25 092	78 933	65 886	4 461	106 318
食品加工业	1 407	674	337	305	130	1 329
食品制造业	2 554	1 112	470	1 795	69	2 565
饮料制造业	3 893	647	3 210	485		4 868
烟草加工业	245	245		160		85
纺织业	3 069	1 381	1 251	70		2 018
服装及其他纤维制品制造业	150			150		220
皮革、毛皮、羽绒及其制品业	350	350	290	60		290
木材加工及竹、藤、棕、草制品业	3 800	542	3 800			66
印刷业、记录媒介的复制	1 619	1 037	898	344	24	1 592
石油加工及炼焦业	1 500	1 300	1 500			891
化学原料及化学制品制造业	5 151	3 293	1 480	584		4 183
医药制造业	938	790	485	175		778
化学纤维制造业	1 492	85		1 407		225
塑料制品业	371	361	180	191		371
非金属矿物制品业	58 012	1 558	57 499	148	105	2 581
黑色金属冶炼及压延加工业	6 125	3 327	70	3 307	2 748	580
有色金属冶炼及压延加工业	47 014	14		47 000		63 369
金属制品业	738	110	210	418		130
普通机械制造业	2 653	1 923	782	681	30	2 653
专用设备制造业	7 520	1 526	674	6 090		6 580
交通运输设备制造业	10 913	3 246	5 036	1 722	64	7 360
电气机械及器材制造业	1 241	336	346	544	351	344
电子及通信设备制造业	2 375	575	415			2 550
仪器仪表及文化、办公用机械制造业	560	410			500	
其他制造业	690	250		250	440	690
电力、煤气及水的生产和供应业	356 630	9 977	194 321	82 991	71 332	183 213
电力、蒸汽、热水生产和供应业	326 102	9 082	176 427	70 575	71 212	161 821
煤气生产和供应业	5 393	507	4 783	610		9 822
自来水的生产和供应业	25 135	388	13 111	11 806	120	11 570

4－6 续表　　　　单位:万元

行业	投资完成额		按建设性质分			新增固定资产
		# 住宅	# 新建	# 扩建	# 改建	
建筑业	15 469	2 879	5 884	3 457	4 493	12 733
土木工程建筑业	14 795	2 874	5 630	3 187	4 343	12 508
线路管道和设备安装业	667		247	270	150	150
建筑物的装修装饰业	7	5	7			75
地质勘查业、水利管理业	169 423	947	27 121	46 475	94 704	61 179
地质勘查业	968	768	425		250	898
水利管理业	168 455	179	26 696	46 475	94 454	60 281
交通运输、仓储及邮电通信业	493 727	19 974	247 418	82 030	142 660	278 095
铁路运输业	6 857	1 850	3 660	499	2 698	13 548
公路运输业	229 209	841	133 708	1 421	93 575	64 738
水上运输业	1 614			1 114	500	
航空运输业	22 865		22 865			22 865
交通运输辅助业	71 258	2 086	16 830	8 607	45 356	52 937
其他交通运输业	1 236		1 236			
仓储业	21 943	132	4 539	17 242	50	851
邮电通信业	138 745	15 065	64 580	53 147	481	123 156
批发和零售贸易、餐饮业	41 145	13 856	18 952	13 859	6 145	39 171
食品饮料烟草和家庭用品批发商业	20 164	6 767	8 795	8 895	1 288	17 148
能源材料和机械电子设备批发业	3 093	1 291	1 302	1 487		2 187
其他批发业	1 818	1 331	519	272	521	1 923
零售业	13 886	3 889	7 836	2 407	3 450	16 425
商业经纪与代理业	220				220	220
餐饮业	1 964	578	500	798	666	1 268
金融、保险业	22 681	12 899	11 773	5 478	903	22 236
金融业	19 288	12 660	9 655	4 346	853	18 871
保险业	3 393	239	2 118	1 132	50	3 365
房地产业	4 763	2 094	2 326	545	1 696	6 151
房地产开发与经营业	2 393	698	1 378	545	470	4 548
房地产管理业	2 370	1 396	948		1 226	1 603
社会服务业	113 583	4 802	47 961	21 789	41 815	65 970
公共服务业	99 707	2 207	39 460	19 695	38 774	53 324
居民服务业	1 118	84	333	510	35	172
旅馆业	7 411	2 331	3 542	863	3 006	5 994
旅行社	205	95	15	190		220
娱乐服务业	902	65	499	403		1 135
信息咨询服务业	78			78		78
其他社会服务业	4 162	20	4 112	50		5 047
卫生、体育和社会福利业	31 800	9 466	10 275	14 379	3 089	27 880
卫生	26 229	8 754	8 357	11 327	2 499	25 912
体育	2 807	51	405	2 391		189
社会福利保障业	2 764	661	1 513	661	590	1 779
教育、文化艺术及广播电影电视业	97 390	31 389	39 628	41 846	6 838	112 362
教育	68 780	25 105	31 167	25 963	4 506	74 164
文化艺术业	19 546	3 448	4 841	13 155	175	31 848
广播电影电视业	9 064	2 836	3 620	2 728	2 157	6 350
科学研究和综合技术服务业	8 352	1 870	6 593	903	50	5 577
科学研究业	1 490	535	675	244		4 512
综合技术服务业	6 862	1 335	5 918	659	50	1 065
国家机关、政党机关和社会团体	171 259	68 771	79 742	58 920	19 650	153 992
国家机关	165 207	65 927	77 785	55 465	19 444	146 732
政党机关	3 554	1 946	970	2 210		2 808
社会团体	2 498	898	987	1 245	206	4 452
其他行业	8 531	2 038	2 057	586	5 886	5 437

4-7 分行业基本建设项目个数和房屋建筑面积

（1999 年）

行业	施工项目（个）	建成投产项目（个）	施工房屋面积（平方米）	#住宅	竣工房屋面积（平方米）	#住宅
总计	**2 848**	**1 648**	**12 033 198**	**5 701 473**	**6 369 943**	**3 594 688**
农、林、牧、渔业	79	43	82 195	29 818	48 487	20 316
农业	22	12	25 864	4 000	9 864	4 000
林业	19	10	3 935	3 560	3 935	3 560
畜牧业	5	3	12 239	3 093	9 416	270
渔业	4	3	7 200	4 700	6 064	3 564
农林牧渔服务业	29	15	32 957	14 465	19 208	8 922
工业	358	180	1 630 515	1 061 574	827 078	619 748
采掘业	14	9	44 349	22 822	23 926	14 419
煤炭采选业	4	4	13 696	8 009	13 696	8 009
有色金属矿采选业	2		11 847			
非金属矿采选业	3	2	4 980	4 380	4 980	2 960
木材及竹材采运业	5	3	13 826	10 433	5 250	3 450
制造业	187	105	1 162 239	795 384	594 392	473 548
食品加工业	9	7	20 042	15 842	16 842	13 842
食品制造业	10	7	35 468	25 695	31 838	23 365
饮料制造业	12	11	49 940	24 550	47 840	22 450
烟草加工业	2	1	6 500	6 500	1 700	1 700
纺织业	8	4	52 751	40 440	35 761	33 850
服装及其他纤维制品制造业	1	1	4 300		4 300	
皮革、毛皮、羽绒及其制品业	2	1	13 100	13 100	9 600	9 600
木材加工及竹、藤、棕、草制品业	2		31 518	31 518		
印刷业、记录媒介的复制	10	4	41 735	22 753	14 500	12 510
石油加工及炼焦业	1		21 500	20 000	20 000	20 000
化学原料及化学制品制造业	14	10	107 752	98 752	82 496	78 496
医药制造业	6	3	27 503	16 263	16 615	15 503
化学纤维制造业	2	1	24 450	9 244	9 244	9 244
塑料制品业	2	2	9 120	9 000	9 120	9 000
非金属矿物制品业	21	10	89 457	61 712	44 407	41 469
黑色金属冶炼及压延加工业	7	1	108 538	105 263	11 485	11 485
有色金属冶炼及压延加工业	2	1	16 058	1 056	16 058	1 056
金属制品业	5	2	10 830	3 000	3 000	3 000
普通机械制造业	17	9	127 536	119 374	54 064	52 886
专用设备制造业	15	9	60 881	52 481	34 639	32 639
交通运输设备制造业	26	15	204 845	82 715	98 307	55 277
电气机械及器材制造业	6	1	60 299	6 410	6 410	6 410
电子及通信设备制造业	3	3	14 816	14 816	14 816	14 816
仪器仪表及文化、办公用机械制造业	2		10 900	8 900		
其他制造业	2	2	12 400	6 000	11 350	4 950
电力、煤气及水的生产和供应业	157	66	423 927	243 368	208 760	131 781
电力、蒸汽、热水生产和供应业	102	48	372 752	225 793	182 662	118 591
煤气生产和供应业	8	3	5 724	4 300	3 800	3 600
自来水的生产和供应业	47	15	45 451	13 275	22 298	9 590

4-7续表

行业	施工项目（个）	建成投产项目（个）	施工房屋面积（平方米）	#住宅	竣工房屋面积（平方米）	#住宅
建筑业	68	46	150 782	105 882	94 224	87 880
土木工程建筑业	64	44	148 682	104 150	92 124	86 148
线路管道和设备安装业	3	1				
建筑物的装修装饰业	1	1	2 100	1 732	2 100	1 732
地质勘查业、水利管理业	68	23	67 021	27 386	19 447	5 700
地质勘查业	6	2	36 146	20 780	16 661	5 420
水利管理业	62	21	30 875	6 606	2 786	280
交通运输、仓储及邮电通信业	363	201	1 274 078	357 038	481 769	228 578
铁路运输业	7	3	72 272	25 425	26 005	17 425
公路运输业	56	32	88 904	33 847	54 081	25 647
水上运输业	2					
航空运输业	1					
交通运输辅助业	164	103	86 462	50 426	54 552	38 913
其他交通运输业	1					
仓储业	24	7	316 395	5 333	13 146	5 333
邮电通信业	108	56	710 045	242 007	333 985	141 260
批发和零售贸易、餐饮业	209	122	1 274 483	407 379	590 451	329 295
食品饮料烟草和家庭用品批发商业	82	52	565 638	189 520	277 296	160 002
能源材料和机械电子设备批发业	18	11	196 122	43 854	49 022	33 364
其他批发业	18	10	58 508	45 699	43 508	37 461
零售业	72	41	393 774	102 654	192 622	82 887
商业经纪与代理业	1	1	2 100		2 100	
餐饮业	18	7	58 341	25 652	25 903	15 581
金融、保险业	112	70	536 147	334 020	348 898	245 562
金融业	94	56	445 834	326 953	301 917	238 495
保险业	18	14	90 313	7 067	46 981	7 067
房地产业	18	13	98 512	50 274	70 764	42 429
房地产开发与经营业	7	5	45 843	17 426	43 752	17 426
房地产管理业	11	8	52 669	32 848	27 012	25 003
社会服务业	188	99	513 229	138 349	185 188	104 863
公共服务业	137	81	138 042	103 817	104 138	82 209
居民服务业	6	2	8 100	2 300	3 222	1 722
旅馆业	28	11	117 995	27 262	49 517	17 762
旅行社	2		3 350	2 900	3 350	2 900
娱乐服务业	4	1	15 611	570	6 080	270
信息咨询服务业	1	1	1 915		1 915	
其他社会服务业	10	3	228 216	1 500	16 966	
卫生、体育和社会福利业	165	94	773 842	342 569	397 831	173 802
卫生	138	82	662 518	323 355	370 918	165 944
体育	8	2	55 306	6 706	2 000	2 000
社会福利保障业	19	10	56 018	12 508	24 913	5 858
教育、文化艺术及广播电影电视业	432	280	1 998 716	812 315	1 276 365	531 459
教育	371	246	1 613 354	696 752	1 066 347	478 788
文化艺术业	32	18	260 258	56 433	141 772	27 822
广播电影电视业	29	16	125 104	59 130	68 246	24 849
科学研究和综合技术服务业	33	17	141 214	84 392	74 213	39 891
科学研究业	14	8	66 623	31 671	50 277	17 325
综合技术服务业	19	9	74 591	52 721	23 936	22 566
国家机关、政党机关和社会团体	744	455	3 417 193	1 903 906	1 920 828	1 152 005
国家机关	703	436	3 192 310	1 801 320	1 809 076	1 098 365
政党机关	28	13	129 144	75 867	41 698	36 726
社会团体	13	6	95 739	26 719	70 054	16 914
其他行业	11	5	75 271	46 571	34 400	13 160

4-8 按企业登记注册类型

（19

指　　标	合　计	内资企业	国有企业	股份合作企业
一、投资总额	**694 544**	**678 038**	**572 724**	**2 902**
1.按隶属关系分				
中央	161 140	161 140	161 140	
省	317 882	317 239	273 991	
地区	74 397	73 903	42 234	782
县	125 917	121 180	94 196	1 420
其他	15 208	4 576	1 163	700
2.按构成分				
建筑工程	116 692	113 880	89 630	1 312
安装工程	114 053	111 781	102 368	117
设备工器具购置	430 792	422 844	359 746	1 347
其他费用	33 007	29 533	20 980	126
二、建设项目(个)				
施工项目个数	910	884	751	11
#本年新开工	615	599	504	8
#限额以上项目	12	11	8	
本年投产项目个数	575	560	470	11
三、本年资金来源合计	**702 808**	**686 144**	**582 540**	**2 542**
1.上年末结余资金	12 769	11 947	10 067	
2.本年资金来源小计	690 039	674 197	572 473	2 542
国家预算内资金	23 972	23 972	14 465	
国内贷款	116 295	115 472	92 044	430
债券	4 178	4 178	2 078	
利用外资	19 820	10 049	9 049	
#外商直接投资	13 611	4 988	3 988	
对外借款	335	335	335	
自筹资金	496 745	492 907	433 781	1 736
中央各部门自筹	44 150	44 150	44 150	
省自筹	4 619	4 619	4 419	
地(市)自筹	5 881	5 881	5 881	
县自筹	7 641	7 641	7 181	380
企事业单位自筹	434 454	430 616	372 150	1 356
#股票	11 660	11 660	1 080	
其他资金来源	29 029	27 619	21 056	376
#集资	6 313	6 313	6 253	

分的更新改造投资

99年）　　　　　　　　　　　　　　　　　　　　　　　　单位:万元

联营企业	有限责任公司	股份有限公司	其他企业	港澳台商投资企业	外商投资企业
2 285	**26 112**	**69 582**	**4 433**	**7 253**	**9 253**
	17 998	25 250		643	
54	5 707	25 126			494
1 351	2 057	17 823	4 333	2 639	2 098
880	350	1 383	100	3 971	6 661
404	7 981	13 453	1 100	2 484	328
121	3 320	5 355	500	2 238	34
1 703	13 412	44 242	2 394	2 238	5 710
57	1 399	6 532	439	293	3 181
6	52	56	8	14	12
4	34	41	8	8	8
	1	2		1	
4	36	32	7	8	7
3 105	**26 735**	**66 789**	**4 433**	**7 411**	**9 253**
1 000	200	680		802	20
2 105	26 535	66 109	4 433	6 609	9 233
	2 867	6 640			
1 570	5 854	15 574		823	
	900	1 200			
		1 000		3 100	6 671
		1 000		1 952	6 671
384	14 365	38 602	4 039	1 436	2 402
200					
		80			
184	14 365	38 522	4 039	1 436	2 402
		10 580			
151	2 549	3 093	394	1 250	160
	60				

4-9 分行业更新改造投资和新增固定资产

（1999年）　　单位:万元

行业	投资完成额	#住宅	按建设性质分 #新建	#扩建	#改建	新增固定资产
总计	**694 544**	**24 278**	**13 391**	**261 280**	**396 105**	**535 633**
工业	367 372	18 044	13 142	206 572	141 800	284 346
采掘业	13 830	3 433	982	8 635	3 922	11 535
煤炭采选业	7 237	2 380	615	6 389	233	4 257
黑色金属矿采选业	231	30		231		220
有色金属矿采选业	5 149	1 023		1 671	3 187	4 709
非金属矿采选业	959		313	344	302	2 295
其他矿采选业	200				200	
木材及竹材采运业	54		54			54
制造业	287 883	14 279	6 884	177 490	98 643	238 985
食品加工业	2 570	180	501	1 237	622	2 967
食品制造业	5 432		550	3 926	186	5 353
饮料制造业	23 999	137	300	20 932	2 357	18 622
烟草加工业	7 640			4 460	3 180	5 260
纺织业	6 911		350	3 081	3 480	5 870
服装及其他纤维制品制造业	3 350				3 350	3 300
皮革、毛皮、羽绒及其制品业	761	210		761		761
木材加工及竹、藤、棕、草制品业	5 213		660	2 407	1 989	9 311
家具制造业	790		500	290		585
造纸及纸制品业	2 443			1 026	1 417	2 246
印刷业、记录媒介的复制	17 092			14 491	2 476	16 822
文教体育用品制造业	2 250	60		2 100	150	2 250
石油加工及炼焦业	11 802			11 802		3 511
化学原料及化学制品制造业	25 030	213	1 614	17 824	5 592	13 397
医药制造业	5 515			1 381	4 025	14 906
化学纤维制造业	4 599			4 599		2 599
橡胶制品业	2 950		160	2 789	1	160
塑料制品业	2 062		212	1 850		212
非金属矿物制品业	27 603	165	706	22 758	3 974	6 847
黑色金属冶炼及压延加工业	24 835	4 452		12 590	12 245	25 220
有色金属冶炼及压延加工业	49 939	7 779		1 625	48 314	37 500
金属制品业	2 588	550		883	325	1 422
普通机械制造业	8 558	293		7 589	969	1 980
专用设备制造业	5 613			5 269	344	4 917

4－9 续表 单位：万元

行业	投资完成额	# 住宅	按建设性质分 # 新建	# 扩建	# 改建	新增固定资产
交通运输设备制造业	26 196		45	23 385	2 766	41 416
电气机械及器材制造业	3 309	10	86	2 274	831	1 869
电子及通信设备制造业	2 608			2 558	50	5 807
仪器仪表及文化、办公用机械制造业	2 692			1 270		970
其他制造业	3 533	230	1 200	2 333		2 905
电力、煤气及水的生产和供应业	65 659	332	5 276	20 447	39 235	33 826
电力、蒸汽、热水生产和供应业	46 562	300	2 651	7 744	36 167	20 083
煤气生产和供应业	1 238			537		1 201
自来水的生产和供应业	17 859	32	2 625	12 166	3 068	12 542
地质勘查业、水利管理业	565				565	565
水利管理业	565				565	565
交通运输、仓储及邮电通信业	299 620	3 884	249	44 594	241 418	228 502
铁路运输业	24 750	3 884			24 750	23 156
公路运输业	13 216				140	11 121
水上运输业	283					
交通运输辅助业	10 306			2 052	8 254	15 468
邮电通信业	251 065		249	42 542	208 274	178 757
批发和零售贸易、餐饮业	3 515	50		2 455	1 060	3 900
食品饮料烟草和家庭用品批发商业	1 799			1 239	560	1 799
能源材料和机械电子设备批发业	110	50			110	1 530
零售业	1 606			1 216	390	571
社会服务业	12 056	2 300		2 940	6 713	11 044
公共服务业	10 571	2 300		2 037	6 131	8 204
旅馆业	1 262			680	582	2 840
其他社会服务业	223			223		
卫生、体育和社会福利业	801				228	801
卫生	801				228	801
教育、文化艺术及广播电影电视业	5 492			600	3 317	1 500
文化艺术业	1 500					1 500
广播电影电视业	3 992			600	3 317	
国家机关、政党机关和社会团体	1 184			180	1 004	1 036
国家机关	1 184			180	1 004	1 036
其他行业	3 939			3 939		3 939

4－10 更新改造分用途投资

（1999 年） 单位：万元

行业	增产	节约能源	其他节约	增加品种	提高产品质量	三废治理	其他
总计	**167 669**	**21 946**	**4 197**	**67 475**	**18 061**	**5 828**	**409 368**
工业	160 243	21 142	4 197	63 336	17 250	5 828	95 376
采掘业	7 455	4		599	856	106	4 810
煤炭采选业	3 603			105	400		3 129
黑色金属矿采选业	231						
有色金属矿采选业	2 812	4		440	106	106	1 681
非金属矿采选业	809				150		
其他矿采选业					200		
木材及竹材采运业				54			
制造业	121 742	7 192	4 113	62 595	11 627	5 694	74 920
食品加工业	1 917	5	10	286	327	20	5
食品制造业	3 872			250	1 170	80	60
饮料制造业	13 741	232	82	4 770	1 312	739	3 123
烟草加工业	5 260				1 880		500
纺织业	5 399			632	500		380
服装及其他纤维制品制造业							3 350
皮革、毛皮、羽绒及其制品业	360			116	270	15	
木材加工及竹、藤、棕、草制品业	1 406		100	3 273	434		
家具制造业	790						
造纸及纸制品业	2 217			102			124
印刷业、记录媒介的复制	4 278			9 796	704	46	2 268
文教体育用品制造业	680						1 570
石油加工及炼焦业	600			1 926	700	2 631	5 945
化学原料及化学制品制造业	11 504	738	347	10 138	765	390	1 148
医药制造业	3 143			1 035	422		915
化学纤维制造业	2 300			2 299			
橡胶制品业				160			2 790
塑料制品业	1 850			212			
非金属矿物制品业	25 799	317	24	686	345	213	219
黑色金属冶炼及压延加工业	2 541	5 605	3 492	5 213	1 588	1 004	5 392
有色金属冶炼及压延加工业	4 747	264	42	75	279	325	44 207
金属制品业	1 278						1 310
普通机械制造业	6 446	1		788	416	23	884
专用设备制造业	1 382			4 119	112		

4－10 续表 单位:万元

行业	增产	节约能源	其他节约	增加品种	提高产品质量	三废治理	其他
交通运输设备制造业	10 950	18		14 518	196		514
电气机械及器材制造业	2 683		9	398	3		216
电子及通信设备制造业	1 158			1 450			
仪器仪表及文化、办公用机械制造业	2 658	12	7	3	4	8	
其他制造业	2 783			350	200	200	
电力、煤气及水的生产和供应业	31 046	13 946	84	142	4 767	28	15 646
电力、蒸汽、热水生产和供应业	16 692	13 550	66	116	3 390	28	12 720
煤气生产和供应业	537	60		26	567		48
自来水的生产和供应业	13 817	336	18		810		2 878
地质勘查业、水利管理业	565						
水利管理业	565						
交通运输、仓储及邮电通信业	6 003	788			577		292 252
铁路运输业							24 750
公路运输业							13 216
水上运输业							283
交通运输辅助业	1 840	788					7 678
邮电通信业	4 163				577		246 325
批发和零售贸易、餐饮业	360	16					3 139
食品饮料烟草和家庭用品批发商业	310						1 489
能源材料和机械电子设备批发业	50						60
零售业		16					1 590
社会服务业							12 056
公共服务业							10 571
旅馆业							1 262
其他社会服务业							223
卫生、体育和社会福利业	148						653
卫　生	148						653
教育、文化艺术及广播电影电视业							5 492
文化艺术业							1 500
广播电影电视业							3 992
国家机关、政党机关和社会团体	350			200	234		400
国家机关	350			200	234		400
其他行业				3 939			

4-11 分行业更新改造项目个数和房屋建筑面积

(1999 年)

行业	施工项目（个）	建成投产项目（个）	施工房屋面积（平方米）	# 住宅	竣工房屋面积（平方米）	# 住宅
总计	**910**	**575**	**994 091**	**581 264**	**761 276**	**365 561**
工业	646	409	804 099	494 964	590 046	283 861
采掘业	61	32	97 247	90 059	62 621	59 652
煤炭采选业	33	16	68 453	68 453	52 892	52 892
黑色金属矿采选业	1		7 000	6 300		
有色金属矿采选业	18	11	19 911	15 306	7 846	6 760
非金属矿采选业	7	4	1 075		1 075	
其他矿采选业	1					
木材及竹材采运业	1	1	808		808	
制造业	446	288	669 406	395 169	505 805	223 259
食品加工业	20	17	13 565	3 600	13 565	3 600
食品制造业	11	9	860		860	
饮料制造业	32	22	36 634	900	33 934	900
烟草加工业	4	1				
纺织业	12	6				
服装及其他纤维制品制造业	3	2				
皮革、毛皮、羽绒及其制品业	1	1	6 800	3 000	6 800	3 000
木材加工及竹、藤、棕、草制品业	18	12	7 275		7 275	
家具制造业	3	2	3 759		3 759	
造纸及纸制品业	13	7				
印刷业、记录媒介的复制	14	9	2 400		2 400	
文教体育用品制造业	4	4	2 600	1 500	2 600	1 500
石油加工及炼焦业	12	3	4 019		2 936	
化学原料及化学制品制造业	46	27	30 975	5 792	15 344	2 492
医药制造业	7	5	11 500		7 500	
化学纤维制造业	3	2				
橡胶制品业	3	1	1 190		1 190	
塑料制品业	3	1				
非金属矿物制品业	52	37	61 493	4 620	18 904	4 620
黑色金属冶炼及压延加工业	64	55	206 481	192 906	166 871	153 296
有色金属冶炼及压延加工业	39	27	167 970	159 602	131 552	30 602
金属制品业	8	3	18 847	9 909	18 347	9 909
普通机械制造业	20	9	9 670	7 240	8 970	7 240
专用设备制造业	12	7	313		313	

4－11 续表

行业	施工项目（个）	建成投产项目（个）	施工房屋面积（平方米）	# 住宅	竣工房屋面积（平方米）	# 住宅
交通运输设备制造业	15	8	45 313		31 960	
电气机械及器材制造业	16	5	8 278	400	3 025	400
电子及通信设备制造业	4	3	3 400		3 400	
仪器仪表及文化、办公用机械制造业	3	2				
其他制造业	4	1	26 064	5 700	24 300	5 700
电力、煤气及水的生产和供应业	139	89	37 446	9 736	21 620	950
电力、蒸汽、热水生产和供应业	100	72	19 206	9 286	4 580	500
煤气生产和供应业	1	1				
自来水的生产和供应业	38	16	18 240	450	17 040	450
地质勘查业、水利管理业	1	1				
水利管理业	1	1				
交通运输、仓储及邮电通信业	183	113	61 997	37 900	52 500	37 900
铁路运输业	24	15	46 600	37 900	45 500	37 900
公路运输业	1		8 397			
交通运输辅助业	14	4				
邮电通信业	144	94	7 000		7 000	
批发和零售贸易、餐饮业	11	11	62 980	8 600	61 380	8 600
食品饮料烟草和家庭用品批发商业	4	4	33 380		33 380	
能源材料和机械电子设备批发业	2	2	22 000	8 600	22 000	8 600
零售业	5	5	7 600		6 000	
社会服务业	49	24	62 015	39 800	56 800	35 200
公共服务业	45	23	45 700	39 800	41 200	35 200
旅馆业	3	1	15 600		15 600	
其他社会服务业	1		715			
卫生、体育和社会福利业	2	2	3 000		550	
卫生	2	2	3 000		550	
教育、文化艺术及广播电影电视业	2					
广播电影电视业	2					
国家机关、政党机关和社会团体	15	14				
国家机关	15	14				
其他行业	1	1				

4－12　基本建设财务拨款

（1999年）　　单位：万元

行　　业	财务拨款合　计	国家预算内拨款	国内贷款	债　券	利用外资	自筹资金	其他资金
总　　计	**1 670 782**	**335 899**	**425 632**	**35 349**	**58 166**	**594 758**	**220 978**
农、林、牧、渔业	24 398	6 303	4 435		1 757	8 969	2 934
工　业	498 533	55 247	287 620	2 312	20 803	98 037	34 514
采掘业	7 848	1 034	1 615			4 101	1 098
制造业	155 391	1 300	91 986		9 910	31 329	20 866
电力、煤气及水的生产和供应业	335 294	52 913	194 019	2 312	10 893	62 607	12 550
建筑业	16 786	1 501	327	2 180		6 668	6 110
地质勘查业、水利管理业	183 150	149 009	6 623	4 897		14 124	8 497
交通运输、仓储及邮电通信业	452 942	61 250	86 592	11 839	24 656	247 447	21 158
批发和零售贸易、餐饮业	41 781	45	6 709	4 400	2 114	14 415	14 098
金融、保险业	25 112	127	600			12 794	11 591
房地产业	4 542		40		200	3 235	1 067
社会服务业	104 110	20 473	15 127	8 587	1 618	43 321	14 984
卫生、体育和社会福利业	34 249	3 543	3 210		65	16 623	10 808
教育、文化艺术及广播电影电视业	98 679	14 707	2 390		2 289	55 190	24 103
科学研究和综合技术服务业	8 324	5 435	420			1 061	1 408
国家机关、政党机关和社会团体	170 247	18 259	11 439	1 134	1 264	69 610	68 541
其他行业	7 929		100		3 400	3 264	1 165

4－13　更新改造财务拨款

（1999年）　　单位：万元

行　　业	财务拨款合　计	国家预算内拨款	国内贷款	债　券	利用外资	自筹资金	其他资金
总　　计	**690 039**	**23 972**	**116 295**	**4 178**	**19 820**	**496 745**	**29 029**
工　业	361 473	21 269	97 666	4 178	11 159	206 599	20 602
采掘业	12 525	525	2 088		647	8 688	577
制造业	280 790	5 956	66 973	400	10 512	178 632	18 317
电力、煤气及水的生产和供应业	68 158	14 788	28 605	3 778		19 279	1 708
地质勘查业、水利管理业	565		55			510	
交通运输、仓储及邮电通信业	299 594	1 880	15 800		7 561	271 264	3 089
批发和零售贸易、餐饮业	1 966		280			1 306	380
社会服务业	11 812	823	470		740	4 941	4 838
卫生、体育和社会福利业	751		140			491	120
教育、文化艺术及广播电影电视业	8 575		1 700			6 875	
国家机关、政党机关和社会团体	1 364		184		360	820	
其他行业	3 939					3 939	

4－14　各地区基本建设项目个数和投资

（1999 年）

地　　区	施工项目个数（个）	全部建成投产项目（个）	投资额（万元）	# 地、市、县	住宅投资（万元）
全　省	**2 848**	**1 648**	**1 731 457**	**677 263**	**207 726**
南 昌 市	415	167	247 418	127 927	59 971
景德镇市	130	78	63 081	38 961	8 376
萍 乡 市	134	99	41 477	27 081	3 565
九 江 市	255	161	209 986	67 350	16 340
新 余 市	123	91	40 280	33 183	13 819
鹰 潭 市	91	32	27 447	16 634	4 744
赣 州 市	524	346	152 733	117 283	26 936
宜春地区	325	206	147 271	61 576	19 189
上饶地区	155	81	69 551	56 191	5 931
吉安地区	374	156	149 610	66 071	26 194
抚州地区	300	223	73 259	65 006	11 018
不分地区数	22	8	509 344		11 643

4－15　各地区更新改造项目个数和投资

（1999 年）

地　　区	施工项目个数（个）	全部建成投产项目（个）	投资额（万元）	# 地、市、县	住宅投资（万元）
全　省	**910**	**575**	**694 544**	**200 314**	**24 278**
南 昌 市	135	95	123 516	41 060	3 268
景德镇市	19	12	28 067	15 249	293
萍 乡 市	53	37	13 011	2 207	2 430
九 江 市	117	68	33 526	14 116	378
新 余 市	48	33	23 367	8 935	2 220
鹰 潭 市	5	3	4 798	2 408	
赣 州 市	97	60	54 514	35 458	2 610
宜春地区	47	30	18 118	13 879	640
上饶地区	49	15	49 905	24 653	315
吉安地区	72	52	24 973	18 257	520
抚州地区	93	57	28 849	24 092	137
不分地区数	175	113	291 900		11 467

4－16 各地区

（19

地　　区	合　计	内资企业	国有企业	股份合作企　业
全　省	**1 731 457**	**1 666 411**	**1 559 399**	**1 064**
南 昌 市	247 418	243 582	235 422	
景德镇市	63 081	62 461	61 679	
萍 乡 市	41 477	40 710	40 530	80
九 江 市	209 986	158 654	140 800	
新 余 市	40 280	40 280	37 939	90
鹰 潭 市	27 447	27 447	27 447	
赣 州 市	152 733	149 177	144 580	144
宜春地区	147 271	147 271	146 608	15
上饶地区	69 551	69 551	67 148	735
吉安地区	149 610	149 475	79 638	
抚州地区	73 259	68 459	68 264	
不分地区数	509 344	509 344	509 344	

4－17 各地区

（19

地　　区	合　计	内资企业	国有企业	股份合作企　业
全　省	**694 544**	**678 038**	**572 724**	**2 902**
南 昌 市	123 516	117 408	92 814	
景德镇市	28 067	28 067	18 761	
萍 乡 市	13 011	13 011	12 315	696
九 江 市	33 526	32 883	31 654	86
新 余 市	23 367	22 724	7 960	
鹰 潭 市	4 798	4 680	3 297	
赣 州 市	54 514	50 624	42 558	1 320
宜春地区	18 118	16 844	13 843	
上饶地区	49 905	47 945	24 726	
吉安地区	24 973	23 675	13 598	800
抚州地区	28 849	28 277	19 298	
不分地区数	291 900	291 900	291 900	

基本建设投资

9 9 年）　　　　单位:万元

联营企业	有限责任公司	股份有限公司	其他企业	港澳台商投资企业	外商投资企业
71 090	**24 009**	**5 497**	**5 352**	**11 214**	**53 832**
1 414	3 064	1 099	2 583	2 236	1 600
390	392			620	
100				767	
	14 106	1 407	2 341	3 100	48 232
	2 251				
	1 303	2 800	350	3 556	
350	216	4	78		
220	1 448				
68 616	1 034	187		135	
	195			800	4 000

更新改造投资

9 9 年）　　　　单位:万元

联营企业	有限责任公司	股份有限公司	其他企业	港澳台商投资企业	外商投资企业
2 285	**26 112**	**69 582**	**4 433**	**7 253**	**9 253**
100	1 153	23 341			6 108
654	4 200	513	3 939		
		1 043	100	643	
	14 764			643	
		1 383			118
	445	5 907	394	2 830	1 060
151	1 350	1 500		1 047	227
1 100	1 525	20 594		580	1 380
280	1 567	7 430		1 298	
	1 108	7 871		212	360

4－18 各地区基本建设

（19

地　　区	合　计	内资企业	国有企业	股份合作企　业
全　省	**1 107 121**	**1 084 423**	**1 058 886**	**1 115**
南昌市	215 674	212 883	208 724	
景德镇市	39 695	39 695	39 218	
萍乡市	48 152	44 035	43 715	120
九江市	82 379	74 379	63 698	
新余市	29 067	29 067	27 038	
鹰潭市	6 372	6 372	6 372	
赣州市	157 156	154 331	149 400	158
宜春地区	71 756	71 756	71 400	2
上饶地区	47 106	47 106	46 051	835
吉安地区	71 077	70 912	69 718	
抚州地区	61 946	57 146	56 811	
不分地区数	276 741	276 741	276 741	

4－19 各地区更新改造

（19

地　　区	合　计	内资企业	国有企业	股份合作企　业
全　省	**535 633**	**526 233**	**443 096**	**3 308**
南昌市	96 115	96 064	74 922	
景德镇市	57 241	57 241	37 249	
萍乡市	14 771	14 771	14 026	745
九江市	14 948	14 387	13 158	86
新余市	19 589	19 168	4 201	
鹰潭市	2 995	2 877	2 877	
赣州市	48 547	45 627	36 956	1 600
宜春地区	13 664	11 887	10 826	
上饶地区	22 256	20 396	18 315	
吉安地区	20 954	19 834	10 827	877
抚州地区	20 267	19 695	15 453	
不分地区数	204 286	204 286	204 286	

新增固定资产

99年）　　　　　　　　　　　　　　　　　　　单位:万元

联营企业	有限责任公司	股份有限公司	其他企业	港澳台商投资企业	外商投资企业
3 600	**4 941**	**3 080**	**12 801**	**16 298**	**6 400**
2 300		89	1 770	1 191	1 600
	477				
200				4 117	
			10 681	7 200	800
	2 029				
	1 623	2 800	350	2 825	
300	50	4			
220					
580	427	187		165	
	335			800	4 000

新增固定资产

99年）　　　　　　　　　　　　　　　　　　　单位:万元

联营企业	有限责任公司	股份有限公司	其他企业	港澳台商投资企业	外商投资企业
2 125	**20 285**	**53 044**	**4 375**	**6 524**	**2 876**
200	1	20 941			51
554	2 949	12 550	3 939		
		1 043	100	561	
	14 967			421	
					118
	358	6 377	336	2 100	820
141		920		1 550	227
950	402	729		560	1 300
280	420	7 430		1 120	
	1 188	3 054		212	360

4－20 基本建设、更新改造新增生产能力(或效益)

(1999 年)

能力名称	单位	合计	基本建设	更新改造
原煤开采	万吨/年	9	6	3
人造富铁矿	万吨/年	36		36
#烧结铁矿	万吨/年	36		36
连铸坯	万吨/年	8		8
粗铜	吨/年	100 000	100 000	
型材	万吨/年	24		24
线材	万吨/年	30		30
铜材加工	吨/年	1 000		1 000
锡选矿:(1)处理原矿	万吨/年	15		15
(2)锡含量	吨/年	2 000		2 000
水力发电	万千瓦	4.39	3.82	0.57
火力发电	万千瓦	30	30	
输电线路长度(11 万伏及以上)	公里	225.68	173.58	52.10
变电设备能力(11 万伏及以上)	万千伏安	106.80	95.80	11
水　泥	万吨/年	15.10		15.10
石墨及炭素制品	吨/年	300		300
胶合板	万立方米/年	0.40		0.40
纤维板	万立方米/年	5		5
人造板装饰加工板	万立方米/年	3.70		3.70
家具	万件/年	3		3
烧碱	吨/年	1 000		1 000
氮肥	吨/年	2 000		2 000
磷肥	吨/年	20 000		20 000
化学农药原药	吨/年	700		700
油 漆	吨/年	2 000		2 000
染 料	吨/年	2 000		2 000
炭 黑	吨/年	15 000		15 000
松香	吨/年	24	4	20
化学原料药	吨/年	2 260		2 260
化学药制剂:胶囊剂	万粒/年	300		300
中成药	吨/年	2 500		2 500
全塑市话电缆	万对公里	2.70		2.70
客车制造	辆/年	1 100		1 100
其他汽车制造	辆/年	10 000		10 000
化学纤维	吨/年	7 500		7 500
#合成纤维	吨/年	3 000		3 000
棉印染布	万米/年	384		384
肉加工品	吨/年	300		300
饼　干	吨/年	3 000		3 000
奶　粉	吨/年	10 000		10 000
啤　酒	万吨/年	27.70		25.70
白　酒	万吨/年	0.35		0.35
软饮料	吨/年	9 850	7 850	2 000
机制纸浆	万吨/年	1.60		1.60

4－20 续表

能力名称	单位	合计	基本建设	更新改造
机制纸	万吨/年	1.08		1.08
机制纸板	万吨/年	5		5
日用陶瓷器	万件/年	350		350
灯泡	万只/年	120		120
照相机	万架/年	15		15
移动通信基站设备	信道/年	10 824	10 824	
程控交换机	万线/年	50.70		50.70
新建公路	公里	289.70	289.70	
#高速公路	公里	15	15.00	
二级公路	公里	15.90	15.90	
改建公路	公里	1 491.19	1 375.39	115.80
#二级公路	公里	388.75	371.75	17
长途电缆	延长公里	73		73
新建微波电路	公里	100	100	
耕地面积	万亩	1.24	1.24	
造林面积	万亩	35.10	35.10	
水库容量(总库容)	亿立方米	0.27	0.27	
有效灌溉面积	万亩	16.74	16.74	
除涝面积	万亩	8.69	8.69	
粮食仓库	万公斤	15 925	15 925	
	平方米	96 253	96 253	
高等院校:学生席位	个	8 095	8 095	
建筑面积	平方米	27 623	27 623	
中等学校:学生席位	个	27 518	27 518	
建筑面积	平方米	111 689	111 689	
小学校:学生席位	个	21 703	21 703	
建筑面积	平方米	71 690	71 690	
其他院校:学生席位	个	2 170	2 170	
建筑面积	平方米	12 233	12 233	
公共图书馆:藏书量	万册(件)	8	8	
影剧院:座席	个	1 410	1 410	
	平方米	4 194	4 194	
医院病床	张	2 579	2 579	
宾馆、旅馆、招待所客房数	间	418	322	96
	平方米	15 050	12 050	3 000
城市自来水供水能力	万吨/日	40.35	17	23.35
城市自来水管道长度	公里	22.27		22.27
城市煤气生产能力	万立方米/日	1.18	1.18	
城市液化石油气储气能力	吨	40	40	
城市公共交通车辆购置	辆	68	68	
城市道路扩建长度	公里	65.84	65.84	
城市道路扩建面积	万平方米	108.41	108.41	
城市排水管道铺设长度	公里	1.90	1.90	
城市防洪堤长度	公里	57.80	57.80	

4－21 基本建设大中型和更新

项目名称	开工时间	计划总投资（万元）	自开始建设至本年底累计			# 19
			完成投资（万元）	新增固定资产（万元）	未完工程投资（万元）	计划投资（万元）
基本建设大中型项目合计						
横南铁路江西段	1996年	93 683	95 963	95 743		17 905
京九复线(向塘－龙川)	1998年	189 024	173 224	170 100	3 065	52 124
城门山铜矿	1995年	19 365	13 987	6 003	7 984	2 250
贵溪冶炼厂二期工程	1995年	178 941	118 000	117 349	651	55 000
南昌一江两岸南岸路段	1998年	7 428	2 307		2 307	2 307
九江－景德镇一级公路	1997年	302 029	182 463	20 000	162 463	90 390
南昌－樟树高速公路	1997年	153 623	152 506		152 506	22 500
温家圳－厚田高速公路	1996年	125 792	102 337		102 337	10 000
南城－瑞金公路(昌厦)	1998年	120 000	75 360		75 360	37 500
南昌昌北机场	1996年	110 110	110 110	110 110		22 865
信江航运工程	1992年	38 605	37 202		37 202	500
九江发电厂三期	1999年	371 724	63 800		63 800	14 001
丰城电厂	1994年	527 271	491 539	420 867	70 672	130 000
井冈山华能电厂	1998年	297 811	104 096	580	103 516	68 000
南车水库	1992年	13 410	13 410	7 655	5 755	650
大坳水利枢纽工程	1995年	35 400	31 720		31 720	11 310
鄱阳湖治理工程	1986年	208 000	82 557	36 867	45 690	90 000
长江干流江岸堤防整治	1998年	161 000	41 800		41 800	39 100
青云水厂二期工程	1995年	18 190	17 865	17 865		99
九江化纤厂粘胶长丝扩建	1997年	14 500	2 107		2 107	10 000
宜春中密度纤维板厂	1997年	26 802	21 000	175	20 825	2 400
江西亚东水泥有限公司	1998年	182 825	79 191	500	78 691	86 214
南昌大学“211”工程	1997年	10 050	6 484	2 343	4 141	4 564
江西省新博物馆工程	1995年	16 000	16 000	16 000		930
更新改造限上项目合计						
南昌印钞厂“九五”技改	1996年	23 291	11 566	10 964	602	10 644
昌河飞机制造公司微型车	1996年	19 500	25 036	25 036		5 400
景德镇华意电器总公司	1998年	19 980	7 083	393	6 690	7 388
江西氨厂白炭黑工程	1999年	9 866	2 800		2 800	2 800
九江赣北化工厂	1998年	80 819	745		745	418
江西化纤化工有限公司	1998年	7 900	5 000	2 200	2 800	2 800
江西涤纶厂	1998年	7 411	7 411	6 966		2 411
东风制药有限公司	1995年	15 701	15 701	12 550		513
江西造纸厂新闻纸	1999年	13 100	2 517		2 517	2 517
进贤江西第二造纸厂	1999年	4 963	147		147	147

改造限额以上项目一览表

99年 完成投资（万元）	99年 新增固定资产（万元）	建设规模和新增能力（或效益） 能力名称	单位	建设规模	新增能力 累计新增	新增能力 #1999年
17 905	54 106	新建铁路	公里	71	71	71
52 124	151 286	新建铁路二线	公里	445.6	445.6	445.6
2 250	259	铜采选	万吨/年	39.6		
47 000	63 239	铜冶炼	万吨/年	10		
2 307						
90 600	20 000	新建一级公路	公里	134		
22 500		新建高速公路	公里	70.4	70.4	
10 000		新建高速公路	公里	35.5	35.5	35.5
37 535		新建一级公路	公里	224		
22 865	110 110	民航机场跑道	米	2 800	2 800	
500		改善航道	公里	41		
14 001		发电装机	万千瓦	70		
61 255	5 790	发电装机	万千瓦	120	90	30
68 616	580	发电装机	万千瓦	60		
650	5 155	发电装机	万千瓦	1.28	1.28	
		水库容量	亿立米	1.53	1.53	
6 520		发电装机	万千瓦	3.95		
		水库容量	亿立米	2.79		
34 000		防御水位	米	22.5		
39 100		加固整治干堤	公里	196.55		
99	99	供水能力	万吨/日	20	20	
1 407		粘胶长纤	吨/年	2 800		
2 400	175	纤维板	立米/年	50 000		
46 918	500	水泥	万吨/年	140		
4 564	1 253					
930	16 000	建筑面积	万平米	3.25	3.25	3.25
10 409	9 912					
6 447	24 558	微型汽车	万辆/年	3	3	3
5 793	393	无氟压缩机	台/年	200		
2 800		白炭黑	万吨/年	1		
418		丙烯酸	吨/年	40 000		
2 000		聚乙烯醇	吨/年	7 000		
2 229	690	装饰布	万米/年	900	900	900
513	12 550	化学药制剂	吨/年	720	720	720
2 517		新闻纸	万吨/年	10.2		
147		半透明纸	吨/年	3 800		

4－22　房地产开发与经营主要指标

指　　　　　标	1995年	1996年	1997年	1998年	1999年
一、投资额和新增固定资产(万元)					
1.投资额	258 631	263 962	251 323	271 234	335 876
#商品房建设投资额	181 487	222 316	188 043	211 498	252 124
土地开发投资额	38 649	22 235	24 849	35 863	50 469
按隶属关系分					
中央	6 527	6 967	6 730	1 472	6 048
地方	252 104	256 995	244 593	269 762	329 828
按资质等级分					
一级	6 730	6 002	2 936	5 158	1 368
二级	86 523	104 900	80 909	68 907	70 232
三级	93 797	90 273	100 803	93 931	111 183
四级	51 809	50 612	52 641	77 739	125 393
五级	4 770	6 600	6 337	4 491	1 185
其他	10 981	4 267	5 472	15 285	16 497
兼营	4 021	1 308	2 225	5 723	10 018
按构成分					
建筑工程	185 805	216 003	195 661	202 154	242 616
安装工程	11 527	5 018	5 314	15 228	9 067
设备工器具购置	3 906	2 476	2 463	3 203	1 813
其他费用	57 393	40 465	47 885	50 649	82 380
#土地购置费	29 667	14 627	16 354	29 126	49 618
按工程用途分					
住宅	176 906	184 164	156 313	159 692	200 450
#别墅、高档公寓	6 608	5 033	5 925	6 604	6 936
安居工程	38 738	47 906	33 150	38 178	46 164
办公楼	16 855	10 055	14 832	15 196	11 439
商业营业用房	35 324	39 465	37 377	48 744	54 022
其他	29 546	30 278	42 801	47 602	69 965
2.本年新增固定资产	116 780	199 104	182 225	205 798	245 665
二、土地开发(公顷)					
本年完成开发土地面积	224.95	89.85	80.06	110.83	166.30
正在开发的土地面积	312.93	121.20	143.42	90.20	119.82
待开发土地面积	249.34	88.58	99.87	68.55	126.80
本年购置土地面积	276.03	157.50	160.04	168.84	210.57

4－22　续表

指　　　　标	1995 年	1996 年	1997 年	1998 年	1999 年
三、开发经营情况（万元）					
1.资产总计	675 133	772 896	609 316	768 563	878 186
负债总计	468 196	583 170	467 055	603 897	664 144
2.经营收入总计	109 941	141 453	131 730	162 806	217 443
土地转让收入	8 012	4 254	5 187	6 915	8 471
商品房屋销售收入	93 914	126 236	108 995	144 844	182 328
#销售给个人	61 799	91 045	85 523	88 351	149 612
商品住宅销售收入	64 336	105 397	87 875	97 156	135 751
#销售给个人	47 256	79 918	68 922	71 988	116 566
房屋出租收入	1 234	2 069	1 082	2 060	2 133
其他收入	6 781	8 894	16 466	8 987	24 511
3.税金与利润					
经营成本	100 973	118 241	107 339	139 299	173 777
经营税金及附加	5 812	6 931	6 739	8 552	10 698
利润总额	3 156	－3 125	－9 541	－11 186	－4 647
四、资金来源（万元）					
本年资金来源合计	291 631	295 932	233 709	291 942	373 634
国家预算内资金	1 813	753	286	1 697	443
国内贷款	70 775	80 522	69 221	75 553	77 860
债券	9	62			95
利用外资	38 890	30 913	25 879	28 898	30 011
#外商直接投资	35 162	29 778	18 902	25 031	28 569
对外借款	40	900		362	
自筹资金	71 405	63 579	58 478	73 385	112 314
#自有资金	36 801	30 297	26 608	40 029	50 777
其他资金来源	108 739	120 103	79 845	112 409	152 911
#集资	9 088	11 748	6 314	12 756	7 589
定金及预收款	89 832	99 085	64 341	74 089	122 645
五、其他指标					
竣工房屋住宅套数合计（套）	48 455	31 268	27 469	23 059	28 929
#别墅、高档公寓套数	338	251	128	235	253
安居工程套数	6 020	8 043	7 475	5 660	9 505
拆迁还建竣工房屋面积（平方米）	658 876	461 699	431 603	363 933	368 611
统建代建竣工房屋面积（平方米）	444 244	411 239	310 159	160 063	356 650
公益性建筑竣工面积（平方米）	35 932	44 274	14 313	21 380	49 012
年平均从业人员数（人）	12 722	11 642	10 291	14 001	16 918
年末从业人员数（人）	13 080	11 913	10 285	14 403	17 019
全年从业人员劳动报酬（万元）	6 467	5 800	5 454	7 374	10 760

4-23 按企业登记注册类

（19

指标	合计	内资企业	国有企业	集体企业	股份合作企业
一、投资总额	**335 876**	**253 364**	**140 553**	**31 302**	**6 291**
1.按隶属关系分：					
中央	6 048	6 048	1 191	3 737	
省	17 833	11 879	6 086	1 517	
地区（市）	124 339	106 457	66 869	5 189	2 417
县	99 604	88 214	66 027	6 741	2 587
其他	88 052	40 766	380	14 118	1 287
2.按构成分：					
建筑工程	242 616	189 686	108 987	25 369	4 937
安装工程	9 067	7 565	5 458	616	30
设备工器具购置	1 813	1 358	119	62	
其他费用	82 380	54 755	25 989	5 255	1 324
3.按工程用途分：					
住宅	200 450	158 512	94 361	22 570	4 036
#别墅、高档公寓	6 936	1 600	436	227	
安居工程	46 164	42 524	33 611	1 903	926
办公楼	11 439	6 834	3 836	364	160
商业营业用房	54 022	40 913	20 545	3 502	689
其他	69 965	47 105	21 811	4 866	1 406
二、本年资金来源合计	**445 272**	**336 541**	**196 727**	**35 401**	**11 840**
1.上年末结余资金	71 638	57 464	42 720	3 607	657
2.本年资金来源小计	373 634	279 077	154 007	31 794	11 183
国家预算内资金	443	443	442	1	
国内贷款	77 860	62 713	35 986	10 122	3 189
债券	95	95		95	
利用外资	30 011	1 422	612		
#外商直接投资	28 569	571	552		
自筹资金	112 314	94 966	45 753	9 709	4 888
#自有资金	50 777	41 267	18 060	4 021	975
其他资金来源	152 911	119 438	71 214	11 867	3 106
#集资	7 589	6 989	3 890	1 148	776
定金及预收款	122 645	90 228	52 014	10 057	2 329

型分的房地产开发投资

99年）　　　　　　　　　　　　　　　　　　　　　　　　　　　单位:万元

联营企业	有限责任公司	股份有限公司	私营企业	其他企业	港澳台商投资企业	外商投资企业
1 148	23 350	18 372	30 958	1 390	52 417	30 095
	1 120					
	204	4 002	70		3 264	2 690
1 148	14 127	5 862	10 845		13 320	4 562
	5 461	4 165	3 233		8 193	3 197
	2 438	4 343	16 810	1 390	27 640	19 646
1 108	17 682	13 832	16 421	1 350	34 438	18 492
	345	427	681	8	1 182	320
	15	389	773		355	100
40	5 308	3 724	13 083	32	16 442	11 183
962	12 827	11 259	11 303	1 194	28 345	13 593
	62	875			2 750	2 586
796	2 855	1 252	877	304	2 030	1 610
10	1 442	617	405		2 700	1 905
140	5 626	3 052	7 195	164	8 756	4 353
36	3 455	3 444	12 055	32	12 616	10 244
1 686	27 540	21 219	40 568	1 560	74 070	34 661
45	1 369	3 336	5 166	564	9 293	4 881
1 641	26 171	17 883	35 402	996	64 777	29 780
90	3 323	2 705	7 298		12 885	2 262
	791			19	15 455	13 134
				19	15 126	12 872
1 000	8 336	7 561	17 719		12 515	4 833
	3 149	4 738	10 324		6 829	2 681
551	13 721	7 617	10 385	977	23 922	9 551
51	102	68	954		450	150
500	11 015	5 241	8 095	977	23 178	9 239

4-24 各地区房地

（19

地区	合计	内资企业	国有企业	集体企业	股份合作企业
全省	**335 876**	**253 364**	**140 553**	**31 302**	**6 291**
南昌市	105 061	58 767	27 211	9 843	1 828
景德镇市	15 630	14 321	7 727	2 028	
萍乡市	21 780	18 673	8 939	1 725	1 323
九江市	41 129	31 041	14 304	5 750	287
新余市	5 535	5 535	5 275	260	
鹰潭市	20 753	18 195	10 670	2 170	148
赣州市	40 082	34 105	19 660	1 669	1 705
宜春地区	21 598	17 738	11 605	755	
上饶地区	19 406	19 317	14 291	2 096	620
吉安地区	19 588	15 973	6 290	4 256	
抚州地区	25 314	19 699	14 581	750	380

4-25 各地区房地产

（19

地区	合计	内资企业	国有企业	集体企业	股份合作企业
全省	**245 665**	**201 287**	**114 874**	**25 616**	**3 581**
南昌市	53 040	40 055	18 881	9 911	366
景德镇市	6 653	6 403	3 321	979	
萍乡市	22 941	19 148	9 399	1 745	1 470
九江市	36 704	27 328	10 287	4 699	120
新余市	5 341	5 341	5 041	300	
鹰潭市	17 459	15 439	9 925	950	148
赣州市	38 101	32 007	19 083	977	910
宜春地区	12 916	12 186	7 994	545	
上饶地区	12 853	12 703	7 809	2 179	367
吉安地区	25 676	19 654	13 801	2 821	
抚州地区	13 981	11 023	9 333	510	200

产开发投资

99年）　　　　　　　　　　　　　　　　　　　　　　　　单位:万元

联营企业	有限责任公司	股份有限公司	私营企业	其他企业	港澳台商投资企业	外商投资企业
1 148	**23 350**	**18 372**	**30 958**	**1 390**	**52 417**	**30 095**
	5 971	8 693	5 221		27 490	18 804
1 148	1 639	819	960		1 279	30
	4 051	1 769	516	350	3 107	
	2 975	780	6 055	890	8 474	1 614
		2 350	2 857		410	2 148
	5 420		5 501	150	4 428	1 549
	2 000		3 378		1 600	2 260
	187	1 659	464			89
	527	994	3 906		2 939	676
	580	1 308	2 100		2 690	2 925

开发新增固定资产

99年）　　　　　　　　　　　　　　　　　　　　　　　　单位:万元

联营企业	有限责任公司	股份有限公司	私营企业	其他企业	港澳台商投资企业	外商投资企业
286	**21 845**	**13 254**	**21 281**	**550**	**35 091**	**9 287**
	2 265	5 145	3 487		10 249	2 736
286	741	620	456		250	
	4 215	1 769		550	3 793	
	4 281	222	7 719		8 312	1 064
		2 350	2 066		600	1 420
	7 366		3 671		4 635	1 459
	2 000		1 647		730	
	187	1 730	431			150
	210	1 018	1 804		6 022	
	580	400			500	2 458

4－26　房地产开发建设施工、竣工房屋面积

（1999年）

指　　标	施工面积（平方米）	#新开工	竣工面积（平方米）	竣工价值（万元）
合　　计	**8 079 183**	**3 721 278**	**3 613 792**	**220 933**
1.住宅	6 089 062	2 827 418	2 861 801	159 244
#别墅、高档公寓	166 093	92 500	39 393	2 410
安居工程	1 994 863	790 016	930 314	49 846
2.办公楼	298 292	119 215	104 375	7 996
3.商业营业用房	1 525 456	684 506	575 968	48 690
4.其他	166 373	90 139	71 648	5 003

4－27　商品房屋销售与出租情况

（1999年）

指　　标	实际销售（平方米）	预　售（平方米）	空　置（平方米）	出　租（平方米）	实际销售额（万元）
合　　计	**2 449 044**	**596 801**	**1 075 070**	**269 786**	**200 802**
#个人	2 121 887	294 440		175 272	158 089
1.住宅	2 060 263	522 743	855 244	138 857	150 199
#别墅、高档公寓	33 879	590	25 088		5 308
安居工程	551 568	139 444	193 894	500	31 058
#个人	1 839 336	336 209		138 218	125 424
2.办公楼	56 488	12 155	50 958	8 600	7 600
3.商业营业用房	297 146	55 130	140 415	100 155	40 096
4.其他	35 147	6 773	28 453	22 174	2 907

4－28　按企业登记注册类型分的其他固定资产投资

（1999年）　　单位：万元

指　　标	合　计	内资企业	国有企业	股份合作企　业	联营企业	有限责任公　司	股份有限公　司	港澳台商投资企业	外　商投资企业
一、投资总额	**143 067**	**141 342**	**137 296**	**1 269**	**835**	**252**	**1 690**	**1 385**	**340**
1.按隶属关系分									
中央	680	680	680						
省	132 909	132 909	132 709			200			
地区	1 624	1 624	1 624						
县	5 014	4 874	2 283	549	300	52	1 690		140
其他	2 840	1 255		720	535			1 385	200
2.按构成分									
建筑工程	135 915	135 180	133 541	234	685	20	700	535	200
安装工程	435	435	70	315			50		
设备工器具购置	2 967	1 977	200	605		232	940	850	140
其他费用	3 750	3 750	3 485	115	150				
二、建设项目(个)									
施工项目个数	206	203	182	12	3	2	4	2	1
#本年新开工	73	72	57	9	1	1	4		1
本年投产项目个数	166	165	156	4	1	1	3		1
三、本年资金来源合计	**143 116**	**141 391**	**136 915**	**1 699**	**835**	**252**	**1 690**	**1 385**	**340**
1.上年末结余资金	423	423		423					
2.本年资金来源小计	142 693	140 968	136 915	1 276	835	252	1 690	1 385	340
国家预算内资金	140	140	140						
国内贷款	55 189	55 049	54 142	907					140
利用外资	1 300							1 300	
#外商直接投资	850							850	
自筹资金	39 913	39 713	37 702	319	400	252	1 040		200
省自筹	800	800	800						
地(市)自筹	32 616	32 616	32 616						
县自筹	445	445	445						
企事业单位自筹	6 052	5 852	3 841	319	400	252	1 040		200
其他资金来源	46 151	46 066	44 931	50	435		650	85	
#集资	80	80	80						

注：本表“其他固定资产投资”不含城乡集体和城乡个人投资。

4－29 分行业城镇集体单位

（19

行　　　　业	投资额（万元）	#住　宅	施工项目个数（个）
总　　计	**35 812**	**6 770**	**163**
农、林、牧、渔业	110	69	3
农　业	56	25	2
农林牧渔服务业	54	44	1
工业	21 131	990	63
采掘业	803		2
煤炭采选业	108		1
有色金属矿采选业	695		1
制造业	18 003	964	56
食品加工业	206		3
食品制造业	650		2
饮料制造业	2 060	80	3
纺织业	4 345		3
服装及其他纤维制品制造业	706	160	5
木材加工及竹、藤、棕、草制品业	448		2
家具制造业	560	45	2
造纸及纸制品业	230		3
印刷业、记录媒介的复制	100		1
化学原料及化学制品制造业	585		2
医药制造业	1 080		1
橡胶制品业	54	54	1
塑料制品业	2 270	200	5
非金属矿物制品业	1 692		7
黑色金属冶炼及压延加工业	94	64	2
金属制品业	100	100	1
普通机械制造业	172	85	2
专用设备制造业	167	69	2
交通运输设备制造业	959	107	3
电气机械及器材制造业	265		3
电子及通信设备制造业	400		2
其他制造业	860		1

固定资产投资和新增固定资产

99年）

建成投产项目个数（个）	新增固定资产（万元）	施工房屋面积（平方米）	#住宅	竣工房屋面积（平方米）	#住宅
101	**27 874**	**367 637**	**215 067**	**260 288**	**165 025**
3	110	2 600	2 300	2 600	2 300
2	56	800	800	800	800
1	54	1 800	1 500	1 800	1 500
42	15 218	54 506	36 027	40 061	28 725
1	853	198		198	
1	158				
	695	198		198	
38	13 864	49 267	35 582	37 967	28 630
3	206	500		500	
2	550				
3	2 095	4 811	4 811	4 811	4 811
1	61				
3	591	7 900	6 390	3 200	3 000
1	100	1 000		1 000	
2	560	1 620	1 310	1 420	1 010
3	1 490				
	100				
1	77				
	54	3 600	3 600	3 600	3 600
3	3 450	12 300	7 600	9 900	7 600
4	1 621	1 630		1 630	
1	94	1 800	1 800	1 800	1 800
1	100	2 600	2 600	2 600	2 600
1	120	2 206	1 475	2 206	1 475
1	71	4 200	3 262	200	
2	999	4 100	2 734	4 100	2 734
3	265				
2	400	1 000		1 000	
1	860				

4－29 续表

行　　　　业	投资额（万元）	#住　宅	施工项目个数（个）
电力、煤气及水的生产和供应业	2 325	26	5
电力、蒸汽、热水生产和供应业	545	8	3
自来水的生产和供应业	1 780	18	2
建筑业	1 722	1 472	13
土木工程建筑业	1 722	1 472	13
交通运输、仓储及邮电通信业	564	350	6
公路运输业	115	70	1
水上运输业	80	80	1
交通运输辅助业	369	200	4
批发和零售贸易、餐饮业	4 834	1 850	33
食品饮料烟草和家庭用品批发商业	708	443	9
能源材料和机械电子设备批发业	187		3
其他批发业	766	461	5
零售业	3 173	946	16
金融、保险业	2 684	976	19
金融业	2 684	976	19
房地产业	200	100	1
房地产开发与经营业	200	100	1
社会服务业	1 948	272	6
公共服务业	516	160	2
旅馆业	1 017		1
娱乐服务业	65		1
其他社会服务业	350	112	2
卫生、体育和社会福利业	100	56	2
卫生	100	56	2
科学研究和综合技术服务业	255		1
综合技术服务业	255		1
国家机关、政党机关和社会团体	1 889	440	12
国家机关	583	299	6
基层群众自治组织	1 306	141	6
其他行业	375	195	4

建成投产项目个数（个）	新增固定资产（万元）	施工房屋面积（平方米）	#住宅	竣工房屋面积（平方米）	#住宅
3	501	5 041	445	1 896	95
2	451	1 396	95	1 396	95
1	50	3 645	350	500	
8	1 496	52 583	47 974	42 453	38 174
8	1 496	52 583	47 974	42 453	38 174
5	729	13 441	10 546	13 441	10 546
1	180	3 597	2 597	3 597	2 597
	180	1 400	1 400	1 400	1 400
4	369	8 444	6 549	8 444	6 549
19	5 036	102 325	57 979	77 031	43 259
4	513	21 810	17 300	11 320	8 100
2	107	2 225		1 225	
2	853	17 789	13 579	17 789	13 579
11	3 563	60 501	27 100	46 697	21 580
13	2 094	59 272	30 168	39 047	24 288
13	2 094	59 272	30 168	39 047	24 288
1	200	4 000	2 500	4 000	2 500
1	200	4 000	2 500	4 000	2 500
3	1 373	24 262	9 500	16 322	4 600
1	516	5 100	4 600	5 100	4 600
1	492	2 800		2 800	
1	65	2 662		2 662	
	300	13 700	4 900	5 760	
1	130	2 450	2 190	2 450	2 190
1	130	2 450	2 190	2 450	2 190
		1 500			
		1 500			
5	1 363	40 777	10 983	20 283	6 043
2	350	20 988	6 500	6 178	1 560
3	1 013	19 789	4 483	14 105	4 483
1	125	9 921	4 900	2 600	2 400

4－30 城镇和工矿区私人建房情况

项　　目	1990年	1995年	1996年	1997年	1998年	1999年
一、城镇、工矿区个数(个)	**274**	**396**	**454**	**551**	**594**	**615**
市	14	20	29	16	21	21
县城	70	85	74	89	71	70
镇	178	278	335	421	476	500
工矿区	12	13	16	25	26	24
二、建房户数(户)	**14 843**	**33 448**	**35 291**	**31 421**	**54 106**	**55 039**
#农业户建房	9 695	21 047	26 591	20 166	36 172	40 172
市	2 669	4 162	2 556	1 974	3 295	3 660
县城	4 408	10 682	11 227	11 310	14 400	11 209
镇	7 716	17 856	21 033	17 839	35 873	39 769
工矿区	50	748	475	298	538	401
三、本年竣工房屋价值(万元)	**27 173**	**124 624**	**155 714**	**173 803**	**259 408**	**304 062**
#农业户建房	14 752	65 818	94 637	90 723	144 250	185 407
市	5 927	21 952	11 412	13 607	19 981	32 277
县城	9 863	46 566	57 975	82 845	95 469	86 447
镇	11 306	54 250	83 419	74 419	140 887	182 508
工矿区	77	1 856	2 908	2 932	3 071	2 830
本年竣工住宅价值(万元)	22 819	108 141	138 583	149 153	222 413	267 938
#农业户建房	13 232	60 593	90 294	82 773	129 303	169 258
市	5 077	20 791	10 733	12 639	18 023	29 472
县城	7 324	37 563	49 983	69 902	82 237	73 229
镇	10 343	48 649	75 953	64 317	119 509	162 767
工矿区	75	1 138	1 914	2 295	2 644	2 470
四、本年竣工房屋建筑面积(万平方米)	**182.29**	**495.06**	**562.49**	**663.77**	**887.98**	**1 039.05**
#农业户建房	108.82	272.84	376.20	386.15	523.12	702.83
市	33.46	71.94	37.08	36.21	55.74	79.62
县城	60.53	190.54	194.95	277.43	313.70	272.72
镇	87.63	226.41	320.61	340.27	507.68	678.63
工矿区	0.67	6.17	9.85	9.86	10.86	8.08
本年竣工住宅面积(万平方米)	154.60	433.46	506.69	571.83	767.04	926.75
#农业户建房	100.60	253.69	357.93	351.51	457.01	644.96
市	31.96	68.66	33.93	33.51	51.80	71.71
县	51.72	158.47	171.54	237.33	261.62	236.06
镇	70.27	201.64	294.82	294.47	444.55	612.51
工矿区	0.65	4.69	6.40	6.52	9.07	6.47

主要统计指标解释

全社会固定资产投资 固定资产投资是社会固定资产再生产的主要手段。

固定资产投资额是以货币表现的建造和购置固定资产活动的工作量,它是反映固定资产投资规模、速度、比例关系和使用方向的综合性指标。全社会固定资产投资包括国有经济单位投资、城乡集体经济单位投资、城乡居民个人投资和其他各种经济类型单位投资。按照我国计划管理体制,国有经济单位固定资产投资总额分为基本建设、更新改造、房地产开发投资和其他固定资产投资四个部分;城乡集体经济单位投资包括城镇集体所有制单位投资和农村集体所有制单位投资;城乡居民个人投资包括城市、县城、镇、工矿区所辖范围内的个人建房和农村个人建房及购买生产性固定资产(使用年限在二年以上,单位价值在50元以上的生产资料)的投资。其他各种经济类型单位投资包括联营经济、股份制经济、外商投资经济、港澳台投资经济及其他经济类型的单位投资。

基本建设投资 基本建设是指以扩大生产能力或工程效益为主要目的的新建、扩建工程及有关工作,包括工厂、矿山、铁路、桥梁、港口、农田水利、商店、住宅、学校、医院等工程的建造和机器设备、车辆、船舶、飞机等的购置。基本建设投资额是以货币表现的基本建设完成的工作量,是反映一定时期内基本建设规模和建设进度的综合性指标。它是根据工程的实际进度按预算价格(预算价格是编制施工图预算时所用的价格)计算的工作量。没有形成工程实体的建筑材料和没有开始安装的设备,都不计算投资完成额。

更新改造投资 更新改造一般是指现有企业、事业单位对原有设施进行固定资产更新和技术改造,以及相应配套的工程和有关工作(不包括大修和维护工程)。更新改造投资是以货币表现的更新改造完成的工作量。根据我国现行统计制度,基本建设和更新改造的划分是:(1)列入基本建设计划的项目作为基本建设投资,列入更新改造计划的项目作为更新改造投资;(2)更新改造计划与基本建设计划结合安排的项目和未列入计划的项目,根据工程性质分别作为基本建设投资或更新改造投资。属于对企业、事业单位原有设施进行技术改造或更新的项目和增建主要生产车间、分厂等,其新增生产能力或效益尚未达到大中型标准的项目,以及由于城市环境保护和安全生产的需要而进行的迁建工程,作为更新改造投资。

房地产开发投资 是指各种经济类型的房地产开发公司、商品房建设公司及其他房地产开发单位统一开发的商品住宅、厂房、仓库、饭店、宾馆、度假村、写字楼、办公楼等房屋建筑物和配套的服务设施,以及土地开发工程,如道路、给水、排水、供电、供热、通讯、平整场地等工程完成的投资。房地产开发投资不包括单纯的土地交易活动和房地产开发单位本身自建自用的房屋、设备购置等投资。

其他固定资产投资 全社会固定资产投资中未列入基本建设、更新改造和房地产开发投资的建造和购至置固定资产的活动。包括:

(1)国有单位按规定不纳入基本建设和更新改造计划管理,计划总投资在50万元以上的以下工程:①煤矿、铁矿、森工等采掘采伐业用维简费进行的开拓延伸工程;②交通部门用公路养路费对原有公路、桥梁进行改建的工程;③商业部门用简易建筑费建造的仓库工程。

(2)联营经济、股份制经济、外商投资经济、港澳台投资经济及其他经济类型的企事业单位建造和购置固定资产投资其计划总投资在50万元以上、未列入基本建设计划和更新改造计划的项目。

(3)集体经济固定资产投资:包括城镇集体经济单位建造和购置固定资产投资其计划总投资在50万元以上的项目和农村集体经济单位建造和购置固定资产投资其计划总投资在5万元以上的项目。

(4)城镇和工矿区私人建房投资和农村个人投资:城镇和工矿区私人建房包括市、县城、镇、工矿区所辖范围内的全部私人建房;农村个人投资包括农村个人建房及购置生产性固定资产的投资。

固定资产投资资金来源 是指基本建设单位、更新改造企、事业单位和其他固定资产投资单位在报告期收到的,用于固定资产建造和购置的各种资金。

上年末结余资金 \ 是指上年资金来源中没有形成固定资产投资额而结余的资金。包括尚未用到工程上去的材料价值、未开始安装的需要安装设备价值及结存的现金和银行存款等。

国家预算内资金 又称国家投资,分为国家预算内拨款和国家预算内“拨改贷”两部分。包括中央财政和地方财政中由国家统筹安排的基本建设拨款和更新改造拨款、中央财政安排的专项拨款(包括煤代油拨款、以港养港拨款等)中用于基本建设的资金和基本建设拨款改贷款的资金。

国内贷款 指报告期固定资产投资单位向银行及非银行金融机构借入的用于固定资产投资的各种国内借款,包括银行利用自有资金及吸收的存款发放的贷款、上级主管部门拨入的国内贷款、国家专项贷款(包括煤代油贷款、劳改煤矿专项贷款等),地方财政专项资金安排的贷款、国内储备贷款、周转贷款等。

债券 是企业(公司)或金融机构通过发行各种债券筹集到的用于固定资产投资的资金,包括由银行代理国家专业投资公司发行的重点企业债券和重点建设债券。

利用外资 是指报告期收到的用于固定资产建造和购置的国外资金(包括设备、材料、技术在内),包括对外借款(外国政府贷款、国际金融组织贷款、出口信贷、外国银行商业贷款、对外发行债券和股票)、外商直接投资及外商其他投资。不包括我国自有外汇资金(国家外汇、地方外汇、留成外汇、调挤外汇和中国银行自有资金发行的外汇贷款等)。其中,国家统借统还的外资,是指由我国政府出面同外国政府、团体或金融组织签订贷款协议,并负责偿还本息的国外贷款。

自筹资金 是指固定资产投资单位报告期收到的,由各地区、各部门及企事业单位筹集用于固定资产投资的预算外资金,包括中央各部门、各级地方和企事业单位的自筹资金。

其他资金来源 是指在报告期收到的除以上各种资金之外其他用于固定资产投资的资金,包括群众集资、个人资金、无偿捐赠的资金及其他单位拨入的资金等。

本年各项应付款 指本年用于固定资产投资的应付未付的投资款。包括当年应付工程款、应付器材款、应付工资、应付有偿调入器材及工程款、其他应付款、应交税金、应交基建收入、应交投资包干结余、应交能源交通建设基金、应交预算调节基金及其他应交款。各项应付款填报本报告期实际增加数(或发生数),不是填报开始建设以来的累计数。

固定资产投资按国民经济行业分 国民经济行业分类是按企、事业单位所从事的生产或其他经济活动的性质的同一性进行的分类。固定资产投资按国民经济行业分类,基本建设项目按建成投产后的主要产品种类或主要用途及社会经济活动种类来划分。一般情况下,一个基本建设项目,只能属于一种国民经济行业;更新改造,其他固定资产投资根据整个企、事业单位所属的行业来划分,一般情况下,一个企、事业单位只能属于一种国民经济行业。

为了更准确地反映国民经济各行业之间的比例关系,联合企业(总厂)所属分厂属于不同行业的,原则上按分厂划分行业。

固定资产投资按建设性质分 建设项目的性质一

般分为新建、扩建、改建、迁建、恢复。基本建设按建设项目划分建设性质，更新改造、国有单位其他固定资产投资及城镇集体投资按整个企业、事业单位的建设情况确定建设性质。目前基本建设和更新改造是根据我国现行的计划管理体制区分的，所以基本建设和更新改造都可以分别按新建、扩建和改建等划分。

(1)新建　一般是指从无到有，“平地起家”新开始建设的单位。有的单位原有的基础很小，经过建设后其新增加的固定资产价值超过原有固定资产价值(原值)三倍以上的也算新建。

(2)扩建　一般是指为扩大原有产品的生产能力，在厂内或其他地点增建主要生产车间(或主要工程)、独立的生产线或总厂之下的分厂的企业；事业单位和行政单位在原单位增建业务用房(如学校增建教学用房、医院增建门诊部或病床用房，行政机关增建办公楼等)也作为扩建。

(3)改建　一般是指现有企业、事业单位为了技术进步，提高产品质量，增加花色品种，促进产品升级换代、降低消耗和成本，加强资源综合利用和三废治理，以及劳保安全等，采用新技术、新工艺、新设备、新材料等对现有设施、工艺条件进行技术改造或更新(包括相应配套的辅助性生产、生活福利设施)。有的企业为充分发挥现有生产能力，进行填平补齐而增建不增加本单位主要产品生产能力的车间等，也属于改建。

固定资产投资按用途分　固定资产投资按工程经济用途分为农林牧渔业用、工业建筑业用、商业运输邮电业用、住宅和其它五部分的建设，是研究不同用途的固定资产投资之间比例关系的重要指标。基本建设投资、国有经济单位其他固定资产投资及城镇集体投资的用途按单项工程确定，现有企业、事业单位更新改造投资的用途按更新改造项目确定。

固定资产投资按构成分　固定资产投资活动按其工作内容和实现方式分为建筑工程，安装工程，设备、工具器具购置，其他费用四个部分。

(1)建筑安装工程(建筑工作量)　指各种房屋、建筑物的建造工程和多种设备、装置的安装工程。包括各种房屋建造工程；各种用途设备基础和各种工业窑炉的砌筑工程；为施工而进行的各种准备工作和临时工程以及完工后的清理工作等；铁路、道路的铺设，矿井的开凿及石油管道的架设等；水利工程；防空地下建筑等特殊工程；及各种机械设备的安装工程；为测定工作质量，对设备进行试运行工作。在安装工程中，不包括被安装设备本身的价值。

(2)设备、工具、器具购置　指购置或自制达到固定资产标准的设备、工具、器具的价值。固定资产的标准按财务部门规定。新建单位、扩建单位的新建车间，按照设计和计划要求购置或自制的全部设备、工具、器具，不论是否达到固定资产标准均计入“设备、工具、器具购置”中。

(3)其他费用　指除建筑安装工程和设备、工具、器具购置以外的投资完成额。它包括两种性质的费用，一种是属于增加固定资产的费用，主要有：建设单位管理费、土地、青苗等补偿费和安置补助费、勘察设计费、研究实验费、农林单位牲畜购置费、各种经济林木的营造费、办公和生活家具、器具购置费。引进技术和进口设备项目的其他费用、联合试运转费等；一种是属于不增加固定资产的费用，主要有：施工机构转移费、生产职工培训费、农业开荒费用及报废工程损失费等。

基本建设项目按大中小型划分　基本建设划分大中小型项目原则上应按照上级批准的设计任务书或初步设计所确定的总规模或总投资划分，没有正式批准设计任务书或初步设计的，按国家或省、自治区、直辖市年度基本建设投资计划中所列的总规模或总投资划分。上述两条均不具备的，按本年计划施工工程的建设总规模或总投资划分。生产单一产品的工业项目。按产品的设计能力划分；生产多种产品工业项目，按其主要产品的设计能力划分；品种繁多，难以按生产能力划分的，按全部计划投资额划分。划分标准以国家颁发的《大中小型建设项目划分标准》为依据。国家曾在1958年、1962年、1972年、1977年和1979年五次修订《大中小型建设项目划分标准》。因此各历史时期的大中型项目数不完全可比。

施工项目 指报告期内曾进行建筑或安装施工活动的建设项目。包括报告期内新开工项目，报告期以前开工跨入报告期继续施工的项目，报告期施工并在报告期内全部建成投产或停缓建的项目。

全部建成投产项目 工业项目是指设计文件规定形成生产能力的主体工程及其相应配套的辅助设施全部建成，经负荷试运转，证明具备生产设计规定合格产品的条件，并经过验收鉴定合格或达到竣工验收标准，与生产性工程配套的生活福利设施可以满足近期正常生产的需要，正式移交生产的建设项目；非工业项目是指设计文件规定的主体工程和相应的配套工程全部建成，能够发挥设计规定的全部效益，经验收鉴定合格或达到竣工验收标准，正式移交使用的建设项目。

新增生产能力 指通过固定资产投资活动而增加的设计能力或工程效益，它是用实物形态表示的固定资产投资的成果。新增生产能力的计算，是以能独立发挥生产能力或效益的单项工程(或项目)为对象。当单项工程(或项目)建成，经有关部门鉴定合格、正式移交投入生产，即可计算新增生产能力。新增生产能力的数量一般按设计能力计算。设计文件中规定的在正常情况下能够达到的生产能力，而不论投产后的实际产量如何。以设备数量、建筑物容积、面积、长度等表示为新增生产能力(或效益)，则按建成的实际数量计算。

施工和竣工房屋建筑面积 房屋建筑面积是从房屋外墙线算起的各层平面面积的总和，包括房屋结构(如柱、墙)占用的面积和地下室面积，多层建筑按各自然层面积和计算，包括房屋内的楼隔层，突出墙面的眺望间、门斗、有柱雨罩的面积。不包括突出墙面结构的构件、艺术装饰等所占的面积，如台阶等。凹阳台、挑阳台按其水平投影面积一半计算建筑面积。

施工面积 指报告期内施工的全部房屋建筑面积。包括本期新开工的面积和上期开工跨入本期继续施工的房屋面积，以及上期已停建在本期继续施工的房屋建筑面积。

竣工面积 指在报告期内房屋建筑按照设计要求已全部完工，达到住人和使用条件，经验收鉴定合格，正式移交使用单位的建筑面积。

新增固定资产 指通过投资活动所形成的新的固定资产价值。包括已经建成投入生产或交付使用的工程价值和达到固定资产标准的设备、工具、器具的投资及有关应摊入的费用。它是以价值形式表示的固定资产投资成果的综合性指标，可以综合反映不同时期、不同部门、不同地区的固定资产投资成果。

能源生产和消费 5

PRODUCTION AND CONSUMPTION OF ENERGY

- 1999年,一次能源生产量1154.49万吨标准煤,比上年下降17.2%。
- 1999年,能源消费总量2134.48万吨标准煤,比上年增长5.2%,其中工业用1520.46万吨,比上年增长5.0%。

本篇章

资料整理	微机处理
徐烈强	徐烈强

5-1 综合能源平衡表

单位:万吨标准煤

项　　目	1990年	1995年	1996年	1997年	1998年	1999年
一、可供消费的能源总量	**1 704.54**	**2 416.50**	**2 117.43**	**2 176.03**	**1 936.78**	**1 894.34**
一次能源生产量	1 282.42	1 868.76	1 573.20	1 410.00	1 394.67	1 154.49
回收能源		72.89	18.44			
外省(区、市)调入量	808.97	858.96	880.18	930.28	919.17	877.56
进口量	0.09			82.96	35.70	68.56
本省(区、市)调出量(-)	303.53	377.28	377.22	304.02	314.44	201.96
出口量(-)	8.15					
年初年末库存差额	-75.26	-6.84	22.80	56.84	-98.32	-4.29
二、能源消费总量	**1 732.29**	**2 391.66**	**2 154.68**	**2 132.41**	**2 028.37**	**2 134.48**
在总量中:						
(一)物质生产部门	1 482.71	2 101.16	1 868.78	1 818.66	1 728.94	1 804.20
1.农、林、牧、渔、水利业	132.87	150.91	126.20	121.55	126.47	111.01
2.工　业	1 264.22	1 835.44	1 639.30	1 589.21	1 447.41	1 520.46
轻工业	266.71	275.67	214.02	333.45	187.32	184.29
重工业	997.51	1 559.77	1 425.58	1 255.76	1 215.79	1 336.18
3.建筑业	8.88	14.44	10.42	7.60	2.87	5.17
4.交通运输和邮电通讯业	65.93	82.98	79.43	85.76	138.10	150.73
5.商业、饮食、物资供销和仓储业	10.81	17.39	13.43	14.54	14.09	16.83
(二)非物质生产部门	25.60	27.99	29.32	30.44	22.12	28.03
(三)生活消费	223.98	262.51	256.58	283.31	277.30	302.25
在总量中:						
1.终端消费	1 617.12	2 236.96	2 075.25	2 009.47	1 959.98	1 999.20
#工　业	1 149.05	1 680.74	1 559.87	1 466.26	1 379.01	1 385.18
2.加工转换损失量	74.40	93.24	25.32	66.70	24.10	89.95
#炼　焦	9.71	8.77	8.54	5.30	4.70	3.19
炼　油	2.46	6.75	5.90	3.90	2.43	3.11
3.损失量	40.77	61.46	54.11	56.24	44.29	45.33
#输变电损失量	40.68	61.46	54.11	51.74	39.61	40.70
三、平衡差额	**-27.75**	**24.84**	**37.25**	**43.63**	**-91.56**	**-240.12**

注:电力、热力按等价热值计算,因此加工转换损失量中不包括发电、供热损失量。

5-2 煤炭平衡表

单位:万吨

项目	1990年	1995年	1996年	1997年	1998年	1999年
一、可供量	**2 218.37**	**3 080.40**	**2 657.35**	**2 653.55**	**2 321.19**	**2 106.18**
原煤产量	2 027.11	2 877.90	2 437.72	2 064.42	2 107.46	1 730.73
外省(市、区)调入量	491.22	552.67	589.40	688.14	688.61	527.85
进口量						
本省(市、区)调出量(-)	178.29	346.92	417.00	186.93	302.10	100.52
出口量(-)	4.78					
年初年末库存差额	-116.89	-3.25	47.23	87.92	-172.78	-51.88
二、消费量	**2 265.87**	**3 039.37**	**2 706.06**	**2 580.96**	**2 450.31**	**2 435.44**
在消费量中:						
(一)物质生产部门	1 959.49	2 735.11	2 430.29	2 290.99	2 252.16	2 249.41
1.农、林、牧、渔、水利业	54.20	59.86	29.93	28.79	40.41	14.10
2.工业	1 852.93	2 631.57	2 365.23	2 226.77	2 190.19	2 224.95
轻工业	262.70	321.71	237.85	449.00	207.59	227.95
重工业	1 590.23	2 309.81	2 127.38	1 777.77	1 982.60	1 997.00
3.建筑业	2.29	5.58	5.08	3.04		
4.交通运输和邮电通讯业	38.66	24.10	23.05	23.19	12.36	10.36
5.商业、饮食、物资供销和仓储业	11.41	14.00	7.00	9.20	9.20	8.20
(二)非物质生产部门	2.51	1.89				
(三)生活消费	303.87	302.37	275.77	289.97	198.15	177.83
在消费量中:						
1.中间消费(用于加工转换)	882.27	1 131.58	1 168.91	980.36	972.51	1 019.57
#发电	720.53	871.85	921.37	742.42	695.74	708.74
炼焦	161.74	228.71	223.90	157.37	175.20	217.46
2.终端消费	1 254.79	1 715.65	1 447.04	1 460.70	1 323.30	1 205.89
#工业	841.85	1 307.85	1 106.21	1 106.51	1 063.18	995.40
3.洗选损耗	128.81	192.14	90.11	139.90	111.92	209.98
三、平衡差额	**-47.50**	**41.03**	**-48.71**	**72.59**		**-329.26**

5-3 石油平衡表

单位:万吨

项目	1990年	1995年	1996年	1997年	1998年	1999年
一、可供量	**132.89**	**168.30**	**181.57**	**193.66**	**229.72**	**262.11**
外省(市、区)调入量	244.24	275.19	267.05	239.89	293.35	309.15
进口量	0.06			58.07	24.99	47.99
本省(市、区)调出量(-)	109.04	110.24	81.71	109.66	95.62	102.54
出口量(-)	3.06					
年初年末库存差额	0.69	3.35	-3.77	5.36	6.35	7.51
二、消费量	**133.09**	**168.31**	**181.57**	**193.66**	**230.66**	**266.69**
在消费量中:						
(一)物质生产部门	117.50	154.31	167.70	173.38	208.20	239.00
1.农、林、牧、渔、水利业	25.82	18.24	21.48	20.67	23.62	23.39
2.工业	62.96	95.55	106.59	109.15	100.75	118.7
轻工业	12.64	13.31	13.69	13.76	4.68	1.66
重工业	50.32	82.24	92.90	95.39	96.07	117.04
3.建筑业	2.27	1.91	1.65	0.99		1.56
4.交通运输和邮电通讯业	26.27	38.27	37.14	41.62	83.13	92.92
5.商业、饮食、物资供销和仓储业	0.18	0.34	0.84	0.95	0.70	2.43
(二)非物质生产部门	8.01	6.30	6.36	6.79	0.60	3.91
(三)生活消费	7.58	7.70	7.51	13.49	21.86	23.78
在消费量中:						
1.中间消费(用于加工转换)	8.63	13.75	13.49	13.13	13.27	50.60
#发电	8.63	9.07	6.12	6.60	7.41	10.07
供热		4.68	7.37	6.53	5.86	40.53
2.终端消费	119.34	146.45	161.46	171.28	210.31	209.49
#工业	49.21	73.69	86.48	86.77	80.40	61.5
3.炼油损失量	5.06	8.11	6.62	6.10	3.80	3.36
4.损失量	0.06			3.15	3.27	3.24
三、平衡差额	**-0.20**	**-0.01**			**-1.56**	**-4.58**

5-4 电 力 平 衡 表

单位:亿千瓦小时

项 目	1990年	1995年	1996年	1997年	1998年	1999年
一、可 供 量	**127.65**	**181.21**	**190.22**	**186.08**	**187.62**	**193.91**
发电量	121.41	176.48	183.29	179.82	172.44	187.80
水电	27.77	55.13	46.98	60.52	60.40	53.08
火电	93.64	121.35	136.31	119.30	120.66	134.72
外省(市、区)调入量	6.51	5.36	7.31	6.50	6.69	6.27
本省(市、区)调出量(-)	0.27	0.63	0.38	0.24	0.13	0.16
二、消 费 量	**127.65**	**181.21**	**190.22**	**186.08**	**187.62**	**193.91**
在消费量中:						
(一)物质生产部门	116.41	162.39	168.15	163.13	162.12	166.35
1.农、林、牧、渔、水利业	14.34	21.62	19.84	19.43	21.45	22.01
2.工 业	99.05	133.64	142.21	137.72	133.91	137.50
轻 工 业	20.31	21.85	18.54	19.69	17.84	19.78
重 工 业	78.74	111.79	123.67	118.03	113.07	117.72
3.建 筑 业	0.93	2.03	1.25	1.14	0.91	0.93
4.交通运输和邮电通讯业	1.19	3.03	2.81	2.83	3.10	3.32
5.商业、饮食、物资供销和仓储业	0.90	2.07	2.04	2.01	2.37	2.59
(二)非物质生产部门	2.77	4.32	5.21	5.38	6.74	7.17
(三)生活消费	8.47	14.50	16.86	17.57	19.14	20.39
在消费量中:						
1.终端消费	118.55	166.11	176.12	172.49	175.06	180.86
#工业	89.95	118.54	128.11	124.13	121.73	124.45
2.输配损失量	9.10	15.10	14.10	13.59	12.56	13.05

5－5 能 源 消 费 量

单位:万吨标准煤

行 业	1990年	1995年	1996年	1997年	1998年	1999年
消 费 总 量	**1 732.29**	**2 391.66**	**2 154.68**	**2 132.41**	**2 028.37**	**2 134.48**
一、物质生产部门	**1 482.71**	**2 101.16**	**1 868.78**	**1 818.66**	**1 728.94**	**1 804.20**
1.农、林、牧、渔、水利业	132.87	150.91	126.20	121.55	126.47	111.02
2.工 业	1 264.22	1 835.45	1 639.23	1 589.25	1 447.41	1 520.45
轻 工 业	266.71	275.66	214.02	333.45	187.32	184.29
重 工 业	997.51	1 559.76	1 425.20	1 199.57	1 215.79	1 336.16
#煤炭采选业	115.91	150.04	93.45	161.40	74.22	108.31
黑色金属矿采选业	2.74	12.64	0.16	0.10	0.19	0.56
有色金属矿采选业	48.27	63.60	67.33	72.90	15.87	12.66
非金属矿采选业	6.21	18.02	11.25	11.19	19.65	15.97
其他矿采选业	0.06	0.23	0.06	0.00	0.89	0.20
木材及竹材采运业	2.14	0.56	2.62	1.46	1.33	1.21
食品加工业	20.12	22.11	23.88	32.08	25.09	26.38
食品制造业	3.06	10.52	4.04	5.20	5.15	6.68
饮料制造业	16.32	17.63	23.77	15.00	16.09	12.40
烟草加工业	2.42	2.62	2.33	2.92	1.97	2.16
纺织业	48.08	53.06	45.31	43.07	27.72	32.23
服装及其他纤维制品制造业	1.64	3.48	0.92	0.29	0.96	0.56
皮革、毛皮、羽绒及其制品业	1.78	5.14	0.86	0.91	2.53	0.98
木材加工及竹、藤、棕、草制品业	11.90	18.17	11.47	14.66	17.79	17.12
家具制造业	0.88	0.70	0.54	4.50	0.57	0.57
造纸及纸制品业	38.67	58.86	51.39	49.82	38.93	30.57
印刷业,记录媒介的复制	1.20	1.70	1.37	1.58	1.65	1.72
文教体育用品制造业	0.63	0.27	0.14	0.19	0.32	0.26
石油加工及炼焦业	53.45	65.68	110.69	103.22	116.11	121.44
化学原料及化学品制造业	154.02	185.56	236.71	206.67	182.29	128.11
医药制造业	23.02	55.37	35.50	30.16	26.43	18.41
化学纤维制造业	14.83	28.56	11.91	28.77	27.98	25.18
橡胶制品业	7.66	7.54	4.47	1.90	2.48	3.00
塑料制品业	3.54	3.43	3.12	2.91	1.94	2.87
非金属矿物制品业	248.61	426.95	220.05	230.70	316.63	343.83
黑色金属冶炼及压延加工业	232.43	349.39	289.94	268.17	253.30	284.85
有色金属冶炼及压延加工业	31.80	51.41	45.70	42.48	85.38	88.16
金属制品业	9.80	9.72	5.68	5.83	5.95	5.38
普通机械制造业	16.52	17.13	26.05	12.39	15.72	10.24
专用设备制造业	7.95	8.14	10.86	8.09	8.10	7.46
交通运输设备制造业	13.36	17.41	15.00	16.19	13.45	14.72
电气机械及器材制造业	8.23	8.80	12.08	18.63	11.77	12.44
电子及通信设备制造业	5.65	5.90	5.79	28.14	4.25	5.59
仪器仪表、文化办公用机械制造业	1.64	2.06	1.84	1.78	1.55	1.36
其他制造业	14.25	15.50	3.33	6.05	4.06	5.66
电力、蒸汽、热水的生产和供应业	84.97	131.78	247.12	147.53	109.08	159.24
煤气生产和供应业	2.30	4.15	1.95	1.61	1.59	1.78
自来水的生产和供应业	6.90	0.14	9.29	10.00	7.88	9.39
3.建筑业	8.88	14.44	10.42	7.60	2.87	5.17
4.交通运输、仓储及邮电通信业	65.93	82.98	79.43	85.76	138.10	150.73
5.商业及餐饮业	10.81	17.39	13.43	14.54	14.09	16.83
二、非物质生产部门	**25.60**	**27.99**	**29.32**	**30.44**	**22.12**	**28.03**
三、生活消费	**223.98**	**262.51**	**256.58**	**283.31**	**227.31**	**302.25**
城镇	120.75	185.97	196.20	227.54	202.46	231.44
乡村	103.23	76.54	60.41	55.80	74.85	70.79

注:工业能源消费量包括村办工业。

5-6 煤 炭 消 费 量

单位:万吨

行　　　　业	1990年	1995年	1996年	1997年	1998年	1999年
消　费　总　量	**2 265.87**	**3 039.37**	**2 706.06**	**2 580.96**	**2 450.31**	**2 435.44**
一、物质生产部门	**1 959.49**	**2 735.11**	**2 430.29**	**2 290.99**	**2 252.16**	**2 249.41**
1.农、林、牧、渔、水利业	54.20	59.86	29.93	28.79	40.41	14.10
2.工　　业	1 852.93	2 631.57	2 365.23	2 266.77	2 190.19	2 224.95
轻 工 业	262.70	321.76	237.85	449.00	207.59	227.95
重 工 业	1 590.23	2 309.81	2 127.38	1 777.77	1 982.60	1 997.00
#煤炭采选业	182.33	288.92	234.65	304.77	212.10	266.99
黑色金属矿采选业	0.42	8.92	4.07	2.07	1.45	1.06
有色金属矿采选业	13.90	14.31	13.28	13.20	5.23	4.81
非金属矿采选业	3.87	16.28	10.15	13.62	28.26	20.73
木材及竹材采运业	1.51	1.35	2.09	1.35	1.42	1.43
食品加工业	26.03	35.86	27.12	33.85	27.36	25.37
食品制造业	6.58	9.82	5.98	7.18	6.12	7.04
饮料制造业	17.53	23.63	19.72	20.46	18.93	15.07
烟草加工业	1.98	1.89	1.38	2.81	1.58	2.01
纺织业	47.21	55.16	43.14	41.30	34.41	32.09
服装及其他纤维制品制造业	1.14	1.59	1.91	1.10	0.39	0.21
皮革、毛皮、羽绒及其制品业	1.09	1.53	1.60	1.53	0.96	0.62
木材加工及竹、藤、棕、草制品业	12.82	22.94	22.11	17.79	20.73	16.60
家具制造业	0.38	0.41	0.48	0.45	0.26	0.39
造纸及纸制品业	43.20	77.27	72.75	66.61	58.65	48.58
印刷业,记录媒介的复制	0.24	0.65	0.25	0.28	0.38	0.36
文教体育用品制造业	0.13	0.49	0.42	0.05	0.06	0.05
石油加工及炼焦业	90.60	150.65	109.85	111.96	149.50	108.75
化学原料及化学品制造业	146.91	188.77	189.48	214.08	185.49	127.63
医药制造业	24.08	65.86	40.86	37.76	31.25	20.32
化学纤维制造业	17.98	31.96	22.89	32.54	34.34	27.92
橡胶制品业	9.56	10.74	9.95	9.76	8.36	6.61
塑料制品业	2.39	1.67	1.45	1.37	1.13	1.05
非金属矿物制品业	316.22	469.52	351.77	321.69	380.93	349.22
黑色金属冶炼及压延加工业	152.40	210.85	193.50	198.58	218.21	249.81
有色金属冶炼及压延加工业	12.09	38.19	26.85	25.17	30.92	25.78
金属制品业	3.69	5.53	4.98	1.81	3.31	2.34
普通机械制造业	4.46	5.88	6.02	5.98	10.30	5.94
专用设备制造业	3.16	3.56	3.89	3.33	2.18	2.58
交通运输设备制造业	5.04	6.06	6.15	5.18	7.73	7.88
电气机械及器材制造业	11.93	15.26	15.25	13.08	15.77	12.61
电子及通信设备制造业	2.45	2.98	3.25	2.20	3.40	2.15
仪器仪表、文化办公用机械制造业	0.81	0.98	0.95	1.06	0.85	0.84
其他制造业	1.12	5.53	4.52	5.28	5.48	8.75
电力、蒸汽、热水的生产和供应业	685.20	853.31	918.76	744.34	679.79	752.65
煤气生产和供应业	1.92	2.55	2.32	2.55	2.42	2.85
自来水的生产和供应业		0.01	0.01	0.01	0.01	0.50
3.建筑业	2.29	5.58	5.08	3.04		
4.交通运输、仓储及邮电通信业	38.66	24.10	23.05	23.19	12.36	10.36
5.商业及餐饮业	11.41	14.00	7.00	9.20	9.20	8.20
二、非物质生产部门	**2.51**	**1.89**				
三、生活消费	**303.87**	**302.37**	**275.77**	**289.97**	**198.15**	**177.83**
城镇	165.12	242.38	217.02	233.64	104.40	98.95
乡村	138.75	59.99	58.75	56.33	93.75	78.88

5-7 电 力 消 费 量

单位:亿千瓦小时

行　　业	1990年	1995年	1996年	1997年	1998年	1999年
消 费 总 量	**127.65**	**181.21**	**190.22**	**186.08**	**187.62**	**193.91**
一、物质生产部门	**116.41**	**162.39**	**168.15**	**163.13**	**161.74**	**166.35**
1.农、林、牧、渔、水利业	14.34	21.62	19.84	19.43	21.45	22.01
2.工　业	99.05	133.64	142.21	137.72	133.91	137.50
轻 工 业	20.31	21.85	18.54	19.69	17.84	19.78
重 工 业	78.74	111.79	123.67	118.03	116.07	117.72
#煤炭采选业	8.28	6.27	6.21	6.88	5.98	6.34
黑色金属矿采选业	0.51	0.09	0.03	0.62	0.05	0.06
有色金属矿采选业	8.63	12.21	13.11	13.63	3.51	2.65
非金属矿采选业	0.57	1.55	0.47	0.53	0.62	0.62
其他矿采选业	0.05	0.00	0.00	0.08	0.09	0.06
木材及竹材采运业	0.07	0.03	0.21	0.13	0.11	0.09
食品加工业	1.58	1.78	2.09	2.08	2.18	2.87
食品制造业	0.42	0.42	0.49	0.36	0.40	0.98
饮料制造业	0.85	1.03	1.85	0.98	0.94	0.83
烟草加工业	0.23	0.26	0.20	0.29	0.29	0.28
纺织业	4.42	5.23	4.60	4.72	3.96	4.48
服装及其他纤维制品制造业	0.16	0.65	0.39	0.06	0.20	0.13
皮革、毛皮、羽绒及其制品业	0.23	1.01	0.11	0.15	0.10	0.18
木材加工及竹、藤、棕、草制品业	0.61	0.73	0.62	0.70	1.35	1.93
家具制造业	0.09	0.10	0.11	0.07	0.12	0.09
造纸及纸制品业	2.91	3.41	3.38	2.79	2.13	2.20
印刷业,记录媒介的复制	0.27	0.32	0.28	0.33	0.41	0.42
文教体育用品制造业	0.11	0.05	0.02	0.04	0.09	0.07
石油加工及炼焦业	1.31	1.65	2.36	2.45	3.03	3.07
化学原料及化学品制造业	13.37	14.98	23.80	18.07	16.50	14.56
医药制造业	1.95	3.35	2.52	2.06	2.17	1.63
化学纤维制造业	0.69	3.48	0.98	2.40	2.20	2.30
橡胶制品业	0.40	0.30	0.33	0.14	0.24	0.38
塑料制品业	0.42	0.55	0.52	0.53	0.38	0.39
非金属矿物制品业	7.81	12.08	11.37	11.47	13.20	13.65
黑色金属冶炼及压延加工业	11.69	14.61	15.40	16.84	14.49	14.96
有色金属冶炼及压延加工业	3.64	5.08	6.06	5.44	15.07	16.25
金属制品业	0.91	0.86	0.73	0.52	0.95	0.58
普通机械制造业	1.78	1.92	2.43	2.07	1.94	1.69
专用设备制造业	1.05	1.25	1.43	1.60	1.75	1.05
交通运输设备制造业	1.89	2.24	1.85	1.95	2.23	2.46
电气机械及器材制造业	0.93	1.01	0.96	2.71	0.76	1.11
电子及通信设备制造业	0.45	0.59	0.67	0.41	0.60	0.50
仪器仪表、文化办公用机械制造业	0.19	0.24	0.24	0.25	0.25	0.27
其他制造业	0.12	0.60	0.13	0.10	0.18	0.44
电力、蒸汽、热水的生产和供应业	18.84	30.97	33.87	31.59	32.89	34.91
煤气生产和供应业	0.03	0.60	0.03	0.02	0.03	0.02
自来水的生产和供应业	1.51	2.00	2.29	2.59	2.47	2.88
3.建筑业	0.93	2.03	1.25	1.14	0.91	0.93
4.交通运输、仓储及邮电通信业	1.19	3.03	2.81	2.83	3.10	3.32
5.商业及餐饮业	0.90	2.07	2.04	2.01	2.37	2.59
二、非物质生产部门	**2.77**	**4.32**	**5.21**	**5.38**	**6.74**	**7.17**
三、生活消费	**8.47**	**14.50**	**16.86**	**17.57**	**19.14**	**20.39**
城镇	4.51	9.48	10.94	11.77	13.17	13.92
乡村	3.96	5.02	5.92	5.80	5.97	6.47

5-8 能 源 生 产 量

品名	单位	1990年	1995年	1996年	1997年	1998年	1999年
一次能源生产量	**万吨标准煤**	**1 282.42**	**1 868.76**	**1 573.20**	**1 410.00**	**1 394.67**	**1 154.49**
原煤	万吨	2 027.11	2 877.90	2 437.72	2 064.42	2 107.46	1 730.73
洗精煤	万吨	144.84	204.01	169.16	144.71	109.82	154.57
其他洗煤	万吨	189.72	130.48	46.12	69.08	50.26	48.23
焦炭	万吨	119.96	162.74	165.11	165.41	150.19	176.53
燃料油	万吨	42.36	43.27	34.42	52.12	44.14	55.27
汽油	万吨	47.82	63.75	55.49	56.15	54.18	70.85
煤油	万吨	1.10	2.12	4.01	3.18	4.08	3.96
柴油	万吨	46.12	82.84	88.74	89.40	93.42	108.89
液化石油气	万吨	4.53	6.94	8.11	9.61	9.35	16.14
炼厂干气	万吨	3.98	4.64	5.21	5.73	12.04	9.01
焦炉煤气	亿立方米	3.72	6.06	6.60	7.45	6.66	7.07
电力	亿千瓦小时	121.41	176.48	183.29	179.82	181.06	187.80

5-9 平均每天各种能源消费量

品名	单位	1990年	1995年	1996年	1997年	1998年	1999年
合计	**吨标准煤**	**47 460**	**65 525**	**59 032**	**58 422**	**55 572**	**58 479**
煤炭	吨	62 079	83 270	74 138	70 711	67 132	66 724
焦炭	吨	4 308	5 147	5 225	4 924	5 398	5 429
原油	吨	4 249	6 317	6 341	6 835	6 892	7 769
燃料油	吨	641	732	750	1 047	1 002	1 094
汽油	吨	1 159	1 152	988	1 126	1 265	1 480
煤油	吨	145	87	84	70	65	65
柴油	吨	1 245	1 584	1 848	1 715	2 316	2 616
电力	万千瓦小时	3 497	4 965	5 212	5 098	5 140	5 313

5-10 平均每人年生活用能源

品名	单位	1990年	1995年	1996年	1997年	1998年	1999年
生活用能总量	**千克标准煤**	**59.68**	**64.99**	**62.50**	**68.26**	**54.24**	**71.43**
煤炭	千克	80.97	74.86	67.17	69.87	47.28	42.03
煤油	千克	1.13	0.28	0.22	0.18	0.06	0.05
液化石油气	千克	0.89	1.62	1.61	2.21	4.27	4.63
煤气	立方米	0.24	3.12	3.41	4.34	4.28	4.29
电力	千瓦小时	22.57	35.90	41.07	42.33	44.77	48.19

5-11 能源、电力生产弹性系数

年　　份	能源生产比上年增长%	电力生产比上年增长%	国内生产总值比上年增长%	能源生产弹性系数	电力生产弹性系数
1985	2.52	15.43	14.80	0.17	1.04
1986	-3.94	13.74	6.70		2.05
1987	5.63	8.98	8.30	0.68	1.08
1988	6.75	12.54	11.40	0.59	1.10
1989	-0.09	3.50	6.10		0.57
1990	-2.86	1.42	4.50		0.32
1991	5.51	7.04	8.20	0.67	0.86
1992	-0.60	10.52	14.80		0.71
1993	1.57	5.08	13.70	0.11	0.37
1994	10.79	13.01	17.00	0.63	0.77
1995	22.50	3.45	14.50	1.55	0.24
1996	-15.82	3.94	13.40		0.29
1997	-10.37	-1.89	11.50		
1998	-1.09	0.69	8.20		0.08
1999	-17.22	8.90	7.80		1.14

5-12 能源、电力消费弹性系数

年　　份	能源消费比上年增长%	电力消费比上年增长%	国内生产总值比上年增长%	能源消费弹性系数	电力消费弹性系数
1985	4.75	14.11	14.80	0.32	0.95
1986	11.19	11.10	6.70	1.67	1.66
1987	8.07	11.53	8.30	0.97	1.39
1988	8.75	11.76	11.40	0.77	1.03
1989	0.76	4.61	6.10	0.12	0.76
1990	-2.08	4.10	4.50		0.91
1991	3.53	6.22	8.20	0.43	0.76
1992	4.35	9.37	14.80	0.29	0.63
1993	3.99	6.20	13.70	0.29	0.45
1994	6.45	10.37	17.00	0.38	0.61
1995	15.50	4.30	14.50	1.07	0.30
1996	-9.90	4.97	13.40		0.37
1997	-1.03	-2.18	11.50		
1998	-4.88	0.83	8.20		0.10
1999	5.23	3.35	7.80	0.67	0.42

5-13 主 要 能 源

（19

行　　　　业	原　　煤	洗精煤	其他洗煤
总　　计	**17 811 316**	**2 808 189**	**175 177**
#煤炭采选业	3 376 304	28 425	3 590
石油和天然气开采业			
黑色金属矿采选业	560		
有色金属矿采选业	42 400	747	200
非金属矿采选业	183 639	1 980	
其他矿采选业	280		
木材及竹材采运业	7 340		
食品加工业	224 979	1 650	
食品制造业	62 537		30
饮料制造业	131 813	70	2 309
烟草加工业	17 899	1 810	
纺织业	283 514		1 714
服装及其他纤维制品制造业	1 837		
皮革、毛皮、羽绒及其制品业	5 545		
木材加工及竹、藤、棕、草制品业	147 069		541
家具制造业	3 456		1
造纸及纸制品业	444 811		
印刷业	3 229		
文教体育用品制造业	453		12
石油加工及炼焦业	370 768	721 527	
化学原料及化学制品制造业	1 349 522	140 163	5 349
医药制造业	180 562		35
化学纤维制造业	248 026		
橡胶制品业	14 346		
塑料制品业	36 010		
非金属矿物制品业	2 977 343	23 519	33 796
黑色金属冶炼及压延加工业	223 260	1 871 038	108 273
有色金属冶炼及压延加工业	228 745	814	
金属制品业	10 957	3 193	50
普通机械制造业	32 484	4 384	1 350
专用设备制造业	13 424	1 572	213
交通运输设备制造业	69 742	914	
电气机械及器材制造业	21 793	5 050	
电子及通信设备制造业	9 556	1	688
仪器仪表及文化、办公用机械制造业	4 413	1 332	
其他制造业	119 009		16 986
电力、蒸汽、热水的生产和供应业	6 941 052		40
煤气生产和供应业	13 428		
自来水的生产和供应业	4 443		

注:本表综合范围为乡及乡以上独立核算工业企业和年产品销售收入500万元及以上村及村以下工业企业,下表同。

分 行 业 消 费 量

99年）

单位:吨

焦 炭	原 油	汽 油	煤 油	柴 油	燃料油
1 910 267	**2 803 273**	**32 217**	**3 130**	**105 969**	**209 868**
73		2 768	520	2 422	29 972
10		95		82	
527		2 384	68	2 909	17
		675	107	1 753	1
252					
5		269		197	
66		1 051	8	1 621	
		254	9	165	
17		210	12	201	2
		110		69	
25		1 011	47	1 419	3
		36		84	
80		54	1	20	
40		290	40	254	17
34		172	3	31	
		450	1	689	15
		398	84	326	
		17		8	
33 300	2 803 273	651	117	1 956	97 166
97 489		2 050	87	4 256	1 535
		528	18	118	
		297		63	
20		344	6	124	2 959
75		158	14	52	
7 476		2 290	119	35 588	8 445
1 731 643		2 891	3	3 950	34 710
9 271		2 709	328	26 315	24 310
3 856		327	5	1 087	21
16 366		1 359	160	1 415	86
5 256		1 297	30	1 579	6
2 740		3 240	1 195	2 972	53
1 050		1 089	68	511	2 740
41		335	8	207	4
411		341	44	286	2
126		132		60	4
		1 573	24	12 921	7 800
		22		83	
		261		134	

5－14 各地区主要能源消费量

（1999年）

品　　名	单位	全　省	南昌市	景德镇市	萍乡市	九江市	新余市
原　　煤	吨	17 811 316	2 804 222	1 684 324	2 438 313	2 532 763	1 343 553
洗精煤	吨	2 808 189	428 338	674 578	335 446		1 267 193
其他洗煤	吨	175 177	4 394	1 359	4 689		108 626
焦　　炭	吨	1 910 267	306 354	60 489	378 624	15 395	1 065 487
原　　油	吨	2 803 273				2 803 273	
汽　　油	吨	32 217	5 302	3 255	2 049	3 413	3 023
煤　　油	吨	3 130	1 229	223	75	79	65
柴　　油	吨	105 969	10 058	8 003	2 186	9 409	7 528
燃料油	吨	209 868	49 950	2 885	29 974	98 922	7 320

品　　名	单位	鹰潭市	赣州市	宜春地区	上饶地区	吉安地区	抚州地区
原　　煤	吨	1 445 535	714 105	3 077 866	876 959	562 357	320 476
洗精煤	吨	78	8 941	91 977	1 328		310
其他洗煤	吨	5 294	571	28 519	76	21 649	
焦　　炭	吨	14 679	14 233	21 848	15 150	4 564	13 430
原　　油	吨						
汽　　油	吨	2 374	4 023	3 416	1 501	1 883	1 348
煤　　油	吨	18	581	627	67	107	59
柴　　油	吨	25 766	5 155	24 741	3 674	3 783	5 170
燃料油	吨	20 061	258	377	19	81	21

注：本表全省数包括未分地市的中央单位。

主要统计指标解释

能源生产总量 指一定时期内地区一次能源生产量的总和，是观察地区能源生产水平、规模、构成和发展速度的总量指标。一次能源生产量包括原煤、原油、天然气、水电及其他动力能（如风能、地热能等）发电量。不包括低热值燃料生产量、生物质能、太阳能等的利用和由一次能源加工转换而成的二次能源产量。

能源消费总量 指一定时期内地区物质生产部门、非物质生产部门和生活消费的各种能源的总和。是观察能源消费水平、构成和增长速度的总量指标。能源消费总量包括原煤和原油及其制品、天然气、电力。不包括低热值燃料、生物质能和太阳能等的利用。能源消费总量分为三部分，即终端能源消费量、能源加工转换损失量和损失量。

(1)终端能源消费量 指一定时期内地区物质生产部门，非物质生产部门和生活消费的各种能源在扣除了用于加工转换二次能源消费量和损失量以后的数量。

(2)能源加工转换损失量 指一定时期内地区投入加工转换的各种能源数量之和与产出各种能源产品之和的差额。它是观察能源在加工转换过程中损失量变化的指标。

(3)能源损失量 指一定时期内能源在输送、分配、储存过程中发生的损失和由于客观原因造成的各种损失量。不包括各种气体能源放空、放散量。

能源生产弹性系数 是研究能源生产量的增长与国民经济增长之间关系的指标。计算公式：

$$\text{能源生产弹性系数}=\frac{\text{能源生产总量年平均增长速度}}{\text{国民经济年平均增长速度}}$$

电力生产弹性系数 是研究电力生产量的增长与国民经济增长之间关系的指标。一般来说，电力的发展应快于国民经济的发展，也就是说电力应超前发展。其计算公式为：

$$\text{电力生产弹性系数}=\frac{\text{电力生产量年平均增长速度}}{\text{国民经济年平均增长速度}}$$

能源消费弹性系数 是反映能源消费增长速度与国民经济增长速度之间比例关系的指标。其计算公式为：

$$\text{能源消费弹性系数}=\frac{\text{能源消费量年平均增长速度}}{\text{国民经济年平均增长速度}}$$

电力消费弹性系数 是反映电力消费增长速度与国民经济增长速度之间比例关系的指标。其计算公式为：

$$\text{电力消费弹性系数}=\frac{\text{电力消费量年平均增长速度}}{\text{国民经济年平均增长速度}}$$

物　价 6

PRICE

- 1999年,商品零售价格比1998年下降3.2%,其中城市下降2.7%,农村下降3.7%。

- 1999年,居民消费价格比1998年下降1.4%,其中城市下降0.9%,农村下降1.9%。

- 1999年,农产品收购价格比1998年下降9.8%。

本篇章

料整理　微机处理

虹　逯　虹

国万

6-1 各种物价总指数

(以上年价格为100)

年份	商品零售价格指数	城市	农村	居民消费价格指数	城市	农村	农产品收购价格指数	农村工业品零售价格指数	工农业商品综合比价指数	
									以农产品收购价格指数为100	以农村工业品零售价格指数为100
1978	100.1	100.2	100.1		100.2		101.6	100.1	98.5	101.5
1979	101.3	102.2	100.8		102.1		126.5	99.9	79.0	126.6
1980	104.3	106.0	102.9		105.5		114.4	100.4	87.8	113.9
1981	104.6	104.0	105.2		103.8		107.6	103.0	95.7	104.5
1982	102.9	103.0	102.1		103.1		102.9	102.5	99.6	100.4
1983	101.4	102.0	100.6		101.9		104.1	100.5	96.5	103.6
1984	102.5	102.3	102.9	102.1	102.6	101.5	100.9	102.5	101.6	98.4
1985	108.3	109.0	107.8	109.0	108.8	109.1	109.0	103.9	95.3	104.9
1986	105.8	105.7	106.2	106.6	106.0	107.4	107.8	103.3	95.8	104.4
1987	106.9	108.2	105.7	106.6	107.9	105.1	112.8	104.9	93.0	107.5
1988	121.8	124.7	119.4	121.8	123.7	119.7	128.6	117.1	91.1	109.8
1989	118.6	117.1	119.5	118.5	117.2	119.7	115.3	119.3	103.5	96.6
1990	101.3	100.3	102.2	102.1	101.5	102.8	98.6	102.9	104.4	95.8
1991	102.4	104.0	101.2	102.8	104.4	101.3	96.9	102.0	105.3	95.0
1992	105.6	107.2	103.9	105.7	107.5	103.5	98.8	103.1	104.4	95.8
1993	111.1	112.6	110.1	114.6	115.8	112.5	109.6	110.1	100.5	99.6
1994	123.9	122.9	125.4	126.9	126.9	126.7	134.8	118.0	87.5	114.2
1995	115.9	115.0	116.9	116.9	116.9	117.0	121.8	117.1	96.1	104.0
1996	106.6	106.4	106.7	108.4	108.1	108.6	106.5	106.2	99.7	100.3
1997	99.6	100.1	99.3	102.0	103.0	102.1	97.0	100.6	103.7	96.4
1998	98.8	98.5	98.9	101.0	101.0	101.0	90.9	98.0	107.8	92.8
1999	96.8	97.3	96.3	98.6	99.1	98.1	90.2	96.3	106.8	93.7

6-2 各种物价总指数

(1999年)

指标	以1978年价格为100	以1980年价格为100	以1985年价格为100	以1990年价格为100	以1995年价格为100	以1998年价格为100
商品零售价格指数	369.2	350.8	290.0	175.1	101.5	96.8
#城市	399.8	369.6	303.3	181.1	102.1	97.3
农村	337.6	327.1	280.3	171.3	100.9	96.3
居民消费价格指数			340.6	203.4	110.1	98.6
#城市	474.6	439.8	361.5	214.9	111.4	99.1
农村			316.5	190.5	108.9	98.1
农产品收购价格指数	461.8	328.8	259.4	145.9	84.7	90.2
农村工业品零售价格	284.9	283.9	251.2	161.3	100.8	96.3
工农业商品综合比价指数						
以收购价格指数为100	61.7	86.3	96.8	110.6	119.0	106.8
以工业品零售指数为100	162.1	115.8	103.3	90.5	84.0	93.7

注:1986~1993年零售、消费价格指数中城市、农村口径为城镇、农村。

6－3 商品零售价格指数

（1999 年，以 1998 年价格为 100）

类　　别	全　省	城　市	农　村
商品零售价格指数	**96.8**	**97.3**	**96.3**
一、食 品 类	96.1	96.5	95.7
粮　　食	99.2	98.0	100.0
细　粮	99.8	98.3	100.9
粗　粮	87.6	88.5	87.1
油 脂 类	96.3	98.1	94.7
肉 禽 蛋	92.8	93.5	92.3
水 产 品	96.6	93.4	99.3
鲜　　菜	94.8	94.2	95.5
干　　菜	102.0	102.7	101.4
鲜　　果	99.2	102.8	96.5
干　　果	91.2	90.2	91.9
其他食品类	95.5	98.3	93.1
调 味 品	99.5	100.1	99.2
食　糖	83.2	89.8	79.5
糖　果	93.6	98.4	88.6
糕　点	97.9	100.3	95.7
奶及奶制品	97.1	98.0	96.1
罐　头	97.6	98.2	96.9
饮 食 业	99.9	100.8	98.7
主　食	100.1	100.0	100.2
炒　菜	99.7	101.2	97.5
地方小吃	100.4	100.8	100.1
二、饮料、烟酒类	96.7	95/2	97.9
饮　　料	97.9	98.2	97.8
烟　　酒	96.4	94.5	98.0
三、服装、鞋帽类	96.3	97.6	95.4
服　　装	95.2	96.9	93.7
鞋	97.0	98.4	96.0
其他衣着	98.8	99.4	98.5
四、纺织品类	96.2	99.3	94.0
棉　　布	96.3	99.8	95.0
棉花化纤混纺布	97.3	97.9	97.0
化 纤 布	93.5	99.0	88.3

6－3 续表

类别	全省	城市	农村
呢绒	95.7	99.7	93.0
绸缎	96.7	98.3	94.8
其他纺织品	98.2	100.4	96.5
五、中、西药品类	101.5	101.8	101.0
中药	108.8	106.1	111.6
西药	96.3	98.8	93.5
医疗用品	100.2	100.5	99.9
六、化妆品类	96.2	99.2	94.5
七、书报、杂志类	103.9	103.8	104.1
八、文化体育用品类	98.6	99.8	97.7
文化用品	98.7	100.2	97.6
体育用品	98.2	98.5	97.8
九、日用品类	97.4	98.5	96.5
一般日用品	97.2	98.9	95.8
家具类	97.7	97.6	97.8
日用杂品	97.6	98.1	97.2
十、家用电器类	93.7	94.1	93.3
十一、首饰类	93.7	93.7	93.6
十二、燃料类	99.1	99.8	98.5
十三、建筑装璜材料类	97.7	98.7	97.0
十四、机电产品类	95.2	95.7	94.5
农业生产资料价格指数	**93.8**		**93.8**
小农具	96.3		96.3
饲料	95.5		95.5
幼禽家畜	75.6		75.6
大牲畜	102.3		102.3
半机械化农具	97.3		97.3
机械化农具	98.8		98.8
化学肥料	91.2		91.2
农药及农药械	95.8		95.8
化学农药	95.6		95.6
农药械	96.8		96.8
农机用油	103.9		103.9
其他	98.1		98.1

6－4 居民消费价格指数

（1999年，以1998年价格为100）

类　　　　别	全　　省	城　　市	农　　村
居民消费价格指数	**98.6**	**99.1**	**98.1**
一、食　　品	96.2	96.0	96.3
粮　食	99.9	98.4	101.1
细　粮	99.9	98.5	101.0
粗　粮	101.0	93.2	112.2
淀粉及薯类	99.1	99.1	99.1
干豆类及豆制品	89.6	89.1	90.4
油 脂 类	96.1	97.8	94.6
肉禽及其制品	92.8	92.5	93.1
蛋　　类	92.3	94.1	90.6
水 产 品 类	96.4	93.4	99.2
菜　　类	97.4	96.0	98.6
鲜　　菜	94.8	94.3	95.6
干　　菜	112.4	115.2	110.5
菜 制 品	102.4	99.3	103.9
调 味 品	99.7	100.4	99.0
糖　　类	88.4	94.4	84.2
食　　糖	82.6	87.7	79.5
糖　　果	93.2	99.3	88.6
烟　草　类	94.9	93.1	96.4
酒 和 饮 料	99.0	99.0	98.9
干鲜瓜果类	97.5	100.8	94.0
鲜　　果	99.9	103.7	94.9
干　　果	91.1	89.4	92.1
糕　点　类	98.0	100.5	95.6
奶及奶制品	96.8	97.8	95.9
其他食品	97.6	98.1	96.9
饮　食　业	99.8	100.4	98.8
主　　食	100.1	100.2	100.0
炒　　菜	99.1	100.4	97.5
地方小吃	100.7	101.3	100.1
二、衣　着　类	95.5	97.1	94.2
服　　装	95.3	96.7	93.8
衣着材料	94.2	96.4	92.9
棉　　布	95.3	96.3	94.9
棉花化纤混纺布	96.1	93.5	97.1
化　纤　布	91.6	95.8	88.3
呢　　绒	95.1	99.6	93.1
绸　　缎	93.1	95.5	91.0
毛　　线	96.7	97.3	96.4

6-4 续表

类　　别	全　　省	城　　市	农　　村
鞋袜帽及其他衣着	97.2	98.5	96.3
鞋　　类	97.0	98.1	95.8
袜　　子	94.9	98.2	94.1
帽　　子	97.6	101.4	97.4
其他衣着	99.8	101.3	99.2
三、家庭设备及用品	97.1	98.1	96.2
耐用消费品	95.8	96.7	95.1
家　　具	97.0	95.7	98.2
家庭设备	95.4	97.1	94.1
室内装饰品	98.9	101.8	96.1
床上用品	99.6	100.4	98.9
家庭日用杂品	98.1	99.5	97.2
其他日用品	96.6	97.2	95.5
四、医疗保健	101.9	102.3	101.6
医疗器具及保健用品	101.5	101.3	101.6
中药材及中成药	109.6	106.8	112.0
西　　药	95.6	98.7	93.2
五、交通和通讯工具	94.0	94.1	93.9
交通工具	95.3	96.0	95.0
通讯工具	91.3	91.2	91.4
六、娱乐教育文化用品	96.9	97.6	96.5
文娱用耐用消费品	91.9	92.6	91.4
教材及参考书	102.4	102.0	102.6
文化娱乐用品	100.2	102.2	98.8
文娱用品	98.4	101.1	96.5
报纸杂志	102.3	103.5	101.4
七、居　　住	102.2	103.9	100.6
住　　房	102.9	104.1	101.6
建筑材料	97.2	96.0	97.7
房　　租	115.0	114.1	115.8
水、电、燃料	101.4	103.8	99.0
八、服务项目	114.0	114.9	113.1
电 讯 费	99.5	101.1	97.1
邮　　费	141.1	138.7	142.5
交 通 费	100.4	100.9	100.0
洗理美容费	105.6	103.2	108.1
文 娱 费	105.0	106.5	104.0
学杂保育费	119.7	125.6	113.5
修理及其他服务费	102.7	104.2	101.5
医疗保健服务	144.8	136.3	151.3

6－5 各市、县商品零售价格指数

（1999年，以1998年价格为100）

市、县	商品零售价格指数	食品类	饮料烟酒类	服装鞋帽类	纺织品类	中、西药品类	化妆品类	书报杂志类
南昌市	96.9	97.4	91.6	95.9	100.2	102.1	93.1	102.1
赣州市	96.8	94.2	100.0	96.7	99.3	104.3	103.1	104.7
九江市	97.9	96.2	93.1	101.2	102.0	99.3	97.2	103.8
景德镇市	97.8	97.6	99.7	98.4	99.3	99.6	101.7	108.0
萍乡市	98.1	95.1	98.8	97.6	100.5	105.2	107.6	108.7
宜春市	98.2	98.8	96.7	96.4	99.4	101.0	101.1	103.9
上饶市	98.3	97.3	96.5	100.2	100.1	98.6	102.4	104.3
吉安市	97.7	96.7	94.6	98.1	97.9	100.2	96.7	111.3
临川市	97.3	93.9	99.3	99.7	100.1	104.9	100.7	103.3
新余市	96.6	96.0	95.4	99.2	98.0	98.8	104.8	101.5
鹰潭市	96.6	96.7	98.7	97.4	87.0	103.1	100.3	102.9
井冈山市	98.0	97.0	94.8	102.0	89.6	106.8	116.7	108.8
信丰县	96.6	92.5	98.6	100.2	100.0	97.5	96.9	105.3
瑞昌市	96.3	98.6	95.4	89.2	97.1	92.9	91.3	106.2
泰和县	94.4	94.5	96.1	90.3	82.1	104.7	86.5	103.6
上高县	95.6	93.8	97.0	99.7	93.3	102.7	98.4	103.2
铅山县	96.5	96.0	94.9	99.5	96.5	102.6	94.3	105.4
东乡县	98.6	99.3	108.3	90.1	94.8	103.5	100.0	100.5

市、县	文化体育用品类	日用品类	家用电器类	首饰类	燃料类	建筑装璜材料类	机电产品类	农业生产资料价格指数
南昌市	95.6	98.1	92.1	94.8	98.7	97.6	95.7	
赣州市	109.9	99.4	90.4	91.6	98.1	98.9	98.0	
九江市	98.7	101.0	96.3	90.3	103.9	101.8	97.3	
景德镇市	100.0	99.9	93.4	92.1	100.2	95.5	91.1	
萍乡市	101.0	100.4	98.9	91.6	99.9	105.1	92.2	
宜春市	98.7	96.6	96.8	97.5	95.8	98.5	92.8	
上饶市	107.7	98.8	95.3	85.9	103.5	95.0	93.9	
吉安市	98.8	97.2	95.1	93.1	112.2	97.3	97.4	
临川市	100.2	98.9	99.0	92.8	99.4	100.5	99.8	
新余市	96.7	96.1	92.8	100.1	98.1	96.1	93.3	
鹰潭市	97.8	94.0	95.0	100.3	96.8	98.7	88.6	
井冈山市	107.0	95.8	98.0	92.7	103.0	92.8	93.7	
信丰县	100.1	98.6	97.9	95.4	98.8	98.8	99.6	97.8
瑞昌市	90.6	95.7	84.2	92.2	99.5	108.0	87.8	91.3
泰和县	93.8	94.9	92.3	94.5	100.6	94.1	89.1	94.5
上高县	104.0	93.9	93.8	90.3	94.1	92.9	97.2	91.8
铅山县	99.0	98.1	91.1	98.6	96.1	93.8	95.1	97.1
东乡县	99.1	99.4	97.1	92.5	98.2	96.1	97.5	92.2

6-6 各市、县居民消费价格指数

（1999年，以1998年价格为100）

市、县	居民消费价格指数	食品类	衣着类	家用设备及用品	医疗保健	交通和通讯工具	娱乐教育文化用品	居住	服务项目
南昌市	99.8	96.3	96.1	98.0	102.4	99.0	94.3	106.4	113.9
赣州市	97.5	93.1	96.3	98.5	105.0	94.2	98.1	101.0	119.0
九江市	98.1	95.3	101.3	99.2	99.2	99.6	99.6	102.6	106.2
景德镇市	99.7	97.2	97.7	100.0	102.2	89.4	99.8	103.0	113.8
萍乡市	99.0	94.7	97.7	103.1	106.4	90.8	101.9	102.9	118.5
宜春市	99.4	98.6	96.2	98.7	100.3	93.5	97.1	103.2	103.0
上饶市	98.2	96.9	99.5	97.6	98.0	90.9	98.8	101.2	111.4
吉安市	99.0	96.4	97.5	96.8	101.2	97.8	99.0	101.6	120.8
临川市	97.8	94.2	99.7	99.0	106.6	99.2	99.7	108.4	104.1
新余市	97.6	95.1	99.7	96.1	99.0	86.7	97.5	100.7	119.5
鹰潭市	98.8	96.5	93.1	95.4	103.2	91.8	97.6	98.5	123.5
井冈山市	99.2	96.8	97.5	94.1	112.2	96.7	101.4	106.7	119.2
信丰县	98.3	93.1	100.5	98.5	98.2	99.6	99.8	105.5	115.0
瑞昌市	99.5	98.7	88.6	92.7	95.1	92.3	90.6	108.1	124.6
泰和县	96.5	95.0	87.8	95.0	104.1	90.2	95.5	95.2	115.0
上高县	97.2	94.2	98.1	94.0	102.9	98.0	95.7	96.8	112.2
铅山县	97.6	96.4	97.2	99.0	104.7	88.5	96.1	95.8	106.1
东乡县	98.6	99.4	87.8	98.5	103.6	98.2	98.5	99.0	106.6

6-7 农产品收购价格指数

（1999年）

类别	以1978年价为100	以1980年价为100	以1985年价为100	以1990年价为100	以1995年价为100	以1998年价为100
总指数	**461.8**	**328.8**	**259.3**	**145.9**	**84.7**	**90.2**
一、粮食类	540.0	297.8	229.4	143.1	83.4	91.0
二、经济作物类	393.2	274.0	246.9	158.9	81.3	86.9
食用植物油及油料	486.3	283.8	231.6	145.8	88.9	90.6
棉花	476.9	339.3	322.1	178.0	76.9	83.5
麻	110.4	93.6	73.6	179.0	70.4	101.5
烟叶	657.9	604.7	484.9	163.3	94.0	83.6
糖料	290.2	236.0	238.2	130.1	67.9	71.7
茶叶	630.0	526.4	436.1	173.1	94.4	95.4
三、竹木材类	722.3	614.4	212.1	121.9	92.6	82.3
四、工业用油漆类	194.2	199.5	203.1	154.1	62.3	65.7
#工业用油脂油料	194.7	200.0	199.4	154.1	62.3	65.7
五、禽畜产品类	585.1	466.5	331.3	152.6	85.5	91.3
#肉畜	622.6	51.7	355.9	153.3	86.1	90.2
禽蛋	529.5	423.2	295.0	156.8	91.7	93.6
皮张	203.7	155.6	144.5	108.8	54.3	69.8
鬃毛	371.3	371.3	183.9	121.4	51.4	95.6
六、蚕茧蚕丝类						82.7
七、干鲜果类	154.8	154.8	149.7	88.2	76.2	82.0
八、干鲜菜及调味品类	479.5	462.4	354.5	186.2	87.7	89.5
#鲜菜	1 000.4	942.3	431.7	196.8	86.8	88.5
九、药材类	396.9	374.0	327.0	213.7	120.1	97.2
十、土副产品类	348.9	324.0	230.4	167.5	96.8	94.2
十一、水产品类	616.6	412.5	239.8	125.8	93.0	92.4

6-8 商 品 零 售

(1999年,以上年同期

类 别	一 月	二 月	三 月	四 月	五 月
商品零售价格指数	**97.3**	**96.7**	**96.3**	**96.2**	**97.2**
一、食 品 类	97.2	96.1	95.2	95.7	97.9
粮 食	108.5	109.5	109.0	107.6	108.6
油 脂 类	102.3	102.8	100.7	99.6	99.9
肉 禽 蛋	93.8	93.4	92.5	90.8	93.0
水 产 品	87.8	89.8	92.4	92.0	91.0
鲜 菜	78.0	67.4	66.5	88.7	103.1
干 菜	99.0	100.6	102.3	103.6	104.0
鲜 果	122.5	120.5	111.4	95.2	91.3
干 果	88.8	91.0	90.0	86.4	90.4
其他食品类	95.4	95.2	95.1	95.4	95.6
调 味 品	98.5	98.3	98.6	99.8	100.0
食 糖	81.2	81.8	82.6	83.9	84.5
糖 果	92.3	92.4	91.7	92.4	93.3
糕 点	98.6	98.8	98.3	97.6	97.6
奶及奶制品	97.9	97.7	97.4	97.7	97.1
罐 头	100.7	96.6	96.7	96.5	96.5
饮 食 业	101.5	99.2	99.2	99.5	99.8
二、饮料、烟酒类	98.1	96.4	95.5	96.4	97.2
饮 料	97.1	95.4	95.1	97.8	98.6
烟 酒	98.4	96.6	95.6	96.1	96.9
三、服装、鞋帽类	97.8	97.9	97.6	96.4	96.8
四、纺织品类	98.2	98.0	97.6	96.1	96.1
五、中、西药品类	101.1	99.4	99.1	99.1	99.4
六、化妆品类	97.9	97.0	95.4	95.4	96.0
七、书报、杂志类	102.2	102.5	103.6	103.7	103.7
八、文化体育用品类	97.7	97.3	98.2	97.8	98.1
文化用品	97.6	97.0	98.1	97.7	98.1
体育用品	97.9	98.5	98.4	98.2	98.0
九、日用品类	97.6	98.1	97.6	97.6	97.4
十、家用电器类	94.4	94.0	94.9	93.9	93.6
十一、首 饰 类	92.9	93.6	94.2	93.9	95.3
十二、燃 料 类	92.3	92.9	92.6	92.1	94.2
十三、建筑装璜材料类	99.0	97.7	97.8	96.8	97.4
十四、机电产品类	94.1	96.3	97.9	96.2	94.7
农业生产资料价格指数	**93.5**	**93.8**	**92.7**	**92.3**	**93.6**
饲 料	94.6	95.4	94.7	95.8	102.1
化学肥料	92.9	95.0	93.2	90.4	91.7
化学农药	95.3	93.8	93.7	94.3	94.0

价格分月指数

价格为100)

六月	七月	八月	九月	十月	十一月	十二月
96.3	**94.9**	**95.9**	**97.3**	**97.9**	**97.3**	**97.8**
95.7	92.3	94.3	97.1	98.0	96.3	97.2
95.5	94.3	93.6	91.1	90.9	90.6	90.8
96.9	95.4	95.9	92.3	88.9	89.9	90.6
88.9	88.7	93.5	95.1	94.4	94.7	94.9
95.1	95.5	105.9	112.3	104.9	96.3	96.4
108.9	89.7	82.8	101.6	119.8	112.3	117.9
103.4	103.1	101.6	101.6	102.8	100.8	101.5
100.6	79.8	89.0	99.0	97.1	90.4	92.7
90.7	91.8	92.2	92.5	92.8	93.6	94.6
95.3	95.7	95.6	95.7	95.7	95.7	95.8
99.8	100.1	100.1	100.0	100.0	99.4	99.6
83.6	84.7	83.4	83.7	82.7	83.4	83.1
92.6	94.1	94.1	94.4	95.4	95.1	94.9
97.8	97.8	97.8	97.6	97.5	97.3	97.7
96.3	96.5	96.1	96.6	96.5	97.3	97.6
96.2	95.1	97.5	98.0	99.1	99.3	99.1
99.8	99.7	99.9	99.9	100.2	100.2	100.1
97.0	97.1	96.4	96.6	96.9	96.6	96.0
97.9	98.4	98.2	98.2	99.0	99.2	99.4
96.8	96.8	95.9	96.2	96.4	95.9	95.1
96.5	94.8	95.2	95.0	95.3	95.8	96.2
95.8	95.2	95.2	95.4	95.6	95.5	95.3
100.1	102.8	102.1	103.2	103.8	103.8	103.6
96.0	96.4	96.5	95.8	95.9	95.9	96.6
103.9	104.3	104.3	104.7	104.7	104.5	104.7
98.1	98.3	98.5	99.5	99.4	100.2	100.5
98.2	98.5	98.6	99.8	99.7	100.6	101.0
97.7	97.6	98.2	98.2	98.3	98.8	98.7
97.4	97.4	97.4	97.3	96.8	97.1	97.2
93.4	92.8	92.5	93.2	93.5	93.6	94.1
95.4	92.4	91.1	91.2	94.6	95.8	94.7
94.0	97.1	102.5	104.3	108.4	108.7	109.9
97.7	96.5	97.6	98.2	98.2	97.9	97.8
94.7	94.0	94.1	94.6	95.0	95.5	95.6
94.1	**93.2**	**94.2**	**93.9**	**94.5**	**94.5**	**93.8**
95.9	96.7	93.3	95.3	95.4	95.0	95.5
91.8	89.8	90.4	89.7	89.9	89.7	91.2
98.7	97.1	96.8	96.8	96.8	96.4	95.8

6-9 居民消费

(1999年,以上年同期

类别	一月	二月	三月	四月	五月
居民消费价格指数	**99.1**	**98.7**	**98.6**	**98.5**	**99.6**
一、食品	97.3	96.1	95.7	96.2	98.6
粮食	110.4	111.5	111.0	110.0	110.5
细粮	110.7	111.8	111.3	110.1	110.5
淀粉及薯类	97.4	96.3	99.9	101.8	108.3
干豆类及豆制品	90.8	90.7	90.2	90.1	89.3
油脂类	101.9	102.2	100.5	99.6	99.7
肉禽及其制品	91.1	90.6	90.3	89.7	92.5
蛋类	109.6	108.0	106.6	97.2	95.3
水产品类	88.1	90.0	93.2	91.7	91.0
菜类	83.9	74.1	73.1	90.6	106.4
鲜菜	78.5	66.1	64.3	85.3	104.7
干菜	103.4	110.8	113.9	117.1	117.4
菜制品	116.0	109.1	112.0	109.9	107.7
调味品	98.6	98.5	98.7	100.1	100.1
糖类	86.9	87.0	87.1	87.9	89.0
烟草类	94.5	94.2	94.2	95.2	96.1
酒和饮料	100.6	97.7	97.5	98.7	99.2
干鲜瓜果类	109.4	111.0	107.5	93.4	91.6
鲜果	116.9	118.5	114.0	95.9	91.9
干果	88.4	90.6	89.8	86.4	90.6
糕点类	98.6	98.8	98.4	97.7	97.7
奶及奶制品	98.6	97.5	97.1	97.7	97.0
其他食品	100.5	96.7	97.6	97.3	96.4
饮食业	101.4	99.2	99.0	99.1	99.6
二、衣着类	97.4	97.2	97.1	95.2	96.0
服装	98.0	97.8	98.2	95.7	95.9
衣着材料	95.8	95.3	94.8	92.8	94.4
三、家庭设备及用品	97.2	97.1	97.0	96.8	97.2
四、医疗保健	101.1	99.0	99.2	98.9	99.5
中药材及中成药	106.9	104.6	104.7	103.8	104.6
西药	96.5	94.1	94.4	94.5	94.9
五、交通和通讯工具	93.7	94.3	95.2	95.0	94.3
交通工具	95.8	96.0	96.0	96.1	95.2
通讯工具	89.6	90.9	93.6	92.9	92.4
六、娱乐教育文化用品	97.4	97.5	98.5	97.8	97.3
七、居住	99.2	99.9	99.8	99.8	100.5
住房	99.0	100.3	100.4	100.9	100.3
水、电、燃料	98.7	99.5	99.2	98.5	100.0
八、服务项目	115.0	116.5	116.9	116.6	113.3
电讯费	101.2	101.2	99.8	99.8	99.1
邮费	102.4	102.4	149.1	149.1	149.5
交通费	96.8	106.7	99.5	98.5	99.0
洗理美容费	103.8	107.6	108.4	108.7	105.8
学杂保育费	113.7	113.2	112.8	112.8	111.6
修理及其他服务费	105.1	103.5	103.5	103.2	103.1
医疗保健服务	205.0	209.1	206.8	206.8	174.6

价格分月指数

价格为100)

六　月	七　月	八　月	九　月	十　月	十一月	十二月
97.8	**96.3**	**97.2**	**99.3**	**99.7**	**99.0**	**99.3**
95.9	92.8	94.4	96.8	97.8	96.1	96.7
96.0	94.3	93.5	90.8	90.8	90.3	90.1
95.7	94.1	93.4	90.7	90.6	90.2	90.1
106.3	97.2	93.6	93.9	98.0	98.8	95.8
89.1	89.0	88.1	87.9	88.8	90.2	91.4
96.6	95.2	95.6	92.3	89.4	90.0	90.6
88.4	88.5	94.7	97.8	96.7	96.6	97.1
91.5	88.8	84.5	80.3	81.1	83.5	81.5
95.2	95.2	104.7	110.9	104.0	96.0	96.4
109.7	93.6	87.4	103.1	120.1	111.0	115.3
109.1	89.5	82.4	102.3	123.5	113.4	118.5
117.6	117.4	115.3	112.4	110.6	105.9	106.4
102.2	103.1	100.1	97.1	93.0	88.9	89.6
99.9	100.2	100.3	100.3	100.3	99.5	99.7
88.2	89.5	88.8	89.1	89.0	89.2	89.1
95.5	95.5	94.5	94.6	95.3	94.5	94.2
99.2	99.1	98.8	99.3	99.4	99.4	98.7
100.1	84.1	92.6	97.7	95.9	92.3	94.4
103.8	81.3	92.6	99.6	97.0	91.8	94.4
90.1	91.4	92.3	92.7	92.8	93.3	94.2
97.9	98.0	98.0	98.0	97.8	97.6	97.8
96.3	96.4	96.0	95.8	95.8	96.6	96.9
95.7	95.0	97.1	97.4	99.3	99.4	99.2
99.6	99.5	99.7	99.9	100.1	100.0	99.9
95.8	94.3	94.5	94.4	94.5	95.0	95.1
95.8	93.6	93.7	93.4	93.2	93.9	94.1
94.0	93.4	93.6	93.9	94.2	94.1	93.9
97.2	97.1	97.1	97.0	97.1	97.1	97.3
100.6	103.4	102.7	104.0	104.7	104.7	104.4
107.3	113.5	113.6	114.2	114.0	114.4	113.4
94.6	95.4	93.8	95.9	97.6	97.4	97.5
94.0	93.0	93.2	93.5	93.6	94.1	93.7
95.0	94.5	94.5	94.7	94.8	95.5	95.5
92.0	90.2	90.6	91.2	91.2	91.4	90.1
96.9	96.0	95.7	96.1	96.4	96.5	96.8
102.0	103.9	105.9	104.7	103.9	103.8	103.3
103.9	105.7	106.3	105.0	104.5	104.6	103.7
99.9	102.0	105.4	104.3	103.3	103.0	102.9
107.5	107.5	107.5	117.0	116.5	116.5	116.8
99.1	99.1	99.1	99.1	98.8	98.8	98.5
149.5	149.5	149.5	149.5	149.5	146.7	146.8
98.9	100.8	101.1	100.7	100.4	100.6	101.8
104.6	104.6	104.7	104.3	104.3	104.3	106.4
111.6	111.6	111.6	134.6	134.3	134.4	134.4
102.4	102.3	102.3	102.8	101.5	101.4	101.6
107.6	103.6	103.5	105.1	105.1	105.1	105.1

6－10 工业品出厂价格指数

（以上年价格为100）

类别	1992年	1993年	1994年	1995年	1996年	1997年	1998年	1999年
全部工业品	**106.2**	**115.5**	**124.5**	**114.8**	**103.9**	**101.7**	**98.4**	**96.1**
按轻重工业分：								
轻工业	107.7	110.6	133.1	119.3	103.7	97.7	97.1	95.2
以农产品为原料	110.7	112.8	141.4	124.3	105.4	97.5	97.2	95.5
以非农产品为原料	99.1	105.1	111.3	108.0	97.4	98.2	96.5	94.4
重工业	105.1	118.8	117.8	112.2	104.0	103.8	98.8	96.5
采掘	101.8	117.0	122.6	128.2	109.7	104.9	93.8	94.5
原料	108.9	119.1	117.8	106.0	104.9	108.0	94.4	98.1
加工	104.2	119.1	114.9	109.8	100.4	97.9	105.3	94.9
按生产生活资料分：								
生产资料	104.8	117.9	117.3	114.0	104.2	103.5	98.6	96.0
采掘	101.8	117.0	122.6	128.2	109.7	104.9	93.8	94.5
原料	107.2	117.4	116.2	110.7	105.0	106.4	94.2	97.8
加工	104.1	118.7	115.2	110.6	101.0	99.1	105.0	94.1
生活资料	108.8	110.9	136.8	117.3	103.3	97.3	97.4	96.7
食品	120.3	117.7	146.4	128.0	108.4	97.1	100.9	100.1
衣着	101.1	104.5	146.7	113.3	97.1	97.9	92.8	93.0
一般日用品	100.7	109.9	114.8	113.3	108.8	102.5	99.2	95.4
耐用消费品	96.6	102.7	109.2	105.0	97.2	93.5	93.8	95.5
按工业部门分：								
冶金工业	103.1	121.3	127.5	115.2	99.2	98.7	86.0	92.5
电力工业	106.9	94.9	115.4	101.6	114.6	135.2	112.3	100.6
煤炭及炼焦工业	105.2	141.0	98.0	119.2	111.5	103.0	104.8	96.5
石油工业	112.8	124.3	162.3	110.8	101.3	109.9	87.5	109.3
化学工业	100.4	103.9	112.4	118.8	101.9	94.5	93.4	96.7
机械工业	102.9	117.9	111.9	106.9	99.3	97.1	97.9	96.6
建筑材料工业	108.7	122.7	116.9	106.9	103.2	99.0	106.7	94.0
森林工业	101.3	109.2	114.9	119.9	105.6	100.4	94.9	89.4
食品工业	120.3	117.7	146.4	128.0	108.0	95.7	100.3	98.9
纺织工业	98.2	109.7	149.4	117.4	96.7	97.2	92.4	92.2
缝纫工业	115.8	79.0	108.4	108.6	102.6	103.0	97.7	107.6
皮革工业	97.7	105.7	128.0	113.7	108.2	98.3	96.7	
造纸工业	101.2	109.1	106.5	140.6	111.8	93.3	91.9	94.4
文教艺术用品工业	87.2	101.5	103.7	128.0	109.1	94.4	93.9	75.2
其他工业	107.5	117.9	134.1	116.0	110.4	109.5	100.3	95.3

6-11 原材料、燃料、动力购进价格指数

(以上年价格为100)

类别	1992年	1993年	1994年	1995年	1996年	1997年	1998年	1999年
全部原材料	**107.9**	**129.7**	**123.6**	**114.7**	**105.8**	**100.4**	**95.4**	**96.9**
燃料、动力类	107.4	134.7	117.5	111.6	109.9	109.0	101.0	101.3
黑色金属材料类	110.5	154.7	105.3	96.4	98.8	98.2	93.6	93.7
#钢材	112.7	155.6	101.4	97.7	98.6	96.6	94.4	93.4
其他	106.3	153.4	112.6	93.7	99.7	100.1	92.8	94.0
有色金属材料和电线类	105.0	112.1	107.9	124.2	90.7	97.3	92.6	94.2
化工原料类	102.9	113.1	114.1	123.0	97.5	92.0	88.8	98.4
木材及纸浆类	101.1	111.7	118.9	115.8	103.8	96.5	100.5	91.7
建筑材料及非金属矿类	109.4	136.8	118.3	113.5	105.2	101.4	100.7	100.3
其他工业原材料及半成品类						103.3	95.2	97.1
农副产品类	115.7	117.8	158.8	136.7	126.8	94.0	93.4	88.1
纺织原料类	104.8	102.5	177.8	116.2	81.6	95.4	99.6	105.5

6-12 固定资产投资价格指数

(以上年价格为100)

项目	1991年	1992年	1993年	1994年	1995年	1996年	1997年	1998年	1999年
固定资产投资	**110.4**	**110.1**	**129.8**	**114.6**	**107.2**	**105.8**	**101.4**	**102.1**	**98.6**
一、建筑安装工程	111.2	111.8	131.9	117.7	105.7	109.2	102.4	104.0	99.5
二、设备、工、器具购置	112.9	111.4	126.6	111.3	107.0	99.5	97.1	98.0	96.6
三、其他费用	96.4	93.1	128.1	105.9	120.2	104.5	106.5	100.9	98.2

6-13 建筑业产值价格指数

(以上年价格为100)

项目	1991年	1992年	1993年	1994年	1995年	1996年	1997年	1998年	1999年
施工产值	**105.7**	**111.8**	**129.5**	**117.7**	**105.7**	**109.2**	**102.4**	**104.0**	**99.5**
一、直接费	105.1	112.3	132.7	121.1	104.8	108.2	102.0	103.8	99.4
1.材料费	104.6	112.1	134.0	117.8	112.1	105.6	99.2	100.9	97.5
三大材料	102.8	111.6	136.6	108.7	105.4	104.7	97.1	97.8	96.7
钢材	106.9	115.5	143.0	102.7	100.0	102.3	95.9	96.3	95.3
木材	95.3	103.6	112.6	116.2	112.5	106.9	102.0	98.7	98.7
水泥	101.6	111.6	138.1	116.5	111.8	105.8	98.0	99.8	97.9
地方材料	104.6	112.8	120.4	136.8	129.7	112.6	99.3	112.4	98.8
其他材料	107.0	112.2	135.3	125.2	114.7	104.1	102.4	102.8	99.3
2.人工费	106.4	112.9	135.1	134.2	109.0	115.8	113.3	112.9	106.5
3.机械使用费	106.5	113.0	119.4	127.7	93.1	110.1	109.4	114.3	101.5
二、间接费用	108.0	110.4	116.4	103.6	109.8	115.1	104.5	104.8	100.2

主要统计指标解释

居民消费价格指数 是反映一定时期内城乡居民支付所购买生活消费品和获得服务项目的价格变动趋势和程度的相对数。编制居民消费价格指数，可以观察居民生活消费品及服务项目价格的变动对城乡居民生活的影响，为各级党政领导掌握居民消费价格状况，研究和制定居民消费价格政策、工资政策等提供科学依据。居民消费价格指数还是反映通货膨胀的重要指标。

商品零售价格指数 是反映工业、商业、餐饮业和其他零售企业向城乡居民、机关团体出售生活消费品和办公用品的价格变动趋势和程度的相对数。通过它，可以观察市场商品零售价格总升降水平，说明货币购买力的强弱，分析市场供求关系。同时，还可在此基础上编制其它各种派生价格指数，为研究城乡市场流通和新国民经济核算体系提供科学依据。

农村工业品零售价格指数 是反映农村市场工业品零售价格水平变动趋势和程度的相对数。通过农村工业品零售价格指数，可以观察工业品零售价格变动对农民货币支出的影响。农村工业品零售价格指数是商品零售价格指数的派生指数。

农产品收购价格指数 是反映全社会农产品收购者以各种形式直接收购农产品的价格变动趋势和程度的相对数。通过它，可以准确反映农产品收购价格的变动情况及其对农产品生产者、收购者货币收支及有关方面的影响，为国家制定、检查农产品收购政策，研究农产品收购价格水平、差价政策和比价政策提供科学依据。

农产品与工业品的综合比价指数 简称工农业商品的综合比价指数，是反映农产品和工业品交换比价变化情况的经济指数，用以说明计算期农产品对工业品的交换量比基期增加还是减少。

工业品出厂价格指数 是反映全部工业产品出厂价格总水平的变动趋势和程度的相对数。其中除包括工业企业售给商业、外贸、物资部门的产品外，还包括售给工业和其他部门的生产资料以及直售给居民的生活消费品。通过工业生产价格指数能观察出厂价格变动对工业总产值的影响。

固定资产投资价格指数 是反映固定资产投资额价格变动趋势和程度的相对数。固定资产投资额是由建筑安装工程投资完成额、设备、工器具购置投资完成额和其他费用投资完成额三部分组成。编制固定资产投资价格指数应首先分别编制上述三部分投资的价格指数，然后采用加权算术平均法求出固定资产投资价格总指数。编制固定资产投资价格指数可以准确地反映固定资产投资中涉及的各类商品和取费项目价格变动趋势和变动幅度，消除按现价计算的固定资产投资指标中的价格变动因素，真实地反映固定资产投资的规模、速度、结构和效益，为国家科学地制定、检查固定资产投资计划并提高宏观调控水平，为完善国民经济核算体系提供科学的、可靠的依据。

人民生活 7

PEOPLE'S LIVELIHOOD

- 1999年,城镇居民人均可支配收入4720.58元,比1998年实际增长12.0%。
- 1999年,农民人均年纯收入2129.45元,比1998年实际增长5.9%。
- 1999年,城镇居民人均居住面积13.38平方米,农村居民人均生活用房面积26.90平方米 。
- 1999年,城乡居民储蓄存款年末余额1162.49亿元,在储蓄存款中,城镇居民储蓄占82.6%,农村居民储蓄占17.4%。

本篇章

·整理	微机处理
建村	黄建村
锋	钱　锋
淑珍	曾淑珍

7-1 人民物质文化生活情况

指　　　标	单 位	1978 年	1980 年	1985 年	1990 年	1995 年	1998 年	1999 年
一、就　　业								
城镇住户每一就业者赡养人数	人			1.88	1.83	1.70	1.64	1.69
农村住户每一劳动力负担人口	人	2.50	2.36	1.87	1.76	1.54	1.52	1.50
二、收　　入								
职工平均工资	元	552	713	997	1 729	4 211	5 384	6 749
城镇住户可支配性收入	元	305.36	385.50	583.44	1 187.88	3 376.56	4 251.42	4 720.58
农村住户纯收入	元	140.70	181.24	377.31	669.90	1 537.36	2 048.00	2 129.45
三、消　　费								
国内支出总消费	亿元	56.88	81.02	151.31	310.12	790.36	1 102.40	1 171.61
居民消费	亿元		68.45	126.30	250.02	629.78	823.03	865.87
农业居民消费	亿元		49.22	90.76	172.83	401.86	516.98	532.56
非农业居民消费	亿元		19.23	35.54	77.19	227.92	306.05	333.31
政府消费	亿元		12.57	25.01	60.10	160.58	279.37	305.74
四、储　　蓄								
平均每人储蓄存款年末余额	元	13	24	99	375	1 511	2 551	2 747
五、居　　住								
城镇住户人均居住面积	平方米			7.43	8.77	10.56	13.06	13.38
农村住户人均居住面积	平方米		9.09	16.20	20.58	22.70	25.31	26.90
六、交 通、通 讯								
城市每万人拥有公共汽(电)车	标台				3.3	4.5	5.9	6.2
城镇住户每百户自行车拥有量	辆			123.16	172.89	185.00	171.61	176.41
城镇居民每百户拥有移动电话	台						3.81	4.35
农村住户每百户自行车拥有量	辆		12.12	55.27	105.27	131.92	136.53	135.92
七、城市公用事业								
自来水普及率	%				84.7	91.3	92.8	93.2
煤气、液化气普及率	%				13.5	52.3	61.4	65.8
每万人拥有公共绿地面积	公顷				20.2	35.2	41.7	40.9
八、科　　学								
每万人中有地方自然科技人员	人	36	43	60	57	60	67	74
每万人中有地方社会科技人员	人		18	44	72	80	79	87
九、教　　育								
学龄儿童入学率	%	94.15	93.66	96.89	98.24	99.42	99.57	99.61
每万人中有大学在校学生	人	6.9	10.9	12.9	15.0	20.4	22.8	26.6
十、卫　　生								
每万人中有医生数	人	9.6	10.0	12.3	13.6	13.6	12.5	12.6
每万人中有病床数	张	22.7	23.5	24.0	24.2	23.1	21.9	21.6
#医院病床	张	20.5	21.3	21.4	21.7	20.6	19.9	19.5
十一、文　　化								
城镇住户每百户拥有彩色电视机	台			7.26	36.95	75.51	95.17	100.18
城镇住户每百户拥有照相机	台			5.16	13.20	24.41	27.12	25.90
城镇住户每百户拥有组合音响	套						14.32	15.68
城镇住户每百户拥有家用电脑	台						2.29	2.65
农村住户每百户拥有彩色电视机	台			0.16	1.63	5.31	19.88	24.61
农村住户每百户拥有照相机	台			0.20	0.41	0.53	0.94	1.27

7－2 居民消费水平和指数

年份	年平均消费水平(元)			指数(以上年为100)			指数(以1978年100)		
	合计	农村居民	城镇居民	合计	农村居民	城镇居民	合计	农村居民	城镇居民
1978	181	161	281	115.7	115.7	109.7	100.0	100.0	100.0
1979	203	179	323	110.7	109.7	113.4	110.7	109.7	113.4
1980	211	183	340	99.7	98.0	101.0	110.4	107.5	114.5
1981	230	194	394	104.1	101.3	110.8	114.9	108.9	126.9
1982	266	235	403	112.4	117.7	99.5	129.1	128.2	126.3
1983	282	253	410	104.5	106.1	100.3	134.9	136.0	126.7
1984	311	279	448	107.6	107.6	106.6	145.2	146.3	135.1
1985	367	327	535	108.7	107.9	109.7	157.8	157.9	148.2
1986	395	346	590	101.6	101.0	101.6	160.3	159.5	150.6
1987	427	365	675	103.7	101.7	107.0	166.2	162.2	161.1
1988	506	421	842	104.7	101.7	111.7	174.0	165.0	179.9
1989	580	480	971	100.0	101.6	96.5	174.0	167.6	173.6
1990	666	577	1 017	104.5	104.8	103.6	181.8	175.6	179.8
1991	706	605	1 105	103.6	103.2	104.6	188.3	181.2	188.1
1992	770	634	1 295	106.7	105.1	110.0	200.9	190.4	206.9
1993	887	712	1 566	105.9	105.0	107.8	212.8	199.9	223.0
1994	1 182	923	2 165	108.0	107.5	108.5	229.8	214.9	242.0
1995	1 559	1 266	2 632	111.9	112.8	109.1	257.1	242.4	264.0
1996	1 857	1 553	2 942	111.8	115.7	102.9	287.4	280.5	271.7
1997	1 930	1 569	3 200	104.3	103.1	106.6	299.8	289.2	289.6
1998	1 973	1 599	3 267	101.6	101.4	101.6	304.6	293.2	294.2
1999	2 056	1 637	3 482	105.4	103.8	108.1	321.0	304.3	318.0

7－3 各地区居民消费水平和指数

(1999年)

地区	年平均消费水平(元)			指数(以上年为100)		
	合计	农村居民	城镇居民	合计	农村居民	城镇居民
南昌市	4 000	2 429	6 335	108.7	105.6	109.4
景德镇市	2 802	1 902	4 577	106.3	107.6	104.9
萍乡市	2 520	1 840	4 134	111.8	111.2	111.9
九江市	2 084	1 669	3 712	111.7	110.5	112.9
新余市	2 779	2 160	4 307	114.4	108.8	122.2
鹰潭市	2 212	1 241	4 793	104.6	102.2	108.2
赣州市	1 913	1 651	3 298	113.2	114.1	110.2
宜春地区	1 962	1 703	3 019	105.2	103.3	110.2
上饶地区	1 888	1 664	3 127	112.3	115.1	103.1
吉安地区	2 004	1 680	3 593	104.0	103.4	104.5
抚州地区	2 142	1 925	2 995	105.3	105.5	104.7

注：平均消费水平按当年价格计算，指数按可比价格计算。

7－4 城乡居民储蓄存款

单位:万元

年份	储蓄存款年末余额			1. 城镇储蓄			2. 农村储蓄		
	合计	定期	活期	合计	定期	活期	合计	定期	活期
1978	41 577			33 776	26 384	7 392	7 801		
1980	77 127			55 224	41 728	13 496	21 903		
1985	348 463	242 277	106 186	243 842	182 472	61 370	104 621	59 805	44 816
1986	480 440	352 393	128 047	343 357	266 941	76 416	137 083	85 452	51 631
1987	646 801	469 971	176 830	471 624	360 926	110 698	175 177	109 045	66 132
1988	811 381	575 035	236 346	614 526	452 972	161 554	196 855	122 063	74 792
1989	1 064 999	824 379	240 620	824 230	665 384	158 846	240 769	158 995	81 774
1990	1 427 897	1 150 788	277 109	1 118 538	931 436	187 102	309 359	219 352	90 007
1991	1 862 639	1 528 733	333 906	1 468 675	1 231 267	237 408	393 964	297 466	96 498
1992	2 378 005	1 904 617	473 388	1 889 251	1 549 369	339 882	488 754	355 248	133 506
1993	3 216 531	2 505 990	710 541	2 571 257	2 031 675	539 582	645 274	474 315	170 959
1994	4 581 242	3 550 830	1 030 412	3 644 455	2 855 504	788 951	936 787	695 326	241 461
1995	6 139 568	4 805 479	1 334 089	4 903 254	3 864 965	1 038 289	1 236 314	940 514	295 800
1996	7 770 406	6 148 175	1 622 231	6 228 236	4 948 734	1 279 502	1 542 170	1 199 441	342 729
1997	9 282 412	7 401 216	1 881 196	7 503 820	5 992 167	1 511 653	1 778 592	1 409 049	369 543
1998	10 692 222	8 317 135	2 375 087	8 744 226	6 778 397	1 965 829	1 947 996	1 538 738	409 258
1999	11 624 907	8 705 993	2 918 914	9 601 319	7 163 353	2 437 966	2 023 588	1 542 640	480 948

7－5 各地区城乡居民储蓄存款

(1999年末)

单位:万元

地区	合计	定期	活期
南昌市	2 640 460	2 000 138	640 322
景德镇市	542 766	416 536	126 230
萍乡市	461 473	327 482	133 991
九江市	1 088 459	820 109	268 350
新余市	484 674	363 706	120 968
鹰潭市	363 484	277 339	86 145
赣州市	1 525 142	1 058 905	466 237
宜春地区	1 283 184	969 646	313 538
上饶地区	1 206 748	950 690	256 058
吉安地区	1 094 932	823 511	271 421
抚州地区	928 317	694 700	233 617

7-6 城镇住户基本情况

年份	调查户数（户）	家庭人口数（人）	就业人口（人）	平均每户人口数（人）	平均每户就业人口数（人）	平均每户就业面（%）
1985	950	3 867.47	2 048.80	4.07	2.16	53.07
1986	1 000	4 024.36	2 154.74	4.02	2.15	53.48
1987	1 000	3 982.45	2 143.89	3.98	2.14	53.83
1988	1 280	4 755.00	2 554.70	3.72	2.00	53.72
1989	1 280	4 668.66	2 556.73	3.65	2.00	54.72
1990	1 280	4 612.26	2 525.10	3.60	1.97	54.75
1991	1 280	4 533.51	2 507.11	3.54	1.96	55.30
1992	1 280	4 419.19	2 479.57	3.45	1.94	55.11
1993	1 280	4 317.27	2 457.96	3.37	1.92	56.93
1994	1 180	3 870.41	2 245.89	3.28	1.90	58.03
1995	1 180	3 777.63	2 224.19	3.20	1.88	58.88
1996	1 180	3 757.83	2 221.32	3.18	1.88	59.12
1997	1 180	3 693.40	2 242.00	3.13	1.90	60.70
1998	1 180	3 631.62	2 210.20	3.08	1.87	60.86
1999	1 314	4 023.70	2 385.53	3.06	1.82	59.29

年份	平均每一就业者赡养人数（人）	平均每人每月实际收入（元）	平均每人每月可支配性收入（元）	可支配收入指数		平均每人每月消费性支出（元）
				以上年为100	以1978年为100	
1985	1.88	49.95	48.62	107.6	145.7	43.40
1986	1.87	62.01	60.82	118.0	171.9	52.58
1987	1.86	67.35	65.99	100.6	172.9	58.60
1988	1.83	80.43	78.15	95.7	165.5	73.04
1989	1.83	93.07	90.16	98.4	161.2	81.49
1990	1.83	102.04	98.99	107.5	173.3	81.98
1991	1.81	110.61	107.95	104.5	181.0	92.52
1992	1.78	132.44	132.08	113.8	206.0	106.33
1993	1.76	165.56	165.40	108.1	222.8	132.14
1994	1.72	231.58	231.40	110.2	245.6	183.42
1995	1.70	281.74	281.38	104.0	255.5	226.04
1996	1.69	315.19	315.02	103.6	264.6	245.18
1997	1.65	340.89	339.28	104.6	276.7	266.63
1998	1.64	356.19	354.29	103.4	286.0	272.23
1999	1.69	395.52	393.38	112.0	320.3	290.19

注：可支配收入指数均按可比价计算。

7－7 城市住户基本情况

年　　份	调查户数（户）	家庭人口数（人）	就业人口（人）	平均每户人口数（人）	平均每户就业人口数（人）	平均每户就业面（%）
1980	270	1 212.30	583.20	4.49	2.16	48.11
1981	270	1 182.60	596.70	4.38	2.21	50.46
1982	320	1 443.20	736.00	4.51	2.30	51.00
1983	320	1 410.00	720.00	4.40	2.25	51.14
1984	320	1 371.32	726.40	4.29	2.27	52.91
1985	800	3 203.35	1 740.22	4.00	2.18	54.50
1986	800	3 156.85	1 727.50	3.95	2.16	54.68
1987	800	3 123.95	1 722.83	3.90	2.15	55.15
1988	930	3 419.16	1 870.85	3.68	2.01	54.73
1989	930	3 355.44	1 873.81	3.61	2.01	55.84
1990	930	3 305.01	1 839.02	3.55	1.98	55.77
1991	930	3 263.04	1 812.35	3.51	1.95	55.54
1992	930	3 192.51	1 792.00	3.43	1.93	56.13
1993	930	3 117.51	1 779.55	3.35	1.91	57.08
1994	880	2 871.92	1 676.48	3.26	1.91	58.37
1995	880	2 783.02	1 650.20	3.16	1.88	59.30
1996	880	2 770.16	1 641.41	3.15	1.87	59.37
1997	880	2 736.80	1 654.40	3.11	1.88	60.45
1998	880	2 693.22	1 635.60	3.06	1.86	60.73
1999	1 014	3 071.83	1 814.65	3.03	1.79	59.07

年　　份	平均每一就业者赡养人数（人）	平均每人每月实际收入（元）	平均每人每月可支配性收入（元）	可支配收入指数		平均每人每月消费性支出（元）
				以上年为100	以1978年为100	
1980	2.08	36.62	32.13	106.1	117.2	31.83
1981	1.98	33.76	33.60	100.7	118.1	31.15
1982	1.96	35.82	35.41	102.2	120.7	31.19
1983	1.95	37.09	36.55	101.3	122.2	32.21
1984	1.89	42.17	41.55	110.8	135.4	36.34
1985	1.83	51.18	50.43	111.6	151.1	44.13
1986	1.83	63.01	62.37	116.7	176.3	53.73
1987	1.81	69.34	68.63	102.0	179.8	59.58
1988	1.83	82.04	80.68	95.0	170.9	75.00
1989	1.79	94.91	94.03	98.4	168.1	84.35
1990	1.79	104.90	103.96	108.3	182.0	84.81
1991	1.80	113.14	112.46	103.6	188.6	95.11
1992	1.78	135.35	135.05	111.7	210.7	108.79
1993	1.75	170.82	170.70	109.2	229.9	137.94
1994	1.71	235.99	235.96	108.9	250.4	189.46
1995	1.69	288.65	288.58	104.6	262.0	233.53
1996	1.69	322.91	322.84	103.5	271.2	254.48
1997	1.65	347.52	346.07	104.1	282.2	275.29
1998	1.65	362.69	360.92	103.3	291.4	281.43
1999	1.69	408.52	406.25	113.6	331.0	314.76

注:可支配收入指数均按可比价计算。

7-8 城镇住户基本情况

(1999 年)

指标	单位	总计		最低收入户		# 更低收入户	
		城镇	城市	城镇	城市	城镇	城市
调查户数	户	1 314	1 014	131	101	75	55
家庭人口(按月平均)	人	4 023.70	3 071.83	462.72	353.75	257.85	196.75
就业人口(按月平均)	人	2 385.53	1 814.65	239.33	180.00	128.77	94.00
平均每户家庭人口数	人	3.06	3.03	3.53	3.50	3.45	3.58
平均每户就业人口数	人	1.82	1.79	1.83	1.78	1.72	1.71
平均每户就业面	%	59.29	59.07	51.72	50.88	49.84	47.78
平均每一就业者赡养人数(含就业者本人)	人	1.69	1.69	1.93	1.97	2.00	2.09
平均每人每月实际收入	元	395.52	408.25	193.75	187.07	177.75	172.64
平均每人每月可支配性收入	元	393.38	406.25	191.85	185.29	175.71	170.89
平均每人每月消费性支出	元	290.19	314.76	159.60	164.41	150.50	146.74

指标	单位	低收入户		中等偏下户		中等收入户	
		城镇	城市	城镇	城市	城镇	城市
调查户数	户	132	102	263	203	262	202
家庭人口(按月平均)	人	447.25	335.25	861.59	641.83	791.26	610.08
就业人口(按月平均)	人	231.13	179.58	509.42	362.91	487.76	369.75
平均每户家庭人口数	人	3.39	3.29	3.28	3.16	3.02	3.02
平均每户就业人口数	人	1.75	1.76	1.94	1.79	1.86	1.83
平均每户就业面	%	51.68	53.57	59.13	56.54	61.64	60.61
平均每一就业者赡养人数(含就业者本人)	人	1.94	1.87	1.69	1.77	1.62	1.65
平均每人每月实际收入	元	246.98	245.98	302.06	305.80	378.78	391.57
平均每人每月可支配性收入	元	245.19	244.12	300.21	303.70	376.33	389.32
平均每人每月消费性支出	元	202.52	214.01	229.56	251.67	287.77	306.84

指标	单位	中等偏上户		高收入户		最高收入户	
		城镇	城市	城镇	城市	城镇	城市
调查户数	户	263	203	132	102	131	101
家庭人口(按月平均)	人	761.86	587.09	370.82	293.08	328.21	250.75
就业人口(按月平均)	人	463.74	366.33	245.24	192.00	208.92	164.08
平均每户家庭人口数	人	2.90	2.89	2.81	2.87	2.50	2.48
平均每户就业人口数	人	1.76	1.80	1.86	1.88	1.59	1.62
平均每户就业面	%	60.87	62.40	66.13	65.51	63.65	65.44
平均每一就业者赡养人数(含就业者本人)	人	1.64	1.60	1.51	1.53	1.57	1.53
平均每人每月实际收入	元	479.31	488.47	580.90	596.67	764.17	835.28
平均每人每月可支配性收入	元	477.06	486.19	578.57	594.11	760.69	831.73
平均每人每月消费性支出	元	340.37	358.63	395.12	434.18	523.78	599.95

7－9 城镇住户家庭居住情况

（1999年）

指标	单位	总计 城镇	总计 城市	南昌市	景德镇市	萍乡市	九江市	新余市
调查户数	户	1 314	1 014	334	100	50	100	50
家庭常住人口	人	4 021.21	3 070.00	1 020.00	313.00	156.00	293.00	147.00
居住面积	平方米	53 793.25	33 357.24	10 038.10	3 140.50	2 400.00	3 199.62	1 859.80
居住间数	间	3 494.02	2 259.00	709.00	214.00	137.00	209.00	125.00
辅助面积	平方米	36 131.34	21 399.87	6 062.70	1 818.10	1 082.00	1 958.30	1 155.00
平均每户居住面积	平方米	403.94	32.90	30.05	31.41	48.00	32.00	37.20
平均每人居住面积	平方米	13.38	10.87	9.84	10.03	15.38	10.92	12.65
平均每户居住间数	间	2.66	2.23	2.12	2.14	2.74	2.09	2.50
平均每户辅助面积	平方米	27.50	21.10	18.15	18.18	21.64	19.58	23.10
平均每人辅助面积	平方米	8.99	6.97	5.94	5.81	6.94	6.68	9.24
平均每间居住人数	人	1.15	1.36	1.44	1.46	1.14	1.40	1.18

指标	单位	鹰潭市	赣州市	宜春市	上饶市	吉安市	井冈山市	临川市
调查户数	户	50	100	50	50	50	30	50
家庭常住人口	人	153.00	303.00	149.00	155.00	152.00	88.00	141.00
居住面积	平方米	1 551.00	3 961.00	1 717.72	1 476.50	1 438.00	1 091.00	1 484.00
居住间数	间	112.00	224.00	129.00	109.00	113.00	71.00	107.00
辅助面积	平方米	1 432.34	2 368.30	1 515.46	818.30	1 245.00	818.37	1 126.00
平均每户居住面积	平方米	31.02	39.61	34.35	29.53	28.76	36.37	29.68
平均每人居住面积	平方米	10.14	13.07	11.53	9.53	9.46	12.40	10.52
平均每户居住间数	间	2.24	2.24	2.58	2.18	2.26	2.37	2.14
平均每户辅助面积	平方米	28.65	23.68	30.31	16.37	24.90	27.28	22.52
平均每人辅助面积	平方米	9.36	7.82	10.17	5.28	8.19	9.30	7.99
平均每间居住人数	人	1.37	1.35	1.16	1.42	1.35	1.24	1.32

指标	单位	信丰县	瑞昌市	上高县	铅山县	泰和县	东乡县
调查户数	户	50	50	50	50	50	50
家庭常住人口	人	167.00	163.00	144.00	141.00	156.00	159.00
居住面积	平方米	3 004.10	3 635.00	1 527.80	1 737.00	1 939.50	3 371.00
居住间数	间	152.00	198.00	133.00	132.00	145.00	195.00
辅助面积	平方米	2 013.00	1 699.70	1 523.50	1 361.40	1 852.00	2 131.00
平均每户居住面积	平方米	60.08	72.70	30.56	34.74	38.79	67.42
平均每人居住面积	平方米	17.99	22.30	10.61	12.32	12.43	21.20
平均每户居住间数	间	3.04	3.96	2.66	2.64	2.90	3.90
平均每户辅助面积	平方米	40.26	33.99	30.47	27.23	37.04	42.62
平均每人辅助面积	平方米	12.05	10.43	10.58	9.66	11.87	13.40
平均每间居住人数	人	1.10	0.82	1.08	1.07	1.08	0.82

7-10 城镇住户平均每人每月现金收支

单位:元

指标	城镇		城市	
	1998年	1999年	1998年	1999年
一、期初手存现金	**394.89**	**372.97**	**396.39**	**366.13**
二、实际收入	**356.19**	**395.52**	**362.69**	**408.52**
国有单位职工工资	227.16	243.20	235.47	254.64
#奖　金	18.85	21.66	20.26	28.69
集体单位职工工资	15.24	18.20	18.47	27.00
#奖　金	0.81	1.89	0.94	3.37
其他职工全部收入	0.21	1.59	0.28	0.81
#奖　金	0.02	0.06	0.02	0.02
个体经营劳动者收入	8.50	9.13	7.02	6.29
被聘用或留用的离退休人员收入	0.75	0.94	0.76	0.98
其他就业者收入	1.09	1.92	0.69	1.62
其他劳动收入	6.51	6.09	7.41	8.84
财产性收入	11.71	16.42	8.77	8.59
转移性收入	61.52	68.82	62.87	72.56
#赡养收入	3.52	3.28	2.28	2.67
离退休金	42.34	49.87	45.53	53.48
价格补贴	0.07	0.05	0.09	0.06
赠送收入	8.70	7.76	7.62	7.98
亲友搭伙费	4.58	4.74	4.89	5.35
记帐补贴	1.61	1.93	1.66	2.08
出售财物收入	0.21	0.74	0.19	0.37
家庭副业生产收入	0.31	0.37	0.18	0.08
三、储蓄借贷收入	**80.97**	**71.58**	**80.96**	**76.18**
#提取储金会款	0.52	0.43	0.60	0.39
借　入　款	11.60	7.89	8.45	3.34
四、实际支出	**338.42**	**349.94**	**345.97**	**374.92**
#赡养支出	7.77	8.39	7.66	7.73
赠送支出	26.68	30.72	26.25	29.10
五、储蓄借贷支出	**97.39**	**100.56**	**95.49**	**94.77**
#存入储金会款	0.77	0.74	0.98	0.53
归还借款	6.45	4.75	5.50	2.34
借出款	1.25	1.13	1.19	1.71
六、期末手存现金	**411.09**	**572.17**	**422.68**	**546.30**

7－11　城镇住户平均每人每月现金收支

（1999年）　　单位:元

指　　标	合计	最低收入户	#更低收入户	低收入户	中等偏下户	中等收入户	中等偏上户	高收入户	最高收入户
一、期初手存现金	**372.97**	**301.05**	**313.48**	**330.92**	**301.47**	**343.06**	**410.83**	**515.73**	**542.35**
二、实际收入	**395.52**	**193.75**	**177.75**	**246.98**	**302.06**	**378.78**	**479.32**	**580.90**	**764.17**
国有单位职工工资	243.20	103.48	89.36	136.36	183.00	253.48	315.65	367.28	421.69
#奖　　金	21.66	4.02	2.69	4.32	11.25	18.20	30.60	44.70	59.10
集体单位职工工资	18.20	16.01	10.93	29.82	18.77	23.33	12.16	17.24	6.64
#奖　　金	1.89	0.56	0.32	1.10	0.86	2.74	2.36	5.61	0.18
其他单位职工全部收入	1.59	0.43	0.77	2.03	2.69	1.03	2.07	1.54	0.00
#奖　　金	0.06	0.00	0.00	0.21	0.04	0.00	0.07	0.13	0.00
个体经营劳动者收入	9.13	12.27	17.32	15.03	17.28	7.15	2.70	2.57	2.36
被聘用或留用的离退休人员收入	0.94	0.20	0.36	1.74	0.27	0.11	0.61	1.82	4.44
其他就业者收入	1.92	3.76	2.43	1.43	2.57	1.06	0.70	4.10	0.72
其他劳动收入	6.09	5.18	6.56	6.96	3.66	6.46	6.54	10.29	5.85
财产性收入	16.42	8.60	8.76	10.83	11.69	16.59	18.63	19.64	38.23
转移性收入	68.82	33.22	30.14	39.20	40.97	43.34	82.67	109.19	216.11
#赡养收入	3.28	2.44	2.65	1.71	0.83	2.87	3.89	7.26	8.06
离退休金	49.87	25.47	22.95	30.46	31.58	31.07	59.63	74.87	153.11
价格补贴	0.05	0.02	0.03	0.04	0.09	0.04	0.03	0.05	0.03
赠送收入	7.76	1.77	2.06	2.53	4.61	4.84	10.46	12.12	27.51
亲友搭伙费	4.74	1.77	0.75	2.69	2.08	1.38	5.52	11.67	17.14
记帐补贴	1.93	1.59	1.63	1.72	1.74	1.92	2.08	2.14	2.57
出售财物收入	0.74	0.01	0.00	0.03	0.00	0.50	0.40	0.65	5.93
家庭副业生产收入	0.37	0.38	0.68	0.00	0.26	0.49	0.38	0.04	1.18
三、储蓄借贷收入	**71.58**	**26.21**	**16.61**	**35.18**	**51.22**	**64.06**	**93.18**	**102.04**	**172.12**
#提取储金会款	0.43	0.43	0.00	0.00	0.48	0.57	0.11	0.17	1.60
借　入　款	7.89	5.45	2.61	1.77	8.17	1.13	18.83	6.79	11.11
四、实际支出	**349.94**	**183.20**	**164.78**	**226.92**	**274.67**	**345.29**	**418.22**	**491.64**	**642.87**
#赡养支出	8.39	2.96	1.52	4.16	3.36	7.48	10.35	15.45	24.65
赠送支出	30.72	9.34	9.63	16.22	19.79	29.78	39.44	51.64	67.64
五、储蓄借贷支出	**100.56**	**34.64**	**25.08**	**45.32**	**65.64**	**81.79**	**128.73**	**165.55**	**266.90**
#存入储金会款	0.74	0.01	0.00	0.29	1.98	0.32	0.55	0.45	0.93
归还借款	4.75	0.97	0.42	1.46	4.27	2.74	5.16	6.30	17.92
借 出 款	1.13	0.39	0.64	0.22	0.56	0.98	1.69	1.80	3.25
六、期末手存现金	**572.17**	**326.62**	**367.55**	**449.98**	**457.16**	**532.13**	**717.42**	**824.73**	**860.75**

7－12　城市住户平均每人每月现金收支

（1999年）　　　　单位:元

指　　标	合计	最低收入户	#更低收入户	低收入户	中等偏下户	中等收入户	中等偏上户	高收入户	最高收入户
一、期初手存现金	**366.13**	**280.71**	**247.45**	**263.69**	**340.52**	**347.66**	**384.94**	**459.16**	**581.33**
二、实际收入	**408.52**	**187.07**	**172.64**	**245.98**	**305.80**	**391.57**	**488.47**	**596.67**	**835.28**
国有单位职工工资	254.64	98.08	85.45	125.16	184.06	252.96	338.74	378.08	492.24
#奖　　金	28.69	3.85	2.13	6.88	12.81	22.27	39.88	57.08	89.72
集体单位职工工资	27.00	27.85	20.15	49.84	29.20	27.48	18.59	30.68	3.83
#奖　　金	3.37	1.03	0.58	2.06	1.36	4.75	4.28	9.98	0.34
其他单位职工全部收入	0.81	0.00	0.00	0.00	3.05	0.00	0.73	0.30	0.00
#奖　　金	0.02	0.00	0.00	0.00	0.08	0.00	0.00	0.00	0.00
个体经营劳动者收入	6.29	9.85	17.36	6.69	8.34	7.65	3.24	4.58	1.35
被聘用或留用的离退休人员收入	0.98	0.00	0.00	0.71	0.22	0.00	0.72	3.24	5.07
其他就业者收入	1.62	0.92	1.65	2.68	1.00	0.00	1.28	6.94	1.33
其他劳动收入	8.84	6.54	10.19	9.07	6.01	10.63	6.87	16.52	10.39
财产性收入	8.59	2.95	2.71	3.16	4.27	9.40	9.05	11.25	28.70
转移性收入	72.56	34.00	29.75	39.54	56.27	56.11	75.06	97.60	217.70
#赡养收入	2.67	1.04	1.34	2.72	1.18	2.41	3.05	5.37	5.23
离退休金	53.48	27.72	23.80	27.43	45.17	41.55	55.53	64.73	157.00
价格补贴	0.06	0.04	0.06	0.07	0.07	0.07	0.04	0.04	0.05
赠送收入	7.98	1.72	1.34	3.91	3.92	6.38	7.42	9.74	35.85
亲友搭伙费	5.38	1.46	0.79	3.49	3.93	2.28	6.03	13.60	13.56
记帐补贴	2.08	1.72	1.71	1.85	2.00	2.06	2.14	2.33	2.74
出售财物收入	0.37	0.24	0.00	0.02	0.01	0.58	0.04	1.11	1.37
家庭副业生产收入	0.08	0.00	0.00	0.00	0.00	0.06	0.33	0.06	0.00
三、储蓄借贷收入	**76.18**	**15.90**	**7.75**	**33.83**	**55.88**	**61.47**	**85.76**	**135.36**	**214.01**
#提取储金会款	0.39	0.00	0.00	0.00	0.36	0.06	0.20	0.29	2.94
借　入　款	3.34	1.33	1.17	2.55	3.02	1.12	5.42	0.85	11.49
四、实际支出	**374.92**	**178.67**	**155.89**	**237.63**	**302.03**	**356.69**	**428.38**	**540.51**	**747.50**
#赡养支出	7.73	2.67	1.69	2.48	3.61	5.88	10.94	11.03	25.52
赠送支出	29.10	7.51	6.85	14.65	17.13	27.26	33.87	49.06	79.52
五、储蓄借贷支出	**94.77**	**24.33**	**23.95**	**36.51**	**50.25**	**79.54**	**119.30**	**166.10**	**282.21**
#存入储金会款	0.53	0.01	0.01	0.51	0.10	0.53	0.70	0.75	1.71
归还借款	2.34	0.43	0.56	0.67	2.24	2.21	3.11	3.10	5.16
借 出 款	1.71	0.00	0.00	0.36	1.01	1.48	2.65	3.01	4.51
六、期末手存现金	**546.30**	**280.26**	**253.99**	**331.72**	**453.23**	**549.27**	**703.64**	**764.35**	**816.28**

7－13　城镇住户平均每人每月消费性支出和构成

指　　标	消费性支出(元)				构　　成(％)			
	城	镇	城	市	城	镇	城	市
	1998年	1999年	1998年	1999年	1998年	1999年	1998年	1999年
消费性支出	**272.23**	**290.19**	**281.43**	**314.76**	**100**	**100**	**100**	**100**
一、食　品	134.07	130.31	140.85	146.53	49.2	44.9	50.0	46.6
#粮　　食	17.68	16.52	18.38	18.07	6.5	5.7	6.5	5.7
油　　脂	7.58	7.60	7.87	8.64	2.8	2.6	2.8	2.7
肉　　禽	32.88	31.06	34.73	35.04	12.1	10.7	12.3	11.1
蛋　　类	4.39	4.44	4.71	5.09	1.6	1.5	1.7	1.6
水 产 品	8.24	8.20	8.65	8.92	3.0	2.8	3.1	2.8
菜	16.02	14.46	17.20	16.84	5.9	5.0	6.1	5.4
糖	1.45	1.44	1.46	1.45	0.5	0.5	0.5	0.5
烟　　草	4.95	5.22	5.23	5.89	1.8	1.8	1.9	1.9
酒和饮料	4.45	4.57	4.55	5.00	1.6	1.6	1.6	1.6
干鲜瓜果	7.07	7.51	7.39	8.33	2.6	2.6	2.6	2.6
奶及奶制品	2.51	2.78	2.86	3.57	0.9	1.0	1.0	1.1
二、衣　着	24.70	25.30	25.99	28.84	9.1	8.7	9.2	9.2
三、家庭设备	19.40	19.48	20.66	20.07	7.1	6.7	7.3	6.4
#耐用消费品	9.57	10.59	10.23	10.47	3.5	3.6	3.6	3.3
四、医疗保健	7.66	8.99	7.26	9.79	2.8	3.1	2.6	3.1
五、交通和通讯	14.70	17.48	16.00	18.52	5.4	6.0	5.7	5.9
六、娱乐、教育文化	27.36	32.83	28.16	36.18	10.1	11.3	10.0	11.5
#文娱用耐用消费品	5.26	6.44	5.76	7.60	1.9	2.2	2.0	2.4
教　育	16.98	21.20	16.87	23.00	6.2	7.3	6.0	7.3
七、居　住	32.23	42.45	30.74	38.77	11.8	14.6	10.9	12.3
#房　　租	9.84	15.53	7.76	9.26	3.6	5.4	2.8	2.9
水　　电	7.84	8.45	8.40	10.17	2.9	2.9	3.0	3.2
燃　　料	6.43	7.35	6.27	7.34	2.4	2.5	2.2	2.3
八、杂项商品和服务	12.11	13.34	11.77	16.05	4.5	4.6	4.3	5.1

7－14 城镇住户平均每人每月消费性支出

（1999 年） 单位：元

指　　标	合计	最低收入户	#更低收入户	低收入户	中等偏下户	中等收入户	中等偏上户	高收入户	最高收入户
消费性支出	**290.19**	**159.60**	**150.50**	**202.52**	**229.56**	**287.77**	**340.37**	**395.12**	**523.78**
一、食　品	130.31	92.57	49.30	108.23	115.08	129.78	145.66	164.35	180.80
#粮　食	16.52	15.55	16.26	15.60	16.17	15.49	16.92	18.69	19.16
油　脂	7.60	7.08	6.63	6.29	7.89	7.67	7.48	8.70	8.21
肉　禽	31.06	24.41	22.25	27.71	27.96	30.32	34.23	37.37	40.48
蛋　类	4.44	3.62	3.24	3.67	4.22	4.61	4.79	5.00	5.36
水产品	8.20	5.74	5.24	7.11	7.08	8.19	9.51	10.65	10.37
菜	14.46	12.89	12.94	13.22	13.48	14.49	15.35	16.57	16.37
糖	1.44	0.88	0.81	1.19	1.20	1.45	1.53	1.69	2.66
烟　草	5.22	2.39	2.22	4.11	4.31	5.83	5.84	7.43	7.65
酒和饮料	4.57	2.69	2.44	3.84	3.50	4.78	4.87	6.26	7.94
干鲜瓜果	7.51	3.34	3.15	5.35	5.89	8.43	9.34	9.95	11.32
奶及奶制品	2.78	1.07	0.66	2.06	2.16	3.02	3.27	3.96	4.72
二、衣　着	25.30	9.74	9.20	14.14	17.63	28.21	34.49	36.39	41.75
三、家庭设备	19.48	6.69	8.11	7.08	10.47	20.21	19.67	32.31	61.39
#耐用消费品	10.59	3.21	5.15	2.57	3.94	11.75	9.36	18.72	40.20
四、医疗保健	8.99	3.42	2.97	5.00	6.57	8.79	10.70	13.43	20.13
五、交通和通讯	17.48	6.45	5.19	8.74	12.57	18.75	21.54	24.78	37.05
六、娱乐、教育文化	32.83	13.65	11.46	20.93	26.08	36.10	39.53	44.67	57.04
#文娱用耐用消费品	6.44	0.67	0.41	1.26	3.64	5.44	8.96	11.37	19.92
教　育	21.20	10.89	9.17	16.57	18.78	25.61	24.17	24.33	27.33
七、居　住	42.45	23.44	22.10	31.75	31.80	34.46	52.43	57.92	90.40
#房　租	15.53	11.09	10.71	13.07	14.13	15.49	17.84	17.63	21.23
水　电	8.45	5.40	5.21	6.53	6.72	8.70	9.53	12.34	12.45
燃　料	7.35	6.02	5.95	6.53	6.97	6.85	8.12	8.74	9.19
八、杂项商品和服务	13.34	3.64	2.99	6.64	9.36	11.47	16.35	21.26	35.22

7-15 城市住户平均每人每月消费性支出

（1999 年）　　　　单位：元

指　　标	合计	最低收入户	#更低收入户	低收入户	中等偏下户	中等收入户	中等偏上户	高收入户	最高收入户
消费性支出	**314.76**	**164.41**	**146.75**	**214.01**	**251.67**	**306.84**	**358.63**	**434.18**	**599.95**
一、食　品	146.53	101.01	93.81	119.55	131.10	149.89	161.80	176.30	207.65
#粮　食	18.07	16.53	15.29	17.76	18.14	17.47	18.36	18.82	20.42
油　脂	8.64	7.21	6.46	7.74	9.08	8.80	8.95	8.94	9.28
肉　禽	35.04	26.94	24.56	30.87	32.75	35.02	37.59	41.33	44.68
蛋　类	5.09	4.15	3.57	4.33	4.81	5.37	5.45	5.52	6.11
水产品	8.92	5.70	5.38	7.30	7.65	8.71	10.20	12.26	12.56
菜	16.84	14.44	14.19	15.30	16.33	17.05	18.02	18.40	18.47
糖	1.45	0.86	0.83	1.19	1.22	1.58	1.46	0.18	2.53
烟　草	5.89	2.46	2.24	3.58	5.03	7.33	6.02	8.15	9.54
酒和饮料	5.00	2.91	2.45	3.71	3.91	5.70	5.02	6.09	9.40
干鲜瓜果	8.33	4.09	3.82	5.19	6.45	9.04	10.31	11.21	13.55
奶及奶制品	3.57	1.04	0.84	1.76	2.45	3.96	4.36	6.04	8.74
二、衣　着	28.84	10.19	9.18	14.02	20.31	30.52	38.93	43.56	51.89
三、家庭设备	20.07	0.11	3.45	8.99	12.30	14.68	18.68	39.03	71.43
#耐用消费品	10.47	1.09	0.10	3.80	4.14	5.42	8.27	24.72	50.62
四、医疗保健	9.79	3.79	3.78	4.28	7.08	11.81	9.04	13.34	25.21
五、交通和通讯	18.52	7.34	4.68	11.40	13.37	18.24	22.33	25.67	40.41
六、娱乐、教育文化	36.18	14.51	11.46	22.84	26.44	38.24	43.93	45.70	75.19
#文娱用耐用消费品	7.60	1.09	0.57	1.42	4.34	4.20	11.93	13.17	24.98
教　育	23.00	11.74	9.64	18.46	18.51	28.33	25.35	23.36	37.62
七、居　住	38.77	18.96	17.30	26.38	29.80	29.82	46.37	64.08	80.68
#房　租	9.26	6.38	5.53	9.13	8.70	9.62	10.10	9.18	12.14
水　电	10.17	6.47	5.98	8.34	8.78	10.26	11.39	14.19	13.66
燃　料	7.34	5.65	5.40	6.96	6.83	6.83	7.97	8.97	9.40
八、杂项商品和服务	16.05	4.44	3.08	6.56	11.26	13.65	17.56	26.50	47.50

7－16　城镇住户平均每人购买主要商品数量

品　　名	单位	1998年	1999年	品　　名	单位	1998年	1999年
平均每人每月购买量				**平均每人全年购买量**			
粮　　食	公斤	7.71	7.60	棉　　布	米	0.27	0.22
鲜　　菜	公斤	8.33	8.26	棉花化纤混纺布	米	0.13	0.11
食用植物油	公斤	0.76	0.78	化　纤　布	米	0.92	0.82
猪　　肉	公斤	1.58	1.63	呢　　绒	米	0.05	0.06
牛　羊　肉	公斤	0.09	0.07	绸　　缎	米	0.10	0.05
家　　禽	公斤	0.40	0.38	男士服装	件	1.45	1.57
蛋　　类	公斤	0.55	0.60	女士服装	件	2.04	2.23
鱼　　类	公斤	0.92	0.82	各式童装	件	0.67	0.79
食　　糖	公斤	0.12	0.13	皮　　鞋	双	0.61	0.63
卷　　烟	盒	1.26	1.30	旅　游　鞋	双	0.06	0.06
酒	公斤	0.63	0.61	雨　　鞋	双	0.05	0.04
肥　　皂	块	0.41	0.39	拖　　鞋	双	0.50	0.43
煤　　炭	公斤	6.00	6.65	各种袜子	双	2.09	2.23

7－17　城镇住户平均每百户购买主要商品数量

品　　名	单位	1998年	1999年	品　　名	单位	1998年	1999年
大衣柜	个	0.34	0.02	洗衣机	台	2.03	0.76
写字台	张	0.34	0.05	电冰箱	台	2.03	0.77
自行车	辆	8.31	2.77	电炊具	个	3.56	1.16
缝纫机	架	0.00	0.00	电视机	台	3.39	1.46
电风扇	台	7.97	2.74	收录机	台	1.36	0.36

7-18 城市住户平均每人购买主要商品数量

品　名	单位	1998年	1999年	品　名	单位	1998年	1999年
平均每人每月购买量				**平均每人全年购买量**			
粮　食	公斤	7.77	7.82	棉　布	米	0.32	0.21
鲜　菜	公斤	8.32	8.95	棉花化纤混纺布	米	0.15	0.14
食用植物油	公斤	0.81	0.91	化纤布	米	0.94	0.68
猪　肉	公斤	1.64	1.78	呢　绒	米	0.04	0.05
牛羊肉	公斤	0.08	0.08	绸　缎	米	0.13	0.09
家　禽	公斤	0.43	0.42	男士服装	件	1.50	1.72
蛋　类	公斤	0.59	0.69	女士服装	件	2.05	2.36
鱼　类	公斤	0.93	0.88	各式童装	件	0.66	0.91
食　糖	公斤	0.13	0.13	皮　鞋	双	0.60	0.66
卷　烟	盒	1.27	1.36	旅游鞋	双	0.06	0.08
酒	公斤	0.60	0.59	雨　鞋	双	0.04	0.02
肥　皂	块	0.44	0.41	拖　鞋	双	0.49	0.43
煤　炭	公斤	4.21	3.66	各式袜子	双	2.10	2.25

7-19 城市住户平均每百户购买主要商品数量

品　名	单位	1998年	1999年	品　名	单位	1998年	1999年
大衣柜	个	0.11	0.03	洗衣机	台	1.93	0.85
写字台	张	0.34	0.10	电冰箱	台	1.93	0.52
自行车	辆	8.86	3.03	电炊具	个	4.09	1.60
缝纫机	架	0.00	0.00	电视机	台	3.75	1.69
电风扇	台	7.50	2.51	收录机	台	1.70	0.39

7-20 城镇住户平均每百户主要消费品年末拥有量

品名	单位	1998年	1999年
毛皮大衣	件	37.46	38.81
呢大衣	件	185.08	185.95
毛毯	条	143.81	153.22
组合家具	套	39.15	39.49
洗衣机	台	82.71	80.39
电冰箱	台	75.34	73.03
摄像机	台	0.34	0.22
空调机	台	13.47	15.52
摩托车	辆	8.39	11.03
家用汽车	辆	0.00	0.32
彩色电视机	台	95.17	100.18
影碟机	台	10.59	23.70
照相机	架	27.12	25.90
组合音响	套	14.32	15.68
中高档乐器	件	6.10	6.15
微波炉	台	2.46	3.79
电炊具	台	73.98	84.24
淋浴热水器	台	46.95	52.07
吸尘器	台	4.07	4.19
家用电脑	台	2.29	2.65
健身器材	件	1.69	1.58
移动电话	台	3.81	4.37

7-21 城市住户平均每百户主要消费品年末拥有量

品名	单位	1998年	1999年
毛皮大衣	件	41.48	42.21
呢大衣	件	192.61	198.52
毛毯	条	142.16	142.70
组合家具	套	39.66	41.81
洗衣机	台	89.89	91.12
电冰箱	台	82.95	86.49
摄像机	台	0.34	0.39
空调机	台	17.61	26.92
摩托车	辆	6.82	7.50
家用汽车	辆	0.00	0.59
彩色电视机	台	97.39	104.44
影碟机	台	11.25	20.71
照相机	架	31.02	31.85
组合音响	套	15.68	17.06
中高档乐器	件	6.59	7.10
微波炉	台	3.18	5.82
电炊具	台	68.07	71.01
淋浴热水器	台	49.89	55.42
吸尘器	台	4.77	5.72
家用电脑	台	2.84	3.45
健身器材	件	1.93	1.78
移动电话	台	4.77	6.31

7-22 农村住户基本情况

年份	调查县数（个）	调查户数（户）	平均每户常住人口（人）	平均每户整半劳动力（人）	平均每个劳动力负担人口（人）	平均每人纯收入（元）	纯收入指数（以1978年为100）	平均每人年末住房面积（平方米）
1978	12	132	5.68	2.77	2.50	140.70	100	
1979	12	133	5.67	2.26	2.50	156.50	109.80	
1980	20	520	5.91	2.50	2.36	181.24	127.59	9.09
1981	20	800	6.06	2.78	2.18	226.87	157.57	10.05
1982	20	1 220	5.97	2.63	2.27	269.71	185.46	11.57
1983	20	1 200	5.92	2.90	2.04	301.76	207.51	13.92
1984	20	1 200	5.94	3.02	1.97	334.11	227.85	15.55
1985	35	2 450	5.79	3.09	1.87	377.31	250.63	16.20
1986	35	2 450	5.72	3.04	1.88	395.63	255.65	17.50
1987	35	2 450	5.61	3.02	1.85	429.29	268.94	18.47
1988	35	2 450	5.48	3.01	1.82	488.16	280.23	19.35
1989	35	2 450	5.38	3.02	1.78	558.64	286.96	19.94
1990	35	2 450	5.28	3.00	1.76	669.90	292.70	20.58
1991	35	2 450	5.09	2.92	1.74	702.53	303.82	20.08
1992	35	2 450	5.01	2.94	1.70	768.41	322.36	20.70
1993	35	2 450	4.92	3.02	1.63	869.81	335.14	22.91
1994	35	2 450	4.86	3.10	1.57	1 218.19	356.02	21.61
1995	35	2 450	4.79	3.12	1.54	1 537.36	384.06	22.70
1996	35	2 450	4.71	3.02	1.56	1 869.63	430.16	24.00
1997	35	2 450	4.61	3.00	1.54	2 107.28	473.19	24.33
1998	35	2 450	4.56	2.99	1.52	2 048.00	466.04	25.31
1999	35	2 450	4.50	2.99	1.50	2 129.45	492.14	26.90

注:纯收入指数按可比价格计算。

7-23 各地区农村住户基本情况

（1999年）

地　　区	调查户数（户）	平均每户常住人口（人）	平均每户劳动力（人）	6-17岁人口入学率（%）	人均经营耕地面积（亩）	人均经营山地面积（亩）	平均每人年末住房面积（平方米）
全　省	**2 450**	**4.50**	**2.99**	**90.44**	**1.33**	**0.68**	**26.90**
南 昌 市	400	4.30	2.89	89.26	1.63	0.08	27.75
景德镇市	180	4.46	2.95	92.11	1.32	0.11	30.54
萍 乡 市	170	4.61	3.15	94.29	0.62	0.27	34.42
九 江 市	750	4.52	2.93	94.16	1.22	0.17	25.17
新 余 市	140	3.97	2.67	94.70	1.50	0.24	40.16
鹰 潭 市	180	4.21	2.91	90.54	1.51	0.27	33.06
赣 州 市	1 260	4.69	3.18	88.88	0.87	1.66	25.35
宜春地区	700	4.28	2.86	92.48	1.76	0.74	29.96
上饶地区	795	4.54	3.08	91.42	1.04	0.35	27.33
吉安地区	870	4.44	2.98	92.03	1.68	1.02	26.21
抚州地区	770	4.39	2.91	91.09	1.65	0.86	23.95

注：各地市调查户数包括非国家调查县的调查户。

7-24 农村住户年末拥有生产性固定资产情况

指　　标	单　位	1985年	1990年	1995年	1998年	1999年
一、平均每百户生产性固定资产拥有量						
汽　车	辆	0.10	0.24	0.48	1.02	1.02
大中型拖拉机	辆	0.31	0.18	0.14	0.16	0.08
小型和手扶拖拉机	辆	1.10	1.11	1.28	2.38	2.37
机动脱粒机	台	1.25	2.93	5.39	7.97	8.65
胶轮大车	辆	2.59	2.27	2.69	5.95	4.90
胶轮手推车	辆	24.07	27.23	37.04	42.15	43.39
抽水机	台	0.37	1.29	2.47	4.50	4.79
水　泵	台	0.36	1.06	5.19	6.36	6.59
机动船	艘	0.16	0.18	0.16	0.11	0.05
役　畜	头	51.01	56.10	60.21	61.73	55.04
产品畜	头	20.19	22.10	66.47	42.57	36.91
二、平均每户年末生产性固定资产原值	**元**	**619.06**	**924.72**	**1 914.80**	**2 564.05**	**2 534.68**
役畜、产品畜	元	288.59	363.67	731.75	669.15	615.44
大中型铁木农具	元	73.51	106.27	214.69	291.25	214.16
农林牧渔业机械	元	17.42	37.86	69.44	132.51	263.30
工业机械	元	7.59	24.91	54.53	56.34	49.07
运输机械	元	36.89	88.18	149.49	365.32	350.45
生产用房	元	164.59	261.42	600.99	932.65	927.80
其他生产性固定资产	元	30.47	42.41	93.91	116.83	114.47

7－25 各地区农村住户劳动力文化程度构成

（1999 年）　　单位：%

地　　区	文盲或半文盲	小学程度	初中程度	高中程度	中专程度	大专以上程度
全　省	**5.62**	**41.62**	**43.85**	**7.63**	**1.02**	**0.26**
南 昌 市	7.19	34.80	47.88	8.40	1.56	0.17
景德镇市	6.59	36.72	44.82	9.23	1.70	0.94
萍 乡 市	6.17	31.40	48.41	9.16	2.62	2.24
九 江 市	9.02	33.21	43.05	12.44	1.60	0.68
新 余 市	4.28	31.28	51.61	11.76	1.07	
鹰 潭 市	9.92	39.31	41.99	7.64	0.57	0.57
赣 州 市	6.06	37.34	45.96	8.84	1.45	0.35
宜春地区	2.64	32.87	54.15	8.44	1.70	0.20
上饶地区	9.18	42.33	40.61	6.29	1.22	0.37
吉安地区	4.97	43.10	41.95	8.25	1.27	0.46
抚州地区	6.70	48.55	37.20	6.25	1.12	0.18

7－26 农村住户住房情况

单位:平方米

指　　标	1985 年	1990 年	1995 年	1998 年	1999 年
一、平均每户年内新建房屋面积	6.04	3.05	4.12	4.42	7.04
#砖木结构	4.01	1.46	0.75	0.42	0.82
钢筋混凝土结构	0.21	0.89	3.14	3.83	6.06
#新建房屋中生活用房面积	4.99	2.31	3.97	4.09	6.66
新建房屋中楼房面积	1.10	0.57	0.78	1.27	2.55
平均每户年内新建房屋价值(元)	207.34	175.68	659.45	765.96	896.71
二、平均每户年末住房间数(间)	5.58	5.90	4.83	4.84	5.16
平均每户年末住房面积	93.80	108.62	108.66	115.41	121.05
#砖木结构	52.98	65.24	68.82	57.54	56.70
钢筋混凝土结构	0.76	5.44	15.40	34.42	41.91
三、平均每人年末住房面积	16.20	20.58	22.70	25.31	26.90
#砖木结构	9.15	12.36	14.38	12.62	12.60
钢筋混凝土结构	0.13	1.03	3.22	7.55	9.31
四、平均每户年末住房价值(元)	2 604.20	4 187.00	7 357.74	12 873.24	13 461.62

7－27　农村住户总收入和构成

指　　标	平均每人(元)		构　　成(%)	
	1998 年	1999 年	1998 年	1999 年
全年总收入	**2 799.29**	**2 829.90**	**100**	**100**
一、基本收入	2 680.26	2 698.34	95.8	95.3
1.劳动者的报酬收入	505.44	614.98	18.1	21.7
在集体组织中劳动的报酬	91.05	100.84	3.3	3.4
在企业劳动得到的报酬	347.89	431.30	12.4	15.2
在乡村企业劳动得到的	41.62	39.13	1.5	1.4
在个体企业劳动得到的	80.75	101.28	2.9	3.6
在其他企业劳动得到的	225.52	290.89	8.0	10.3
其他单位劳动得到的报酬	66.50	82.83	2.4	2.9
2.家庭经营收入	2 174.82	2 083.36	77.7	73.6
种植业收入	1 138.60	1 151.15	40.7	40.7
#粮食收入	740.66	746.56	26.5	26.4
林业收入	27.02	29.99	1.0	1.1
牧业收入	602.81	502.92	21.5	17.8
渔业收入	59.58	55.62	2.1	2.0
手工业收入	43.68	48.00	1.6	1.7
采集捕猎收入	51.22	20.34	1.8	0.7
工业收入	32.70	28.77	1.2	1.0
#粮食加工收入	9.26	8.48	0.3	0.3
建筑业收入	36.85	44.29	1.3	1.5
运输业收入	50.68	55.59	1.8	2.0
商业收入	50.26	57.55	1.8	2.0
饮食业收入	9.16	8.71	0.3	0.3
服务业收入	30.05	38.03	1.1	1.3
其他家庭经营收入	42.19	42.41	1.5	1.5
二、转移性收入	100.57	112.31	3.6	4.0
#在外人口寄回和带回	23.92	27.17	0.9	1.0
农村外部亲友赠送收入	8.71	7.17	0.3	0.3
三、财产性收入	18.46	19.25	0.6	0.7

7-28 农村住户总支出和构成

指　　　标	平均每人(元)		构　　成(%)	
	1998年	1999年	1998年	1999年
全年总支出	**2 323.03**	**2 328.38**	**100**	**100**
一、家庭经营费用支出	615.17	555.53	26.5	23.8
种植业生产支出	242.68	245.17	10.5	10.6
林业生产支出	3.23	3.66	0.1	0.2
牧业生产支出	301.73	242.88	13.0	10.4
渔业生产支出	10.31	10.76	0.4	0.5
手工业生产支出	8.16	8.11	0.4	0.3
工业生产支出	14.62	8.01	0.6	0.3
建筑业支出	1.46	2.46	0.1	0.1
运输业支出	13.38	14.78	0.6	0.6
#货运支出	10.33	12.33	0.4	0.5
商业支出	6.21	6.17	0.3	0.3
饮食业支出	3.23	2.93	0.1	0.1
服务业支出	2.67	2.79	0.1	0.1
其他经营支出	7.49	7.83	0.3	0.3
二、购置生产用固定资产支出	34.27	29.91	1.5	1.3
三、缴纳税金	35.12	39.05	1.5	1.7
#第一产业的税金	31.33	34.78	1.3	1.5
四、上交集体承包任务	14.50	12.90	0.6	0.6
五、集体提留和摊派	36.47	41.68	1.6	1.8
六、生活消费支出	1 538.24	1 607.43	66.2	69.0
七、其他非借贷性支出	49.26	41.89	2.1	1.8
#寄给和带给在外人口	4.01	3.36	0.2	0.1
赠送农村外部亲友	2.86	2.57	0.1	0.1

7－29 农村住户纯收入和构成

指标	平均每人(元)		构成(%)	
	1998年	1999年	1998年	1999年
纯收入	**2 048.00**	**2 129.45**	**100**	**100**
一、按纯收入来源分				
基本纯收入	1 941.52	2 011.63	94.8	94.5
劳动者的报酬收入	505.44	614.98	24.7	28.9
#在企业劳动得到的收入	347.89	431.30	17.0	20.3
家庭经营纯收入	1 436.08	1 396.65	70.1	65.6
第一产业纯收入	1 247.56	1 183.61	60.9	55.6
第二产业纯收入	49.51	57.99	2.4	2.7
第三产业纯收入	139.01	155.06	6.8	7.3
转移性收入	88.02	98.57	4.3	4.6
财产性收入	18.46	19.25	0.9	0.9
二、按纯收入性质分				
生产性纯收入	1 915.84	1 978.78	93.5	92.9
农业生产纯收入	1 247.56	1 183.61	60.9	55.6
非农业生产纯收入	668.28	795.17	32.6	37.3
非生产性纯收入	132.16	150.67	6.5	7.1

7－30 各地区农村住户平均每人年纯收入

(1999年) 单位:元

地区	纯收入	基本收入			转移性收入	财产性收入
			劳动者报酬收入	家庭经营收入		
全　省	**2 129.45**	**2 011.63**	**614.98**	**1 396.65**	**98.57**	**19.25**
南昌市	2 306.86	2 188.22	895.58	1 292.64	85.89	32.75
景德镇市	2 330.55	2 138.28	965.68	1 172.60	131.63	60.64
萍乡市	2 404.04	2 270.09	1 101.88	1 168.21	125.73	8.22
九江市	1 819.95	1 655.22	615.20	1 040.02	150.77	13.96
新余市	2 451.00	2 328.90	752.70	1 576.20	35.82	86.28
鹰潭市	2 349.22	2 219.95	764.96	1 454.99	108.00	21.27
赣州市	2 095.31	1 970.60	785.30	1 185.30	104.02	20.69
宜春地区	2 449.82	2 306.64	623.67	1 682.97	126.35	16.83
上饶地区	2 033.45	1 841.56	727.50	1 114.06	167.66	24.23
吉安地区	2 183.47	2 076.57	587.81	1 488.76	96.40	10.50
抚州地区	2 225.86	2 145.81	382.85	1 762.96	68.32	11.73

7-31 农村住户生活消费支出构成和商品性比重

指　　标	平均每人(元)		构　成　(%)		商品性比重(%)	
	1998年	1999年	1998年	1999年	1998年	1999年
全年生活消费支出	**1 538.24**	**1 607.43**	**100**	**100**		
一、食　　品	899.37	922.17	58.5	57.4	44.1	45.8
#主　　食	333.69	323.55	21.7	20.1	6.9	6.7
副　　食	381.29	381.79	24.8	23.8	55.8	55.3
二、衣　　着	67.08	68.47	4.4	4.3	98.9	99.7
#服　　装	31.34	37.61	2.0	2.3	100	100
三、居　　住	221.48	229.73	14.4	14.3	80.4	93.7
#建筑材料	110.65	139.25	7.2	8.7	100	100
燃　　料	61.24	31.73	4.0	2.0	29.0	54.1
四、家庭设备、用品及服务	66.98	69.04	4.3	4.3		
#耐用消费品	10.19	12.01	0.7	0.7	100	100
室内装饰品	0.03	0.03	...	...	100	100
床上用品	5.00	5.25	0.3	0.3	100	100
五、医疗保健	55.17	61.14	3.6	3.8		
六、交通和通讯	40.39	55.17	2.6	3.4		
七、文化娱乐用品和服务	160.88	171.70	10.5	10.7		
文化教育娱乐用品	29.73	31.52	1.9	2.0	100	100
#文娱用机电消费品	13.05	15.36	0.8	1.0	100	100
书报杂志	11.11	10.88	0.7	0.7	100	100
文化教育娱乐服务	131.16	140.17	8.5	8.7		
#学杂费	125.25	132.74	8.1	8.3		
技术培训费	2.55	2.23	0.2	0.1		
八、其他商品和服务	26.90	30.02	1.7	1.8	100	100

注：商品性比重是指生活消费品中商品性支出所占比重，不包括生活服务支出。

7－32 农村住户现金收入和构成

指　　　标	平均每人(元)		构　成(%)	
	1998 年	1999 年	1998 年	1999 年
全年现金收入	**2 244.85**	**2 294.15**	**100**	**100**
一、基本收入	1 811.56	1 827.03	80.7	79.6
1.劳动者的报酬收入	505.33	614.68	22.5	26.8
在集体组织中劳动的报酬	90.96	100.79	4.0	4.4
在企业劳动得到的报酬	347.88	431.06	15.5	18.8
在集体企业劳动得到的	41.61	39.04	1.9	1.7
在个体企业劳动得到的	80.75	101.13	3.6	4.4
在其他企业劳动得到的	225.52	290.89	10.0	12.7
其他单位劳动得到的报酬	66.50	82.83	3.0	3.6
2.家庭经营现金收入	1 306.23	1 212.35	58.2	52.8
出售产品的现金	1 035.30	908.01	46.1	39.6
#出售种植业产品的现金	450.82	409.76	20.1	17.9
#出售粮食的现金	274.74	241.05	12.2	10.5
出售林业产品的现金	20.11	18.30	0.9	0.8
出售牧业产品的现金	488.51	413.82	21.8	18.0
出售渔业产品的现金	44.23	40.14	2.0	1.7
出售手工业产品的现金	12.47	11.40	0.6	0.5
出售采集捕猎产品现金	6.19	6.32	0.3	0.3
工业加工费的现金收入	22.31	22.45	1.0	1.0
建筑业的现金收入	36.85	44.29	1.7	1.9
运输业的现金收入	50.68	55.59	2.3	2.4
商业的现金收入	50.26	57.55	2.2	2.5
饮食业的现金收入	9.16	8.71	0.4	0.4
服务业的现金收入	30.05	38.03	1.3	1.6
其他家庭经营现金收入	71.61	77.73	3.2	3.4
二、转移性收入	128.08	147.26	5.7	6.4
三、财产性收入	40.50	38.85	1.8	1.7
四、储蓄借贷现金收入	264.71	281.00	11.8	12.3

7-33 农村住户现金支出和构成

指标	平均每人(元)		构成(%)	
	1998年	1999年	1998年	1999年
全年现金支出	**2 084.27**	**2 014.38**	**100**	**100**
一、生产费用支出	506.76	457.30	24.3	22.7
1.家庭经营费用支出	472.49	427.39	22.7	21.2
种植业生产支出	221.14	224.56	10.6	11.2
林业生产支出	2.95	3.61	0.1	0.2
牧业生产支出	183.18	138.75	8.8	6.9
渔业生产支出	9.59	9.88	0.5	0.5
手工业生产支出	8.14	8.08	0.4	0.4
工业生产支出	14.62	8.01	0.7	0.4
建筑业支出	1.46	2.41	0.1	0.1
运输业支出	13.38	14.76	0.6	0.7
#货运支出	10.33	12.31	0.5	0.6
商业支出	6.21	5.91	0.3	0.3
饮食业支出	3.23	2.91	0.2	0.1
服务业支出	2.67	2.56	0.1	0.1
其他现金支出	5.94	5.96	0.3	0.3
2.购置生产用固定资产	34.27	29.91	1.6	1.5
二、缴纳税金	29.50	33.99	1.4	1.7
三、上交集体承包任务现金	12.87	11.45	0.6	0.6
四、集体提留和摊派	36.47	41.68	1.7	2.0
五、生活消费支出的现金	991.07	1 093.26	47.6	54.3
六、其他非借贷性支出	132.84	141.58	6.4	7.0
七、储蓄借贷现金支出	374.76	235.12	18.0	11.7

7－34 农村住户平均每人主要实物消费量

品　　名	单位	1980年	1985年	1990年	1995年	1998年	1999年
粮　　食	公斤	314.55	325.20	340.85	325.39	309.86	313.89
蔬　　菜	公斤	160.71	172.77	166.52	152.70	154.42	159.38
植 物 油	公斤	2.03	3.41	4.76	6.21	4.12	5.95
动 物 油	公斤	1.01	1.52	1.56	1.40	1.75	1.86
猪肉及肉制品	公斤	6.48	9.97	11.58	12.00	11.85	13.41
牛 羊 肉	公斤	0.12	0.19	0.41	0.22	0.45	0.38
家　　禽	公斤	1.11	1.23	1.31	1.88	2.38	2.40
蛋类及蛋制品	公斤	1.04	1.73	1.95	2.58	2.82	3.01
奶及奶制品	公斤		0.02	0.03	0.05	0.09	0.15
水 产 品	公斤	1.54	1.66	2.02	3.58	4.16	4.60
食　　糖	公斤	1.02	1.43	1.64	1.46	1.49	1.57
酒及饮料	公斤	1.37	3.34	5.15	7.57	7.42	7.22
糖　　果	公斤		0.32	0.26	0.19	0.20	0.26
糕　　点	公斤		0.83	0.96	1.30	1.26	1.19
水　　果	公斤		3.69	5.32	15.53	22.65	31.54
棉　　布	米	3.87	1.85	0.63	0.22	0.12	0.13
化 纤 布	米	0.86	2.54	2.14	1.87	1.56	1.47
呢　　绒	米	0.05	0.11	0.08	0.04	0.02	0.02
绸　　缎	米	0.03	0.02	0.01	...	...	...
毛线及毛线织品	公斤	0.08	0.06	0.08	0.10	0.08	0.07
尼龙衫裤	件		0.05	0.04	0.02	0.02	0.01
棉毛衫裤	件		0.14	0.13	0.11	0.11	0.12
卫生衫裤	件		0.05	0.05	0.04	0.07	0.07
皮　　鞋	双		0.04	0.05	0.13	0.18	0.21
胶鞋球鞋	双	0.45	0.72	0.88	0.70	0.52	0.45
水　　泥	公斤		11.09	17.85	44.24	72.66	100.96
木　　材	立方米		0.03	0.02	0.03	0.02	0.01
钢　　材	公斤		0.38	2.51	5.63	8.41	16.42
玻　　璃	平方米		0.01	0.02	0.04	0.04	0.05

注：粮食消费量含主食用粮和其他生活用粮。

7－35 农村住户按人均纯收入水平分组的户数构成

单位：%

分 组	1985年	1990年	1995年	1998年	1999年
合 计	**100**	**100**	**100**	**100**	**100**
200元以下	6.6		...	0.1	...
200－300元	25.3	1.1	...	0.1	...
300－400元	32.1	6.2	0.2	0.1	0.1
400－500元	21.3	14.8	0.5	0.4	0.1
500－600元	8.4	19.3	1.3	0.6	0.3
600－800元	4.8	33.6	4.9	2.0	2.2
800－1000元	1.1	15.1	10.1	4.1	3.7
1000－1500元	0.4	8.6	33.9	20.9	19.4
1500－2000元	...	1.1	28.0	25.0	24.2
2000元以上		0.2	21.0	46.7	50.0

7－36 农村住户平均每百户耐用物品年末拥有量

指 标	单位	1980年	1985年	1990年	1995年	1998年	1999年
自行车	辆	12.12	55.27	105.27	131.92	136.53	135.92
缝纫机	架	7.88	18.69	32.90	44.82	51.39	45.43
钟	只	29.62	32.16	47.14	71.96	88.41	89.27
手 表	只	34.04	122.37	164.12	157.18	145.80	141.84
电风扇	台		6.94	43.76	95.92	130.29	129.92
洗衣机	台			0.65	1.10	2.08	2.45
电冰箱	台			0.08	1.06	3.39	3.96
摩托车	辆			0.37	3.80	12.24	15.59
大型家具	件		292.29	333.92	875.80	804.86	799.47
#沙 发	个		8.04	24.82	38.37	51.47	53.35
大衣柜	个		65.96	85.35	101.22	94.73	96.04
写字台	张		58.57	79.55	114.73	113.43	113.31
收音机	台	24.81	62.57	47.59	28.73	24.98	21.18
电视机	台		6.20	38.20	80.98	100.29	103.39
#彩 电	台		0.16	1.63	5.31	19.88	24.61
收录机	台		2.65	13.71	22.37	28.20	25.80
照相机	架		0.20	0.41	0.53	0.94	1.27

7－37 老区和非老区农村住户基本情况

指　　标	单位	老　区		非老区	
		1998 年	1999 年	1998 年	1999 年
一、调查户数	户	790	770	1 660	1 680
二、平均每户常住人口	人	4.74	4.69	4.48	4.41
平均每户整半劳动力	人	3.15	3.14	2.92	2.93
平均每个劳动力负担人口	人	1.50	1.49	1.53	1.51
平均每百个常住人口中学龄前人数	人	3.98	4.41	4.23	4.06
平均每百个常住人口中 6－11 岁人口	人	10.92	9.56	11.39	10.23
#在校人数	人	9.80	8.67	10.20	9.21
平均每百个常住人口中 12－14 岁人口	人	6.68	6.62	7.31	7.12
#在校人数	人	6.46	6.23	7.08	6.85
平均每百个常住人口中 15－17 岁人口	人	4.35	4.71	5.01	5.64
#在校人数	人	3.87	3.85	4.31	4.80
三、人均经营耕地面积	亩	1.12	1.10	1.42	1.44
人均经营山地面积	亩	1.27	1.30	0.38	0.37
四、劳动力的文化程度	%				
文盲或半文盲	%	6.95	5.92	6.48	5.47
小学程度	%	46.81	45.63	40.34	39.66
初中程度	%	39.10	41.45	43.68	45.02
高中程度	%	5.98	5.88	8.53	8.49
中专程度	%	0.80	0.75	0.85	1.16
大专程度	%	0.36	0.37	0.12	0.20
五、平均每户拥有生产性固定资产原值	元	2 130.96	2 095.62	2 770.16	2 735.91
役畜、产品畜	元	600.92	555.40	701.62	642.95
大中型铁木农具	元	263.94	215.36	304.25	213.61
农林牧渔业机械	元	70.84	171.53	161.85	305.36
工业机械	元	53.67	61.69	57.61	43.29
运输机械	元	91.18	95.25	495.78	467.42
生产用房	元	930.41	875.10	933.71	951.95
其他生产性固定资产	元	120.01	121.31	115.32	111.33
六、平均每户年内新建房屋面积	平方米	6.31	5.79	3.52	7.61
平均每人年末住房面积	平方米	24.19	25.46	25.87	27.62
#砖木结构	平方米	8.27	8.16	14.81	14.77
钢筋混凝土结构	平方米	6.05	6.96	8.30	10.47

7－38　老区和非老区平均每人总收入和纯收入

单位:元

指　　标	老　区		非老区	
	1998年	1999年	1998年	1999年
全年总收入	**2 551.14**	**2 570.46**	**2 924.39**	**2 956.15**
一、基本收入	2 452.68	2 449.49	2 794.98	2 819.44
1.劳动者的报酬收入	526.33	638.80	494.90	603.38
在集体组织中劳动的报酬	71.60	76.41	100.85	112.73
在企业劳动得到的报酬	379.21	468.31	332.10	413.30
在乡村企业劳动得到的	30.38	12.45	47.28	52.12
在个体企业劳动得到的	90.18	116.09	76.00	94.08
在其他企业劳动得到的	258.65	339.76	208.82	267.10
其他单位劳动得到的报酬	75.53	94.08	61.95	77.36
2.家庭经营收入	1 926.35	1 810.69	2 300.08	2 216.05
种植业收入	971.21	953.10	1 222.99	1 247.53
#粮食收入	639.47	603.11	791.67	816.38
林业收入	44.57	40.52	18.18	24.86
牧业收入	558.26	487.04	625.26	510.65
渔业收入	58.87	47.14	59.94	59.75
手工业收入	35.38	36.73	47.87	53.48
采集捕猎收入	65.91	27.12	43.81	17.03
工业收入	16.59	16.15	40.83	34.91
#粮食加工收入	10.39	6.59	8.69	9.40
建筑业收入	41.84	44.83	34.33	44.02
运输业收入	26.81	28.59	62.72	68.72
商业收入	27.74	36.07	61.62	68.00
饮食业收入	3.69	5.91	11.92	10.07
服务业收入	26.10	29.42	32.05	42.22
其他家庭经营收入	49.39	58.06	38.56	34.79
二、转移性收入	82.86	105.15	109.50	115.80
#在外人口寄回和带回	11.36	31.19	30.25	25.21
农村外部亲友赠送收入	8.09	6.53	9.02	7.48
三、财产性收入	15.59	15.82	19.91	20.91
全年纯收入	1 929.83	1 959.68	2 107.57	2 212.07

7－39　老区和非老区平均每人总支出

单位：元

指　　标	老　　区		非　老　区	
	1998 年	1999 年	1998 年	1999 年
全年总支出	**2 177.39**	**2 160.66**	**2 396.45**	**2 410.00**
一、家庭经营费用支出	502.74	482.65	671.85	590.99
种植业生产支出	204.96	198.35	261.69	267.96
林业生产支出	4.01	3.67	2.84	3.65
牧业生产支出	262.53	240.21	321.49	244.17
渔业生产支出	7.35	9.42	11.81	11.41
手工业生产支出	2.92	3.07	10.80	10.55
工业生产支出	3.76	4.12	20.10	9.90
建筑业支出	0.79	2.10	1.80	2.64
运输业支出	5.90	6.59	17.15	18.76
#货运支出	3.29	4.95	13.88	15.92
商业支出	1.40	2.41	8.63	8.00
饮食业支出	0.39	0.13	4.66	4.28
服务业支出	1.72	3.40	3.15	2.50
其他经营支出	7.03	9.18	7.74	7.17
二、购置生产用固定资产支出	26.54	19.99	38.17	34.73
三、缴纳税金	30.60	35.80	37.40	40.63
#第一产业的税金	29.10	33.49	32.46	35.41
四、上交集体承包任务	13.28	10.64	15.11	14.01
五、集体提留和摊派	32.71	38.61	38.36	43.18
六、生活消费支出	1 512.48	1 519.93	1 551.22	1 650.01
七、其他非借贷性支出	59.05	53.04	44.33	36.46
#寄给和带给在外人口	3.91	4.23	4.05	2.94
赠送农村外部亲友	2.90	3.19	2.84	2.27

主要统计指标解释

城镇居民家庭就业人口　指从事社会劳动并取得劳动报酬或经营收入的人口，不论有固定性职业或临时性职业都是就业人口。各学校在校学生在假期劳动，虽然领取一定的报酬，但不计算为就业人口。“就业人口”包括“国有单位职工”、“集体单位职工”、“个体雇主与自营者”、“个体被雇人员”、“被聘用和留用的离退休人员”、“其他就业者”六项。

城镇居民家庭实际收入　指调查户的全部实际的现金收入。包括经常或固定得到的收入和一次性收入。不包括周转性的收入，如提取银行存款，向亲友借入款、收回借出款以及其他各种暂收款。

城镇居民家庭可支配收入　指居民家庭在支付个人所得税后，所余下的实际收入。

即：可支配收入 = 实际收入 - 个人所得税 - 家庭副业生产支出 - 记账补贴

城镇居民家庭消费性支出　指调查户用于日常生活的全部支出，包括购买各种商品支出和文化生活、服务等非商品支出。

城镇居民家庭居住面积　指调查户家庭成员在调查时点实际居住的住房面积，不包括厨房、厕所、走廊面积和临时搭建房屋的面积。

农村住户常住人口　是指全年经常在家或在家居住6个月以上，而且经济生活和本户连成一体的人口。包括本年7月1日以前出生和迁入的人口，以及把收入带回家中的在外劳动的合同工、临时工和其他副业工、在家居住、生活和本户连成一体的国家职工、退休人员。参军和在外居住的职工则不应计入。

常住人口中整半劳动力　整劳动力指男子18－50周岁，女子18－45周岁，半劳动力是指男子16－17周岁，51－60周岁，女子16－17周岁，46－55周岁的同时具有劳动能力的人。在劳动年龄之内，但已丧失劳动能力的人，不应算为劳动力，在劳动年龄以外，但能经常参加劳动，能顶上一个整劳动力或半劳动力的人，也应计入劳动力。常住人口中的职工若为劳动力，也包括在整半劳动力中。

农村居民总收入　是指农村住户年内从各种来源得到的全部实际收入（包括现金收入和实物收入）。由基本收入、转移性收入和财产性收入等三部分组成。

1.基本收入：包括劳动者的报酬收入和家庭经营收入。包括在乡村组织中劳动得到的、在企业劳动得到和其他单位得到的报酬收入以及种植业收入、林业收入、牧业收入、渔业收入、手工业收入、采集捕猎收入、工业收入、建筑业收入、运输业收入、商业收入、饮食业收入和其他家庭经营收入。

2.转移性收入：包括在外人口寄回和带回，农村外部亲友赠送的收入，调查补贴，保险赔款，救济金，救灾款，退休金，抚恤金，五保户的供给，奖励收入，土地征用补偿收入和其他转移性收入。

3.财产性收入：包括利息收入，股息收入，租金收入，出让特许权收入，集体财产收入，其他财产收入。

农村居民纯收入　是总收入扣除相应的各项费用支出后，归农民所有的收入。它可以用于生产、非生产投资，改善物质文化生活，以及用于再分配的支出和结余的收入。它的计算公式为：

纯收入 = 总收入 - 家庭经营费用支出 - 生产性固定资产折旧 - 缴纳税金 - 上交集体承包任务 - 集体提留和摊派 - 调查补贴。

纯收入是农村住户调查的一个重要指标。它可以用来观察农民实际收入水平，以及农民进行扩大再生产和改善生活的能力。

农村居民生产性纯收入　是指来自农业、工业、建筑业、交通运输业、商业和饮食业的纯收入。在现行调查方案中，生产性纯收入包括：劳动者的报酬收入；家庭经营纯收入中的种植业纯收入、林业纯收入、牧业纯收入、渔业纯收入、手工业纯收入、采集捕猎纯收入、工业纯收入、建筑业纯收入、运输业纯收入、商业纯收入、饮食业纯收入和其他家庭经营纯收入。它的计算公式是：

生产性纯收入 = 劳动者报酬收入 + 家庭经营纯收入 - 服务业纯收入。

家庭经营纯收入 = 家庭经营收入 - 家庭经营费用 - 缴纳税款 - 生产性固定资产折旧 - 上交集体的承包任务 - 集体提留和摊派。

农村居民上交集体承包任务　是指包干户按承包合同规定向集体上交提留和包产户按承包合同规定向集体上交的包产任务。

农村居民集体提留和摊派　是指农村住户上交集体的三项提留（即公积金、公益金和管理费）、五项统筹（即教育附加、计划生育、民兵训练、优抚和交通等民办公助事业统筹款）和其他临时性集资摊派款。

农村居民生活消费支出　是指农村住户年内用于物质生活和精神生活的实际支出，直接反映农民的生活水平，研究农民消费结构变化的基本指标。生活消费支出包括食品、衣着、居住、家庭设备 用品及服务、医疗保健、交通和通讯、文化教育娱乐用品及服务、其他商品和服务等消费支出。

农村居民年末住房面积　是指调查户家庭成员在年末调查时点实际居住的居室内面积，不包括房屋结构占用的面积及厨房、厕所等辅助面积。

城乡居民储蓄年末余额　包括城镇居民储蓄和农民个人储蓄两部分的年末余额。不包括工矿企业、部队、机关团体等集团存款。

城市建设、环境保护和水资源 8

CITY CONSTRUCTION 、ENVIRONMENTAL OTECTION AND WATER RESOURCES

- 1999年，全省城市年末总人口1333.4万人，城市面积2.99万平方公里，其中建成区面积513.9平方公里。
- 1999年，城市年末道路长度2949公里，排水管道总长1984公里。
- 1999年，城市绿化覆盖面积19672公顷，建成区绿化覆盖率23.1%。拥有公园108个，年游人1189万人次。
- 1999年，全省总水资源量1866亿立方米，比上年减少26.5%；全省总用水量217.08亿立方米，比上年增加6.4%。
- 1999年，全省废污水排放量28.26亿吨，达标排放量17.20亿吨，达标率60.9%。

本篇章

整理	微机处理
姗华	涂姗华
冬明	康冬明
	李光东

8-1 城市公用事业基本情况

指　　标	单位	1990年	1995年	1998年	1999年
自来水全年供水总量	万立方米	117 758	123 984	131 986	130 998
#生活用水量	万立方米	23 297	40 733	48 529	48 524
平均每人生活用水	立方米	71.4	81.0	90.7	86.0
用水普及率	%	84.7	91.3	92.8	93.2
供水管道长度	公里	1 549	2 496	3 673	3 735
公共车辆(汽车、电车)总数	标台	1 091	1 950	3 614	2 969
平均每万人拥有	标台	3.3	4.5	5.9	6.2
道路长度	公里	1 108	2 330	2 827	2 949
平均每万人拥有	公里	3.2	5.4	6.0	6.1
道路面积	万平方米	1 119	2 277	2 875	3 122
平均每万人拥有	万平方米	3.2	5.3	6.1	6.5
排水管道长度	公里	878	1 577	1 829	1 984
平均每万人拥有	公里	2.5	3.6	3.9	4.1
公用煤气、液化气					
煤气供应量	万立方米	1 203	27 849	38 248	38 746
#家庭用量	万立方米	1 007	10 331	10 972	11 439
液化气家庭用量	吨	12 182	43 026	60 013	73 875
用气普及率	%	13.5	52.3	61.4	65.8
城市绿化					
绿化覆盖面积	公顷	7 044	15 252	19 648	19 672
平均每万人拥有	公顷	20.2	35.2	41.7	40.9
公园、动物园个数	个	47	80	102	108
公园、动物园面积	公顷	593	1 379	1 704	1 750
环境卫生					
清运垃圾	万吨	70	232	163	176
清运粪便	万吨	17	33	15	25

注:1.本表各项数字是按全社会范围计算的(以下各表同)。2.平均每万人拥有指标按城市人口中的非农业人口计算。

8－2 城市规模和建设用地

（1999年）

城　　市	年末城市人口（万人）	#非农业人口	城市面积（平方公里）	建成区面积（平方公里）	征用土地面积（平方公里）	城市人口密度（人/平方公里）
合　　计	**1 333.4**	**481.3**	**29 879.3**	**513.9**	**3.95**	**446**
南 昌 市	166.3	129.2	617.1	85.0		2 695
景德镇市	40.7	31.8	151.0	34.5	0.88	2 695
乐 平 市	75.2	9.3	1 973.0	9.8	0.60	381
萍 乡 市	76.3	39.8	1 072.7	25.0		711
九 江 市	50.3	36.6	699.0	48.4	0.08	719
瑞 昌 市	40.2	8.7	1 423.0	11.7		282
新 余 市	94.5	22.3	1 759.0	22.5	0.40	537
鹰 潭 市	16.9	12.0	143.0	12.5	0.14	1 181
贵 溪 市	54.0	10.3	2 480.0	34.0	0.03	217
赣 州 市	45.5	28.1	478.8	24.3	0.67	949
瑞 金 市	57.2	6.9	2 449.0	8.9	0.10	233
南 康 市	75.4	10.5	1 845.0	15.9		408
宜 春 市	92.2	19.1	2 532.0	23.9	0.20	364
丰 城 市	120.2	23.1	2 845.0	30.5		422
樟 树 市	53.5	11.7	1 237.0	8.3	0.01	432
高 安 市	78.2	11.5	2 439.0	9.2	0.10	320
上 饶 市	33.3	17.1	338.6	17.2	0.29	984
德 兴 市	30.6	9.5	2 101.0	48.1	0.02	145
吉 安 市	33.0	18.3	508.5	15.8	0.43	648
井冈山市	5.9	1.9	666.6	3.2		89
临 川 市	94.0	23.6	2 121.0	25.2		443

8－3 城市市政工程

（1999年）

城　　市	道路长度（公里）	道路面积（万平方米）	桥梁数（座）	排水管道总长度（公里）	污水排放量（万立方米）	污水处理能力（万立方米/日）	路灯数（盏）
合　　计	**2 949**	**3 122.0**	**591**	**1 983.9**	**90 565**	**18.8**	**60 056**
南 昌 市	584	664.5	85	403.5	25 100		15 254
景德镇市	144	134.4	27	98.4	9 285		5 742
乐 平 市	51	45.7	46	22.0	1 860		1 020
萍 乡 市	229	212.6	45	145.0	3 264	0.1	6 701
九 江 市	248	244.8	67	200.1	8 900	2.7	5 719
瑞 昌 市	73	117.4	38	48.5	478		850
新 余 市	175	181.6	20	183.7	12 518	12.0	3 270
鹰 潭 市	67	67.0	21	46.7	930	0.8	1 252
贵 溪 市	69	85.6	20	44.0	806		1 297
赣 州 市	196	215.2	7	116.3	4 981		3 170
瑞 金 市	102	134.0	9	35.1	173		513
南 康 市	45	67.0	20	46.0	570		600
宜 春 市	131	162.4	28	88.5	1 800	2.4	1 790
丰 城 市	141	124.9	15	91.5	3 075		1 394
樟 树 市	63	57.7	17	59.9	550		674
高 安 市	86	92.0	34	62.1	950	0.2	537
上 饶 市	148	149.4	16	81.2	2 654		1 720
德 兴 市	62	98.5	30	38.7	3 885	0.5	810
吉 安 市	111	103.0	18	61.8	2 040	0.1	3 784
井冈山市	15	10.6	10	11.4	90		464
临 川 市	209	153.7	18	99.5	6 656		3 495

8－4 城市房屋面积和住房

（1999 年）

城市	房屋建筑面积（万平方米）	#住宅	竣工房屋建筑面积（万平方米）	#住宅	实有住宅居住面积（万平方米）	解决缺房户数（户）
合计	**14 620**	**8 677**	**743.51**	**583.36**	**4 344.02**	**11 185**
南昌市	3 887	2 304	178.67	167.17	1 161.17	791
景德镇市	1 130	568	37.00	22.00	286.00	500
乐平市	376	220	22.14	17.88	103.00	1 600
萍乡市	880	515	68.84	51.36	295.66	3 641
九江市	1 262	1 097	32.60	31.00	470.00	723
瑞昌市	333	227	7.00	6.80	90.90	410
新余市	723	434	68.29	54.01	197.00	
鹰潭市	369	211	27.39	19.17	119.90	744
贵溪市	286	155	8.27	7.35	89.25	200
赣州市	956	531	59.59	41.19	260.00	855
瑞金市	310	192	10.70	5.70	88.00	16
南康市	527	215	40.07	29.00	104.00	
宜春市	609	324	48.50	31.00	196.88	90
丰城市	264	188	14.60	11.60	70.30	
樟树市	360	176	1.80		98.00	76
高安市	375	172	15.00	10.00	110.00	70
上饶市	464	297	19.17	17.70	147.00	498
德兴市	205	123	10.58	8.73	67.80	354
吉安市	658	347	42.80	29.48	174.00	131
井冈山市	73	33	4.50	2.10	16.76	202
临川市	573	348	26.00	20.12	198.40	284

8－5 城市房产市场

（1999 年）

城市	房产买卖				房产租赁			
	成交面积（万平方米）	#住宅	成交金额（万元）	#住宅	出租面积（万平方米）	#住宅	租金收入（万元）	#住宅
合计	**270.22**	**194.51**	**201 804**	**110 855**	**219.35**	**146.23**	**11 601**	**1 413**
南昌市	52.14	12.97	73 578	13 001	179.59	135.43	8 649	1 158
景德镇市	26.70	23.20	23 763	20 648	2.50	0.30	600	72
乐平市	3.87	3.87	1 559	1 559	5.00	5.00	108	108
萍乡市	38.10	38.10	20 988	20 988				
九江市	12.41	9.38	11 990	7 940	1.73		216	
瑞昌市	1.10	1.10	380	380	1.30		86	
新余市	10.64	9.24	5 235	4 200	3.60		429	
鹰潭市	22.94	22.74	9 118	8 623	1.28		347	
贵溪市								
赣州市	29.10	26.28	20 853	13 976	0.89		30	
瑞金市								
南康市	2.02	1.22	669	450				
宜春市	15.20	11.00	7 100	5 900				
丰城市	1.40	1.37	742	658	3.90		518	
樟树市	2.10	2.10	295	290	0.50		20	
高安市	4.08	2.35	1 763	1 186	8.80	1.80	290	20
上饶市	25.00	20.92	11 500	7 040	2.00		80	
德兴市	5.70	4.04	3 167	2 236	8.10	3.70	224	55
吉安市	8.09		5 605					
井冈山市	0.30	0.30	130	130				
临川市	9.33	4.33	3 369	1 650	0.16		4	

8-6 城市公共交通

（1999年）

城市	运营车数（辆）	标准运营车数（标台）	运营线路网长度（公里）	客运总量（万人次）	出租汽车（辆）
合计	**3 852**	**2 969**	**1 777**	**45 385**	**7 196**
南昌市	1 137	1 052	520	21 353	2 896
景德镇市	95	62	27	2 700	583
乐平市					120
萍乡市	299	234	229	2 582	167
九江市	737	487	108	9 758	1 589
瑞昌市	47	34	10	140	31
新余市	142	152	175	2 075	230
鹰潭市	182	136	67	1 362	75
贵溪市	47	37	50	226	30
赣州市	197	152	143	1 811	494
瑞金市	50	31	40	165	
南康市	17	12	7	240	
宜春市	88	66	48	842	275
丰城市	158	47		157	
樟树市	20	14		80	29
高安市	26	18	17	30	30
上饶市	459	327	131	550	78
德兴市					
吉安市	69	48	109	503	229
井冈山市					
临川市	82	60	96	811	340

8-7 城市园林绿化

（1999年）

城市	绿化覆盖面积（公顷）	公共绿地面积（公顷）	建成区绿化覆盖率（%）	公园（个）	公园面积（公顷）	年游人量（万人次）
合计	**19 672**	**2 780**	**23.05**	**108**	**1 751**	**1 189**
南昌市	3 322	644	33.60	15	289	402
景德镇市	1 426	216	33.87	8	91	37
乐平市	105	51	9.49	8	50	40
萍乡市	758	155	30.32	5	138	72
九江市	5 894	402	28.99	6	173	113
瑞昌市	276	47	21.31	2	25	8
新余市	762	170	28.22	3	125	11
鹰潭市	276	23	22.15	2	20	16
贵溪市	421	171	12.37	4	166	55
赣州市	1 135	180	29.09	7	124	50
瑞金市	516	58	17.90	1	43	
南康市	67	39	3.96	3	25	
宜春市	714	108	26.44	4	91	80
丰城市	194	44	6.36	10	17	15
樟树市	287	29	26.03	1	11	10
高安市	223	68	14.24	2	46	7
上饶市	635	87	30.23	6	68	104
德兴市	1 364	53	7.65	5	49	
吉安市	642	72	25.03	5	53	27
井冈山市	249	51	77.81	5	48	70
临川市	406	112	13.96	6	99	72

8－8 城 市 环 境 卫 生

（1999 年）

城　　市	清扫面积（万平方米）	生活垃圾清运量（万吨）	垃圾无害化处理量（万吨）	粪便清运量（万吨）	粪便无害化处理量（万吨）	环卫机械总数（台）	公共厕所（座）
合　　计	**2 030.2**	**175.5**	**111.4**	**24.79**	**16.02**	**524**	**1 871**
南昌市	547.6	35.5	35.5	0.66	0.66	122	287
景德镇市	92.0	9.7	9.7	1.78	1.78	22	166
乐平市	56.0	5.4	1.7	0.33	0.33	14	67
萍乡市	92.0	10.2	3.2	0.16		24	59
九江市	192.0	16.2	13.0	0.01	0.01	37	157
瑞昌市	48.9	2.0	1.0	0.60		9	28
新余市	110.6	8.1	2.4	0.20	0.20	36	364
鹰潭市	58.0	5.5	2.3	0.01	0.01	8	42
贵溪市	41.0	4.8	2.0	0.25		8	24
赣州市	127.0	9.3	9.3	1.50	0.83	39	52
瑞金市	32.0	4.6	2.3	0.50		9	32
南康市	60.0	3.0	1.5	0.01		14	19
宜春市	80.0	13.4	5.5	4.42	1.50	22	104
丰城市	63.0	9.0	3.8	2.80		39	118
樟树市	50.0	3.9	2.0	1.10	1.10	16	33
高安市	50.0	3.8	1.9	0.60		21	46
上饶市	116.6	10.4	5.2	8.60	8.60	13	67
德兴市	13.4	2.9	1.6	0.01		11	65
吉安市	74.5	7.6	3.8	0.70	0.50	19	53
井冈山市	12.0	0.7	0.7	0.50	0.50	6	11
临川市	113.6	9.5	3.0	0.05		35	77

8－9 城 市 设 施 水 平

（1999 年）

城　　市	人均居住面积（平方米）	用水普及率（%）	用气普及率（%）	每万人拥有公共交通车辆（标台）	人均拥有道路面积（平方米）	人均公共绿地面积（平方米）
合　　计	**9.21**	**93.23**	**65.80**	**6.17**	**6.49**	**5.78**
南昌市	8.99	100.00	87.00	8.14	5.14	4.98
景德镇市	9.11	99.37	30.06	1.95	4.23	6.78
乐平市	11.32	96.67	20.62		4.91	5.48
萍乡市	8.96	75.55	58.53	5.87	5.34	3.89
九江市	9.40	99.97	81.47	13.31	6.69	10.98
瑞昌市	11.09	94.25	93.10	3.91	13.49	5.43
新余市	8.45	98.97	87.06	6.80	8.13	7.61
鹰潭市	10.58	99.17	52.50	11.33	5.58	1.93
贵溪市	8.58	100.00	53.83	3.59	8.30	16.61
赣州市	9.27	86.96	84.35	5.42	7.67	6.43
瑞金市	9.78	80.58	14.10	4.46	19.28	8.35
南康市	9.90	83.81	35.71	1.14	6.38	3.71
宜春市	9.80	99.74	46.86	3.45	8.50	5.63
丰城市	7.32	56.71	45.45	2.03	5.41	1.90
樟树市	9.80	98.46	72.43	1.20	4.94	2.52
高安市	9.65	93.91	48.70	1.57	8.00	5.91
上饶市	8.61	99.12	78.40	19.15	8.75	5.12
德兴市	9.69	94.74	73.47		10.37	5.53
吉安市	9.53	99.73	66.05	2.63	5.64	3.95
井冈山市	13.52	78.87	33.51		5.44	26.24
临川市	8.48	88.37	22.58	2.55	6.52	4.74

注：用水普及率、用气普及率是指城市非农业人口普及情况。

8－10 城市供气和用气

（1999年）

城市	煤气				液化气			
	供气总量（万立方米）	#家庭用量	用气户数（户）	#家庭用户	供气总量（吨）	#家庭用量	用气户数（户）	#家庭用户
合计	**38 746**	**11 439**	**299 815**	**296 733**	**75 533**	**73 875**	**528 439**	**523 356**
南昌市	2 697	2 323	94 996	94 946	34 663	34 663	202 354	202 354
景德镇市	23 725	718	24 451	24 451	680	420	3 600	2 900
乐平市					700	560	4 701	4 700
萍乡市	862	818	20 849	20 849	4 730	4 250	37 750	37 630
九江市	410	400	6 360	6 330	9 641	9 604	75 102	74 824
瑞昌市					4 500	4 500	20 500	18 400
新余市	7 574	3 975	48 389	48 200	346	346	4 320	4 320
鹰潭市					1 530	1 530	18 500	18 500
贵溪市	296	270	6 700	6 153	351	340	5 400	5 026
赣州市	1 196	1 024	41 384	41 384	4 928	4 928	24 333	24 333
瑞金市					253	253	2 429	2 429
南康市					730	730	8 060	8 060
宜春市	488	468	17 000	16 990	600	590	6 200	6 190
丰城市	530	530	12 700	10 500	740	740	4 000	4 000
樟树市					1 724	1 524	20 200	20 000
高安市					3 000	2 500	17 000	16 000
上饶市	218	218	7 400	7 400	2 654	2 654	30 520	30 520
德兴市					1 096	1 096	19 280	19 280
吉安市	625	570	15 911	15 855	1 600	1 600	15 080	15 080
井冈山市					210	190	1 600	1 300
临川市	125	125	3 675	3 675	857	857	7 510	7 510

8－11 城市供水和用水

（1999年）

城市	综合生产能力（万立方米/日）	供水总量（万吨）	#生产用量	#生活用量	供水管道长度（公里）	用水人口（万人）	人均日生活用水量（升）
合计	**622.7**	**130 998**	**71 503**	**48 524**	**3 735**	**564.2**	**235.63**
南昌市	135.3	36 390	11 084	18 041	1 123	166.3	297.22
景德镇市	21.4	5 787	1 045	2 171	120	33.8	175.97
乐平市	8.4	640	220	330	67	9.2	98.27
萍乡市	15.2	4 847	2 239	2 608	319	32.7	218.71
九江市	196.0	30 562	27 029	3 533	303	41.9	231.01
瑞昌市	5.1	690	305	376	90	10.4	99.05
新余市	22.2	6 604	2 996	3 208	233	36.1	243.60
鹰潭市	12.9	2 594	1 699	895	60	16.1	152.30
贵溪市	42.6	6 733	6 185	548	82	15.1	99.43
赣州市	23.5	6 260	3 339	2 777	189	27.5	275.96
瑞金市	5.2	505	198	307	37	10.5	80.10
南康市	2.4	610	230	360	45	9.0	109.59
宜春市	14.5	3 014	1 160	1 854	249	23.1	220.18
丰城市	9.0	2 290	497	1 630	72	18.8	237.54
樟树市	16.0	1 355	340	1 015	54	12.5	222.47
高安市	13.4	1 303	254	1 049	120	15.2	189.08
上饶市	10.1	3 239	1 226	2 013	107	17.1	322.90
德兴市	18.7	6 554	5 584	970	118	12.9	205.21
吉安市	12.8	2 555	999	1 247	205	19.0	179.72
井冈山市	2.6	227	128	99	25	1.8	154.99
临川市	35.4	8 239	4 746	3 493	117	35.2	271.72

8－12 环保系统机构和人员基本情况

指　　标	单位	1990 年	1995 年	1998 年	1999 年
环保机构	个	223	279	352	346
省级	个	3	8	9	9
地、市级	个	34	40	46	45
县级	个	196	231	244	248
乡级	个			53	44
环保人员	人	1 758	2 200	2 870	3 166
环境监测站	个	83	88	94	94
省级	个	1	1	1	1
地、市级	个	10	11	11	11
县级	个	72	76	82	82
环境监测人员	人	910	944	994	1 075

8－13 工业"三废"排放及处理利用情况

指　　标	单　位	1990 年	1995 年	1998 年	1999 年
废　　水					
工业废水排放总量	万 吨	77 123	66 880	45 716	42 493
#直接排入江河湖库	万 吨		52 022		
工业废水排放达标量	万 吨	13 008	33 099	26 587	26 222
废　　气					
工业废气排放总量	万标立方米		23 957 302	17 426 300	19 338 843
燃料燃烧中废气排放量	万标立方米		15 756 716	9 908 447	11 244 149
#经过消烟除尘	万标立方米		13 632 963	7 671 777	9 074 935
生产工艺中废气排放量	万标立方米	5 721 188	8 200 586	7 517 853	8 094 694
#经过净化处理	万标立方米	3 091 256	5 540 275	6 095 573	6 482 022
工业二氧化硫去除量	吨		335 188	363 586	403 110
工业二氧化硫排放量	吨		280 303	243 817	236 745
工业烟尘去除量	吨		2 634 017	1 945 204	2 631 229
工业烟尘排放量	吨		280 303	170 112	184 851
工业粉尘					
工业粉尘去除量	万 吨	32	61	62	92
工业粉尘排放量	万 吨	34	23	37	36
工业固体废物					
工业固体废物产生量	万 吨	3 199	3 669	4 447	3 984
工业固体废物综合利用量	万 吨	412	739	585	695
工业固体废物处置量	万 吨	2 381	144	37	57
工业固体废物排放量	万 吨	105	29	134	34
工业固体废物历年累计储存总量	万 吨	42 865	46 218	55 698	53 324
工业固体废物历年累计储存占地面积	万平方米	2 254	2 932	3 450	3 317
其　　他					
"三废"综合利用产品产值	万 元	12 783	36 909	30 610	30 777
"三废"综合利用产品利润	万 元	3 938	7 637	6 998	6 436

8-14 工 业 废 气 排

（19

分　　类	工业废气排放总量（万标立方米）	# 燃料燃烧过程中排放的	# 经过消烟除尘的	# 生产工艺过程中排放的
总　　计	**19 338 843**	**11 244 149**	**9 074 935**	**8 094 694**
一、按行业分				
采掘业	376 913	289 318	275 941	87 595
食品饮料和烟草制造业	747 961	607 296	317 605	140 665
纺织业	118 831	112 560	101 783	6 271
皮革毛皮羽绒及其制造业	1 484	1 484	1 080	
造纸及纸制品业	302 344	266 826	249 902	35 518
印刷业记录媒介的复制	3 083	2 943	2 943	140
石油加工及炼焦业	438 584	266 647	4 818	171 937
化学原料及化学制品制造业	1 283 123	956 938	911 340	326 185
医药制造业	128 337	126 553	117 991	1 784
化学纤维制造业	472 128	107 071	107 071	365 057
橡胶制品业	5 112	5 112	4 075	
塑料制品业	2 659	2 628	1 129	31
非金属矿物制造业	3 959 909	647 002	227 040	3 312 907
#水泥制造业	3 545 026	340 296	192 268	3 204 730
黑色金属冶炼及压延加工业	3 243 226	815 362	56 072	2 427 864
有色金属冶炼及压延加工业	582 515	112 727	107 175	469 788
金属制品业	228 762	228 514	1 338	248
机械电气电子设备制造业	649 816	145 593	121 600	504 223
电力煤气及水生产供应业	6 642 668	6 442 062	6 369 449	200 606
其他	104 404	93 329	82 399	11 075
二、按地区分				
南　昌　市	3 380 965	1 992 309	1 816 431	1 388 656
景德　镇市	1 858 594	1 430 896	1 332 646	427 698
萍　乡　市	2 412 294	1 115 885	817 402	1 296 409
九　江　市	2 751 448	2 068 636	1 415 985	682 812
新　余　市	2 641 402	1 302 270	585 230	1 339 132
鹰　潭　市	1 954 341	1 490 508	1 490 372	463 833
赣　州　市	445 570	141 763	126 515	303 807
宜春　地区	1 450 943	958 665	916 562	492 278
上饶　地区	1 399 711	323 331	205 797	1 076 380
吉安　地区	818 579	293 941	263 132	524 638
抚州　地区	224 996	125 945	104 863	99 051

放及处理情况

99年）

# 经过净化处理的	废气治理设施数（套）	二氧化硫去除量（吨）	二氧化硫排放量（吨）	烟尘去除量（吨）	烟尘排放量（吨）	粉尘回收量（吨）	粉尘排放量（吨）
6 482 022	**2 326**	**403 110.14**	**236 744.65**	**2 631 228.52**	**184 850.69**	**920 967.04**	**357 009.98**
53 765	167	988.54	12 391.55	79 002.70	10 278.64	5 949.40	2 190.94
95 098	205	633.85	5 626.25	9 596.39	6 164.20	6 453.82	2 380.97
3 121	74	190.71	2 750.41	15 328.67	2 568.57	155.85	244.68
			43.36	74.14	49.08		
13 735	49	939.06	10 437.97	62 112.47	5 150.24	1.80	
	7	9.46	23.40	168.31	14.12		
23 052	6	158.60	1 223.61	455.52	31.96		1 992.94
319 969	245	4 265.39	13 328.67	145 947.20	9 174.92	36 500.47	1 568.90
1 500	69	1 252.27	2 334.55	6 066.79	3 854.25		
365 057	23	90.21	4 826.66	15 151.65	3 805.65		
	9	6.87	96.35	282.78	213.58	7.00	4.00
30	5	3.84	37.17	13.08	14.77		
2 320 690	906	3 113.26	48 055.98	21 492.13	60 305.83	408 250.36	330 833.57
2 294 267	848	3 064.15	19 316.01	19 931.17	13 373.31	407 976.36	311 465.21
2 149 069	102	10 606.82	4 870.23	1 389.63	2 078.91	424 078.94	14 816.15
464 259	79	373 366.83	11 542.99	8 221.02	784.63	29 355.51	2 600.25
248	11	665.50	1 281.46	15 316.27	1 922.92		30.14
440 423	285	1 222.40	2 513.25	4 254.77	1 883.66	302.48	142.22
200 605	46	4 788.92	105 436.60	2 241 072.99	61 967.65	122.60	125.83
10 201	32	781.48	9 891.76	5 208.29	14 565.03	9 775.72	78.76
1 281 422	270	6 111.82	30 329.59	373 430.61	19 338.74	42 107.18	5 268.06
367 363	90	532.61	14 891.84	413 328.91	11 737.64	1 877.04	992.16
792 538	192	6 947.10	13 425.66	368 466.05	30 300.31	367 637.29	92 000.21
443 501	230	671.54	46 203.20	498 440.27	13 449.72	50 989.71	21 473.62
1 233 910	115	5 302.32	17 646.54	234 746.72	10 083.57	105 261.42	9 292.04
459 469	63	375 120.36	19 923.17	359 583.13	18 912.71	65 790.49	1 313.09
283 690	251	813.88	10 217.45	12 238.38	12 335.18	72 645.80	47 782.50
297 513	274	2 082.68	34 659.11	324 629.20	20 038.41	65 040.46	58 658.25
874 438	417	3 479.61	25 751.91	14 584.35	10 080.47	101 133.81	57 019.44
369 295	273	958.78	13 022.22	26 196.86	18 049.75	47 227.69	48 653.42
78 883	151	1 089.44	10 673.95	5 584.03	20 524.19	1 256.15	14 557.19

8－15 工业固体废物产

（19

分　　　　类	固体废物产生量（万吨）	＃危险废物	固体废物综合利用量（万吨）
总　　计	**3 983.56**	**1.43**	**695.30**
一、按行业分			
采掘业	3 114.33		170.33
食品饮料和烟草制造业	36.70		32.83
纺织业	4.79		4.37
皮革毛皮羽绒及其制造业	0.16		0.12
造纸及纸制品业	16.82		15.86
印刷业记录媒介的复制	0.15		0.09
石油加工及炼焦业	0.78	...	0.78
化学原料及化学制品制造业	94.44	...	45.20
医药制造业	5.98		5.80
化学纤维制造业	3.78	0.01	3.77
橡胶制品业	0.17		0.16
塑料制品业	0.03		0.03
非金属矿物制造业	88.92		84.99
＃水泥制造业	81.79		80.97
黑色金属冶炼及压延加工业	229.05	0.46	156.19
有色金属冶炼及压延加工业	52.25	0.95	46.29
金属制品业	19.72		29.67
机械电气电子设备制造业	5.84	0.01	4.94
电力煤气及水生产供应业	285.19		91.11
其他	23.88		2.19
二、按地区分			
南 昌 市	110.83	0.48	86.81
景德镇市	61.47		29.87
萍 乡 市	213.34		133.46
九 江 市	189.16	0.02	95.44
新 余 市	178.17		86.28
鹰 潭 市	146.66	0.84	60.07
赣 州 市	286.62	0.10	67.65
宜春地区	225.76		45.61
上饶地区	2 446.59		47.87
吉安地区	100.25	...	33.22
抚州地区	24.73		9.02

生及处理利用情况

99年）

固体废物贮存量（万吨）	固体废物处置量（万吨）	固体废物排放量（万吨）	固体废物历年累计贮存量（万吨）	固体废物占地面积（万平方米）	“三废”综合利用产品产值（万元）	“三废”综合利用产品利润（万元）
3 153.89	**57.15**	**34.37**	**53 323.81**	**3 316.93**	**30 776.5**	**6 436.3**
2 819.66	44.61	29.17	47 634.08	2 220.27	3 206.7	839.8
0.29	3.38	0.28	1.24	1.85	2 797.0	393.3
0.01	0.25	0.15	0.03	0.05	34.0	19.9
	0.04					
0.03	0.76	0.18	1.18	0.33	435.3	32.4
	0.06					
					1 167.7	
47.55	0.97	0.71	214.34	38.72	3 636.6	548.8
0.01	0.10	0.08	0.26	0.02	187.0	94.5
	0.01		0.01	0.04	221.0	24.6
		0.01			25.0	4.0
3.16	1.15	0.17	110.49	9.56	4 430.5	1 470.8
0.47	0.90	0.01	50.06	4.21	4 116.3	1 414.2
72.40	0.46	0.01	2 194.29	94.01	7 817.6	2 243.3
4.02	1.33	0.73	555.17	41.50	4 641.1	397.3
	0.05		50.00	6.00	101.7	-24.1
0.21	0.65	0.05	0.95	0.41	584.9	281.9
201.53	2.11	0.03	2 164.42	889.67	741.8	84.3
5.02	1.24	2.80	394.14	13.55	748.6	25.5
19.34	1.17	0.37	385.82	370.42	2 345.2	419.8
31.18	0.38	0.03	598.41	123.90	449.5	53.3
37.03	0.67	5.28	2 340.08	248.79	4 609.6	1 689.7
91.75	0.08	1.89	778.43	27.60	3 354.4	543.4
100.21	1.26	0.01	2 291.32	148.07	4 596.8	632.0
85.43	1.27		844.75	197.90	4 232.3	49.5
220.29	39.07	3.36	10 788.88	374.42	3 992.2	1 029.8
108.00	6.13	14.27	2 578.04	70.53	2 287.0	843.8
2 396.82	0.93	1.83	30 336.45	1 439.20	2 420.7	785.2
51.79	5.31	6.22	467.56	222.26	1 270.6	200.7
12.04	0.89	1.12	1 914.05	93.85	1 218.2	189.1

8－16 工业废水排放及处理情况

（1999年） 单位:万吨

分类	汇总工业企业数（个）	工业废水排放总量	#排放达标量	#处理排放达标量	工业废水处理量	#处理回收量	废水治理设施数（套）
总计	**1 054**	**42 492.59**	**26 222.13**	**15 932.31**	**55 625.93**	**32 506.86**	**1 300**
一、按行业分							
采掘业	103	5 728.02	2 672.83	1 971.74	15 790.52	11 513.06	272
食品饮料和烟草制造业	140	2 499.73	807.78	454.45	1 460.02	607.12	116
纺织业	65	1 339.14	900.34	298.20	388.70	82.32	47
皮革毛皮羽绒及其制造业	6	50.53	20.60				
造纸及纸制品业	42	3 071.78	153.48	114.95	2 103.73	455.62	69
印刷业记录媒介的复制	5	7.69	2.35		5.13	1.13	3
石油加工及炼焦业	5	469.01	346.10	272.19	940.36	613.20	13
化学原料及化学制品制造业	111	6 298.63	3 583.76	2 647.72	8 551.63	4 604.08	195
医药制造业	52	797.19	242.49	35.03	113.73	20.12	65
化学纤维制造业	4	1 015.97	946.69	641.31	722.03	80.72	8
橡胶制品业	8	35.29	28.11	0.10	0.10		1
塑料制品业	4	16.68	16.68	0.96	2.40	1.44	1
非金属矿物制造业	212	1 000.43	768.41	141.21	464.09	314.47	95
#水泥制造业	128	735.37	582.27	71.06	324.98	253.65	38
黑色金属冶炼及压延加工业	11	8 300.57	5 530.99	4 282.26	17 850.78	13 347.00	65
有色金属冶炼及压延加工业	29	3 103.86	2 613.78	131.68	698.14	108.44	65
金属制品业	13	20.09	18.17	12.31	12.32		11
机械电气电子设备制造业	173	1 777.06	1 559.34	360.33	694.52	312.56	192
电力煤气及水生产供应业	25	6 572.94	5 774.09	4 405.80	5 626.13	423.03	47
其他	39	222.22	70.40	9.61	34.89	8.29	25
二、按地区分							
南昌市	164	7 017.48	4 043.74	1 938.28	7 954.28	5 391.04	172
景德镇市	31	3 492.90	2 433.33	2 177.14	4 024.88	1 116.74	59
萍乡市	106	4 137.01	3 472.16	1 752.10	8 129.95	6 355.45	121
九江市	123	4 745.78	3 240.89	2 408.16	3 805.84	473.19	103
新余市	21	5 983.91	3 436.53	3 029.87	9 978.59	6 605.82	71
鹰潭市	16	4 032.29	3 643.09	1 123.78	1 586.65	89.45	35
赣州市	134	2 292.24	613.81	507.74	1 970.95	675.56	152
宜春地区	111	2 278.20	1 217.55	593.62	1 610.87	798.24	152
上饶地区	117	4 005.83	1 625.56	1 261.91	13 667.89	10 237.02	178
吉安地区	137	3 104.56	1 796.57	732.81	1 505.91	305.30	161
抚州地区	94	1 402.40	698.90	406.89	1 390.11	459.03	96

8－17 水 资 源 总 量

（1999 年）

地　　区	水资源总量（亿立方米）	年降水量（毫米）	年降水量（亿立方米）	地表水资源量 年径流深（毫米）	地表水资源量 年径流量（亿立方米）	地下水资源量（亿立方米）
全　　省	**1 866**	**1 841.2**	**3 074**	**1 114.8**	**1 861**	**346.2**
南 昌 市	85.29	1 973.5	146.1	1 139.7	84.37	11.86
景德镇市	88.30	2 487.4	130.5	1 679.2	88.12	9.991
萍 乡 市	37.17	1 717.3	65.72	971.3	37.17	8.560
九 江 市	242.5	1 939.6	365.1	1 281.9	241.3	36.70
新 余 市	30.96	1 735.1	54.92	978.5	30.96	9.720
鹰 潭 市	56.97	2 171.9	77.19	1 603.0	56.97	7.820
赣 州 市	283.8	1 483.2	584.1	720.7	283.8	71.84
宜春地区	219.8	1 922.4	358.9	1 175.4	219.5	52.25
上饶地区	358.2	2 242.0	511.0	1 567.9	357.4	45.14
吉安地区	254.6	1 661.2	419.8	1 001.9	253.2	38.77
抚州地区	208.5	1 915.8	360.5	1 108.0	208.5	53.52

注:8－17 至 8－20 表为省水文局提供。

8－18 供 水 量

（1999 年）　　　　单位:亿立方米

地　　区	总供水量	地表水源供水量	蓄　水	引　水	提　水	地下水源供水量	其他水源供水量
全　　省	**217.08**	**202.65**	**98.53**	**51.88**	**52.24**	**11.81**	**2.62**
南 昌 市	25.36	24.01	4.24	6.94	12.83	1.35	
景德镇市	7.89	6.05	3.29	0.72	2.04	0.58	1.26
萍 乡 市	8.48	7.32	3.40	2.87	1.05	1.04	0.12
九 江 市	19.56	19.19	9.08	1.89	8.22	0.37	
新 余 市	8.52	7.40	2.64	2.30	2.46	0.46	0.66
鹰 潭 市	9.81	9.65	3.71	1.46	4.48	0.16	
赣 州 市	29.01	27.13	13.31	9.61	4.21	1.79	0.09
宜春地区	29.75	26.72	16.40	6.73	3.59	3.03	
上饶地区	29.09	28.79	15.49	8.08	5.22	0.30	
吉安地区	27.58	26.24	15.14	5.70	5.40	1.33	0.01
抚州地区	22.03	20.15	11.83	5.58	2.74	1.40	0.48

8－19 用 水 量

（1999年）　　单位：亿立方米

地　区	总用水量	农田灌溉用水	林牧渔业用水	规模以上工业用水	规模以下工业用水	城镇生活用水	#居民用水	农村生活用水	#居民用水
全　省	**217.08**	**144.09**	**8.77**	**28.31**	**16.70**	**5.81**	**5.09**	**13.40**	**8.54**
南昌市	25.36	15.57	0.69	6.08	0.73	1.27	1.11	1.02	0.74
景德镇市	7.89	4.03	0.07	2.16	0.92	0.29	0.29	0.42	0.22
萍乡市	8.48	3.72	0.09	1.62	2.22	0.36	0.35	0.47	0.37
九江市	19.56	10.73	0.08	5.70	1.08	0.66	0.55	1.31	1.06
新余市	8.52	4.35	0.17	2.62	0.92	0.23	0.20	0.23	0.13
鹰潭市	9.81	4.25	0.81	4.05	0.28	0.15	0.12	0.27	0.18
赣州市	29.01	20.63	1.32	1.31	2.62	0.71	0.60	2.42	1.72
宜春地区	29.75	22.62	0.37	1.89	2.61	0.71	0.56	1.55	1.06
上饶地区	29.09	22.07	0.80	1.18	2.79	0.48	0.48	1.77	1.41
吉安地区	27.58	21.19	2.08	0.79	1.65	0.49	0.43	1.38	0.99
抚州地区	22.03	14.93	2.29	0.91	0.88	0.46	0.40	2.56	0.66

注：规模以上工业指独立核算国有工业和年产品销售收入500万元以上非国有工业。

8－20 分流域废污水排放量

（1999年）

省内流域名称	废污水日排放量（万吨）	工　业	生　活	废污水年排放量（亿吨）	达标排放量（亿吨）
全　省	**774.35**	**625.46**	**148.89**	**28.26**	**17.20**
长江中游干流区	118.63	112.6	6.03	4.33	3.79
洞庭湖水系	42.46	35.34	7.12	1.55	1.01
鄱阳湖水系	610.12	476.43	133.69	22.27	12.34
长江下游干流区	1.77	0.82	0.95	0.06	0.04
东江水系	1.37	0.27	1.1	0.05	0.02

主要统计指标解释

自来水综合生产能力 指年末城建部门管理的自来水厂和社会单位自备水源的取水、净化、送水出厂输水干管等环节的实际生产能力。

供水总量 指公用自来水厂和社会单位自备水源全年的供水总量,包括有效供水量及损失水量。

生活用水量 指居民日常生活与公共福利设施的用水量。包括饮食店、旅馆、医院、理发店、浴池、洗衣店、游泳池、商店、学校、机关、部队等单位的用水量。

年末道路长度 指除土路外,路面经过铺装宽度在3.5米以上的道路,包括高级、次高级道路和普通道路。

城市排水管道总长度 指所有排水总管、干管、支管及暗渠、检查井、连接井进出水口等长度之和。

营运车数 指年底可参加运营的全部车辆数,包括年底运营车辆数和库存查封未参加运营的车辆,不包括非营运车辆。如架线车、油罐车、工程车、货车及其他专用车辆和借入的客运车辆。

运营线路网长度 指设置的固定营运线路长度,包括郊区营运线路长度。不包括临时行驶的线路长度。

绿化覆盖面积 指城市公共绿地、专用绿地、生产绿地、防护绿地、郊区风景名胜区的全部面积。

公共绿地面积 指供游览休息的各种公园、动物园、植物园、陵园以及花园、游园和供游览休息用的林荫道绿地、广场绿地,不包括一般栽植的行道树及林荫道的面积。

废水排放总量 包括生产废水和生活污水。生产废水指企、事业单位的生产、科研过程中向外环境排放的所有排放口的废水量总和。生活污水指城镇居民区和企事业单位职工集中居住区排放的污水量。

工业废水排放量 指经过企业所有排放口排到企业外的生产废水总量,包括外排的直接冷却水和矿区超标排放的有毒有害矿井地下水,但不包括外排的间接冷却水(清污不分流的应计算在内)。

符合排放标准的工业废水量 指全面达到国家排放标准的外排工业废水量(包括经过处理和未经过处理的),但不包括虽经处理仍未达到国家排放标准的工业废水。国家尚未正式颁布标准的,以地方制定的标准为准。

工业废水处理量 指经过各种水处理装置净化处理后的外排工业废水量(包括虽经处理仍未达到国家或地方标准的外排工业废水量)。

废气排放总量 指燃料燃烧和生产工艺过程中排放的各种废气总量,以标准状态下每年万标立方米表示。

燃料燃烧过程废气排放量 指燃煤、油、气锅炉及工业窑炉在燃烧过程中所排废气的总量。

生产工艺过程废气排放量 指生产工艺过程中排放的废气总量。

净化处理的废气量 指生产工艺过程中排放的废气经过各种处理装置净化、处理的量。

工业粉尘排放量 指生产工艺过程中排放的固体微粒重量。

工业粉尘回收量 指经过各种回收处理装置回收

的工业粉尘和尘泥量(包括干法和湿法)。

工业固体废物产生量 指工矿企业、事业单位在生产(试验)过程中产生的工业固体废弃物总量,不包括矿山开采的剥离废石和掘进废石(煤矸石除外)。

工业固体废物处理量 指以填埋、焚烧等方式最终处理的工业固体废物量。

工业固体废物综合利用量 指已用作农业肥料、造田、生产建筑材料、以及其他方式综合利用的工业固体废物量(不包括填埋和焚烧量)。利用量由原产固体废物的单位统计。

水资源总量 指评价区内当地降水形成的地表、地下产水量,不包括入境水量。

地表水资源量 指地表水体的动态水量,即河川径流量。

地下水资源量 指与降水、地表水有直接补排关系的动态地下水量。

供水量 指各种水源工程为用户提供的包括输水损失在内的毛供水量。

用水量 指分配给用户的包括输水损失在内的毛用水量。按用水性质分为农业用水、工业用水和生活用水三大类。

废污水排放量 又称产污量,是工业废水和生活污水的总称。

农　业 9

AGRICULTURE

- 1999 年，乡(村)总户数 729.01 万户，总人口 3182.50万人，劳动力1545.82万人。
- 1999 年，农林牧渔业总产值 750.3 亿元，其中林、牧、渔产值占 48.3%。
- 1999 年，农林牧渔业商品产值 482.5 亿元，农林牧渔业商品率为 64.3%。
- 1999 年粮食总产量 1732.7 万吨，棉花产量 6.3 万吨，油料折油 31.9 万吨，肉类总产量 198.3 万吨。

本篇章

料整理	微机处理
纪新	吴九华
虹	
子锐	
九华	
荣	

9-1 农村乡(镇)基本情况

项　　　目	单位	1998 年	1999 年	项　　　目	单位	1998 年	1999 年
一、乡镇政府	个	1 811	1 816	自来水受益户数	万户	47.5	55.9
镇政府	个	671	700	占乡村总户数比重	%	6.6	7.7
乡政府	个	1 140	1 116	自来水受益人口	万人	192.37	221.77
二、村民委员会	个	20 677	20 701	占乡村总人口比重	%	6.1	7.0
三、村民小组	个	204 611	205 631	六、通电话的村委会个数	个	13 826	16 930
四、通汽车的村委会个数	个	19 852	19 974	占村委会总个数比重	%	66.9	81.8
占村委会总个数比重	%	96.0	96.5	七、通广播的村委会个数	个	8 624	11 188
五、自来水受益村委会个数	个	2 796	3 403	占村委会总个数比重	%	41.7	54.0
占村委会总个数比重	%	13.5	16.4				

9-2 各地区乡(镇)组织情况

(1999 年)

地　　　区	乡(镇)政府个数(个)	# 镇政府	村民委员会(个)	村民小组(个)	乡村总户数(万户)	乡村总人口(万人)
全　省	**1 816**	**700**	**20 701**	**205 631**	**729.01**	**3 182.51**
南昌市	100	41	1 226	9 138	54.18	244.90
景德镇市	53	26	606	4 219	21.81	92.28
萍乡市	59	30	822	9 850	30.98	135.04
九江市	225	94	2 276	26 523	77.54	336.56
新余市	35	15	449	3 769	18.13	71.29
鹰潭市	44	24	389	4 064	18.04	77.85
赣州市	361	135	4 320	50 272	148.17	650.75
宜春地区	196	85	2 500	26 478	92.83	390.90
上饶地区	282	93	3 012	27 255	119.20	531.67
吉安地区	256	90	3 136	27 127	81.99	367.10
抚州地区	205	67	1 965	16 936	66.14	284.17

9－3 各地区乡(镇)劳动力

(1999年)

单位:人

地区	合计	农林牧渔业	工业	建筑业	交通运输邮电业	商业饮食业
全省	**15 458 164**	**10 602 300**	**883 100**	**585 726**	**213 678**	**313 502**
南昌市	1 172 811	830 745	101 998	47 526	21 756	26 720
景德镇市	410 210	281 655	30 681	15 309	8 239	8 256
萍乡市	698 438	376 674	140 105	32 070	12 121	17 127
九江市	1 586 753	1 089 587	49 724	60 238	22 877	30 657
新余市	352 278	247 073	25 363	20 445	6 248	8 455
鹰潭市	374 483	285 151	10 657	13 009	4 419	11 870
赣州市	3 492 275	2 421 474	146 997	111 345	31 621	63 089
宜春地区	1 896 371	1 287 645	145 121	67 452	32 461	34 219
上饶地区	2 351 806	1 434 005	125 296	92 184	35 036	57 301
吉安地区	1 764 359	1 356 321	44 345	48 731	19 593	24 846
抚州地区	1 358 380	991 970	62 813	77 417	19 307	30 962

地区	生活服务业	卫生体育福利事业	教育文化广播电视事业	科技和生产技术服务事业	金融保险业	乡经济组织管理	其他
全省	**160 757**	**60 135**	**112 065**	**21 611**	**7 934**	**67 345**	**2 430 011**
南昌市	13 252	4 541	11 143	2 112	648	4 100	108 270
景德镇市	4 066	1 770	4 763	774	307	3 624	50 766
萍乡市	9 486	3 106	7 269	1 579	456	4 755	93 690
九江市	18 939	6 274	14 104	2 149	840	4 879	286 485
新余市	3 386	1 229	804	451	52	1 454	37 318
鹰潭市	4 284	1 060	1 300	483	163	1 169	40 918
赣州市	33 291	11 222	17 130	4 481	881	12 276	638 468
宜春地区	16 379	8 214	16 468	3 592	1 247	13 108	270 465
上饶地区	34 149	12 879	23 808	3 665	2 130	12 708	518 645
吉安地区	11 870	4 772	6 862	1 176	652	5 621	239 570
抚州地区	11 655	5 068	8 414	1 149	558	3 651	145 416

9-4 耕地面积变动情况

单位:公顷

指标	1985年	1990年	1995年	1996年	1997年	1998年	1999年
一、当年增加的耕地面积	**1 739**	**994**	**1 411**	**1 180**	**2 243**	**1 685**	**2 471**
新开荒地	413	687	412	690	946	544	293
废弃地利用		111	141	135	226	482	311
其他农用地调整为耕地	1 326	196	858	355	1 071	659	1 867
二、当年减少的耕地面积	**11 508**	**6 926**	**7 710**	**7 835**	**6 126**	**18 536**	**11 127**
#国家基建占地	1 800	2 316	3 125	2 708	2 704	4 648	2 996
乡村集体基建占地	660	313	590	707	596	690	1 108
农民个人建房占地	629	290	665	650	519	959	1 531
退耕造林	814	3 510	1 135	856	464	655	906
退耕改牧	179	79	326	309	24	16	48
退耕改塘	4 195	80	361	398	402	3 763	1 582
因灾废弃耕地	3 231	338	1 508	2 207	1 292	7 496	1 925

9-5 各地区耕地面积增减情况

(1999年)

单位:公顷

地区	年初实有耕地面积	当年增加耕地面积	#新开荒地	当年减少耕地面积	#国家基建占地	#乡村集体基建占地	#农民个人基建占地	年末实有耕地面积
全省	**2 281 290**	**2 471**	**293**	**11 127**	**2 996**	**1 108**	**1 531**	**2 272 634**
南昌市	210 568	149	26	1 277	417	163	218	209 440
景德镇市	63 195	3	3	331	178	9	37	62 867
萍乡市	52 803	26	22	147	74	14	16	52 682
九江市	218 840	865	6	2 524	414	106	649	217 181
新余市	63 578	53		117	22	25	4	63 514
鹰潭市	59 382	43	31	81	31	8	2	59 344
赣州市	346 383	139	66	1 630	633	226	74	344 892
宜春地区	352 661	808	42	1 299	369	318	64	352 170
上饶地区	303 405	144	45	2 322	444	112	375	301 227
吉安地区	357 581	130	38	664	301	111	43	357 047
抚州地区	252 894	111	14	735	113	16	49	252 270

9-6 农、林、牧、渔业总产值和商品产值

（按当年价格计算）　　单位：万元

年份	农林牧渔业总产值	农业产值	林业产值	牧业产值	渔业产值	农林牧渔业商品产值	农林牧渔业商品率（%）
1978	492 900	364 752	58 723	63 025	6 400	175 842	35.7
1979	665 189	481 718	85 897	90 597	6 977	253 118	38.1
1980	681 508	482 402	96 038	95 168	7 900	279 874	41.1
1981	742 600	522 463	104 083	104 682	11 372	305 367	41.1
1982	831 511	586 907	103 454	127 796	13 354	364 929	43.9
1983	860 800	594 400	114 129	135 497	16 774	402 457	46.8
1984	983 498	665 510	124 571	170 557	22 860	479 589	48.8
1985	1 145 040	740 353	141 190	228 397	35 100	566 795	49.5
1986	1 247 893	768 670	144 880	291 666	42 677	646 039	51.8
1987	1 443 474	890 020	157 209	343 928	52 317	803 109	55.6
1988	1 741 810	962 597	188 566	518 391	72 256	1 042 194	59.8
1989	1 979 302	1 111 245	189 588	597 366	81 103	1 210 169	61.1
1990	2 119 055	1 202 955	195 286	620 351	100 463	1 372 256	64.8
1990	2 552 437	1 534 586	239 624	674 764	103 463	1 372 256	53.8
1991	2 715 836	1 612 274	288 951	688 523	126 088	1 483 574	54.6
1992	2 983 528	1 683 513	315 804	830 611	153 600	1 735 728	58.2
1993	3 601 064	1 961 358	314 875	1 095 139	229 692	2 165 316	60.1
1994	5 278 602	2 762 704	375 230	1 776 561	364 107	3 368 228	63.8
1995	6 317 137	3 316 376	414 590	2 095 348	490 823	4 053 816	64.2
1996	7 334 888	3 863 193	463 328	2 311 829	696 538	4 751 920	64.8
1997	7 855 119	3 946 088	468 592	2 558 551	881 888	5 180 617	66.0
1998	7 348 844	3 615 365	476 187	2 383 146	874 146	4 824 857	65.7
1999	7 502 895	3 881 699	495 903	2 239 960	885 333	4 824 974	64.3

注：1990 年数分别为按老口径和新口径计算的数据（下表同）。

9-7 农、林、牧、渔业总产值构成

（按当年价格计算）　　单位：%

年份	农林牧渔业总产值	农业产值	林业产值	牧业产值	渔业产值
1978	100	74.0	11.9	12.8	1.3
1979	100	72.4	12.9	13.6	1.0
1980	100	70.8	14.1	14.0	1.2
1981	100	70.4	14.0	14.1	1.5
1982	100	70.6	12.4	15.4	1.6
1983	100	69.1	13.3	15.7	1.9
1984	100	67.7	12.7	17.3	2.3
1985	100	64.7	12.3	19.9	3.1
1986	100	61.6	11.6	23.4	3.4
1987	100	61.7	10.9	23.8	3.6
1988	100	55.3	10.8	29.8	4.1
1989	100	56.1	9.6	30.2	4.1
1990	100	56.8	9.2	29.3	4.7
1990	100	60.1	9.4	26.4	4.1
1991	100	59.4	10.6	25.4	4.6
1992	100	56.4	10.6	27.8	5.1
1993	100	54.5	8.7	30.4	6.4
1994	100	52.3	7.1	33.7	6.9
1995	100	52.5	6.6	33.2	7.8
1996	100	52.7	6.3	31.5	9.5
1997	100	50.2	6.0	32.6	11.2
1998	100	49.2	6.5	32.4	11.9
1999	100	51.7	6.6	29.9	11.8

9-8 农、林、牧、渔业总产值指数

(可比价格,以 1978 年为 100)

年份	农林牧渔业总产值	农业产值	林业产值	牧业产值	渔业产值
1978	100	100	100	100	100
1979	114.8	115.0	112.4	116.5	113.6
1980	111.2	109.3	108.7	120.6	127.4
1981	115.6	111.2	127.3	122.6	150.7
1982	127.4	122.4	124.8	148.7	170.0
1983	129.4	122.7	128.2	152.7	213.2
1984	143.3	135.4	144.5	169.0	240.9
1985	153.6	140.4	153.7	200.8	291.5
1986	157.7	138.0	154.9	232.9	337.4
1987	171.6	150.8	169.3	247.9	387.9
1988	176.3	147.5	176.9	282.1	445.1
1989	185.8	156.8	177.6	296.5	485.3
1990	198.0	167.7	184.0	315.5	532.0
1991	210.0	176.0	199.4	337.6	584.6
1992	223.8	181.4	212.9	378.7	712.1
1993	240.1	185.2	194.2	456.3	972.1
1994	264.7	193.4	209.7	537.7	1 243.1
1995	278.4	193.9	210.3	590.9	1 562.5
1996	301.8	208.4	221.5	609.2	2 087.5
1997	322.9	221.3	218.1	644.1	2 510.9
1998	310.2	203.8	220.4	623.6	2 656.1
1999	325.4	226.2	216.8	600.3	2 847.3

9-9 农、林、牧、渔业总产值指数

(可比价格,以上年为 100)

年份	农林牧渔业总产值	农业产值	林业产值	牧业产值	渔业产值
1978	102.8	101.6	105.7	107.2	98.9
1979	114.8	115.0	112.4	116.5	113.6
1980	96.9	95.1	96.8	103.6	112.2
1981	103.9	101.7	117.1	101.8	118.3
1982	110.2	110.1	98.0	121.1	112.8
1983	101.5	100.2	102.7	102.7	125.4
1984	110.8	110.3	112.7	110.7	112.9
1985	107.2	103.7	106.4	118.8	121.0
1986	102.6	98.3	100.8	116.0	115.7
1987	108.8	109.3	109.3	106.4	115.0
1988	102.7	97.8	104.5	113.8	114.8
1989	105.4	106.3	100.4	105.1	109.0
1990	106.5	106.9	103.6	106.4	109.6
1991	106.1	105.0	108.3	107.0	109.9
1992	106.6	103.0	106.8	112.2	121.8
1993	107.3	102.1	91.2	120.5	136.5
1994	110.2	104.5	108.0	117.8	127.9
1995	105.2	100.2	100.3	109.9	125.7
1996	108.4	107.5	105.3	103.1	133.6
1997	107.0	106.2	98.5	105.7	120.3
1998	96.1	92.1	101.1	96.8	105.8
1999	104.9	111.0	98.4	96.3	107.2

9－10 农、林、牧、渔业总产值

单位:万元

行业	按当年价格计算		按1990年不变价格计算		
	1998年	1999年	1998年	1999年	1999年比1998年增长%
农林牧渔总产值	**7 348 844**	**7 502 895**	**4 455 961**	**4 674 541**	**4.9**
一、农业产值	**3 615 365**	**3 881 699**	**2 073 956**	**2 302 071**	**11.0**
(一)种植业产值	3 209 856	3 444 454	1 718 600	1 924 903	12.0
1.主产品产值	3 101 747	3 324 662	1 643 313	1 842 331	12.1
粮食作物	1 802 330	1 890 406	908 424	999 386	10.0
油料	211 419	239 894	129 123	149 054	15.4
棉花	87 913	54 861	48 035	39 606	－17.6
麻类	9 739	9 475	6 169	5 846	－5.2
糖类	55 033	44 510	29 292	26 106	－10.9
烟叶	12 770	12 190	5 593	5 290	－5.4
药材	12 932	19 910	9 412	13 705	45.6
蔬菜瓜类	699 621	789 202	360 999	410 407	13.7
茶、桑、果	101 853	136 269	74 518	105 173	41.1
其他农作物	108 137	127 945	71 748	87 758	22.3
2.副产品产值	108 109	119 792	75 287	82 572	9.7
粮食作物	91 373	101 591	62 633	69 589	11.1
其他	16 736	18 201	12 654	12 983	2.6
(二)其他农业产值	405 509	437 245	355 356	377 168	6.1
采集野生植物	52 567	55 438	41 838	40 922	－2.1
农民家庭兼营工业	352 942	381 807	313 518	336 246	7.2
二、林业产值	**476 187**	**495 903**	**396 498**	**390 066**	**－1.6**
种植林木生长	77 095	76 466	61 557	52 749	－14.3
林产品	114 400	130 188	81 729	90 754	11.0
农村采伐竹木	284 692	289 249	253 212	246 563	－2.6
三、牧业产值	**2 383 146**	**2 239 960**	**1 336 837**	**1 286 982**	**－3.7**
1.牲畜繁殖、增长、增重	1 792 984	1 609 850	943 701	873 168	－7.5
大牲畜	125 983	122 615	84 981	83 371	－1.9
猪	1 658 829	1 478 124	855 722	786 826	－8.1
羊	8 172	9 111	2 998	2 971	－0.9
2.家禽的饲养	288 055	323 356	179 160	197 514	10.2
3.活的畜禽产品	239 429	248 774	164 022	170 903	4.2
4.捕猎	6 638	6 990	4 769	5 213	9.3
5.其他动物饲养	56 040	50 990	45 185	40 184	－11.1
四、渔业产值	**874 146**	**885 333**	**648 670**	**695 422**	**7.2**

9－11 各地区农、林、牧、渔业总产值

（1999 年，按当年价格计算）　　单位:万元

地　　区	农林牧渔总产值	农业产值	林业产值	牧业产值	渔业产值
全　省	**7 502 895**	**3 881 699**	**495 903**	**2 239 960**	**885 333**
南昌市	704 024	297 454	9 908	242 017	154 645
景德镇市	153 949	90 656	13 127	42 343	7 823
萍乡市	235 515	116 474	14 259	92 236	12 546
九江市	596 186	292 050	31 753	145 396	126 987
新余市	210 760	122 355	15 345	57 034	16 026
鹰潭市	176 642	85 763	7 984	65 613	17 282
赣州市	1 394 442	670 936	72 418	508 558	142 530
宜春地区	1 251 389	682 641	88 142	361 198	119 408
上饶地区	985 354	525 234	82 247	227 512	150 361
吉安地区	957 756	528 146	95 653	255 941	78 016
抚州地区	836 878	469 990	65 067	242 112	59 709

9－12 各地区农、林、牧、渔业总产值

（1999 年，按 1990 年不变价格计算）　　单位:万元

地　　区	农林牧渔总产值	农业产值	林业产值	牧业产值	渔业产值
全　省	**4 674 541**	**2 302 071**	**390 066**	**1 286 982**	**695 422**
南昌市	442 605	164 361	7 559	153 299	117 386
景德镇市	101 166	56 286	11 958	26 793	6 129
萍乡市	111 398	57 254	8 435	36 773	8 936
九江市	364 938	166 216	20 685	78 122	99 915
新余市	126 636	67 739	12 190	33 235	13 472
鹰潭市	102 653	45 547	5 344	36 509	15 253
赣州市	824 459	370 974	66 025	275 271	112 189
宜春地区	803 262	424 479	69 489	222 767	86 527
上饶地区	697 544	362 839	67 567	139 403	127 735
吉安地区	544 656	282 018	66 419	139 343	56 876
抚州地区	555 224	304 358	54 395	145 467	51 004

9－13　各地区粮食作物和多种经营产值

（1999年，按当年价格计算）

地区	绝对数（万元）				构成（以农业总产值为100）		
	农业总产值	粮食作物	多种经营	#经济作物	粮食作物	多种经营	#经济作物
全省	**7 502 895**	**1 991 997**	**5 510 898**	**399 041**	**26.5**	**73.5**	**5.3**
南昌市	704 024	177 483	526 541	28 732	25.2	74.8	4.1
景德镇市	153 949	45 951	107 998	6 654	29.8	70.2	4.3
萍乡市	235 515	69 028	166 487	3 238	29.3	70.7	1.4
九江市	596 186	130 138	466 048	68 164	21.8	78.2	11.4
新余市	210 760	51 385	159 375	24 205	24.4	75.6	11.5
鹰潭市	176 642	56 841	119 801	7 651	32.2	67.8	4.3
赣州市	1 394 442	323 378	1 071 064	55 954	23.2	76.8	4.0
宜春地区	1 251 389	347 787	903 602	61 831	27.8	72.2	4.9
上饶地区	985 354	260 438	724 916	45 614	26.4	73.6	4.6
吉安地区	957 756	287 100	670 656	58 758	30.0	70.0	6.1
抚州地区	836 878	242 468	594 410	38 240	29.0	71.0	4.6

9－14　各地区粮食作物和多种经营产值

（1999年，按1990年不变价格计算）

地区	绝对数（万元）				构成（以农业总产值为100）		
	农业总产值	粮食作物	多种经营	#经济作物	粮食作物	多种经营	#经济作物
全省	**4 674 541**	**1 068 975**	**3 605 566**	**252 590**	**22.9**	**77.1**	**5.4**
南昌市	442 605	97 148	345 457	16 317	21.9	78.1	3.7
景德镇市	101 166	27 235	73 931	4 320	26.9	73.1	4.3
萍乡市	111 398	34 128	77 270	1 845	30.6	69.4	1.7
九江市	364 938	65 176	299 762	46 538	17.9	82.1	12.8
新余市	126 636	28 412	98 224	11 627	22.4	77.6	9.2
鹰潭市	102 653	29 709	72 944	3 547	28.9	71.1	3.5
赣州市	824 459	159 603	664 856	37 220	19.4	80.6	4.5
宜春地区	803 262	192 994	610 268	38 625	24.0	76.0	4.8
上饶地区	697 544	156 056	541 488	31 348	22.4	77.6	4.5
吉安地区	544 656	148 772	395 884	34 434	27.3	72.7	6.3
抚州地区	555 224	129 742	425 482	26 769	23.4	76.6	4.8

9－15 农业商品产值和商品率

（按当年价格计算）

行业	农业商品产值(万元)		农业商品率(%)	
	1998年	1999年	1998年	1999年
合计	**4 824 857**	**4 824 974**	**65.7**	**64.3**
#粮食作物产值	769 911	841 394	40.7	42.2
多种经营产值	4 054 946	3 983 580	74.3	72.3
#经济作物产值	275 788	259 086	67.8	64.9
农业	1 945 941	2 138 160	53.8	55.1
林业	248 060	266 835	52.1	53.8
牧业	1 889 653	1 714 116	79.3	76.5
渔业	741 203	705 863	84.8	79.7

9－16 各地区农业商品产值和商品率

（1999年，按当年价格计算）

地区	农业商品产值（万元）	农业	林业	牧业	渔业	农业商品率（%）
全省	4 824 974	2 138 160	266 835	1 714 566	705 863	64.3
南昌市	460 466	149 899	3 391	181 461	125 715	65.4
景德镇市	93 362	48 228	5 942	33 199	5 993	60.6
萍乡市	148 989	54 519	6 824	77 800	9 846	63.3
九江市	343 819	137 307	12 569	93 491	100 452	57.7
新余市	145 547	76 677	7 643	47 747	13 480	69.1
鹰潭市	103 337	41 274	4 358	44 335	13 370	58.5
赣州市	905 739	299 757	39 310	434 029	132 643	65.0
宜春地区	834 294	428 212	53 746	266 430	85 906	66.7
上饶地区	571 448	285 991	43 547	140 702	101 208	58.0
吉安地区	610 480	296 233	53 137	192 689	68 421	63.7
抚州地区	607 493	320 063	36 368	202 233	48 829	72.6

9－17 主要农业机械年末拥有量和机耕情况

指　　标	单　位	1990年	1995年	1996年	1997年	1998年	1999年
农业机械总动力	万瓦特	667 716.7	663 075.4	691 325.8	750 027.0	793 907.8	853 019.6
大中型农用拖拉机	混合台	19 324	7 606	7 767	7 783	7 803	7 312
	万瓦特	49 449.4	24 877.4	25 748.4	25 826.3	26 039.6	22 097.6
小型及手扶拖拉机	混合台	91 682	70 124	68 670	74 333	76 100	80 934
	万瓦特	76 492.3	62 107.7	61 180.4	70 415.5	77 565.7	82 128.4
大中型拖拉机配套农具	部	10 190	2 605	1 805	2 600	2 600	2 906
农用排灌动力机械	台	130 713	158 378	159 736	158 655	184 614	221 926
	万瓦特	150 864.2	165 381.5	165 964.1	166 050.4	188 719.7	199 951.7
#柴油机	台	67 476	74 532	75 617	74 016	94 588	130 254
	万瓦特	68 615.4	69 304.3	69 677.6	67 865.5	81 987.6	98 822.8
电动机	台	60 446	83 762	84 019	83 018	88 739	89 951
	万瓦特	80 923.3	96 006.9	96 216.5	97 472.6	101 849.1	95 709.5
农用水泵	台	118 122	134 768	135 698	138 687	160 954	201 348
喷灌机械	套	4 816	5 921	6 373	6 201	8 363	10 204
机动脱粒机	台	42 047	58 578	76 071	91 036	119 505	166 715
机动喷雾(粉)机	部	6 942	11 669	12 861	23 039	28 433	23 979
	万瓦特	1 155.4	1 433.8	2 197.4	2 979.8	3 948.6	3 360.8
饲料粉碎机	台	14 995	14 037	18 800	17 505	25 688	25 263
渔用机动船	艘	9 150	9 478	10 116	10 578	10 731	10 714
	吨	24 962	37 388	29 300	50 993	39 934	27 652
	万瓦特	3 593.2	4 336.0	4 785.3	4 962.3	5 570.4	9 287.8
碾　米　机	台	108 676	106 800	105 093	129 578	120 449	120 962
磨　面　机	台	15 905	14 226	14 382	20 748	15 807	16 933
轧　花　机	台	5 782	6 526	6 517	6 245	5 994	6 875
榨　油　机	台	12 679	15 479	15 667	17 269	16 973	18 783
农用载重汽车	辆	19 913	22 254	24 173	25 948	25 960	26 306
	万瓦特	145 260.6	163 644.1	173 931.6	188 134.8	193 489.6	194 198.9
大中型拖车	辆	20 060	7 312	7 767	7 103	6 400	6 188
机动运输船	艘	9 129	6 949	6 382	7 101	6 223	6 472
	吨	185 587	141 746	323 745	204 936	156 915	157 644
	万瓦特	10 361.7	8 504.9	9 771.4	8 352.9	8 535.7	9 085.2
当年实际机耕面积	千公顷	640.6	650.7	795.3	919.3	919.8	991.3
机耕面积占耕地面积比重	%	27.3	28.2	34.5	40.0	40.3	43.6

9－18 各地区主要农业机械年末拥有量和机耕情况

（1999年）

地区	农业机械总动力（万瓦特）	大中型农用拖拉机（混合台）	小型及手扶拖拉机（混合台）	农用载重汽车（辆）	当年实际机耕面积（千公顷）	机耕面积占耕地面积比重（%）
全　省	**853 019.6**	**7 312**	**80 934**	**26 306**	**991.3**	**43.6**
南昌市	101 520.7	881	8 033	3 027	123.1	58.8
景德镇市	31 331.5	848	3 517	1 209	33.0	52.5
萍乡市	39 437.4	36	1 590	2 895	29.5	56.0
九江市	83 159.9	776	4 888	2 147	71.7	33.0
新余市	25 403.0	116	1 374	1 292	33.7	53.0
鹰潭市	13 579.0	585	1 612	334	15.3	25.7
赣州市	113 508.3	296	9 774	3 414	109.0	31.6
宜春地区	142 881.4	1 276	12 004	4 512	202.4	57.5
上饶地区	116 667.7	378	20 810	2 475	114.5	38.0
吉安地区	97 812.0	784	8 551	2 968	100.0	28.0
抚州地区	70 452.6	1 089	8 105	1 976	145.6	57.7

地区	农用排灌动力机械		柴油机		电动机	
	（台）	（万瓦特）	（台）	（万瓦特）	（台）	（万瓦特）
全　省	**221 926**	**199 951.7**	**130 254**	**98 822.8**	**89 951**	**95 709.5**
南昌市	32 027	31 043.1	13 183	11 016.4	18 844	20 026.7
景德镇市	4 569	5 839.9	2 755	2 527.7	1 814	3 312.2
萍乡市	8 550	4 140.7	1 469	1 547.7	5 361	2 453.6
九江市	21 407	23 711.1	14 886	11 887.9	6 521	11 823.2
新余市	5 254	4 125.6	1 689	1 527.2	3 565	2 598.4
鹰潭市	2 454	3 027.0	1 191	1 302.2	1 263	1 424.7
赣州市	28 268	17 646.6	10 691	8 414.3	17 577	9 232.3
宜春地区	32 294	29 996.2	21 700	18 720.0	10 594	11 276.2
上饶地区	24 871	35 785.2	13 070	16 928.3	11 801	18 856.9
吉安地区	48 107	23 436.0	40 592	16 817.5	7 514	6 618.6
抚州地区	13 257	13 394.4	8 835	7 873.9	4 422	5 520.5

注：各地（市）数未含农垦、监狱系统的数据。

9－19　农村小水电和农业电气化、化学化、水利化情况

指　　标	单　位	1990 年	1995 年	1996 年	1997 年	1998 年	1999 年
一、农村小水电情况							
乡镇(场)及以下办水电站个数	个	4 623	5 366	4 737	3 205	2 860	2 526
发电能力	千瓦	219 709	313 854	294 712	287 997	312 672	353 505
二、农业电气化情况							
农村用电量	万千瓦小时	159 927	265 717	291 274	308 216	333 030	335 589
每公顷耕地面积用电量	千瓦小时	680.7	1 150.9	1 265.3	1 341.2	1 459.8	1 476.7
通电的村民委员会个数	个	18 957	20 316	20 528	20 356	20 393	20 483
通电的村委会占村委会总数比重	%	91.1	97.1	93.5	98.1	98.6	98.9
用电照明的乡(镇)户数	万户	532.0	640.0	666.1	681.2	688.7	702.77
用电照明的农户占乡(镇)总户数比重	%	80.3	90.6	94.1	95.4	95.6	96.4
三、农业化学化情况							
农用化肥施用量(实物量)	万吨	285.6	350.0	354.7	370.0	352.1	354.2
氮　　肥	万吨	150.5	176.3	175.2	176.8	163.1	159.5
磷　　肥	万吨	90.0	97.3	98.3	100.4	94.2	92.4
钾　　肥	万吨	26.7	35.1	37.1	40.1	39.4	41.1
复　合　肥	万吨	18.4	41.3	44.1	52.7	55.4	61.2
农用化肥施用量(折纯量)	万吨	83.6	112.1	112.7	120.4	113.1	116.7
氮　　肥	万吨	46.1	60.0	57.8	60.2	54.9	55.1
磷　　肥	万吨	17.8	21.9	21.6	23.1	20.8	21.3
钾　　肥	万吨	13.3	16.5	17.4	18.5	18.4	19.2
复　合　肥	万吨	6.4	13.7	15.9	18.6	19.0	21.1
每公顷耕地化肥施用量(实物量)	千克	1 215.5	1 516.0	1 540.8	1 610.0	1 543.3	1 558.6
每公顷耕地化肥施用量(折纯量)	千克	355.8	485.6	489.8	523.9	495.8	513.3
农用塑料薄膜使用量	吨	16 428	21 785	21 105	24 792	27 509	30 256
每公顷耕地面积用农膜	千克	7.0	9.4	9.2	11.7	12.1	13.3
农药使用量	吨	36 482	41 932	44 482	45 259	48 704	54 502
每公顷耕地面积用农药	千克	15.5	18.2	19.3	19.7	21.3	24.0
四、农业水利化情况							
有效灌溉面积	千公顷	1 836.7	1 879.7	1 889.1	1 900.1	1 897.0	1 901.1
有效灌溉面积占耕地面积比重	%	78.2	81.4	82.1	82.7	83.2	83.7
旱涝保收面积	千公顷	1 365.9	1 463.8	1 484.8	1 506.2	1 518.3	1 532.2
旱涝保收面积占耕地面积比重	%	58.1	63.4	64.5	65.5	66.6	67.4

9－20 水利灌溉设施年末建成达到情况

指标	单位	1990年	1995年	1996年	1997年	1998年	1999年
一、工程座数	**座**	**392 088**	**384 265**	**384 514**	**384 666**	**378 046**	**383 115**
蓄水工程	座	265 967	256 697	256 657	256 727	250 055	256 451
大型水库	座	18	20	21	21	21	22
中型水库	座	193	200	204	205	206	209
小(一)型水库	座	1 307	1 325	1 329	1 332	1 333	1 332
小(二)型水库	座	7 969	8 165	8 167	8 115	8 111	8 037
塘坝	座	256 480	246 987	246 936	247 054	240 384	246 851
引水工程	座	98 388	97 818	97 930	97 996	98 077	96 717
机电灌站	座	24 460	26 531	26 656	26 690	26 588	26 578
水轮泵站	座	1 237	1 126	1 154	1 145	1 141	1 146
机电井	座	2 036	2 093	2 117	2 108	2 185	2 223
二、蓄水工程总库容	**万立方米**	**2 527 166**	**2 819 044**	**2 831 205**	**2 898 889**	**2 843 697**	**2 931 665**
大型水库	万立方米	1 325 400	1 558 500	1 570 060	1 570 060	1 570 060	1 649 560
中型水库	万立方米	437 727	469 863	477 003	479 567	482 258	495 538
小(一)型水库	万立方米	369 672	373 495	374 138	374 320	374 563	373 397
小(二)型水库	万立方米	214 169	220 334	222 321	220 907	221 010	220 121
塘坝	万立方米	180 198	196 852	187 683	254 035	195 806	193 049
三、有效灌溉面积	**千公顷**	**1 836.8**	**1 879.7**	**1 889.1**	**1 900.1**	**1 897.0**	**1 901.1**
蓄水工程	千公顷	930.0	954.9	960.2	966.6	969.8	973.3
大型水库	千公顷	80.2	81.6	81.6	81.5	81.6	81.5
中型水库	千公顷	204.9	210.7	212.5	213.1	213.8	213.9
小(一)型水库	千公顷	242.5	248.4	248.1	248.9	247.6	247.5
小(二)型水库	千公顷	201.2	207.2	208.6	209.1	210.1	209.6
塘坝	千公顷	201.2	207.0	209.4	214.0	216.7	220.8
引水工程	千公顷	488.6	493.4	496.2	499.2	499.0	500.0
30万亩以上	千公顷	54.9	54.9	54.9	54.8	55.3	54.9
10－30万亩	千公顷	47.5	46.6	46.6	46.6	46.4	46.4
1－10万亩	千公顷	45.7	48.7	48.6	48.9	49.0	48.8
1万亩以下	千公顷	340.5	343.2	346.1	348.9	348.3	349.9
机电泵井提灌	千公顷	414.0	429.5	430.9	432.5	426.5	426.0
其他	千公顷	4.2	1.9	1.8	1.8	1.7	1.8

9－21 各地区农村小水电和农业

（19

指　　　　标	单　位	全　　省	南昌市	景德镇市	萍乡市
一、农村小水电情况					
乡镇(场)及以下办水电站个数	个	2 526	23	25	101
发电能力	千瓦	353 505	2 568	5 512	27 899
二、农业电气化情况					
农村用电量	万千瓦小时	335 588.8	59 768.1	12 547.0	30 161.6
每公顷耕地面积用电量	千瓦小时	1 476.7	2 853.7	1 995.8	5 725.2
通电的村民委员会个数	个	20 483	1 226	603	812
通电的村委会占村委会总数比重	%	98.9	100.0	99.5	98.8
用电照明的乡(镇)户数	万户	702.8	52.6	21.2	30.1
用电照明的农户占乡(镇)总户数比重	%	96.4	97.0	97.0	997.3
三、农业化学化情况					
农用化肥施用量(实物量)	吨	3 542 365	334 491	91 726	101 911
氮　　肥	吨	1 595 321	131 052	44 687	49 675
磷　　肥	吨	924 491	111 110	19 777	25 075
钾　　肥	吨	410 662	46 062	10 211	12 046
复 合 肥	吨	611 891	46 267	17 051	15 115
农用化肥施用量(折纯量)	吨	1 166 549	125 088	31 626	39 081
氮　　肥	吨	551 222	43 914	16 535	16 379
磷　　肥	吨	212 581	38 436	3 164	11 244
钾　　肥	吨	191 812	23 034	5 106	5 952
复 合 肥	吨	210 934	19 704	6 821	5 506
每公顷耕地化肥施用量(实物量)	千克	1 558.6	1 597.0	1 459.0	1 934.4
每公顷耕地化肥施用量(折纯量)	千克	513.3	597.2	503.0	741.8
农用塑料薄膜使用量	吨	30 256	1 646	549	606
每公顷耕地面积用农膜	千克	13.3	7.8	8.7	11.5
农药使用量	吨	54 502	5 854	713	1 523
每公顷耕地面积用农药	千克	24.0	27.9	11.3	28.9
四、农业水利化情况					
有效灌溉面积	千公顷	1 901.1	200.5	52.5	42.2
有效灌溉面积占耕地面积比重	%	83.7	95.7	83.6	80.2
旱涝保收面积	千公顷	1 532.2	161.3	44.7	35.7
旱涝保收面积占耕地面积比重	%	67.4	77.0	71.1	67.8

电气化、化学化、水利化情况

99年）

九江市	新余市	鹰潭市	赣州市	宜春地区	上饶地区	吉安地区	抚州地区
218	8	37	932	280	280	204	418
20 952	2 349	2 802	76 848	55 997	60 852	26 229	71 497
33 302.4	12 798.2	3 904.0	42 826.4	43 896.9	52 324.4	26 058.4	18 001.4
1 533.4	2 015.0	657.9	1 241.7	1 246.5	1 737.0	729.8	713.6
2 254	449	384	4 216	2 489	3 000	3 108	1 942
99.0	100.0	98.7	97.6	99.6	99.6	99.1	98.8
75.6	17.8	17.3	138.3	89.2	116.4	79.9	64.4
97.5	98.2	96.2	93.3	96.1	97.6	97.4	97.4
324 263	103 108	103 635	618 660	573 249	479 327	411 561	400 434
165 766	40 462	32 244	341 424	230 386	212 608	155 364	191 653
71 470	28 745	45 139	138 860	174 144	120 176	80 039	109 956
36 154	18 624	12 050	46 104	85 522	50 499	50 503	42 887
50 873	15 277	14 202	92 272	83 197	96 044	125 655	55 938
113 542	36 129	36 393	162 485	198 171	169 717	126 448	127 869
64 446	17 498	14 626	78 128	93 275	92 824	47 443	66 154
14 254	4 483	13 625	22 840	33 490	31 219	17 004	22 822
14 442	8 964	6 026	22 983	39 680	23 360	23 186	19 079
20 400	5 184	2 116	38 534	31 726	22 314	38 815	19 814
1 493.0	1 623.3	1 746.3	1 793.7	1 627.7	1 591.2	1 152.6	1 587.3
522.7	568.8	613.2	471.1	562.7	563.4	354.1	506.8
2 690	534	366	7 490	3 893	2 937	2 441	7 104
12.3	8.4	6.1	21.7	11.0	9.7	6.8	28.1
7 042	1 699	687	9 697	9 559	3 873	7 152	6 703
32.4	26.7	11.5	28.1	27.1	12.8	20.0	26.5
175.2	53.1	57.3	269.8	296.1	254.6	290.4	209.4
80.7	83.5	96.6	78.2	84.1	84.5	81.3	83.0
128.9	42.5	40.3	221.7	265.5	207.3	210.9	173.4
59.4	66.9	67.9	64.3	75.4	68.8	59.1	68.7

9－22 堤防、水闸、除涝、水土保持及解决饮水困难情况

指 标	单 位	1990年	1995年	1996年	1997年	1998年	1999年
一、堤防工程	公里	9 259.06	9 701.00	9 772.00	9 826.00	9 799.00	9 848.00
保护耕地30万亩以上的堤防	公里	198.33	199.00	199.00	218.00	208.00	209.00
保护耕地10－30万亩的堤防	公里	755.79	755.00	755.00	755.00	755.00	755.00
保护耕地1－10万亩的堤防	公里	2 242.99	2 322.00	2 353.00	2 334.00	2 396.00	2 418.00
保护耕地万亩以下的堤防	公里	6 061.95	6 425.00	6 465.00	6 519.00	6 440.00	6 466.00
二、堤防保护耕地面积	千公顷	629.28	650.57	657.26	659.74	669.73	665.52
万亩以上堤防保护	千公顷	438.27	445.41	451.31	451.34	466.49	463.35
万亩以下堤防保护	千公顷	191.01	205.16	205.95	208.40	203.24	202.17
三、堤防保护人口	万人	936.10	1 031.49	1 056.44	1 075.76	1 096.85	1 126.14
万亩以上堤防保护	万人	654.35	704.84	712.95	725.37	745.21	772.02
万亩以下堤防保护	万人	281.75	326.65	343.49	350.39	351.64	354.12
四、水闸工程设施	座	365	374	376	389	381	401
大型水闸	座	3	3	3	3	3	3
中型水闸	座	31	35	35	33	31	34
小型水闸	座	331	336	338	353	347	364
五、低洼易涝耕地面积	千公顷	473.31	473.56	473.63	473.63	473.63	473.63
除涝面积	千公顷	313.86	329.89	331.49	331.80	333.21	334.72
除涝标准3－5年一遇的	千公顷	143.52	156.81	157.55	158.48	157.47	156.41
除涝标准5年以上的	千公顷	170.34	173.08	173.74	173.32	175.74	178.31
现有易涝面积	千公顷	159.45	143.67	142.14	141.83	140.42	138.91
六、水土流失面积	千公顷	3 859.91	4 103.23	4 103.50	4 103.50	4 103.51	4 013.50
七、水土流失治理面积	千公顷	1 223.45	1 963.05	2 107.79	2 211.24	2 394.36	2 588.04
# 小流域综合治理	千公顷	184.63	345.12	394.90	394.97	463.67	523.58
采取水平梯田措施治理	千公顷	73.49	123.51	136.80	153.22	160.44	173.39
采取沟坝地措施治理	千公顷	21.03	41.05	42.40	43.24	47.76	50.87
采取水保林措施治理	千公顷	1 091.82	1 674.75	1 779.88	1 849.95	1 971.40	2 102.91
采取种草措施治理	千公顷	9.19	22.14	29.19	32.71	38.83	46.57
采取其他措施治理	千公顷	27.93	101.84	118.95	137.26	173.84	214.30
八、需要解决饮水困难的人数	万人	815.80	960.64	1 224.66	953.00	953.00	958.64
已解决饮水困难的人数	万人	542.96	797.87	846.74	896.75	918.72	934.97
九、需要解决饮水困难的牲畜数	万头	438.69	550.35	732.26	556.79	556.90	559.66
已解决饮水困难的牲畜数	万头	257.95	400.65	426.36	452.32	481.24	504.32

9－23 农作物播种面积和产量

指　　标	播种面积(千公顷)		单产(千克/公顷)		总产量(粮食:万吨;其他:吨)		
	1998年	1999年	1998年	1999年	1998年	1999年	1999年比1998年增长%
总　　计	**5 804.20**	**5 870.99**					
一、粮食作物	3 421.07	3 548.20	4 547	4 884	1 555.50	1 732.70	11.4
1.谷　　物	3 034.60	3 150.52	4 824	5 202	1 463.98	1 638.78	11.9
稻　　谷	2 927.77	3 050.01	4 936	5 309	1 445.11	1 619.34	12.1
早　　稻	1 327.80	1 308.33	3 972	4 848	527.40	634.30	20.3
中稻及一季晚稻	244.30	290.01	7 831	6 573	191.31	190.64	－0.4
二季晚稻	1 355.67	1 451.67	5 358	5 472	726.40	794.40	9.4
小　　麦	63.26	61.50	1 431	1 565	9.05	9.62	6.4
杂　　谷	43.57	39.01	2 254	2 517	9.82	9.82	...
#玉　　米	29.41	27.30	2 448	2 731	7.20	7.46	3.6
大(米)麦	4.23	3.42	1 395	1 221	0.59	0.42	－28.8
2.豆类合计	234.34	240.43	1 404	1 387	32.91	33.34	1.3
大　　豆	154.32	150.41	1 568	1 578	24.19	23.74	－1.9
杂　　豆	80.02	90.02	1 090	1 067	8.72	9.60	10.1
#蚕(豌)豆	65.95	75.62	1 008	1 005	6.65	7.60	14.3
3.薯类(按折粮计算)	152.13	157.25	3 853	3 852	58.61	60.58	3.4
二、油料折油(含油茶籽)					282 504	318 638	12.8
油料合计	947.72	900.35	890	1 048	843 455	943 803	11.9
#花　　生	151.79	163.51	2 202	2 233	334 317	365 179	9.2
油 菜 籽	745.25	685.38	641	798	477 853	546 651	14.4
芝　　麻	50.63	51.40	616	621	31 165	31 907	2.4
三、棉　　花	108.44	69.18	702	917	76 092	63 417	－16.7
四、麻类合计	10.31	9.12	1 598	1 528	16 476	13 946	－15.4
黄 红 麻	2.79	1.83	2 349	2 321	6 555	4 254	－35.1
苎　　麻	7.52	7.29	1 319	1 329	9 921	9 692	－2.3
五、甘　　蔗	38.57	33.64	48 323	51 134	1 863 799	1 720 059	－7.7
#糖　　蔗	21.89	16.81	52 009	57 688	1 138 477	969 507	－14.8
六、烟叶合计	17.11	14.82	1 144	1 178	19 566	17 460	－10.8
烤　　烟	13.86	11.76	1 148	1 204	15 906	14 156	－11.0
晒　　烟	3.25	3.06	1 126	1 082	3 660	3 304	－9.7
七、中 药 材	10.96	14.48	2 712	2 569	29 724	37 189	25.1
八、蔬菜、瓜类	557.10	602.43					
#蔬　　菜	491.56	525.90					
九、其他作物	692.75	678.77					
#瓜　　子	5.06	4.34	927	657	4 689	2 848	－39.3
莲　　子	19.75	17.03	566	631	11 179	10 751	－3.8
青 饲 料	71.29	68.25					
绿　　肥	560.48	551.19					

注:本表粮食产量为农产量抽样调查数。

9-24 农作物播种面积

单位:千公顷

年份	合计	粮食作物	# 稻谷	# 小麦	经济作物	# 棉花	# 油料	# 花生
1978	5 701.1	3 820.8	3 380.3	121.2	424.1	114.3	270.8	46.2
1979	5 699.5	3 844.0	3 386.8	136.1	469.5	98.9	329.7	46.4
1980	5 553.7	3 775.3	3 383.7	121.3	479.5	108.5	324.0	47.7
1981	5 542.8	3 758.3	3 362.7	116.3	524.5	104.7	360.5	48.7
1982	5 578.3	3 743.9	3 339.5	104.0	531.5	100.9	370.3	49.6
1983	5 465.3	3 714.1	3 323.7	98.4	484.8	82.6	351.7	48.6
1984	5 456.7	3 714.1	3 326.9	98.7	502.0	81.1	348.0	52.3
1985	5 419.1	3 650.9	3 264.9	94.2	545.9	66.3	372.0	64.2
1986	5 438.7	3 629.8	3 250.7	86.8	601.6	61.5	414.5	80.3
1987	5 482.7	3 647.9	3 268.7	83.7	640.1	62.2	449.8	89.7
1988	5 396.3	3 588.7	3 210.5	80.1	639.7	65.2	440.9	93.3
1989	5 555.3	3 693.9	3 297.7	78.2	682.7	66.1	507.1	91.9
1990	5 759.7	3 700.9	3 286.6	74.9	866.7	70.3	686.5	91.7
1991	5 829.7	3 589.7	3 146.1	71.9	1 041.7	114.6	800.7	92.0
1992	5 844.9	3 446.2	2 981.5	72.5	1 212.0	135.1	913.9	117.9
1993	5 721.0	3 360.1	2 865.1	74.0	1 170.7	151.3	840.9	131.1
1994	5 753.4	3 434.4	2 939.5	73.1	1 134.1	163.3	853.8	138.5
1995	5 949.5	3 510.0	3 019.4	59.1	1 293.5	131.8	1 057.0	130.3
1996	6 105.3	3 570.6	3 055.4	72.3	1 264.6	107.4	1 055.3	140.0
1997	6 037.6	3 586.5	3 087.4	72.5	1 229.1	102.2	1 003.3	142.6
1998	5 804.0	3 421.1	3 034.6	63.3	1 164.3	108.4	947.7	151.8
1999	5 871.0	3 548.2	3 050.0	61.5	1 100.9	69.2	900.4	163.5

年份	# 油菜籽	# 芝麻	# 黄红麻	# 苎麻	# 甘蔗	# 烤烟	# 晒烟	其他农作物
1978	174.3	50.3	5.2	1.3	19.5	3.8	4.1	1 456.1
1979	214.1	69.3	5.1	1.4	18.8	2.1	3.8	1 386.1
1980	217.7	58.7	6.4	2.1	19.1	1.1	3.1	1 299.0
1981	252.2	59.6	10.1	2.7	24.1	2.3	3.3	1 260.0
1982	255.9	64.7	7.9	2.5	23.7	2.8	3.7	1 302.9
1983	246.1	57.1	4.7	2.3	21.1	1.8	3.0	1 266.5
1984	238.3	57.4	5.4	2.6	30.1	2.1	3.8	1 240.6
1985	245.9	61.9	16.3	9.5	37.7	2.3	4.8	1 222.3
1986	273.0	61.1	9.7	28.9	38.9	1.7	4.3	1 207.3
1987	302.9	57.2	7.7	37.3	36.7	3.2	4.9	1 194.7
1988	300.1	47.5	6.9	21.1	36.1	11.7	6.5	1 167.9
1989	358.9	56.3	7.7	12.0	31.8	10.5	6.7	1 178.7
1990	540.9	54.0	8.3	6.6	35.6	14.8	5.9	1 192.1
1991	657.2	51.3	8.3	5.3	41.8	28.1	6.5	1 187.3
1992	741.5	54.5	6.9	6.4	50.4	31.1	6.9	1 186.7
1993	648.8	61.1	6.9	5.0	43.4	37.4	6.5	1 190.2
1994	653.8	61.4	5.9	7.0	38.5	16.0	5.5	1 184.9
1995	864.1	62.4	4.4	8.6	40.2	9.8	5.1	1 146.0
1996	853.6	61.8	3.9	9.1	37.0	11.8	4.9	1 270.1
1997	801.1	59.7	3.0	8.5	41.8	23.7	4.9	1 222.0
1998	745.3	50.6	2.8	7.5	38.6	13.9	3.2	1 218.6
1999	685.4	51.4	1.8	7.3	33.6	11.8	3.1	1 221.9

9－25 主要农产品产量

年份	粮食（万吨）	棉花（吨）	油料折油（吨）	油料合计（吨）	#花生	#油菜籽	#芝麻	黄红麻（吨）
1978	1 125.74	34 796	66 271	134 940	51 686	68 399	14 855	4 793
1979	1 296.50	43 542	103 540	199 216	60 588	100 639	37 989	7 529
1980	1 240.04	43 039	67 804	137 605	50 502	71 999	15 104	10 775
1981	1 268.71	46 909	104 690	198 344	56 713	116 275	25 356	14 993
1982	1 408.74	65 621	105 360	259 958	62 974	159 804	37 180	11 567
1983	1 460.45	47 932	93 031	228 752	62 424	141 353	24 975	6 427
1984	1 549.18	69 141	104 260	245 317	74 155	144 974	26 188	8 257
1985	1 533.54	62 199	122 268	288 842	103 050	156 691	29 101	29 875
1986	1 453.77	54 558	115 323	315 869	135 578	156 664	23 627	18 301
1987	1 562.77	59 187	135 282	356 974	157 779	171 632	27 563	14 080
1988	1 535.43	32 495	122 547	328 348	138 059	174 773	15 516	10 456
1989	1 589.62	50 050	148 379	376 519	150 739	198 755	27 025	13 423
1990	1 658.20	56 995	196 114	548 851	151 909	371 383	25 559	18 846
1991	1 625.70	108 998	226 176	621 726	149 377	444 558	27 791	20 472
1992	1 566.00	148 368	257 389	741 627	215 142	490 178	36 307	17 984
1993	1 517.10	156 222	260 851	778 140	257 203	480 746	40 191	18 327
1994	1 603.50	174 714	282 747	836 078	309 554	483 500	42 966	17 547
1995	1 607.40	118 547	346 693	1 035 823	302 510	690 239	42 971	13 597
1996	1 766.30	123 071	339 313	1 010 393	331 169	634 898	44 277	9 017
1997	1 767.70	132 390	365 379	1 056 276	332 669	681 332	42 244	7 984
1998	1 555.50	76 092	282 503	843 455	334 317	477 853	31 165	6 555
1999	1 732.70	63 417	318 638	943 803	365 179	546 651	31 907	4 254

年份	苎麻（吨）	甘蔗（吨）	烤烟（吨）	晒烟（吨）	水果（吨）	肉类总产量（吨）	生猪年末存栏（万头）	水产品总产量（万吨）
1978	773	682 908	2 601	3 540	29 229	262 704	944.3	5.93
1979	1 212	790 784	1 726	3 266	60 190	313 749	1 004.7	6.73
1980	1 252	857 362	950	2 758	56 126	380 490	1 018.0	7.55
1981	1 627	1 167 281	2 542	3 265	70 870	411 140	1 006.6	8.58
1982	2 050	1 204 245	3 439	4 184	73 356	441 368	1 023.3	9.40
1983	1 732	1 021 939	2 033	2 777	89 348	458 122	1 079.4	11.55
1984	2 495	1 499 874	2 758	4 046	89 485	547 967	1 138.8	13.01
1985	5 106	1 971 006	2 914	5 880	107 543	642 514	1 232.5	16.02
1986	13 211	1 720 310	1 664	4 287	161 274	777 126	1 344.1	19.28
1987	33 475	1 907 887	3 525	5 928	172 879	838 692	1 387.6	22.59
1988	19 212	1 735 822	7 699	5 890	146 135	978 268	1 454.5	25.59
1989	10 581	1 494 895	9 155	6 173	229 708	1 040 340	1 486.5	28.12
1990	6 039	1 942 913	17 175	5 942	232 983	1 117 438	1 547.3	30.68
1991	5 166	2 299 461	31 454	6 686	334 161	1 239 667	1 589.6	33.93
1992	6 592	2 561 426	38 246	7 867	140 914	1 410 488	1 656.6	41.32
1993	5 727	2 311 395	46 106	7 980	208 141	1 676 110	1 781.0	55.49
1994	8 644	2 041 521	15 186	6 433	303 658	1 976 564	1 867.1	69.48
1995	11 141	2 000 272	10 179	5 730	427 637	2 193 984	1 951.0	84.04
1996	12 224	1 857 833	14 870	6 422	503 928	2 219 302	1 978.7	100.10
1997	11 288	2 205 930	31 444	7 527	676 384	2 275 735	1 979.8	115.08
1998	9 921	1 863 799	15 906	3 660	454 628	2 147 125	1 799.6	118.35
1999	9 692	1 720 059	14 156	3 304	703 877	1 982 708	1 554.3	122.12

注：本表1990年以后粮食产量为农产量抽样调查数。

9－26 各地区农作

（19

指标	全省	南昌市	景德镇市	萍乡市	九江市
总计	**5 870 989**	**562 685**	**162 860**	**136 368**	**512 286**
一、粮食作物	3 548 200	330 521	96 904	87 593	283 120
1.谷物	3 150 520	302 987	87 974	79 090	240 588
稻谷	3 050 015	296 382	86 006	76 316	199 536
早稻	1 308 333	134 881	36 099	32 792	83 140
中稻及一季晚稻	290 015	20 072	8 680	7 658	33 768
二季晚稻	1 451 667	141 429	41 227	35 866	82 628
小麦	61 498	5 919	954	1 138	27 667
杂谷	39 007	686	1 014	1 636	13 385
#玉米	27 295	189	778	1 007	11 681
大(米)麦	3 415	429	113	88	273
2.豆类合计	240 428	21 194	5 617	3 765	22 217
大豆	150 405	19 022	2 871	1 431	13 840
杂豆	90 023	2 172	2 746	2 334	8 377
#蚕(豌)豆	75 615	1 227	2 376	1 800	6 764
3.薯类(按折粮计算)	157 252	6 340	3 313	4 738	20 315
二、油料合计	900 345	112 118	24 735	9 700	116 108
#花生	163 506	15 837	1 644	1 094	9 899
油菜籽	685 383	82 004	19 922	8 590	101 049
芝麻	51 401	14 277	3 169	16	5 160
三、棉花	69 184	2 649	1 244	131	38 281
四、麻类合计	9 125		8	5	1 525
黄红麻	1 833		1		67
苎麻	7 292		7	5	1 458
五、甘蔗	33 638	825	974	21	736
#糖蔗	16 806				
六、烟叶合计	14 816			200	45
烤烟	11 762				
晒烟	3 054			200	45
七、中药材	14 478	273	124	198	3 564
八、蔬菜、瓜类	602 431	38 326	20 499	15 945	41 632
#蔬菜	525 899	37 033	19 870	14 240	39 178
九、其他作物	678 772	77 973	18 372	22 575	27 275
#瓜子	4 338	219			123
莲子	17 031	7	24	11	9
青饲料	68 252	2 071	1 821	3 224	7 588
绿肥	551 188	72 618	15 559	19 020	17 861

物 播 种 面 积

99年）　　　　　　　　　　　　　　　　　　　　单位:公顷

新余市	鹰潭市	赣州市	宜春地区	上饶地区	吉安地区	抚州地区
167 839	**170 660**	**866 716**	**948 532**	**800 052**	**852 154**	**671 377**
91 395	108 148	531 912	573 893	503 553	536 965	384 736
77 492	100 323	459 260	505 136	456 282	481 020	340 908
77 192	99 447	455 850	489 256	436 051	478 294	336 225
36 271	43 242	197 580	209 302	199 794	199 729	132 062
2 324	6 377	31 059	48 539	23 633	49 666	37 961
38 597	49 828	227 211	231 415	212 624	228 899	166 202
	321	156	9 583	14 709	134	917
300	555	3 254	6 297	5 522	2 592	3 766
140	75	2 946	3 778	1 591	1 790	3 320
23	335		519	1 353		282
10 020	4 871	42 233	42 573	28 163	35 304	24 471
3 577	1 897	20 758	30 247	17 564	22 947	16 251
6 443	2 974	21 475	12 326	10 599	12 357	8 220
5 891	2 415	20 419	8 319	8 883	10 816	6 705
3 883	2 954	30 419	26 184	19 108	20 641	19 357
29 664	11 727	83 809	160 666	123 000	167 897	60 921
4 468	4 569	38 097	26 660	12 538	33 107	15 593
24 715	6 218	45 398	122 674	101 169	130 409	43 235
481	940	314	11 331	9 293	4 327	2 093
6 904	26	126	11 375	4 838	290	3 320
2 056	172	167	3 244	963	474	511
	152	146	36	600	447	384
2 056	20	21	3 208	363	27	127
94	665	10 526	2 593	4 489	5 403	7 312
	24	9 867		2 131	4 632	152
	14	8 004	453	1 377	2 073	2 650
	3	7 514	2	1 007	2 005	1 231
	11	490	451	370	68	1 419
76	182	373	1 799	196	4 150	3 543
17 296	10 460	124 044	79 765	76 147	77 679	100 638
15 344	9 570	108 983	68 803	71 269	67 130	74 479
20 354	39 266	107 755	114 744	85 489	57 223	107 746
15		1 510	340	363	1 613	155
	5	5 969	16	221	219	10 550
3 375	2 560	14 324	11 285	7 590	7 428	6 986
15 922	36 337	77 372	93 927	74 797	40 225	87 550

9－27 各地区主要农作物

（19

指　　标	全　省	南昌市	景德镇市	萍乡市	九江市
一、粮食作物	4 884	4 934	4 707	6 548	3 822
1.谷　　物	5 202	5 244	4 932	6 894	4 102
稻　　谷	5 309	5 339	5 000	7 033	4 604
早　　稻	4 848	4 999	4 065	6 477	3 588
中稻及一季晚稻	6 573	4 917	6 213	7 753	5 822
二季晚稻	5 472	5 723	5 563	7 387	5 129
小　　麦	1 565	875	1 202	2 086	1 539
杂　　谷	2 517	1 907	2 657	3 736	1 913
#玉　　米	2 731	4 788	3 109	4 214	1 937
大(米)麦	1 221	781	858	2 068	802
2.豆类合计	1 387	1 044	1 375	2 085	1 194
大　　豆	1 578	1 055	1 755	2 983	1 270
杂　　豆	1 067	956	977	1 534	1 066
#蚕(豌)豆	1 005	950	898	1 370	1 019
3.薯类(按折粮计算)	3 852	3 141	4 382	4 326	3 382
二、油料合计	1 048	824	774	1 046	1 049
#花　　生	2 233	2 125	1 969	1 809	1 548
油菜籽	798	658	671	947	1 022
芝　　麻	621	333	804	2 125	610
三、棉　　花	917	856	543	893	856
四、麻类合计	1 528		875	1 000	1 209
黄红麻	2 321		1 000		1 493
苎　　麻	1 329		857	1 000	1 196
五、甘　　蔗	51 134	33 910	44 924	12 143	22 640
#糖　　蔗	57 688				
六、烟叶合计	1 178			1 140	933
烤　　烟	1 204				
晒　　烟	1 082			1 140	933
七、其他作物					
#瓜　　子	657	557			171
莲　　子	631	429	875	1 727	222

注：本表全省粮食单位播面产量为农产量抽样调查数。

单位播种面积产量

99年）　　　　单位:千克/公顷

新余市	鹰潭市	赣州市	宜春地区	上饶地区	吉安地区	抚州地区
5 182	4 445	4 985	5 516	4 462	4 524	5 582
5 854	4 619	5 430	5 863	4 677	4 834	5 902
5 870	4 646	5 445	5 983	4 801	4 848	5 947
5 189	4 110	5 481	5 240	4 136	4 595	5 167
5 867	4 133	5 453	5 882	5 689	5 195	6 642
6 511	5 178	5 413	6 677	5 327	4 994	6 409
	1 137	1 179	1 441	1 994	1 328	1 164
1 637	1 695	3 547	3 244	2 075	2 459	2 980
1 757	4 307	3 661	3 659	2 747	2 540	3 092
652	955		1 214	1 426		1 571
944	1 563	1 371	1 723	1 400	1 187	1 616
1 269	2 253	1 808	1 881	1 600	1 327	1 762
764	1 123	948	1 334	1 068	928	1 326
758	1 068	933	1 198	1 006	901	1 289
2 709	3 291	3 277	4 994	3 829	3 013	4 965
874	1 474	1 664	990	904	1 019	1 254
1 645	2 314	2 504	2 321	2 700	1 947	2 403
740	950	962	727	694	799	842
565	860	1 038	699	769	561	1 205
1 089	923	1 286	989	906	883	1 202
1 317	3 669	3 599	1 425	1 309	1 951	2 624
	4 007	3 836	2 583	1 460	1 973	2 951
1 317	1 100	1 952	1 412	1 061	1 593	1 638
24 755	35 438	61 723	54 149	41 751	47 083	51 095
	46 500	62 283		53 554	49 235	76 724
	1 000	1 247	1 219	972	1 405	902
	667	1 236	1 500	793	1 392	1 036
	1 091	1 420	1 217	1 459	1 794	786
667		785	691	628	547	1 058
	600	645	1 375	2 466	968	576

9－28 各地区主要

（19

指　　　标	全　省	南昌市	景德镇市	萍乡市	九江市
一、粮食作物	1 732.70	163.09	45.61	57.36	108.21
1.谷　物	1 638.78	158.89	43.39	54.52	98.69
稻　谷	1 619.34	158.24	43	53.67	91.87
早　稻	634.30	67.43	14.67	21.24	29.83
中稻及一季晚稻	190.64	9.87	5.39	5.94	19.66
二季晚稻	794.40	80.94	22.94	26.5	42.38
小　麦	9.62	0.52	0.11	0.24	4.26
杂　谷	9.82	0.13	0.27	0.61	2.56
#玉　米	7.46	0.09	0.24	0.42	2.26
大(米)麦	0.42	0.03	0.01	0.02	0.02
2.豆类合计	33.34	2.21	0.77	0.78	2.65
大　豆	23.74	2.01	0.5	0.43	1.76
杂　豆	9.60	0.21	0.27	0.36	0.89
#蚕(豌)豆	7.60	0.12	0.21	0.25	0.69
3.薯类(按折粮计算)	60.58	1.99	1.45	2.05	6.87
二、油料折油(含油茶籽)	318 638	28 368	6 540	7 619	39 936
油料合计	943 803	92 371	19 154	10 148	121 782
#花　生	365 179	33 658	3 237	1 979	15 326
油菜籽	546 651	53 958	13 369	8 135	103 306
芝　麻	31 907	4 755	2 548	34	3 150
三、棉　花	63 417	2 267	676	117	32 771
四、麻类合计	13 946	1	7	5	1 844
黄红麻	4 254		1		100
苎　麻	9 692	1	6	5	1 744
五、甘　蔗	1 720 059	27 976	43 756	255	16 663
#糖　蔗	969 507				
六、烟叶合计	17 460			228	42
烤　烟	14 156				
晒　烟	3 304			228	42
七、其他作物					
#瓜　子	2 848	122			21
莲　子	10 751	3	21	19	2

注：本表全省粮食产量为农产量抽样调查数。

农作物总产量

99年）　　　　　　　　　　　　　　　　　　　　　　　　　　粮食:万吨;其他:吨

新余市	鹰潭市	赣州市	宜春地区	上饶地区	吉安地区	抚州地区
47.36	48.07	265.15	316.57	224.68	242.95	214.76
45.36	46.34	249.4	296.17	213.42	232.54	201.19
45.32	46.21	248.22	292.74	209.34	231.88	199.96
18.82	17.77	108.29	109.68	82.64	91.78	68.24
1.36	2.64	16.94	28.55	13.44	25.8	25.21
25.13	25.8	123	154.51	113.26	114.31	106.51
	0.04	0.02	1.38	2.93	0.02	0.11
0.05	0.09	1.15	2.04	1.15	0.64	1.12
0.02	0.03	1.08	1.38	0.44	0.45	1.03
	0.03		0.06	0.19		0.04
0.95	0.76	5.79	7.33	3.94	4.19	3.95
0.45	0.43	3.75	5.69	2.81	3.05	2.86
0.49	0.33	2.03	1.64	1.13	1.15	1.09
0.45	0.26	1.9	1	0.89	0.97	0.86
1.05	0.97	9.97	13.08	7.32	6.22	9.61
9 141	5 085	45 808	54 330	41 265	56 166	24 380
25 920	17 288	139 419	158 985	111 244	171 081	76 411
7 349	10 572	95 413	61 867	33 858	64 452	37 468
18 299	5 908	43 680	89 199	70 241	104 136	36 420
272	808	326	7 917	7 145	2 429	2 523
7 520	24	162	11 252	4 381	256	3 991
2 708	631	601	4 622	1 261	925	1 341
	609	560	93	876	882	1 133
2 708	22	41	4 529	385	43	208
2 327	23 566	649 693	140 408	187 419	254 387	373 609
	1 116	614 550		114 124	228 055	11 662
	14	9 982	552	1 339	2 913	2 390
	2	9 286	3	799	2 791	1 275
	12	696	549	540	122	1 115
10		1 186	235	228	882	164
	3	3 850	22	545	212	6 074

9－29　茶叶、水果生产情况

指　　　　标	单 位	1998 年	1999 年	1999 年比 1998 年 增 长 %
一、产 量				
茶 叶	吨	17 530	17 125	－2.3
#红毛茶	吨	2 898	2 824	－2.6
绿毛茶	吨	13 713	13 243	－3.4
水 果	吨	456 164	703 877	54.3
#柑　桔	吨	296 673	539 222	81.8
梨	吨	32 867	38 899	18.4
桃	吨	36 823	38 093	3.4
李	吨	37 752	45 580	20.7
葡　萄	吨	2 630	2 892	10.0
红　枣	吨	7 466	6 759	－9.5
柿　子	吨	11 045	10 793	－2.3
猕猴桃	吨	2 490	2 401	－3.1
二、面　积				
年末茶园面积	公顷	48 596	47 074	－3.1
#当年新增	公顷	804	547	－32.0
当年采摘	公顷	36 551	36 846	0.8
年末果园面积	公顷	297 736	289 944	－2.6
#当年新增	公顷	14 441	12 991	－9.1
#柑桔	公顷	7 046	5 410	－23.2
当年产果	公顷	117 690	139 502	18.5
#柑桔	公顷	75 605	89 632	18.6

9－30 各地区茶叶、水果产量

（1999 年） 单位：吨

地区	茶叶	#红毛茶	#绿毛茶	水果	#柑桔	#梨
全省	**17 125**	**2 824**	**13 243**	**703 877**	**539 222**	**38 899**
南昌市	519	46	458	7 764	5 096	973
景德镇市	2 422	1 175	1 247	4 522	1 988	299
萍乡市	223		197	11 233	9 597	658
九江市	2 220	705	1 245	10 926	6 360	1 268
新余市	30		30	13 718	11 679	575
鹰潭市	210	102	78	19 998	11 420	2 511
赣州市	2 022		2 022	342 978	257 843	17 188
宜春地区	1 535	392	964	49 355	40 882	2 071
上饶地区	6 095	289	5 358	49 765	28 390	6 304
吉安地区	1 093	90	940	89 976	80 291	1 509
抚州地区	756	25	704	103 642	85 676	4 982

9－31 各地区茶园、果园面积

（1999 年） 单位：公顷

地区	年末茶园面积	年末果园面积	#当年产果面积	#柑桔	#当年新增面积	#柑桔
全省	**47 074**	**289 944**	**139 502**	**89 632**	**12 991**	**5 410**
南昌市	927	8 734	4 390	2 235	117	98
景德镇市	5 914	3 546	1 100	412	119	25
萍乡市	502	4 003	2 466	1 763	36	26
九江市	4 642	10 537	3 776	1 491	681	49
新余市	89	9 050	3 725	2 863	100	42
鹰潭市	248	7 737	2 463	1 199	244	43
赣州市	6 823	109 619	65 136	42 215	6 203	2 690
宜春地区	4 611	27 297	10 191	7 709	923	342
上饶地区	17 528	26 847	12 939	5 497	1 145	575
吉安地区	4 205	37 374	15 790	13 094	2 361	1 287
抚州地区	1 585	45 200	17 526	11 154	1 062	233

9－32 各 地 区

（19

指　　　　标	单　位	全　省	南 昌 市	景德镇市	萍 乡 市
一、当年造林总面积	千公顷	36.72	0.61	1.18	0.66
1.按造林方式分：					
人工造林面积	千公顷	30.82	0.61	1.18	0.66
#工程造林	千公顷	22.56	0.51	1.08	0.61
飞机播种面积	千公顷	5.90			
2.按主要林种用途分：					
用材林	千公顷	12.57	0.21	0.81	0.44
#速生丰产林	千公顷	6.99		0.75	0.37
经济林	千公顷	12.09	0.27	0.32	0.22
防护林	千公顷	11.48	0.13	0.01	
薪炭林	千公顷	0.57		0.03	
特种用途林	千公顷	0.01			
二、迹地更新面积	千公顷	25.01	0.13	0.68	0.14
三、封山育林面积	千公顷	2 739.51	16.26	60.76	42.48
#本年新封	千公顷	430.00	3.74	11.82	10.41
四、零星(四旁)植树	万株	8 201	907	297	355
五、林木种子采集量	吨	283		7	
六、育苗面积	公顷	992	101	3	140
#本年新育	公顷	677	41		10
七、幼林抚育作业面积	千公顷	411.86	10.98	17.27	1.27
八、成林抚育面积	千公顷	357.67	18.34	7.74	13.69
九、低产林改造面积	千公顷	220.11	6.94	7.13	7.72
十、抚育改造出材量	万立方米	45.67		0.68	0.96
十　、土要林产品产量					
油桐籽	吨	15 344	142	581	132
油茶籽	吨	187 094	2 262	1 280	22 525
乌桕籽	吨	526	4	30	
五倍籽	吨	543			
棕　片	吨	5 241	188	112	32
松　脂	吨	40 718	686	1 179	120
竹笋干	吨	19 317	2	234	356
板　栗	吨	17 769	170	143	361
紫胶(原胶)	吨	23			
十二、村及村以下竹木采伐					
木材生产性采伐量	万立方米	212.86	1.81	11.97	1.67
竹材采伐量	万根	2 332.71	18.14	18.10	65.89

林 业 生 产 情 况

99年)

九江市	新余市	鹰潭市	赣州市	宜春地区	上饶地区	吉安地区	抚州地区
5.03	0.22	0.27	8.13	2.79	6.20	3.52	8.11
5.03	0.22	0.27	3.60	2.79	6.20	3.52	6.74
2.15	0.18	0.21	3.05	1.28	5.05	3.05	4.20
			4.53				1.37
1.65	0.08	0.17	1.48	1.44	2.33	1.82	3.06
0.09	0.03	0.25	0.25	1.60	0.87	1.11	1.67
2.53	0.14	0.07	1.41	1.08	1.90	1.39	2.60
0.82		0.03	5.22	0.17	1.97	0.28	2.38
0.02			0.02			0.03	0.02
0.01				0.10			0.05
1.26	0.36	0.29	8.03	3.29	2.29	6.37	2.17
367.70	5.32	31.52	1 014.62	81.78	255.57	627.61	235.89
15.38	5.23	9.28	117.91	21.75	48.15	145.98	40.35
473	225	248	1 905	1 128	1 264	718	681
21	2	1	228	9	6	8	1
120	22	29	154	95	110	50	168
56	14	16	148	74	108	43	167
69.92	9.18	9.17	73.09	43.87	86.19	49.18	41.74
15.97	16.58	9.02	76.91	36.20	31.81	43.75	87.66
7.36	12.20	7.24	23.53	35.00	37.19	26.12	49.68
3.94	1.15	0.01	5.69	5.52	5.05	16.24	6.43
668	382	97	6 467	1 957	2 368	1 437	1 113
7 825	6 601	857	39 122	32 995	34 824	27 940	10 863
11		5	147	72	95	49	113
6				17	17	503	
855	240	2	1 506	1 329	429	420	128
1 589	731	62	16 258	2 503	1 073	9 242	7 275
355	54	62	1 834	2 763	8 641	2 626	2 390
703	969	912	1 994	1 620	5 508	4 008	1 381
					23		
19.33	3.11	0.68	57.45	29.06	21.63	48.79	17.36
79.66	46.20	38.58	313.35	1 033.40	171.43	196.01	351.95

9－33 林 业 生 产 情 况

指　　标	单　位	1998年	1999年	1999年比1998年增长%
一、当年造林总面积	千公顷	53.1	36.7	－30.9
1.按造林方式分：				
人工造林面积	千公顷	47.7	30.8	－35.4
#工程造林	千公顷	38.3	22.6	－41.0
飞机播种面积	千公顷	5.4	5.9	9.3
2.按主要林种用途分：				
用材林	千公顷	23.7	12.6	－46.8
#速生丰产林	千公顷	8.8	7.0	－20.5
经济林	千公顷	21.8	12.1	－44.5
防护林	千公顷	7.1	11.5	62.0
薪炭林	千公顷	0.5	0.6	20.0
特种用途林	千公顷	0.1		
二、迹地更新面积	千公顷	32.9	25.0	－24.0
三、封山育林面积	千公顷	2 309.5	2 739.5	18.6
#本年新封	千公顷	207.5	430.0	107.2
四、零星(四旁)植树	万株	7 770	8 201	5.5
五、林木种子采集量	吨	373	283	－24.1
六、育苗面积	公顷	1 520	992	－34.7
#本年新育	公顷	1 120	677	－39.6
七、幼林抚育作业面积	千公顷	649.3	411.9	－36.6
八、成林抚育面积	千公顷	359.5	357.7	－0.5
九、低产林改造面积	千公顷	257.9	220.1	－14.7
十、抚育改造出材量	万立方米	46.3	45.7	－1.3
十一、主要林产品产量				
油桐籽	吨	13 829	15 344	11.0
油茶籽	吨	156 819	187 094	19.3
乌桕籽	吨	686	526	－23.3
五倍籽	吨	527	543	3.0
棕　片	吨	5 819	5 241	－9.9
松　脂	吨	35 254	40 718	15.5
竹笋干	吨	13 842	19 317	39.6
板　栗	吨	11 669	17 769	52.3
紫胶(原胶)	吨	80	23	－71.3
十二、村及村以下竹木采伐				
木材生产性采伐量	万立方米	177.0	212.9	20.3
竹材采伐量	万根	2 037.0	2 332.7	14.5

9-34 牧业生产情况

指　　标	单　位	1998年	1999年	1999年比1998年增长%
一、当年出栏肉猪头数	头	22 710 450	20 640 024	-9.1
二、当年出售和自宰肉用牛	头	689 125	566 254	-17.8
当年出售和自宰肉用羊	只	557 990	586 874	5.2
当年出售和自宰肉用兔	只	2 645 346	1 582 037	-40.2
当年出售和自宰肉用禽	万只	22 548.9	25 574.2	13.4
三、肉类总产量	吨	2 147 125	1 982 708	-7.7
猪　肉	吨	1 768 561	1 602 115	-9.4
牛　肉	吨	66 641	52 432	-21.3
羊　肉	吨	7 859	8 351	6.3
兔　肉	吨	3 948	2 639	-33.2
禽　肉	吨	300 116	317 171	5.7
四、牛、羊奶产量	吨	47 265	51 595	9.2
#牛奶产量	吨	47 265	51 511	9.0
五、兔、羊毛产量	公斤	14 869	10 287	-30.8
#兔毛产量	公斤	6 728	6 770	0.6
六、家禽产蛋量	吨	336 675	336 547	
七、蜂蜜产量	吨	6 453	7 434	15.2
八、牛年末头数	头	3 916 829	3 746 893	-4.3
#从事农事劳役的	头	2 793 901	2 669 867	-4.4
能繁殖母牛	头	1 695 998	1 554 923	-8.3
当年生仔牛	头	730 571	633 577	-13.3
黄　牛	头	2 534 658	2 390 965	-5.7
水　牛	头	1 361 029	1 326 836	-2.5
良种及改良种乳牛	头	21 142	29 092	37.6
九、生猪年末头数	头	17 996 295	15 542 827	-13.6
#能繁殖母猪	头	1 181 867	967 846	-18.1
十、羊年末只数	头	728 966	792 435	8.7
十一、兔年末只数	头	1 537 155	1 276 720	-16.9
十二、家禽年末只数	万只	17 613.5	17 016.2	-3.4
十三、养蜂年末箱数	箱	244 418	265 409	8.6
十四、年末桑园面积	公顷	11 284	9 537	-15.5
十五、蚕　茧	吨	3 766	2 959	-21.4

9－35 各 地 区 牧

（19

指　　　　标	单位	全　省	南昌市	景德镇市	萍乡市
一、当年出栏肉猪头数	头	20 640 024	1 984 392	472 833	723 662
二、当年出售和自宰肉用牛	头	566 254	23 477	4 395	9 565
当年出售和自宰肉用羊	只	586 874	2 161	1 188	88 527
当年出售和自宰肉用兔	只	1 582 037	3 504	1 244	20 508
当年出售和自宰肉用禽	万只	25 574.2	3 105.5	365.7	412
三、肉类总产量	吨	1 982 708	202 798	43 106	69 338
猪　肉	吨	1 602 115	164 228	39 018	59 600
牛　肉	吨	52 432	2 502	508	1 001
羊　肉	吨	8 351	48	45	1 416
兔　肉	吨	2 639	8	2	44
禽　肉	吨	317 171	36 012	3 533	7 277
四、牛、羊奶产量	吨	51 595	43 766	73	68
#牛奶产量	吨	51 511	43 766	73	68
五、兔、羊毛产量	公斤	10 287			
#兔毛产量	公斤	6 770			
六、家禽产蛋量	吨	336 547	97 465	8 284	5 656
七、蜂蜜产量	吨	7 434	137	170	89
八、牛年末头数	头	3 746 893	236 536	65 783	78 474
#从事农事劳役的	头	2 669 867	173 844	49 345	61 311
能繁殖母牛	头	1 554 923	114 565	29 598	30 384
当年生仔牛	头	633 577	35 146	10 322	6 330
黄　牛	头	2 390 965	105 200	23 615	60 010
水　牛	头	1 326 836	119 302	42 147	18 441
良种及改良种乳牛	头	29 092	12 034	21	23
九、生猪年末头数	头	15 542 827	1 665 417	441 136	538 672
#能繁殖母猪	头	967 846	86 852	25 348	23 175
十、羊年末只数	头	792 435	2 787	6 033	85 087
十一、兔年末只数	头	1 276 720	1 670	2 271	19 939
十二、家禽年末只数	万只	17 016.2	2 264.2	319.2	392.3
十三、养蜂年末箱数	箱	265 409	4 002	9 783	7 300
十四、年末桑园面积	公顷	9 537	56	43	
十五、蚕　茧	吨	2 959	6	1	

业 生 产 情 况

9 9 年 ）

九 江 市	新 余 市	鹰 潭 市	赣 州 市	宜春地区	上饶地区	吉安地区	抚州地区
1 706 659	592 883	716 100	3 552 891	3 692 599	2 384 293	2 407 485	2 406 227
7 719	54 058	14 017	179 382	122 408	27 756	97 005	26 472
212 154	45 791	4 687	59 879	95 775	53 827	5 844	17 041
3 124	7 601	14 900	1 150 099	365 141	6 241	9 185	490
484.1	503.6	563	9 018.7	2 852.3	1 782.3	2 553.9	3 933
128 815	57 542	67 331	419 906	328 111	220 023	219 008	226 730
119 016	45 209	56 118	271 053	281 344	193 071	186 086	187 372
1 971	3 985	1 359	11 604	12 462	3 591	9 488	3 961
2 242	910	70	889	1 596	741	127	267
51	15	23	1 769	629	12	84	2
5 535	7 423	9 761	134 591	32 080	22 608	23 223	35 128
987	97	9	711	179	137	348	5 220
955	97	9	711	175	137	348	5 172
240			198	653	8 963		233
10			198	650	5 912		
13 140	9 159	10 340	70 159	52 568	23 308	14 971	31 497
330	115	165	1 325	2 776	1 174	505	648
181 643	153 811	82 431	825 399	710 750	319 877	734 471	357 718
151 470	121 207	75 888	394 032	545 133	256 717	546 732	294 188
58 488	78 331	19 110	356 746	304 623	130 565	303 933	128 580
16 996	39 000	8 332	168 127	129 215	35 844	140 607	43 658
54 729	110 787	56 123	586 169	455 162	162 709	609 953	166 508
126 160	42 976	26 287	238 679	251 494	156 905	114 830	189 615
754	48	21	551	4 094	263	9 688	1 595
1 457 935	539 354	492 806	2 661 430	2 496 681	1 835 555	1 717 655	1 696 186
58 465	34 161	36 295	207 321	173 846	99 890	122 280	100 213
337 697	39 129	4 878	81 594	145 257	53 720	8 334	27 919
4 883	4 298	2 500	810 209	368 311	29 725	32 779	135
741.6	403.1	460.5	4 885.1	2 588.9	1 606	1 445.9	1 909.3
16 374	4 626	5 269	88 855	66 439	28 023	21 021	13 717
1 152			1 088	642	840	983	4 733
857			802	140	405	626	122

9-36 渔 业 生 产 情 况

指 标	单 位	1998年	1999年	1999年比1998年增长%
一、渔业乡	个	5	5	
二、渔业村	个	333	336	0.9
三、渔业户	户	148 202	156 595	5.7
四、渔业人口	万人	76.46	97.96	28.1
五、渔业劳动力	万人	69.42	67.35	-3.0
专业劳动力	万人	21.18	20.46	-3.4
捕捞专业劳动力	万人	4.63	4.55	-1.7
养殖专业劳动力	万人	13.63	13.60	-0.2
后勤专业劳动力	万人	2.92	2.31	-20.9
兼业劳动力	万人	48.24	46.89	-2.8
六、已养殖面积	千公顷	327.98	330.86	0.9
#池 塘	千公顷	99.18	100.93	1.8
水 库	千公顷	132.66	133.65	0.7
湖 泊	千公顷	82.97	82.91	-0.1
七、养殖单产	千克/公顷	2 739	2 911	6.3
#池 塘	千克/公顷	5 209	5 585	7.2
水 库	千克/公顷	1 416	1 454	2.7
湖 泊	千克/公顷	1 071	1 122	4.8
八、水产品总产量	吨	1 183 450	1 221 182	3.2
#养殖产量	吨	898 207	963 084	7.2
#池 塘	吨	516 673	563 645	9.1
水 库	吨	187 911	194 360	3.4
湖 泊	吨	88 895	93 045	4.7
水产品总产量中:鱼 类	吨	1 101 867	1 119 315	1.6
虾蟹类	吨	24 706	34 386	39.2
贝 类	吨	44 189	52 284	18.3
九、珍珠产量	千克	44 209	44 988	1.8
十、鱼苗产量	万尾	1 089 920	1 065 643	-2.2
十一、鱼种产量	万尾	307 709	295 415	-4.0

9－37　各地区渔业生产情况

（1999 年）

地　　区	渔　业 劳动力 （人）	专　业 劳动力	捕　捞 劳动力	养　殖 劳动力	后　勤 劳动力	兼　业 劳动力	养殖面积 （公顷）	养殖单产 （千克/ 公顷）
全　　省	**673 490**	**204 628**	**45 513**	**136 004**	**23 111**	**468 862**	**330 865**	**2 911**
南 昌 市	47 235	22 435	9 020	10 869	2 546	24 800	47 416	3 387
景德镇市	3 270	1 549	416	982	151	1 721	6 448	1 679
萍 乡 市	25 403	7 677	571	6 651	455	17 726	3 242	5 138
九 江 市	60 663	29 668	11 476	15 153	3 039	30 995	59 669	2 478
新 余 市	15 427	5 832	802	4 332	698	9 595	10 067	1 975
鹰 潭 市	5 778	2 802	810	1 466	526	2 976	6 409	2 532
赣 州 市	197 516	35 318	2 972	30 482	1 864	162 198	35 434	3 693
宜春地区	86 503	26 540	4 289	18 752	3 499	59 963	38 677	3 875
上饶地区	105 542	39 321	11 936	20 971	6 414	66 221	58 663	2 652
吉安地区	65 627	21 865	1 984	17 283	2 598	43 762	34 597	2 376
抚州地区	60 526	11 621	1 237	9 063	1 321	48 905	30 243	2 399

地　　区	水产品 总产量 （吨）	# 养殖 产量	水产品产量中：鱼　类	虾蟹类	贝　类	珍　珠 产　量 （千克）	鱼　苗 产　量 （万尾）	鱼　种 产　量 （万尾）
全　　省	**1 221 182**	**963 084**	**1 119 315**	**34 386**	**52 284**	**44 988**	**1 065 643**	**295 415**
南 昌 市	219 732	160 589	195 364	11 531	11 226	3 281	173 453	34 794
景德镇市	13 291	10 827	13 023	82	136	850	11 410	2 150
萍 乡 市	18 114	16 656	16 719	189	917	325	40 251	3 840
九 江 市	217 039	147 869	196 277	7 860	11 778	2 800	87 488	18 603
新 余 市	22 601	19 880	21 087	448	795	2 081	22 526	6 845
鹰 潭 市	21 664	16 227	19 890	291	862	265	12 948	3 274
赣 州 市	139 864	130 858	132 793	1 136	1 897	300	226 028	65 678
宜春地区	182 612	149 865	168 202	4 409	6 481	3 030	210 938	55 875
上饶地区	208 105	155 553	186 752	6 109	13 964	23 900	72 087	33 401
吉安地区	95 073	82 217	89 393	1 787	3 038	2 495	127 474	40 147
抚州地区	83 087	72 543	79 815	544	1 190	5 661	81 040	30 808

9-38 农村经济效益

（1999年）

指标	单位	全省	南昌市	景德镇市	萍乡市	九江市	新余市
每一农业劳动力创造农业总产值	元	7 077	8 475	5 466	6 252	5 472	8 530
每一农业劳动力创造农业增加值	元	4 380	5 717	3 701	3 693	3 688	5 320
每一农业劳动力创造农业商品产值	元	4 551	5 543	3 315	3 955	3 155	5 891
每一农业劳动力生产的主要农产品							
粮食	千克	1 635.33	1 963.24	1 619.37	1 522.69	993.15	1 916.94
棉花	千克	5.98	2.73	2.4	0.31	30.08	30.44
油料	千克	89.02	111.19	68.01	26.94	111.77	104.91
糖料	千克	162.23	33.68	155.35	0.68	15.29	9.42
肉类总产量	千克	187.01	244.12	153.05	184.08	118.22	232.89
水产品产量	千克	115.18	264.5	47.19	48.09	199.19	91.47
平均每千公顷耕地农作物种植业产值	万元	1 515.62	1 369.1	1 353.79	2 029.92	1 231.82	1 656.03
农业中间消耗占农业总产值比重	%	38.1	32.54	32.29	40.94	32.59	37.63
农业商品率	%	64.31	65.4	60.64	63.26	57.67	69.06

指标	单位	鹰潭市	赣州市	宜春地区	上饶地区	吉安地区	抚州地区
每一农业劳动力创造农业总产值	元	6 195	5 759	9 718	6 871	7 061	8 437
每一农业劳动力创造农业增加值	元	3 730	3 803	5 591	4 247	4 312	4 547
每一农业劳动力创造农业商品产值	元	3 624	3 740	6 479	3 985	4 501	6 124
每一农业劳动力生产的主要农产品							
粮食	千克	1 685.82	1 095.01	2 458.56	1 566.8	1 791.24	2 164.97
棉花	千克	0.08	0.07	8.74	3.06	0.19	4.02
油料	千克	60.63	57.58	123.47	77.58	126.14	77.03
糖料	千克	82.64	268.3	109.04	130.7	187.56	376.63
肉类总产量	千克	236.12	173.41	254.81	153.43	161.47	228.57
水产品产量	千克	75.97	57.76	141.82	145.12	70.1	83.76
平均每千公顷耕地农作物种植业产值	万元	1 383.78	1 912.16	1 571.95	1 357.62	1 325.34	1 647.41
农业中间消耗占农业总产值比重	%	39.78	33.95	42.47	38.19	38.93	46.1
农业商品率	%	58.5	64.95	66.67	57.99	63.74	72.59

9－39 按人口平均的主要农产品产量

（1999 年）

地区	粮食（千克/人）	棉花（千克/人）	油料折油（千克/人）	花生（千克/人）	油菜籽（千克/人）	芝麻（千克/人）
全省	**411.45**	**1.51**	**7.57**	**8.67**	**12.98**	**0.76**
南昌市	387.73	0.54	6.74	8.00	12.83	1.13
景德镇市	305.74	0.45	4.38	2.17	8.96	1.71
萍乡市	322.09	0.07	4.28	1.11	4.57	0.02
九江市	239.12	7.24	8.82	3.39	22.83	0.70
新余市	439.43	6.98	8.48	6.82	16.98	0.25
鹰潭市	458.74	0.02	4.85	10.09	5.64	0.77
赣州市	333.65	0.02	5.76	12.01	5.50	0.04
宜春地区	613.56	2.18	10.53	11.99	17.29	1.53
上饶地区	345.01	0.67	6.34	5.20	10.79	1.10
吉安地区	523.33	0.06	12.10	13.88	22.43	0.52
抚州地区	577.28	1.07	6.55	10.07	9.79	0.68

地区	生猪出栏（头/人）	生猪存栏（头/人）	肉类总产量（千克/人）	水产品产量（千克/人）	水果产量（千克/人）	#柑桔
全省	**0.49**	**0.37**	**47.08**	**29.00**	**16.71**	**12.80**
南昌市	0.47	0.40	48.21	52.24	1.85	1.21
景德镇市	0.32	0.30	28.90	8.91	3.03	1.33
萍乡市	0.41	0.30	38.94	10.17	6.31	5.39
九江市	0.38	0.32	28.46	47.96	2.41	1.41
新余市	0.55	0.50	53.39	20.97	12.73	10.84
鹰潭市	0.68	0.47	64.25	20.67	19.08	10.90
赣州市	0.45	0.33	52.84	17.60	43.16	32.44
宜春地区	0.72	0.48	63.59	35.39	9.57	7.92
上饶地区	0.37	0.28	33.79	31.96	7.64	4.36
吉安地区	0.52	0.37	47.18	20.48	19.38	17.30
抚州地区	0.65	0.46	60.95	22.33	27.86	23.03

9-40 农作物受灾面积

单位:公顷

年份	合计	旱灾	水灾	病虫灾	其他
1980	660 000	183 333	418 000		58 667
1983	1 353 333	371 333	737 333		244 667
1984	456 000	240 000	201 333		14 667
1985	950 000	689 333	141 333		119 333
1986	1 216 000	1 021 333	86 667		108 000
1987	787 333	336 000	168 667		282 667
1988	2 120 200	1 266 467	496 933	231 600	125 200
1989	1 732 867	400 400	847 200	391 867	93 400
1990	1 674 733	780 600	466 467	299 467	128 200
1991	2 112 867	1 442 267	251 600	246 333	172 667
1992	2 285 200	652 867	1 006 667	210 933	414 733
1993	1 949 773	150 839	1 224 902	392 972	181 060
1994	1 684 770	131 841	1 108 794	233 747	210 388
1995	2 056 872	287 173	1 464 153	70 658	234 888
1996	1 608 800	200 550	703 680	168 250	536 320
1997	1 432 394	55 744	879 225	227 167	270 258
1998	2 159 844	159 254	1 654 033	84 180	262 377
1999	1 525 170	19 290	1 199 315	150 709	155 856

9-41 农作物成灾面积

单位:公顷

年份	合计	旱灾	水灾	病虫灾	其他
1980	254 000		224 000		30 000
1983	818 000	198 000	442 667		177 333
1984	168 667	72 000	91 333		5 333
1985	604 000	470 000	90 667		43 333
1986	804 000	739 333	52 000		12 667
1987	400 000	176 000	83 333		140 667
1988	1 452 333	904 667	352 333	126 867	68 467
1989	1 172 400	290 067	617 933	209 200	55 200
1990	982 533	489 533	275 200	154 067	63 733
1991	1 333 267	961 800	147 200	114 133	43 467
1992	1 529 467	426 200	721 000	130 400	251 867
1993	1 398 267	94 620	916 570	269 313	117 764
1994	1 191 355	69 081	836 047	139 399	146 828
1995	1 382 891	140 895	1 062 106	41 080	138 810
1996	1 049 500	124 060	470 630	92 865	361 945
1997	946 830	34 734	602 283	126 085	183 728
1998	1 585 100	116 197	1 240 961	58 504	169 438
1999	1 087 017	11 834	882 564	100 220	92 399

9－42 各地区农作物受灾面积

（1999 年） 单位：公顷

地 区	合 计	旱 灾	水 灾	病虫灾	其 他
全 省	**1 525 170**	**19 290**	**1 199 315**	**150 709**	**155 856**
南昌市	57 826		57 826		
景德镇市	58 972		48 380	2 600	7 992
萍乡市	16 856	6 310	8 529	1 240	777
九江市	381 247		221 937	66 700	92 610
新余市	48 045		46 942	370	733
鹰潭市	27 236		21 471	5 765	
赣州市	112 749	1 300	110 859		590
宜春地区	295 914	1 680	231 105	28 812	34 317
上饶地区	204 061		174 621	22 054	7 386
吉安地区	71 434	8 200	48 500	11 668	3 066
抚州地区	250 830	1 800	229 145	11 500	8 385

9－43 各地区农作物成灾面积

（1999 年） 单位：公顷

地 区	合 计	旱 灾	水 灾	病虫灾	其 他	成灾面占受灾面（%）
全 省	**1 087 017**	**11 834**	**882 564**	**100 220**	**92 399**	**59.3**
南昌市	43 904		43 904			75.9
景德镇市	44 655		37 360	2 483	4 812	75.7
萍乡市	10 863	3 724	5 698	896	6 545	64.4
九江市	272 905		172 321	47 000	53 584	71.6
新余市	34 542		33 934	202	606	71.9
鹰潭市	15 932		11 183	4 749		58.8
赣州市	65 857	500	65 074		283	58.4
宜春地区	213 634	978	171 764	19 457	21 435	72.2
上饶地区	164 825		145 620	13 232	5 973	80.8
吉安地区	46 135	5 132	33 576	6 011	1 416	64.6
抚州地区	173 765	1 500	162 330	6 190	3 745	69.2

9－44　商品粮基地县农村经济情况

（1999年）

县　市　区	乡村人口（人）	耕地面积（公顷）	农作物总播种面积（公顷）	#粮　食	粮食总产量（吨）	棉花总产量（吨）	油料总产量（吨）
35个粮食基地	**15 554 140**	**1 309 885**	**3 355 536**	**2 031 460**	**10 326 975**	**29 352**	**535 166**
南昌县	835 987	84 308	202 371	125 896	778 108	9	20 329
进贤县	614 173	55 702	147 213	82 507	293 915	954	28 899
浮梁县	225 182	20 199	50 931	31 559	147 529	81	4 244
乐平市	614 702	37 684	98 803	58 625	280 715	581	13 246
修水县	631 350	48 825	85 511	56 724	229 429	194	7 967
德安县	104 477	8 656	19 298	9 421	39 396	2 967	4 159
渝水区	495 136	44 984	115 693	61 698	328 839	7 458	19 438
分宜县	217 804	18 491	52 146	29 697	144 784	62	6 482
贵溪市	415 499	32 294	93 639	61 591	267 295	12	6 854
余江县	281 490	21 829	61 940	38 028	174 716	11	9 181
瑞金市	493 806	23 803	59 766	36 813	173 115		10 336
信丰县	548 666	32 253	71 607	44 623	238 221	1	13 722
宁都县	604 890	44 211	96 708	58 112	297 578	42	16 100
宜春市	729 528	38 418	115 911	73 378	401 167	185	12 251
丰城市	949 733	86 271	240 436	148 400	780 663	2 352	25 050
樟树市	411 064	40 793	115 282	68 116	354 567	836	26 575
高安市	582 631	66 793	161 578	92 144	523 445	5 287	44 220
奉新县	225 145	27 793	67 191	42 341	236 485	1 139	10 429
万载县	399 754	25 039	68 730	43 697	239 394	51	6 747
上高县	243 470	25 176	82 468	43 501	275 455	1 190	21 230
宜丰县	178 776	24 046	56 778	37 874	226 944	103	5 968
铅山县	340 032	21 139	56 558	34 252	163 788	13	3 336
弋阳县	292 714	23 519	59 833	40 620	184 270	63	7 253
余干县	761 635	46 410	124 690	82 337	388 768	145	16 374
万年县	287 266	20 750	58 607	34 962	156 730	1 507	8 465
吉安县	494 569	49 706	105 552	69 099	284 826	13	19 362
吉水县	408 576	42 230	101 753	66 890	297 591	1	18 737
新干县	256 024	28 850	76 059	47 801	240 613	121	15 791
泰和县	425 865	48 536	108 966	63 814	275 106	8	32 629
安福县	288 944	37 260	89 690	56 542	248 494	36	27 889
永新县	392 321	26 846	64 303	43 492	222 748		15 328
临川市	688 561	55 896	153 606	84 174	474 325	2 412	18 276
南城县	232 005	18 664	56 034	31 106	194 013	57	8 776
黎川县	187 158	16 850	41 789	26 586	160 006	66	4 022
南丰县	215 181	19 117	57 799	32 616	190 855	1	7 121
崇仁县	245 843	21 766	64 650	31 645	187 927	1 386	14 760
金溪县	234 183	24 778	71 647	40 779	225 155	8	3 620

肉类总产量（吨）	农业机械总动力（万瓦特）	有效灌溉面积（公顷）	化肥施用量（折纯量，吨）	农村用电量（万千瓦小时）	农林牧渔业总产值(万元)	
					1990年不变价格	当年价格
1 081 117	**458 200**	**1 092 525**	**665 784**	**154 447**	**2 555 557**	**4 092 242**
88 866	42 600	71 540	66 523	21 733	192 046	302 783
36 757	21 100	50 180	18 130	6 872	94 834	154 935
11 319	12 700	16 490	7 689	1 973	31 413	46 845
24 139	17 800	31 120	22 157	9 164	57 127	87 753
19 786	11 600	31 670	14 075	5 602	58 617	100 983
3 942	3 600	8 656	4 177	2 598	16 748	27 291
36 033	18 100	40 370	29 030	8 834	83 641	140 327
21 509	7 300	12 690	7 099	3 964	42 995	70 433
31 458	8 100	30 400	19 024	1 574	56 170	93 400
30 050	4 300	21 829	15 358	1 709	36 994	68 440
25 359	5 600	18 030	11 689	2 023	61 011	94 632
27 599	13 200	24 960	14 042	2 970	68 921	117 741
37 734	12 000	31 980	18 590	3 208	78 283	131 086
59 341	19 000	30 840	17 185	5 800	116 213	195 680
53 120	28 400	73 170	43 254	8 585	182 341	258 355
47 160	18 000	33 960	26 171	4 647	86 773	140 361
51 836	27 000	57 480	57 933	8 014	110 889	161 965
12 108	8 300	24 020	11 427	5 264	56 948	93 569
36 067	7 500	20 050	10 171	3 097	61 500	96 503
38 676	9 300	20 990	13 302	2 432	79 690	138 653
19 013	13 900	21 390	14 154	3 895	54 537	84 377
14 625	7 100	19 240	12 974	3 236	51 508	77 121
10 998	7 500	18 270	18 863	2 250	39 419	57 582
31 500	23 200	37 170	25 440	9 668	77 148	117 124
16 019	4 600	19 480	7 333	1 616	42 632	75 275
24 699	11 600	36 160	11 707	2 698	64 613	119 828
22 887	12 400	37 050	17 692	2 764	63 719	99 538
22 244	9 600	25 160	13 934	1 534	47 456	72 875
35 535	13 000	38 950	10 165	2 291	71 300	136 700
18 538	9 800	30 000	12 643	1 377	48 095	86 040
21 533	7 600	22 760	13 088	1 549	43 895	87 804
45 058	14 300	51 990	27 512	3 688	138 500	205 231
25 372	9 300	15 110	7 091	1 926	55 508	81 111
14 542	4 100	11 650	1 276	1 452	40 808	60 871
19 309	5 600	17 430	15 569	1 277	50 046	69 460
32 495	5 900	21 070	14 269	1 494	52 104	79 605
13 891	3 200	19 220	15 048	1 669	41 115	59 965

9－45　商品棉基地县农村经济情况

（1999年）

县、市、区	乡村人口（人）	耕地面积（公顷）	农作物总播种面积（公顷）	#粮食	粮食总产量（吨）	棉花总产量（吨）	油料总产量（吨）
7个棉花基地	**2 593 782**	**217 857**	**505 040**	**268 122**	**1 239 392**	**37 701**	**128 963**
九江县	272 844	17 952	41 261	18 357	64 164	7 013	13 760
德安县	104 477	8 656	19 298	9 421	39 396	2 967	4 159
都昌县	605 214	41 630	83 778	50 116	159 525	2 805	15 125
湖口县	218 698	16 377	37 799	17 651	67 216	4 012	13 034
彭泽县	314 782	21 465	45 633	18 735	56 807	8 159	19 227
渝水区	495 136	44 984	115 693	61 698	328 839	7 458	19 438
高安市	582 631	66 793	161 578	92 144	523 445	5 287	44 220

县、市、区	肉类总产量（吨）	农业机械总动力（万瓦特）	有效灌溉面积（公顷）	化肥施用量(折纯量,吨)	农村用电量（万千瓦小时）	农林牧渔总产值(万元)	
						1990年不变价格	当年价格
7个棉花基地	**129 067**	**87 600**	**183 296**	**147 610**	**31 010**	**340 699**	**540 320**
九江县	7 625	10 200	15 360	18 568	4 004	29 842	43 247
德安县	3 942	3 600	8 656	4 177	2 598	16 748	27 291
都昌县	14 560	12 500	29 720	19 817	3 040	39 545	60 944
湖口县	7 290	5 200	12 690	8 619	1 440	28 493	51 766
彭泽县	7 781	11 000	19 020	9 466	3 080	31 541	54 780
渝水区	36 033	18 100	40 370	29 030	8 834	83 641	140 327
高安市	51 836	27 000	57 480	57 933	8 014	110 889	161 965

9－46 乡镇企业基本情况

（1999 年）

行业	企业个数（个）	从业人员（人）	总产值（当年价格，万元）	增加值（万元）
总计	**716 043**	**3 069 133**	**14 696 441**	**3 837 792**
一、农业企业	5 398	49 819	145 390	37 459
集体	5 398	49 819	145 390	37 459
二、工业企业	259 774	1 732 809	9 620 596	2 515 353
集体	21 944	598 827	3 652 698	956 848
私营	28 568	363 162	1 940 436	505 552
个体	209 262	770 820	4 027 462	1 052 953
三、施工企业	46 459	379 101	1 178 194	310 988
#进城的建筑队		159 694	461 606	
集体	1 692	149 004	471 538	120 308
私营	3 229	37 647	143 092	35 088
个体	41 538	192 450	563 564	155 592
四、交通运输企业	121 465	220 377	1 173 630	304 216
集体	644	17 172	78 244	21 302
私营	3 876	16 440	81 807	21 039
个体	116 945	186 765	1 013 579	261 875
五、商品流通企业	196 048	434 200	1 705 619	425 495
集体	1 943	17 578	226 399	56 733
私营	5 671	27 928	114 895	30 254
个体	188 434	388 694	1 364 325	338 508
六、旅游、饮食服务企业	66 993	198 171	691 541	198 551
集体	783	11 761	71 566	24 750
私营	2 513	16 463	63 032	17 631
个体	63 697	169 947	556 943	156 170
七、其他企业	19 906	54 656	181 471	45 730
集体	429	4 662	33 843	7 020
私营	1 710	7 164	23 367	5 890
个体	17 767	42 830	124 261	32 820

9-47 各地区乡镇集体

（19

指　　标	全　省	南昌市	景德镇市	萍乡市	九江市
营业收入	4 406 233	1 435 375	105 454	336 288	250 385
营业成本	3 596 670	1 179 818	86 658	266 467	204 266
营业费用	283 561	106 756	6 314	17 436	16 029
营业税金及附加	69 960	11 656	1 581	3 535	5 501
管理费用	110 785	22 389	3 321	16 163	8 498
财务费用	60 611	9 921	2 352	6 675	4 831
#利息支出净额	46 456	5 725	1 934	5 083	4 528
利润总额	271 238	102 374	4 175	25 142	10 851
#应交所得税	18 985	2 909	390	2 231	986
实交税金总额	122 076	21 535	3 434	10 276	6 102
利税总额	412 254	125 306	7 792	37 337	18 907
净利润	252 253	99 465	3 785	22 911	9 865
支农、建农支出总额	5 289	1 033	105	296	435
工资总额	377 556	68 524	14 324	37 590	22 136
固定资产原值年末数	1 581 194	320 525	52 731	130 423	99 160
本年提取的折旧	76 885	9 020	3 587	7 536	7 113
固定资产净值平均余额	1 111 413	211 158	33 562	93 605	26 296
流动资产年末数	1 018 964	216 014	36 230	105 574	85 772
#应收帐款	329 395	70 173	13 645	40 302	21 793
存货	361 380	82 892	12 720	35 399	33 802
流动资产年平均余额	987 428	204 540	35 908	98 464	86 266
流动负债	942 265	180 126	34 497	98 729	79 713
#应付帐款	385 599	88 385	15 335	46 472	33 233
本年长短期借款余额	720 537	99 967	23 822	57 536	55 078
银行借款	546 821	75 130	17 843	49 682	39 901
期末实汇企业(个)	32 833	3 324	827	1 901	2 979
亏损企业(个)	1 264	55	82	151	166
亏损金额	8 413	371	553	1 473	286

企业主要财务指标

99年）　　单位:万元

新余市	鹰潭市	赣州市	宜春地区	上饶地区	吉安地区	抚州地区
146 048	141 099	424 757	554 068	318 436	255 757	438 566
123 822	122 357	343 805	444 668	251 035	207 184	366 590
10 357	5 762	21 596	38 666	19 897	12 641	28 107
1 217	1 613	9 748	15 833	6 332	5 333	7 611
4 287	2 717	10 239	16 435	10 988	9 076	6 672
1 910	2 250	5 563	11 062	7 326	3 360	5 361
1 434	1 679	4 676	9 634	5 388	2 373	4 002
4 178	6 247	31 602	25 855	21 459	15 654	23 701
564	416	2 904	2 875	2 799	1 266	1 645
3 583	2 499	13 273	28 338	12 275	9 265	11 496
7 468	9 238	49 314	59 079	36 449	27 087	34 277
3 614	5 831	28 698	22 980	18 660	14 388	22 056
127	53	693	948	784	226	589
11 326	8 859	40 993	62 363	26 933	33 298	51 210
44 812	44 156	180 794	326 151	136 658	101 717	144 067
2 513	789	8 124	16 508	7 261	4 552	9 882
34 716	36 030	139 126	240 291	97 432	76 382	122 815
36 090	25 308	107 212	154 828	89 865	66 382	95 689
20 571	7 040	28 938	48 564	29 312	16 859	32 198
8 423	7 833	34 659	57 213	32 748	25 795	29 896
34 563	27 141	106 979	149 806	81 075	63 739	98 947
36 949	22 308	93 411	177 852	77 448	59 487	81 745
15 556	7 626	38 193	62 835	25 753	23 821	28 390
24 385	18 292	86 351	169 129	76 533	41 843	67 601
21 735	15 547	65 690	136 062	52 868	32 130	40 233
1 033	886	6 222	5 363	2 922	3 849	3 527
40	12	242	234	252	18	12
376	27	1 897	2 434	715	163	118

9－48 各地区乡镇企业单位数和从业人数

（1999 年）

地区	单位数（个）				从业人数（人）			
	合计	集体	私营	个体	合计	集体	私营	个体
全省	**716 043**	**32 833**	**45 567**	**637 643**	**3 069 133**	**848 823**	**468 804**	**1 751 506**
南昌市	78 297	3 324	4 164	70 809	379 420	131 685	43 925	203 810
景德镇市	28 133	827	1 512	25 794	168 237	36 422	32 666	99 149
萍乡市	38 427	1 901	6 981	29 545	279 095	82 972	81 528	114 595
九江市	82 337	2 979	4 178	75 180	263 605	66 624	32 821	164 160
新余市	28 893	1 033	821	27 039	107 642	30 464	9 098	68 080
鹰潭市	17 699	886	569	16 244	71 078	19 898	5 250	45 930
赣州市	130 699	6 222	6 543	117 934	466 145	94 728	72 527	298 890
宜春地区	88 170	5 363	8 007	74 800	420 542	139 580	70 693	210 269
上饶地区	99 119	2 922	5 810	90 387	378 587	84 407	53 421	240 759
吉安地区	65 664	3 849	2 936	58 879	244 333	65 392	29 996	148 945
抚州地区	58 605	3 527	4 046	51 032	290 449	96 651	36 879	156 919

9－49 各地区乡镇企业总产值和增加值

（1999 年，当年价格） 单位：万元

地区	总产值				增加值			
	合计	集体	私营	个体	合计	集体	私营	个体
全省	**14 696 441**	**4 679 678**	**2 366 629**	**7 650 134**	**3 837 792**	**1 224 420**	**615 454**	**1 997 918**
南昌市	3 407 797	1 454 748	392 040	1 561 009	1 002 478	425 472	115 101	461 905
景德镇市	400 742	109 917	65 748	225 077	96 392	26 207	14 467	55 718
萍乡市	1 451 052	356 219	510 179	584 654	386 024	94 730	135 350	155 944
九江市	1 099 482	301 543	153 995	643 944	234 956	64 783	32 715	137 458
新余市	483 445	144 697	28 975	309 773	108 946	31 389	6 646	70 911
鹰潭市	320 881	149 051	16 768	155 062	74 891	35 796	3 643	35 452
赣州市	2 142 241	415 186	327 701	1 399 354	517 620	98 151	81 311	338 158
宜春地区	1 664 018	680 465	263 470	720 083	403 821	164 941	62 960	175 920
上饶地区	1 404 763	346 735	241 464	816 564	375 373	96 828	60 066	218 479
吉安地区	1 033 369	274 765	186 713	571 891	300 748	75 759	55 197	169 792
抚州地区	1 288 651	446 352	179 576	662 723	336 543	110 364	47 998	178 181

9-50 农村贫困人口分布情况

（1999 年）　　　　单位：人

县(市、区)	总　数	# 省定贫困乡	县(市、区)	总　数	# 省定贫困乡	县(市、区)	总　数	# 省定贫困乡
全　省	**1 261 225**	**523 424**	**鹰 潭 市**	**11 950**	**65**	上饶县	48 836	17 078
南 昌 市	**40 188**		月湖区	978		广丰县	9 285	6 984
青云谱			贵溪市	6 515	65	玉山县	12 681	9 225
湾里区	1 059		余江县	4 457		铅山县	4 211	2 380
郊　区			**赣 州 市**	**323 490**	**185 737**	横峰县	16 971	9 521
南昌县	12 121		章贡区	2 600		弋阳县	6 296	4 345
新建县	11 334		赣　县	26 160	11 934	余干县	61 799	30 850
安义县	4 629		南康市	27 380	12 473	波阳县	116 408	38 285
进贤县	11 045		信丰县	5 798	619	万年县	8 969	4 223
景德镇市	**15 716**		大余县	13 976	10 216	婺源县	15 833	8 874
昌江区	1 120		上犹县	18 439	8 975	**吉安地区**	**178 005**	**78 962**
浮梁县	6 180		崇义县	2 909	544	吉安市	2 050	888
乐平市	8 416		安远县	10 141	6 611	井冈山市	3 034	2 126
萍 乡 市	**20 162**	**8 318**	龙南县	2 002	379	吉安县	15 798	1 571
安源区			定南县	14 542	6 330	吉水县	9 464	1 100
上栗县	3 541		全南县	986	305	峡江县		
芦溪县	2 220		宁都县	49 988	30 970	新干县	7 548	1 750
湘东区	82		于都县	24 995	16 397	永丰县	31 108	19 899
莲花县	14 319	8 318	兴国县	49 809	42 683	泰和县	10 903	804
九 江 市	**232 291**	**94 030**	瑞金市	14 630	7 358	遂川县	34 639	15 172
庐山区	818		会昌县	27 695	11 940	万安县	8 103	3 560
浔阳区			寻乌县	17 386	9 823	安福县	22 787	9 853
庐山局			石城县	14 054	8 180	永新县	25 226	17 810
开发区			**宜春地区**	**39 246**	**1 617**	宁冈县	7 345	4 429
九江县	17 072	7 836	宜春市	4 331	778	**抚州地区**	**87 154**	**21 930**
武宁县	20 512	3 372	丰城市	4 325		临川市	8 544	
修水县	63 400	36 116	樟树市	4 208		南城县	4 125	
永修县	7 580		高安市	3 819		黎川县	6 723	772
德安县	7 478	2 285	奉新县	3 250		南丰县	3 295	796
星子县	16 213	10 708	万载县	7 403	740	崇仁县	3 633	
都昌县	48 442	22 282	上高县	2 572		乐安县	12 717	3 818
湖口县	15 721	3 336	宜丰县	1 783		宜黄县	6 674	897
彭泽县	13 204		靖安县	2 254	99	金溪县	9 088	1 219
瑞昌市	21 851	7 745	铜鼓县	5 301		资溪县	2 792	883
新 余 市	**7 693**		**上饶地区**	**305 330**	**132 765**	东乡县	3 202	
渝水区	4 231		上饶市	4 041	4 377	广昌县	26 361	13 545
分宜县	3 462		德兴市					

9－51 农村扶贫资金使用效益和扶贫支柱产业情况

指　　　　标	单　位	1994年	1995年	1996年	1997年	1998年	1999年
一、扶贫资金使用效益情况							
发展资金	万元	3 080	3 080	3 080	6 547	9 167	13 268
专项贷款	万元	12 500	17 000	19 000	24 000	30 300	50 000
当年扶持种养业情况							
开发果茶园	千公顷	11.87	8.87	12.62	20.53	19.81	28.77
开发桑蚕园	千公顷	4.85	2.18	1.39	2.21	0.90	1.33
造育林面积	千公顷	2.60	2.81	8.11	26.15	22.77	32.57
经济作物播种面积	千公顷	1.11	0.73	1.29	2.62	2.17	5.42
粮食作物播种面积	千公顷	3.87	1.07	0.04	0.94	5.06	6.41
饲养家畜	万头	16.29	22.39	23.11	25.62	57.50	42.37
饲养家禽	万羽	1 041.07	47.21	3 121.57	362.57	25 751.80	7 465.98
投放鱼苗	万尾	77 609.90	273.76	1 347.05	19 083.80	26 953.79	51 125.00
当年扶持基础设施情况							
排灌站	座	33	145	26	53	84	170
	千瓦	632	3 357	202	6 921	5 694	12 404
小水库	座	8	3	4	3	45	133
	万平方米	2 117	450	600	552	1 555	739
小水电站	座	23	24	28	39	31	22
	千瓦	7 295	15 395	18 108	5 088	820	11 910
公路	条	50	58	75	174	328	769
	公里	149	263	439	776	2 816	5 954.6
桥梁	座	30	29	22	59	83	233
	米	1 994	850	630	1 106	2 784	7 109
学校	所	46	55	51	54	51	73
卫生院	所	18	19	35	16	15	17
新增灌溉面积	千公顷	10.16	5.04	3.39	7.65	20.26	44.08
当年扶持县乡企业	个	225	263	278	127	217	202
二、扶贫支柱产业情况							
支柱产业基地现有规模							
果茶园	千公顷	117.33	142.00	140.67	143.33	144.67	157.33
蚕桑园	千公顷	22.00	24.67	14.00	11.33	6.67	4.35
杉树林	千公顷	48.67	49.33	72.67	146.00	166.67	153.29
松树林	千公顷	29.33	56.67	59.33	71.33	107.33	163.79
毛竹林	千公顷	42.00	45.33	54.00	112.67	120.67	114.99
油茶林	千公顷	36.00	42.00	20.67	26.00	40.67	46.85
中药材	千公顷	2.37	2.63	2.79	4.20	6.53	12.63
当年完成经济作物	千公顷	8.00	14.67	26.67	18.00	17.33	15.39
支柱产业基地当年效益							
产值	万元	196 949	351 048	376 790	400 000	412 240	450 917
乡村加工产值	万元				76 429	44 054	56 545
龙头企业产值	万元				59 749	42 875	44 538
基地覆盖乡	个	874	876	860	849	909	1 194
基地覆盖村	个	6 822	7 790	6 373	6 596	7 126	10 997
基地覆盖人口	人	5 321 165	6 002 339	5 335 203	4 510 270	5 202 979	7 573 463
农户年人均所得收入	元	94	155	195	179	198	249

主要统计指标解释

农林牧渔业总产值 是以货币表现的农林牧渔四业全部产品的总量。它反映一定时期内农业生产的总规模和总成果。农、林、牧、渔四业的统计范围是： (1)农业,包括粮、棉、油料、糖料、麻类、烟叶、蔬菜、药材、瓜类和其他农作物的种植,以及茶园、桑园、果园的生产经营,还包括原副业中的采集野生植物和农民家庭兼营工业。

(2)林业,包括林木的栽培(不包括茶园、桑园和果园的栽培、管理和收获等活动)、林产品的采集和村及村以下(即原生产大队、生产队和社员)的竹木采伐,以及原副业中的野生杂柴、小山竹产值。

(3)牧业,包括除渔业养殖以外的一切动物饲养和放牧,以及原副业中的捕猎野兽、野禽。

(4)渔业,水生动物和海藻类植物的养殖捕捞。

农林牧渔业中间消耗 指各种经济类型的农业生产单位和农户,在农业生产经营过程中投入(或消耗)的各种物质产品和劳务价值的总和。包括中间物质消耗和中间劳务消耗两个部分。计入中间消耗必须具备以下两个条件:一是与总产出相对应的生产过程中消耗的物质产品和劳务活动;二是本期投入并一次性消耗的不属于固定资产的非耐用品。

农林牧渔业增加值 指各种经济类型的农业生产单位和农户从事农业生产经营活动所提供的社会最终产品的货币表现。增加值的计算方法有两种,一是生产法:农林牧渔业增加值 = 农村牧渔业总产出 - 农村牧渔业中间消耗;二是分配法:农村牧渔业增加值 = 固定资产折旧 + 劳动者报酬 + 生产税净额(生产税 - 生产补贴) + 营业盈余。

粮食产量 指全社会的产量,包括国营农场等全民所有制经济的,集体统一经营的和农民家庭经营的产量,还包括工矿企业家属办的农场和其他生产单位的产量,粮食除包括稻谷、小麦、玉米、高粱、谷子及其他杂粮外,还包括薯类和大豆。其产量计算方法,豆类按去豆荚后的干豆计算;薯类(包括甘薯和马铃薯,不包括芋头和木薯),1963 年以前按每 4 公斤鲜薯折 1 公斤粮食计算,从 1964 年以后按 5 公斤鲜薯折 1 公斤粮食计算,其他粮食一律按脱粒后的原粮计算。

谷物 指稻谷、小麦、玉米、谷子、高粱和其他谷物,不包括薯类和大豆。早稻是指从播种到成熟约 120天以内,中稻为 120 - 150 天,晚稻为 150 - 180 天。其他谷物指除稻谷、小麦、玉米、谷子、高粱以外的一些子实主要用作粮食的作物,包括大麦、元麦(青稞)、莜麦、荞麦、糜子、黍子等。

造林面积 是指本年度内在荒山、荒地、沙丘等一切可以造林的土地上,采用人工播种、植苗、飞机播种等方法新植的集中连片的乔木林和灌木林,经过检查验收,符合“造林技术规程”要求的株数,成活率达 85%以上的年末实测面积。

工程造林 是指(1)有资金保证;(2)按工程项目进行管理;(3)经过严格的检查验收并记入技术档案。这三个条件要同时具备才属工程造林。

水产品产量 指人工养殖的水产品和天然生长水产品的捕捞量。包括海水的鱼类、虾蟹类、贝类和藻类以及淡水的鱼类、虾蟹类和贝类,不包括淡水水生植物。

猪、牛、羊肉产量 指当年出栏并已屠宰的猪、牛、羊的肉产量。即屠宰后除去头蹄下水后带骨肉(即胴体重)的重量。

灌溉面积 指有效灌溉面积即具有一定的水源,地块比较平整,灌溉工程或设备已经配套,在一般年景下当年能够进行正常灌溉的面积。

农业机械总动力 指主要用于农、林、牧、渔业的各种动力机械的动力总和,包括耕作机械,排灌机械、收获机械、农产品加工机械、运输机械、植物保护机械、牧业机械、林业机械、渔业机械和其他农业机械(内燃机按引擎功率折成瓦(特)计算，电动机按功率折成瓦(特)计算)。不包括专门用于乡办工业、基本建设、非农业运输、科学试验和教学等非农业生产方面用的动力与作业机械。

工　业 10

INDUSTRY

- 1999年，全省全部工业总产值1806.61亿元，其中轻工业占44.9%，重工业占55.1%。
- 1999年，钢产量267.03万吨，原煤产量1730.73万吨，发电量187.80亿千瓦小时。
- 1999年，全部乡及乡以上独立核算工业企业12527个，工业总产值974.23亿元，产品销售收入889.86亿元，实现利税61.48亿元。

本篇章

整理　微机处理

滨　喻　滨

、敏

10-1 工业企业单位数

(1999年)　　单位:个

分　类	企业单位数	# 亏损企业	# 规模以上
全部工业	**293 926**		**3 730**
#乡及乡以上独立核算工业	12 527	2 549	3 634
1.按经济类型及隶属关系分			
国有经济	2 746	1 204	2 746
中央企业	100	52	100
地方企业	2 646	1 152	2 646
集体经济	8 745	1 067	526
私营经济	357	21	62
联营经济	38	3	5
股份制经济	302	106	155
外商投资经济	131	54	50
港、澳、台投资经济	188	86	88
其他经济	20	8	2
2.按轻、重工业分			
轻工业	5 796	1 250	1 783
以农产品为原料	3 995	873	1 315
以非农产品为原料	1 801	377	468
重工业	6 731	1 299	1 851
采掘工业	1 198	245	334
原料工业	1 997	405	699
加工工业	3 536	649	818
3.按企业规模分			
大型企业	113	46	113
中型企业	360	181	348
小型企业	12 054	2 322	3 173
4.按工业行业分			
#煤炭采选业	322	73	67
黑色金属矿采选业	24	1	3
有色金属矿采选业	212	41	79
非金属矿采选业	417	38	49
其他矿采选业	6		
木材及竹材采运业	207	88	134

注:规模以上工业均指独立核算全部国有及年销售收入500万元及以上非国有工业企业。下同。

10－1续表 单位:个

分　类	企业单位数	# 亏损企业	# 规模以上
食品加工业	938	203	463
食品制造业	372	70	131
饮料制造业	408	96	142
烟草加工业	9	2	9
纺织业	345	131	156
服装及其他纤维制品制造业	193	41	42
皮革、毛皮、羽绒及其制品业	160	38	37
木材加工及竹、藤、棕、草制品业	770	102	142
家具制造业	313	32	27
造纸及纸制品业	328	92	96
印刷业、记录媒介的复制	348	86	102
文教体育用品制造业	138	16	18
石油加工及炼焦业	14	2	10
化学原料及化学制品制造业	619	151	228
医药制造业	129	51	89
化学纤维制造业	12	5	8
橡胶制品业	84	29	26
塑料制品业	283	64	65
非金属矿物制品业	1 958	251	365
黑色金属冶炼及压延加工业	97	19	28
有色金属冶炼及压延加工业	114	29	61
金属制品业	469	86	72
普通机械制造业	492	129	138
专用设备制造业	393	86	110
交通运输设备制造业	412	127	154
电气机械及器材制造业	240	64	91
电子及通信设备制造业	87	28	42
仪器仪表及文化、办公用机械制造业	68	18	26
其他制造业	470	65	68
电力、蒸汽、热水的生产和供应业	908	130	251
煤气生产和供应业	12	7	8
自来水的生产和供应业	152	57	93

10－2 全部工业总产值和构成

（按当年价格计算）

年份	绝对数（亿元）			构成（%）	
	工业总产值	轻工业	重工业	轻工业	重工业
1978	73.57	32.91	40.66	44.7	55.3
1979	83.31	37.23	46.08	44.7	55.3
1980	94.01	45.85	48.16	48.8	51.2
1981	100.02	52.56	47.46	52.5	47.5
1982	106.91	54.25	52.66	50.7	49.3
1983	116.97	55.62	61.35	47.6	52.4
1984	136.52	61.98	74.54	45.4	54.6
1985	181.10	77.12	103.98	42.6	57.4
1986	213.75	92.66	121.09	43.3	56.7
1987	258.95	114.49	144.46	44.2	55.8
1988	345.33	154.58	190.75	44.8	55.2
1989	406.16	178.22	227.94	43.9	56.1
1990	425.75	189.77	235.98	44.6	55.4
1991	497.94	221.54	276.40	44.5	55.5
1992	646.19	282.37	363.82	43.7	56.3
1993	974.06	413.16	560.90	42.4	57.6
1994	1 570.87	707.14	863.73	45.0	55.0
1995	1 170.13	520.01	650.12	44.4	55.6
1996	1 375.52	611.91	763.61	44.5	55.5
1997	1 573.13	676.39	896.74	43.0	57.0
1998	1 673.49	750.31	923.18	44.8	55.2
1999	1 806.61	810.79	995.82	44.9	55.1

注：1995年至1999年的工业总产值按新规定计算，下同。

10-3 全部工业总产值指数

（按可比价格计算）

年份	以1978年为100			以上年为100		
	工业总产值	轻工业	重工业	工业总产值	轻工业	重工业
1978	100.0	100.0	100.0	115.2	113.1	117.0
1979	110.9	110.9	110.9	110.9	110.9	110.9
1980	123.1	134.3	114.0	111.0	121.1	102.8
1981	130.5	153.4	112.1	106.1	114.3	98.3
1982	138.6	162.8	119.2	106.2	106.1	106.3
1983	152.2	172.3	135.8	109.7	105.8	113.9
1984	175.0	191.4	161.5	115.0	111.1	118.9
1985	223.4	232.6	215.3	127.7	121.5	133.4
1986	256.9	272.9	243.3	115.0	117.3	113.0
1987	294.1	319.4	273.0	114.5	117.0	112.2
1988	353.2	388.0	324.5	120.1	121.5	118.8
1989	387.5	422.7	358.2	109.7	109.0	110.4
1990	412.1	458.7	374.0	106.4	108.5	104.4
1991	473.4	536.3	423.0	114.9	116.9	113.1
1992	591.5	669.0	529.3	124.9	124.7	125.1
1993	820.9	924.5	737.3	138.8	138.2	139.3
1994	1 294.8	1 493.4	1 138.2	157.7	161.5	154.4
1995	1 755.7	2 071.3	1 512.7	135.6	138.7	132.9
1996	2 120.9	2 564.3	1 791.0	120.8	123.8	118.4
1997	2 530.2	2 931.0	2 219.0	119.3	114.3	123.9
1998	2 788.3	3 320.8	2 389.9	110.2	113.3	107.7
1999	3 011.4	3 583.1	2 581.1	108.0	107.9	108.0

10-4 各种分组的工业总产值

单位:万元

分类	当年价格			1990年不变价格		
	1998年	1999年	#规模以上	1998年	1999年	#规模以上
全部工业	**16 734 851**	**18 066 086**	**8 546 509**	**14 154 522**	**15 282 524**	**6 980 973**
#乡及乡以上独立核算工业	9 657 352	9 742 338	8 388 876	7 894 513	8 013 339	6 834 818
1.按经济类型及隶属关系分						
国有经济	5 662 942	5 843 839	5 843 839	4 327 697	4 612 343	4 612 343
中央企业	1 947 785	2 109 854	2 109 854	1 248 832	1 386 794	1 386 794
地方企业	3 715 157	3 733 986	3 733 986	3 078 865	3 225 549	3 225 549
集体经济	2 419 154	2 081 186	851 750	2 134 531	1 821 696	757 188
私营经济	100 697	112 820	68 009	92 109	109 944	71 284
联营经济	10 293	16 063	11 801	10 771	15 702	11 581
股份制经济	691 630	845 230	809 212	619 532	660 230	624 204
外商投资经济	493 467	577 901	560 721	464 097	539 070	522 907
港、澳、台投资经济	273 994	259 155	239 157	240 642	248 728	231 079
其他经济	5 174	6 145	4 387	5 134	5 627	4 232
2.按轻、重工业分						
轻工业	3 619 971	3 528 468	2 912 426	3 176 153	3 151 873	2 606 151
以农产品为原料	2 583 178	2 571 365	2 192 889	2 112 713	2 108 769	1 776 045
以非农产品为原料	1 036 793	957 103	719 537	1 063 439	1 043 104	830 105
重工业	6 037 381	6 213 870	5 476 450	4 718 360	4 861 467	4 228 667
采掘工业	600 261	557 114	417 583	449 200	405 172	291 455
原料工业	2 510 415	3 243 993	3 080 813	1 626 648	2 004 499	1 866 391
加工工业	2 926 704	2 412 762	1 978 054	2 642 512	2 451 796	2 070 821
3.按企业规模分						
大型企业	3 315 063	4 135 277	4 135 277	2 582 273	3 173 053	3 173 053
中型企业	1 649 951	1 491 933	1 482 592	1 370 288	1 328 261	1 319 055
小型企业	4 692 337	4 115 128	2 771 007	3 941 952	3 512 026	2 342 710
4.按工业行业分						
#煤炭采选业	270 897	259 400	211 726	155 537	140 189	107 872
黑色金属矿采选业	10 443	8 703	3 680	8 990	6 709	2 528
有色金属矿采选业	130 514	127 784	101 744	114 469	116 846	93 954
非金属矿采选业	113 164	103 507	48 923	95 932	86 292	37 736
其他矿采选业	2 711	1 385		2 424	1 355	
木材及竹材采运业	62 231	55 421	51 402	59 535	53 072	49 286

10－4 续表

单位:万元

分类	当年价格			1990年不变价格		
	1998年	1999年	#规模以上	1998年	1999年	#规模以上
食品加工业	793 186	738 789	665 542	539 967	498 353	437 164
食品制造业	115 378	120 582	89 920	90 803	96 157	69 520
饮料制造业	214 414	211 011	179 023	164 436	159 752	132 158
烟草加工业	140 821	216 711	216 711	109 896	146 274	146 274
纺织业	400 041	356 793	321 487	380 629	327 633	299 009
服装及其他纤维制品制造业	165 708	87 713	61 311	123 294	78 295	53 573
皮革、毛皮、羽绒及其制品业	115 122	94 380	74 865	107 722	92 974	75 492
木材加工及竹、藤、棕、草制品业	214 687	198 089	118 751	199 793	185 218	113 794
家具制造业	48 052	47 150	13 450	44 084	42 149	12 483
造纸及纸制品业	173 660	179 613	146 294	151 328	157 702	127 021
印刷业、记录媒介的复制	126 584	148 140	118 790	117 023	142 319	115 384
文教体育用品制造业	38 547	40 040	10 273	31 489	28 644	8 539
石油加工及炼焦业	433 125	538 170	536 942	173 857	225 697	224 724
化学原料及化学制品制造业	582 713	559 842	486 632	525 653	534 234	467 383
医药制造业	289 507	343 660	335 627	315 599	393 664	385 037
化学纤维制造业	92 706	104 048	103 303	122 729	149 421	148 761
橡胶制品业	43 031	50 520	40 750	41 604	50 854	41 784
塑料制品业	92 245	90 758	55 284	93 687	87 668	54 586
非金属矿物制品业	713 518	698 287	460 046	587 524	579 795	377 359
黑色金属冶炼及压延加工业	555 733	603 325	582 947	366 655	426 733	408 271
有色金属冶炼及压延加工业	514 130	498 972	487 156	466 804	484 272	473 352
金属制品业	135 846	125 545	70 221	124 653	115 829	66 697
普通机械制造业	268 292	255 192	184 005	259 246	244 844	182 530
专用设备制造业	250 177	230 673	180 242	242 353	215 171	169 470
交通运输设备制造业	1 066 127	997 059	946 628	1 059 524	1 047 179	997 249
电气机械及器材制造业	287 961	298 445	266 145	307 636	320 561	290 856
电子及通信设备制造业	159 414	171 562	165 626	227 147	287 127	281 065
仪器仪表及文化、办公用机械制造业	62 007	74 329	69 104	68 302	84 730	79 908
其他制造业	140 658	140 445	72 678	131 934	127 249	66 478
电力、蒸汽、热水的生产和供应业	783 930	906 080	857 628	254 475	245 705	210 455
煤气生产和供应业	2 596	6 549	3 290	1 847	5 422	2 178
自来水的生产和供应业	43 864	46 934	44 001	22 711	22 208	19 844

10-5 各种分组的工业增加值

单位:万元

分类	1998年	1999年	#规模以上
全部工业	**4 822 984**	**5 311 429**	**2 488 654**
#乡及乡以上独立核算工业	2 783 314	2 864 415	2 449 732
1.按经济类型及隶属关系分			
国有经济	1 610 497	1 716 562	1 716 562
中央企业	609 975	655 072	655 072
地方企业	1 000 522	1 061 490	1 061 490
集体经济	733 633	630 021	253 175
私营经济	28 402	31 321	17 801
联营经济	3 473	3 766	2 565
股份制经济	205 300	284 291	272 518
外商投资经济	126 580	128 692	123 481
港、澳、台投资经济	75 191	67 893	62 330
其他经济	239	1 870	1 300
2.按轻、重工业分			
轻工业	1 061 552	1 078 099	892 569
以农产品为原料	757 063	793 530	682 034
以非农产品为原料	304 489	284 569	210 535
重工业	1 721 762	1 786 316	1 557 163
采掘工业	208 839	203 258	155 335
原料工业	723 604	907 067	857 064
加工工业	789 319	675 991	544 765
3.按企业规模分			
大型企业	882 338	1 144 196	1 144 196
中型企业	502 549	462 672	459 900
小型企业	1 398 427	1 257 547	845 635
4.按工业行业分			
#煤炭采选业	95 542	99 094	82 523
黑色金属矿采选业	3 019	3 246	1 258
有色金属矿采选业	41 590	46 692	37 510
非金属矿采选业	41 220	33 586	15 405
其他矿采选业	817	412	
木材及竹材采运业	20 000	19 943	18 591

10-5 续表

单位:万元

分　　类	1998年	1999年	# 规模以上
食品加工业	193 520	191 915	172 961
食品制造业	32 950	32 821	23 309
饮料制造业	75 677	76 714	67 161
烟草加工业	74 657	112 452	112 452
纺织业	97 484	92 046	81 448
服装及其他纤维制品制造业	51 383	17 558	9 559
皮革、毛皮、羽绒及其制品业	29 475	23 576	18 011
木材加工及竹、藤、棕、草制品业	62 640	62 703	37 803
家具制造业	15 460	15 210	3 797
造纸及纸制品业	55 671	57 470	48 291
印刷业、记录媒介的复制	51 980	64 197	55 421
文教体育用品制造业	11 536	14 153	2 815
石油加工及炼焦业	103 038	144 885	144 445
化学原料及化学制品制造业	115 460	133 671	113 053
医药制造业	91 931	101 724	98 866
化学纤维制造业	11 240	18 841	19 271
橡胶制品业	15 250	14 125	10 715
塑料制品业	29 888	31 428	20 042
非金属矿物制品业	224 768	222 094	147 526
黑色金属冶炼及压延加工业	98 864	117 002	110 738
有色金属冶炼及压延加工业	134 915	119 122	115 670
金属制品业	35 267	36 280	19 787
普通机械制造业	77 539	77 508	58 073
专用设备制造业	79 942	80 126	66 133
交通运输设备制造业	290 731	255 335	242 307
电气机械及器材制造业	81 772	77 986	68 827
电子及通信设备制造业	44 101	54 616	52 648
仪器仪表及文化、办公用机械制造业	24 984	24 907	23 186
其他制造业	46 154	44 420	22 563
电力、蒸汽、热水的生产和供应业	299 326	319 203	302 255
煤气生产和供应业	1 205	2 094	1 124
自来水的生产和供应业	20 709	23 470	22 400

10－6 主要工业产品产量

年份	化学纤维（万吨）	纱（混合数）（吨）	布（混合数）（万米）	机制纸及纸板（万吨）	自行车（万辆）	表（万只）	日用瓷（万件）	火柴（万件）
1978	0.42	42 373	20 173	9.26	0.30	10.01	32 095	54.37
1979	0.78	51 695	24 773	11.02	0.25	15.49	29 635	55.27
1980	1.33	61 791	30 011	12.69	3.39	28.03	33 087	64.85
1981	1.62	68 151	32 491	12.71	10.23	39.01	33 504	79.80
1982	1.34	73 379	33 222	12.94	25.74	48.17	35 983	89.50
1983	0.76	61 419	27 505	14.94	27.34	50.46	35 286	99.49
1984	1.09	63 725	23 080	18.41	22.80	45.01	36 807	122.65
1985	1.30	72 161	26 009	22.17	30.65	80.05	35 041	132.85
1986	1.50	79 782	30 817	22.79	39.17	85	40 166	126.34
1987	1.77	86 317	34 240	24.89	51.31	67.69	45 899	120.54
1988	1.84	86 666	33 219	25.62	56.01	83	43 759	131.78
1989	1.95	87 099	32 015	25.56	58.27	88.44	47 315	162
1990	2.00	80 749	30 566	25.59	27.74	98.43	44 969	176.65
1991	2.37	86 729	27 897	26.36	52.33	84.55	53 083	192.41
1992	2.54	96 433	29 194	31.03	59.25	75.23	55 837	203.02
1993	4.13	90 595	29 670	36.54	60.61	51.08	53 063	188.28
1994	5.33	101 349	34 041	36.29	39.61	75.00	54 702	150.62
1995	5.11	109 652	35 784	41.07	37.32	75.24	48 652	122.49
1996	4.80	105 556	33 256	38.24	16.11	75.50	60 053	126.27
1997	6.33	110 362	36 086	35.49	9.62	59.53	57 016	76.18
1998	6.42	107 994	25 088	23.39	9.75	24.54	38 213	53.71
1999	7.65	109 102	26 315	27.96	4.09		52 391	25.82

年份	合成洗涤剂（吨）	机制糖（万吨）	卷烟（万箱）	钢（万吨）	生铁（万吨）	成品钢材（万吨）	发电量（亿千瓦小时）
1978	5 098	4.09	19.14	25.64	35.84	24.50	45.31
1979	7 047	5.97	20.79	27.65	27.90	37.54	51.11
1980	6 298	7.14	22.32	38.76	31.45	46.65	57.21
1981	8 181	7.04	24.17	42.71	30.86	46.03	59.86
1982	9 198	9.54	26.88	43.08	30.14	44.44	62.75
1983	9 662	7.51	31.03	48.69	33.06	44.33	64.39
1984	10 538	9.52	33.52	59.84	35.42	49.23	71.83
1985	12 778	13.32	32.11	77.42	57.43	60.98	83.75
1986	13 905	13.52	29.91	91.71	80.30	76.40	94.30
1987	13 392	11.65	32.89	106.02	84.02	90.92	102.77
1988	15 595	12.05	39.17	105.91	84.85	94.04	115.66
1989	16 377	10.09	43.11	105.83	78.57	93.44	119.71
1990	17 083	10.59	47.02	112.09	89.03	92.32	121.41
1991	21 700	14.38	49.58	109.68	84.05	95.27	129.96
1992	25 100	15.03	49.49	133.06	97.83	109.76	143.63
1993	29 984	13.86	50.09	148.68	120.72	119.61	153.13
1994	34 600	8.95	46.42	150.94	150.16	129.84	170.57
1995	45 194	9.04	43.76	149.73	136.63	126.36	176.34
1996	42 063	8.62	38.63	173.02	133.86	139.87	183.29
1997	38 626	9.92	35.54	173.80	149.48	154.79	179.82
1998	38 267	9.31	38.31	222.94	192.43	179.23	181.06
1999	24 696	8.37	41.20	267.03	248.24	228.60	187.80

10－6 续表

年份	原煤（万吨）	焦炭（万吨）	原油加工量（万吨）	硫酸（折合100%）（万吨）	烧碱（折合100%）（万吨）	化学肥料（折合100%）（万吨）	化学农药（原药）（吨）	化学原料药（吨）
1978	1 435.50	88.75		2.68	2.32	15.97	13 539	847
1979	1 567.61	85.85		2.84	2.76	18.37	15 163	998
1980	1 490.31	79.39	10.31	4.00	3.07	25.73	17 405	860
1981	1 553.13	70.86	36.50	3.79	3.09	23.74	13 587	698
1982	1 634.62	73.44	48.17	4.25	3.34	22.76	11 783	932
1983	1 707.62	77.02	69.66	5.24	2.91	23.12	6 766	973
1984	1 875.37	79.35	70.30	4.69	3.24	23.67	5 508	1 012
1985	1 938.15	83.40	83.37	3.81	3.74	19.41	2 753	8 472
1986	1 863.67	87.51	121.61	29.03	4.43	24.21	3 362	8 520
1987	1 970.23	109.36	134.91	36.77	5.26	28.37	2 574	9 080
1988	2 049.19	120.54	143.55	39.83	5.17	29.92	3 077	11 334
1989	2 063.31	115.31	150.86	43.27	5.36	30.48	4 209	10 582
1990	2 027.11	119.96	155.10	43.59	5.88	31.07	5 146	10 140
1991	2 122.98	145.31	180.98	46.93	6.12	32.49	5 819	12 750
1992	2 087.81	146.26	208.82	47.49	6.59	33.04	5 151	15 442
1993	2 104.22	160.60	230.52	49.40	7.24	29.44	4 100	13 910
1994	2 267.18	177.60	202.32	52.00	8.53	31.78	4 589	14 799
1995	2 877.90	166.53	230.56	57.10	9.97	38.44	5 997	24 318
1996	2 437.72	167.02	234.37	54.27	9.74	37.86	5 793	7 697
1997	2 064.42	170.58	246.51	59.72	9.57	44.73	6 257	5 487
1998	2 107.46	177.87	248.80	61.43	10.51	52.22	7 495	4 389
1999	1 730.73	182.11	280.70	62.77	12.76	54.55	6 012	2 594

年份	交流电动机（万千瓦）	金属切削机床（台）	汽车（辆）	电视机（万部）	照相机（万架）	水泥（万吨）	木材（万立方米）
1978	52.74	2 619	991	0.25	1.00	155.56	216.45
1979	60.40	1 938	1 087	0.78	1.20	189.70	302.05
1980	36.02	4 012	1 463	2.51	1.40	201	301.83
1981	34.95	5 297	679	9.03	3.40	227.05	269.57
1982	48.64	5 124	369	11.30	4.60	248.20	270.93
1983	60.57	5 482	1 909	12.83	5.50	280.97	290.87
1984	61.95	3 977	2 978	17.44	7.51	303.96	297.36
1985	81.20	5 330	7 060	31.40	10.55	354.19	297.14
1986	96.33	4 784	3 811	9.57	14.75	400.35	285.05
1987	104.48	6 428	8 074	22.69	19.00	443.71	245.41
1988	114.20	6 875	11 065	32.94	23.83	503	236.82
1989	98.56	7 063	9 821	38.20	29.60	504.54	253.22
1990	88.45	4 727	9 711	43.88	9.00	469.13	262.45
1991	97.48	4 686	14 443	48.90	16.17	566.91	247.34
1992	118.09	6 055	25 301	61.90	14.20	689.25	278.33
1993	136.07	7 043	38 678	59.16	13.15	811.63	258.25
1994	127.51	4 905	45 321	63.64	17.97	905.80	268.73
1995	106.33	5 646	52 479	52.56	21.75	1 005.59	147.98
1996	78.79	4 014	63 166	32.16	21.78	1 062.16	276.48
1997	64.31	3 073	90 943	17.31	17.32	1 105.39	268.65
1998	46.35	2 163	121 987	6.50	29.34	1 133.38	131.67
1999	48.51	2 693	119 915	31.27	37.61	1 315.02	156.98

10－7 工 业 产 品 产 量

品　名	单　位	1998 年	1999 年	1999年比1998年增长 %
原　煤☆	万 吨	2 107.46	1 730.73	－17.88
洗 精 煤	万 吨	195.33	209.57	7.29
硫铁矿生产量(折含硫 35%)	万 吨	110.36	137.31	24.42
磷矿生产量(折含 P_2O_5 30%)	万 吨	0.53	2.24	322.64
原　盐	万 吨	2.69	2.61	－2.97
木　材☆	万立方米	131.67	156.98	19.22
配混合饲料	万 吨	132.23	135.13	2.19
机 制 糖	万 吨	9.31	8.37	－10.10
乳 制 品	吨	13 923	19 241	38.20
罐　头☆	万 吨	1.47	2.30	56.46
味　精	吨	755	227	－69.93
白　酒☆	万 吨	10.41	10.56	1.44
啤　酒	万 吨	45.48	45.97	1.08
精 制 茶☆	吨	12 421	5 683	－54.25
卷　烟	万 箱	38.31	41.20	7.54
纱	万 吨	10.80	10.91	1.02
布☆	万 米	25 088	26 315	4.89
1.纯棉布	万 米	9 292	12 707	36.75
2.棉绲纺交织布	万 米	13 244	11 122	－16.02
3.纯化纤布	万 米	2 552	2 486	－2.59
印 染 布	万 米	5 078	5 663	11.52
毛　线	吨	359	382	6.41
呢　绒	万 米	139	117	－15.83
麻　袋	万 条	110	38	－65.45
丝	吨	385	400	3.90
丝 织 品	万 米	2 682	2 596	－3.21
针棉织品折用纱线量	万 吨	0.47	0.51	8.51
服　装☆	万 件	8 497	7 654	－9.92
皮　鞋	万 双	388.17	293.49	－24.39
人 造 板☆	万立方米	39.01	40.74	4.43
机 制 纸☆	万 吨	21.53	22.62	5.06
#新 闻 纸	万 吨	3.95	4.42	11.90
凸 板 纸	万 吨	0.58	1.19	105.17
原油加工量	万 吨	248.80	280.70	12.82
焦　炭	万 吨	177.87	182.11	2.38
硫　酸(折合 100%)	万 吨	61.43	62.77	2.18
烧　碱(折合 100%)	万 吨	10.51	12.76	21.41
电石(折合量)	万 吨	8.24	5.59	－32.16
合 成 氨	万 吨	52.38	54.96	4.93
化学肥料(折有效成份 100%)☆	万 吨	52.22	54.55	4.46
氮　肥☆	万 吨	39.13	43.06	10.04
磷　肥☆	万 吨	13.09	11.49	－12.22

注:带☆号产品统计范围为全社会产量,未带☆号产品统计范围为全部国有及年销售收入 500 万元及以上非国有企业产量。

10-7 续表1

品名	单位	1998年	1999年	1999年比1998年增长%
化学农药	吨	7 495	6 012	-19.79
纯　　苯	吨	10 325	11 085	7.36
油　　漆	吨	13 693	14 534	6.14
塑料树脂及共聚物	万吨	6.93	10.73	54.83
肥　　皂	万吨	0.78	0.56	-28.21
合成洗涤剂	吨	38 267	24 696	-35.46
火　　柴	万件	53.71	25.82	-51.93
化学原料药	吨	4 389	2 594	-40.90
中成药	吨	17 636	21 586	22.40
化学纤维	万吨	6.42	7.65	19.16
1.粘胶纤维	万吨	3.97	4.17	5.04
2.合成纤维	万吨	2.45	3.47	41.63
轮胎外胎	万条	8.07	22.79	182.40
塑料制品☆	吨	63 944	50 265	-21.39
水　　泥☆	万吨	1 133.38	1 315.02	16.03
平板玻璃	万重量箱	268.31	260	-3.10
日用玻璃制品	万吨	3.07	3.01	-1.95
玻璃保温容品	万个	924.99	523.63	-43.39
釉面砖	万平方米	1 003.66	615.75	-38.65
墙地砖	万平方米	765.60	751.61	-1.83
日用陶瓷器☆	万件	38 213	52 391	37.10
耐火材料制品	万吨	1.51	1.68	11.26
生　　铁	万吨	192.43	248.24	29.00
钢	万吨	222.94	267.03	19.78
1.普通钢	万吨	172.18	237.16	37.74
2.优质钢	万吨	26.76	29.87	11.62
成品钢材	万吨	179.23	228.60	27.55
#普通大型钢材	万吨	0.04	0.27	575.00
普通中型钢材	万吨	5.13	8.90	73.49
普通小型钢材	万吨	25.52	47.29	85.31
优质钢型材	万吨	9.08	9.98	9.91
线　　材	万吨	67.83	75.15	10.79
中厚钢板	万吨	38.79	46	18.59
薄钢板	万吨	0.16	0.23	43.75
硅钢板	万吨	7.47	8.90	19.14
钢　　带	万吨	8.72	12.28	40.83
无缝钢管	万吨	5.45	6.49	19.08
焊接钢管	万吨	10.60	12.86	21.32
十种有色金属	万吨	16.45	18.43	12.04
铁合金	万吨	7.03	11.20	59.32
搪瓷制品	吨	2 185	2 174	-0.50
工业锅炉	蒸发量吨	387	586	51.42

10－7　续表2

品　　名	单　位	1998年	1999年	1999年比1998年增长％
内燃机生产量	万千瓦	71.30	22.40	－68.58
金属切削机床	台	2 163	2 693	24.50
#数控机床	台	243	376	54.73
起重机械	吨	1 214	2 385	96.46
泵	万台	2.48	2.17	－12.50
风　　机	万台	0.12	0.55	358.33
气体压缩机	台	527	1 306	147.82
轴　　承	万套	792.52	902	13.81
矿山设备	吨	4 013	4 815	19.99
化工设备	吨	8 466	8 914	5.29
小型拖拉机	万台	1.07	0.86	－19.63
汽　　车	万辆	12.20	11.99	－1.72
#载货汽车	万辆	11.61	11.15	－3.96
农用运输车	万辆	0.73	0.71	－2.74
摩托车	万辆	15.86	17.61	11.03
自行车	万辆	9.75	4.09	－58.05
民用钢质船舶	综合万吨	1.80	3.45	91.67
发电设备	万千瓦	15.54	31.69	103.93
交流电动机	万千瓦	46.35	48.51	4.66
电力变压器	万千伏安	354.07	317.08	－10.45
通讯电缆	公里	38 501	19 671	－48.91
钢芯铝铰线	吨	481.90	895.40	85.81
原电池(折干电池)	万只	16 852	17 663	4.81
冷冻箱	台	83 400	95 500	14.51
家用电冰箱	万台	27.89	27.83	－0.22
电风扇	万台	38.96	31.86	－18.22
灯　　泡	万只	9 698	9 332	－3.77
电话单机	万部	42.44	32.35	－23.77
微型电子计算机	部	7 097	5 875	－17.22
电子元件	万只	83 956	63 573	－24.28
电视机	万台	6.50	31.27	381.08
#彩色电视机	万台	3.68	29.94	713.59
录音机	万台	15.07	12.04	－20.11
大型及大型专用衡器	台	146	142	－2.74
照相机	万架	29.34	37.61	28.19
发电量总计☆	亿千瓦小时	181.06	187.80	3.72
1.火力发电	亿千瓦小时	120.66	134.72	11.65
2.水力发电	亿千瓦小时	60.40	53.08	－12.12

10－8　全部独立核算工业企业经济指标

指　　　　　标	单 位	1990 年	1995 年	1998 年	1999 年
企业单位数	个	14 230	18 699	14 061	12 527
#亏损企业	个	2 734	4 169	2 778	2 549
资产总计	万 元		13 024 998	18 066 059	18 786 234
流动资产合计	万 元	2 216 991	5 637 394	7 438 746	7 575 116
流动资产年平均余额	万 元	1 915 949	5 282 083	7 167 475	7 301 898
固定资产合计	万 元		6 651 729	9 033 516	9 349 017
固定资产原值	万 元	2 678 322	7 551 488	11 172 254	11 774 132
固定资产净值年平均余额	万 元		4 513 246	7 554 522	7 958 245
负债总计	万 元		9 516 953	13 091 816	13 004 781
流动负债合计	万 元		6 121 713	8 677 297	8 664 032
长期负债合计	万 元		3 343 430	4 348 388	4 188 936
所有者权益	万 元		3 508 045	4 951 634	5 753 171
产品销售收入	万 元	3 085 080	7 891 026	8 465 915	8 898 850
#产品销售税金及附加	万 元	215 070	141 579	185 558	204 748
产品销售费用	万 元		245 013	328 742	360 524
产品销售利润	万 元	91 190	1 067 312	935 682	969 879
利　润　总　额	万 元	41 140	51 470	－76 940	－8 401
利润和税金总额	万 元	256 210	542 775	513 290	614 779
职工年平均人数	人	1 944 140	2 197 618	1 727 822	1 533 158
工业总产值(按当年价格计算)	万 元	3 431 385	8 379 749	9 657 352	9 742 338
工业总产值(按 1990 年不变价格计算)	万 元	3 591 985	6 493 486	7 894 513	8 013 339
工业增加值(按当年价格计算)	万 元		2 131 115	2 783 314	2 864 415
总资产贡献率	%		7.52	5.26	5.27
资本保值增值率	%		132.36	110.76	116.19
资产负债率	%		73.07	72.47	69.23
流动资产周转率	次	1.61	1.49	1.18	1.22
成本费用利润率	%			－0.91	－0.10
全员劳动生产率	元/人		9 697	16 109	18 683
产品销售率	%			95.78	96.94
工业经济效益综合指数	%		68.24	63.80	70.68

10-9 规模以上工业企业经济指标

指　　　　标	单位	1998年	1999年
企业单位数	个	3 937	3 730
#亏损企业	个	1 400	1 396
资产总计	万元	16 761 055	17 484 333
流动资产合计	万元	6 827 325	6 979 209
流动资产年平均余额	万元	6 603 950	6 747 974
固定资产合计	万元	8 451 832	8 741 189
固定资产原值	万元	10 456 974	11 025 499
固定资产净值年平均余额	万元	7 035 220	7 404 018
负债总计	万元	12 147 915	12 177 653
流动负债合计	万元	7 968 897	8 077 497
长期负债合计	万元	4 112 887	3 962 136
所有者权益	万元	4 590 531	5 278 398
产品销售收入	万元	7 394 667	7 970 263
#产品销售税金及附加	万元	161 157	183 726
产品销售费用	万元	258 963	298 534
产品销售利润	万元	831 714	874 796
利润总额	万元	-84 271	-27 240
利润和税金总额	万元	449 958	543 695
职工年平均人数	人	1 330 808	1 200 842
工业总产值(按当年价格计算)	万元	8 197 853	8 546 509
工业总产值(按1990年不变价格计算)	万元	6 617 746	6 980 973
工业增加值(按当年价格计算)	万元	2 327 710	2 488 654
总资产贡献率	%	5.11	5.14
资本保值增值率	%		114.98
资产负债率	%	72.48	69.65
流动资产周转率	次	1.12	1.18
成本费用利润率	%	-1.13	-0.34
全员劳动生产率	元/人	17 491	20 724
产品销售率	%	96.20	97.44
工业经济效益综合指数	%		70.17

10－10　全部独立核算工业企业主要经济指标(一)

（1999年）　　单位:万元

分　　类	产品销售收　入	# 产品销售税金及附加	# 产品销售成　本	# 产品销售费　用	# 产品销售利　润
总　　计	**8 898 850**	**204 748**	**7 313 419**	**360 524**	**969 879**
一、按经济类型及隶属关系分					
国有经济	5 468 224	153 368	4 542 881	171 981	585 139
中央企业	2 188 773	104 892	1 850 049	31 777	207 946
地方企业	3 279 451	48 476	2 692 832	140 204	377 193
集体经济	1 732 920	33 244	1 409 701	90 358	173 953
私营经济	103 860	2 029	84 697	5 850	10 220
联营经济	15 790	308	12 869	940	1 666
股份制经济	768 449	6 258	604 139	55 157	100 029
外商投资经济	584 451	6 802	470 414	23 988	80 721
港、澳、台投资经济	220 116	2 607	184 725	11 833	17 679
其他经济	5 040	132	3 994	416	473
二、按轻、重工业分					
轻工业	2 877 607	102 605	2 264 211	171 291	299 327
以农产品为原料	2 121 463	91 295	1 649 655	136 531	219 822
以非农产品为原料	756 143	11 309	614 556	34 760	79 506
重工业	6 021 244	102 143	5 049 208	189 233	670 551
采掘工业	481 570	11 110	376 593	24 999	67 053
原料工业	3 290 126	58 956	2 852 103	62 700	313 488
加工工业	2 249 548	32 077	1 820 512	101 534	290 011
三、按企业规模分					
大型企业	4 098 666	74 632	3 243 464	130 198	649 542
中型企业	1 314 467	63 773	1 234 656	56 075	－44 812
小型企业	3 485 718	66 343	2 835 299	174 251	365 149
四、按工业行业分					
#煤炭采选业	214 011	3 119	175 495	10 047	24 822
黑色金属矿采选业	7 970	270	5 272	452	1 961
有色金属矿采选业	123 133	1 149	96 775	3 415	21 258
非金属矿采选业	88 645	2 103	67 516	8 709	10 059
其他矿采选业	1 315	42	881	251	141
木材及竹材采运业	45 785	4 378	30 161	2 084	8 685
食品加工业	599 093	4 006	527 974	25 151	31 334
食品制造业	100 402	1 888	79 081	7 612	9 848
饮料制造业	176 383	16 771	115 936	18 326	20 508
烟草加工业	205 834	58 995	109 010	5 886	31 944
纺织业	311 529	2 347	273 934	6 511	27 724
服装及其他纤维制品制造业	54 674	597	47 690	1 508	4 623
皮革、毛皮、羽绒及其制品业	54 383	509	46 799	2 596	4 379

单位:万元

分　　　　类	产品销售收　　入	# 产品销售税金及附加	# 产品销售成　　本	# 产品销售费　　用	# 产品销售利　　润
木材加工及竹、藤、棕、草制品业	167 854	3 050	132 909	11 144	16 588
家具制造业	35 581	691	28 720	2 318	3 553
造纸及纸制品业	148 363	1 151	121 432	8 298	16 804
印刷业、记录媒介的复制	119 734	1 279	89 616	2 003	26 543
文教体育用品制造业	31 477	430	27 210	1 120	2 667
石油加工及炼焦业	550 185	37 338	452 650	2 690	57 507
化学原料及化学制品制造业	526 572	4 651	447 958	21 140	51 930
医药制造业	270 014	1 873	167 919	58 262	39 635
化学纤维制造业	100 282	274	87 104	891	12 013
橡胶制品业	42 717	1 718	35 032	3 340	2 590
塑料制品业	68 881	967	57 907	3 133	6 528
非金属矿物制品业	604 910	9 709	476 926	39 555	74 104
黑色金属冶炼及压延加工业	619 657	2 870	551 945	6 612	57 926
有色金属冶炼及压延加工业	571 538	2 080	513 041	7 337	48 905
金属制品业	104 626	1 130	87 321	5 263	10 687
普通机械制造业	205 832	2 258	166 996	10 625	24 487
专用设备制造业	197 611	1 760	149 749	10 014	35 941
交通运输设备制造业	1 002 822	18 651	823 788	39 795	119 208
电气机械及器材制造业	254 506	1 670	213 997	10 477	27 907
电子及通信设备制造业	113 989	347	82 726	5 721	24 889
仪器仪表及文化、办公用机械制造业	77 666	388	63 341	2 715	11 038
其他制造业	129 706	5 272	93 720	4 569	14 290
电力、蒸汽、热水的生产和供应业	917 061	8 504	825 359	9 042	75 540
煤气生产和供应业	4 822	36	4 278	450	58
自来水的生产和供应业	43 523	475	30 913	1 412	10 021
五、按地区分					
南　昌　市	2 533 964	73 368	1 821 730	120 563	518 303
景德镇市	702 568	14 002	618 568	32 206	32 374
萍　乡　市	352 653	3 979	316 513	15 930	13 923
九　江　市	1 158 334	44 149	969 340	24 915	114 282
新　余　市	545 267	4 105	520 250	12 719	8 190
鹰　潭　市	615 083	2 500	536 402	11 351	63 565
赣　州　市	703 987	16 534	687 406	27 073	－26 089
宜春地区	706 097	15 732	562 014	35 446	73 739
上饶地区	637 581	14 048	508 609	31 716	78 781
吉安地区	443 093	9 106	361 719	23 922	45 263
抚州地区	500 223	7 226	410 868	24 684	47 548

10－11　全部独立核算工业企业主要经济指标(二)

(1999 年)　　单位:万元

分　　类	资产合计	流动资产	#产成品存　货	流动资产全　年平均余额	长期投资
总　　计	**18 786 234**	**7 575 116**	**970 204**	**7 301 898**	**407 700**
一、按经济类型及隶属关系分					
国有经济	13 244 945	5 239 644	641 728	5 070 220	302 583
中央企业	4 618 308	1 610 000	136 299	1 555 861	83 921
地方企业	8 626 637	3 629 644	505 429	3 514 359	218 661
集体经济	1 978 986	926 552	171 639	873 546	27 205
私营经济	89 187	35 747	7 052	33 381	1 831
联营经济	27 957	8 778	1 110	8 277	69
股份制经济	1 941 321	675 804	67 031	657 192	40 875
外商投资经济	1 060 003	494 770	52 327	478 181	27 467
港、澳、台投资经济	433 615	189 637	28 679	177 091	7 669
其他经济	10 221	4 183	638	4 010	1
二、按轻、重工业分					
轻工业	5 361 802	2 423 169	396 675	2 357 474	147 549
以农产品为原料	3 681 243	1 682 354	286 348	1 655 388	104 286
以非农产品为原料	1 680 559	740 815	110 327	702 086	43 262
重工业	13 424 433	5 151 947	573 529	4 944 424	260 151
采掘工业	1 090 474	456 147	41 352	401 028	21 979
原料工业	7 581 352	2 417 999	191 995	2 358 547	143 525
加工工业	4 752 606	2 277 801	340 183	2 184 849	94 648
三、按企业规模分					
大型企业	9 245 202	3 417 201	344 617	3 331 426	246 299
中型企业	3 869 297	1 656 373	255 034	1 598 673	70 857
小型企业	5 671 735	2 501 541	370 553	2 371 799	90 545
四、按工业行业分					
#煤炭采选业	507 570	219 178	21 231	174 952	3 939
黑色金属矿采选业	12 297	6 204	275	5 546	170
有色金属矿采选业	328 398	126 275	10 761	122 337	11 254
非金属矿采选业	122 581	52 765	6 603	51 124	1 236
其他矿采选业	677	225	17	178	1
木材及竹材采运业	115 577	50 310	2 097	46 289	5 089
食品加工业	684 715	311 468	36 515	294 345	17 826
食品制造业	136 307	54 688	8 016	51 440	1 511
饮料制造业	406 563	176 460	35 488	179 466	6 646
烟草加工业	228 399	139 342	16 458	138 851	6 873
纺织业	815 756	363 041	69 484	358 571	12 776
服装及其他纤维制品制造业	167 489	58 670	4 356	66 100	989
皮革、毛皮、羽绒及其制品业	140 082	80 839	46 459	89 796	7 722

10－11 续表

单位:万元

分　　类	资产合计	流动资产	# 产成品存货	流动资产全年平均余额	长期投资
木材加工及竹、藤、棕、草制品业	274 386	114 989	23 629	110 160	5 324
家具制造业	31 758	14 718	2 115	13 224	440
造纸及纸制品业	390 592	174 164	33 291	161 440	4 964
印刷业、记录媒介的复制	178 342	73 858	5 896	67 186	2 099
文教体育用品制造业	29 163	17 027	1 347	16 674	573
石油加工及炼焦业	730 768	225 238	28 925	240 391	28 850
化学原料及化学制品制造业	1 207 404	448 308	80 746	429 258	16 800
医药制造业	544 632	287 089	36 885	274 092	36 829
化学纤维制造业	314 567	78 215	5 229	87 503	24 036
橡胶制品业	75 927	35 893	4 799	34 382	961
塑料制品业	145 192	60 787	10 323	55 235	3 352
非金属矿物制品业	1 454 388	529 061	85 106	508 682	26 423
黑色金属冶炼及压延加工业	950 198	391 803	39 743	387 633	17 770
有色金属冶炼及压延加工业	1 275 060	478 153	40 514	456 023	33 175
金属制品业	196 597	98 598	18 025	97 908	1 967
普通机械制造业	592 809	290 834	58 720	281 456	9 923
专用设备制造业	504 092	252 552	37 532	238 887	9 335
交通运输设备制造业	1 828 964	908 935	98 900	899 856	41 965
电气机械及器材制造业	581 726	323 127	41 200	298 949	7 522
电子及通信设备制造业	304 398	176 271	28 758	162 670	13 691
仪器仪表及文化、办公用机械制造业	169 439	94 610	18 404	84 021	5 807
其他制造业	118 300	64 638	11 043	57 129	4 089
电力、蒸汽、热水的生产和供应业	2 976 267	732 225	312	696 978	28 998
煤气生产和供应业	33 384	9 413	191	8 867	9
自来水的生产和供应业	184 461	47 743	85	45 227	6 161
五、按地区分					
南　昌　市	4 469 731	1 982 091	234 968	1 908 823	109 572
景德镇市	1 694 357	817 243	105 868	756 755	50 515
萍　乡　市	654 125	279 171	27 495	259 208	3 838
九　江　市	2 748 229	971 591	151 448	977 407	66 856
新　余　市	1 264 921	505 130	57 575	505 320	20 323
鹰　潭　市	1 432 050	456 628	43 297	432 995	36 832
赣　州　市	1 546 811	628 528	87 642	620 490	33 342
宜春地区	1 896 032	687 873	85 978	670 798	17 773
上饶地区	1 175 766	554 534	79 440	520 159	28 727
吉安地区	1 067 922	362 117	50 525	334 650	26 644
抚州地区	836 292	330 210	45 967	315 294	13 278

10－12 全部独立核算工业企业主要经济指标(三)

(1999年)　　　　单位:万元

分　　类	固定资产合计	固定资产原值年末数	#生产经营用	累计折旧	固定资产净值全年平均余额
总　　计	**9 349 017**	**11 774 132**	**9 349 637**	**3 585 351**	**7 958 245**
一、按经济类型及隶属关系分					
国有经济	6 618 087	8 550 362	6 606 446	2 811 563	5 526 266
中央企业	2 532 618	3 556 370	2 811 516	1 343 706	2 158 274
地方企业	4 085 469	4 993 991	3 794 931	1 467 857	3 367 992
集体经济	865 734	1 053 483	828 757	270 736	757 164
私营经济	46 230	51 642	39 819	6 500	42 899
联营经济	18 473	19 859	17 956	1 997	17 657
股份制经济	1 148 180	1 373 623	1 260 030	337 617	1 059 474
外商投资经济	450 339	477 574	385 979	105 314	366 176
港、澳、台投资经济	196 029	240 992	204 581	50 871	182 940
其他经济	5 946	6 597	6 068	755	5 670
二、按轻、重工业分					
轻工业	2 283 182	2 720 903	2 109 986	719 698	1 946 433
以农产品为原料	1 511 875	1 807 988	1 379 612	462 212	1 282 501
以非农产品为原料	771 307	912 915	730 373	257 486	663 932
重工业	7 065 835	9 053 229	7 239 651	2 865 653	6 011 811
采掘工业	550 761	743 997	551 474	258 224	461 026
原料工业	4 474 230	5 873 071	4 837 449	1 885 849	3 889 101
加工工业	2 040 845	2 436 161	1 850 729	721 580	1 661 685
三、按企业规模分					
大型企业	4 845 716	6 248 185	5 198 354	2 009 461	4 138 503
中型企业	1 903 735	2 361 602	1 809 479	763 150	1 558 874
小型企业	2 599 566	3 164 345	2 341 805	812 739	2 260 868
四、按工业行业分					
#煤炭采选业	260 858	380 364	288 482	136 004	224 072
黑色金属矿采选业	5 560	8 648	7 517	3 375	5 174
有色金属矿采选业	175 584	228 998	169 235	83 936	142 058
非金属矿采选业	61 789	69 586	53 036	17 979	50 691
其他矿采选业	450	589	442	146	371
木材及竹材采运业	44 712	53 566	32 275	16 166	37 032
食品加工业	314 941	375 641	280 839	86 323	286 135
食品制造业	68 213	76 584	58 018	17 368	57 123
饮料制造业	174 718	199 098	152 937	49 772	139 791
烟草加工业	71 500	79 699	52 064	17 980	51 156
纺织业	337 890	437 500	333 637	133 026	295 295
服装及其他纤维制品制造业	46 043	48 467	42 009	6 446	37 061
皮革、毛皮、羽绒及其制品业	41 302	52 715	36 142	13 454	37 493

10－12 续表

单位:万元

分　　类	固定资产合计	固定资产原值年末数	#生产经营用	累计折旧	固定资产净值全年平均余额
木材加工及竹、藤、棕、草制品业	135 295	157 615	121 042	32 432	112 190
家具制造业	14 498	17 115	12 522	3 655	11 933
造纸及纸制品业	186 226	198 909	162 228	45 252	147 085
印刷业、记录媒介的复制	93 081	122 856	92 409	35 211	78 710
文教体育用品制造业	10 938	12 383	9 500	2 089	9 730
石油加工及炼焦业	459 549	573 548	538 333	146 697	426 705
化学原料及化学制品制造业	652 272	764 782	564 644	181 243	514 316
医药制造业	187 712	199 098	161 218	60 125	141 119
化学纤维制造业	156 974	188 505	162 745	46 664	133 949
橡胶制品业	32 353	39 924	28 960	9 922	30 352
塑料制品业	67 430	78 804	58 123	20 378	64 895
非金属矿物制品业	807 824	946 816	652 543	238 731	695 096
黑色金属冶炼及压延加工业	494 541	668 699	582 256	226 807	426 020
有色金属冶炼及压延加工业	733 165	1 117 690	943 981	501 882	613 299
金属制品业	83 506	111 608	85 392	32 182	78 726
普通机械制造业	253 998	320 662	229 130	108 071	213 660
专用设备制造业	194 456	236 890	185 419	78 478	153 970
交通运输设备制造业	742 212	829 066	693 560	252 827	554 084
电气机械及器材制造业	214 777	267 282	215 421	73 762	193 852
电子及通信设备制造业	99 737	138 399	104 117	53 144	87 385
仪器仪表及文化、办公用机械制造业	61 120	78 555	51 182	20 620	57 104
其他制造业	42 187	50 213	33 774	12 752	36 655
电力、蒸汽、热水的生产和供应业	1 860 158	2 466 742	2 009 702	776 742	1 683 345
煤气生产和供应业	23 449	16 316	14 183	1 209	15 514
自来水的生产和供应业	121 845	144 654	119 172	37 661	104 596
五、按地区分					
南 昌 市	1 910 762	2 324 301	1 890 325	676 976	1 611 178
景德镇市	709 189	880 247	723 711	302 499	579 417
萍 乡 市	350 326	461 574	382 251	133 206	320 074
九 江 市	1 508 075	1 921 488	1 585 131	554 672	1 298 530
新 余 市	631 841	895 921	758 536	314 605	575 221
鹰 潭 市	879 242	1 307 222	1 084 240	553 755	737 140
赣 州 市	749 616	915 534	758 139	241 822	638 246
宜春地区	1 081 617	1 223 826	1 083 725	290 346	916 344
上饶地区	514 781	620 581	417 396	164 569	432 800
吉安地区	603 876	732 322	326 028	223 716	505 676
抚州地区	409 693	491 118	340 156	129 187	343 620

10－13 全部独立核算工业企业主要经济指标(四)

(1999 年)　　单位:万元

分　　类	负债合计	流动负债	长期负债	所有者权益
总　　计	**13 004 781**	**8 664 032**	**4 188 936**	**5 753 171**
一、按经济类型及隶属关系分				
国有经济	9 404 584	6 246 393	3 037 918	3 838 123
中央企业	2 624 896	1 516 924	1 075 697	1 993 412
地方企业	6 779 688	4 729 468	1 962 221	1 844 711
集体经济	1 360 576	1 031 885	300 032	598 935
私营经济	47 990	34 384	13 079	41 197
联营经济	16 750	10 925	5 825	11 207
股份制经济	1 265 479	709 787	554 958	675 843
外商投资经济	635 758	418 562	216 952	417 675
港、澳、台投资经济	266 046	207 739	56 931	167 569
其他经济	7 599	4 357	3 242	2 622
二、按轻、重工业分				
轻工业	4 071 661	3 011 666	1 007 590	1 269 501
以农产品为原料	2 861 274	2 188 560	636 567	799 635
以非农产品为原料	1 210 387	823 106	371 023	469 866
重工业	8 933 120	5 652 366	3 181 347	4 483 670
采掘工业	768 208	491 657	260 007	322 266
原料工业	4 847 129	2 775 036	2 002 314	2 733 150
加工工业	3 317 782	2 385 674	919 025	1 428 254
三、按企业规模分				
大型企业	5 955 492	3 656 706	2 241 257	3 261 734
中型企业	3 022 556	2 113 673	881 252	846 436
小型企业	4 026 733	2 893 653	1 066 428	1 645 002
四、按工业行业分				
#煤炭采选业	315 237	180 405	124 405	192 333
黑色金属矿采选业	7 837	7 186	641	4 460
有色金属矿采选业	251 731	177 721	70 630	76 668
非金属矿采选业	106 932	62 016	43 191	15 649
其他矿采选业	146	120	26	532
木材及竹材采运业	83 174	61 546	20 624	32 403
食品加工业	549 681	428 003	109 641	135 034
食品制造业	100 777	66 455	33 318	35 530
饮料制造业	328 469	236 953	84 130	78 095
烟草加工业	196 680	174 098	17 258	31 719
纺织业	710 795	563 485	143 875	104 961
服装及其他纤维制品制造业	71 130	64 091	6 752	96 358
皮革、毛皮、羽绒及其制品业	119 367	103 273	16 094	20 715

单位:万元

分　　类	负债合计	流动负债	长期负债	所有者权益
木材加工及竹、藤、棕、草制品业	197 890	140 366	55 718	76 496
家具制造业	19 454	14 772	4 395	12 304
造纸及纸制品业	319 789	231 178	83 588	51 328
印刷业、记录媒介的复制	105 663	70 680	33 871	71 820
文教体育用品制造业	16 065	13 132	2 929	13 099
石油加工及炼焦业	446 657	203 889	241 696	284 111
化学原料及化学制品制造业	943 339	597 821	337 271	262 992
医药制造业	355 172	265 645	89 391	189 459
化学纤维制造业	242 597	119 208	123 389	71 970
橡胶制品业	51 254	38 546	11 998	24 672
塑料制品业	103 169	67 276	35 356	42 023
非金属矿物制品业	1 035 497	611 866	402 583	418 891
黑色金属冶炼及压延加工业	722 836	567 363	115 760	227 361
有色金属冶炼及压延加工业	666 745	484 555	181 592	608 316
金属制品业	146 700	121 819	23 555	49 591
普通机械制造业	439 631	335 698	102 131	153 178
专用设备制造业	349 201	272 253	75 382	154 891
交通运输设备制造业	1 241 267	928 686	309 817	581 127
电气机械及器材制造业	408 541	287 770	120 667	173 185
电子及通信设备制造业	270 659	189 066	81 157	33 739
仪器仪表及文化、办公用机械制造业	108 655	78 923	29 693	60 784
其他制造业	68 936	58 061	10 612	49 364
电力、蒸汽、热水的生产和供应业	1 784 191	775 044	994 424	1 192 077
煤气生产和供应业	21 153	9 358	11 795	12 231
自来水的生产和供应业	77 825	40 962	34 589	106 636
五、按地区分				
南 昌 市	2 786 480	2 069 982	664 086	1 654 969
景德镇市	1 135 629	715 535	398 485	558 728
萍 乡 市	496 066	310 208	182 622	158 058
九 江 市	2 031 077	1 228 060	789 578	717 153
新 余 市	953 259	707 044	244 201	311 662
鹰 潭 市	710 131	412 543	297 181	721 919
赣 州 市	1 107 652	815 264	281 748	439 159
宜春地区	1 518 179	910 427	594 197	377 853
上饶地区	886 352	637 319	241 348	289 414
吉安地区	753 287	455 644	287 778	314 636
抚州地区	626 671	402 006	207 711	209 621

10-14 全部独立核算工业企业主要经济指标(五)

(1999年)　　单位:万元

分　　类	利润总额	#盈利企业的利润额	#亏损企业的亏损额	利润税金总额	应交所得税
总　计	**-8 401**	**515 369**	**523 770**	**614 779**	**45 406**
一、按经济类型及隶属关系分					
国有经济	-83 409	345 132	428 541	354 208	29 039
中央企业	2 606	276 916	274 310	237 090	13 328
地方企业	-86 016	68 216	154 232	117 118	15 711
集体经济	46 496	74 496	28 000	135 552	6 949
私营经济	3 544	4 264	720	9 036	124
联营经济	37	200	163	737	13
股份制经济	4 520	55 045	50 525	56 892	6 464
外商投资经济	20 339	25 397	5 058	47 512	1 488
港、澳、台投资经济	197	10 649	10 453	10 540	1 324
其他经济	-125	185	311	302	5
二、按轻、重工业分					
轻工业	33 185	132 887	99 702	256 783	22 581
以农产品为原料	24 849	98 475	73 626	208 144	16 345
以非农产品为原料	8 336	34 412	26 076	48 640	6 236
重工业	-41 587	382 481	424 068	357 996	22 825
采掘工业	-23 457	12 417	35 874	10 654	3 932
原料工业	-33 136	297 114	330 250	220 756	9 183
加工工业	15 007	72 951	57 944	126 587	9 710
三、按企业规模分					
大型企业	209 717	325 179	115 462	495 145	20 652
中型企业	-242 855	51 990	294 845	-101 207	12 777
小型企业	24 737	138 200	113 463	220 841	11 978
四、按工业行业分					
#煤炭采选业	-16 630	3 542	20 172	-944	2 662
黑色金属矿采选业	305	483	178	978	19
有色金属矿采选业	-6 196	3 475	9 671	275	374
非金属矿采选业	835	3 708	2 873	6 539	258
其他矿采选业	86	86		190	9
木材及竹材采运业	-1 832	1 076	2 907	3 546	598
食品加工业	-10 322	12 286	22 608	2 112	1 309
食品制造业	1 601	4 204	2 603	7 502	128
饮料制造业	-2 030	7 154	9 184	26 954	1 659
烟草加工业	24 774	25 164	390	103 854	4 482
纺织业	-13 923	4 154	18 077	1 430	453
服装及其他纤维制品制造业	710	2 055	1 346	3 598	126
皮革、毛皮、羽绒及其制品业	-3 268	822	4 090	-945	46

10-14 续表　　单位:万元

分　类	利润总额	# 盈利企业的利润额	# 亏损企业的亏损额	利润税金总　额	应　交所得税
木材加工及竹、藤、棕、草制品业	2 373	7 211	4 838	12 764	615
家具制造业	1 364	1 970	606	3 027	94
造纸及纸制品业	3 221	7 816	4 595	8 471	1 736
印刷业、记录媒介的复制	12 805	14 083	1 277	20 497	3 480
文教体育用品制造业	1 225	1 574	349	2 554	20
石油加工及炼焦业	-8 241	1 022	9 263	64 664	2 184
化学原料及化学制品制造业	-2 480	12 443	14 923	18 605	1 925
医药制造业	12 340	19 390	7 050	33 192	3 874
化学纤维制造业	-1 625	3 318	4 943	2 308	499
橡胶制品业	-2 248	661	2 909	935	83
塑料制品业	535	2 375	1 840	3 893	154
非金属矿物制品业	-2 327	19 810	22 137	38 913	2 936
黑色金属冶炼及压延加工业	9 922	10 746	824	45 962	192
有色金属冶炼及压延加工业	-7 941	5 819	13 760	16 207	1 678
金属制品业	-1 958	4 970	6 928	2 302	497
普通机械制造业	-8 262	4 167	12 429	1 629	452
专用设备制造业	10 921	16 521	5 600	20 530	1 812
交通运输设备制造业	1 767	14 687	12 921	57 405	4 032
电气机械及器材制造业	6 044	10 196	4 152	15 900	2 121
电子及通信设备制造业	4 771	11 809	7 038	11 076	233
仪器仪表及文化、办公用机械制造业	1 828	3 531	1 703	4 524	360
其他制造业	5 964	7 106	1 143	16 263	1 073
电力、蒸汽、热水的生产和供应业	-22 332	263 427	285 759	54 915	2 541
煤气生产和供应业	- 605	32	637	- 447	4
自来水的生产和供应业	1 162	2 459	1 297	4 254	681
五、按地区分					
南昌市	74 323	105 845	31 522	252 550	15 416
景德镇市	5 844	61 294	55 450	53 537	5 938
萍乡市	-3 558	38 023	41 581	21 544	2 841
九江市	-35 665	29 994	65 658	76 108	3 782
新余市	-11 366	49 182	60 548	22 517	523
鹰潭市	6 136	11 223	5 087	36 141	3 162
赣州市	-7 612	120 026	127 638	39 322	2 336
宜春地区	-33 650	27 694	61 344	19 062	2 855
上饶地区	3 856	32 023	28 167	46 085	4 025
吉安地区	-7 542	20 582	28 123	23 727	1 754
抚州地区	8 262	26 913	18 652	31 619	2 776

注:按地区分利润、利税指标均未包括江西省电力公司电网内统一核算企业数据。下同。

10-15 全部独立核算工业企业主要财务指标分析资料(一)

(1999年)　　单位:%

分　　类	企业亏损面	增加值率	经济效益综合指数	总资产贡献率	资本保值增值率
总　　计	**20.35**	**26.46**	**70.68**	**5.27**	**116.19**
一、按经济类型及隶属关系分					
国有经济	43.85	26.14	62.22	4.52	117.54
中央企业	52.00	27.34	97.13	6.82	137.87
地方企业	43.54	25.44	46.97	3.29	101.38
集体经济	12.20	28.48	90.92	8.82	98.68
私营经济	5.88	26.32	119.68	12.62	116.44
联营经济	7.89	21.99	82.97	3.50	168.29
股份制经济	35.10	29.94	82.80	5.79	124.37
外商投资经济	41.22	19.19	104.27	6.76	122.12
港、澳、台投资经济	45.74	24.00	74.22	4.34	108.26
其他经济	40.00	28.21	32.70	5.99	-86.64
二、按轻、重工业分					
轻工业	21.57	27.97	74.66	6.68	103.48
以农产品为原料	21.85	28.24	78.40	7.67	104.76
以非农产品为原料	20.93	27.25	66.87	4.50	101.36
重工业	19.30	25.62	68.70	4.70	120.37
采掘工业	20.45	34.76	39.43	3.14	90.28
原料工业	20.28	24.65	79.32	4.97	140.84
加工工业	18.35	24.97	66.66	4.64	100.08
三、按企业规模分					
大型企业	40.71	24.19	106.74	7.28	139.51
中型企业	50.28	27.43	-11.74	-0.29	86.94
小型企业	19.26	28.52	71.87	5.77	100.30
四、按工业行业分					
#煤炭采选业	22.67	36.71	30.47	1.65	96.76
黑色金属矿采选业	4.17	34.11	92.85	11.18	84.37
有色金属矿采选业	19.34	34.04	35.36	2.64	90.01
非金属矿采选业	9.11	30.82	70.39	8.50	71.73
其他矿采选业		27.41	188.37	29.17	6.50
木材及竹材采运业	42.51	35.16	42.33	4.42	110.23
食品加工业	21.64	25.13	68.60	2.45	91.81
食品制造业	18.82	25.34	86.34	7.48	122.85
饮料制造业	23.53	32.14	67.18	8.66	107.29
烟草加工业	22.22	45.22	317.12	49.22	196.11
纺织业	37.97	23.04	33.29	2.27	105.71
服装及其他纤维制品制造业	21.24	18.62	62.13	2.89	87.33
皮革、毛皮、羽绒及其制品业	23.75	23.46	25.11	1.14	109.58

10－15 续表

单位：%

分　　类	企业亏损面	增加值率	经济效益综合指数	总资产贡献率	资本保值增值率
木材加工及竹、藤、棕、草制品业	13.25	29.57	78.15	6.92	100.00
家具制造业	10.22	31.29	112.17	11.02	107.43
造纸及纸制品业	28.05	28.84	66.17	3.55	94.21
印刷业、记录媒介的复制	24.71	39.49	143.80	13.03	114.69
文教体育用品制造业	11.59	31.93	113.37	10.25	147.95
石油加工及炼焦业	14.29	22.50	202.27	10.94	168.06
化学原料及化学制品制造业	24.39	21.73	66.99	3.19	157.90
医药制造业	39.53	25.65	104.06	8.26	141.78
化学纤维制造业	41.67	15.25	55.20	2.79	116.45
橡胶制品业	34.52	24.87	45.61	2.73	119.19
塑料制品业	22.61	31.90	71.00	3.83	124.13
非金属矿物制品业	12.82	29.23	61.86	4.66	110.35
黑色金属冶炼及压延加工业	19.59	16.31	81.13	6.90	111.78
有色金属冶炼及压延加工业	25.44	20.82	69.50	2.98	97.55
金属制品业	18.34	26.60	54.99	3.11	129.15
普通机械制造业	26.22	27.65	35.36	1.96	90.52
专用设备制造业	21.88	31.80	89.22	5.92	115.70
交通运输设备制造业	30.83	21.97	74.42	5.20	102.31
电气机械及器材制造业	26.67	23.18	75.46	4.16	122.54
电子及通信设备制造业	32.18	29.21	72.87	5.87	77.24
仪器仪表及文化、办公用机械制造业	26.47	30.03	75.59	5.37	109.72
其他制造业	13.83	29.42	117.73	15.47	101.25
电力、蒸汽、热水的生产和供应业	14.32	33.09	79.93	4.17	151.63
煤气生产和供应业	58.33	30.31	7.24	－1.49	91.22
自来水的生产和供应业	37.50	47.29	74.84	3.22	106.85
五、按地区分					
南 昌 市	15.01	26.26	99.00	7.39	130.61
景德镇市	29.20	30.27	72.90	4.57	117.48
萍 乡 市	27.88	25.78	60.64	5.48	97.23
九 江 市	21.94	23.09	65.39	4.85	176.49
新 余 市	29.64	18.71	53.87	4.00	106.66
鹰 潭 市	17.44	24.17	82.35	4.21	100.14
赣 州 市	24.15	27.96	58.61	4.35	94.09
宜春地区	26.25	28.98	38.56	3.86	86.83
上饶地区	24.29	29.95	69.98	6.61	94.74
吉安地区	14.68	28.62	65.59	4.18	152.76
抚州地区	10.31	28.50	76.01	5.52	98.15

10－16 全部独立核算工业企业主要财务指标分析资料(二)

(1999年)

单位:%

分类	资产负债率	流动资产周转率(次)	成本费用利润率	全员劳动生产率(元/人)	产品销售率
总计	**69.23**	**1.22**	**－0.10**	**18 683.10**	**96.94**
一、按经济类型及隶属关系分					
国有经济	71.01	1.08	－1.52	18 492.74	97.96
中央企业	56.84	1.41	0.12	42 943.72	100.50
地方企业	78.59	0.93	－2.56	13 684.39	96.53
集体经济	68.75	1.98	2.84	14 735.06	93.89
私营经济	53.81	3.11	3.63	18 029.70	97.83
联营经济	59.91	1.91	0.24	15 389.05	95.30
股份制经济	65.19	1.17	0.58	29 551.46	98.29
外商投资经济	59.98	1.22	3.62	40 750.98	95.69
港、澳、台投资经济	61.36	1.24	0.09	23 877.22	96.26
其他经济	74.35	1.26	－2.41	14 152.16	99.24
二、按轻、重工业分					
轻工业	75.94	1.22	1.21	19 197.97	95.41
以农产品为原料	77.73	1.28	1.24	21 732.99	95.50
以非农产品为原料	72.02	1.08	1.12	14 486.14	95.16
重工业	66.54	1.22	－0.69	18 385.51	97.80
采掘工业	70.45	1.20	－4.61	8 775.50	95.21
原料工业	63.93	1.39	－1.00	28 157.80	99.10
加工工业	69.81	1.03	0.67	16 178.54	96.65
三、按企业规模分					
大型企业	64.42	1.23	5.40	29 535.95	99.26
中型企业	78.12	0.82	－15.94	15 857.51	96.70
小型企业	71.00	1.47	0.73	14 725.39	94.68
四、按工业行业分					
#煤炭采选业	62.11	1.22	－7.13	8 798.80	93.39
黑色金属矿采选业	63.73	1.44	4.22	11 220.19	95.19
有色金属矿采选业	76.65	1.01	－4.60	9 011.44	98.56
非金属矿采选业	87.23	1.73	0.97	12 312.83	95.36
其他矿采选业	21.53	7.38	7.01	13 782.61	98.56
木材及竹材采运业	71.96	0.99	－4.00	5 479.01	95.74
食品加工业	80.28	2.04	－1.72	31 730.93	95.91
食品制造业	73.93	1.95	1.66	16 754.01	92.26
饮料制造业	80.79	0.98	－1.27	22 120.47	93.39
烟草加工业	86.11	1.48	18.82	158 382.82	97.41
纺织业	87.13	0.87	－4.30	8 752.48	99.19
服装及其他纤维制品制造业	42.47	0.83	1.32	12 849.82	89.53
皮革、毛皮、羽绒及其制品业	85.21	0.61	－5.84	13 470.94	87.03

10-16 续表

单位:%

分　　类	资　产 负债率	流动资产 周转率 (次)	成本费用 利润率	全员劳动 生产率 (元/人)	产品销售率
木材加工及竹、藤、棕、草制品业	72.12	1.52	1.47	16 797.45	94.51
家具制造业	61.26	2.69	4.06	18 487.78	92.73
造纸及纸制品业	81.87	0.92	2.22	18 510.68	94.97
印刷业、记录媒介的复制	59.25	1.78	11.94	28 029.87	92.62
文教体育用品制造业	55.09	1.89	4.09	26 444.88	91.38
石油加工及炼焦业	61.12	2.29	-1.59	194 112.00	99.81
化学原料及化学制品制造业	78.13	1.23	-0.47	16 766.30	95.18
医药制造业	65.21	0.99	4.68	31 184.64	95.64
化学纤维制造业	77.12	1.15	-1.59	14 452.67	99.64
橡胶制品业	67.51	1.24	-5.17	16 038.83	91.73
塑料制品业	71.06	1.25	0.79	17 576.25	93.36
非金属矿物制品业	71.20	1.19	-0.39	10 824.04	95.77
黑色金属冶炼及压延加工业	76.07	1.60	1.61	17 755.25	99.89
有色金属冶炼及压延加工业	52.29	1.25	-1.34	29 428.20	101.96
金属制品业	74.62	1.07	-1.86	13 378.64	93.77
普通机械制造业	74.16	0.73	-3.85	10 530.88	94.70
专用设备制造业	69.27	0.83	5.74	17 566.51	96.09
交通运输设备制造业	67.87	1.11	0.18	27 072.31	98.79
电气机械及器材制造业	70.23	0.85	2.37	19 754.82	96.84
电子及通信设备制造业	88.92	0.70	4.26	20 201.29	96.37
仪器仪表及文化、办公用机械制造业	64.13	0.92	2.31	14 293.72	101.20
其他制造业	58.27	2.27	5.58	11 760.06	93.97
电力、蒸汽、热水的生产和供应业	59.95	1.32	-2.36	36 947.30	98.99
煤气生产和供应业	63.36	0.54	-10.52	14 706.46	91.06
自来水的生产和供应业	42.19	0.96	2.67	16 121.93	97.87
五、按地区分					
南昌市	62.34	1.33	3.40	28 844.83	96.26
景德镇市	67.02	0.93	0.79	21 630.87	99.98
萍乡市	75.84	1.36	-0.92	11 653.63	97.29
九江市	73.90	1.19	-3.06	19 176.37	97.04
新余市	75.36	1.08	-1.90	12 865.60	99.64
鹰潭市	49.59	1.42	0.98	29 217.89	101.23
赣州市	71.61	1.13	-0.94	14 426.00	96.50
宜春地区	80.07	1.05	-4.67	13 520.82	94.95
上饶地区	75.39	1.23	0.62	16 953.78	95.00
吉安地区	70.54	1.32	-1.67	14 185.53	97.81
抚州地区	74.93	1.59	-1.69	16 969.56	94.04

10－17 全部独立核算工业企业主要财务指标分析资料(三)

（1999 年）

单位：%

分 类	利 税 率			
	按工业总产值计算		按销售收入计算	按全部资金计算
	当年价格	1990年不变价格		
总 计	**6.31**	**7.67**	**6.91**	**4.03**
一、按经济类型及隶属关系分				
国有经济	6.06	7.68	6.48	3.34
中央企业	11.24	17.10	10.83	6.38
地方企业	3.14	3.63	3.57	1.70
集体经济	6.51	7.44	7.82	8.31
私营经济	8.01	8.22	8.70	11.85
联营经济	4.59	4.69	4.67	2.84
股份制经济	6.73	8.62	7.40	3.31
外商投资经济	8.22	8.81	8.13	5.63
港、澳、台投资经济	4.07	4.24	4.79	2.93
其他经济	4.92	5.37	6.00	3.12
二、按轻、重工业分				
轻工业	7.28	8.15	8.92	5.97
以农产品为原料	8.09	9.87	9.81	7.08
以非农产品为原料	5.08	4.66	6.43	3.56
重工业	5.76	7.36	5.95	3.27
采掘工业	1.91	2.63	2.21	1.24
原料工业	6.81	11.01	6.71	3.53
加工工业	5.25	5.16	5.63	3.29
三、按企业规模分				
大型企业	11.97	15.60	12.08	6.63
中型企业	－6.78	－7.62	－7.70	－3.21
小型企业	5.37	6.29	6.34	4.77
四、按工业行业分				
#煤炭采选业	－0.36	－0.67	－0.44	－0.24
黑色金属矿采选业	11.23	14.57	12.27	9.12
有色金属矿采选业	0.21	0.23	0.22	0.10
非金属矿采选业	6.32	7.58	7.38	6.42
其他矿采选业	13.73	14.04	14.47	34.61
木材及竹材采运业	6.40	6.68	7.74	4.26
食品加工业	0.29	0.42	0.35	0.36
食品制造业	6.22	7.80	7.47	6.91
饮料制造业	12.77	16.87	15.28	8.44
烟草加工业	47.92	71.00	50.46	54.66
纺织业	0.40	0.44	0.46	0.22
服装及其他纤维制品制造业	4.10	4.60	6.58	3.49
皮革、毛皮、羽绒及其制品业	－1.00	－1.02	－1.74	－0.74

10－17 续表 单位:%

分类	利税率			
	按工业总产值计算		按销售收入计算	按全部资金计算
	当年价格	1990年不变价格		
木材加工及竹、藤、棕、草制品业	6.44	6.89	7.60	5.74
家具制造业	6.42	7.18	8.51	12.03
造纸及纸制品业	4.72	5.37	5.71	2.75
印刷业、记录媒介的复制	13.84	14.40	17.12	14.05
文教体育用品制造业	6.38	8.91	8.11	9.67
石油加工及炼焦业	12.02	28.65	11.75	9.69
化学原料及化学制品制造业	3.32	3.48	3.53	1.97
医药制造业	9.66	8.43	12.29	7.99
化学纤维制造业	2.22	1.54	2.30	1.04
橡胶制品业	1.85	1.84	2.19	1.44
塑料制品业	4.29	4.44	5.65	3.24
非金属矿物制品业	5.57	6.71	6.43	3.23
黑色金属冶炼及压延加工业	7.62	10.77	7.42	5.65
有色金属冶炼及压延加工业	3.25	3.35	2.84	1.52
金属制品业	1.83	1.99	2.20	1.30
普通机械制造业	0.64	0.67	0.79	0.33
专用设备制造业	8.90	9.54	10.39	5.23
交通运输设备制造业	5.76	5.48	5.72	3.95
电气机械及器材制造业	5.33	4.96	6.25	3.23
电子及通信设备制造业	6.46	3.86	9.72	4.43
仪器仪表及文化、办公用机械制造业	6.09	5.34	5.83	3.21
其他制造业	11.58	12.78	12.54	17.34
电力、蒸汽、热水的生产和供应业	6.06	22.35	5.99	2.31
煤气生产和供应业	－6.83	－8.25	－9.28	－1.84
自来水的生产和供应业	9.06	19.16	9.77	2.84
五、按地区分				
南昌市	9.11	10.99	9.97	7.17
景德镇市	6.73	6.37	7.62	4.01
萍乡市	5.78	8.24	6.11	3.72
九江市	6.09	9.19	6.57	3.34
新余市	4.01	5.31	4.13	2.08
鹰潭市	6.70	8.25	5.88	3.09
赣州市	5.06	5.71	5.59	3.12
宜春地区	2.28	2.99	2.70	1.20
上饶地区	6.70	8.00	7.23	4.84
吉安地区	4.46	5.35	5.35	2.82
抚州地区	5.12	5.47	6.32	4.80

10－18　全部独立核算工业企业主要财务指标分析资料(四)

(1999年)　　　　单位:元

分　类	平均每一职工			
	实现利润税金	实现利润	占有固定资产原值	实现工业增加值
总　　计	**4 010**	**－55**	**76 797**	**18 683**
一、按经济类型及隶属关系分				
国有经济	3 816	－ 899	92 114	18 493
中央企业	15 543	171	233 140	42 944
地方企业	1 510	－1 109	64 381	13 684
集体经济	3 170	1 087	24 639	14 735
私营经济	5 201	2 040	29 727	18 030
联营经济	3 011	152	81 157	15 389
股份制经济	5 914	470	142 785	29 551
外商投资经济	15 045	6 441	151 227	40 751
港、澳、台投资经济	3 707	69	84 755	23 877
其他经济	2 289	－ 949	49 939	14 152
二、按轻、重工业分				
轻工业	4 573	591	48 452	19 198
以农产品为原料	5 701	681	49 517	21 733
以非农产品为原料	2 476	424	46 473	14 486
重工业	3 685	－ 428	93 180	18 386
采掘工业	460	－1 013	32 121	8 776
原料工业	6 853	－1 029	182 316	28 158
加工工业	3 030	359	58 305	16 179
三、按企业规模分				
大型企业	12 782	5 414	161 289	29 536
中型企业	－3 469	－8 324	80 941	15 858
小型企业	2 586	290	37 053	14 725
四、按工业行业分				
#煤炭采选业	－84	－1 477	33 774	8 799
黑色金属矿采选业	3 379	1 053	29 892	11 220
有色金属矿采选业	53	－1 196	44 196	9 011
非金属矿采选业	2 397	306	25 511	12 313
其他矿采选业	6 361	2 886	19 712	13 783
木材及竹材采运业	974	－ 503	14 717	5 479
食品加工业	349	－1 707	62 108	31 731
食品制造业	3 830	817	39 093	16 754
饮料制造业	7 772	－ 585	57 410	22 120
烟草加工业	146 274	34 893	112 253	158 383
纺织业	136	－1 324	41 601	8 752
服装及其他纤维制品制造业	2 633	519	35 470	12 850
皮革、毛皮、羽绒及其制品业	－ 540	－1 868	30 121	13 471

10－18 续表　　单位:元

分　　类	平均每一职工			
	实现利润税金	实现利润	占有固定资产原值	实现工业增加值
木材加工及竹、藤、棕、草制品业	3 419	636	42 223	16 797
家具制造业	3 680	1 658	20 804	18 488
造纸及纸制品业	2 728	1 037	64 067	18 511
印刷业、记录媒介的复制	8 950	5 591	53 642	28 030
文教体育用品制造业	4 771	2 289	23 137	26 445
石油加工及炼焦业	86 634	－11 040	768 419	194 112
化学原料及化学制品制造业	2 334	－ 311	95 926	16 766
医药制造业	10 175	3 783	61 036	31 185
化学纤维制造业	1 770	－1 247	144 604	14 453
橡胶制品业	1 062	－2 552	45 332	16 039
塑料制品业	2 177	299	44 071	17 576
非金属矿物制品业	1 896	－ 113	46 144	10 824
黑色金属冶炼及压延加工业	6 975	1 506	101 476	17 755
有色金属冶炼及压延加工业	4 004	－1 962	276 116	29 428
金属制品业	849	－ 722	41 156	13 379
普通机械制造业	221	－1 123	43 568	10 531
专用设备制造业	4 501	2 394	51 935	17 567
交通运输设备制造业	6 086	187	87 903	27 072
电气机械及器材制造业	4 028	1 531	67 706	19 755
电子及通信设备制造业	4 097	1 765	51 190	20 201
仪器仪表及文化、办公用机械制造业	2 596	1 049	45 082	14 294
其他制造业	4 306	1 579	13 294	11 760
电力、蒸汽、热水的生产和供应业	6 356	－2 585	285 522	36 947
煤气生产和供应业	－3 142	－4 251	114 580	14 706
自来水的生产和供应业	2 922	798	99 364	16 122
五、按地区分				
南昌市	8 996	2 647	82 793	28 845
景德镇市	4 242	463	69 745	21 631
萍乡市	2 316	－ 382	49 619	11 654
九江市	4 437	－2 079	112 029	19 176
新余市	2 362	－1 192	93 994	12 866
鹰潭市	7 156	1 215	258 846	29 218
赣州市	2 408	－ 466	56 062	14 426
宜春地区	985	－1 739	63 258	13 521
上饶地区	3 464	290	46 651	16 954
吉安地区	2 054	－ 653	63 385	14 186
抚州地区	2 861	748	44 438	16 970

10－19 各地区独立核算工业企业单位数

（1999 年）　　单位：个

分类	全省	南昌市	景德镇市	萍乡市	九江市	新余市
总计	**12 527**	**1 859**	**500**	**520**	**1 554**	**253**
一、按经济类型分						
国有经济	2 746	337	135	36	400	63
集体经济	8 745	1 394	340	438	978	168
私营经济	357	24	1	18	47	2
联营经济	38		1		11	1
股份制经济	302	45	11	27	38	8
外商投资经济	131	27	7		36	7
港、澳、台投资经济	188	31	5	1	35	4
其他经济	20	1			9	
二、按轻、重工业分						
轻工业	5 796	1 014	241	180	725	101
以农产品为原料	3 995	606	115	106	561	78
以非农产品为原料	1 801	408	126	74	164	23
重工业	6 731	845	259	340	829	152
采掘工业	1 198	48	59	107	134	26
原料工业	1 997	122	54	86	220	41
加工工业	3 536	675	146	147	475	85
三、按企业规模分						
大型企业	113	39	15	2	19	6
中型企业	360	84	37	11	46	13
小型企业	12 054	1 736	448	507	1 489	234

分类	鹰潭市	赣州市	宜春地区	上饶地区	吉安地区	抚州地区
总计	**344**	**1 793**	**1 566**	**1 202**	**1 471**	**1 465**
一、按经济类型分						
国有经济	69	449	387	350	231	289
集体经济	243	1 168	1 065	770	1 090	1 091
私营经济	3	46	51	47	64	54
联营经济	2	13	4	3	3	
股份制经济	7	54	25	21	51	15
外商投资经济	11	17	8	9	8	1
港、澳、台投资经济	9	45	26	2	17	13
其他经济		1			7	2
二、按轻、重工业分						
轻工业	184	629	718	520	732	752
以农产品为原料	124	452	498	373	546	536
以非农产品为原料	60	177	220	147	186	216
重工业	160	1 164	848	682	739	713
采掘工业	30	265	165	151	130	83
原料工业	46	476	293	204	226	229
加工工业	84	423	390	327	383	401
三、按企业规模分						
大型企业	3	1	16	3	5	4
中型企业	8	38	39	29	29	26
小型企业	333	1 754	1 511	1 170	1 437	1 435

10－20　各地区独立核算工业企业总产值

（1999年，按当年价格计算）　　单位：万元

分　　类	全　省	南昌市	景德镇市	萍乡市	九江市	新余市
总　　计	**9 742 338**	**2 773 174**	**795 984**	**372 831**	**1 248 742**	**561 962**
一、按经济类型分						
国有经济	5 843 839	1 364 189	625 992	237 977	988 486	432 862
集体经济	2 081 186	612 112	86 427	97 597	128 498	52 885
私营经济	112 820	3 981	1 475	4 360	6 438	1 215
联营经济	16 063		2 000		1 032	2 512
股份制经济	845 230	306 859	72 981	32 439	77 386	47 397
外商投资经济	577 901	413 970	1 423		21 250	7 861
港、澳、台投资经济	259 155	71 187	5 687	458	24 911	17 231
其他经济	6 145	875			741	
二、按轻、重工业分						
轻工业	3 528 468	1 199 188	175 213	41 559	365 672	82 625
以农产品为原料	2 571 365	815 861	58 312	18 166	334 100	66 434
以非农产品为原料	957 103	383 327	116 901	23 393	31 572	16 191
重工业	6 213 870	1 573 986	620 771	331 272	883 070	479 338
采掘工业	557 114	17 102	35 869	106 422	29 286	10 490
原料工业	3 243 993	622 167	169 194	178 475	724 609	382 198
加工工业	2 412 762	934 717	415 708	46 374	129 175	86 650
三、按企业规模分						
大型企业	4 135 277	1 563 653	564 030	202 245	721 211	359 522
中型企业	1 491 933	421 163	81 022	35 728	154 298	94 541
小型企业	4 115 128	788 358	150 932	134 858	373 233	107 899

分　　类	鹰潭市	赣州市	宜春地区	上饶地区	吉安地区	抚州地区
总　　计	**539 699**	**777 821**	**835 223**	**687 485**	**531 810**	**617 607**
一、按经济类型分						
国有经济	430 461	365 660	392 798	456 457	268 536	280 421
集体经济	68 835	202 613	248 278	170 454	147 138	266 349
私营经济	981	37 543	14 037	13 111	19 300	10 379
联营经济	5 291	2 638	1 472	242	876	
股份制经济	16 250	80 429	115 562	8 592	64 167	23 167
外商投资经济	11 298	26 998	30 072	38 238	12 544	14 247
港、澳、台投资经济	6 583	61 524	33 003	391	18 674	19 506
其他经济		415			576	3 538
二、按轻、重工业分						
轻工业	75 541	317 106	309 404	310 850	267 570	383 740
以农产品为原料	37 984	263 872	230 224	261 887	214 197	270 327
以非农产品为原料	37 557	53 234	79 180	48 963	53 373	113 413
重工业	464 158	460 715	525 819	376 635	264 240	233 867
采掘工业	6 477	101 809	131 889	47 807	38 921	31 043
原料工业	388 728	237 829	198 203	165 733	127 474	49 384
加工工业	68 952	121 077	195 727	163 095	97 846	153 440
三、按企业规模分						
大型企业	358 168	3 294	244 816	32 503	46 633	39 202
中型企业	43 482	171 038	110 216	163 085	94 775	122 585
小型企业	138 049	603 490	480 190	491 896	390 403	455 820

10－21 各地区独立核算工业企业总产值

（1999年,按1990年不变价格计算） 单位:万元

分类	全省	南昌市	景德镇市	萍乡市	九江市	新余市
总计	**8 013 339**	**2 298 798**	**840 652**	**261 379**	**827 819**	**424 060**
一、按经济类型分						
国有经济	4 612 343	1 041 505	684 100	143 563	617 071	336 042
集体经济	1 821 696	540 181	87 861	85 792	104 410	43 668
私营经济	109 944	3 071	887	3 308	5 923	812
联营经济	15 702		2 000		1 032	2 512
股份制经济	660 230	248 311	58 775	28 226	61 416	19 211
外商投资经济	539 070	390 254	1 528		17 668	6 224
港、澳、台投资经济	248 728	74 824	5 501	491	19 882	15 592
其他经济	5 627	652			418	
二、按轻、重工业分						
轻工业	3 151 873	1 123 911	166 212	40 951	318 079	75 598
以农产品为原料	2 108 769	666 201	45 553	16 096	290 115	58 179
以非农产品为原料	1 043 104	457 710	120 660	24 855	27 965	17 420
重工业	4 861 467	1 174 887	674 440	220 428	509 739	348 462
采掘工业	405 172	15 191	24 614	60 175	25 750	6 623
原料工业	2 004 499	256 416	124 268	116 000	359 335	263 221
加工工业	2 451 796	903 281	525 558	44 252	124 654	78 618
三、按企业规模分						
大型企业	3 173 053	1 233 573	621 153	116 923	410 319	278 020
中型企业	1 328 261	338 284	77 482	32 738	115 868	62 097
小型企业	3 512 026	726 942	142 017	111 718	301 631	83 943

分类	鹰潭市	赣州市	宜春地区	上饶地区	吉安地区	抚州地区
总计	**438 165**	**688 308**	**637 722**	**575 756**	**443 123**	**577 557**
一、按经济类型分						
国有经济	340 496	310 526	281 289	389 596	199 618	268 536
集体经济	56 126	168 128	221 536	135 274	132 089	246 632
私营经济	929	43 962	12 494	10 889	17 566	10 102
联营经济	5 377	2 548	1 071	236	927	
股份制经济	17 726	75 960	61 695	7 328	59 558	22 025
外商投资经济	12 295	31 233	23 275	31 980	14 513	10 101
港、澳、台投资经济	5 216	55 615	36 362	453	18 236	16 555
其他经济		336			616	3 606
二、按轻、重工业分						
轻工业	63 561	272 849	238 546	253 327	233 693	365 145
以农产品为原料	23 725	221 471	162 284	206 303	177 684	241 158
以非农产品为原料	39 836	51 377	76 263	47 024	56 008	123 987
重工业	374 603	415 459	399 176	322 430	209 430	212 412
采掘工业	5 442	95 860	80 695	36 236	29 852	24 735
原料工业	307 560	208 415	131 918	117 883	79 764	39 719
加工工业	61 601	111 184	186 563	168 310	99 814	147 959
三、按企业规模分						
大型企业	284 077	2 882	129 498	19 894	35 937	40 778
中型企业	37 727	156 510	100 281	174 660	98 020	134 593
小型企业	116 360	528 917	407 944	381 203	309 166	402 186

10－22　各地区独立核算工业企业增加值

（1999年）　　　　单位：万元

分　　类	全　省	南昌市	景德镇市	萍乡市	九江市	新余市
总　　计	**2 864 415**	**809 775**	**273 001**	**108 407**	**328 907**	**122 631**
一、按经济类型分						
国有经济	1 716 562	397 849	208 437	65 739	272 160	87 933
集体经济	630 021	185 893	27 593	32 072	28 094	14 694
私营经济	31 321	1 065	509	1 752	2 086	433
联营经济	3 766		652		234	790
股份制经济	284 291	120 859	33 406	8 946	20 010	12 439
外商投资经济	128 692	87 124	562		3 922	1 707
港、澳、台投资经济	67 893	16 663	1 841	－102	2 227	4 635
其他经济	1 870	322			175	
二、按轻、重工业分						
轻工业	1 078 099	400 747	56 738	13 692	79 384	24 553
以农产品为原料	793 530	293 611	20 064	5 040	69 592	19 875
以非农产品为原料	284 569	107 136	36 675	8 652	9 792	4 679
重工业	1 786 316	409 029	216 263	94 715	249 523	98 078
采掘工业	203 258	4 560	11 780	39 494	10 865	2 783
原料工业	907 067	184 776	61 979	42 228	195 865	73 372
加工工业	675 991	219 692	142 504	12 992	42 794	21 923
三、按企业规模分						
大型企业	1 144 196	421 695	189 621	56 861	180 113	71 954
中型企业	462 672	156 853	35 108	7 650	46 261	18 750
小型企业	1 257 547	231 228	48 272	43 895	102 533	31 927

分　　类	鹰潭市	赣州市	宜春地区	上饶地区	吉安地区	抚州地区
总　　计	**147 556**	**235 588**	**261 583**	**225 528**	**163 894**	**187 544**
一、按经济类型分						
国有经济	116 898	116 746	122 804	151 013	91 449	85 535
集体经济	19 851	60 197	84 421	53 347	41 907	81 951
私营经济	160	9 171	4 780	3 849	5 396	2 119
联营经济	468	764	493	82	283	
股份制经济	5 764	25 004	31 883	2 706	17 168	6 107
外商投资经济	1 698	5 655	6 246	14 393	3 112	4 274
港、澳、台投资经济	2 717	17 908	10 958	137	4 334	6 573
其他经济		143			244	986
二、按轻、重工业分						
轻工业	22 574	100 934	84 222	107 238	73 156	114 862
以农产品为原料	10 267	82 978	60 581	91 203	59 664	80 656
以非农产品为原料	12 307	17 956	23 641	16 034	13 492	34 206
重工业	124 982	134 654	177 362	118 290	90 738	72 683
采掘工业	2 192	37 264	53 712	16 529	15 431	8 649
原料工业	109 626	63 168	55 787	55 269	49 136	15 861
加工工业	13 164	34 223	67 864	46 492	26 171	48 172
三、按企业规模分						
大型企业	97 126	1 151	73 313	13 976	28 307	10 079
中型企业	13 473	54 490	31 530	42 839	20 886	34 833
小型企业	36 957	179 948	156 741	168 713	114 701	142 633

10－23 各地区独立核算工业企业增加值率

（1999年）　　单位：%

分　类	全　省	南昌市	景德镇市	萍乡市	九江市	新余市
总　计	**26.5**	**26.3**	**30.3**	**25.8**	**23.1**	**18.7**
一、按经济类型分						
国有经济	26.1	26.7	29.0	24.2	23.9	17.2
集体经济	28.5	28.4	29.3	30.0	20.5	25.0
私营经济	26.3	24.6	31.2	36.8	29.7	30.4
联营经济	22.0		30.4		22.4	26.8
股份制经济	29.9	33.8	42.6	24.3	22.3	23.0
外商投资经济	19.2	17.5	36.1		17.2	21.2
港、澳、台投资经济	24.0	21.4	30.2		8.0	22.9
其他经济	28.2	28.6			23.5	
二、按轻、重工业分						
轻工业	28.0	30.0	29.6	30.3	19.7	26.8
以农产品为原料	28.2	32.1	32.1	25.6	18.9	26.9
以非农产品为原料	27.3	25.5	28.4	33.9	27.7	26.3
重工业	25.6	23.4	30.4	25.2	24.4	17.4
采掘工业	34.8	25.9	30.4	36.5	34.6	25.1
原料工业	24.7	27.6	32.7	19.6	23.1	16.2
加工工业	25.0	20.7	29.6	25.1	30.4	22.2
三、按企业规模分						
大型企业	24.2	24.0	29.2	24.5	21.3	16.8
中型企业	27.4	32.7	39.9	19.4	26.9	17.6
小型企业	28.5	27.4	29.5	29.4	25.3	26.8

分　类	鹰潭市	赣州市	宜春地区	上饶地区	吉安地区	抚州地区
总　计	**24.2**	**28.0**	**29.0**	**29.9**	**28.6**	**28.5**
一、按经济类型分						
国有经济	23.7	28.7	28.7	29.7	30.8	27.9
集体经济	27.1	28.5	31.6	29.8	27.0	29.8
私营经济	16.3	23.4	32.4	27.4	27.0	19.4
联营经济	8.7	27.1	31.0	30.5	30.8	
股份制经济	31.0	28.2	25.8	28.3	25.6	23.7
外商投资经济	13.4	20.3	20.0	34.6	23.8	30.0
港、澳、台投资经济	36.8	27.3	30.2	33.2	22.3	30.8
其他经济		33.7			40.2	26.5
二、按轻、重工业分						
轻工业	27.5	29.4	25.3	32.1	25.7	27.9
以农产品为原料	24.9	29.1	24.5	32.4	26.2	27.9
以非农产品为原料	30.0	31.3	27.6	30.2	23.7	28.0
重工业	23.7	26.9	31.1	28.3	31.5	29.4
采掘工业	31.9	34.6	38.5	33.1	36.8	27.0
原料工业	24.6	24.3	25.7	29.5	35.0	30.3
加工工业	17.2	25.9	31.8	25.6	24.8	29.6
三、按企业规模分						
大型企业	23.5	33.5	28.0	36.0	55.8	22.4
中型企业	28.2	27.6	25.6	23.2	19.4	25.1
小型企业	24.8	28.0	30.3	31.9	27.7	30.1

10－24　独立核算国有工业企业经济指标

指　　标	单位	1990年	1995年	1998年	1999年
企业单位数	个	3 496	4 485	2 944	2 746
#亏损企业	个	936	1 349	1 218	1 204
资产总计	万元		10 166 295	13 010 105	13 244 945
流动资产合计	万元	1 826 901	4 138 171	5 167 267	5 239 644
流动资产年平均余额	万元	1 578 023	3 929 525	5 041 148	5 070 220
固定资产合计	万元		6 431 013	6 738 484	6 618 087
固定资产原价	万元	2 338 517	6 431 013	8 550 335	8 550 362
固定资产净值年平均余额	万元		3 732 012	5 628 261	5 526 262
负债总计	万元		7 461 726	9 744 635	9 404 584
流动负债合计	万元		4 728 586	6 307 714	6 246 393
长期负债合计	万元		2 702 168	3 370 954	3 037 918
所有者权益	万元		2 704 569	3 265 470	3 838 123
产品销售收入	万元	2 503 577	5 502 465	5 105 218	5 468 224
#产品销售税金及附加	万元	184 288	114 298	137 454	153 368
产品销售费用	万元		142 322	152 687	171 981
产品销售利润	万元	72 729	811 045	562 769	585 139
利润总额	万元	29 333	34 871	－129 584	－83 409
利润和税金总额	万元	213 621	415 146	302 151	354 208
职工年平均人数	人	1 299 324	1 423 273	1 013 794	928 236
工业总产值(当年价格)	万元	2 717 500	5 718 431	5 662 942	5 843 839
工业总产值(1990年不变价格)	万元	2 844 272	4 233 049	4 327 697	4 612 343
工业增加值(当年价格)	万元		1 502 063	1 610 497	1 716 562
总资产贡献率	%		7.46	4.76	4.52
资本保值增值率	%		136.02	98.06	117.54
资产负债率	%		73.40	74.90	71.01
流动资产周转率	次	1.59	1.40	1.01	1.08
成本费用利润率	%			－2.50	－1.52
全员劳动生产率	元/人		10 554	15 886	18 493
产品销售率	%			96	97.96
工业经济效益综合指数	%		60.92	52.66	62.22

10－25 独立核算国有工业企业主要经济指标(一)

(1999 年)

分类	企业单位数(个)	#亏损企业	工业总产值(万元) 当年价格	1990 年不变价格	工业增加值(万元)
总计	**2 746**	**1 204**	**5 843 839**	**4 612 343**	**1 716 562**
一、按隶属关系分					
中央企业	100	52	2 109 854	1 386 794	655 072
地方企业	2 646	1 152	3 733 986	3 225 549	1 061 490
二、按轻、重工业分					
轻工业	1 335	576	1 765 515	1 575 917	571 422
以农产品为原料	1 026	431	1 396 075	1 091 605	471 992
以非农产品为原料	309	145	369 440	484 313	99 430
重工业	1 411	628	4 078 325	3 036 426	1 145 141
采掘工业	287	153	366 891	253 770	138 860
原料工业	511	205	2 549 511	1 518 161	672 690
加工工业	613	270	1 161 923	1 264 495	333 592
三、按企业规模分					
大型企业	86	41	3 281 585	2 474 517	887 387
中型企业	297	151	1 205 462	1 081 781	380 217
小型企业	2 363	1 012	1 356 792	1 056 045	448 959
四、按工业行业分					
#煤炭采选业	51	27	197 675	99 923	76 952
黑色金属矿采选业	1	1	2 471	1 637	1 160
有色金属矿采选业	65	31	83 133	78 928	31 636
非金属矿采选业	35	16	32 822	24 728	10 691
木材及竹材采运业	133	76	50 681	48 475	18 372
食品加工业	394	158	430 686	262 400	115 792
食品制造业	99	39	37 885	25 690	8 672
饮料制造业	123	60	157 177	110 473	62 327
烟草加工业	8	2	215 428	145 074	112 132
纺织业	98	47	216 526	209 146	60 607
服装及其他纤维制品制造业	22	8	4 310	4 215	2 030
皮革、毛皮、羽绒及其制品业	26	12	58 388	57 529	13 442
木材加工及竹、藤、棕、草制品业	97	53	53 255	50 338	15 995
家具制造业	21	7	5 929	5 537	1 682
造纸及纸制品业	64	29	63 367	56 747	20 167
印刷业、记录媒介的复制	92	31	80 088	80 678	40 499

10－25 续表

分　　类	企业单位数(个)	# 亏损企业	工业总产值(万元) 当年价格	1990 年不变价格	工业增加值(万元)
文教体育用品制造业	13	4	1 575	1 406	402
石油加工及炼焦业	9	2	533 452	223 395	143 787
化学原料及化学制品制造业	156	65	363 340	353 435	79 114
医药制造业	72	30	171 721	212 027	47 731
化学纤维制造业	5	3	75 765	122 071	9 065
橡胶制品业	15	7	13 043	14 132	3 994
塑料制品业	41	19	18 581	16 422	6 765
非金属矿物制品业	234	88	264 218	201 184	88 310
黑色金属冶炼及压延加工业	16	7	567 897	394 813	106 703
有色金属冶炼及压延加工业	30	13	397 239	370 757	98 653
金属制品业	44	21	20 543	22 021	4 054
普通机械制造业	102	51	105 508	103 439	34 673
专用设备制造业	83	43	93 501	88 357	38 021
交通运输设备制造业	121	66	532 647	605 896	153 644
电气机械及器材制造业	56	22	143 488	165 162	38 175
电子及通信设备制造业	34	10	113 273	205 628	31 490
仪器仪表及文化、办公用机械制造业	20	8	59 753	67 314	20 686
其他制造业	31	14	4 213	4 456	733
电力、蒸汽、热水的生产和供应业	231	81	633 038	157 872	199 376
煤气生产和供应业	8	6	3 290	2 178	1 124
自来水的生产和供应业	92	46	31 203	13 819	16 116
五、按地区分					
南 昌 市	337	113	1 364 189	1 041 505	397 849
景德镇市	135	56	625 992	684 100	208 437
萍 乡 市	36	20	237 977	143 563	65 739
九 江 市	400	177	988 486	617 071	272 160
新 余 市	63	25	432 862	336 042	87 933
鹰 潭 市	69	27	430 461	340 496	116 898
赣 州 市	449	244	365 660	310 526	116 746
宜春地区	387	194	392 798	281 289	122 804
上饶地区	350	163	456 457	389 596	151 013
吉安地区	231	86	268 536	199 618	91 449
抚州地区	289	99	280 421	268 536	85 535

10－26　独立核算国有工业企业主要经济指标(二)

(1999 年)　　单位:万元

分　　类	产品销售收入	# 产品销售税金及附加	# 产品销售成本	# 产品销售费用	# 产品销售利润
总　　计	**5 468 224**	**153 368**	**4 542 881**	**171 981**	**585 139**
一、按隶属关系分					
中央企业	2 188 773	104 892	1 850 049	31 777	207 946
地方企业	3 279 451	48 476	2 692 832	140 204	377 193
二、按轻、重工业分					
轻工业	1 395 078	81 150	1 061 572	77 575	159 212
以农产品为原料	1 117 400	79 017	832 468	63 986	127 769
以非农产品为原料	277 678	2 132	229 104	13 590	31 443
重工业	4 073 146	72 218	3 481 309	94 406	425 927
采掘工业	309 147	6 597	242 867	11 960	47 157
原料工业	2 667 827	49 860	2 333 113	39 848	248 397
加工工业	1 096 173	15 762	905 329	42 598	130 373
三、按企业规模分					
大型企业	3 254 182	66 111	2 588 062	74 860	525 147
中型企业	1 084 217	61 784	1 047 359	45 814	－71 968
小型企业	1 129 825	25 472	907 459	51 307	131 960
四、按工业行业分					
#煤炭采选业	158 779	1 328	132 727	5 969	18 685
黑色金属矿采选业	2 096	34	1 215	92	755
有色金属矿采选业	78 610	510	60 770	1 718	15 599
非金属矿采选业	28 229	710	20 798	2 373	4 308
木材及竹材采运业	41 406	4 013	27 333	1 804	7 815
食品加工业	311 073	2 347	269 743	15 538	14 195
食品制造业	30 320	194	25 535	1 920	2 625
饮料制造业	129 100	15 213	77 836	15 501	16 242
烟草加工业	204 750	58 990	108 124	5 827	31 809
纺织业	184 952	968	162 834	3 054	17 831
服装及其他纤维制品制造业	2 851	36	2 423	102	251
皮革、毛皮、羽绒及其制品业	28 507	70	24 717	1 410	2 224
木材加工及竹、藤、棕、草制品业	44 398	389	37 890	2 206	3 783
家具制造业	2 641	39	2 220	240	140
造纸及纸制品业	52 492	166	43 687	4 265	4 308
印刷业、记录媒介的复制	66 291	432	45 825	644	19 355

10－26 续表 单位:万元

分　　类	产品销售收入	# 产品销售税金及附加	# 产品销售成本	# 产品销售费用	# 产品销售利润
文教体育用品制造业	1 426	13	1 092	76	215
石油加工及炼焦业	544 164	36 945	448 065	2 577	56 578
化学原料及化学制品制造业	354 403	2 774	302 318	11 559	37 311
医药制造业	126 143	1 143	79 658	19 918	25 012
化学纤维制造业	72 291	108	64 154	682	7 347
橡胶制品业	11 561	108	9 505	646	1 266
塑料制品业	15 310	216	12 693	493	1 906
非金属矿物制品业	227 504	2 062	178 256	15 047	31 097
黑色金属冶炼及压延加工业	588 342	2 591	523 967	5 597	56 186
有色金属冶炼及压延加工业	474 481	1 144	425 391	5 414	42 526
金属制品业	16 811	108	14 899	646	1 158
普通机械制造业	81 672	636	65 115	3 882	11 463
专用设备制造业	83 104	456	62 718	4 424	15 488
交通运输设备制造业	540 237	13 117	454 687	20 902	51 400
电气机械及器材制造业	120 489	440	102 715	4 811	12 380
电子及通信设备制造业	67 063	241	51 416	4 264	11 142
仪器仪表及文化、办公用机械制造业	65 164	252	52 911	2 263	9 578
其他制造业	4 546	34	3 781	160	536
电力、蒸汽、热水的生产和供应业	669 166	5 160	617 974	4 893	44 938
煤气生产和供应业	4 001	35	3 588	388	－10
自来水的生产和供应业	28 085	344	19 965	627	6 462
五、按地区分					
南 昌 市	1 281 951	57 787	829 623	38 792	355 750
景德镇市	571 289	11 812	513 083	26 904	15 413
萍 乡 市	233 176	1 310	226 029	5 315	575
九 江 市	916 651	40 475	773 206	14 590	86 823
新 余 市	429 986	2 402	417 777	7 600	2 207
鹰 潭 市	515 631	1 676	453 759	7 768	52 220
赣 州 市	330 727	11 787	372 349	12 647	－62 627
宜春地区	300 942	7 057	236 833	17 710	33 884
上饶地区	426 571	9 851	339 995	21 157	53 644
吉安地区	233 653	6 030	192 837	9 725	24 845
抚州地区	227 648	3 181	187 389	9 774	22 405

10－27 独立核算国有工业企业主要经济指标(三)

(1999年)　　单位:万元

分　　类	资产合计	流动资产	# 产成品存货	流动资产全年平均余额	长期投资
总　　计	**13 244 945**	**5 239 644**	**641 728**	**5 070 220**	**302 583**
一、按隶属关系分					
中央企业	4 618 308	1 610 000	136 299	1 555 861	83 921
地方企业	8 626 637	3 629 644	505 429	3 514 359	218 661
二、按轻、重工业分					
轻工业	3 356 050	1 476 214	240 038	1 458 813	114 418
以农产品为原料	2 389 194	1 091 410	185 909	1 085 682	92 349
以非农产品为原料	966 857	384 804	54 129	373 131	22 070
重工业	9 888 894	3 763 430	401 690	3 611 408	188 164
采掘工业	946 398	389 175	31 979	337 316	17 782
原料工业	6 004 667	1 992 767	156 303	1 922 361	118 268
加工工业	2 937 830	1 381 488	213 408	1 351 731	52 114
三、按企业规模分					
大型企业	7 156 340	2 640 812	271 214	2 571 470	192 262
中型企业	3 252 895	1 403 998	215 898	1 360 732	62 975
小型企业	2 835 710	1 194 834	154 616	1 138 019	47 346
四、按工业行业分					
#煤炭采选业	452 149	195 675	15 878	152 946	3 084
黑色金属矿采选业	8 175	4 420	110	3 869	75
有色金属矿采选业	287 866	105 037	9 315	101 510	8 734
非金属矿采选业	91 822	38 575	4 471	38 598	857
木材及竹材采运业	104 314	44 716	1 960	40 190	4 996
食品加工业	497 644	222 592	25 691	211 544	15 484
食品制造业	60 278	22 610	3 086	21 742	842
饮料制造业	349 345	150 439	30 276	154 684	5 818
烟草加工业	227 930	138 901	16 364	138 411	6 873
纺织业	548 676	245 402	40 868	239 782	11 834
服装及其他纤维制品制造业	8 590	4 030	518	3 853	119
皮革、毛皮、羽绒及其制品业	105 740	63 028	41 523	73 515	7 377
木材加工及竹、藤、棕、草制品业	140 485	57 176	9 520	55 830	3 679
家具制造业	9 291	4 020	508	3 901	291
造纸及纸制品业	111 062	45 408	9 907	43 603	542
印刷业、记录媒介的复制	133 550	52 662	2 911	48 570	1 087

10－27 续表

单位：万元

分　　类	资产合计	流动资产	# 产成品存货	流动资产全年平均余额	长期投资
文教体育用品制造业	3 440	1 897	222	1 806	421
石油加工及炼焦业	726 519	222 612	28 900	238 168	28 344
化学原料及化学制品制造业	1 027 953	349 464	59 368	338 744	14 928
医药制造业	377 398	184 238	24 771	184 443	30 306
化学纤维制造业	262 872	53 961	4 496	60 430	24 036
橡胶制品业	32 264	14 923	1 974	14 762	766
塑料制品业	46 234	16 398	2 508	16 544	3 088
非金属矿物制品业	793 702	274 849	45 197	273 892	17 059
黑色金属冶炼及压延加工业	922 425	380 420	37 360	376 300	17 567
有色金属冶炼及压延加工业	1 177 628	427 722	33 856	407 602	31 360
金属制品业	89 892	39 591	6 714	41 897	1 315
普通机械制造业	367 354	175 024	39 043	169 073	4 348
专用设备制造业	314 035	133 168	23 968	138 378	7 623
交通运输设备制造业	998 833	534 085	56 124	531 654	10 351
电气机械及器材制造业	349 711	180 766	18 803	162 277	5 344
电子及通信设备制造业	245 535	139 202	25 103	133 668	12 185
仪器仪表及文化、办公用机械制造业	159 120	87 811	17 055	77 534	5 723
其他制造业	10 456	5 073	2 210	5 159	79
电力、蒸汽、热水的生产和供应业	2 022 383	569 423	221	512 133	14 246
煤气生产和供应业	33 138	9 241	119	8 753	9
自来水的生产和供应业	120 130	37 683	84	35 385	1 188
五、按地区分					
南昌市	2 525 457	1 061 639	113 228	1 027 728	59 412
景德镇市	1 363 192	693 846	86 468	652 209	37 116
萍乡市	488 767	198 071	13 307	184 226	3 171
九江市	2 174 852	725 513	123 272	741 367	62 477
新余市	1 002 375	400 005	37 099	399 995	17 741
鹰潭市	1 332 880	407 868	35 556	389 626	33 617
赣州市	990 095	413 348	59 456	403 382	21 166
宜春地区	956 913	398 926	52 238	370 654	11 090
上饶地区	962 414	450 672	58 349	429 953	24 401
吉安地区	837 668	258 495	33 329	241 086	22 013
抚州地区	610 334	231 262	29 427	229 995	10 378

10－28　独立核算国有工业企业主要经济指标(四)

（1999 年）　　单位:万元

分　类	固定资产合计	固定资产原值年末数	#生产经营用	累计折旧	固定资产净值全年平均余额
总　计	**6 618 087**	**8 550 362**	**6 606 446**	**2 811 563**	**5 526 266**
一、按隶属关系分					
中央企业	2 532 618	3 556 370	2 811 516	1 343 706	2 158 274
地方企业	4 085 469	4 993 991	3 794 931	1 467 857	3 367 992
二、按轻、重工业分					
轻工业	1 432 796	1 703 058	1 287 656	473 374	1 194 475
以农产品为原料	963 791	1 158 762	846 981	312 768	809 755
以非农产品为原料	469 005	544 297	440 675	160 606	384 720
重工业	5 185 291	6 847 304	5 318 791	2 338 189	4 331 791
采掘工业	485 757	660 318	485 419	234 964	403 057
原料工业	3 413 591	4 624 439	3 740 117	1 627 399	2 883 035
加工工业	1 285 943	1 562 547	1 093 255	475 826	1 045 698
三、按企业规模分					
大型企业	3 697 945	4 961 877	3 958 605	1 700 600	3 139 840
中型企业	1 581 540	1 952 534	1 476 809	648 190	1 262 195
小型企业	1 338 602	1 635 951	1 171 032	462 773	1 124 231
四、按工业行业分					
#煤炭采选业	232 279	341 896	257 423	123 995	199 254
黑色金属矿采选业	3 408	6 243	5 605	3 017	3 267
有色金属矿采选业	161 396	210 391	154 067	78 709	128 191
非金属矿采选业	46 834	51 390	39 449	13 710	37 555
木材及竹材采运业	40 558	48 730	28 767	15 146	33 510
食品加工业	228 464	275 334	199 234	66 523	204 291
食品制造业	32 148	34 630	28 023	9 137	25 277
饮料制造业	152 193	172 445	133 802	43 499	120 054
烟草加工业	71 471	79 632	51 997	17 942	51 127
纺织业	214 519	279 783	207 506	94 024	185 017
服装及其他纤维制品制造业	3 319	3 516	2 183	756	2 344
皮革、毛皮、羽绒及其制品业	27 309	35 627	22 894	9 643	25 205
木材加工及竹、藤、棕、草制品业	72 936	89 148	64 961	20 168	58 584
家具制造业	3 891	4 808	3 147	1 073	2 898
造纸及纸制品业	58 340	61 623	41 652	16 656	41 164
印刷业、记录媒介的复制	72 637	96 493	73 081	27 898	60 638

分　类	固定资产合　计	固定资产原　值年末数	#生　产经营用	累计折旧	固定资产净值全年平均余额
文教体育用品制造业	1 005	1 594	1 325	610	992
石油加工及炼焦业	458 436	571 485	536 771	145 710	425 624
化学原料及化学制品制造业	581 884	680 204	498 092	163 968	450 369
医药制造业	136 921	141 636	113 386	43 422	97 337
化学纤维制造业	129 666	147 942	122 975	27 861	119 469
橡胶制品业	13 065	16 923	12 186	4 935	12 482
塑料制品业	20 472	25 042	20 754	5 681	19 773
非金属矿物制品业	448 557	511 177	357 051	147 612	355 224
黑色金属冶炼及压延加工业	480 239	650 238	565 620	221 006	414 176
有色金属冶炼及压延加工业	694 392	1 075 562	909 656	497 394	576 073
金属制品业	41 464	53 924	36 660	14 152	38 986
普通机械制造业	154 607	188 288	129 125	63 779	124 519
专用设备制造业	130 740	170 171	127 415	58 853	107 413
交通运输设备制造业	394 327	459 240	346 461	153 871	290 164
电气机械及器材制造业	138 834	176 007	143 510	45 263	129 815
电子及通信设备制造业	86 015	117 723	84 871	45 561	75 249
仪器仪表及文化、办公用机械制造业	58 409	74 370	47 530	18 864	54 711
其他制造业	4 152	4 996	2 630	867	4 021
电力、蒸汽、热水的生产和供应业	1 110 325	1 576 894	1 150 158	579 574	968 832
煤气生产和供应业	23 379	16 231	14 113	1 194	15 445
自来水的生产和供应业	73 340	83 482	60 916	24 651	56 715
五、按地区分					
南　昌　市	1 069 905	1 329 699	1 003 776	402 752	888 278
景德镇市	537 234	655 329	529 708	229 833	417 027
萍　乡　市	272 324	355 693	297 885	101 003	249 863
九　江　市	1 224 033	1 570 326	1 332 208	475 437	1 041 525
新　余　市	495 255	711 542	593 620	263 015	442 134
鹰　潭　市	837 072	1 259 125	1 044 836	544 108	698 823
赣　州　市	495 803	614 967	489 101	185 804	400 291
宜春地区	468 476	564 401	457 599	166 744	373 770
上饶地区	421 231	508 151	341 680	140 072	350 973
吉安地区	495 686	604 823	248 493	194 454	412 058
抚州地区	301 069	376 307	267 542	108 342	251 525

10－29 独立核算国有工业企业主要经济指标(五)

(1999年)　　　　单位:万元

分　　　类	负债合计	流动负债	长期负债	所有者权益
总　　　计	**9 404 584**	**6 246 393**	**3 037 918**	**3 838 123**
一、按隶属关系分				
中央企业	2 624 896	1 516 924	1 075 697	1 993 412
地方企业	6 779 688	4 729 468	1 962 221	1 844 711
二、按轻、重工业分				
轻工业	2 761 903	2 021 891	701 172	592 982
以农产品为原料	1 980 983	1 505 624	447 516	407 351
以非农产品为原料	780 920	516 267	253 656	185 631
重工业	6 642 681	4 224 502	2 336 746	3 245 141
采掘工业	678 461	423 186	239 889	267 937
原料工业	3 772 490	2 234 327	1 476 785	2 231 105
加工工业	2 191 730	1 566 989	620 072	746 099
三、按企业规模分				
大型企业	4 612 843	2 835 744	1 719 798	2 541 565
中型企业	2 591 946	1 852 022	713 922	660 643
小型企业	2 199 795	1 558 626	604 198	635 915
四、按工业行业分				
#煤炭采选业	281 933	154 958	117 031	170 216
黑色金属矿采选业	5 936	5 847	89	2 239
有色金属矿采选业	224 562	156 370	64 858	63 304
非金属矿采选业	88 516	48 230	39 116	3 305
木材及竹材采运业	75 348	55 617	18 795	28 966
食品加工业	433 409	333 510	89 356	64 235
食品制造业	52 811	33 210	19 577	7 467
饮料制造业	279 944	201 080	71 771	69 402
烟草加工业	196 297	173 715	17 258	31 633
纺织业	476 184	373 209	103 178	72 492
服装及其他纤维制品制造业	9 849	7 965	1 868	－1 260
皮革、毛皮、羽绒及其制品业	90 781	82 747	8 034	14 959
木材加工及竹、藤、棕、草制品业	115 448	74 399	41 048	25 037
家具制造业	7 714	5 302	2 410	1 578
造纸及纸制品业	107 245	74 782	27 824	3 817
印刷业、记录媒介的复制	81 585	51 438	29 788	51 106

10－29 续表

单位:万元

分　　　　　　类	负债合计	流动负债	长期负债	所有者权益
文教体育用品制造业	3 434	2 708	726	6
石油加工及炼焦业	444 676	201 965	241 639	281 843
化学原料及化学制品制造业	817 049	499 719	314 995	209 831
医药制造业	281 472	204 717	76 620	95 926
化学纤维制造业	218 368	112 202	106 166	44 504
橡胶制品业	25 359	16 982	7 689	6 905
塑料制品业	33 364	19 900	13 328	12 870
非金属矿物制品业	627 554	388 565	224 776	166 148
黑色金属冶炼及压延加工业	703 720	550 332	113 787	218 705
有色金属冶炼及压延加工业	598 125	424 682	173 269	579 503
金属制品业	88 252	73 358	14 463	1 334
普通机械制造业	295 699	218 498	76 139	71 655
专用设备制造业	235 430	172 823	62 229	78 605
交通运输设备制造业	706 615	574 978	131 391	292 218
电气机械及器材制造业	254 834	164 280	90 554	94 877
电子及通信设备制造业	239 900	163 131	76 511	5 635
仪器仪表及文化、办公用机械制造业	102 307	73 206	29 100	56 813
其他制造业	9 372	7 210	2 100	1 084
电力、蒸汽、热水的生产和供应业	1 095 875	492 998	589 057	926 508
煤气生产和供应业	21 051	9 276	11 775	12 087
自来水的生产和供应业	54 624	27 741	24 609	65 505
五、按地区分				
南　昌　市	1 621 076	1 190 457	382 082	902 143
景德镇市	937 881	630 491	288 470	425 311
萍　乡　市	375 096	221 186	153 910	113 671
九　江　市	1 674 702	1 002 520	660 650	500 150
新　余　市	760 083	587 010	172 339	242 292
鹰　潭　市	661 743	372 488	288 967	671 137
赣　州　市	789 516	585 631	196 196	200 579
宜春地区	746 753	456 301	279 581	210 161
上饶地区	739 994	533 532	199 809	222 420
吉安地区	609 513	352 027	252 052	228 155
抚州地区	488 228	314 750	163 862	122 105

10－30　独立核算国有工业企业主要经济指标(六)

(1999年)　　　　单位:万元

分　　类	利润总额	# 盈利企业的利润额	# 亏损企业的亏损额	利润税金总额	应交所得税
总　　计	**－83 409**	**345 132**	**428 541**	**354 208**	**29 039**
一、按隶属关系分					
中央企业	2 606	276 916	274 310	237 090	13 328
地方企业	－86 016	68 216	154 232	117 118	15 711
二、按轻、重工业分					
轻工业	－8 934	60 514	69 448	144 756	13 986
以农产品为原料	681	52 451	51 771	140 929	11 808
以非农产品为原料	－9 614	8 063	17 677	3 827	2 178
重工业	－74 476	284 618	359 093	209 452	15 053
采掘工业	－31 316	2 566	33 882	－8 196	2 867
原料工业	－16 988	264 955	281 943	189 763	7 203
加工工业	－26 172	17 097	43 269	27 885	4 983
三、按企业规模分					
大型企业	186 096	272 316	86 220	419 208	14 057
中型企业	－232 187	44 755	276 942	－105 477	10 718
小型企业	－37 318	28 062	65 380	40 477	4 264
四、按工业行业分					
#煤炭采选业	－18 862	319	19 181	－8 098	2 183
黑色金属矿采选业	－178		178	－14	
有色金属矿采选业	－8 293	1 033	9 327	－3 742	86
非金属矿采选业	－2 193	338	2 531	543	9
木材及竹材采运业	－1 740	876	2 616	3 161	590
食品加工业	－16 807	2 899	19 706	－9 386	297
食品制造业	－608	555	1 163	1 160	3
饮料制造业	－2 396	5 375	7 772	23 565	1 573
烟草加工业	24 688	25 078	390	103 727	4 482
纺织业	－6 148	1 307	7 455	3 382	349
服装及其他纤维制品制造业	－514	44	558	－397	18
皮革、毛皮、羽绒及其制品业	－3 402	102	3 504	－2 233	5
木材加工及竹、藤、棕、草制品业	－3 256	562	3 817	－26	138
家具制造业	－169	48	217	－15	5
造纸及纸制品业	－1 734	1 524	3 258	96	274
印刷业、记录媒介的复制	9 325	10 057	732	14 555	3 163

10－30 续表 单位:万元

分　　类	利润总额	# 盈利企业的利润额	# 亏损企业的亏损额	利润税金总　　额	应　　交所 得 税
文教体育用品制造业	16	158	143	168	3
石油加工及炼焦业	－8 375	888	9 263	63 774	2 169
化学原料及化学制品制造业	－6 666	5 208	11 874	7 996	1 369
医药制造业	890	6 102	5 212	11 339	1 716
化学纤维制造业	－4 863	25	4 888	－2 914	7
橡胶制品业	－ 673	80	753	12	2
塑料制品业	75	474	400	1 095	79
非金属矿物制品业	－9 497	3 700	13 196	8 157	1 424
黑色金属冶炼及压延加工业	9 567	9 946	379	44 414	157
有色金属冶炼及压延加工业	－8 196	4 083	12 279	12 465	1 500
金属制品业	－3 262	949	4 211	－2 475	23
普通机械制造业	－8 520	450	8 970	－3 583	145
专用设备制造业	－1 826	3 038	4 865	2 585	703
交通运输设备制造业	－5 872	4 726	10 598	24 767	2 338
电气机械及器材制造业	3 039	5 766	2 728	6 978	1 459
电子及通信设备制造业	－5 602	699	6 301	－2 016	117
仪器仪表及文化、办公用机械制造业	1 613	3 085	1 472	3 662	282
其他制造业	－ 196	34	231	－ 103	1
电力、蒸汽、热水的生产和供应业	－1 902	243 838	245 740	50 240	1 691
煤气生产和供应业	－ 613	11	624	－ 464	4
自来水的生产和供应业	476	1 738	1 262	2 485	671
五、按地区分					
南 昌 市	21 806	42 308	20 502	139 998	10 488
景德镇市	－1 477	50 934	52 410	35 338	3 220
萍 乡 市	－2 613	34 024	36 637	12 471	2 275
九 江 市	－33 774	20 604	54 378	64 279	2 854
新 余 市	2 109	45 493	43 384	27 892	72
鹰 潭 市	997	5 056	4 059	27 502	2 017
赣 州 市	－16 449	105 110	121 559	12 851	1 320
宜春地区	－24 429	3 308	27 736	－2 087	698
上饶地区	－4 801	20 627	25 428	26 427	3 016
吉安地区	－13 106	12 079	25 185	7 397	1 104
抚州地区	－4 243	13 020	17 263	9 572	1 975

10－31 独立核算国有工业企业主要财务指标分析资料(一)

(1999年)　　　　单位:%

分类	企业亏损面	增加值率	经济效益综合指数	总资产贡献率	资本保值增值率
总计	**43.85**	**26.14**	**62.22**	**4.52**	**117.54**
一、按隶属关系分					
中央企业	52.00	27.34	97.13	6.82	137.87
地方企业	43.54	25.44	46.97	3.29	101.38
二、按轻、重工业分					
轻工业	43.15	29.32	63.65	6.34	107.06
以农产品为原料	42.01	30.59	72.92	8.07	112.89
以非农产品为原料	46.93	24.49	38.09	2.07	96.16
重工业	44.51	24.80	61.62	3.90	119.68
采掘工业	53.31	35.94	15.90	1.25	92.53
原料工业	40.12	23.00	79.07	4.88	130.04
加工工业	44.05	25.51	48.47	2.77	105.63
三、按企业规模分					
大型企业	47.67	23.79	108.89	7.56	140.37
中型企业	50.84	27.80	－22.73	－1.07	82.65
小型企业	42.83	30.55	43.86	3.26	97.00
四、按工业行业分					
#煤炭采选业	52.94	37.68	13.22		96.54
黑色金属矿采选业	100.00	39.58	16.99	2.29	92.64
有色金属矿采选业	47.69	34.70	12.22	1.18	87.15
非金属矿采选业	45.71	29.64	12.13	4.04	45.03
木材及竹材采运业	57.14	35.41	41.54	4.41	107.48
食品加工业	40.10	25.89	39.00	0.35	72.22
食品制造业	39.39	20.72	50.34	4.14	101.34
饮料制造业	48.78	34.38	63.94	8.66	104.71
烟草加工业	25.00	45.36	318.18	49.25	197.15
纺织业	47.96	24.66	39.99	2.38	126.44
服装及其他纤维制品制造业	36.36	43.85	－11.37	－0.93	227.92
皮革、毛皮、羽绒及其制品业	46.15	21.33	10.57	－0.28	181.91
木材加工及竹、藤、棕、草制品业	54.64	26.99	24.92	2.31	88.23
家具制造业	33.33	27.41	26.72	1.16	115.95
造纸及纸制品业	45.31	29.07	14.40	2.47	－115.74
印刷业、记录媒介的复制	33.70	44.68	153.93	12.44	109.84

10－31 续表 单位:%

分类	企业亏损面	增加值率	经济效益综合指数	总资产贡献率	资本保值增值率
文教体育用品制造业	30.77	22.47	40.18	6.60	64.39
石油加工及炼焦业	22.22	22.53	212.34	10.88	169.05
化学原料及化学制品制造业	41.67	19.57	58.46	2.36	174.36
医药制造业	41.67	24.76	71.52	5.56	130.04
化学纤维制造业	60.00	10.00	30.03	1.00	122.22
橡胶制品业	46.67	26.75	31.65	1.96	105.13
塑料制品业	46.34	32.26	75.73	3.26	221.35
非金属矿物制品业	37.61	29.87	35.41	2.96	78.16
黑色金属冶炼及压延加工业	43.75	15.71	80.48	6.89	111.66
有色金属冶炼及压延加工业	43.33	21.34	66.14	2.66	97.60
金属制品业	47.73	17.48	－56.24	－0.52	－113.91
普通机械制造业	50.00	29.02	6.86	0.81	89.51
专用设备制造业	51.81	36.45	44.12	2.86	89.31
交通运输设备制造业	54.55	25.25	73.39	4.03	161.09
电气机械及器材制造业	39.29	23.46	71.04	3.18	110.51
电子及通信设备制造业	29.41	25.85	6.34	1.51	31.13
仪器仪表及文化、办公用机械制造业	40.00	30.82	74.77	5.02	109.16
其他制造业	45.16	15.82	26.90	1.62	85.02
电力、蒸汽、热水的生产和供应业	35.06	29.80	82.30	3.94	141.07
煤气生产和供应业	75.00	31.04	－5.47	－1.63	90.56
自来水的生产和供应业	50.00	49.03	66.22	2.67	104.81
五、按地区分					
南昌市	33.53	26.68	96.08	7.29	160.83
景德镇市	41.48	29.04	69.66	3.77	118.61
萍乡市	55.56	24.23	57.18	4.57	90.21
九江市	44.25	23.90	64.42	5.02	168.66
新余市	39.68	17.25	62.78	4.36	106.00
鹰潭市	39.13	23.75	78.72	3.75	101.41
赣州市	54.34	28.71	39.35	3.00	96.12
宜春地区	50.13	28.70	18.20	2.01	67.19
上饶地区	46.57	29.71	58.50	5.48	94.00
吉安地区	37.23	30.84	46.33	2.87	159.30
抚州地区	34.26	27.87	48.78	3.28	92.68

10－32 独立核算国有工业企业主要财务指标分析资料(二)

(1999年)　　单位:%

分　　类	资产负债率	流动资产周转率(次)	成本费用利润率	全员劳动生产率(元/人)	产品销售率
总　　计	**71.01**	**1.08**	**－1.52**	**18 492.74**	**97.96**
一、按隶属关系分					
中央企业	56.84	1.41	0.12	42 943.72	100.50
地方企业	78.59	0.93	－2.56	13 684.39	96.53
二、按轻、重工业分					
轻工业	82.30	0.96	－0.67	20 343.04	95.56
以农产品为原料	82.91	1.03	0.07	23 687.71	95.04
以非农产品为原料	80.77	0.74	－3.25	12 179.53	97.53
重工业	67.17	1.13	－1.79	17 689.86	99.00
采掘工业	71.69	0.92	－8.99	7 880.17	94.53
原料工业	62.83	1.39	－0.63	27 375.70	99.87
加工工业	74.60	0.81	－2.31	14 799.72	98.50
三、按企业规模分					
大型企业	64.46	1.27	6.09	26 990.12	99.77
中型企业	79.68	0.80	－18.07	15 379.33	96.94
小型企业	77.57	0.99	－3.23	12 746.25	94.49
四、按工业行业分					
#煤炭采选业	62.35	1.04	－10.41	9 052.98	92.92
黑色金属矿采选业	72.61	0.54	－8.31	7 571.15	100.29
有色金属矿采选业	78.01	0.77	－8.87	7 250.57	98.02
非金属矿采选业	96.40	0.73	－7.31	8 503.38	93.97
木材及竹材采运业	72.23	1.03	－4.18	5 514.42	95.28
食品加工业	87.09	1.47	－5.26	28 447.23	95.63
食品制造业	87.61	1.39	－1.94	11 210.32	89.97
饮料制造业	80.13	0.83	－2.10	24 692.76	93.06
烟草加工业	86.12	1.48	18.89	159 391.76	97.41
纺织业	86.79	0.77	－3.20	9 450.12	99.51
服装及其他纤维制品制造业	114.67	0.74	－16.08	9 370.27	89.16
皮革、毛皮、羽绒及其制品业	85.85	0.39	－11.09	15 320.15	83.44
木材加工及竹、藤、棕、草制品业	82.18	0.80	－6.63	12 968.22	94.16
家具制造业	83.02	0.68	－5.94	11 689.37	93.22
造纸及纸制品业	96.56	1.20	－3.14	19 177.82	92.83
印刷业、记录媒介的复制	61.09	1.36	16.18	28 847.50	91.56

单位:%

分　　类	资产负债率	流动资产周转率（次）	成本费用利润率	全员劳动生产率（元/人）	产品销售率
文教体育用品制造业	99.84	0.79	1.06	3 658.78	97.47
石油加工及炼焦业	61.21	2.28	－1.64	211 234.46	99.65
化学原料及化学制品制造业	79.48	1.05	－1.84	13 508.13	96.23
医药制造业	74.58	0.68	0.70	23 646.72	92.11
化学纤维制造业	83.07	1.20	－6.29	8 517.85	99.83
橡胶制品业	78.60	0.78	－5.47	11 718.02	98.87
塑料制品业	72.16	0.93	0.48	13 753.61	91.91
非金属矿物制品业	79.07	0.83	－3.98	11 342.15	96.94
黑色金属冶炼及压延加工业	76.29	1.56	1.64	17 262.52	100.11
有色金属冶炼及压延加工业	50.79	1.16	－1.65	28 027.22	103.01
金属制品业	98.18	0.40	－15.55	3 498.58	88.50
普通机械制造业	80.49	0.48	－9.24	8 248.82	93.73
专用设备制造业	74.97	0.60	－2.11	13 697.13	96.71
交通运输设备制造业	70.74	1.02	－1.08	26 016.19	102.19
电气机械及器材制造业	72.87	0.74	2.46	20 503.03	97.53
电子及通信设备制造业	97.71	0.50	－7.52	14 506.03	98.46
仪器仪表及文化、办公用机械制造业	64.30	0.84	2.41	14 679.39	102.20
其他制造业	89.63	0.88	－4.15	4 085.28	102.82
电力、蒸汽、热水的生产和供应业	54.19	1.31	－0.28	30 942.73	99.73
煤气生产和供应业	63.53	0.46	－12.61	8 727.48	90.98
自来水的生产和供应业	45.47	0.79	1.66	13 202.93	97.40
五、按地区分					
南昌市	64.19	1.25	2.19	27 181.04	97.43
景德镇市	68.80	0.88	－0.24	26 357.44	101.09
萍乡市	76.74	1.27	－0.97	12 222.46	98.62
九江市	77.00	1.24	－3.64	23 138.96	96.94
新余市	75.83	1.07	0.45	12 256.45	100.14
鹰潭市	49.65	1.32	0.19	30 387.66	103.63
赣州市	79.74	0.82	－3.65	12 083.71	97.48
宜春地区	78.04	0.81	－7.59	11 419.38	93.24
上饶地区	76.89	0.99	－1.12	17 170.73	94.87
吉安地区	72.76	0.97	－5.23	13 457.70	100.15
抚州地区	79.99	0.99	－1.80	13 996.35	94.74

10－33 独立核算国有工业企业主要财务指标分析资料(三)

(1999 年)　　单位:%

分类	利税率			
	按工业总产值计算		按销售收入计算	按全部资金计算
	当年价格	1990年不变价格		
总计	**6.06**	**7.68**	**6.48**	**3.34**
一、按隶属关系分				
中央企业	11.24	17.10	10.83	6.38
地方企业	3.14	3.63	3.57	1.70
二、按轻、重工业分				
轻工业	8.20	9.19	10.38	5.46
以农产品为原料	10.09	12.91	12.61	7.44
以非农产品为原料	1.04	0.79	1.38	0.51
重工业	5.14	6.90	5.14	2.64
采掘工业	-2.23	-3.23	-2.65	-1.11
原料工业	7.44	12.50	7.11	3.95
加工工业	2.40	2.21	2.54	1.16
三、按企业规模分				
大型企业	12.77	16.94	12.88	7.34
中型企业	-8.75	-9.75	-9.73	-4.02
小型企业	2.98	3.83	3.58	1.79
四、按工业行业分				
#煤炭采选业	-4.10	-8.10	-5.10	-2.30
黑色金属矿采选业	-0.57	-0.86	-0.67	-0.20
有色金属矿采选业	-4.50	-4.74	-4.76	-1.63
非金属矿采选业	1.66	2.20	1.92	0.71
木材及竹材采运业	6.24	6.52	7.63	4.29
食品加工业	-2.18	-3.58	-3.02	-2.26
食品制造业	3.06	4.52	3.83	2.47
饮料制造业	14.99	21.33	18.25	8.58
烟草加工业	48.15	71.50	50.66	54.73
纺织业	1.56	1.62	1.83	0.80
服装及其他纤维制品制造业	-9.21	-9.41	-13.92	-6.40
皮革、毛皮、羽绒及其制品业	-3.83	-3.88	-7.83	-2.26
木材加工及竹、藤、棕、草制品业	-0.05	-0.05	-0.06	-0.02
家具制造业	-0.25	-0.26	-0.55	-0.21
造纸及纸制品业	0.15	0.17	0.18	0.11
印刷业、记录媒介的复制	18.17	18.04	21.96	13.33

10－33 续表 单位：%

分类	利税率			
	按工业总产值计算		按销售收入计算	按全部资金计算
	当年价格	1990年不变价格		
文教体育用品制造业	10.67	11.96	11.79	6.01
石油加工及炼焦业	11.95	28.55	11.72	9.61
化学原料及化学制品制造业	2.20	2.26	2.26	1.01
医药制造业	6.60	5.35	8.99	4.02
化学纤维制造业	－3.85	－2.39	－4.03	－1.62
橡胶制品业	0.10	0.09	0.11	0.05
塑料制品业	5.89	6.67	7.15	3.01
非金属矿物制品业	3.09	4.05	3.59	1.30
黑色金属冶炼及压延加工业	7.82	11.25	7.55	5.62
有色金属冶炼及压延加工业	3.14	3.36	2.63	1.27
金属制品业	－12.05	－11.24	－14.72	－3.06
普通机械制造业	－3.40	－3.46	－4.39	－1.22
专用设备制造业	2.76	2.93	3.11	1.05
交通运输设备制造业	4.65	4.09	4.58	3.01
电气机械及器材制造业	4.86	4.23	5.79	2.39
电子及通信设备制造业	－1.78	－0.98	－3.01	－0.96
仪器仪表及文化、办公用机械制造业	6.13	5.44	5.62	2.77
其他制造业	－2.44	－2.31	－2.26	－1.12
电力、蒸汽、热水的生产和供应业	7.94	31.82	7.51	3.39
煤气生产和供应业	－14.09	－21.29	－11.58	－1.92
自来水的生产和供应业	7.96	17.98	8.85	2.70
五、按地区分				
南昌市	10.26	13.44	10.92	7.31
景德镇市	5.65	5.17	6.19	3.30
萍乡市	5.24	8.69	5.35	2.87
九江市	6.50	10.42	7.01	3.61
新余市	6.44	8.30	6.49	3.31
鹰潭市	6.39	8.08	5.33	2.53
赣州市	3.51	4.14	3.89	1.60
宜春地区	－0.53	－0.74	－0.69	－0.28
上饶地区	5.79	6.78	6.20	3.38
吉安地区	2.75	3.71	3.17	1.13
抚州地区	3.41	3.56	4.20	1.99

10－34 独立核算国有工业企业主要财务指标分析资料(四)

(1999年)　　　　单位:元

分类	平均每一职工			
	实现利润税金	实现利润	占有固定资产原值	实现工业增加值
总计	**3 816**	**－899**	**92 114**	**18 493**
一、按隶属关系分				
中央企业	15 543	171	233 140	42 944
地方企业	1 510	－1 109	64 381	13 684
二、按轻、重工业分				
轻工业	5 153	－318	60 630	20 343
以农产品为原料	7 073	34	58 154	23 688
以非农产品为原料	469	－1 178	66 673	12 180
重工业	3 236	－1 150	105 776	17 690
采掘工业	－465	－1 777	37 473	7 880
原料工业	7 723	－691	188 196	27 376
加工工业	1 237	－1 161	69 322	14 800
三、按企业规模分				
大型企业	12 750	5 660	150 917	26 990
中型企业	－4 266	－9 392	78 978	15 379
小型企业	1 149	－1 059	46 446	12 746
四、按工业行业分				
#煤炭采选业	－953	－2 219	40 222	9 053
黑色金属矿采选业	－92	－1 161	40 749	7 571
有色金属矿采选业	－858	－1 901	48 218	7 251
非金属矿采选业	432	－1 744	40 873	8 503
木材及竹材采运业	949	－522	14 626	5 514
食品加工业	－2 306	－4 129	67 643	28 447
食品制造业	1 500	－786	44 765	11 210
饮料制造业	9 336	－949	68 319	24 693
烟草加工业	147 443	35 093	113 195	159 392
纺织业	527	－959	43 625	9 450
服装及其他纤维制品制造业	－1 832	－2 373	16 235	9 370
皮革、毛皮、羽绒及其制品业	－2 545	－3 877	40 605	15 320
木材加工及竹、藤、棕、草制品业	－21	－2 640	72 278	12 968
家具制造业	－101	－1 172	33 410	11 689
造纸及纸制品业	92	－1 648	58 599	19 178
印刷业、记录媒介的复制	10 368	6 642	68 732	28 847

单位:元

分类	平均每一职工			
	实现利润税金	实现利润	占有固定资产原值	实现工业增加值
文教体育用品制造业	1 530	143	14 501	3 659
石油加工及炼焦业	93 688	－12 303	839 555	211 234
化学原料及化学制品制造业	1 365	－1 138	116 139	13 508
医药制造业	5 617	441	70 169	23 647
化学纤维制造业	－2 739	－4 569	139 017	8 518
橡胶制品业	36	－1 976	49 655	11 718
塑料制品业	2 225	151	50 909	13 754
非金属矿物制品业	1 048	－1 220	65 653	11 342
黑色金属冶炼及压延加工业	7 185	1 548	105 196	17 263
有色金属冶炼及压延加工业	3 541	－2 328	305 566	28 027
金属制品业	－2 136	－2 815	46 539	3 499
普通机械制造业	－ 852	－2 027	44 794	8 249
专用设备制造业	931	－ 658	61 305	13 697
交通运输设备制造业	4 194	－ 994	77 762	26 016
电气机械及器材制造业	3 748	1 632	94 531	20 503
电子及通信设备制造业	－ 929	－2 581	54 230	14 506
仪器仪表及文化、办公用机械制造业	2 599	1 145	52 774	14 679
其他制造业	－ 574	－1 094	27 851	4 085
电力、蒸汽、热水的生产和供应业	7 797	－ 295	244 730	30 943
煤气生产和供应业	－3 599	－4 759	126 016	8 727
自来水的生产和供应业	2 036	390	68 394	13 203
五、按地区分				
南昌市	9 565	1 490	90 845	27 181
景德镇市	4 469	－ 187	82 868	26 357
萍乡市	2 319	－ 486	66 132	12 222
九江市	5 465	－2 871	133 508	23 139
新余市	3 888	294	99 178	12 256
鹰潭市	7 149	259	327 309	30 388
赣州市	1 330	－1 703	63 652	12 084
宜春地区	－ 194	－2 272	52 483	11 419
上饶地区	3 005	－ 546	57 779	17 171
吉安地区	1 089	－1 929	89 006	13 458
抚州地区	1 566	－ 694	61 577	13 996

10－35 独立核算集体工业企业经济指标

指　　标	单　位	1990 年	1995 年	1998 年	1999 年
企业单位数	个	10 698	13 413	10 126	8 745
#亏损企业	个	1 786	2 527	1 281	1 067
资产总计	万 元		1 634 711	2 017 369	1 978 986
流动资产合计	万 元	371 876	909 693	967 419	926 552
流动资产年平均余额	万 元	323 120	806 670	894 861	873 546
固定资产合计	万 元		745 764	846 843	865 734
固定资产原价	万 元	327 943	745 746	1 038 483	1 053 483
固定资产净值年平均余额	万 元		525 623	741 131	757 164
负债总计	万 元		1 267 111	1 410 428	1 360 576
流动负债合计	万 元		927 271	1 059 594	1 031 885
长期负债合计	万 元		323 633	350 834	300 032
所有者权益	万 元		367 600	606 941	598 935
产品销售收入	万 元	559 080	1 739 110	1 935 360	1 732 920
#产品销售税金及附加	万 元	29 928	24 969	35 088	33 244
产品销售费用	万 元		79 365	105 734	90 358
产品销售利润	万 元	16 731	193 380	209 795	173 953
利 润 总 额	万 元	10 196	15 489	58 676	46 496
利润和税金总额	万 元	40 124	99 986	153 372	135 552
职工年平均人数	人	640 009	693 520	513 143	427 566
工业总产值(当年价格)	万 元	687 876	1 918 495	2 419 154	2 081 186
工业总产值(1990 年不变价格)	万 元	717 372	1 610 584	2 134 531	1 821 696
工业增加值(当年价格)	万 元		463 053	733 633	630 021
总资产贡献率	%		10.27	10.19	8.82
资本保值增值率	%		90.09	110.79	98.68
资产负债率	%		77.51	69.91	68.75
流动资产周转率	次	1.73	2.16	2.16	1.98
成本费用利润率	%			3.17	2.84
全员劳动生产率	元/人		6 677	14 297	14 735
产品销售率	%			94.67	93.89
工业经济效益综合指数	%		90.08	97.61	90.92

10－36　规模以上集体工业企业经济指标

指　　　　标	单 位	1998 年	1999 年
企业单位数	个	700	603
#亏损企业	个	110	89
资产总计	万 元	989 677	1 062 871
流动资产合计	万 元	460 758	491 776
流动资产年平均余额	万 元	424 173	469 418
固定资产合计	万 元	395 604	439 997
固定资产原价	万 元	466 814	506 406
固定资产净值年平均余额	万 元	339 793	371 680
负债总计	万 元	651 705	731 518
流动负债合计	万 元	488 055	570 792
长期负债合计	万 元	163 650	145 473
所有者权益	万 元	337 972	311 878
产品销售收入	万 元	931 572	839 005
#产品销售税金及附加	万 元	12 616	12 944
产品销售费用	万 元	40 503	32 622
产品销售利润	万 元	109 857	83 205
利 润 总 额	万 元	40 471	19 077
利润和税金总额	万 元	83 371	60 031
职工年平均人数	人	150 185	126 106
工业总产值(当年价格)	万 元	1 067 973	947 414
工业总产值(1990 年不变价格)	万 元	960 694	850 923
工业增加值(当年价格)	万 元	310 754	277 311
总资产贡献率	%	11.19	8.13
资本保值增值率	%		92.28
资产负债率	%	65.85	68.82
流动资产周转率	次	2.20	1.79
成本费用利润率	%	4.60	2.41
全员劳动生产率	元/人	20 691	21 990
产品销售率	%	95.69	94.90
工业经济效益综合指数	%		89.78

10－37　独立核算外商及港、澳、台商投资工业企业经济指标

指　　　标	单 位	1990 年	1995 年	1998 年	1999 年
企业单位数	个	24	523	340	319
#亏损企业	个	9	239	160	140
资产总计	万 元		661 992	1 378 216	1 493 618
流动资产合计	万 元	17 706	307 249	599 162	684 407
流动资产年平均余额	万 元	14 294	260 384	577 899	655 272
固定资产合计	万 元		311 754	610 066	646 368
固定资产原价	万 元	10 682	293 449	604 469	718 566
固定资产净值年平均余额	万 元		200 190	458 719	549 116
负债总计	万 元		407 248	876 135	901 804
流动负债合计	万 元		341 665	616 452	626 301
长期负债合计	万 元		63 005	259 684	273 882
所有者权益	万 元		254 743	496 796	585 244
产品销售收入	万 元	21 726	354 183	702 386	804 568
#产品销售税金及附加	万 元	802	1 478	4 867	9 409
产品销售费用	万 元		16 509	41 627	35 821
产品销售利润	万 元	1 134	33 949	70 984	98 340
利润总额	万 元	1 617	－4 227	－7 981	20 536
利润和税金总额	万 元	2 418	5 731	18 503	58 053
职工年平均人数	人	3 902	55 411	78 301	60 014
工业总产值(当年价格)	万 元	25 148	441 697	767 461	837 056
工业总产值(1990 年不变价格)	万 元	29 441	430 396	704 739	787 798
工业增加值(当年价格)	万 元		106 012	201 771	196 585
总资产贡献率	%		3.48	3.83	6.06
资本保值增值率	%		186.63	128.90	117.80
资产负债率	%		61.52	63.57	60.38
流动资产周转率	次	1.52	1.36	1.22	1.23
成本费用利润率	%			－1.12	2.63
全员劳动生产率	元/人		19 132	25 769	32 756
产品销售率	%			97.67	95.87
工业经济效益综合指数	%		81.15	71.93	93.82

10－38　独立核算股份制工业企业经济指标

指　　标	单 位	1995 年	1998 年	1999 年
企业单位数	个	67	244	302
#亏损企业	个	7	81	106
资产总计	万 元	502 293	1 548 339	1 941 321
流动资产合计	万 元	255 634	655 670	675 804
流动资产年平均余额	万 元	264 151	610 258	657 192
固定资产合计	万 元	225 974	781 910	1 148 180
固定资产原价	万 元	53 432	915 675	1 373 623
固定资产净值年平均余额	万 元	34 932	677 064	1 059 474
负债总计	万 元	352 765	987 601	1 265 479
流动负债合计	万 元	103 927	639 970	709 787
长期负债合计	万 元	248 801	347 468	554 958
所有者权益	万 元	149 528	543 414	675 843
产品销售收入	万 元	247 237	615 629	768 449
#产品销售税金及附加	万 元	472	5 957	6 258
产品销售费用	万 元	5 188	21 351	55 157
产品销售利润	万 元	22 828	81 542	100 029
利润总额	万 元	3 921	386	4 520
利润和税金总额	万 元	18 948	31 995	56 892
职工年平均人数	人	14 306	101 949	96 202
工业总产值(当年价格)	万 元	246 466	691 630	845 230
工业总产值(1990 年不变价格)	万 元	173 822	619 532	660 230
工业增加值(当年价格)	万 元	44 966	205 300	284 291
总资产贡献率	%	5	4.01	5.79
资本保值增值率	%	133.73	362.56	124.37
资产负债率	%	70.23	63.78	65.19
流动资产周转率	次	0.94	1.01	1.17
成本费用利润率	%		0.06	0.58
全员劳动生产率	元/人	31 432	20 137	25 991
产品销售率	%		95.54	98.29
工业经济效益综合指数	%	89.81	102.04	82.80

10－39 大 中 型 工

（19

企业名称	所在地	企业规模	隶属关系	注册类型	从业人员年平均人数（人）
煤炭采选业					
乐平矿务局	乐平市	大二型	中央	国有	8 121
萍乡矿业集团有限公司	萍乡市	大二型	地方	国有	32 268
丰城矿务局	丰城市	大二型	地方	国有	14 708
英岗岭矿务局	高安市	大二型	地方	国有	4 791
有色金属矿采选业					
九江金锋集团有限公司	瑞昌市	中二型	地方	国有	684
中国核工业总公司七二四矿	修水县	中二型	中央	国有	242
漂塘钨矿	大余县	中二型	中央	国有	1 627
下垄钨矿	大余县	中二型	中央	国有	1 776
荡坪钨矿	大余县	中二型	中央	国有	1 859
西华山钨矿	大余县	中一型	中央	国有	3 267
大吉山钨矿	全南县	中一型	中央	国有	3 537
盘古山钨矿	于都县	中一型	中央	国有	2 805
铁山垅钨矿	于都县	中二型	中央	国有	2 299
画眉坳钨矿	兴国县	中二型	中央	国有	51
江西省寻乌稀土(集团)公司	寻乌县	中二型	地方	国有	63
中国核工业总公司七一九矿	崇义县	大一型	中央	国有	1 017
宜春钽铌矿	宜春市	大二型	中央	国有	1 182
江西徐山有色金属矿业有限责任公司	丰城市	中二型	地方	国有	865
江西富家坞铜业有限责任公司	德兴市	中二型	地方	国有独资公司	4 034
江西省德兴市花桥金矿	德兴市	中二型	地方	集体	389
江西省国营金山金矿	德兴市	中二型	地方	国有	596
小龙钨矿	泰和县	中一型	中央	国有	935
浒坑钨矿	安福县	中二型	中央	国有	2 177
中国核工业总公司七二一矿	乐安县	大一型	中央	国有	4 087
非金属矿采选业					
江西省陶瓷工业公司原料总厂	景德镇市	中二型	地方	国有	834
江西浮南瓷土矿	浮梁县	中二型	地方	国有	4 464
德安县萤石公司	德安县	中二型	地方	国有	796
江西盐矿	樟树市	大二型	地方	国有	1 372
江西朝阳磷矿	上饶市	中二型	地方	国有	798
江西弋阳蛇纹石矿	弋阳县	中二型	地方	国有	425
食品加工业					
江西民星企业集团公司	南昌县	大二型	地方	国有	1 391
国营南昌肉类联合加工厂	南昌市	大二型	地方	国有	1 689
江西茂昌实业有限公司	进贤县	中二型	地方	与港澳台商合资经营	260
南昌正大畜禽有限公司	南昌市	大二型	地方	中外合资经营	281
江西绿叶集团有限公司	南昌市	中二型	地方	其他有限责任公司	429
九江市仙人面粉股份有限公司	九江市	中一型	地方	股份有限公司	427

业 企 业 一 览 表

99年）　　　　　　　　　　　　　　　　　　　　　　　　　　　　　　单位:万元

工业增加值（当年价格）	工业总产值（当年价格）	资产总计	固定资产原值年末数	产品销售收入	利税总额
5 169	15 190	37 750	32 100	11 829	－3 980
31 085	86 099	179 824	131 211	86 739	6 074
19 761	50 060	89 888	63 342	26 355	－6 508
6 396	12 403	36 168	24 403	8 749	－ 255
321	1 499	4 238	1 643	1 450	33
385	629	2 709	1 514	364	－24
1 385	3 966	5 630	5 408	3 587	246
1 404	2 543	5 153	5 422	2 547	－39
3 039	4 566	8 972	8 754	3 808	125
615	990	8 626	10 577		－67
－ 410	1 637	7 528	11 890	1 232	－1 534
1 467	3 883	9 568	9 858	3 075	－ 149
1 926	4 986	8 208	7 285	3 822	245
103	495	4 537	5 529	379	－ 227
20	1 610	5 315	2 677	390	－3
1 151	3 294	12 618	7 797	3 373	－ 538
2 727	4 800	8 950	9 683	4 701	424
509	991	2 713	1 413	1 126	－37
96		75 253	29 264	2 129	－3 693
1 382	3 754	6 523	4 025	3 755	556
1 420	3 596	9 042	8 975	3 123	417
626	1 233	3 807	4 908	1 077	80
1 759	3 378	11 531	9 779	3 590	－35
2 441	10 859	25 073	27 651	11 875	－ 120
317	552	3 037	3 642	532	－ 196
1 410	4 202	11 341	2 485	3 247	426
404	1 490	3 454	2 284	1 299	－37
3 948	11 371	35 505	26 102	10 343	374
724	1 833	3 794	1 586	1 044	－ 162
43	523	1 061	1 294	407	－27
19 361	52 500	58 821	27 935	50 621	828
995	4 803	14 216	13 677	2 654	95
3 270	8 126	4 333	1 237	8 126	91
3 982	19 877	11 264	8 333	22 509	1 191
2 113	6 110	6 404	3 363	6 000	－53
1 163	8 502	6 654	2 531	6 780	－ 125

10－39 续表 1

企业名称	所在地	企业规模	隶属关系	注册类型	从业人员年平均人数（人）
江西省湖口县油脂化学厂	湖口县	中二型	地方	集体	126
江西皓玉面粉股份有限公司	鹰潭市	中二型	地方	国有独资公司	474
赣州市粮油实业集团公司	赣州市	中二型	地方	国有	144
江西第二糖厂	赣州市	中一型	地方	国有	579
江西第三制糖厂	赣县	中一型	地方	国有	1134
江西第一制糖厂	南康市	中一型	地方	国有	706
江西信丰县制糖厂	信丰县	中一型	地方	国有	920
江西于都县糖厂	于都县	中二型	地方	国有	607
江西兴国制糖厂	兴国县	中一型	地方	国有	1 052
江西红都制糖厂	瑞金市	中二型	地方	国有	1 028
江西会昌制糖厂	会昌县	中二型	地方	国有	503
江西海天实业总公司	宜春市	大二型	地方	国有	304
江西省高安市油厂	高安市	中二型	地方	国有	271
江西省樟树粮油公司	樟树市	大二型	地方	国有	711
江西奉新碧云米业集团公司	奉新县	中二型	地方	国有	404
玉山追日集团	玉山县	中二型	地方	国有	1 058
江西吉安糖厂	吉安县	中二型	地方	国有	714
江西万安糖厂	万安县	中二型	地方	国有	1 078
江西省吉安地区肉类联合加工厂	吉安市	中二型	地方	国有	524
江西泰和糖厂	泰和县	中二型	地方	国有	599
江西东乡糖厂	东乡县	中二型	地方	国有	1 070
食品制造业					
江西乳品厂	南昌市	中二型	地方	国有	442
国营南昌市制冰厂	南昌市	中二型	地方	国有	342
国营南昌市朝阳酿造厂	南昌市	中二型	地方	国有	342
江西乔家栅食品厂	南昌市	中二型	地方	国有	362
南昌味精厂	南昌市	中二型	地方	国有	139
江西佳利达实业总公司	铜鼓县	中二型	地方	集体	59
江西省红星乳品厂	东乡县	中二型	地方	国有	174
江西省红星变性淀粉厂	东乡县	中二型	地方	国有	134
饮料制造业					
南昌罐头啤酒厂	南昌市	大二型	地方	国有	2 492
南昌三九食品酒业公司	南昌县	中一型	地方	国有	241
乐平市酿酒厂	乐平市	中二型	地方	国有	203
江西共青酒厂	德安县	中二型	地方	国有	723
九江市啤酒厂	九江市	大二型	地方	国有	1 162
九江市啤酒有限责任公司	九江县	中一型	地方	国有	713
江西宁红集团公司	修水县	中二型	地方	国有	652
江西省湖口县啤酒厂	湖口县	中二型	地方	国有	385
新余市啤酒厂	分宜县	中二型	地方	国有	480
江西赣南果业股份有限公司赣州酒业分公司	赣州市	中二型	地方	国有独资公司	887
江西锦江酒厂	万载县	中二型	地方	国有	250
江西樟树四特酒厂	樟树市	大二型	地方	国有	2 044
江西省宜春地区酒厂	宜春市	中一型	地方	国有	512

单位:万元

工业增加值（当年价格）	工业总产值（当年价格）	资产总计	固定资产原值年末数	产品销售收入	利税总额
127	3 818	2 232	1 514	3 755	- 112
232	5 319	11 718	3 372	5 298	- 548
145	528	12 510	6 917	374	- 21
285	1 500	10 822	6 301	1 369	14
418	1 136	18 020	9 732	1 705	- 1 240
548	1 820	9 727	5 567	1 965	- 634
1 264	4 070	11 430	5 289	4 054	- 756
45	254	5 660	6 359	660	17
1 671	3 414	11 104	6 122	3 751	- 1 432
935	3 460	9 032	5 378	2 921	269
617	2 359	8 257	5 585	1 729	88
13	19	8 495	7 655	16	- 579
695	2 572	4 695	3 384	1 230	- 556
2 620	29 111	18 489	10 458	16 942	31
2 930	11 173	2 845	1 738	11 173	145
605	1 728	19 653	7 274	1 805	- 3 377
161	1 913	4 186	3 300	1 742	- 686
- 10	1 167	8 857	5 224	1 392	- 876
50	273	1 927	1 940	142	- 56
1 505	3 882	10 311	4 699	4 160	- 567
280	1 056	10 992	9 482	1 074	- 1 487
1 137	11 878	8 695	5 274	11 514	1 118
70	568	1 864	1 319	400	- 108
492	1 455	1 352	1 014	1 334	160
791	2 405	2 615	1 921	2 190	197
70	350	2 531	1 401	33	0
472	1 350	752	241	1 101	23
321	1 444	3 053	1 986	1 364	- 47
162	1 498	7 165	2 139	1 499	- 178
15 917	20 888	39 912	33 190	17 915	4 408
171	313	4 437	3 796	397	42
168	442	2 517	1 308	475	59
1 401	4 496	14 886	6 806	3 433	620
3 191	4 646	28 736	14 012	3 925	372
788	4 869	8 273	3 678	2 942	- 174
2 428	6 700	12 651	3 826	3 634	- 97
208	827	2 468	1 069	1 078	5
761	2 487	6 269	3 065	1 721	492
5 641	11 998	17 778	8 458	11 769	3 748
544	1 511	4 218	2 061	1 403	212
3 370	15 726	24 178	8 539	13 085	1 186
750	2 256	5 862	3 491	2 010	551

10－39 续表 2

企业名称	所在地	企业规模	隶属关系	注册类型	从业人员年平均人数（人）
高安市瑞酒集团总公司	高安市	中二型	地方	国有	351
上高县酿酒厂	上高县	中二型	地方	国有	398
江西省上饶地区酒厂	上饶市	中二型	地方	国有	215
江西省上饶全粮液酒厂	上饶县	中二型	地方	国有	649
波阳县酒厂	波阳县	中二型	地方	国有	316
江西堆花酒厂	吉安市	中二型	地方	国有	422
江西燕京啤酒有限责任公司	吉安县	中二型	地方	国有	910
江西临川酒厂	临川市	中二型	地方	国有	460
江西酒厂	南城县	中二型	地方	国有	202
烟草加工业					
南昌卷烟厂	南昌市	中一型	中央	国有	1 659
赣南卷烟厂	南康市	中二型	中央	国有	1 020
纺织业					
江西棉纺织印染厂	南昌市	大一型	地方	国有	7 105
江西八一麻纺织厂	南昌市	中一型	地方	国有	716
南昌毛巾二厂	南昌市	中二型	地方	集体	84
江西丝绸厂	新建县	中一型	地方	国有	94
南昌大众印染厂	南昌市	中二型	地方	国有	357
南昌色织总厂	南昌市	中二型	地方	国有	987
江西华安针织总厂	南昌市	大二型	地方	国有	1 941
江西昌特巾被有限公司	南昌市	中二型	地方	国有	608
江西凯利染织公司	南昌市	中二型	地方	与港澳台商合资经营	200
萍乡市永兴染织厂	萍乡市	中二型	地方	股份合作	314
江西省军山毛纺织总厂	永修县	中二型	地方	国有	392
江西省九江一棉纺织有限责任公司	九江市	大二型	地方	国有独资公司	5 759
九江三棉印染有限责任公司	九江市	大二型	地方	国有	857
九江针织有限责任公司	九江市	大二型	地方	其他有限责任公司	2 265
长江毛纺织有限公司	九江市	中一型	地方	国有独资公司	2 287
江西九江九纺有限责任公司	九江市	大二型	地方	其他有限责任公司	6 183
江西九江五棉有限责任公司	九江市	中二型	地方	其他有限责任公司	1 631
九江三针有限责任公司	九江市	中二型	地方	国有	1 020
瑞昌市苎麻纺织总厂	瑞昌市	中二型	地方	国有	893
修水县丝绸总公司	修水县	大二型	地方	国有	723
江西新余纺织有限责任公司	新余市	大二型	地方	国有独资公司	6 244
江西苎麻纺织印染有限责任公司	宜春市	大二型	地方	国有	2 486
江西省上高县苎麻纺织厂	上高县	中二型	地方	国有	869
江西省上饶针织总厂	上饶市	中二型	地方	国有	200
江西省上饶毛纺织厂	上饶市	中一型	地方	国有	405
上饶市染织厂	上饶市	中二型	地方	国有	908
江西井冈山纺织有限责任公司	安福县	中二型	地方	国有	2 670
江西省临川市第二棉纺织厂	临川市	中二型	地方	国有	1 920
江西省抚州棉纺织厂	临川市	大二型	地方	国有	5 693
江西临川市第三棉纺织厂	临川市	中二型	地方	国有	1 164
江西省抚州印染厂	临川市	中二型	地方	国有	521

单位:万元

工业增加值（当年价格）	工业总产值（当年价格）	资产总计	固定资产原值年末数	产品销售收入	利税总额
1 035	3 418	5 000	3 026	3 161	260
810	4 397	7 624	1 752	4 583	632
262	2 509	1 981	1 058	888	69
2 300	5 479	10 360	3 980	4 292	1 684
440	847	4 062	1 587	834	187
1 323	6 105	5 799	3 007	5 693	977
3 106	6 278	14 332	6 769	5 930	1 904
2 121	6 472	5 294	2 729	7 046	3 643
203	643	175	5	145	29
68 981	121 019	103 328	43 243	122 577	79 131
7 738	18 043	55 222	17 502	10 432	5 292
14 020	45 919	51 292	44 898	45 266	3 466
269	1 794	21 924	10 366	343	－38
35	81	2 749	2 221	55	－73
		7 713	7 413		
418	3 614	6 963	4 466	364	24
569	2 892	9 531	3 793	2 790	112
1 003	5 051	19 064	7 357	5 010	19
249	1 594	9 258	3 478	1 959	79
890	4 448	7 980	6 100	4 210	272
74	507	772	591	517	－40
－ 413	271	4 371	1 511	271	－ 628
2 086	13 958	32 565	16 817	13 161	236
1 298	8 859	7 487	7 301	7 809	－35
1 372	6 061	6 533	5 825	5 922	229
1 001	2 711	16 069	13 256	2 626	－1 319
594	9 699	28 434	19 243	11 021	－ 687
666	5 981	16 994	4 924	5 712	252
4 412	4 680	12 335	4 890	2 550	121
483	4 825	8 891	5 843	4 854	104
514	1 181	15 335	5 119	1 114	109
8 129	21 423	29 031	18 468	20 256	1 510
2 303	6 498	33 775	13 135	5 237	287
46	770	8 134	2 607	1 030	80
237	465	4 512	2 198	314	－24
967	2 254	9 076	3 892	521	84
584	3 437	5 048	1 111	1 547	－30
2 267	6 870	17 353	8 118	7 163	－ 533
1 341	9 237	16 611	10 876	8 721	42
2 972	8 556	41 759	13 614	9 596	－ 135
1 666	7 298	12 135	6 773	5 236	193
2 259	6 986	28 213	15 394	3 597	－ 465

10－39 续表 3

企业名称	所在地	企业规模	隶属关系	注册类型	从业人员年平均人数（人）
赣东苎麻纺织厂	崇仁县	中二型	地方	国有	716
服装及其他纤维制品制造业					
南昌服装一厂	南昌市	中二型	地方	集体	559
江西领王服装集团有限公司	南昌市	大二型	地方	集体	761
皮革、毛皮、羽绒及其制品业					
江西省南昌羽绒厂	南昌市	中二型	地方	国有	320
江西共青羽绒厂	德安县	大二型	地方	国有	4 200
木材加工及竹、藤、棕、草制品业					
铁道部鹰潭木材防腐厂	鹰潭市	中二型	中央	国有	559
江西省崇义华森集团有限公司	崇义县	中一型	地方	国有	834
江西宏丰人造板有限公司	宜丰县	中一型	地方	与港澳台商合资经营	312
江西横峰纺织器材有限责任公司	横峰县	中二型	地方	国有独资公司	859
婺源县中密度纤维板厂	婺源县	中二型	地方	国有	254
造纸及纸制品业					
江西纸业有限责任公司	南昌市	大二型	地方	股份合作	4 235
江西省外贸包装厂	南昌市	中二型	地方	国有	181
江西特种纸业有限责任公司	进贤县	中二型	地方	国有	903
景德镇市纸业有限公司	景德镇市	中二型	地方	集体	472
景德镇市纸箱厂	景德镇市	中二型	地方	集体	510
江西恒丰造纸厂	永修县	中二型	地方	国有	467
江西军山造纸厂	永修县	中二型	地方	国有	464
江西省黄岗山造纸厂	宜丰县	中二型	地方	国有	104
江西省弋阳县造纸有限公司	弋阳县	中二型	地方	国有	268
江西省国营大茅山造纸厂	德兴市	中二型	地方	国有	41
江西省吉安造纸厂	吉安市	中二型	地方	国有	825
江西井冈山纸业有限公司	井冈山市	中二型	地方	股份合作	570
江西纸业抚州板纸有限公司	临川市	大二型	地方	股份有限公司	1 360
南丰县长红纺织器材有限责任公司	南丰县	中二型	地方	国有	590
印刷业、记录媒介的复制					
南昌印钞厂	南昌市	大一型	中央	国有	1 113
江西新华印刷厂	南昌市	中二型	地方	国有	1 146
江西印刷集团公司	南昌市	大二型	地方	国有	2 063
南昌市印刷二厂	南昌市	中二型	地方	集体	267
宜春地区印刷厂	宜春市	中二型	地方	国有	386
石油加工及炼焦业					
景德镇市焦化煤气总厂	景德镇市	大二型	地方	国有	1 870
中国石化九江石油化工总厂	九江市	大一型	中央	国有	4 068
化学原料及化学制品制造业					
江西向塘化肥厂	南昌县	中一型	地方	国有	1 430
江西江氨化工有限责任公司	南昌市	大二型	地方	国有	3 433
江西草珊瑚集团公司	南昌市	中二型	地方	国有	803
南昌农药厂	南昌县	中一型	地方	国有	100
南昌电化厂	南昌市	中二型	地方	国有	1 089
江西南翔化工集团公司	南昌县	中二型	地方	集体	485

单位：万元

工业增加值（当年价格）	工业总产值（当年价格）	资产总计	固定资产原值年末数	产品销售收入	利税总额
1 239	5 241	8 092	4 157	4 358	302
255	1 125	2 089	1 338	412	－25
926	4 257	6 646	5 127	2 082	112
686	4 930	2 582	1 831	4 976	50
6 884	33 945	70 911	17 817	13 114	481
1 137	5 446	9 790	4 365	4 905	83
3 011	7 197	13 657	11 027	6 497	638
1 809	7 339	7 185	4 591	5 770	1 279
1 338	2 990	6 304	1 843	1 795	245
1 250	3 647	7 572	5 535	3 682	637
14 457	38 046	164 786	67 293	28 499	3 730
593	1 224	1 289	1 436	1 162	90
1 250	5 099	10 994	10 382	4 838	169
1 159	3 609	5 233	2 345	1 636	95
218	676	9 095	4 192	521	22
		4 561	2 963		－95
8	31	3 058	963	92	－ 431
247	869	2 656	1 761	895	－ 243
600	1 315	2 599	2 014	1 108	93
－ 788	20	5 649	2 816	54	－ 958
		11 253	6 216		
1 611	4 196	4 687	3 270	3 813	584
1 784	7 362	25 479	17 069	6 953	171
2 284	3 886	4 368	2 179	3 210	358
19 692	37 470	50 175	42 932	36 572	12 310
8 584	8 928	8 144	6 674	3 355	505
4 150	11 424	25 881	15 439	11 459	1 203
448	1 338	2 699	3 468	1 328	40
140	406	2 055	1 979	398	22
16 151	50 020	122 466	33 220	50 069	2 180
126 719	478 865	592 543	533 722	490 056	61 515
		20 213	4 637		
2 019	24 183	57 405	51 812	24 803	－2 839
3 267	5 793	9 608	6 167	6 745	1 784
		6 393	3 524		
313	7 486	14 703	8 834	6 124	244
600	3 855	2 525	1 624	4 156	120

10－39 续表 4

企　业　名　称	所在地	企业规模	隶属关系	注册类型	从业人员年平均人数（人）
南昌化工(集团)有限责任公司	南昌市	大二型	地方	国有	3 544
江西油脂化工有限责任公司	南昌市	大二型	地方	其他有限责任公司	439
江西化纤化工有限责任公司	乐平市	大二型	地方	国有独资公司	2 820
景德镇市三蕾瓷用化工有限公司	景德镇市	中二型	地方	国有独资公司	686
江西电化有限责任公司	乐平市	大二型	地方	国有独资公司	1 897
萍乡市化工厂	萍乡市	中二型	地方	国有	462
江西赣北化工厂	九江市	大二型	地方	国有	1 100
九江化工厂	九江市	大二型	地方	国有	3 435
化学工业部星火化工厂	永修县	大二型	中央	国有	2 655
国营江西钢丝厂	新余市	大二型	地方	国有	1 461
江西前卫化工有限责任公司	新余市	中二型	地方	国有独资公司	918
江西第二化肥厂	新余市	中一型	地方	国有	2 586
江西合成洗涤剂厂	鹰潭市	中二型	地方	国有	922
江西省鹰潭市磷肥厂	鹰潭市	中二型	地方	国有	926
江西贵溪化肥厂	贵溪市	大一型	地方	国有	2 481
江西赣南化工厂	赣州市	中二型	地方	国有	790
赣州有色冶金化工厂	赣州市	中二型	中央	国有	1 151
丰城市无机化工有限责任公司	丰城市	中二型	地方	国有	296
江西樟树化工集团	樟树市	中二型	地方	国有	1 419
奉新县化工厂	奉新县	中二型	地方	国有	227
江西双氧水厂	靖安县	中二型	地方	国有	103
江西怀玉山活性炭(集团)有限公司	玉山县	中二型	地方	国有	529
江西省德兴市异 vc 钠有限公司	德兴市	中一型	地方	国有	556
国营江西樟脑厂	吉安市	中二型	地方	国有	323
江西赣中化工厂	新干县	中二型	地方	国有	886
江西庆江化工厂	泰和县	中一型	地方	国有	1 068
国营永胜机械厂	崇仁县	中二型	地方	国有	1 387
江西赣东化工厂	临川市	中二型	地方	国有	854
江西省资溪县农药厂	资溪县	中二型	地方	国有	360
江西磷肥厂	东乡县	中二型	地方	国有	1 368
医药制造业					
江西江中制药厂	南昌市	大二型	地方	国有	729
江西南昌济生制药厂	新建县	中二型	地方	国有联营	663
江西制药有限责任公司	南昌市	大一型	地方	国有独资公司	2 243
江西南昌桑海制药厂	新建县	中一型	地方	国有	635
江西国药有限责任公司	南昌市	大一型	地方	国有	2 411
江西江南制药厂	南昌市	中二型	地方	国有	318
江西东方制药厂	南昌市	大二型	地方	集体	359
江西味精厂	新建县	中二型	地方	国有	123
南昌长青药用包装制品有限公司	新建县	中二型	地方	与港澳台商合资经营	185
江西汇仁集团有限公司	南昌县	大二型	地方	其他有限责任公司	4 857
江西黎明制药厂	景德镇市	大二型	地方	国有	261
江西东风制药有限责任公司	乐平市	大二型	地方	股份有限公司	2 196
余江县制药厂	余江县	中二型	地方	国有	317

单位:万元

工业增加值(当年价格)	工业总产值(当年价格)	资产总计	固定资产原值年末数	产品销售收入	利税总额
7 147	22 469	55 947	37 457	33 004	2 134
1 536	5 047	14 344	8 267	3 195	- 123
4 089	23 558	53 624	44 245	23 389	1 062
1 101	3 646	5 338	4 013	3 577	298
3 510	18 659	36 296	19 219	19 093	1 025
532	2 902	12 737	8 905	1 967	173
1 688	8 260	24 283	18 116	8 641	- 421
2 569	21 443	149 914	97 080	18 683	- 353
5 866	23 265	61 898	41 066	23 236	3 297
751	2 471	16 715	12 995	3 137	24
2 839	9 371	20 004	7 150	6 018	214
2 662	22 719	53 740	39 075	21 778	- 809
3 213	9 697	22 674	12 992	11 782	908
283	2 445	18 716	8 110	2 377	- 342
1 701	35 286	126 606	113 316	35 503	538
854	2 579	8 905	4 713	3 184	98
1 949	4 463	7 093	4 042	4 089	374
- 295	384	4 885	3 570	803	4
1 776	4 711	11 794	10 654	3 682	40
620	2 373	3 649	2 341	2 001	183
127	482	2 337	1 656	477	- 23
997	2 503	4 260	2 477	2 866	266
3 011	6 816	7 466	2 825	6 575	1 128
66	660	5 541	4 383	613	- 226
278	2 302	12 176	6 326	2 165	- 560
4 017	9 068	18 103	4 049	6 063	321
301	1 109	9 850	5 491	1 111	- 153
1 370	4 989	14 930	9 967	5 015	399
1 507	4 975	4 421	3 141	3 774	406
402	3 104	11 728	6 048	2 988	- 786
8 923	24 024	80 759	10 470	21 995	6 153
3 582	9 336	6 695	1 574	4 826	845
3 328	12 660	29 637	16 118	11 038	535
961	5 967	8 197	4 086	2 918	203
2 509	18 270	29 705	15 579	10 005	271
- 206	876	2 399	2 613	841	- 405
5 190	9 742	8 002	7 358	8 327	1 560
123	411	5 912	3 281	287	- 866
334	799	2 986	2 097	837	- 9
31 214	104 028	24 934	6 539	90 947	12 421
202	635	15 414	7 876	197	- 528
2 968	7 708	60 268	14 083	8 836	6 731
1 331	3 364	3 475	1 252	3 064	469

10－39 续表 5

企业名称	所在地	企业规模	隶属关系	注册类型	从业人员年平均人数（人）
江西赣南制药厂	赣州市	中二型	地方	国有	884
江西铜鼓县制药厂	铜鼓县	中二型	地方	国有	168
药都樟树医药集团公司	樟树市	中一型	地方	国有	659
江西省黄岗山制药厂	宜丰县	中二型	地方	国有	85
江西珠湖制药厂	波阳县	中二型	地方	国有	690
江西第三制药厂	余干县	中一型	地方	国有	561
江西赣江制药有限责任公司	吉安市	大一型	地方	国有独资公司	1 962
江西广恩和制药有限责任公司	永丰县	中一型	地方	中外合资经营	388
江西鹿迪制药有限责任公司	永丰县	中一型	地方	与港澳台商合资经营	580
江西东亚制药厂	东乡县	中二型	地方	国有	801
江西红星制药厂	东乡县	中二型	地方	国有	179
江西博雅生物制药有限责任公司	临川市	中一型	地方	国有独资公司	284
化学纤维制造业					
江西化学纤维厂	南昌市	大一型	地方	国有	4 929
江西合成纤维厂	南昌市	中一型	地方	国有	356
江西涤纶厂	南昌市	大二型	地方	国有	1 881
九江化学纤维厂	九江市	大二型	地方	国有	2 616
江西天绅化纤有限责任公司	临川市	大二型	地方	国有独资公司	860
橡胶制品业					
江西泰丰轮胎有限责任公司	南昌市	大二型	地方	港澳台商独资	520
江西省乐平市江乐橡胶制品有限责任公司	乐平市	中二型	地方	其他有限责任公司	351
九江橡胶厂	九江市	中一型	地方	集体	290
江西省万载县橡胶厂	万载县	中二型	地方	国有	685
宜春华泰橡胶有限责任公司	宜春市	中一型	地方	集体	277
塑料制品业					
南昌塑料厂	南昌市	中二型	地方	国有	483
南昌塑料八厂	南昌市	中二型	地方	集体	760
景德镇市第一塑料厂	景德镇市	中二型	地方	港澳台商投资股份有限	501
江西腾飞塑胶总厂	萍乡市	中一型	地方	股份合作	340
江西塑料制品厂	九江市	中二型	地方	集体	706
江西工程塑料有限责任公司	分宜县	中二型	地方	其他有限责任公司	456
樟树富达制盐实业公司	樟树市	中一型	中央	国有	692
非金属矿物制品业					
江西晶体建筑材料厂	南昌市	中二型	地方	国有	358
江西耐火材料厂	南昌市	中二型	地方	国有	361
南昌水泥厂	南昌市	中二型	地方	国有	1 028
南昌水泥压力管总厂	南昌市	中二型	地方	国有	199
南昌硅酸盐制品厂	南昌市	中二型	地方	国有	300
江西意特利装饰建材有限公司	南昌市	大二型	地方	与港澳台商合资经营	246
景德镇市人民瓷厂	景德镇市	中二型	地方	国有	1 656
景德镇市景兴瓷厂	景德镇市	中二型	地方	国有	1 143
景德镇市雕塑瓷厂	景德镇市	中二型	地方	集体	1 400
景德镇市光明瓷厂	景德镇市	中一型	地方	国有	2 728
景德镇市为民瓷厂	景德镇市	中二型	地方	国有	1 424

单位:万元

工业增加值（当年价格）	工业总产值（当年价格）	资产总计	固定资产原值年末数	产品销售收入	利税总额
575	6 166	12 187	2 808	7 089	738
109	470	4 764	2 269	828	-23
1 002	4 360	8 769	3 783	2 337	218
167	442	2 811	1 281	472	-155
1 325	3 835	7 944	4 197	2 946	72
2 159	5 986	10 041	4 261	5 939	83
-155	3 606	48 080	21 570	2 908	-699
2 782	10 901	14 763	2 037	5 589	-42
1 303	6 306	6 603	3 353	3 001	111
1 964	13 035	11 000	4 509	9 601	807
-359	596	6 324	1 281	565	112
4 384	12 000	12 687	4 318	8 549	1 775
2 332	15 364	32 377	17 404	15 726	-1 247
291	3 732	19 949	17 077	3 463	-68
3 193	23 040	51 501	36 103	22 717	761
367	21 203	124 767	53 313	20 227	-2 805
2 882	12 425	34 277	24 045	10 158	445
3 755	17 852	17 667	10 849	15 419	1 233
876	2 114	1 161	794	628	90
384	518	2 386	940	190	-171
913	2 244	5 589	3 409	2 184	58
113	366	4 514	2 735	379	24
238	582	4 911	3 786	423	-76
3 510	4 101	16 503	11 768	926	-128
1 237	4 500	10 703	1 749	1 806	-58
1 425	4 280	3 621	3 252	4 730	288
113	810	3 001	1 797	143	-122
363	1 266	5 424	1 845	932	37
1 876	6 444	8 507	5 673	5 529	532
120	460	11 621	11 904	306	6
-354	139	9 215	9 135	180	-761
2 293	5 289	20 787	11 485	4 079	329
307	936	1 864	1 578	162	24
244	1 538	10 224	7 847	604	-60
-402	416	12 665	12 415	677	-458
807	1 802	4 268	2 220	1 760	6
479	1 585	3 060	1 599	1 472	-125
408	1 235	7 913	6 081	939	230
805	2 060	6 155	3 557	1 903	-140
355	1 321	4 765	2 443	1 676	-102

10－39 续表 6

企业名称	所在地	企业规模	隶属关系	注册类型	从业人员年平均人数（人）
景德镇市宇宙瓷业有限公司	景德镇市	中二型	地方	国有独资公司	1 518
景德镇市陶瓷石膏模具厂	景德镇市	中二型	地方	国有	217
景德镇市红星瓷厂	景德镇市	中二型	地方	国有	1 485
景德镇市红光瓷厂	景德镇市	中二型	地方	集体	2 883
景德镇市东风瓷厂	景德镇市	中二型	地方	国有	863
景德镇市新华瓷厂	景德镇市	中二型	地方	国有	1 129
景德镇市红旗瓷厂	景德镇市	中二型	地方	国有	1 627
景德镇市艺术瓷厂	景德镇市	中二型	地方	国有	654
景德镇市建国瓷厂	景德镇市	中二型	地方	国有	639
景德镇市电瓷电器工业公司	景德镇市	中一型	地方	国有	1 536
景德镇市青花文具瓷厂	景德镇市	中二型	地方	集体	1 130
景德镇市洪源陶瓷集团公司	浮梁县	中一型	地方	集体	880
萍乡高压绝缘子有限公司	萍乡市	中二型	地方	其他有限责任公司	1 239
江西青峰水泥有限责任公司	萍乡市	中二型	地方	股份有限公司	1 345
江西长江化工厂	九江市	大二型	中央	国有	2 429
江西平板玻璃厂	永修县	中二型	地方	国有	480
九江玻璃纤维厂	九江市	大二型	地方	国有	2 422
江西省庐山水泥有限责任公司	九江市	中二型	地方	国有	1 425
九江市建筑陶瓷工业总公司	九江市	中一型	地方	国有	1 229
江西九江水泥船厂	九江市	中二型	地方	国有	688
德安县水泥厂	德安县	中二型	地方	国有	826
江西省湖口县钟山玻璃厂	湖口县	中二型	地方	国有	1 348
新余市水泥厂	新余市	中二型	地方	国有	410
江西省分宜水泥股份有限公司	分宜县	中二型	地方	其他有限责任公司	960
江西赣南水泥厂	信丰县	中二型	地方	国有	1 140
江西东方红实业股份有限公司	于都县	中二型	地方	其他有限责任公司	1 217
宜春市建筑材料厂	宜春市	中二型	地方	国有	259
江西丰城水泥集团有限责任公司	丰城市	中二型	地方	国有	1 270
江西上游陶瓷有限责任公司	高安市	中一型	地方	国有	350
高安市水泥厂	高安市	中二型	地方	国有	748
江西瑞景陶瓷集团有限公司	高安市	大二型	地方	集体	943
上高县瓷厂	上高县	中二型	地方	集体	350
上高白水泥厂	上高县	中二型	地方	国有	374
江西省宜丰县石花尖瓷业总公司	宜丰县	中二型	地方	股份合作	1 462
江西中英陶瓷有限公司	高安市	中一型	地方	中外合资经营	501
江西高峰陶瓷集团公司	高安市	大二型	地方	集体	374
江西水泥厂	万年县	大一型	地方	国有	3 342
江西省玉山水泥厂	玉山县	中一型	地方	国有	1 747
江西广丰县建材集团有限公司	广丰县	中二型	地方	国有	1 137
江西宏盛集团有限责任公司	安福县	中二型	地方	国有独资公司	887
黑色金属冶炼及压延加工业					
江西洪都钢厂	南昌市	中二型	地方	国有	3 365
南昌钢铁有限责任公司	南昌市	大二型	地方	国有独资公司	11 127
萍乡钢铁厂	萍乡市	大二型	地方	国有	8 142

单位:万元

工业增加值（当年价格）	工业总产值（当年价格）	资产总计	固定资产原值年末数	产品销售收入	利税总额
291	2 157	15 160	9 347	2 211	115
75	267	1 688	1 344	184	－61
623	1 726	4 272	1 762	1 640	117
418	1 687	4 375	1 641	920	67
851	2 955	4 461	1 669	2 568	－245
		3 905	1 501	11	－48
442	2 828	4 153	2 675	2 743	－101
317	1 780	8 119	4 658	1 728	－52
－79	1 854	4 544	2 277	1 656	－61
793	3 004	13 815	6 933	2 554	－830
820	2 701	4 294	3 536	358	－12
559	1 689	3 707	2 574	1 638	123
692	3 456	7 029	3 371	2 358	35
2 434	6 744	9 970	7 604	6 110	681
1 594	5 077	19 169	12 449	5 015	392
90	1 140	8 082	3 623	859	－212
1 007	3 586	16 443	12 687	4 028	－639
2 115	10 009	13 436	12 592	9 098	685
18	576	22 250	12 677	701	－339
59	61	4 804	4 462	138	－301
2 692	6 316	15 024	9 575	5 514	563
328	2 091	8 979	5 065	1 129	－5
586	1 766	10 011	3 449	1 420	－469
1 210	3 912	9 483	5 382	3 557	511
1 098	2 719	5 650	4 694	2 660	391
1 473	6 248	10 147	8 826	6 305	453
255	702	7 304	2 799	603	40
2 665	6 974	20 726	3 147	5 333	－1 104
1 855	7 715	18 631	10 945	2 370	47
1 153	4 531	6 276	5 911	4 197	546
1 976	5 137	10 361	4 456	4 985	439
511	2 271	6 892	5 711	2 942	178
298	2 065	7 591	3 934	2 351	202
698	2 471	3 112	2 861	2 300	120
184	2 778	10 313	10 321	2 166	－1 216
1 403	3 525	13 973	11 933	3 847	335
13 540	30 195	115 354	94 107	30 148	4 365
2 224	6 889	12 853	13 067	6 568	118
2 622	5 872	8 390	4 589	5 901	378
996	3 555	8 406	6 066	3 476	402
10 156	42 803	43 468	19 358	43 095	2 001
21 562	105 544	176 787	102 198	107 731	7 552
25 777	116 146	160 049	129 720	115 706	7 988

10－39 续表 7

企　业　名　称	所 在 地	企业规模	隶属关系	注册类型	从业人员年平均人数（人）
新余钢铁有限责任公司	新余市	特大型	地方	国有独资公司	37 890
有色金属冶炼及压延加工业					
南昌硬质合金厂	南昌市	中一型	地方	国有	1 145
江西省稀土研究所	南昌市	中二型	地方	国有	415
萍乡铝厂	萍乡市	中二型	地方	国有	610
九江有色金属冶炼厂	九江市	中一型	中央	国有	988
九江电子材料厂	九江市	中二型	地方	国有	218
江西锂厂	分宜县	中二型	地方	国有	706
江西铜业公司	贵溪市	特大型	中央	国有	22 433
赣州有色金属冶炼厂	赣州市	中二型	中央	国有	800
赣州铝厂	赣州市	中二型	地方	国有	838
赣州钴钨有限责任公司	赣州市	中一型	地方	国有独资公司	1 754
赣州虹飞钨钼材料有限公司	赣州市	中二型	地方	国有独资公司	332
上饶磁性材料总厂	上饶市	中二型	地方	国有	496
中国核工业总公司七一三矿	上饶县	大二型	中央	国有	2 282
江西有色冶炼加工总厂	弋阳县	中一型	地方	国有	2 927
江西井冈山电子材料厂	井冈山市	中二型	地方	国有	258
金属制品业					
国营长征机器厂	新建县	中二型	地方	国有	1 053
江西量具刃具总厂	南昌市	中二型	地方	国有	425
南昌工具厂	南昌市	中二型	地方	国有	395
南昌搪瓷厂	南昌市	中二型	地方	国有	639
南昌陆海容器有限公司	新建县	中二型	地方	与港澳台商合资经营	69
江西乐平市银海铝制品有限责任公司	乐平市	中二型	地方	股份合作	377
宝钢集团人民机械厂	瑞昌市	中一型	中央	国有	1 768
铁道部大桥局船舶工程总公司	九江市	中二型	中央	国有	608
江西工业电炉厂	九江市	中二型	地方	国有	1 060
新华金属制品股份有限公司	新余市	大二型	地方	港澳台商投资股份有限	297
普通机械制造业					
江西南方电动工具厂	南昌市	中一型	地方	国有	1 028
中国核工业总公司七二零厂	新建县	大二型	中央	国有	1 218
江西柴油机厂	南昌市	中二型	地方	国有	2 170
江西紧固件厂	南昌市	中二型	地方	国有	92
江西省电力设备总厂	南昌市	中二型	中央	国有	715
江西第一机床有限责任公司	南昌市	中二型	地方	其他有限责任公司	1 931
南昌柴油机有限责任公司	南昌市	大二型	地方	其他有限责任公司	3 127
南昌八一配件有限责任公司	南昌市	中二型	地方	国有	901
南昌轴承厂	南昌市	中二型	地方	国有	586
江东机床厂	南昌市	中二型	地方	国有	923
江西锅炉化工石油机械联合有限责任公司	南昌市	大二型	地方	其他有限责任公司	2 374
江西机床厂	萍乡市	中二型	地方	国有	1 186
萍乡江发内燃机有限公司	萍乡市	中二型	地方	其他有限责任公司	1 084
江西华声电器总厂	九江市	中二型	地方	国有	326
江西油嘴油泵厂	瑞昌市	中二型	地方	国有	2 500

单位:万元

工业增加值（当年价格）	工业总产值（当年价格）	资产总计	固定资产原值年末数	产品销售收入	利税总额
46 269	297 988	528 887	392 155	320 366	27 242
2 294	13 765	16 686	10 015	14 415	493
888	5 242	7 240	3 205	4 096	282
-1 058	7 041	27 618	14 287	6 856	-2 430
1 302	6 680	12 836	11 633	6 262	213
712	4 076	5 139	3 316	3 319	273
601	3 569	6 527	5 177	3 121	-758
82 845	273 285	966 683	965 824	353 963	20 750
-492	1 434	7 367	5 139	1 651	-1 513
1 937	9 672	9 793	4 587	9 558	374
175	9 158	45 713	21 414	6 106	-3 757
587	5 394	7 858	4 710	3 352	-66
45	102	3 124	447	58	-14
-882	1 827	17 834	10 563	2 406	-984
1 120	17 493	29 787	15 429	15 316	-2 356
664	3 521	8 780	2 944	3 221	119
501	2 075	7 141	2 628	1 164	-439
-153	247	5 012	2 215	216	-134
30	119	4 919	3 166	33	-12
1 399	2 435	8 030	3 904	2 472	-204
741	2 278	6 153	5 461	1 940	-548
668	1 501	1 597	647	926	23
-819	1 213	11 283	8 858	1 397	-2 284
265	1 759	7 718	6 601	3 431	945
182	1 088	5 708	2 926	794	0
4 196	16 023	27 464	15 636	16 531	2 562
182	1 126	13 064	6 512	427	-1 753
1 475	7 158	12 562	7 569	7 016	171
		19 585	11 749		
46	151	1 876	2 023	100	-68
1 361	2 671	8 230	3 739	844	-273
384	1 659	11 650	7 320	1 430	62
2 489	8 466	43 469	33 183	6 524	167
751	1 704	3 842	1 922	1 207	65
		3 881	2 253		
440	1 752	13 461	7 279	1 572	97
6 216	27 085	43 305	22 893	25 589	298
77	1 050	5 208	3 807	681	-195
241	889	7 385	6 000	339	-411
-263	544	9 354	6 681	426	-741
712	2 502	8 187	2 977	2 161	182

10－39 续表 8

企业名称	所在地	企业规模	隶属关系	注册类型	从业人员年平均人数（人）
九江动力机厂	九江市	中二型	地方	国有	143
九江市汽车运输有限公司	九江市	中二型	地方	国有独资公司	642
国营爱民机械厂	德安县	中二型	地方	国有	871
新余锻压有限责任公司	新余市	中二型	地方	国有独资公司	590
新余长红机械有限责任公司	新余市	中二型	地方	国有独资公司	1 958
国营江西电工厂	新余市	中二型	地方	国有	1 077
江西省分宜驱动桥厂	分宜县	中二型	地方	国有	557
江西鹰潭泵业有限责任公司	鹰潭市	中二型	地方	国有独资公司	757
江西气体压缩机厂	赣州市	中二型	地方	国有	1 725
江西机床电器厂	宜春市	中二型	地方	国有	480
国营长青机械厂	宜春市	大二型	地方	国有	1 486
江西轴承厂	宜春市	中一型	地方	国有	1 481
宜春风动工具厂	宜春市	大二型	地方	国有	1 396
宜春齿轮厂	高安市	大二型	地方	国有	1 363
江西樟树起重机械厂	樟树市	中二型	地方	国有	735
江西活塞环厂	樟树市	中二型	地方	国有	661
国营江西第二机床厂	永新县	中一型	地方	国有	1 917
江西液压件股份有限公司	安福县	中二型	地方	股份有限公司	371
江西省吉安机床厂	吉安市	中二型	地方	国有	195
吉安柴油机厂	吉安市	中二型	地方	国有	74
专用设备制造业					
国营星火机械厂	进贤县	中一型	地方	国有	1 100
江西拖拉机制造厂	南昌市	大一型	地方	国有	3 280
江西省建筑机械公司	南昌市	中二型	地方	国有	1 168
江西采矿机械厂	南昌市	中二型	地方	国有	995
南昌通用机械有限责任公司	南昌市	中一型	地方	其他有限责任公司	1 108
江西赣江农机有限责任公司	南昌县	大二型	地方	其他有限责任公司	1 462
江西建筑材料机械厂	南昌县	中二型	地方	国有	233
南昌县旋耕机厂	南昌县	中二型	地方	国有	636
景德镇市印刷包装机械有限公司	景德镇市	中二型	地方	国有独资公司	1 197
景德镇市陶瓷机械厂	景德镇市	中二型	地方	国有	224
江西矿山机械厂	萍乡市	中二型	地方	国有	670
江西轻工机械股份有限公司	九江市	中二型	地方	国有	1 221
新余长林机械有限责任公司	新余市	大二型	地方	国有独资公司	3 768
赣州有色冶金机械厂	赣州市	中二型	中央	国有	1 070
宜春工程机械股份有限公司	宜春市	大二型	地方	股份有限公司	2 018
宜春第一机械厂	宜春市	大二型	地方	国有	1 127
江西省先峰机械厂	宜丰县	中二型	地方	国有	1 263
江西富信重型机床有限公司	临川市	中二型	地方	国有	325
江西省纺织机械厂	临川市	中二型	地方	国有	358
江西利群机械有限公司	临川市	中二型	地方	国有独资公司	585
交通运输设备制造业					
江西赣江机械厂	南昌市	中二型	中央	国有	529
江西洪都航空工业集团有限公司	南昌市	大一型	中央	国有独资公司	17 815

单位:万元

工业增加值（当年价格）	工业总产值（当年价格）	资产总计	固定资产原值年末数	产品销售收入	利税总额
153	467	9 528	4 690	132	- 210
1 574	1 801	3 175	2 025	1 377	15
1 462	3 880	12 106	5 815	2 912	- 303
527	2 147	6 931	2 811	1 406	55
573	2 291	19 458	13 137	1 438	- 514
865	2 338	15 495	2 083	2 281	186
1 094	4 053	6 680	4 027	3 875	219
445	1 121	6 244	1 648	360	- 222
1 144	5 725	17 911	9 135	5 903	416
228	675	6 214	2 009	317	28
580	1 731	17 067	8 503	1 075	- 629
2 092	5 929	16 233	6 830	5 000	327
1 723	3 298	9 966	5 875	3 017	269
929	2 919	12 258	7 731	2 753	202
956	2 777	5 925	2 787	1 790	94
480	1 437	4 005	1 543	422	14
1 822	6 564	20 278	7 496	5 249	- 212
175	791	2 239	1 288	518	55
120	322	4 792	2 207	381	- 95
- 142	83	3 119	3 176	64	- 318
1 071	2 415	6 420	4 300	2 132	62
715	15 555	55 055	28 193	17 731	463
1 764	2 633	6 544	5 392	2 119	496
291	1 562	9 032	4 119	1 564	- 178
911	2 816	11 162	7 098	1 722	173
639	6 420	17 010	7 492	6 937	234
62	726	2 586	2 769	394	- 31
1 722	8 763	4 441	2 255	8 842	607
13 632	14 552	15 747	8 022	12 012	2 762
344	676	10 061	5 483	626	- 34
163	1 476	6 340	5 490	1 412	581
1 063	1 392	10 774	2 341	631	- 25
3 602	9 512	61 232	29 729	6 897	- 112
308	2 605	9 854	5 539	2 902	- 249
15 950	37 494	94 789	21 449	36 128	12 087
767	2 747	13 664	8 206	3 355	- 41
647	2 841	8 907	2 955	2 857	20
99	515	2 819	1 448	683	- 184
709	2 210	9 800	4 365	1 523	87
3 872	5 705	23 131	12 598	5 456	188
455	1 137	3 191	2 088	2 328	198
28 860	136 345	281 354	156 945	146 834	2 816

10－39 续表 9

企　业　名　称	所在地	企业规模	隶属关系	注册类型	从业人员年平均人数（人）
江铃汽车集团公司	南昌市	大二型	地方	外商投资股份有限公司	14 928
江西方向机厂	南昌市	中二型	地方	国有	487
江西摩托制动器有限责任公司	南昌市	中二型	地方	股份有限公司	443
江西省鸿雁摩托车厂	南昌市	中二型	中央	国有	485
南昌铁路局南昌机械厂	南昌市	中一型	中央	国有	670
江西轻型汽车修理厂	南昌市	中二型	地方	国有	307
江西气门芯厂	新建县	中二型	地方	国有	455
江西消防车辆制造厂	新建县	中二型	地方	国有	644
昌河飞机工业公司	景德镇市	大一型	中央	国有	9 875
景德镇航空锻铸公司	景德镇市	大二型	中央	国有	840
江西江新造船厂	湖口县	中二型	中央	国有	1 284
江西船用阀门厂	湖口县	中二型	中央	国有	776
江西江州造船厂	瑞昌市	大二型	中央	国有	3 334
江西朝阳机械厂	彭泽县	中二型	中央	国有	937
江西制氧机厂	九江市	中二型	地方	国有	1 007
九江船用机械厂	瑞昌市	大二型	中央	国有	673
江西江铃齿轮股份有限公司	赣州市	中二型	地方	其他有限责任公司	1 266
于都县富嘉摩托齿轮有限公司	于都县	中一型	地方	与港澳台商合资经营	806
江西连胜自行车厂	弋阳县	大二型	地方	国有	947
江西省汽车工程塑料厂	吉安县	中二型	地方	国有	626
江西曲轴连杆厂	吉安市	中二型	地方	国有	1 036
江西万向节总厂	吉安市	中二型	地方	国有	1 021
江西电站车辆有限公司	临川市	中二型	地方	国有	713
江西江铃底盘股份有限公司	临川市	中二型	地方	股份有限公司	943
江西富奇汽车厂	临川市	中二型	地方	国有	1 325
电气机械及器材制造业					
清华泰豪科技股份有限公司	南昌市	大二型	地方	股份有限公司	1 400
江西电机有限责任公司	南昌市	中一型	地方	其他有限责任公司	2 120
南昌电缆厂	南昌市	中二型	地方	国有	471
南昌灯泡厂	南昌市	中二型	地方	国有	1 230
南昌灯头厂	南昌市	中二型	地方	国有	955
南昌电池厂	南昌市	中二型	地方	国有	578
江西电炉厂	南昌市	中二型	地方	国有	509
江西省通信电缆厂	新建县	中二型	中央	国有	196
南昌家电有限公司	南昌市	中一型	地方	中外合资经营	1 215
江西变压器有限责任公司	新建县	大二型	地方	其他有限责任公司	1 027
江南蓄电池有限责任公司	南昌市	中二型	地方	其他有限责任公司	260
景德镇市华意电器总公司	景德镇市	大一型	地方	国有	1 818
江西省乐平市三阳电光源有限责任公司	乐平市	中二型	地方	其他有限责任公司	170
江西飞碟电器集团有限公司	萍乡市	中二型	地方	国有	598
江西微分电机厂	星子县	中二型	地方	国有	170
江西特种电机股份有限公司	宜春市	中二型	地方	股份有限公司	687
江西车灯厂	丰城市	中二型	地方	国有	408
江西省德兴铜材线缆厂	德兴市	中二型	地方	集体联营	150

单位:万元

工业增加值（当年价格）	工业总产值（当年价格）	资产总计	固定资产原值年末数	产品销售收入	利税总额
57 630	311 817	660 766	284 291	345 914	24 404
520	1 328	2 537	1 944	1 105	-8
774	2 211	3 144	1 998	1 804	120
353	714	6 116	4 151	408	-442
2 194	4 837	7 203	3 653	5 024	411
-17	748	4 009	2 227	769	-339
593	1 468	4 169	2 279	1 013	107
1 127	4 966	13 188	4 257	3 087	53
96 803	303 186	431 548	136 224	301 466	26 103
1 098	3 591	18 074	12 053	3 098	-485
860	3 169	5 304	5 109	1 563	-361
569	1 991	11 329	2 604	2 031	9
419	8 623	28 455	24 734	15 434	-2 180
1 427	6 095	8 239	4 090	5 350	357
1 844	5 013	16 811	7 787	4 518	175
815	1 980	8 649	6 806	1 320	-364
3 405	10 437	27 256	17 426	10 689	797
4 210	9 945	12 798	8 431	6 483	1 015
436	2 308	15 905	9 054	2 025	-1 648
989	1 766	5 247	3 077	1 351	76
257	1 052	7 026	4 651	755	-396
448	1 401	4 713	2 564	1 309	133
605	3 028	7 532	5 437	2 813	-29
1 600	7 331	13 017	9 900	6 446	765
3 251	9 775	26 551	17 314	13 452	2 012
3 385	12 127	35 892	6 042	20 239	1 882
2 831	8 210	26 474	14 405	8 054	664
		7 661	4 002		
783	3 007	5 790	4 327	2 778	-365
2 451	3 943	4 555	1 710	3 258	166
609	4 007	3 548	2 759	4 234	108
522	902	4 439	2 546	744	119
851	3 954	9 321	2 044	4 117	745
4 376	24 495	38 590	14 797	17 011	613
1 143	9 569	23 302	11 542	9 517	493
205	640	1 917	1 514	438	-55
16 549	52 614	184 236	96 102	36 458	3 724
-122	260	2 554	1 829	235	38
1 058	3 012	2 070	1 256	2 571	176
375	1 140	1 987	916	480	-113
1 961	3 880	8 534	5 041	3 859	884
369	1 216	5 595	3 558	936	177
98	1 819	2 100	1 120	1 392	-177

企业名称	所在地	企业规模	隶属关系	注册类型	从业人员年平均人数（人）
上饶信江实业集团公司	上饶市	中二型	地方	国有	2 533
江西电缆有限责任公司	吉安市	中二型	地方	国有	434
江西电线电缆总厂	吉安市	大二型	地方	国有	713
抚州电机有限公司	临川市	中二型	地方	国有	865
江西变电设备总厂	崇仁县	中二型	地方	集体	717
电子及通信设备制造业					
江西江南材料厂	南昌市	大二型	地方	国有	1 440
南昌三健电气有限责任公司	南昌市	大二型	地方	国有独资公司	2 806
南昌电容器厂	南昌市	中二型	地方	集体	207
南昌玖玖电子总厂	南昌市	中二型	地方	集体	935
国营景光电工厂	浮梁县	中一型	地方	国有	1 254
国营胜利器材厂	景德镇市	大二型	地方	其他有限责任公司	1 210
江西景华电子有限责任公司	景德镇市	大二型	地方	国有独资公司	1 670
国营万平无线电器材厂	浮梁县	大二型	地方	国有	1 672
邮电部景德镇通信设备厂	景德镇市	大二型	中央	国有	1 345
江西无线电厂	九江市	大二型	地方	国有	1 251
国营九华电子设备厂	上饶县	中二型	中央	国有	753
国营红声器材厂	吉安市	大二型	地方	国有	2 066
江西华声通信有限公司	吉安市	大二型	地方	国有	2 236
赣新电视有限公司	吉安市	中二型	地方	国有	1 167
仪器仪表及文化、办公用机械制造业					
江西南光仪表电子总厂	南昌市	中二型	地方	国有	697
南昌衡器总厂	南昌市	中二型	地方	国有	231
国营昌明无线电器材厂	景德镇市	中二型	地方	国有	1 295
九江仪表厂	九江市	大二型	中央	国有	2 829
江西浔阳电子仪器厂	德安县	中二型	中央	国有	669
江西航海仪器厂	瑞昌市	中二型	中央	国有	515
江西工具有限公司	万载县	中二型	地方	国有独资公司	1 111
江西凤凰光学仪器总厂	上饶市	中二型	地方	国有	4 547
其他制造业					
江西省进贤县李渡出口花炮厂	进贤县	中二型	地方	股份合作	1 286
江西果喜实业集团有限公司	余江县	中二型	地方	其他有限责任公司	1 317
电力、蒸汽、热水的生产和供应业					
江西省电力公司	南昌市	大一型	中央	国有	935
江西赣能股份有限公司	南昌市	大二型	中央	股份有限公司	1 567
江西南昌发电厂	南昌市	大二型	中央	国有	2 147
江西南昌供电局	南昌市	大二型	中央	国有	1 710
江西景德镇供电局	景德镇市	中二型	中央	国有	505
江西景德镇发电有限责任公司	景德镇市	大二型	中央	其他有限责任公司	1 545
江西乐平发电厂	乐平市	中二型	中央	国有	907
赣东北供电局	乐平市	大二型	中央	国有	911
江西萍乡供电局	萍乡市	中二型	中央	国有	751
江西柘林水力发电厂	永修县	中一型	中央	国有	1 107
江西九江发电厂	九江市	大一型	中央	国有	1 685

单位:万元

工业增加值（当年价格）	工业总产值（当年价格）	资产总计	固定资产原值年末数	产品销售收入	利税总额
5 116	36 757	50 027	19 862	36 743	2 482
1 174	5 412	6 177	4 558	4 795	276
1 442	5 568	19 009	12 036	5 000	- 340
144	475	5 548	2 913	464	- 192
1 481	6 731	7 772	5 239	4 020	558
2 119	6 515	20 288	12 729	5 066	- 100
3 093	35 536	11 925	7 336	2 738	1
103	401	2 473	1 145	219	- 4
440	1 934	5 786	3 083	1 969	- 9
953	3 779	23 173	7 767	5 177	316
4 224	12 110	12 967	6 389	8 298	453
2 858	6 505	29 006	16 050	4 250	402
2 909	9 638	25 126	10 155	5 534	229
3 246	8 051	20 332	7 133	7 158	- 499
3 847	9 576	15 520	9 240	8 067	387
1 320	4 716	7 561	3 295	4 666	127
1 729	3 686	18 219	7 668	3 571	221
1 796	5 895	23 774	11 454	3 149	30
1 038	3 586	15 422	6 554	4 991	- 2 680
1 726	3 734	13 526	5 924	3 945	89
262	913	2 463	1 498	748	69
1 040	3 360	10 911	7 395	2 387	- 30
855	4 563	17 519	11 059	4 296	- 834
539	1 873	5 487	3 509	1 641	325
829	2 394	5 951	2 930	2 123	42
769	2 283	7 741	2 947	2 176	- 108
11 558	33 062	78 327	29 879	41 951	3 875
3 893	10 088	3 747	2 025	9 584	1 546
4 724	13 004	24 858	8 314	13 290	3 189
51 910	248 974	426 523	44 536	247 415	234 982
51 548	58 470	142 503	121 969	46 978	19 186
8 004	29 033	38 971	65 396	29 033	1 025
9 379	14 909	97 734	94 625	14 909	1 807
2 007	2 657	29 524	19 524	2 657	- 37 503
23 506	44 576	78 943	103 096	37 832	6 086
- 420	294	4 949	11 708	294	- 2 418
6 340	7 990	42 314	38 398	7 990	3 601
2 013	4 371	43 655	25 811	4 317	- 31 653
5 610	19 126	98 326	135 779	12 410	3 042
18 431	56 422	89 422	120 580	56 422	7 135

10－39 续表 11

企业名称	所在地	企业规模	隶属关系	注册类型	从业人员年平均人数（人）
江西九江供电局	九江市	中一型	中央	国有	1 344
江西东津发电有限责任公司	修水县	中二型	地方	其他有限责任公司	384
江西新余发电有限责任公司	新余市	中一型	地方	其他有限责任公司	1 335
赣西供电局	新余市	大二型	中央	国有	1 573
江西分宜发电厂	分宜县	中一型	中央	国有	1 607
江西省贵溪火力发电厂	贵溪市	大二型	中央	国有	1 910
鹰潭市供电局	鹰潭市	中二型	中央	国有	481
赣州供电局	赣州市	中二型	中央	国有	1 025
江西省上犹江水力发电厂	大余县	中二型	中央	国有	565
江西丰城发电有限责任公司	丰城市	大一型	中央	其他有限责任公司	1 066
宜春供电局	宜春市	中二型	中央	国有	349
上饶供电局	上饶市	中二型	中央	国有	625
江西万安水力发电厂	万安县	大二型	中央	国有	979
吉安供电局	吉安市	中二型	中央	国有	987
江西抚州供电局	临川市	中二型	中央	国有	923
煤气生产和供应业					
江西省赣州市煤气公司	赣州市	中二型	地方	国有	392
自来水的生产和供应业					
南昌市自来水有限公司	南昌市	大二型	地方	其他有限责任公司	1 569
景德镇市自来水公司	景德镇市	中二型	地方	国有	403
九江市自来水公司	九江市	中二型	地方	国有	632
江西省赣州市自来水公司	赣州市	中二型	地方	国有	320

单位:万元

工业增加值（当年价格）	工业总产值（当年价格）	资产总计	固定资产原值年末数	产品销售收入	利税总额
3 390	7 123	86 195	49 212	7 123	-13 092
3 097	5 676	42 826	49 905	5 676	- 615
7 943	33 080	114 276	102 468	25 471	-8 536
9 007	12 105	123 598	86 011	4 371	-30 320
-1 273	5 542	11 895	30 844	5 542	-4 479
12 581	49 597	75 375	85 996	49 597	4 179
2 109	3 086	29 168	24 546	3 086	498
-1 433	5 663	64 623	57 152	5 663	-96 094
4 452	4 759	24 440	22 637	4 759	2 817
8 848	57 979	444 091	396 693	57 979	-20 256
19	343	1 876	1 824	343	- 390
- 216	2 840	23 157	22 893	2 840	-2 385
23 495	27 878	188 174	229 239	27 878	9 054
-7 502	2 190	28 043	20 915	2 190	-9 566
1 626	3 248	24 120	28 826	3 248	-5 631
645	1 249	7 298	4 729	2 020	110
6 284	12 798	59 009	56 845	12 798	1 457
1 806	1 850	7 282	3 849	1 155	84
2 142	2 446	8 133	5 965	2 365	192
1 734	2 367	9 644	4 640	2 198	1 190

主要统计指标解释

工业　指从事自然资源的开采，对采掘品和农产品进行加工和再加工的物质生产部门，具体包括：(1)对自然资源的开采，如采矿、晒盐、森林采伐等。(但不包括禽兽捕猎和水产捕捞)；(2)对农副产品的加工、再加工，如碾米、磨粉、酿酒、榨油、轧花、缫丝、屠宰、药材加工等；(3)对工业品的加工、再加工，如炼铁、炼钢、轧钢、炼焦、化工生产、机器制造、木材加工、印染、服装加工、造纸、自来水、煤气的生产和电力的生产及供应；(4)对工业品的修理、翻新，如修理机械设备、交通运输工具等。

1984年以前农村的村及村以下办工业归属农业，1984年及以后划归工业。

工业统计的范围包括城市和农村中各种经济类型的独立核算法人工业企业和附营工业生产活动单位。

独立核算法人工业企业　是指从事工业生产经营活动的单位。独立核算法人工业企业应同时具备以下条件：1.依法成立，有自己的名称、组织机构和场所，能够承担民事责任；2.独立拥有和使用资产，承担负债，有权与其他单位签订合同；3.独立核算盈亏，并能够编制资产负债表。

工业活动单位　是指在一个场所从事一种或主要从事一种工业生产活动的经济单位。它包括独立核算工业企业按主营业务活动(即工业生产活动)划分的主营业务活动单位和非工业企业所属的工业生产活动单位(即原非独立核算工业生产单位)。工业活动单位，一般应同时具备以下三个条件：1.具有一个场所，从事一种或主要从事一种工业活动；2.单独组织工业生产、经营或业务活动；3.单独核算收入和支出。

工业企业经济类型　是按企业生产资料和产品归属对象划分企业类型。1992年以前，执行的是由国家统计局和国家工商行政管理局于1980年联合颁发的《关于统计上划分经济类型的暂行规定》及近几年来的补充规定，将我国经济类型划分为：全民所有制、集体所有制、全民与集体合营、全民与大陆私人合营、全民与华侨或港澳台工商业者合营、集体与大陆私人合营、集体与华侨或港澳台工商业者合营、中外合营、华侨或港澳台工商业者经营、外资经营、个体经营、其他等十二种。随着经济体制改革的不断深化和社会经济的发展，我国国民经济结构发生了新的变化，出现了一些新的经济成份，原有的分类已不能反映我国体制格局发展变化的新情况。为此，国家统计局和国家工商行政管理局在调查研究的基础上，联合颁发了修订后的《关于经济类型划分的暂行规定》，将我国经济成份划分为九种类型。

国有经济工业　是指生产资料归国家所有的一种经济类型，是社会主义公有制经济的重要组成部分。包括中央和地方各级国家机关、事业单位和社会团体使用国有资产投资举办的企业，也包括实行企业化经营，国家不再核拨经费或核拨部分经费的事业单位和从事经营性活动的社会团体，以及上述企业、事业单位和社会团体使用自有资金投资举办的企业。

集体经济工业　是指生产资料归公民集体所有的一种经济类型，是社会主义公有制经济的组成部分。包括城乡所有用集体投资举办的企业，以及部分个人通过集资自愿放弃所有权并依法经工商行政管理机关认定为集体所有制的企业。

私营经济工业　是生产资料归公民私人所有，以雇佣劳动力为基础的一种经济类型。包括所有按国家法律、规定登记注册的私营独资企业、私营合伙企业和私营有限责任公司。

个体经济工业　是指生产资料归劳动者个人所有,以个体劳动为基础,劳动成果归劳动者个人占有和支配的一种经济类型。包括所有按国家有关规定登记注册的个体工商户和个人合伙经营者。

联营经济工业　是指不同所有制性质的企业之间或者企业、事业单位之间共同投资组成新的经济实体的一种经济类型。联营经济只包括具备法人条件的紧密型联营企业。

股份制经济工业　是指全部注册资本由全体股东共同出资,并以股份形式投资举办企业而形成的一种经济类型。股份制经济主要有股份有限公司和有限责任公司两种组织形式。全民、集体、联营、私营企业等经济组织虽然以股份制形式经营,但不以股份有限公司或有限责任公司登记注册的,仍按原有所有制性质划归经济类型。

外商投资经济工业　是指国外投资者根据我国有关涉外经济的法律、法规,以合资、合作或独资的形式在大陆境内开办企业而形成的一种经济类型。外商投资经济包括中外合资经营企业、中外合作经营企业和外资企业的三种形式。

港、澳、台投资经济工业　是指港、澳、台地区投资者依照中华人民共和国有关涉外经济的法律、法规,以合资、合作或独资的形式在大陆举办企业而形成的一种经济类型。港、澳、台投资经济参照外商投资经济,可分为合资经营企业、合作经营企业和独资企业三种形式。

其他经济工业　是指以上八种类型之外的其他经济类型。随着经济体制改革的深化,可能会出现新的经济形式,或遇到不易划清的,可列入其他经济类型。

轻工业　指提供消费品和制作手工工具的工业。按其所使用的原料不同,可分为两大类:1. 以农产品为原料的轻工业,是直接或间接以农产品为基础原料的轻工业。主要包括食品制造、饮料制造、烟草加工、纺织、缝纫、皮革和毛皮制作、造纸以及印刷等工业;2.以非农产品为原料的轻工业,是以工业品为原料的轻工业。主要包括文教体育用品、化学药品制造、合成纤维制造、日用化学制品、日用玻璃制品、日用金属制品、手工工具制造,医疗器械制造、文化和办公用机械制造等工业。

重工业　是指为国民经济各部门实现技术改造与技术进步提供物质条件的基础工业。按其生产性质和产品用途,可以分为下列三类:1、采掘(伐)工业,是指对自然资源的开采,包括石油开采、煤炭开采、金属矿开采、非金属矿开采和木材采伐等工业;2、原材料工业,指向国民经济各部门提供的基本材料、动力和燃料的工业。包括金属冶炼及加工、炼焦及焦炭化学、化工原料、水泥、人造板以及电力、石油和煤炭加工等工业;3、加工工业,是指对工业原材料进行再加工制造的工业。包括装备国民经济各部门的机械设备制造工业、金属结构、水泥制品等工业,以及为农业提供的生产资料如化肥、农药等工业。

大、中、小型企业　大、中、小型企业的划分标准有下列两类:

1.按企业产品的年生产能力划分。凡产品比较单一的企业,如电力、原煤、石油、钢铁、有色金属、硫酸、烧碱、纯碱、合成氨、发电设备、汽车、拖拉机、木材采伐、水泥、平板玻璃、纺织、造纸、制糖、手表、缝纫机、自行车等均以产品生产能力作为划分大、中、小型标准(生产多种产品的企业,以其主要产品的生产能力来划分)。

2.按企业拥有的生产经营用固定资产原值划分。凡产品种类繁多,难以按生产能力划分的,则以企业拥有的生产经营用固定资产原值作为划分大、中、小型的标准。

工业总产值　工业总产值是以货币形式表现的,工业企业在一定时期内生产的工业最终产品或提供工业性劳务活动的总价值量。工业总产值目前采用"工厂法"计算,一个企业内部自产自用的产品、半成品不允许重复计算产值,但各企业之间存在着重复计算。第三次全国工业普查,针对工业总产值计算原规定的缺陷,对其作了下列四个方面的修订:

1. 凡用自备原材料生产的产品，不论其加工的繁简程度如何，一律按全价计算。

2. 凡承接来料加工生产的产品，加工企业一律按加工费计算。

3. 自制半成品、在制品期末期初差额价值，如果会计的产品成本核算了这部分价值，工业总产值中也应包括，否则可不包括。

4. 现价工业总产值一律采用不含销项税额的价格计算。

工业增加值 是指工业企业在报告期内以货币表现的工业生产活动的最终成果。工业增加值有两种计算方法：一是生产法，即工业总产出(用现行价格新规定工业总产值代替)减去工业中间投入加本期应交增值税；二是收入法，即根据生产要素在生产过程中应得到的收入份额计算，具体构成项目有固定资产折旧、劳动者报酬、生产税净额、营业盈余，这种方法也称要素分配法。

所有者权益 是指企业投资人对企业净资产的所有权，包括企业投资者对企业的投入资本以及形成的资本公积金、盈余公积金和未分配利润等的所有权。

固定资产原值 是指工业企业购买和建设各种固定资产时所实际支付的金额，以及以后改建或扩建所追加投资金额的合计。固定资产的来源包括解放后接收的原有固定资产、通过基本建设完成交付使用的固定资产、通过更新改造措施而增加的固定资产等等。

固定资产净值 是指固定资产原值扣除历年提取折旧后的价值。

流动资产 是指可以在一年或者超过一年的一个营业周期内变现或者耗用的资产，包括现金及各种存款、短期投资、应收及预付货款、存货等。

流动负债 是指将在一年或者超过一年的一个营业周期内偿还的债务。包括短期借款、应付票据、应付帐款、预收货款、应付工资、应交税金、应付利润、其他应付款、预提费用等。

产品销售收入 指企业销售产品的销售收入和提供劳务等主要经营业务取得的业务总额。1994 年实施新的税制后，取消了产品税，开征消费税，增值税由价内税改为价外税，因此，产品销售收入中不再含增值税。

利润总额 是指企业实现的利润总额，等于盈利企业的利润额减亏损企业的亏损额。

实现利税总额 是指企业实现的利润和税金总额。1993 年及以前实现利税总额为企业产品销售税金及附加和利润总额之和。1994 年税制改革后，税金总额是指企业销售产品、提供工业性作业劳务等，应负担的销售税金及附加、增值税。

工业资金利税率 指报告期已实现的利润、税金总额与同期的资产(流动资产和固定资产净值)之比，反映企业资金运用的经济效益指标。

计算公式为：

$$工业资金利税率(\%)=\frac{报告期止累计实现利税总额}{报告期平均流动资产+固定资产净值平均余额}\times\frac{12}{累计月数}\times100\%$$

工业增加值率 指报告期工业增加值与同期工业总产值之比，反映降低中间消耗的经济效益指标。

计算公式为：

$$工业增加值率(\%)=\frac{报告期工业增加值}{报告期现价工业总产值(新规定)+报告期销项税额}\times100\%$$

总资产贡献率 该指标反映企业全部资产的获利能力，是企业经营业绩和管理水平的集中体现，是评价和考核企业盈利能力的核心指标。

计算公式为：

$$总资产贡献率(\%)=\frac{利润总额+税金总额+利息支出}{平均资产总额}\times\frac{12}{累计月数}$$

其中：税金总额为产品销售税金及附加与应交增值税之和；平均资产总额为期初期末资产总计的算术平均值。

资本保值增值率 该指标反映企业净资产的变动状况，是企业发展能力的集中体现。

计算公式为：

资本保值增值率（%）=

$$\frac{\text{报告期期末所有者权益}}{\text{上年同期期末所有者权益}}\times 100\%$$

资产负债率　该指标既反映企业经营风险的大小，也反映企业利用债权人提供的资金从事经营活动的能力。

计算公式为：

资产负债率（%）=

$$\frac{\text{负债总计}}{\text{资产总计}}\times 100\%$$

流动资产周转率　指一定时期内流动资产完成的周转次数，反映投入工业企业流动资金的周转速度。

计算公式为：

流动资产周转率（次）=

$$\frac{\text{产品销售收入}}{\text{流动资产平均余额}}\times\frac{12}{\text{累计月数}}$$

成本费用利润率　反映工业投入的生产成本及费用的经济效益，同时也反映企业降低成本所得的经济效益。

计算公式为：

工业成本费用利润率（%）=

$$\frac{\text{利润总额}}{\text{成本费用总额}}\times 100\%$$

其中：成本费用总额为产品销售成本、产品销售费用、管理费用和财务费用之和。

全员劳动生产率　该指标反映企业的生产效率和劳动投入的经济效益。

计算公式为：

全员劳动生产率（元/人）=

$$\frac{\text{工业增加值}}{\text{全部职工平均人数}}\times\frac{12}{\text{累计月数}}$$

产品销售率　该指标反映工业产品已实现销售的程度，是分析工业产销衔接情况、研究工业产品满足社会需求的指标。

计算公式为：

产品销售率 =

$$\frac{\text{工业销售产值}}{\text{工业总产值（现价）}}\times 100\%$$

工业经济效益综合指数　是衡量工业经济效益各方面在数量上总体水平的一种特殊相对数，是反映工业经济运行质量的综合指标。

计算公式为：

工业经济效益综合指数 =

$$\frac{\sum\left(\frac{\text{某项指标报告期数值}}{\text{该项指标全国标准值}}\times\text{该项指标权数}\right)}{\text{总权数}}$$

建　筑　业　11

CONSTRUCTION

- 1999 年,建筑施工企业完成总产值(施工产值)102.20亿元,完成增加值 23.07 亿元。
- 1999 年,建筑施工企业全员劳动生产率 35141 元,比 1998 年增长 18.2%。
- 1999 年,建筑施工企业优良工程 1710 个,工程质量优良品率 25.1%。

本篇章

整理	微机处理
永生	曾永生
珗红	

11－1 建筑施工企业主要经济指标

指　　　　标	单　位	1996年	1997年	1998年	1999年
施工企业个数	个	1 024	1 014	1 084	1 060
期末从业人数	万人	32.50	33.88	30.69	30.89
总产值(自行完成施工产值)	亿元	97.70	85.64	89.38	102.20
增　加　值	亿元	18.62	21.40	19.13	23.07
房屋建筑施工面积	万平方米	2 101.5	2 040.2	2 226.9	2 446.7
房屋建筑竣工面积	万平方米	1 006.1	983.2	1 035.5	1 217.9
房屋建筑面积竣工率	%	47.9	48.2	46.5	49.8
全员劳动生产率(按施工产值计算)	元/人	30 062	25 277	29 723	35 141
全员人均竣工面积	平方米/人	31.0	29.0	34.4	41.9
技术装备率	元/人	3 108	3 200	2 486	3 324
动力装备率	千瓦/人	3.2	3.4	3.1	3.3
工程质量优良品率	%	23.5	31.5	25.9	25.1
利 润 总 额	万元	2 702	－1 710	－2 550	2 998
资产总计	亿元	132.70	143.37	152.02	158.57
年末拥有固定资产原值	亿元	38.54	44.46	44.29	47.85
年末拥有固定资产净值	亿元	28.36	31.90	31.75	33.72
竣工产值	亿元	72.85	58.71	57.40	69.47
利税总额	万元	31 607	29 593	30 618	37 188
主营业务利润	万元	58 762	70 806	67 559	77 743
自有机械设备年末总台数	台	75 802	82 874	84 545	85 809
自有机械设备年末总功率	万千瓦	102.46	115.59	95.06	100.63
单位工程施工个数	个	12 395	11 619	12 607	11 763
#本年新开工个数	个	6 448	6 762	7 801	7 019
单位工程竣工个数	个	6 342	6 853	6 938	6 807
#优良工程个数	个	1 489	2 156	1 798	1 710

注:建筑业统计范围为具有资质等级四级以上的独立核算法人建筑业企业,下同。

11－2　国有建筑施工企业主要经济指标

指　　标	单　位	1996 年	1997 年	1998 年	1999 年
施工企业个数	个	241	218	240	233
期末从业人数	万人	15.60	14.90	14.06	12.28
总产值(自行完成施工产值)	亿元	58.97	48.60	51.58	59.02
增　加　值	亿元	10.99	12.37	10.72	12.98
房屋建筑施工面积	万平方米	867.8	823.0	954.4	937.62
房屋建筑竣工面积	万平方米	341.3	322.4	341.8	405.85
房屋建筑面积竣工率	%	39.3	39.2	35.8	43.3
全员劳动生产率(按施工产值计算)	元/人	37 806	32 620	37 163	49 000
全员人均竣工面积	平方米/人	21.9	21.6	24.3	33.7
技术装备率	元/人	4 037	4 871	3 142	5 175
动力装备率	千瓦/人	3.9	4.7	4.1	4.8
工程质量优良品率	%	32.5	48.7	36.3	34.8
利 润 总 额	万元	－2 436	－5 948	－7 775	－2 508
资产总计	亿元	79.54	86.34	101.11	102.26
年末拥有固定资产原值	亿元	26.18	31.06	31.02	33.07
年末拥有固定资产净值	亿元	19.42	22.30	21.78	22.69
竣工产值	亿元	36.82	31.73	30.48	37.62
利税总额	万元	11 083	11 564	9 055	14 810
主营业务利润	万元	34 445	41 583	41 320	49 512
自有机械设备年末总台数	台	28 968	33 300	33 378	31 930
自有机械设备年末总功率	万千瓦	60.67	70.32	57.69	59.15
单位工程施工个数	个	4 969	5 018	5 654	4 727
#本年新开工个数	个	2 649	2 924	3 555	2 932
单位工程竣工个数	个	2 386	2 896	2 886	2 646
#优良工程个数	个	776	1 409	1 048	920

11－3 集体所有制建筑施工企业主要经济指标

指　　标	单　位	1996 年	1997 年	1998 年	1999 年
施工企业个数	个	755	775	793	760
期末从业人数	万人	16.64	18.71	15.93	17.38
总产值(自行完成施工产值)	亿元	38.03	36.46	36.36	39.56
增　加　值	亿元	7.53	8.50	8.03	9.31
房屋建筑施工面积	万平方米	1 213.2	1 201.3	1 238.2	1 418.6
房屋建筑竣工面积	万平方米	652.6	651.0	676.9	759.6
房屋建筑面积竣工率	%	53.8	54.2	54.7	53.5
全员劳动生产率(按施工产值计算)	元/人	22 855	19 487	23 549	24 986
全员人均竣工面积	平方米/人	39.2	34.8	43.8	48.0
技术装备率	元/人	1 858	1 864	1 848	1 897
动力装备率	千瓦/人	2.5	2.4	2.2	2.1
工程质量优良品率	%	18.5	19.1	18.6	18.8
利 润 总 额	万元	5 192	4 137	5 074	5 159
资产总计	亿元	51.97	56.19	47.30	51.95
年末拥有固定资产原值	亿元	12.13	13.07	12.55	13.60
年末拥有固定资产净值	亿元	8.75	9.33	9.37	10.07
竣工产值	亿元	35.68	26.36	26.06	29.65
利税总额	万元	20 348	17 629	20 371	20 601
主营业务利润	万元	23 867	28 279	24 944	26 242
自有机械设备年末总台数	台	45 788	48 881	49 562	51 046
自有机械设备年末总功率	万千瓦	41.17	44.11	35.29	37.24
单位工程施工个数	个	7 181	6 457	6 775	6 687
#本年新开工个数	个	3 591	3 730	4 131	3 868
单位工程竣工个数	个	3 747	3 845	3 949	3 960
#优良工程个数	个	694	733	734	746

11－4 资质等级一级

（19

企　业　名　称	期末从业人　数（人）	总产值（万元）	竣工产值（万元）	施工面积（平方米）	竣工面积（平方米）
江西省第二建筑工程公司	4 881	22 372	2 130	431 971	157 062
铁道部大桥工程局第五桥梁工程处	1 103	4 701	665		
武警水电第二总队	4 612	44 925	17 998	258 358	113 828
铁道部第四工程局第五工程处	3 848	37 681	23 569	32 386	14 937
江西省机械施工公司	639	2 715	1 123	33 200	3 000
江西省第一建筑有限责任公司	4 077	18 555	7 949	401 165	121 297
江西省工业设备安装公司	1 160	4 717	2 734	4 500	4 500
江西省地质工程总公司	1 983	16 487	11 808	17 535	4 733
江西有色工程总公司	750	11 878	10 579	28 200	27 800
江西省火电建设公司	4 181	25 001	24 500	1 000	
江西省水电工程局	4 156	25 020	12 547	231 761	8 265
南昌市第三建筑工程公司	3 612	13 215	11 507	710 250	155 140
南昌市第一建筑工程公司	3 255	15 055	12 989	305 881	153 252
南昌市第二建筑工程公司	2 517	7 703	9 317	306 788	124 820
九江市第一建筑工程公司	2 906	9 551	3 737	332 180	52 540
中国第四冶金建设公司	6 702	19 406	9 720	258 378	141 235
赣州市公路工程公司	958	10 008	5 680		
赣南建筑工程总公司	1 961	12 083	10 625	323 962	167 086
赣州市装饰工程公司	396	2 226			
宜春地区建筑工程总公司	1 913	10 050	6 786	335 545	41 983
江西省送变电建设公司	3 039	19 305	14 470		
江西省煤矿建设公司中煤第十建设公司	2 156	3 944	522	55 648	28 264
抚州地区建筑公司	1 986	8 061	2 721	289 140	115 551
临川建筑安装工程公司	3 317	15 618	15 618	271 800	260 300
江西省公路桥梁工程局	1 142	18 302	7 666		
萍乡矿务局建筑安装总公司	721	8 155	4 741	202 722	102 812

建筑施工企业一览表

99年）

利润总额（万元）	工程结算收入（万元）	工程结算利润（万元）	实收资本（万元）	# 国家资本	年末固定资产原值（万元）	自有机械设备净值（万元）	自有机械设备年末总功率（千瓦）	年末流动资产合计（万元）
－1 549	20 178	430	2 329	2 329	9 291	117	8 248	29 507
－1 471	3 970	892	2 374	2 374	9 581	3 939	27 258	13 916
304	45 133	2 844	9 153	9 153	32 726	10 276	86 647	20 891
49	42 062	7 783	6 490	6 490	13 064	414	21 997	19 928
－ 391	2 557	170	1 169	1 169	6 957	91	9 180	4 396
－1 003	12 588	518	1 896	1 896	8 697	666	4 339	9 247
－ 821	3 988	－80	1 453	1 453	8 024	49	4 668	5 843
257	14 294	1 493	3 864	3 504	6 930	53	35	14 844
381	10 579	528	2 615	2 615	2 871	3	30	3 274
100	21 539	442	3 513	3 513	16 381	4 955	24 516	31 207
67	25 020	4 331	4 023	4 023	10 887	3 840	36 673	24 495
－ 104	17 544	519	1 230	1 230	4 770	64	3 822	54 991
323	15 055	2 041	1 542	1 542	8 627	1 365	6 644	92 031
31	6 744	395	3 104		2 903	281	1 380	26 356
109	7 535	788	847	847	3 629	101	6 632	9 972
－1 266	14 403	1 577	7 249	7 249	30 507	1 452	23 683	15 563
836	10 009	1 343	3 200	3 200	6 155	536	26 765	6 879
－ 262	2 373	184	315	315	3 753	193	3 376	30 157
97	2 253	218	2 056		1 073	21	432	5 531
18	3 133	746	530	530	2 817	111	5 495	4 379
220	12 421	3 042	4 051	4 051	6 945	233	7 986	12 484
－28	2 278	231	4 840	3 996	8 732	1 214	13 400	6 862
30	2 721	442	781	781	3 895	169	6 410	5 114
516	15 618	764	3 211	3 211	2 924	159	17 363	11 116
1 919	19 883	2 835	4 988	4 988	7 676	4 120	19 865	19 786
25	8 414	574	854	854	1 503	341	4 221	4 582

11－5 建筑施工企业个数、职工人数及劳动生产率

(1999年)

地区	施工企业个数(个)	# 一级企业个数	亏损企业个数(个)	期末从业人数(万人)	按施工产值计算的劳动生产率(元/人)	全员人均竣工面积(平方米/人)
全省	**1 060**	**26**	**224**	**30.89**	**35 141**	**41.9**
南昌市	115	14	39	7.70	45 891	30.2
景德镇市	44		18	1.06	20 998	32.4
萍乡市	78	1	18	1.21	32 029	47.8
九江市	143	3	29	3.88	34 984	29.6
新余市	53	1	11	1.78	45 451	35.8
鹰潭市	20	1	6	0.96	33 340	42.1
赣州市	150	3	30	3.23	34 979	54.2
宜春地区	140	1	26	2.61	29 101	60.0
上饶地区	98		17	2.42	23 428	48.8
吉安地区	120		16	2.57	26 808	52.8
抚州地区	99	2	14	3.46	29 540	48.0

11－6 建筑施工企业施工产值和竣工产值

(1999年)　　单位:万元

地区	施工产值	建筑工程	安装工程	房屋构筑物修理	非标准设备制造	竣工产值
全省	**1 021 976**	**920 760**	**85 648**	**12 612**	**2 957**	**694 731**
南昌市	343 163	284 862	54 198	2 155	1 948	231 917
景德镇市	21 918	21 235	439	243		13 501
萍乡市	37 817	33 927	3 003	816	72	24 818
九江市	124 271	118 195	4 147	1 927	2	82 988
新余市	78 662	69 375	6 914	1 685	688	43 214
鹰潭市	32 300	30 296	1 370	584	50	19 480
赣州市	109 439	105 613	2 322	1 491	12	77 436
宜春地区	76 527	72 171	3 617	572	168	59 961
上饶地区	51 617	49 471	1 547	599		36 351
吉安地区	62 347	60 471	1 506	352	19	44 564
抚州地区	83 917	75 144	6 586	2 188		60 502

11－7 建筑施工企业增加值

(1999 年)　　单位:万元

地区	增加值合计	# 固定资产折旧	# 本年应付工资	# 本年应付福利费	# 工程结算税金及附加	# 营业利润
全　省	**230 730**	**19 079**	**163 152**	**15 794**	**31 439**	**4 361**
南昌市	77 969	5 576	57 004	5 157	9 995	162
景德镇市	4 136	153	3 666	142	703	－426
萍乡市	8 702	670	5 276	577	1 343	789
九江市	30 869	3 289	20 932	2 974	3 352	－282
新余市	22 402	4 980	12 671	1 954	2 760	348
鹰潭市	4 480	777	3 338	356	958	－1 061
赣州市	23 101	731	16 411	1 422	3 081	1 202
宜春地区	15 932	927	10 784	731	2 471	1 566
上饶地区	9 689	712	7 408	412	1 749	403
吉安地区	12 546	645	9 897	766	2 469	571
抚州地区	20 906	619	15 765	1 302	2 558	1 088

11－8 建筑施工企业房屋建筑面积

(1999 年)

地区	施工面积(万平方米)	# 本年新开工	竣工面积(万平方米)	# 住宅	面积竣工率(%)
全　省	**2 446.72**	**1 204.27**	**1 217.89**	**784.24**	**49.8**
南昌市	615.95	271.35	226.13	140.69	36.7
景德镇市	70.35	38.35	33.83	18.76	48.1
萍乡市	93.56	50.39	56.40	38.77	60.3
九江市	227.53	130.12	105.00	64.27	46.1
新余市	114.80	62.69	61.97	40.57	54.0
鹰潭市	72.57	37.09	40.75	22.23	56.2
赣州市	322.31	145.48	169.56	106.42	52.6
宜春地区	288.05	149.37	157.69	116.28	54.7
上饶地区	167.44	100.51	107.43	62.73	64.2
吉安地区	210.42	98.73	122.90	82.59	58.4
抚州地区	263.74	120.19	136.22	90.94	51.7

11－9 建筑施工企业房屋建筑工程生产情况

（1999年）　　　　单位：万平方米

地区	本年竣工房屋建筑面积	厂房	住宅	办公用房	商业、居民服务业用房
全省	**1 217.89**	**65.60**	**784.24**	**121.60**	**105.82**
南昌市	226.13	11.58	140.69	20.48	19.63
景德镇市	33.83	2.63	18.76	2.82	6.20
萍乡市	56.40	3.75	38.77	5.85	3.81
九江市	105.00	2.78	64.27	15.28	7.62
新余市	61.97	8.87	40.57	2.86	7.25
鹰潭市	40.75	12.12	22.23	2.28	2.31
赣州市	169.56	3.34	106.42	27.66	19.85
宜春地区	157.69	4.63	116.28	10.41	11.80
上饶地区	107.43	4.78	62.73	12.02	7.97
吉安地区	122.90	3.96	82.59	14.11	10.63
抚州地区	136.22	7.15	90.94	7.85	8.75

地区	文化教育用房	医疗用房	科研用房	其他用房	投标承包房屋建筑施工面积
全省	**72.23**	**19.19**	**3.90**	**45.31**	**1 259.39**
南昌市	21.41	1.19	2.05	9.09	402.23
景德镇市	0.84			2.59	33.35
萍乡市	0.78	0.94		2.51	31.03
九江市	8.44	0.94		5.67	82.36
新余市	1.00	0.10	0.10	1.21	63.64
鹰潭市	0.90	0.23		0.68	63.14
赣州市	6.65	3.79		1.85	137.55
宜春地区	6.27	1.27		7.04	147.67
上饶地区	9.76	6.57	1.56	2.05	56.03
吉安地区	6.32	2.01	0.18	3.11	132.50
抚州地区	9.88	2.15		9.51	109.88

11－10 建筑施工企业工程质量

（1999年）

地区	施工单位工程个数（个）	#投标承包工程个数（个）	单位工程竣工个数（个）	房屋建筑竣工面积（万平方米）	优良品率（%）	
					按单位工程个数计算	按房屋竣工面积计算
全　省	**11 763**	**5 529**	**6 807**	**1 217.89**	**25.1**	**31.4**
南昌市	2 410	1 451	1 330	226.13	44.6	49.4
景德镇市	359	153	245	33.83	11.8	28.1
萍乡市	734	144	473	56.40	6.3	12.8
九江市	1 968	1 071	1 103	105.00	18.9	23.4
新余市	430	198	245	61.97	24.1	45.2
鹰潭市	237	203	150	40.75	58.0	44.3
赣州市	1 370	612	757	169.56	15.9	16.9
宜春地区	1 220	554	763	157.69	29.5	37.8
上饶地区	848	194	602	107.43	13.5	19.3
吉安地区	1 048	564	617	122.90	20.1	22.8
抚州地区	1 139	385	522	136.22	29.5	33.9

11－11 建筑施工企业技术装备

（1999年）

地区	年末自有机械设备总台数（台）	年末自有机械设备（万千瓦）		技术装备率（元/人）	动力装备率（千瓦/人）	自有机械设备净值（万元）
		总功率	施工机械功率			
全　省	**85 809**	**100.63**	**72.06**	**3 324**	**3.3**	**102 690**
南昌市	17 578	23.77	16.08	3 613	3.1	27 840
景德镇市	2 768	2.64	1.88	1 897	2.5	2 014
萍乡市	3 678	3.93	3.33	2 447	3.2	2 961
九江市	12 381	15.21	10.34	4 388	3.9	17 012
新余市	5 584	14.00	10.90	9 833	7.9	17 520
鹰潭市	2 685	3.77	2.00	2 540	3.9	2 432
赣州市	10 437	9.20	6.20	2 715	2.8	8 769
宜春地区	7 333	5.87	4.68	2 192	2.3	5 712
上饶地区	7 255	8.16	4.86	3 646	3.4	8 828
吉安地区	7 785	6.27	5.44	1 552	2.4	3 995
抚州地区	8 325	7.80	6.34	1 619	2.3	5 608

11－12 建筑施工企业年末资产负债

（1999年） 单位：万元

地区	资产总计	流动负债合计	长期负债合计	所有者权益合计	#实收资本
全省	**1 585 742**	**1 107 628**	**80 515**	**397 599**	**299 121**
南昌市	627 777	460 363	39 739	127 676	84 562
景德镇市	45 822	32 221	2 307	11 294	12 316
萍乡市	59 525	42 001	1 199	16 325	9 878
九江市	182 796	114 976	11 151	56 670	46 260
新余市	102 043	65 074	5 814	31 155	21 307
鹰潭市	56 232	40 427	2 638	13 167	11 024
赣州市	156 077	116 227	6 512	33 337	25 503
宜春地区	121 227	93 318	3 550	24 359	19 926
上饶地区	75 980	40 721	2 445	32 814	26 249
吉安地区	75 339	52 643	2 411	20 285	17 418
抚州地区	82 924	49 656	2 749	30 518	24 680

11－13 建筑施工企业流动资产和折旧

（1999年） 单位：万元

地区	流动资产合计	#存货	#在建工程	累计折旧	本年提取折旧
全省	**1 147 989**	**512 633**	**400 278**	**141 275**	**19 079**
南昌市	479 832	232 437	206 083	49 642	5 576
景德镇市	32 248	14 922	9 500	3 007	153
萍乡市	49 513	31 030	10 221	4 389	670
九江市	117 006	37 709	24 275	19 975	3 289
新余市	58 917	18 138	6 509	23 408	4 980
鹰潭市	29 252	8 344	5 413	9 621	777
赣州市	121 338	57 969	45 635	7 508	731
宜春地区	96 853	47 650	41 981	6 656	927
上饶地区	48 588	24 828	18 561	5 590	712
吉安地区	55 567	18 097	13 053	4 937	645
抚州地区	58 875	21 509	19 048	6 543	619

11－14 建筑施工企业损益及分配

（1999 年）　　单位:万元

地区	利润总额	# 工程结算利润	工程结算税金及附加	管理费用	# 税金
全省	**2 998**	**77 743**	**31 439**	**68 005**	**2 751**
南昌市	－188	24 460	9 995	22 713	418
景德镇市	－560	1 166	703	1 402	86
萍乡市	827	4 583	1 343	3 528	267
九江市	－903	15 755	3 352	15 911	316
新余市	110	6 414	2 760	5 411	143
鹰潭市	－1 162	2 311	958	2 736	77
赣州市	1 338	5 578	3 081	3 824	365
宜春地区	1 504	6 464	2 471	4 387	392
上饶地区	507	3 178	1 749	2 488	265
吉安地区	431	3 576	2 469	2 897	195
抚州地区	1 095	4 258	2 558	2 707	226

地区	# 劳动、待业保险费	工程结算成本	工程结算收入	其他业务利润	其他业务收入
全省	**11 547**	**780 351**	**889 533**	**3 831**	**21 700**
南昌市	5 205	265 362	299 817	402	12 022
景德镇市	117	14 550	16 419	280	360
萍乡市	30	33 239	39 165	517	576
九江市	3 074	104 071	123 177	1 077	4 179
新余市	549	69 653	78 827	294	47
鹰潭市	1 025	18 520	21 789	125	1 945
赣州市	431	71 943	80 602	201	389
宜春地区	405	51 829	60 764	275	1 000
上饶地区	142	39 827	44 754	248	244
吉安地区	234	47 226	53 271	327	563
抚州地区	336	64 133	70 950	86	375

11－15　建筑施工企业应付工资、福利费及利润

（1999 年）　　单位：万元

地　　区	本年应付工资	本年应付福利费	利润总额	应交所得税	应付利润
全　省	**163 152**	**15 794**	**2 998**	**2 770**	**2 176**
南昌市	57 004	5 157	－188	487	441
景德镇市	3 666	142	－560	45	70
萍乡市	5 276	577	827	326	532
九江市	20 932	2 974	－903	225	255
新余市	12 671	1 954	110	128	110
鹰潭市	3 338	356	－1 162	21	43
赣州市	16 411	1 422	1 338	499	121
宜春地区	10 784	731	1 504	278	370
上饶地区	7 408	412	507	130	86
吉安地区	9 897	766	431	193	146
抚州地区	15 765	1 302	1 095	439	2

11－16　建筑施工企业实收资本和固定资产

（1999 年）　　单位：万元

地　　区	实收资本	# 国家资本	固定资产合计	固定资产原价合计	# 生产经营用
全　省	**299 121**	**149 680**	**356 991**	**478 520**	**302 948**
南昌市	84 562	56 275	121 688	166 427	101 652
景德镇市	12 316	6 489	6 920	9 892	6 187
萍乡市	9 878	3 281	9 242	13 536	9 365
九江市	46 260	22 292	49 494	68 691	49 975
新余市	21 307	17 277	32 169	51 759	35 734
鹰潭市	11 024	8 544	26 296	35 037	17 362
赣州市	25 503	7 837	29 732	33 224	23 514
宜春地区	19 926	8 521	20 260	25 248	14 644
上饶地区	26 249	5 188	22 288	25 316	14 767
吉安地区	17 418	4 337	17 953	21 989	13 792
抚州地区	24 680	9 641	20 949	27 402	15 956

主要统计指标解释

建筑业总产值(自行完成施工产值)　建筑业总产值是以货币表现的建筑安装企业和附营施工单业生产规模、发展速度、经营成果的重要标志,也是用以计算建筑业经济效益、劳动生产率和建筑业在国民经济中所占比重的依据。

建筑业增加值　建筑业增加值是建筑业企业在报告期内以货币表现的建筑法:一是生产法，即建筑业总产出减去建筑业中间消耗后的余额;二是分配法(收入法),即从收入的角度出发，根据生产要素在生产过程中应得到的收入份额计算，具体构成项目有固定资产折旧、劳动者报酬、生产税净额、营业盈余。

竣工产值(竣工工程产值)\ 是指以货币表现的建筑业生产所形成的成品的价值，反映建筑业的成就,是考核建筑业施工速度和经济效益的依据之一。

房屋建筑面积　是指房屋全部平面面积的总和。它从房屋的外墙线算起。包括可供使用的有效面积和墙柱等结构占用面积。多层房屋按各层(包括地下室)面积总合计算。旧房加层或改造，只计算增加的建筑面积;旧房拆除重建,计算其全部面积;临时房屋不计算建筑面积。

房屋竣工面积\ 是指在报告期内房屋建筑按照设计要求已全部完工，达到了使用条件,经检查验收鉴定合格的房屋建筑面积。

自有机械设备年末总台数　是指归本企业(或单位)所有,属于本企业(或单位)固定资产的生产性机械设备年末总台数。包括施工机械、生产设备、运输设备以及其他设备。

自有机械设备年末总功率　是指本企业(或单位)自有施工机械、生产设备、运输设备以及其他设备等列为在册固定资产的生产性机械设备年末总功率。按设定能力或查定能力计算。包括机械本身的动力和为该机械服务的单独动力设备，如电动机等。计量单位用千瓦,动力换算可按 1 马力 = 0.735千瓦折合成千瓦数。电焊机、变压器、锅炉不计算动力。

资产　是企业拥有或控制的能以货币计量的经济资源，包括各种财产、债权和其他权利。建筑业企业的资产按其流动性分为　流动资产、长期投资、固定资产、专项工程、无形及递延资产和其他资产。

工程结算收入　是本企业承包工程实现的工程价额结算收入以及向发包单位收取的除工程价款以外按规定列作营业收入的各种款项,如临时设施费、劳动保险费、施工机构调迁费等以及向发包单位收取的各种索赔款。

企业总收入　指与企业生产经营直接有关的各项收入,包括工程结算收入与其他业务收入。

即:企业总收入 = 工程结算收入 + 其他业务收入

利税总额　指企业的实现利润与上缴税金(利前税)之和,包括利润总额,工程结算税金及附加,管理费用中的税金。

即:利税总额 = 利润总额 + 工程结算税金及附加 + 管理费用中的税金。

交通运输、邮电通讯业 12

TRANSPORTATION, POSTAL AND TELECOMMUNICATIONS SERVICES

- 1999年,铁路营业里程2245公里,公路通车里程36918公里,内河通航里程5537公里。
- 1999年,全社会货物运输周转量702.3亿吨公里,旅客运输周转量391.8亿人公里。
- 1999年,邮电业务总量60.49亿元,邮路长度64996公里。
- 1999年,市内电话交换机总容量257.65万门,农话局用交换机总容量115.70万门。
- 1999年,全省邮电局、所4108处,邮路长度6.5万公里,长途光缆长度4965皮长公里。

本篇章

料整理　　微机处理

鹏　　章　鹏

12－1 运 输 线 路 长 度

单位:公里

指 标	1978年	1980年	1990年	1995年	1998年	1999年
铁路营业里程	**1 293**	**1 389**	**1 642**	**1 640**	**2 197**	**2 245**
中央铁路	1 184	1 335	1 581	1 579	2 149	2 197
地方铁路	109	54	61	61	48	48
公路通车里程	**30 245**	**29 651**	**33 203**	**34 915**	**36 867**	**36 918**
#等级公路		12 096	18 561	20 942	24 589	25 328
高速公路					212	263
一级公路			15	15	15	15
二级公路		169	1 105	1 999	3 255	3 846
三级公路		521	2 156	2 571	3 491	3 815
#等外公路		17 559	14 642	13 973	12 278	11 590
内河通航里程	**6 630**	**4 937**	**4 937**	**4 937**	**4 937**	**5 537**
#水深一米以上	2 780	2 867	984	1 022	1 022	1 022
附:长江通航里程	133	133	133	133	133	133

注:中央铁路营业里程包括正式营业线和临时营业线。

12－2 交通运输工具年末实有数

(1999年)

指 标	单 位	合 计	# 交通部门
一、民用汽车合计	辆	223 998	6 511
#载货汽车	辆	119 198	1 661
	吨 位	471 623	7 593
载客汽车	辆	90 586	4 850
	客 位	1 381 437	131 981
特种汽车	辆	14 214	
二、其他机动车	辆	77 326	83
三、摩托车	辆	695 539	
四、汽车挂车	辆	776	
五、运输船舶			
机动船	艘	4 652	1 632
	净载重量吨	344 652	171 126
	客 位	15 712	1 628
拖轮功率	千瓦(特)	14 652	10 511
驳船	艘	331	254
	净载重量吨	71 877	53 354
帆船	艘	19	
	净载重量吨	59	
补充资料:			
汽车驾驶员	人	710 770	

12－3　公路里程年底到达数

（1999 年）　　　　单位:公里

地　　区	合　　计	等级公路	高速公路	一　　级
全　　省	**36 918**	**25 328**	**263**	**15**
南 昌 市	1 958	1 658		15
景德镇市	1 457	1 034		
萍 乡 市	1 422	864		
九 江 市	3 838	2 643		
新 余 市	847	741		
鹰 潭 市	871	629		
赣 州 市	7 349	4 732		
宜春地区	4 919	3 589		
上饶地区	4 651	2 799		
吉安地区	5 387	3 457		
抚州地区	3 956	2 919		
省高管局	228	228	228	
公路开发公司	35	35	35	

地　　区	二　　级	三　　级	四　　级	等外公路
全　　省	**3 846**	**3 815**	**17 389**	**11 590**
南 昌 市	258	243	1 142	300
景德镇市	84	250	700	423
萍 乡 市	103	62	699	558
九 江 市	245	517	1 881	1 195
新 余 市	224	102	415	106
鹰 潭 市	103	97	429	242
赣 州 市	666	807	3 259	2 617
宜春地区	768	309	2 512	1 330
上饶地区	724	439	1 636	1 852
吉安地区	500	352	2 605	1 930
抚州地区	171	637	2 111	1 037
省高管局				
公路开发公司				

12－4 全 社 会 运 输 量

指　　标	单位	1990年	1995年	1998年	1999年
一、货物运输量	**万吨**	**17 678**	**22 296**	**22 292**	**22 581**
1.交通部门	万吨	3 928	3 786	3 707	3 634
民　航	万吨	0.10	0.46	0.66	1.00
铁　路	万吨	2 631	2 839	2 860	2 935
中　央	万吨	2 546	2 736	2 767	2 845
地　方	万吨	85	103	93	90
公　路	万吨	916	542	533	392
#汽　车	万吨	472	247	352	237
水　运	万吨	381	405	313	306
内　河	万吨	374	390	286	271
沿　海	万吨			9	7
远　洋	万吨	7	15	18	28
#轮驳船	万吨	381	405	313	306
2.非交通部门	万吨	13 750	18 510	18 585	18 947
#公　路	万吨	12 898	17 536	17 778	18 165
水　运	万吨	852	960	803	777
二、旅客运输量	**万人**	**24 893**	**30 113**	**32 101**	**34 142**
1.交通部门	万人	16 206	9 500	10 245	10 557
民　航	万人	12.20	45	64	61
铁　路	万人	1 827	2 251	2 820	3 089
中　央	万人	1 827	2 251	2 820	3 089
公　路	万人	14 182	6 981	7 194	7 276
#汽　车	万人	14 182	6 981	7 194	7 276
水　运	万人	185	223	167	131
内　河	万人	185	223	167	131
#轮驳船	万人	185	223	167	131
2.非交通部门	万人	8 687	20 613	21 856	23 585
公　路	万人	8 499	20 258	21 552	23 273
水　运	万人	188	355	304	312

12-5 全社会运输周转量

指　　标	单　位	1990年	1995年	1998年	1999年
一、货物周转量	**万吨公里**	**2 992 744**	**3 931 597**	**6 500 396**	**7 023 211**
1.交通部门	万吨公里	2 303 180	2 772 411	5 156 392	5 623 927
民　航	万吨公里	55.57	3 189	4 348	4 661
铁　路	万吨公里	2 044 770	2 522 531	4 910 270	5 405 889
中　央	万吨公里	2 042 652	2 520 000	4 907 593	5 403 118
地　方	万吨公里	2 118	2 531	2 677	2 771
公　路	万吨公里	52 862	24 379	36 173	27 309
#汽　车	万吨公里	51 456	23 633	35 524	26 874
水　运	万吨公里	205 492	222 312	205 601	186 068
内　河	万吨公里	191 484	190 630	147 645	132 565
沿　海	万吨公里			13 923	11 904
远　洋	万吨公里	14 008	31 682	44 033	41 599
#轮 驳 船	万吨公里	205 492	222 312	205 601	186 068
2.非交通部门	万吨公里	689 564	1 159 186	1 344 004	1 399 284
#公　路	万吨公里	575 407	1 044 462	1 258 259	1 290 581
水　运	万吨公里	114 157	114 661	85 727	108 678
二、旅客周转量	**万人公里**	**1 703 696**	**2 390 630**	**3 500 067**	**3 917 651**
1.交通部门	万人公里	1 360 595	1 627 372	2 595 437	3 027 375
民　航	万人公里	7 305.93	39 311	50 811	51 372
铁　路	万人公里	746 506	1 159 000	1 961 670	2 322 764
中　央	万人公里	746 506	1 159 000	1 961 670	2 322 764
公　路	万人公里	599 340	422 003	575 846	647 521
#汽　车	万人公里	599 340	422 003	575 846	647 521
水　运	万人公里	7 443	7 058	7 110	5 718
内　河	万人公里	7 443	7 058	7 110	5 718
#轮 驳 船	万人公里	7 443	7 058	7 110	5 718
2.非交通部门	万人公里	343 101	763 258	904 630	890 276
公　路	万人公里	339 462	756 447	897 934	883 092
水　运	万人公里	3 639	6 811	6 696	7 184

12－6　交通运输主要经济技术指标

指　　标	单　位	1995年	1998年	1999年
一、铁　　路				
货车周转时间	天	1.78	1.92	1.80
平均每日装车数	辆	1 272	1 285	1 326
货车平均静载重	吨	58.90	59.0	58.8
货物列车旅行速度	公里/小时	26.40	34.9	38.0
货运机车平均日产量	万吨公里	77.70	100.7	105.5
内燃机车每万吨公里耗油	公 斤	21.50	22.7	22.9
二、公　　路				
载货汽车完好率	%	82.20	87.7	83.0
载货汽车工作率	%	52.60	71.4	75.2
载货汽车实载率	%	64.40	86.3	88.5
载客汽车完好率	%	87.70	93.3	91.7
载客汽车工作率	%	66.80	78.3	87.3
载客汽车实载率	%	55.40	66.9	75.6
载货汽车车吨年产量	吨 公 里	18 568	41 585	53 705
载货汽车每百车公里耗汽油	升	30.60	26.2	23
载货汽车每百吨公里耗汽油	升	7.80	8.8	6.5
载货汽车每百车公里耗柴油	升	34.40	21.1	21
载货汽车每百吨公里耗柴油	升	3.70	7.1	7.5
载客汽车每百车公里耗汽油	升	27.30	27.1	21
载客汽车每百吨公里耗汽油	升	12.70	11.6	8
三、水　　运				
货轮营运率	%	94.90	96.1	92.4
拖轮营运率	%	86.60	83.9	77.0
驳船营运率	%	93.50	94.6	93.4
货轮每吨位年产量	吨 公 里	17 066	37 298	38 821
拖轮每千瓦年产量	吨 公 里	37 146	25 859	23 441
驳船每吨位年产量	吨 公 里	8 087	6 037	7 049
机动船每千千瓦小时耗柴油	公 斤	246	202	195
机动船每千吨公里耗柴油	公 斤	10	12	11

12－7 铁路重要车站、九江港主要指标

指　　　　　　标	单位	1978 年	1980 年	1990 年	1995 年	1998 年	1999 年
南 昌 站							
货物发送量	吨	475 525	32 614	36 229	42 155	60 332	22 647
旅客发送量	人	2 623 805	3 278 262	3 976 258	4 608 077	6 966 944	8 068 665
平均每日装车数	车	63.10	2	4.50	4	3.4	1.4
平均每日卸车数	车	290.70	13.30	11.90	11	23.6	22.9
青 云 谱 直 属 站							
货物发送量	吨		719 187	761 982	564 779	710 098	1 660 703
旅客发送量	人		24 328	19 974	52 122	8 413	9 635
平均每日装车数	车		79.10	41.50	29	34	82.8
平均每日卸车数	车		244.50	165.90	162	133	277.6
平均每日办理车数	车			1 038	486	876	848
向 塘 西 站							
货物发送量	吨	71 843	94 752	141 681	166 878	139 220	92 725
旅客发送量	人	465 196	628 113	615 069	911 090	664 840	811 467
平均每日装车数	车	4.20	5.40	7.30	8	7.6	5.3
平均每日卸车数	车	19.70	20.20	20.90	29	21.4	22.0
平均每日办理车数	车	3 490	3 692	4 726	5 965	9 221	10 669
鹰 潭 站							
货物发送量	吨	536 856	510 811	670 089	703 492	1 715 191	1 817 183
旅客发送量	人	816 379	1 228 728	1 505 710	2 419 495	2 992 251	3 494 029
平均每日装车数	车	43.20	41.70	31.30	29	81.4	91
平均每日卸车数	车	53.30	57	39.90	89	194.8	194.0
平均每日办理车数	车	3 206	3 552	5 208	6 928	8 860	9 516
长航九江港务局							
旅客出口量	人		2 726 249	1 711 316	1 338 848	713 031	1 213 886
货物吞吐量	吨		6 224 510	4 453 773	6 679 355	4 899 885	6 231 955

注:1999 年南昌西站与青云谱站合并成立青云谱直属站,1999 年以前青云谱直属站数据为南昌西站数据。

12－8 邮 电 事 业

指标	单位	1978年	1980年	1990年	1995年	1998年	1999年
邮电业务总量(1990年不变价)	万元	9217	12213.98	28509.90	141794.40	399047	604882
#中央国营	万元	8176.40	9961.28	25853.20	130989.50	377135	572907
函　件	万件	7372	8966	17161.70	23254.20	17643	14784
包　裹	万件					268	275
报刊期发数	万份	301.70	404	490.10	515.90	441	455
报刊累计数	万份	37075.10	42334	46842.10	56015.70	53125	52126
特快专递	件			24813	1566993	2054661	2133345
邮政储蓄年末收储余额	万元			35850	412308.30	774854	988758
集　邮	万枚				9277.50	14044	13626
电　报	万份	402	461	643.20	349.50	125	96
长途电话	万张	421	514	1926.50	16498.50	27436	33557
#国际、港澳长途	万张			17.50	105.90	106	114
传　真	份	133		10592	154554	257807	258798
市内电话年末到达户数	户	30126	33441	101120	630577	1459979	1842314
#住宅电话	户			13559	457038	1179990	1468351
#公用电话	户			562	18646	58799	46870
无线寻呼用户	户			1538	310980	1165428	1372928
移动电话用户	户				31550	432740	769939
分组交换用户	户					3956	4391
数字数据(DDN)用户	户					3678	4819
计算机互连网用户	户					7711	30228
农村电话年末到达户数	户	25778	25877	24938	110273	465191	711603
邮电局、所数	处	1781	1814	1876	1938	3479	4108
#自办局、所	处	1498	1528	1558	1605	2638	2751
邮路总长度	公里	14033	13920	46591	46182	60052	64996
#航空邮路	公里	321	321	4215	3788	13931	18090
#铁路邮路	公里	3996	3303	4538	5262	5454	5472
农村投递路线总长度	公里	151615	148544	121971	120365	121597	115252
长途光缆长度	皮长公里					4739	4965
微波通信线路	波道公里			1172	10255	8468	9170
电报电路	路			325	318	288	314
用户电报电路	路			30	33	25	45
长途业务电话	路	666	754	2887	26455	45482	67231
自备火车车厢	辆	6	3	17	18	18	15
邮政汽车	辆	158	177	263	498	769	1091
用户电报交换机容量	门			2059	2000	2000	2000
长途自动交换机容量	路端			4216	118311	136880	145100
市内电话交换机总容量	门	54500	60100	174932	1466655	2286185	2576465
市内电话机总数	部	50654	62621	170122	789924	1559499	1959367
#接入局用交换机的话机	部	30204	33619	97577	652295	1470033	1858450
农话局用交换机总容量	门	47620	49610	94447	275472	941138	1157048
接入农话局用交换机的话机数	部	45856	44772	54292	109706	465940	724887
已通电话的乡镇	个				1796	1820	1812
已通电话行政村	个					15626	17570

12-9 独立核算运输企业财务指标

（1999年） 单位:万元

指标	总计	按经济类型分			按专业类型分		
		国有经济	集体经济	其他经济	公路运输	水上运输	港口
企业单位数 （个）	205	126	73	6	142	59	4
#亏损企业 （个）	106	58	47	1	58	45	3
流动资产合计	68917.98	58475.38	9834.40	608.20	49606.58	10932.40	8379.00
固定资产合计	117269.07	104373.37	12153.30	742.40	71508.27	19956.50	25804.30
固定资产原价合计	174761.41	153135.11	20669.20	957.10	107124.31	33407.90	34229.20
#生产经营用	127264.60	111362.30	14965.00	937.30	81877.80	21760.10	23626.70
累计折旧	64104.80	54318.20	9525.90	260.70	40573.80	15095.80	8435.20
资产合计	200995.37	176225.57	22957.50	1812.30	132833.07	32472.10	35690.20
流动负债合计	90566.82	75018.42	14357.20	1191.20	61705.42	15811.70	13049.70
负债合计	129822.42	108155.62	20311.10	1355.70	84009.62	24917.20	20895.60
所有者权益合计	70540.35	67451.25	2635.50	453.60	48392.45	7544.50	14603.40
营运业务收入	68655.38	57044.48	10045.30	1565.60	52471.48	9235.30	6948.60
营运业务成本	52184.64	43465.34	7459.60	1259.70	37019.44	6971.30	8193.90
营运税金及附加	2359.74	1862.31	379.53	117.90	1850.71	345.53	163.50
营运业务利润	12129.89	10057.02	1934.87	138.00	11810.62	1801.37	-1482.10
管理费用	18181.08	15289.48	2769.20	122.40	14152.18	3181.90	847.00
财务费用	2752.80	1901.30	842.40	9.10	1438.00	1033.90	280.90
#利息支出	2045.80	1504.20	532.80	8.80	986.70	747.90	311.20
营业利润	-2171.20	-1239.40	-939.40	7.60	1120.10	-1618.40	-1672.90
利润总额(亏损为-)	-854.26	-16.06	-848.80	10.60	2374.84	-1527.40	-1701.70
应交所得税	894.80	862.80	32.00		893.80	1.00	
本年应付工资总额	16564.02	13871.42	2660.40	32.20	11942.22	2858.20	1763.60
本年应付福利费总额	2160.04	1808.34	340.50	11.20	1580.94	327.80	251.30

12－10 国有交通运输企业主要财务指标

（1999年） 单位：万元

指　　标	公路运输	水上运输	铁路运输	民航运输
主营业务收入	38 040	8 308	281 894	55 791
主营业务成本	27 782	7 354	196 463	45 628
营业税金及附加	1 129	207	9 133	1 531
主营业务利润	9 129	747	76 298	6 044
管理费用	12 264	2 089	22 261	2 934
营业利润	1 817	－1 693	58 108	2 381
利润总额	2 736	411	44 826	1 384
实际上交所得税	815	216	17 420	
资产总额	119 310	29 502	2 701 825	133 527
#流动资产	44 092	6 268	354 578	37 478
固定资产原价	93 393	27 199	2 640 801	70 185
减：累计折旧	34 615	12 823	373 006	10 036
固定资产净值	58 778	14 376	2 267 795	60 150
负债总额	73 760	19 761	696 775	62 199
#流动负债	51 903	9 717	304 647	19 871

12－11 邮电通信企业主要财务指标

指　　标	单 位	1995年	1998年	1999年
企业单位数	个	116	219	225
#亏损企业	个	85	170	175
通信业务收入	万元	203 147	427 855	518 061
通信业务成本	万元	122 971	308 353	372 639
营业税金及附加	万元	6 689	14 005	16 962
通信业务收支差额	万元	17 025	52 524	81 846
管理费用	万元	36 303	61 635	95 744
营业收支差额	万元	－21 770	－37 227	－52 507
收支差额总额	万元	－23 100	－57 906	－61 156
实际上交所得税	万元	22	128	2 266
资产总额	万元	585 919	1 375 542	1 704 273
#流动资产	万元	170 274	487 868	584 717
固定资产原价	万元	431 691	1 043 124	1 406 653
减：累计折旧	万元	137 272	419 252	581 675
固定资产净值	万元	294 419	623 872	824 978
负债总额	万元	276 015	839 381	1 152 098
#流动负债	万元	141 126	448 397	631 581

主要统计指标解释

铁路营业里程　指办理客货运输业务的铁路正线总长度。凡是全线或部分建成双线及以上的线路，以第一线的实际长度计算;复线、站线、段管线、岔线和特别用途线以及不计算运费的联络线都不计算营业里程。铁路营业里程是反映铁路运输业基础设施发展水平的重要指标，也是计算客货周转量、运输密度和机车车辆运用效率指标的基础资料。

公路里程　也称“公路通车里程”，是指实际达到交通部制定的公路工程技术标准规定的等级公路长度。它包括大中城市的郊区公路以及通过小城镇街道的公路里程，也包括桥梁、渡口的长度，但不包括城市的街道以及厂矿、林区和农业生产用道的里程。两条或多条公路共同经由同一路段，只计算一次，不重复计算里程长度。公路里程是反映公路建设发展规模的重要指标，也是计算运输网密度等指标的基础资料。

内河航道里程　也称“内河通航里程”，是指在枯水季节水深在0.3米及以上，能通航运输船舶及排筏的天然河流、湖泊水库、运河及通航渠道的长度。包括全年季节性通航累计三个月以上的航道，但不包括仅供零散流放竹木排的河道。内河航道里程是反映内河水运网规模、水平和发展情况的主要指标。

货(客)运量　指运输业实际运送的货物(旅客)数量。货运按吨计算，客运按人计算。货物不论运输距离长短，货物类别，均按实际重量统计;旅客不论行程远近或票价多少，均按一人一次作为客运量统计。半票价、小孩票，也按一人统计。货(客)运量是反映运输业为国民经济和人民生活服务的数量指标，也是制定和检查运输生产计划、研究运输发展规模和速度的重要指标。

货物(旅客)周转量　指运输业运送的货物(旅客)数量与其相应运输距离的乘积之总和，通常以吨公里和人公里为计算单位。计算货物周转量通常按发出站与到达站之间的最短距离，也就是计费距离计算。它是反映运输业生产总成果的重要指标，也是编制和检查运输生产计划、计算运输效率、劳动生产率以及核算运输单位成本的主要基础资料。

铁路货车平均静载重　指铁路货车在始发站静止状态下平均每车装载的货物重量。平均静载重的多少取决于运送货物的性质、种类、车辆的类型和装载技术的高低。根据货车的平均载重能力和静载重进行对比，可以反映货车载重能力的利用程度。计算公式为:

$$货车静载重=\frac{货物发送吨数}{装车数}$$

铁路货运机车平均日产量　指平均每台货运机车在一昼夜内所完成的总重吨公里数。它既包括载运货物的重量，也包括车辆本身的自重，它是从时间和牵引能力两方面反映了机车运用效率的综合性指标。计算公式为:

$$货运机车平均日产量=\frac{货运总重吨公里数}{货运机车台日数}$$

邮电业务总量　指以货币表现的邮电部门为用户传递信息和提供其他邮电服务的总量。它用各种邮电分类业务量，如函件件数、电报份数、长话张数、市内电话和农村电话的年均户数、订销报刊累计份数等，分别乘以相应的不变单价(1990年不变价格)加总后再加上出租电路和设备的收入、代用户维护电话交换机和线路等设备的收入、其他业务收入求得。邮电业务总量综合反映了一定时期邮电工作的总成果，是研究邮电业务量构成和发展趋势的重要指标。

批发零售贸易业、餐饮业 13

WHOLESALE AND RETAIL TRADE AND CATERING TRADE

- 1999年,限额以上批发零售贸易业商品购进总额270.52亿元。
- 1999年,社会消费品零售总额650.47亿元,比1998年增长7.5%。
- 1999年,城乡集市贸易市场2885个,成交总额445.45亿元,分别比1998年下降1.7%和增长6.3%。

本篇章

整理	微机处理
望汉	陈望汉
宇林	徐宇林
惠瑄	王惠瑄

13－1 社会消费品零售总额

单位:万元

年份	社会消费品零售总额	批发零售贸易业零售额	餐饮业零售额	制造业零售额	其他行业零售额	# 农民对非农业居民零售额
1978	339 281	301 242	12 106	5 228	20 705	10 552
1979	386 025	339 534	13 018	5 542	27 931	14 654
1980	454 837	394 464	14 716	11 925	33 732	25 517
1981	537 447	444 442	14 937	25 399	52 669	41 064
1982	576 394	465 837	15 716	25 243	69 598	45 564
1983	619 871	481 525	17 573	37 663	83 110	57 325
1984	703 276	537 889	22 029	45 474	97 884	67 295
1985	857 101	624 672	29 833	67 896	134 700	99 601
1986	964 954	689 294	35 031	70 309	170 320	129 393
1987	1 087 661	774 577	40 786	62 469	209 829	167 083
1988	1 400 335	949 004	60 001	112 202	279 128	223 725
1989	1 527 447	1 032 102	64 918	106 617	323 810	265 354
1990	1 519 351	992 798	67 288	123 838	335 427	272 016
1991	1 691 914	1 104 809	76 691	124 733	385 681	308 491
1992	1 976 150	1 252 247	95 006	140 292	488 605	360 329
1993	2 436 197	1 558 161	133 924	182 450	561 662	438 750
1994	3 309 488	2 170 230	190 318	225 022	723 918	615 975
1995	4 108 625	2 621 800	240 923	339 499	906 403	796 574
1996	4 904 426	3 097 082	324 083	415 364	1 067 896	945 260
1997	5 585 484	3 393 320	434 171	422 694	1 335 299	1 212 030
1998	6 050 877	3 663 941	487 089	455 056	1 444 791	1 317 189
1999	6 504 678	3 976 504	529 461	472 388	1 526 325	1 305 054

13－2 城乡社会消费品零售总额

单位:万元

年份	社会消费品零售总额	市	县	县以下
1978	339 281	81 464	111 112	146 705
1979	386 025	106 317	130 811	148 897
1980	454 837	136 117	124 878	193 842
1981	537 447	160 661	144 047	232 739
1982	576 394	171 527	164 334	240 533
1983	619 871	187 029	179 720	253 122
1984	703 276	230 731	200 969	271 576
1985	857 101	284 121	241 686	331 294
1986	964 954	318 128	275 034	371 792
1987	1 087 661	363 857	323 673	400 131
1988	1 400 335	505 161	390 082	505 092
1989	1 527 447	552 336	423 994	551 117
1990	1 519 351	565 455	416 650	537 246
1991	1 691 914	652 942	452 991	585 981
1992	1 976 150	773 815	552 926	649 409
1993	2 436 197	993 276	647 603	795 318
1994	3 309 488	1 417 590	842 239	1 049 659
1995	4 108 625	1 754 824	1 032 896	1 320 905
1996	4 904 426	2 136 075	1 160 310	1 608 041
1997	5 585 484	2 509 674	1 328 683	1 747 127
1998	6 050 877	2 783 772	1 416 479	1 850 626
1999	6 504 678	3 024 481	1 504 438	1 975 759

13－3 各地区社会消费品零售总额

（1999年） 单位：万元

分类	全省	南昌市	景德镇市	萍乡市	九江市	新余市
社会消费品零售总额	**6 504 678**	**1 307 748**	**255 638**	**316 318**	**589 259**	**240 062**
一、按销售地区分						
市的零售额	3 024 481	1 079 572	195 054	238 466	270 564	143 042
县的零售额	1 504 438	110 168	6 617	13 766	151 152	34 656
县以下的零售额	1 975 759	118 008	53 967	64 086	167 543	62 364
二、按行业分						
批发、零售贸易业	3 976 504	851 950	157 341	197 486	378 118	149 506
餐饮业	529 461	94 769	8 269	33 706	52 261	21 385
制造业	472 388	66 786	21 765	14 772	39 411	18 687
其他	1 526 325	294 243	68 263	70 354	119 469	50 484
#农民对城镇居民零售	1 305 054	288 279	60 600	69 180	108 006	36 739

分类	鹰潭市	赣州市	宜春地区	上饶地区	吉安地区	抚州地区
社会消费品零售总额	**177 270**	**829 787**	**832 867**	**767 097**	**552 013**	**600 619**
一、按销售地区分						
市的零售额	122 457	262 111	254 510	191 275	108 371	156 847
县的零售额	22 376	258 221	137 756	276 664	219 206	240 856
县以下的零售额	32 437	309 455	440 601	299 158	224 436	202 916
二、按行业分						
批发、零售贸易业	127 300	521 823	486 422	451 332	345 358	305 650
餐饮业	15 367	57 514	77 201	57 461	49 499	38 639
制造业	7 722	60 441	72 356	64 867	33 144	62 437
其他	26 881	190 054	196 888	193 437	124 012	193 893
#农民对城镇居民零售	22 978	172 516	176 166	158 898	107 647	103 653

13－4 城乡集市贸易市场数和成交额

年份	集市贸易市场数(个)			集市贸易成交额(万元)		
	合计	城市	县城及农村	合计	城市	县城及农村
1978	1 192			34 403		
1979	1 346	96	1 250	50 773	7 070	43 703
1980	1 401	104	1 297	70 319	9 456	60 863
1981	1 425	125	1 300	89 662	13 453	76 209
1982	1 475	125	1 350	111 464	15 249	96 215
1983	1 598	124	1 454	120 575	14 615	103 575
1984	1 858	201	1 624	137 899	19 359	112 525
1985	2 094	209	1 775	199 130	32 599	148 189
1986	2 234	256	1 978	258 353	64 799	193 554
1987	2 350	290	2 060	341 983	94 359	247 624
1988	2 440	321	2 119	477 410	139 990	337 420
1989	2 419	288	2 131	611 730	191 343	419 577
1990	2 406	299	2 107	678 141	222 631	455 510
1991	2 508	350	2 158	788 201	292 339	495 862
1992	2 567	367	2 200	889 886	326 132	563 754
1993	2 686	412	2 274	1 106 298	423 390	682 908
1994	2 720	426	2 294	1 582 588	664 185	918 403
1995	2 777	488	2 289	2 343 230	1 137 689	1 205 541
1996	2 852	559	2 293	3 032 135	1 553 444	1 478 691
1997	2 898	525	2 373	3 621 111	1 929 357	1 691 754
1998	2 936	568	2 368	4 190 650	2 376 853	1 813 797
1999	2 885	586	2 299	4 454 459	2 551 129	1 903 330

13－5 各地区城乡集市贸易市场数和成交额

地区	集市贸易市场数(个)		集市贸易成交额(万元)	
	1998年	1999年	1998年	1999年
南昌市	257	254	921 800	959 822
景德镇市	80	62	142 230	168 567
萍乡市	107	113	177 766	178 251
九江市	292	292	343 926	315 043
新余市	78	64	79 320	96 106
鹰潭市	54	53	105 923	100 156
赣州市	605	568	1 063 525	1 245 072
宜春地区	461	417	473 314	565 940
上饶地区	376	318	318 802	335 992
吉安地区	347	294	267 086	268 262
抚州地区	279	238	296 958	248 137

13－6 限额以上批发零售贸易业

（19

分　　类	购进总额	#进　口
总　　计	**2 705 156.4**	**40 172.6**
#国有及国有控股	2 343 163.3	40 172.6
一、按登记注册类型分		
内资企业	2 702 086.7	40 172.6
国有企业	2 268 365.4	40 172.6
集体企业	228 647.3	
股份合作企业	61 746.4	
联营企业	7 477.3	
国有联营企业	7 477.3	
有限责任公司	50 379.8	
其他有限责任公司	50 379.8	
股份有限公司	78 427.0	
私营企业	7 043.5	
私营独资企业	4 002.6	
私营合伙企业	396.8	
私营有限责任公司	2 644.1	
港、澳、台商投资企业	3 069.7	
合资经营企业(港或澳、台资)	3 069.7	
二、按国民经济行业分		
食品、饮料、烟草批发业	923 312.3	3 245.5
#粮食、食用油批发业	199 577.6	393.0
烟草及其制品批发业	539 762.9	
棉、麻、土畜产品批发业	100 767.7	2 839.6
纺织品、服装和鞋帽批发业	175 816.5	21 746.8
日用百货批发业	65 322.7	
日用杂品批发业	9 531.7	
五金、交电、化工批发业	37 982.5	
药品及医疗器械批发业	115 866.3	685.5
能源批发业	400 561.4	
#石油及制品批发业	389 579.8	
煤炭及制品批发业	8 727.4	
化工材料批发业	35 520.6	
木材批发业	2 620.4	

商品购进、销售、库存总额

99年)　　　　单位:万元

销售总额	批发		零售	年末库存总额
		#出口		
2 998 008.6	**2 481 916.7**	**634 672.7**	**516 091.9**	**448 534.2**
2 578 667.4	2 152 822.2	630 851.5	425 845.2	302 023.4
2 994 868.7	2 479 002.6	634 672.7	515 866.1	448 192.6
2 488 356.9	2 149 645.3	627 434.4	338 711.6	295 518.7
280 949.8	257 001.7		23 948.1	109 768.1
66 168.6	32 597.0		33 571.6	6 753.4
7 725.2	5 033.1		2 692.1	896.1
7 725.2	5 033.1		2 692.1	896.1
55 485.3	18 797.5	7 238.3	36 687.8	9 718.3
55 485.3	18 797.5	7 238.3	36 687.8	9 718.3
85 249.4	15 928.0		69 321.4	18 583.8
10 933.5			10 933.5	6 954.2
5 651.1			5 651.1	2 001.2
151.3			151.3	245.5
5 131.1			5 131.1	4 707.5
3 139.9	2 914.1		225.8	341.6
3 139.9	2 914.1		225.8	341.6
964 550.5	914 461.9	168 173.9	50 088.6	123 062.8
194 035.4	185 277.0	137 869.7	8 758.4	89 478.4
560 502.6	538 421.9		22 080.7	21 503.6
157 029.7	154 022.0	84 572.1	3 007.7	98 109.4
185 964.3	183 060.7	175 247.5	2 903.6	9 966.1
75 106.9	60 631.9	17 152.3	14 475.0	9 200.4
10 494.8	10 447.7	10 163.5	47.1	10 394.0
43 735.6	30 985.1	17 252.5	12 750.5	6 893.5
136 933.4	76 717.4	41 397.2	60 216.0	21 327.6
442 323.6	395 858.2	2 026.5	46 465.4	24 274.1
431 278.4	384 813.0		46 465.4	24 005.9
8 769.4	8 769.4	2 026.5		216.4
37 581.9	37 504.1	22 422.3	77.8	3 858.4
4 263.2	4 164.4		98.8	1 237.4

13－6　续表

分　　　　类	购进总额	#进　口
建筑材料批发业	5 471.5	
矿产品批发业	3 071.5	
金属材料批发业	100 650.7	412.8
机械、电子设备批发业	85 652.6	7 906.7
汽车、摩托车及零配件批发业	49 958.5	
#汽车批发业	39 157.4	
再生物资回收批发业	4 774.2	
工艺美术批发业	1 326.6	
图书报刊批发业	76 532.6	
农业生产资料批发业	188 470.3	
其他类未包括的批发业	31 778.7	3 335.7
食品、饮料和烟草零售业	20 114.3	
#粮油食品零售业	6 489.9	
副食品零售业	10 930.8	
日用百货零售业	169 660.9	
#百货零售业	161 933.8	
纺织品、服装和鞋帽零售业	3 005.7	
五金、交电、化工零售业	8 000.5	
药品及医疗器械零售业	16 117.1	
图书报刊零售业	63 167.3	
其他零售业	10 101.3	
#汽车、摩托车及其零配件零售业	6 211.9	
三、按地区分		
南 昌 市	1 230 445.6	39 243.8
景德镇市	85 824.7	
萍 乡 市	85 536.9	
九 江 市	260 786.7	
新 余 市	111 174.3	
鹰 潭 市	49 212.8	
赣 州 市	171 862.7	
宜春地区	265 310.7	685.5
上饶地区	142 391.5	
吉安地区	163 055.2	
抚州地区	139 555.3	243.3

单位:万元

销售总额	批发	#出口	零售	年末库存总额
5 454.2	5 454.2			100.0
3 045.9	3 045.9	666.9		104.6
103 759.8	101 296.6	24 092.3	2 463.2	7 945.3
94 621.7	89 418.2	33 685.4	5 203.5	16 533.1
53 476.6	42 856.3	9 016.2	10 620.3	7 981.7
41 644.7	37 211.2	8 711.0	4 433.5	4 295.4
5 085.4	4 958.0		127.4	219.0
5 834.4	5 834.4	5 834.4		203.0
81 866.5	58 941.1		22 925.4	4 490.3
224 728.7	202 968.3		21 760.4	22 492.3
31 089.3	31 089.3	22 969.7		1 186.2
20 785.4	6 092.3		14 693.1	3 725.0
7 213.5	2 862.1		4 351.4	1 080.5
10 861.5	2 563.7		8 297.8	2 644.5
193 589.4	35 123.3		158 466.1	50 804.2
183 841.1	34 436.5		149 404.6	49 348.8
3 096.8	194.1		2 902.7	864.2
21 111.5	9 609.9		11 501.6	4 505.2
20 459.1	4 333.6		16 125.5	3 719.0
61 573.2	10 590.0		50 983.2	14 045.2
10 446.8	2 257.8		8 189.0	1 292.2
5 923.5	1 146.2		4 777.3	1 088.5
1 352 940.1	1 134 071.2	605 080.7	218 868.9	112 734.5
105 182.5	83 391.4	10 468.7	21 791.1	22 539.7
93 012.0	59 717.6		33 294.4	10 213.1
285 445.1	261 337.4		24 107.7	102 490.5
126 515.9	98 261.4	1 641.6	28 254.5	42 429.2
37 761.0	33 349.0		4 412.0	1 882.4
192 985.5	156 585.2	202.8	36 400.3	23 343.1
300 138.4	230 277.0	17 032.3	69 861.4	56 430.2
167 385.9	136 965.0		30 420.9	16 024.2
180 164.4	155 146.5		25 017.9	34 986.9
156 477.8	132 815.0	246.6	23 662.8	25 460.4

13－7 限额以上批发零售

（19

指　　标	增加值合计	本年提取的固定资产折旧	本年应付工资总额
总　　计	**160 656.8**	**12 023.7**	**44 732.5**
一、批发企业	**128 733.8**	**10 181.1**	**34 828.3**
#国有及国有控股	112 995.3	8 326.1	28 580.7
(一)按登记注册类型分组			
内资企业	128 697.7	10 161.8	34 762.2
国有企业	115 304.8	8 521.8	29 839.4
集体企业	10 153.4	1 538.9	4 412.2
股份合作企业	539.7	48.6	228.5
联营企业	74.1	0.2	14.6
国有联营企业	74.1	0.2	14.6
有限责任公司	2 557.2	52.3	213.6
其他有限责任公司	2 557.2	52.3	213.6
股份有限公司	68.5		53.9
港、澳、台商投资企业	36.1	19.3	66.1
合资经营企业(港或澳、台资)	36.1	19.3	66.1
(二)按国民经济行业分组			
食品、饮料、烟草批发业	34 923.9	3 005.2	10 132.2
#粮食、食用油批发业	2 197.9	1 052.3	3 319.6
烟草及其制品批发业	24 000.9	1 318.3	3 208.4
棉、麻、土畜产品批发业	1 465.0	738.9	1 995.2
纺织品、服装和鞋帽批发业	7 543.4	415.6	1 274.4
日用百货批发业	1 748.1	103.3	1 066.1
日用杂品批发业	873.0	100.6	473.9
五金、交电、化工批发业	1 162.0	58.5	486.2
药品及医疗器械批发业	15 290.0	668.8	5 357.4
能源批发业	34 588.4	2 043.2	6 486.4
#石油及制品批发业	33 392.0	1 905.0	6 265.2
煤炭及制品批发业	1 077.6	138.2	185.2
化工材料批发业	1 538.7	23.5	313.1
建筑材料批发业	581.8	5.3	174.6
矿产品批发业	236.1	1.3	71.8
金属材料批发业	5 516.5	544.5	1 592.4
机械、电子设备批发业	4 479.8	241.5	833.1
汽车、摩托车及零配件批发业	2 085.2	612.4	680.8
#汽车批发业	1 475.5	598.6	430.9
再生物资回收批发业	125.6	0.3	110.2
工艺美术批发业	594.7		37.4
图书报刊批发业	4 323.8	733.1	386.7

贸易业主要财务指标(一)

99年)　　　　单位:万元

商品销售税金及附加	利润总额	资产总计	流动资产合计	固定资产合计	无形及递延资产合计
4 550.5	**92 545.8**	**1 956 408.2**	**1 309 540.7**	**447 983.9**	**31 880.9**
3 097.2	75 119.9	1 682 063.1	1 161 386.6	341 897.0	20 216.3
2 803.4	68 614.9	1 216 003.7	860 012.6	231 091.2	17 973.9
3 097.2	75 178.2	1 678 802.2	1 158 857.1	341 637.3	19 989.8
2 849.6	69 265.2	1 287 130.1	862 007.1	297 058.3	18 874.7
212.5	3 372.1	362 247.0	270 277.7	42 466.8	1 039.1
2.6	238.8	8 142.4	6 517.4	1 585.6	19.4
	56.3	814.9	784.4	17.5	1.0
	56.3	814.9	784.4	17.5	1.0
31.2	2 236.5	17 422.1	17 066.1	347.2	8.8
31.2	2 236.5	17 422.1	17 066.1	347.2	8.8
1.3	9.3	3 045.7	2 204.4	161.9	46.8
	-58.3	3 260.9	2 529.5	259.7	226.5
	-58.3	3 260.9	2 529.5	259.7	226.5
1 476.4	18 855.6	481 329.5	299 686.4	156 063.6	4 662.4
339.1	-3 149.7	266 518.1	172 149.1	86 773.9	2 196.6
502.7	18 445.2	107 440.7	63 758.7	30 496.6	850.3
419.2	-2 000.0	247 832.7	172 954.8	24 552.1	402.8
39.0	5 388.0	108 393.6	76 000.1	12 573.4	411.0
21.7	456.2	52 775.9	38 488.0	11 998.9	1 304.2
11.3	237.2	28 711.9	25 481.9	1 180.5	1.1
13.7	565.0	39 820.0	27 763.5	8 709.1	1 430.3
202.1	8 451.6	98 251.3	74 273.9	20 286.0	1 262.3
570.3	24 584.9	141 462.7	83 749.3	36 348.3	6 548.7
523.1	23 827.2	126 410.6	76 135.8	31 392.2	5 165.0
46.8	680.3	8 377.2	5 247.3	3 035.9	5.1
8.2	1 136.9	26 719.5	21 767.5	3 392.0	14.1
1.6	378.0	6 110.5	4 250.5	1 835.0	
4.0	149.4	2 471.4	1 994.7	100.5	
112.2	2 976.0	81 549.1	57 112.0	18 521.7	2 685.7
19.3	2 901.0	91 833.4	61 287.4	6 137.1	475.1
38.5	680.5	41 509.4	30 317.9	7 467.2	383.3
2.4	393.6	32 137.0	23 275.0	5 524.5	221.4
15.5	-15.8	3 650.8	2 662.0	987.2	
	552.1	8 777.8	4 652.5	245.8	123.0
70.7	3 001.0	13 210.7	8 539.8	4 322.1	

13－7 续表

指　　　　标	增加值合计	本年提取的固定资产折旧	本年应付工资总额
农业生产资料批发业	11 164.1	856.2	3 244.6
其他类未包括的批发业	493.7	28.9	111.8
二、零售企业	**31 923.0**	**1 842.6**	**9 904.2**
#国有及国有控股	24 776.2	1 319.9	7 651.3
(一)按登记注册类型分组			
内资企业	31 923.0	1 842.6	9 904.2
国有企业	19 913.6	1 008.2	6 114.3
集体企业	1 216.4	75.0	364.7
股份合作企业	3 768.9	279.6	719.1
联营企业	50.2	8.7	8.3
国有联营企业	50.2	8.7	8.3
有限责任公司	946.6	2.5	454.5
其他有限责任公司	946.6	2.5	454.5
股份有限公司	5 030.4	360.0	1 383.9
私营企业	996.9	108.6	859.4
私营独资企业	627.4		251.0
私营合伙企业	25.0		49.8
私营有限责任公司	344.5	108.6	558.6
(二)按国民经济行业分组			
食品、饮料和烟草零售业	1 603.6	148.6	522.9
#粮油食品零售业	478.2	36.3	263.1
副食品零售业	1 115.3	107.3	257.0
日用百货零售业	15 533.4	956.8	5 306.7
#百货零售业	13 579.6	944.3	4 749.2
纺织品、服装和鞋帽零售业	427.1	121.7	186.9
五金、交电、化工零售业	706.4	86.9	418.1
药品及医疗器械零售业	3 384.7	24.7	1 040.8
图书报刊零售业	9 703.3	399.7	2 250.5
其他零售业	564.5	104.2	178.3
#汽车、摩托车及其零配件零售业	211.6	32.7	80.2
(三)按经营方式分组			
连锁商店	6 097.3	341.8	1 256.6
非连锁商店	25 825.7	1 500.8	8 647.6
(四)按零售业态分组			
1.百货商店	16 009.7	1 163.7	5 647.5
2.超级市场	571.9	22.1	121.2
3.专业(专卖)商店	12 198.2	464.4	3 096.0
4.其他	3 143.2	192.4	1 039.5

单位:万元

商品销售税金及附加	利润总额	资产总计	流动资产合计	固定资产合计	无形及递延资产合计
66.2	6 493.6	196 182.3	161 557.5	25 642.2	511.5
7.3	328.7	11 470.6	8 846.9	1 534.3	0.8
1 453.3	17 425.9	274 345.1	148 154.1	106 086.9	11 664.6
1 063.2	13 771.5	200 932.9	106 985.4	80 215.2	6 730.6
1 453.3	17 425.9	274 345.1	148 154.1	106 086.9	11 664.6
693.2	11 317.1	154 927.5	86 063.4	60 875.6	5 224.3
150.2	514.6	12 280.2	8 520.1	2 395.2	1 330.4
144.3	2 538.5	20 296.4	15 741.6	3 753.5	605.2
3.6	25.6	4 717.4	1 898.7	2 597.9	220.8
3.6	25.6	4 717.4	1 898.7	2 597.9	220.8
115.5	297.6	13 594.2	5 998.6	6 160.0	1 435.4
115.5	297.6	13 594.2	5 998.6	6 160.0	1 435.4
316.3	2 797.9	40 083.0	18 138.7	17 640.5	42.0
30.2	-65.4	28 446.4	11 793.0	12 664.2	2 806.5
20.2	323.5	5 867.2	2 210.0	3 626.9	30.3
0.7	-25.5	363.7	263.7	100.0	
9.3	-363.4	22 215.5	9 319.3	8 937.3	2 776.2
277.9	469.6	22 293.4	10 534.2	10 824.6	767.1
148.5	-93.9	4 940.5	2 440.5	2 248.3	222.0
127.5	563.5	17 084.4	7 957.5	8 445.9	543.2
884.4	7 690.8	178 208.9	92 255.5	71 605.8	8 268.7
716.5	6 560.2	169 523.0	89 066.6	66 130.0	8 247.5
24.3	87.2	6 811.1	5 081.6	1 362.0	267.8
65.0	123.0	21 097.6	11 898.9	7 183.6	1 517.0
49.9	2 178.5	11 082.4	8 303.7	2 551.9	138.0
138.2	6 631.0	29 036.3	16 234.8	11 013.0	339.6
13.6	245.8	5 815.4	3 845.4	1 546.0	366.4
7.2	78.3	2 426.6	1 670.7	702.4	
179.3	4 104.1	24 243.1	14 272.2	8 441.7	1 402.2
1 274.0	13 321.8	250 102.0	133 881.9	97 645.2	10 262.4
898.2	7 579.9	197 129.4	105 555.4	75 045.2	10 263.3
9.9	394.8	8 018.5	3 468.2	4 187.1	350.2
412.7	7 807.2	41 112.8	23 500.8	14 954.3	891.0
132.5	1 644.0	28 084.4	15 629.7	11 900.3	160.1

13-8 限额以上批发零售

（19

指　　标	负债合计	流动负债合计	长期负债合计
总　　计	**1 831 412.9**	**1 669 006.5**	**147 868.2**
一、批发企业	**1 599 181.4**	**1 464 680.9**	**123 289.8**
#国有及国有控股	1 145 618.9	1 074 057.6	61 115.2
(一)按登记注册类型分组			
内资企业	1 595 267.9	1 460 767.4	123 289.8
国有企业	1 154 461.1	1 076 698.7	67 286.8
集体企业	412 973.0	356 686.3	55 551.6
股份合作企业	7 170.9	6 794.0	376.9
联营企业	740.1	740.1	
国有联营企业	740.1	740.1	
有限责任公司	16 733.2	16 658.7	74.5
其他有限责任公司	16 733.2	16 658.7	74.5
股份有限公司	3 189.6	3 189.6	
港、澳、台商投资企业	3 913.5	3 913.5	
合资经营企业(港或澳、台资)	3 913.5	3 913.5	
(二)按国民经济行业分组			
食品、饮料、烟草批发业	373 432.9	336 463.4	35 054.0
#粮食、食用油批发业	212 716.4	184 079.6	28 636.8
烟草及其制品批发业	63 415.0	61 877.6	528.4
棉、麻、土畜产品批发业	327 727.6	282 547.4	45 102.0
纺织品、服装和鞋帽批发业	116 839.2	108 023.3	8 815.8
日用百货批发业	62 569.5	57 464.1	5 105.4
日用杂品批发业	37 229.3	36 857.9	371.4
五金、交电、化工批发业	45 991.2	42 897.7	2 975.1
药品及医疗器械批发业	86 423.0	83 762.8	2 660.1
能源批发业	84 218.4	82 739.2	1 477.9
#石油及制品批发业	77 615.7	76 340.5	1 273.9
煤炭及制品批发业	4 506.7	4 302.7	204.0
化工材料批发业	26 836.1	22 392.1	4 439.0
建筑材料批发业	3 972.0	3 972.0	
矿产品批发业	1 406.7	1 168.9	39.0
金属材料批发业	76 620.6	74 679.9	899.2
机械、电子设备批发业	73 203.6	69 512.8	-596.4
汽车、摩托车及零配件批发业	46 686.9	43 677.1	3 008.7
#汽车批发业	36 889.2	33 912.6	2 975.5
再生物资回收批发业	4 456.8	3 953.3	503.5
工艺美术批发业	7 016.5	4 652.5	
图书报刊批发业	5 138.3	4 762.3	376.0

贸易业主要财务指标(二)

99年)　　　　　　　　　　　　　　　　　　　　单位:万元

所有者权益合计	#实收资本	商品销售收入	商品销售成本	商品销售利润	管理费用中的税金
124 995.3	**198 288.2**	**2 674 282.0**	**2 450 208.1**	**84 990.5**	**4 562.3**
82 881.7	158 280.3	2 382 687.1	2 197 469.5	68 851.0	3 317.7
70 384.8	128 958.7	2 058 383.4	1 892 059.6	62 964.6	2 703.6
83 534.3	157 629.8	2 380 003.5	2 194 845.9	68 909.3	3 317.1
132 669.0	131 365.3	2 052 994.0	1 885 841.9	63 526.2	2 827.0
-50 726.0	24 735.0	249 174.0	235 730.5	2 833.1	451.3
971.5	572.4	34 957.6	34 269.7	209.7	15.0
74.8	215.0	5 881.7	5 815.5	55.7	
74.8	215.0	5 881.7	5 815.5	55.7	
688.9	448.7	34 249.3	30 549.2	2 275.3	23.8
688.9	448.7	34 249.3	30 549.2	2 275.3	23.8
-143.9	293.4	2 746.9	2 639.1	9.3	
-652.6	650.5	2 683.6	2 623.6	-58.3	0.6
-652.6	650.5	2 683.6	2 623.6	-58.3	0.6
107 896.6	33 510.7	841 193.7	797 699.2	16 936.7	1 364.3
53 801.7	14 058.4	167 270.2	161 076.6	-4 068.1	251.5
44 025.7	7 390.6	511 076.7	485 348.0	18 094.3	743.5
-79 894.9	14 719.3	132 885.9	128 692.7	-2 492.7	208.2
-8 445.6	5 951.8	172 873.3	162 116.6	4 208.2	79.1
-9 793.6	3 132.7	62 769.9	61 022.0	286.6	39.4
-8 517.4	1 863.9	9 604.7	8 878.7	99.9	4.9
-6 171.2	2 751.7	35 336.3	31 759.6	486.7	14.0
11 828.3	7 338.6	122 450.3	107 038.5	8 684.3	432.9
57 244.3	28 133.2	400 740.4	360 440.3	24 168.2	384.1
48 794.9	21 993.1	389 462.8	350 724.5	23 435.1	363.7
3 870.5	1 569.8	9 001.8	7 524.3	655.7	19.5
-116.6	1 871.7	36 118.1	33 827.3	990.2	67.1
2 138.5	2 690.8	5 063.1	4 932.2	15.2	7.9
1 064.7	424.2	3 861.3	3 581.2	149.5	
4 928.5	11 807.4	100 037.9	91 905.5	1 825.4	108.4
18 629.8	21 627.5	83 225.3	78 561.3	2 698.2	68.3
-5 177.5	4 356.2	50 711.1	49 045.7	644.5	220.2
-4 752.2	3 250.1	39 809.6	38 728.2	365.6	123.0
-806.0	587.9	5 022.1	4 926.0	-15.8	
1 761.3	884.0	5 757.3	5 115.6	552.1	
8 072.4	620.4	72 277.0	50 768.1	2 991.7	67.7

13－8 续表

指标	负债合计	流动负债合计	长期负债合计
农业生产资料批发业	206 704.9	192 233.7	13 271.7
其他类未包括的批发业	12 707.9	12 920.5	－212.6
二、零售企业	**232 231.5**	**204 325.6**	**24 578.4**
#国有及国有控股	175 091.4	154 517.7	19 436.0
(一)按登记注册类型分组			
内资企业	232 231.5	204 325.6	24 578.4
国有企业	140 173.7	122 503.5	16 586.1
集体企业	13 013.5	10 120.6	723.1
股份合作企业	14 911.0	14 610.0	281.0
联营企业	1 827.5	1 826.5	1.0
国有联营企业	1 827.5	1 826.5	1.0
有限责任公司	10 325.4	7 142.9	3 128.9
其他有限责任公司	10 325.4	7 142.9	3 128.9
股份有限公司	28 762.1	27 388.0	1 374.1
私营企业	23 218.3	20 734.1	2 484.2
私营独资企业	2 327.8	2 327.8	
私营合伙企业	347.7	347.7	
私营有限责任公司	20 542.8	18 058.6	2 484.2
(二)按国民经济行业分组			
食品、饮料和烟草零售业	16 591.6	13 173.3	2 826.8
#粮油食品零售业	5 671.9	4 895.3	748.8
副食品零售业	10 643.3	8 009.3	2 070.3
日用百货零售业	159 401.2	137 314.0	19 581.4
#百货零售业	154 090.2	134 055.8	17 528.6
纺织品、服装和鞋帽零售业	6 034.5	5 896.5	138.0
五金、交电、化工零售业	20 829.1	20 016.6	804.9
药品及医疗器械零售业	9 667.7	9 357.1	310.6
图书报刊零售业	14 068.3	13 246.9	821.1
其他零售业	5 639.1	5 321.2	95.6
#汽车、摩托车及其零配件零售业	2 218.8	1 996.5	
(三)按经营方式分组			
连锁商店	15 739.3	15 597.7	141.6
非连锁商店	216 492.2	188 727.9	24 436.8
(四)按零售业态分组			
1.百货商店	179 121.3	157 921.8	18 130.1
2.超级市场	4 036.4	2 992.2	1 044.2
3.专业(专卖)商店	25 823.3	23 926.2	1 646.6
4.其他	23 250.5	19 485.4	3 757.5

单位:万元

所有者权益合计	#实收资本	商品销售收入	商品销售成本	商品销售利润	管理费用中的税金
-10 522.6	14 248.6	210 042.5	195 937.4	6 327.4	247.9
-1 237.3	1 759.7	32 716.9	21 221.6	294.7	3.3
42 113.6	40 007.9	291 594.9	252 738.6	16 139.5	1 244.6
25 841.5	20 696.3	238 632.8	208 228.0	12 827.8	903.7
42 113.6	40 007.9	291 594.9	252 738.6	16 139.5	1 244.6
14 753.8	12 268.8	151 479.7	126 413.9	10 308.8	842.3
-733.3	732.8	11 540.9	10 553.9	305.8	86.9
5 385.4	4 457.6	24 662.9	20 695.5	2 468.1	194.6
2 889.9	3 000.0	1 411.7	1 263.0	22.6	11.6
2 889.9	3 000.0	1 411.7	1 263.0	22.6	11.6
3 268.8	3 077.4	15 247.0	13 795.2	296.5	7.7
3 268.8	3 077.4	15 247.0	13 795.2	296.5	7.7
11 320.9	7 560.9	76 043.3	70 455.6	2 797.7	71.8
5 228.1	8 910.4	11 209.4	9 561.5	-60.0	29.7
3 539.4	3 600.0	5 220.6	4 260.7	323.5	0.4
16.0	100.0	179.4	151.3	-25.5	
1 672.7	5 210.4	5 809.4	5 149.5	-358.0	29.3
5 701.8	6 922.9	15 594.0	13 854.0	318.9	61.9
-731.4	620.4	6 950.0	6 495.1	-162.7	16.0
6 441.1	6 232.8	8 043.6	6 790.7	481.6	40.9
18 807.7	26 612.3	175 633.9	158 515.9	7 333.4	524.2
15 432.8	25 103.0	166 388.4	151 545.3	6 254.8	436.6
776.6	774.8	2 993.7	2 778.5	-23.1	1.1
268.5	1 350.3	18 210.0	17 955.0	-70.4	38.1
1 414.7	963.7	18 255.4	14 249.6	2 226.3	145.4
14 968.0	2 432.5	51 804.1	36 876.0	6 128.3	460.4
176.3	951.4	9 103.8	8 509.6	226.1	13.5
207.8	169.9	5 154.2	5 040.1	58.7	8.0
8 503.8	7 897.8	36 801.1	28 922.1	4 083.0	215.2
33 609.8	32 110.1	254 793.8	223 816.5	12 056.5	1 029.4
18 008.1	28 441.3	196 200.7	179 699.0	7 156.9	617.5
3 982.1	3 498.7	3 462.7	2 818.7	316.0	16.7
15 289.5	5 381.0	66 379.9	50 812.3	7 158.0	519.4
4 833.9	2 686.9	25 551.6	19 408.6	1 508.6	91.0

13－9 限额以上餐饮业

（19

指标	增加值合计	本年提取的固定资产折旧	本年应付工资总额
总计	**2 398.6**	**580.0**	**1 295.7**
#国有及国有控股	233.2	25.8	130.8
一、按登记注册类型分组			
内资企业	1 855.8	434.1	1 120.8
国有企业	497.9	137.3	213.1
集体企业	187.7	3.1	106.0
股份合作企业	361.7	90.0	158.9
有限责任公司	29.2	133.3	3.2
其他有限责任公司	29.2	133.3	3.2
股份有限公司	46.0	6.7	124.5
私营企业	733.3	63.7	515.1
私营独资企业	701.0	60.0	491.8
私营合伙企业	87.2	3.7	23.3
私营有限责任公司	－54.9		
港、澳、台商投资企业	279.0	60.2	104.4
合资经营企业(港或澳、台资）	279.0	60.2	104.4
外商投资企业	263.8	85.7	70.5
中外合资经营企业	263.8	85.7	70.5
二、按国民经济行业分组			
正餐	2 240.6	538.0	1 212.4
快餐	158.0	42.0	83.3

指标	负债合计	流动负债合计	长期负债合计
总计	**8 206.6**	**6 278.9**	**1 111.4**
#国有及国有控股	1 641.0	863.5	777.5
一、按登记注册类型分组			
内资企业	7 269.8	5 342.1	1 111.4
国有企业	2 862.0	1 750.6	1 111.4
集体企业	189.4	189.4	
股份合作企业	1 165.0	1 165.0	
有限责任公司	1 951.4	1 135.1	
其他有限责任公司	1 951.4	1 135.1	
股份有限公司	836.1	836.1	
私营企业	265.9	265.9	
私营独资企业	41.0	41.0	
私营合伙企业	152.3	152.3	
私营有限责任公司	72.6	72.6	
港、澳、台商投资企业	547.8	547.8	
合资经营企业(港或澳、台资）	547.8	547.8	
外商投资企业	389.0	389.0	
中外合资经营企业	389.0	389.0	
二、按国民经济行业分组			
正餐	6 273.8	5 123.6	333.9
快餐	1 932.8	1 155.3	777.5

主要财务指标

99年)　　　　单位:万元

营业税金及附加	利润总额	资产总计	流动资产合计	固定资产合计	无形及递延资产合计
895.6	**-497.7**	**13 554.5**	**3 853.2**	**8 973.2**	**484.9**
74.3	-5.9	2 577.0	473.0	1 985.9	117.2
732.5	-507.1	11 783.7	3 151.3	7 976.1	413.1
113.3	15.5	4 616.5	1 178.6	3 207.9	154.5
59.3	9.7	263.7	223.5	40.2	
118.8	-24.5	1 965.0	658.0	1 219.2	87.8
12.8	-120.1	2 140.2	140.2	2 000.0	
12.8	-120.1	2 140.2	140.2	2 000.0	
101.9	-200.5	1 064.1	640.9	420.0	3.2
326.4	-187.2	1 734.2	310.1	1 088.8	167.6
222.4	-84.9	446.2	34.6	408.4	3.2
56.5	0.1	170.8	6.6	22.3	141.9
47.5	-102.4	1 117.2	268.9	658.1	22.5
80.5	-5.8	888.5	438.4	391.7	58.4
80.5	-5.8	888.5	438.4	391.7	58.4
82.6	15.2	882.3	263.5	605.4	13.4
82.6	15.2	882.3	263.5	605.4	13.4
842.8	-467.5	10 843.4	3 187.9	7 147.6	264.8
52.8	-30.2	2 711.1	665.3	1 825.6	220.1

所有者权益合计	实收资本	营业收入	营业成本	营业利润	管理费用中的税金
5 347.9	**7 507.6**	**14 833.5**	**8 742.7**	**-311.9**	**29.6**
936.0	503.4	1 340.8	853.6	-88.9	3.1
4 513.9	6 407.5	11 684.8	6 569.7	-254.7	29.6
1 754.5	1 125.2	2 102.5	1 220.9	-73.2	12.7
74.3	58.5	853.9	545.8	9.9	10.8
800.0	1 056.8	2 109.4	1 259.0	97.4	4.3
188.8	1 000.0	200.7	67.7	-120.0	
188.8	1 000.0	200.7	67.7	-120.0	
228.0	1 150.0	1 444.8	850.6	-199.9	
1 468.3	2 017.0	4 973.5	2 625.7	31.1	1.8
405.2	701.0	3 404.8	1 580.8	133.7	
18.5	16.0	790.5	527.1	0.1	1.8
1 044.6	1 300.0	778.2	517.8	-102.7	
340.7	415.1	1 600.7	1 045.3	-63.1	
340.7	415.1	1 600.7	1 045.3	-63.1	
493.3	685.0	1 548.0	1 127.7	5.9	
493.3	685.0	1 548.0	1 127.7	5.9	
4 569.6	6 983.7	13 831.4	8 188.9	-230.0	28.6
778.3	523.9	1 002.1	553.8	-81.9	1.0

13－10 各地区限额以上批发零售贸易业基本情况

（1999年）

地区	法人企业（个）	批发企业	零售企业	产业活动单位（个）	年末从业人数（人）
合计	**525**	**395**	**130**	**533**	**87 143**
南昌市	148	117	31	150	25 234
景德镇市	17	15	2	17	4 381
萍乡市	20	12	8	20	4 693
九江市	54	39	15	55	8 930
新余市	33	24	9	33	7 022
鹰潭市	13	10	3	14	1 431
赣州市	53	34	19	55	6 354
宜春地区	67	52	15	68	11 827
上饶地区	37	24	13	37	5 830
吉安地区	42	37	5	43	6 488
抚州地区	41	31	10	41	4 953

13－11 各地区批发零售贸易业销售总额

（1999年） 单位：万元

地区	销售总额	#个体	批发额	零售额
合计	**9 324 331.6**	**3 082 417.0**	**5 347 827.6**	**3 976 504.0**
南昌市	2 928 420.1	802 802.0	2 075 305.2	853 114.9
景德镇市	292 168.5	129 752.0	123 827.4	168 341.1
萍乡市	315 507.0	87 818.0	118 020.6	197 486.4
九江市	815 649.1	235 973.0	438 271.4	377 377.7
新余市	336 344.9	115 896.0	186 837.4	149 507.5
鹰潭市	225 111.0	112 462.0	95 266.0	129 845.0
赣州市	1 267 632.5	526 316.0	737 224.2	530 408.3
宜春地区	957 778.4	322 684.0	459 852.0	497 926.4
上饶地区	896 750.9	355 885.0	445 418.0	451 332.9
吉安地区	695 612.4	188 979.0	344 208.5	351 403.9
抚州地区	593 356.8	203 850.0	289 766.0	303 590.8

13－12　重点批发贸易企业主要经济指标

（1999 年）

企业名称	商品销售总额（万元）	#出口总额（万元）	固定资产总额（万元）	利税总额（万元）	从业人数（人）
江西省粮油食品进出口公司	134 366	134 366	7 205	577	255
江西省针棉织品进出口公司	51 481	51 481	757	632	166
江西省畜产进出口公司	50 914	50 914	587	441	132
江西省纺织品进出口公司	39 283	39 283	722	－1 339	170
江西省机械设备进出口公司	26 686	26 686	1 670	23	68
江西省医药保健品进出口公司	24 780	24 780	249	－591	125
江西省服装进出口公司	23 212	23 207	1 237	277	159
江西省进出口公司	23 071	23 071	2 008	－660	126
江西省化工进出口公司	18 927	18 927	992	21	109
江西省供销进出口有限责任公司	18 597	18 597	368	－280	42
江西省土产进出口公司	17 336	17 040	1 363	－3 775	190
江西省轻工业品进出口公司	16 610	16 610	273	－2 308	134
江西省投资进出口有限责任公司	16 608	16 608	441	－96	58
江西省丝绸进出口公司	16 058	16 058	489	－937	100
江西省石油总公司南昌公司	49 658		3 014	2 212	616
江西省石油总公司赣州分公司	28 708		1 741	1 017	588
江西省石油总公司九江分公司	28 068		1 687	748	427
江西省石油总公司吉安分公司	25 056		2 116	660	404
瑞昌市石油化工公司	24 980		805	449	241
江西省石油公司宜春分公司	19 973		1 538	535	259
江西生石油公司抚州分公司	19 970		730	911	328
江西省石油公司修水支公司	16 298		281	40	89
江西省石油公司南昌支公司	14 823		687	280	172
江西省石油公司上饶分公司	14 172		862	404	250
樟树市石油化工公司	13 889		648	284	209
江西省石油总公司萍乡分公司	13 795		1 503	558	255
江西省石油总公司景德镇分公司	13 418		1 758	488	298
江西省烟草公司南昌分公司	34 689		1 649	495	172
江西省烟草公司抚州分公司	30 590		1 062	183	52
中国烟草总公司江西省公司卷烟销售分公司	27 521		965	2 539	30
江西省烟草公司九江分公司	24 766		1 400	338	79
江西省烟草公司吉安分公司	23 182		1 151	429	77
江西省烟草公司景德镇分公司	22 838		459	611	57
江西省烟草公司上饶分公司	22 832		11	245	66
江西省烟草公司丰城市公司	19 817		667	117	56
江西省烟草公司宜春分公司	16 857		5 966	335	85
江西省烟草公司新余分公司	15 459		800	116	33
江西省烟草公司萍乡分公司	13 413		343	376	60
江西省农业生产资料集团公司	58 654		1 463	591	228
新余市渝水区棉麻公司	18 029		204	－469	48
九江石化运销公司	32 538		1 652	398	234
九江石化物资工贸公司	32 400		632	1 217	205
江西省润滑油公司	17 119		1 141	694	165
江西省机电设备总公司	16 859		193	－463	174
金溪县收储公司	16 439		54 395	－678	1 157
江西省金属材料总公司	13 814		5 698	3	164
江西省冶金供销公司	13 505		770	233	238
江西省新华书店	78 588		3 691	2 141	230
南昌市百货总公司	36 213		1 492	33	342
南昌医药集团公司药品分公司	14 728		20	826	151

13－13　重点零售贸易企业主要经济指标

（1999年）

企业名称	商品销售总额（万元）	固定资产总额（万元）	利税总额（万元）	从业人数（人）	营业面积（平方米）
南昌洪城大厦股份有限公司	41 334	5 826	300	895	21 000
南昌百货大楼股份有限公司	40 923	11 815	493	1 050	23 000
上饶国贸集团有限公司	12 195	1 355	18	365	7 845
南昌新洪客隆工贸发展总公司	11 237	1 672	－198	677	13 800
景德镇市瓷都百货大楼	11 233	5 767	302	1 256	20 000
南昌亨得利钟表眼镜公司	7 790	518	834	211	1 770
宜春青龙商厦有限公司	5 651	3 627	67	375	12 000
新余市国贸股份有限公司	4 680	1 011	44	467	9 102
萍乡市百货商场股份有限公司	4 306	977	154	667	3 800
上饶市溢洲商厦有限公司	3 945	847	112	398	6 000
萍乡市人民商厦有限公司	3 650	333	36	382	3 600
萍乡市国贸大厦有限公司	3 000	1 304	7	145	4 200
新余百货大楼	2 835	2 091	102	388	4 500
南昌金阳光时尚购物有限公司	2 435	3 247	－562	650	1 200
南昌良友连锁经营有限公司	2 103	923	－82	1 181	2 250
萍乡市供销大厦	2 096	352	91	300	2 800
临川市第一百货集团公司	1 900	520	10	228	1 800
赣州百货股份有限公司	1 710	3 536	47	632	17 398
宜春市百货大楼	1 686	269		73	900
南昌良友超级市场有限责任公司	1 644	2 598	－107	400	8 060
临川市五交化综合大楼	1 600	80		103	600
赣州百货大楼	1 520	433	20	315	6 300
新余市供销大厦	1 475	975	－41	297	4 000
九江华联商厦	1 468	13	－1	611	9 200
南昌市新华书店	6 639	1 463	398	415	4 800
宜春地区新华书店	3 972	976	253	111	1 100
九江市新华书店	3 458	1 692	101	143	1 200
萍乡市新华书店	3 439	428	76	154	2 227
高安市新华书店	2 507	552	292	62	1 000
新余市新华书店	1 998	438	262	76	930
南昌县新华书店	1 964	400	216	58	500
临川市新华书店	1 916	551	220	69	2 000
景德镇市新华书店	1 909	506	87	97	2 000
都昌县新华书店	1 760	143	206	59	300
进贤县新华书店	1 724	22	228	63	400
贵溪市新华书店	1 648	238	267	40	318
新建县新华书店	1 589	196	147	75	500
江西省新华书店图书音像批销中心	5 899	109	209	120	3 000
泰和县食品公司	3 303	591	275	196	85
分宜县食品公司	2 710	130	18	142	1 273
樟树市糖酒副食品公司	1 700	459	1	233	8 221
玉山县副食品公司	1 501	454	19	98	600
高安市粮油供应公司	1 541	268	－64	275	1 638
南昌市煌上煌烤禽总社	1 540	247	151	179	270
泰和县百货公司	2 000	521	1	227	6 300
玉山县百货公司	1 700	259	3	65	5 000
分宜县百货公司	1 435	132	22	240	3 100
南昌市黄庆仁栈药店	6 101	64	612	405	612
上饶地区五交化公司	11 934	3 498	156	209	3 700

13－14　城乡个体工商业基本情况

指　　　　标	单位	1998年	1999年	1999年比1998年增长%
一、户　　数	**户**	**676 731**	**723 970**	**7.0**
城镇	户	305 746	308 632	0.9
农村	户	370 985	415 338	12.0
二、人　　数	**人**	**1 692 363**	**1 819 817**	**7.5**
城镇	人	759 263	764 607	0.7
农村	人	933 100	1 055 210	13.1
三、销售额(营业收入)	**万元**	**3 407 181**	**3 401 992**	**－0.2**
城镇	万元	1 837 892	1 981 277	7.8
农村	万元	1 569 289	1 420 715	－0.9

13－15　私营企业基本情况

(1999年)

分　　　　类	户　数(户)	投资者(人)	雇工人数(人)	注册资本金(万元)
合　　计	**25 376**	**65 352**	**390 220**	**1 310 133**
一、按经营地区分				
城　　镇	15 444	42 018	207 567	965 664
农　　村	9 932	23 334	182 653	344 469
二、按注册登记分				
独资企业	8 913	9 207	124 874	204 023
合伙企业	5 809	20 924	100 213	126 281
有限责任公司	10 654	35 221	165 133	979 829

主要统计指标解释

社会消费品零售总额　指各种经济类型的批发零售贸易业、餐饮业、制造业和其他行业直接售给城乡居民和社会集团的消费品零售额,这个指标反映通过各种商品流通渠道向居民和社会集团供应的生活消费品总量,是研究人民生活,社会消费品购买力、货币流通等问题的重要指标。具体包括:(1)售给城乡居民作为生活消费用的商品和修建房屋用的建筑材料;(2)售给社会集团的各种办公用品及公用消费品。(3)售给机关、团体、学校、部队、企业、事业单位的职工食堂和旅店(招待所)附设专门供本店旅客食用,不对外营业的食堂的各种食品、燃料;企业、单位和国营农场直接售给本单位职工和职工食堂的自己生产的产品;(4)售给部队干部、战士生活用的粮食、副食品、衣着品、日用品、燃料;(5)售给来华的外国人、华侨、港澳台同胞的消费品;(6)居民自费购买的中、西药品、中药材及医疗用品;(7)报社、出版社直接售给居民和社会集团的报纸、图书、杂志,集邮公司出售的新、旧纪念邮票、特种邮票、首日封、集邮册、集邮工具等;(8)旧货寄售商店自购、自销部分的商品;(9)煤气公司、液化石油气站售给居民和社会集团的煤气灶具和罐装液化石油气;(10)农民售给非农业居民和社会集团的商品。不包括售给国民经济各部门企业、事业单位(包括国有经济的农场)生产经营用的各种原材料、燃料、建筑材料、设备、工具等和售给批发零售贸易业、餐饮业作为转卖用的商品、旧货寄售商店受托寄售卖出的商品、服务业的营业收入、邮局出售邮票的收入、自来水、电力、煤气生产(供应)单位的产品供应收入,也不包括农民之间的商品销售。

批发零售贸易业商品购、销、存总额　指以各种经济类型的批发、零售贸易业(不包括个体)为总体的商品购、销、存。

商品购进总额　指从本企业(单位)以外的单位和个人购进(包括从国外直接进口)作为转卖或加工后转卖的商品。这个指标反映批发零售贸易业从国内、国外市场上购进商品的总量。商品购进总额包括:(1)从工农业生产者购进的商品;(2)从出版社、报社的出版发行部门购进的图书、杂志和报纸;(3)从各种经济类型的批发零售贸易企业(单位)购进的商品;(4)从其他单位购进的商品,如从机关、团体、企业、单位购进的剩余物资,从餐饮业、服务业购进的商品,从海关、市场管理部门购进的缉私和没收的商品,从居民收购的废旧商品等;(5)从国(境)外直接进口的商品。不包括企业(单位)为自身经营用,和未通过买卖行为而收入的商品以及销售退回、商品升溢等。

商品销售总额　指对本企业(单位)以外的单位和个人出售(包括对国(境)外直接出口)的商品。这个指标反映批发零售贸易业在国内市场上销售商品以及出口商品的总量。商品销售总额包括:(1)售给城乡居民和社会集团消费用的商品;(2)售给工业、农业、建筑业、运输邮电业、批发零售贸易业、餐饮业、服务业等作为生产、经营使用的商品;(3)售给批发零售贸易业作为转卖或加工后转卖的商品;(4)对国(境)外直接出口的商品。不包括:出售本企业(单位)自用的废旧包装用品,未通过买卖行为付出的商品,经本单位介绍,由买卖双方直接结算,本单位只收取手续费的业务,购货退出的商品以及商品损耗和损失等。

批发零售贸易业年末库存　指年末各种经济类型的批发零售贸易企业(单位)已取得所有权的商品。它反映各地区、各批发零售贸易企业(单位)的商品库存情况,和对市场商品供应的保证程度。期末库存包括;(1)存放在批发零售贸易业经营单位(如门市部、批发站、经营处)仓库、货场、货柜和货架中的商品。(2)挑选、整理、包装中的商品;(3)已记入购进而未运到本单位的商品,即发货单或银行承兑凭证已到而货未到部分;(4)寄放他处的商品,如因购货方拒绝承付而暂时在购货方的商品和已办完加工成品收回手续而未提回的商品;(5)委托其他单位代销(未作销售或调出)尚未售出的商品;(6)代其他单位购进尚未交付的商品。不包括所有权不属于本单位的商品;拨付除批发零售贸易业以外的其他行业所属独立核算加工厂等加工生产尚未收回成品的商品;代国家物资储备部门保管的商品等。期末库存总额计算方法是:农副产品采购单位按购进价计算,批发单位按进货价计算,零售单位按什么价格核算就按什么价格计算。

城乡集市贸易成交总额 指在农村集市和城镇集市上买卖双方(包括农民、非农业居民、机关、团体、工商企业、个体商贩)成交的全部商品金额。

批发零售贸易业 指专门从事批发和零售贸易活动的经济部门,包括国内商业、对外贸易业和物资供销业。现行综合统计制度中的商品流转统计暂只限独立核算法人批发零售贸易企业及其他行业附营的批发零售贸易单位。不包括个体的批发零售贸易者。

批发业 指专门从事批发贸易活动的企业和单位(包括个体经营者,下同)。如从事农副产品采购和供应的供销合作社、百货、纺织品、食品、五交化等批发公司(站)、外贸公司、物资供销公司等等。

零售业 指专门从事从工农业生产者,批发贸易业或居民购进商品,转卖给城乡居民作为生活消费和售给社会集团作为公共消费的商品流通企业和单位。

对外经济贸易和旅游 14

FOREIGN ECONOMY
RADE AND TOURISM

- 1999年,海关进出口总额131387万美元,比1998年增长5.3%,其中进口总额40776美元,出口总额90611万美元,分别比1998年增长78.5%和下降11.1%。

- 1999年利用外资签订合同金额38147万美元,实际利用外资金额56829万美元,分别比1998年下降38.9%和19.8%。

- 1999年接待海外游客13.86万人次,旅游外汇收入5038万美元,分别比1998年增长20.6%和17.6%。

- 1999年,对外交流出国5412人次,比1998年增长6.6%。

本篇章

斗整理　微机处理

红　林　红

国梅　谢国梅

405/434

14－1 海关进出口货物总额

年　　份	按人民币计算（万元）				按美元计算（万美元）			
	进出口总额	出口总额	进口总额	差额 出超（＋）入超（－）	进出口总额	出口总额	进口总额	差额 出超（＋）入超（－）
1989	232 715	174 932	57 783	117 149	62 487	46 948	15 539	31 409
1990	322 283	257 970	64 313	193 657	71 934	58 023	13 911	44 112
1991	408 347	270 925	137 422	133 503	76 568	50 814	25 754	25 060
1992	531 711	355 773	175 938	179 835	96 533	64 707	31 826	32 881
1993	665 418	350 031	315 387	34 644	116 740	61 409	55 331	6 078
1994	1 126 963	690 113	436 850	253 263	130 457	80 014	50 443	29 571
1995	1 080 209	845 224	234 985	610 239	129 044	101 035	28 009	73 026
1996	928 914	709 206	219 708	489 498	111 672	85 243	26 429	58 814
1997	1 105 121	924 093	181 028	743 065	133 284	111 438	21 846	89 592
1998	1 033 368	844 234	189 134	655 100	124 720	101 870	22 850	79 020
1999	1 087 884	750 259	337 625	412 634	131 387	90 611	40 776	49 835

14－2 海关进出口货物分贸易方式总额

单位：万美元

项　　目	1998年			1999年		
	合计	进口	出口	合计	进口	出口
总　　计	**124 720**	**22 850**	**101 870**	**131 387**	**40 776**	**90 611**
一般贸易	102 247	11 841	90 406	100 103	22 883	77 220
国家间、国际组织无偿援助和赠送的物资	46	46		51	46	5
华侨、港澳台同胞、外籍华人捐赠物资	159	159		118	118	
来料加工装配贸易（对口合同除外）	6 445	2 537	3 908	7 201	3 097	4 104
进料加工贸易	12 421	4 887	7 534	13 957	4 710	9 247
来料加工装配进口的设备	1	1				
对外承包工程出口货物	7		7	35		35
外商投资企业作为投资进口的设备、物品	3 262	3 262		9 870	9 870	
易货贸易	1	1				
免税外汇商品	5	5		39	39	
保税仓库进出境货物				8	8	
其　　他	126	111	15	5	5	

14－3 海关按类别分进出口总额

单位：万美元

指　　标	进出口总额		出口总额		进口总额	
	1998 年	1999 年	1998 年	1999 年	1998 年	1999 年
总　　计	**124 720**	**131 387**	**101 870**	**90 611**	**22 850**	**40 776**
一、 活动物;动物产品	3 923	3 069	3 818	2 990	105	79
(1)活动物	2 225	1 937	2 223	1 937	2	
(2)肉及食用杂碎	237	184	237	170		14
(3)鱼、甲壳动物、软体动物及其他水生无脊动物	45	122	45	122		
(4)乳品;蛋品;天然蜂蜜;其他食用动物产品	549	306	531	266	18	40
(5)其他动物产品	867	520	782	495	85	25
二、植物产品	11 957	8 005	11 343	7 597	614	408
(1)活树及其他活植物；鳞茎、根及类似品;插花及装饰用簇叶		1		1		
(2)食用蔬菜、根及块茎	88	297	88	297		
(3)食用水果及坚果;甜瓜或柑桔属水果的果皮	259	467	259	467		
(5)咖啡、茶、马黛茶及调味香料	1 432	1 148	1 432	1 148		
(6)谷物	9 078	4 832	9 056	4 832	22	
(7)制粉工业产品;麦芽;淀粉;菊粉;面筋	40	32	40	32		
(8)含油子仁及果实;杂项子仁及果实;工业用或药用植物;稻草、秸秆及饲料	1 044	1 197	451	791	593	406
(9)虫胶;树胶、树脂及其他植物液、汁	2	3	2	2		1
(10)编结用植物材料;其他植物产品	14	28	14	27		1
三、动植物油、脂及其分解产品;精制的食用油脂;动、植物蜡	111	235	26	7	85	228
四、食品;饮料、酒及醋;烟草、烟草及烟草代用品的制品	3 890	4 378	3 139	4 258	751	120
(1)肉、鱼、甲壳动物、软体动物及其他水生无脊椎动物的制品	825	1 823	825	1 822		1
(2)糖及糖食	20	19	18	17	2	2
(3)可可及可可制品	8	20	8	20		
(4)谷物、粮食粉、淀粉或乳的制品;糕饼点心	420	373	409	373	11	
(5)蔬菜、水果、坚果或植物其他部分的制品	1 505	1 550	1 505	1 550		

14－3　续表1　　单位:万美元

指　　标	进出口总额		出口总额		进口总额	
	1998年	1999年	1998年	1999年	1998年	1999年
(6)杂项食品	276	267	196	204	80	63
(7)饮料、酒及醋	29	57	19	22	10	35
(8)食品工业的残渣及废料;配制的动物饲料	807	269	159	250	648	19
五、矿产品	4 856	5 494	1 144	979	3 712	4 515
(1)盐;硫酸;泥土及石料;石膏料、石灰及水泥	1 047	944	1 029	917	18	27
(2)矿砂、矿渣及矿灰	3 083	3 682	37	15	3 046	3 667
(3)矿物燃料、矿物油及其蒸馏产品;沥青物质;矿物蜡	726	868	78	47	648	821
六、化学工业及其相关工业的产品	16 163	15 331	15 006	14 221	1 157	1 110
(1)无机化学品;贵金属、稀土金属、放射性元素及其同位素的有机及无机化合物	5 787	5 202	5 662	5 035	125	167
(2)有机化学品	5 276	4 860	4 929	4 721	347	139
(3)药品	583	553	472	510	111	43
(4)肥料	145	5	145	4		1
(5)鞣料浸膏及染料浸膏;鞣酸及其他衍生物;染料、颜料及其他着色料;油漆及清漆;油灰及其他类似胶粘剂;墨水、油墨	346	492	316	433	30	59
(6)精油及香膏;芳香料制品及化妆盥洗品	403	351	402	347	1	4
(7)肥皂、有机表面活性剂、洗涤剂、润滑剂、人造蜡、调制蜡、光洁剂、蜡烛及类似品、塑型用膏、牙科用蜡及牙科用熟石膏制剂	69	36	33	17	36	19
(8)蛋白类物质;改性淀粉;胶;酶	39	53	18	5	21	48
(9)炸药;烟火制品;火柴;引火合金;易燃材料制品	1 331	1 934	1 331	1 934		
(10)照相及电影用品		11		1		10
(11)杂项化学产品	2 184	1 834	1 698	1 214	486	620
七、塑料及其制品;橡胶及其制品	1 795	3 845	591	808	1 204	3 037
(1)塑料及其制品	1 389	2 996	470	679	919	2 317
(2)橡胶及其制品	406	849	121	129	285	720
八、生皮、皮革、毛皮及其制品	1 604	1 109	1 567	1 083	37	26

14－3　续表 2　　　　单位：万美元

指　　标	进出口总额		出口总额		进口总额	
	1998 年	1999 年	1998 年	1999 年	1998 年	1999 年
(1)生皮及皮革	189	160	163	146	26	14
(2)皮革制品；鞍具及挽具；旅行用品、手提包及类似容器；动物肠线制品	1 407	939	1 401	937	6	2
(3)毛皮、人造毛皮及其制品	8	10	3		5	10
九、木及木制品；木炭；软木及软木制品；稻草、秸秆、针茅或其他编结材料制品；篮筐及柳条编结品	1 106	1 322	1 064	1 223	42	99
(1)木及木制品；木炭	850	1 140	809	1 041	41	99
(2)软木及软木制品	3	1	2	1	1	
(3)稻草、秸秆、针茅或其他编结材料制品；篮筐及柳条编结品	253	181	253	181		
十、木浆及其他纤维状纤维素浆；纸及纸板的废碎品；纸、纸板及其制品	1 837	3 431	440	843	1 397	2 588
(1)木浆及其他纤维状纤维；纸及纸板的废碎品	1 168	1 549			1 168	1 549
(2)纸及纸板；纸浆、纸或纸板制品	661	1 881	438	843	223	1 038
(3)书籍、报纸、印刷图画及其他印刷品；手稿、打字稿及设计图纸	8	1	2		6	1
十一、纺织原料及纺织制品	44 017	36 161	41 655	33 246	2 362	2 915
(1)蚕丝	516	827	510	826	6	1
(2)羊毛、动物细毛或粗毛；马毛纱线及其机织物	223	99	118	38	105	61
(3)棉花	4 387	5 992	3 731	5 362	656	630
(4)其他植物纺织纤维；纸纱线及其机织物	1 144	1 862	1 112	1 859	32	3
(5)化学纤维长丝	1 394	1 086	656	396	738	690
(6)化学纤维短纤	2 199	1 688	1 979	1 224	220	464
(7)絮胎、毡呢及无纺织物；特种纱线；线、绳、索、缆及其制品	177	250	131	210	46	40
(8)地毯及纺织材料的其他铺地制品	141	199	141	198		1
(9)特种机织物；簇绒织物；花边；装饰毯；装饰带；刺绣品	2 872	2 357	2 814	2 231	58	126
(10)浸渍、涂布、包覆或层压的纺织物；工业用纺织制品	232	393	58	68	174	325

指　　标	进出口总额		出口总额		进口总额	
	1998 年	1999 年	1998 年	1999 年	1998 年	1999 年
(11)针织物及钩编织物	443	450	371	361	72	89
(12)针织或钩编的服装及衣着附件	14 433	9 314	14 431	9 270	2	44
(13)非针织或非钩编的服装及衣着附件	12 779	9 105	12 532	8 664	247	441
(14)其他纺织制成品;旧衣着及旧纺织品;碎织物	3 077	2 539	3 071	2 539	6	
十二、鞋、帽、伞、杖、鞭及其零件;已加工的羽毛及其制品;人造花;人发制品	2 874	3 344	2 860	3 331	14	13
(1)鞋靴、护腿和类似品及其零件	2 222	2 716	2 218	2 709	4	7
(2)帽类及其零件	67	54	67	54		
(3)雨伞、阳伞、手仗、鞭子、马鞭及其零件	137	62	129	60	8	2
(4)已加工羽毛、羽绒及其制品;人发制品	448	512	446	508	2	4
十三、石料、石膏、水泥、石棉、云母及类似材料的制品;陶瓷产品;玻璃及其制品	2 636	2 722	2 590	2 544	46	178
(1)石料、石膏、水泥、石棉、云母及类似材料的制品	377	397	354	347	23	50
(2)陶瓷产品	2 100	2 043	2 092	1 928	8	115
(3)玻璃及其制品	159	282	144	269	15	13
十四、天然或养殖珍珠、宝石或半宝石、贵金属、包贵金属及其制品;仿首饰;硬币	1 648	130	1 648	126		4
十五、贱金属及其制品	7 479	9 532	6 594	7 259	885	2 273
(1)钢铁	2 250	2 444	1 678	1 262	572	1 182
(2)钢铁制品	897	1 277	797	1 110	100	167
(3)铜及其制品	1 484	2 617	1 451	1 893	33	724
(4)镍及其制品	4	3	4	3		
(5)铝及其制品	76	81	36	19	40	62
(6)铅及其制品	64	114	64	104		10
(7)锌及其制品	7	137	7	136		1
(8)锡及其制品	804	492	804	492		
(9)其他贱金属、金属陶瓷及其制品	683	989	653	927	30	62

14－3　续表4　　单位:万美元

指　　标	进出口总额		出口总额		进口总额	
	1998年	1999年	1998年	1999年	1998年	1999年
(10)贱金属工具、器具、利口器、餐匙、餐叉及其零件	981	1 119	887	1 064	94	55
(11)贱金属杂项制品	229	259	213	249	16	10
十六、机器、机械器具、电气设备及其零件;录音机及放声机、电视图像、声音的录制和重放设备及其零件、附件	10 255	22 523	3 287	4 551	6 968	17 972
(1)锅炉、机器机械器具及其零件等	6 832	15 749	787	1 645	6 045	14 104
(2)电机、电气设备及其零件;录音机及放声机、电视图像、声音的录制和重放设备及其零件、附件	3 423	6 774	2 500	2 906	923	3 868
十七、车辆、航空器、船舶及有关运输设备	3 394	4 907	759	961	2 635	3 946
十八、光学、照相、电影、计量、检验、医疗或外科用仪器及设备、精密仪器及设备;上述物品的零件、附件	1 808	2 731	1 175	1 597	633	1 134
(1)光学、照相、电影、计量、检验、医疗或外科用仪器及设备、精密仪器及设备;零件、附件	1 633	2 534	1 000	1 402	633	1 132
(2)钟表及其零件	170	190	170	189		1
(3)乐器及其零件、附件	5	7	5	6		1
十九、杂项制品	3 360	3 117	3 158	2 986	202	131
(1)家具、寝具、褥垫、弹簧床垫、软座垫及类似的填充制品;未列名灯具及照明装置;发光标志、发光名牌及类似品;活动房屋	2 108	1 921	1 996	1 908	112	13
(2)玩具、游戏品、运动用品及其零件、附件	708	594	688	590	20	4
(3)杂项制品	544	602	474	488	70	114
二十、艺术品、收藏品及古物	2	1	2	1		
二十一、其他	5		5			

14－4　海关按国别和地区分的进出口总额

单位:万美元

项　　目	进出口总额		出口总额		进口总额	
	1998年	1999年	1998年	1999年	1998年	1999年
合　　计	**124 720**	**131 387**	**101 870**	**90 611**	**22 850**	**40 776**
#香　　港	29 138	18 154	27 687	15 649	1 451	2 505
澳　　门	79	275	79	275		
台 湾 省	2 458	3 916	1 067	1 044	1 391	2 872
朝鲜民主主义人民共和国	12	26	12	26		
日　　本	14 944	20 694	10 066	10 749	4 878	9 945
泰　　国	807	1 479	671	1 011	136	468
马来西亚	1 381	1 384	992	1 113	389	271
新 加 坡	1 147	2 027	1 007	1 881	140	146
印度尼西亚	4 150	3 152	4 005	3 040	95	112
巴基斯坦	428	552	351	552	77	
伊　　朗	56	111	55	111	1	
伊 拉 克	259	269	259	269		
韩　　国	5 276	6 781	4 003	4 346	1 273	2 435
以 色 列	470	443	470	434		9
埃　　及	793	949	793	948		1
波　　兰	656	586	656	586		
罗马尼亚	256	72	256	72		
德意志联邦共和国	5 444	8 742	4 584	4 253	860	4 489
法　　国	1 839	1 753	1 246	1 137	593	616
意 大 利	1 553	1 582	1 345	1 239	208	343
荷　　兰	2 765	2 081	2 618	1 973	147	108
比 利 时	1 358	1 435	1 213	1 265	145	170
英　　国	4 259	4 410	1 520	1 771	2 739	2 639
瑞　　士	371	595	357	496	14	99
白俄罗斯共和国	16	15	16	15		
俄罗斯联邦	491	501	491	198		303
乌 克 兰	207	196	207	16		180
乌兹别克	98	28	92	28	6	
哈萨克共和国	204	21	204			21
立陶宛共和国	8	5	8	5		
格鲁吉亚共和国	1		1			
爱沙尼亚共和国	6		6			
拉脱维亚共和国	36	11	36	11		
古　　巴	877	1 465	877	1 465		
巴　　西	564	1 089	485	330	79	759
智　　利	1 745	1 168	1 117	953	628	215
加 拿 大	1 707	2 142	650	518	1 057	1 624
美　　国	12 185	14 076	9 080	9 347	3 105	4 729
澳大利亚	1 676	1 728	766	1 195	910	533
新 西 兰	294	306	109	217	185	89

14－5　海关主要商品出口数量和金额

品　　名	单 位	数　量		金　额（万美元）	
		1998年	1999年	1998年	1999年
水产品	吨	160	890	45	122
谷物及谷物粉	万吨	38 127	21 722	9 095	4 854
蔬菜	吨	2 980	23 150	246	463
食用油籽	吨				549
茶叶	吨	9 560	8 566	1 396	1 124
植物榨油后的剩余物	吨	19 260	20 150	146	190
药材	吨	207	4 219	27	149
生丝	吨	74	182	177	337
医药品				2 708	2 565
纺织纱线、织物及制品				13 502	13 598
#棉纱线	吨	199	348	59	97
丝绸	万米	171	195	341	470
棉机织物	万米	5 408	7 203	5 634	6 812
地毯	平方米	87 920	312 250	121	185
家用陶瓷器皿				1 601	1 348
钢材	万吨	12	89	61	83
机电产品				6 652	8 728
#手动或机用工具				820	1 008
电扇	台	990	50	1	0.3
电动机及发电机	台	52 050	231 110	33	34
收、录音机及组合音响	台	12 800	7 800	11	3
照相机	架	100	400	0.3	4
手表	只	21 720	35 590	2	1
灯具、照明装置				635	562
家具				486	254
旅行用品及箱包				502	384
服装及衣着附件				26 512	16 938
鞋	万双	1 279	1 829	2 173	2 642
塑料制品	吨	2 124	3 904	382	548
玩具				389	266

14-6 海关主要商品进口数量和金额

品名	单位	数量		金额(万美元)	
		1998年	1999年	1998年	1999年
食糖	吨	40		2	
饲料用鱼粉	吨	210	101	14	8
天然橡胶(包括胶乳)	吨		500		35
纸浆	吨	23 740	25 620	1 144	1 168
羊毛	吨	99		46	
纺织用合成纤维	吨	390	1 540	33	142
纺织用人造纤维	吨		60		7
铁矿砂	万吨	13 889	35 179	370	824
成品油	万吨	7 599	7 216	648	821
医药品				6	4
肥料					0.3
初级形状的聚乙稀	吨	1 708	1 800	127	126
初级形状的聚丙稀	吨	2 285	1 723	114	94
初级形状的聚苯乙稀	吨	110	125	9	11
农药	吨	277	458	174	174
牛皮革及马皮革	吨	112	61	20	14
纸及纸板	吨	1 840	7 740	108	632
合成纤维纱线	吨	135	99	28	17
棉机织物	万米	195	200	303	385
合成纤维长丝机织物	万米	509	576	568	635
钢材	万吨	69	95	68	133
铜	吨	56	2 562	25	397
铝	吨	195	256	39	49
纺织机械				75	212
工业用缝纫机	台	46	2	4	0.1
金属加工机床	台	21	41	114	85
自动数据处理设备及其部件	台	1		0.1	
发动机组旋转式变流机	台			6	65
汽车和汽车底盘	辆	2	11	53	12
汽车零件				704	722
钟表机芯及钟表零件				0.4	0.7

14－7　各地区海关进出口总额

单位:万美元

地　　区	进出口总额		出口总额		进口总额	
	1998 年	1999 年	1998 年	1999 年	1998 年	1999 年
合　计	**124 720**	**131 387**	**101 870**	**90 611**	**22 850**	**40 776**
南 昌 市	93 139	98 681	78 707	71 407	14 432	27 274
景德镇市	2 764	2 720	2 084	2 420	680	300
萍 乡 市	263	351	246	328	17	23
九 江 市	3 725	5 900	1 839	1 947	1 886	3 953
新 余 市	1 691	2 276	1 103	916	588	1 360
鹰 潭 市	4 354	7 384	1 608	2 399	2 746	4 985
赣 州 市	12 612	6 992	11 493	5 682	1 119	1 310
宜春地区	1 449	1 618	1 284	1 452	165	166
上饶地区	3 350	4 220	2 295	3 094	1 055	1 126
吉安地区	1 000	954	851	720	149	234
抚州地区	373	291	360	246	13	45

14－8　对外承包工程、劳务合作、设计咨询

项　　目	单 位	1995 年	1996 年	1997 年	1998 年	1999 年
1.合 同 项 目	**份**	**57**	**108**	**98**	**103**	**117**
承包工程	份	10	21	23	29	29
劳务合作	份	45	84	68	72	85
设计咨询	份	2	3	7	2	3
2.合　同　额	**万美元**	**6 134**	**5 498**	**7 555**	**7 725**	**11 663**
承包工程	万美元	4 405	3 168	3 215	3 694	7 739
劳务合作	万美元	1 644	2 314	4 266	4 022	3 894
设计咨询	万美元	85	16	74	9	30
3.营　业　额	**万美元**	**3 432**	**6 939**	**7 270**	**7 615**	**8 531**
承包工程	万美元	2 303	4 929	4 461	4 595	5 247
劳务合作	万美元	1 026	1 883	2 720	2 996	3 175
设计咨询	万美元	103	127	89	24	109
4.派 出 人 数	**人 次**	**1 421**	**1 824**	**2 307**	**2 033**	**2 712**
承包工程	人 次	179	260	185	213	485
劳务合作	人 次	1 224	1 545	2 094	1 810	2 223
设计咨询	人 次	18	19	28	10	4
5.年末在国外人数	**人**	**1 755**	**2 722**	**3 699**	**4 096**	**5 419**
承包工程	人	259	395	345	335	609
劳务合作	人	1 496	2 327	3 346	3 755	4 803
设计咨询	人			8	6	7

14－9 利用外资情况

年份	签约项目（个）	# 直接投资	签约金额（万美元）	# 直接投资	实际进资（万美元）	# 直接投资
1984	32	18	952	708	204	80
1985	55	29	3 196	2 781	1 021	517
1986	58	8	7 962	2 093	1 611	458
1987	108	15	3 697	1 990	3 093	394
1988	115	35	12 807	1 760	3 692	563
1989	46	24	8 891	513	3 864	587
1990	101	54	12 292	2 855	5 141	621
1991	238	162	15 796	5 562	9 676	902
1992	963	906	75 221	58 990	19 957	9 653
1993	1 337	1 293	101 523	90 983	34 346	20 817
1994	583	536	85 018	39 158	45 213	26 168
1995	626	522	68 389	53 966	45 356	28 818
1996	466	369	48 035	39 485	47 136	30 068
1997	484	395	92 677	64 444	65 348	47 768
1998	342	334	62 444	41 919	70 865	46 493
1999	250	245	38 147	35 136	56 829	32 080

14－10 各地区利用外资情况

地区	签约项目(个)		签约金额(万美元)		实际进资(万美元)	
	1998 年	1999 年	1998 年	1999 年	1998 年	1999 年
合计	**342**	**250**	**62 444**	**38 147**	**70 865**	**56 829**
#南昌市	74	53	11 739	11 852	13 633	12 668
景德镇市	15	10	1 587	437	1 306	998
萍乡市	7	8	1 377	694	1 182	835
九江市	24	18	1 369	2 216	7 002	3 728
新余市	26	16	2 411	1 406	1 607	1 622
鹰潭市	13	10	579	437	711	355
赣州市	70	54	11 984	8 126	9 589	7 891
宜春地区	27	27	2 730	3 275	2 418	1 670
上饶地区	17	16	2 294	1 083	2 370	1 633
吉安地区	33	18	3 103	2 281	2 587	2 186
抚州地区	28	14	2 913	3 662	2 475	1 916

14－11 利用外资分类情况

项目	签约项目(个)		签约金额(万美元)		实际进资(万美元)	
	1998年	1999年	1998年	1999年	1998年	1999年
合计	**342**	**250**	**62 444**	**38 147**	**70 865**	**56 829**
一、对外借款	5	2	20 295	2 890	13 142	12 610
外国政府贷款	1	1	1 515	240	5 715	5 070
国际金融组织贷款	3	1	17 660	2 650	6 007	7 540
外国银行商业贷款	1		1 120		1 420	
二、外商直接投资	334	245	41 919	35 136	46 493	32 080
合资经营	129	88	15 380	11 679	21 791	11 452
合作经营	28	21	4 969	3 554	5 679	6 344
独资经营	177	136	21 570	17 855	19 023	14 284
股份制				2 048		
三、外商其他投资	3	3	230	121	11 230	12 139
补偿贸易	2		124		124	
加工装配	1	2	106	121	106	113
国际租赁					11 000	
对外发行股票		1				12 026

注:本表不包括增款援款。

14－12 利用外资分类构成

单位:%

项目	签约项目		签约金额		实际进资	
	1998年	1999年	1998年	1999年	1998年	1999年
合计	**100**	**100**	**100**	**100**	**100**	**100**
一、对外借款	1.5	0.8	32.5	7.6	18.6	22.2
外国政府贷款	0.3	0.4	2.4	0.6	8.1	8.9
国际金融组织贷款	0.9	0.4	28.3	7.0	8.5	13.3
外国银行商业贷款	0.3		1.8		2.0	
二、外商直接投资	97.6	98.0	67.1	92.1	65.6	56.4
合资经营	37.7	35.2	24.6	30.6	30.8	20.1
合作经营	8.2	8.4	8.0	9.3	8.0	11.2
独资经营	51.7	54.4	34.5	46.8	26.8	25.1
股份制				5.4		
三、外商其他投资	0.9	1.2	0.4	0.3	15.8	21.4
补偿贸易	0.6		0.2		0.2	
加工装配	0.3	0.8	0.2	0.3	0.1	0.2
对外发行股票		0.4			15.5	21.2

注:本表不包括增款援款。

14－13 外商在赣直接投资情况

分　　　类	签约项目（个）		签约金额（万美元）		实际利用外资（万美元）		投产开业企业（个）	
	1998年	1999年	1998年	1999年	1998年	1999年	1998年	1999年
合　　计	**334**	**245**	**41 919**	**35 136**	**46 493**	**32 080**	**1 416**	**1 456**
一、按投资方式分								
中外合资企业	129	88	15 380	11 679	21 791	11 452	925	875
中外合作企业	28	21	4 969	3 554	5 679	6 344	117	114
外资企业	177	136	21 570	17 855	19 023	14 284	374	465
股份制				2 048				2
二、按国民经济行业分								
农、林、渔业	26	13	2 760	1 585	1 603	2 679	62	70
采掘业	5	2	416	61	554	51	8	10
制造业	190	136	21 906	19 298	24 845	14 725	1 006	1 002
#食品制造业		7		373	1 484	267	35	36
饮料制造业		7		971	248	856	40	40
纺织业	11	8	1 674	883	1 267	883	64	64
服装及其他纤维制品制造业		11		986	1 242	1 613	105	108
家具制造业		3		82	497	116	14	14
石油加工及炼焦业		1		25				
化学原料及化学制品制造业	11	12	1 770	558	1 101	260	51	56
医药制造业	6	4	1 322		286	162	22	28
塑料制品业		6		210	745	329	48	60
非金属矿物制品业		10		3 556	7 118	3 732	75	73
黑色金属冶炼及压延加工业					24	57	7	7
普通机械制造业	3	1	48	120	117		15	16
交通运输设备制造业	7	2	238	1 262	1 759	102	32	35
电气机械及器材制造业	5	6	318	821	411	260	42	42
电子及通信设备制造业	5	8	1 464	3 299	894	919	58	55
电力、煤气及水的生产和供应业	4	7	643	1 064	685	261	5	8
建筑业	9	9	2 362	904	4 957	4 858	37	54
地质勘查和水利管理业	1		50		20		1	
交通运输、仓储及邮电通信业	2		231	94	1 354	770	20	22
#公路运输业				94	174	108	9	15
邮电通信业					103	600	1	1
批发和零售贸易餐饮业	5	6	170	297	449	657	36	35
#食品、饮料、烟草批发业								
零售业					24		2	1
餐饮业	5	6	170	297	425	657	34	34
金融、保险业								
#金融业								
房地产业	39	29	7 687	7 340	8 014	5 668	148	159
#房地产开发与经营业	38	29	7 626	7 340	7 972	5 650	147	157

14－13 续表

分类	签约项目（个）		签约金额（万美元）		实际利用外资（万美元）		投产开业企业（个）	
	1998年	1999年	1998年	1999年	1998年	1999年	1998年	1999年
社会服务业	49	42	5 441	4 093	3 892	2 272	91	94
#旅馆业	8	2	670	692	693	689	16	19
旅游业		2		343	243	329	11	6
信息、咨询服务业		3		12	28	4	3	
卫生体育和社会福利业	1		18				1	1
教育、文化艺术及广播电影电视业	1	1	97	400	40	139	1	1
#文化艺术业								
广播电影电视业					20		1	
科学研究和综合技术服务业	1		48					
其他	1		90		80			
三、按投资国别、地区分								
1.亚　洲	278	201	33 254	28 480	39 466	28 096	1 295	1 323
#印度尼西亚		2		121	72	174	9	12
日本	12	11	1 031	469	859	427	53	53
马来西亚					705		10	9
菲律宾	3	3	280	874	572	505	9	11
新加坡	5	5	346	2 316	6 265	3 689	29	30
韩国	6	3	177	212	465	251	8	12
泰国	9		460		487	4	11	7
2.非　洲	2	1	162	7	170	7	3	3
3.欧　洲	15	12	1 565	612	1 944	665	26	31
#比利时	1		164		164		1	
英国	3	4	190	261	682	115	6	9
德国				30	126	30	3	4
法国	5		324		282	39	4	4
意大利	2	1	104	139	41	135	1	1
荷兰	1		10		10		3	3
西班牙		1		6		6	1	1
瑞士							1	
4.拉丁美洲	2	6	68	1 809	1 356	2 210	4	6
5.北美洲	35	23	6 650	4 076	3 350	977	81	88
#加拿大	6	3	1 361	118	333	140	10	14
美国	29	20	5 289	3 958	3 017	837	70	73
6.大洋洲	2	2	220	152	207	125	7	5
#澳大利亚	2	2	220	152	207	125	6	4
新西兰							1	1

14－14　外商投资企业注册登记情况

分　　类	年末登记企业数（户）		投资总额（万美元）		注册资本（万美元）		#外方	
	1998年	1999年	1998年	1999年	1998年	1999年	1998年	1999年
合　　计	**2 383**	**2 149**	**565 742**	**485 298**	**388 978**	**313 552**	**237 078**	**199 568**
一、按投资方式分								
中外合资企业	1 432	1 243	369 702	298 115	257 368	191 198	125 366	97 482
中外合作企业	201	166	85 396	67 234	53 830	38 309	33 932	24 296
外资企业	750	739	110 644	111 598	77 780	75 694	77 780	75 694
中外股份公司		1		8 351		8 351		2 096
二、按国民经济行业分								
农、林、牧、渔业	101	78	10 084	9 574	7 417	5 843	5 383	5 203
采掘业	75	24	8 306	2 128	5 792	1 676	4 084	1 402
制造业	1 389	1 347	255 483	265 287	184 153	176 816	104 312	100 575
#食品制造业	61	41	24 543	3 830	17 680	3 185	13 406	2 203
饮料制造业	50	40	10 900	7 001	7 025	5 539	3 732	2 421
纺织业	95	84	21 143	15 387	15 103	11 747	6 657	5 812
服装及其他纤维制品制造业	152	140	22 377	15 989	16 124	11 577	8 989	6 522
家具制造业	17	16	1 586	4 490	1 403	2 492	1 252	2 020
石油加工及炼焦业	6	9	1 164	2 040	905	1 842	403	1 302
化学原料及化学制品制造业	77	86	12 836	14 686	9 062	9 642	5 293	5 723
医药制造业	33	49	10 247	15 610	6 671	9 955	3 591	5 277
塑料制品业	61	60	6 019	5 929	5 096	4 944	2 518	2 316
非金属矿物制品业	86	73	16 013	39 990	11 635	23 410	5 959	16 210
黑色金属冶练及压延加工业	15	12	4 539	1 547	3 285	1 394	1 788	612
普通机械制造业	25	21	10 865	3 282	7 656	1 922	4 372	1 064
交通运输设备制造业	54	56	23 595	30 092	17 728	25 627	8 046	9 284
电气机械及器材制造业	55	53	7 469	6 334	6 044	4 722	2 410	2 638
电子及通信设备制造业	86	88	12 844	11 579	8 760	9 737	4 579	6 594
电力、煤气及水的生产和供应业	36	31	36 947	9 807	21 947	5 643	14 634	4 242
建筑业	87	77	26 072	29 964	16 423	16 936	11 222	12 529
地质勘查和水利管理业	1	2	50	81	50	81	50	59
交通运输、仓储及邮电通信业	51	41	21 785	5 648	16 834	3 662	7 029	2 218
#公路运输业	35	32	5 201	4 169	4 005	2 640	2 337	1 482
邮电通信业	2		677		383		132	
批发和零售贸易餐饮业	67	70	11 593	7 335	8 980	5 502	6 177	3 255
#食品、饮料、和烟草批发业	15	7	4 972	2 255	3 397	1 374	2 704	652
零售业	4	9	791	979	542	686	287	345
餐饮业	48	52	5 830	4 045	5 041	3 386	3 186	2 202
金融、保险业	2	1	53	40	50	40	26	16
#金融业	1	1	40	40	40	40	16	16
房地产业	336	294	135 702	103 288	88 313	65 734	57 281	46 656
#房地产开发与经营业	272	292	99 025	103 242	62 916	65 688	43 982	46 610

14－14　续表

分　　类	年末登记企业数（户）		投资总额（万美元）		注册资本（万美元）		#外　方	
	1998年	1999年	1998年	1999年	1998年	1999年	1998年	1999年
社会服务业	227	181	57 361	49 869	37 303	30 422	26 052	22 368
#旅馆业	30	31	7 153	7 519	5 239	5 601	3 597	3 529
旅游业	14	6	2 352	358	1 622	329	1 127	246
信息、咨询服务业	11	8	1 235	3 462	953	1 440	691	1 251
卫生体育和社会福利业	7		1 799		1 209		473	
教育、文化艺术及广播电影电视业	3	2	487	477	487	477	335	325
#文化艺术业	1	1	380	380	380	380	228	228
广播电影电视业	1		10		10		10	
科学研究和综合技术服务业	1		20		20		20	
其他		1		1 800		720		720
三、按投资国别、地区分								
1.亚　洲	2 066	1 898	489 702	422 890	333 544	270 642	206 009	169 644
#印度尼西亚	12	15	3 026	1 903	2 220	1 662	1 342	1 160
日本	47	73	13 413	32 491	8 524	8 290	4 379	4 453
马来西亚	13	13	11 856	9 953	9 055	7 702	4 576	4 053
菲律宾	7	18	1 489	2 482	955	1 798	926	1 585
新加坡	52	39	28 047	30 266	15 695	17 140	11 211	13 212
韩国	13	14	684	1 182	612	1 060	442	679
泰国	32	24	8 486	4 665	5 850	3 425	4 437	2 067
2.非　洲	4	18	1 469	5 629	1 132	3 100	986	2 325
3.欧　洲	72	68	11 471	26 061	8 769	18 477	4 923	12 633
#比利时		2		258		193		177
英国	9	17	2 573	6 865	2 178	4 314	1 097	3 053
德国	16	6	1 895	629	1 582	496	892	305
法国	7	15	1 154	14 173	767	11 167	448	7 474
意大利	4	5	1 480	100	1 075	80	354	56
荷兰	2	2	60	160	60	115	25	115
西班牙	5	2	249	20	216	16	115	16
瑞士	1	1	84	84	84	84	34	34
4.拉丁美洲	17	13	3 903	2 126	2 692	1 606	1 894	1 217
5.北美洲	207	137	56 823	25 946	40 704	17 709	22 251	12 694
#加拿大	25	23	6 202	5 435	3 670	3 427	2 572	2 750
美国	181	95	50 613	18 531	37 026	12 091	19 677	8 496
6.大洋洲	17	15	2 374	2 646	2 137	2 018	1 015	1 055
#澳大利亚	14	13	2 022	2 538	1 861	1 920	778	996
新西兰	3	2	352	108	276	98	237	59

14－15 外出交流情况

项目	1985年	1990年	1995年	1998年	1999年
外出交流批数(批)	409	556	1 173	1 177	1 799
外出交流人数(人次)	2 348	2 482	5 018	5 079	5 412
友好访问	37	54	118	243	194
专业考察	711				
科学技术	293	144	41	25	51
经济贸易	250	914	2 271	1 792	2 186
劳务	883	575	1 405	2 277	2 214
留学进修培训		290	486	186	244
留学生、学者	3	266	243	131	198
参加会议	7	38	87	110	109
文化体育		102	300	215	129
其他	164	99	67	100	87

14－16 江西与国外结成友好城市一览

国别	城市（州、县）	缔结日期
南斯拉夫	马其顿社会主义共和国	1984年3月20日
马其顿	斯科普里市	1984年3月20日
德国	黑森州	1985年4月3日
美国	肯塔基州	1985年10月16日
美国	犹他州	1986年7月10日
日本	歧阜县	1988年6月21日
墨西哥	托卢卡市	1988年8月16日
日本	高松市	1990年9月28日
日本	冈山县	1992年6月1日
美国	罗马市	1993年11月7日
摩洛哥	萨非市	1993年10月13日
澳大利亚	沃拉格尔市	1993年12月9日
美国	麦卡伦市	1994年10月27日
斯洛文尼亚	科佩尔市	1995年4月5日
日本	有田町	1996年8月28日
日本	玉野市	1996年10月5日
芬兰	瓦尔济考斯基市	1997年11月20日
芬兰	托亚拉市	1997年11月20日

14－17 国 内 旅 游 情 况

项　　　　目	单位	1996年	1997年	1998年	1999年
接待总人数	万人次	1 309	1 614	1 620	2 094
#旅游景点接待人数	万人次	548	591	581	892
#一日游人数	万人次	71	44	35	108
平均逗留天数	天	3.25	2.42	2.37	2.28
旅游住宿设施	家	2 518	2 945	3 179	3 388
床位总数	张	238 428	237 252	256 099	273 356
平均床位数	张/家	94.69	80.56	85	80
床位利用率	%	43	43.06	40.00	41.47
总 花 费	万元	473 342	756 471	780 809	1 071 100
人均花费	元	361.64	468.75	420.00	503.60

14－18 各地区接待国内旅游人数

单位:万人次

地　　　　区	1996年	1997年	1998年	1999年
全　　省	**1 309**	**1 614**	**1 620**	**2 094**
南 昌 市	270	226	232	295
景德镇市	64	63	60	81
萍 乡 市	56	85	66	85
九 江 市	311	324	272	382
新 余 市	26	56	46	62
鹰 潭 市	122	191	161	220
赣 州 市	164	207	336	393
宜春地区	46	87	76	101
上饶地区	162	179	124	186
吉安地区	66	108	169	177
抚州地区	22	88	78	112

14－19　各地区国内旅游者花费

单位:万元

地　　区	1996 年	1997 年	1998 年	1999 年
全　省	**473 342**	**756 471**	**780 809**	**1 071 100**
南 昌 市	135 214	158 781	152 878	195 400
景德镇市	26 054	33 275	33 155	42 600
萍 乡 市	20 318	33 875	26 015	40 900
九 江 市	104 514	149 201	145 739	211 300
新 余 市	10 023	22 643	20 627	27 800
鹰 潭 市	35 453	72 309	71 875	121 300
赣 州 市	48 059	69 369	132 131	163 800
宜春地区	11 087	35 158	33 722	41 000
上饶地区	54 107	96 543	61 188	100 900
吉安地区	21 742	49 861	69 094	82 800
抚州地区	6 771	35 456	34 385	43 300

14－20　各地区国内旅游者人均花费

单位:元/人

地　　区	1996 年	1997 年	1998 年	1999 年
全　省	**361.64**	**468.75**	**420.00**	**503.60**
南 昌 市	501.74	704.13	659.42	661.25
景德镇市	406.65	531.05	557.42	522.51
萍 乡 市	363.87	400.51	394.06	483.34
九 江 市	335.75	461.11	535.83	553.20
新 余 市	384.34	403.62	450.08	448.82
鹰 潭 市	290.62	378.60	446.28	551.49
赣 州 市	292.65	334.53	393.52	416.31
宜春地区	243.56	402.27	440.24	406.14
上饶地区	333.62	538.17	493.15	543.26
吉安地区	329.07	461.16	408.34	467.98
抚州地区	305.97	402.32	440.57	388.13

14－21 涉外旅游情况

指标	1985年	1990年	1995年	1998年	1999年
一、旅游人数(人次)	**31 225**	**52 875**	**73 591**	**114 930**	**138 643**
1.外国人	7 968	10 851	23 436	28 956	40 981
#日本	2 406	2 594	10 244	10 195	12 050
新加坡	122	258	1 542	515	2 312
菲律宾	35	58	357	176	612
泰国	29	137	850	727	626
印度尼西亚	43	45	234	207	264
马来西亚	27	43	410	821	923
韩国			1 572	640	761
美国	892	528	2 892	4 957	8 424
加拿大	47	147	595	815	1 011
德国	157	203	562	1 597	3 437
瑞典		7	87	100	208
英国	126	182	928	1 371	1 460
荷兰	7	8	82	171	293
西班牙		6	60	67	101
法国	77	98	514	584	950
瑞士	42	27	142	210	133
意大利	68	86	348	344	380
俄罗斯		31	294	343	712
澳大利亚	61	124	232	593	772
新西兰	4	6	56	167	100
2.华侨	555	203	1 173	3 099	5 717
3.港澳同胞	}22 702	24 197	20 367	47 497	55 960
4.台湾同胞		17 624	28 615	35 378	35 985
二、旅游外汇收入(万美元)	**122**	**418**	**2 498**	**4 284**	**5 038**
旅游外汇收入(万元)	**379**	**2 026**	**20 773**	**35 557**	**41 815**
1.商品性收入	116	1 006	6 607	13 401	16 135
商品销售收入	63	882	4 557	10 175	12 417
饮食销售收入	53	124	2 050	3 226	3 718
2.劳务性收入	263	1 020	14 166	22 156	25 680
提供交通收入	81	328	4 756	10 257	11 836
提供住宿收入	115	477	4 797	4 302	5 105
邮电服务收入	1	35	880	1 646	1 419
旅游管理收入	44	161	498	2 807	3 262
其他收入	22	19	3 235	3 144	4 058

14－22 各地区涉外旅游情况

（1999 年）

地　　区	旅游人数（人次）	外国人	华　侨	港澳同胞	台湾同胞	旅游外汇收入 万美元	人民币万元
全　　省	**138 643**	**40 981**	**5 717**	**55 960**	**35 985**	**5 038**	**41 815**
南 昌 市	32 120	16 689	60	8 164	7 207	2 155	17 886
景德镇市	13 698	7 177	927	2 407	3 187	412	3 420
萍 乡 市	1 158	79	57	490	532	52	432
九 江 市	20 461	9 955	526	3 019	6 961	471	3 909
新 余 市	253	58		20	175	8	66
鹰 潭 市	12 828	782	1 798	5 839	4 409	230	1 909
赣 州 市	34 639	787	204	24 897	8 751	752	6 242
宜春地区	2 979	1 051	310	595	1 023	145	1 203
上饶地区	5 886	2 896	759	933	1 298	270	2 241
吉安地区	12 224	1 175	447	8 770	1 832	276	2 291
抚州地区	2 397	332	629	826	610	267	2 216

14－23 涉外宾馆(饭店)接待能力

项　　目	单位	1995 年	1996 年	1997 年	1998 年	1999 年
职工人数	人	10 137	11 170	16 393	18 373	21 010
宾馆、饭店	个	79	87	92	138	145
#四星级	个	1	1	1	1	2
三星级	个	9	13	17	20	25
二星级	个	28	30	30	41	42
一星级	个	7	7	7	7	7
客 房 数	间	9 184	14 416	14 981	15 781	15 842
床 位 数	张	20 207	35 010	36 231	37 831	37 953
客房出租率	%	51.4	50.3	52.6	53.1	47.1
旅游车辆	辆	120	129	137	188	145
#大型车	辆	5	7	11	68	46
中型车	辆	15	19	25	82	84
小型车	辆	24	30	38	38	15

14－24　庐山风景区旅游事业发展情况

指　　　　标	单位	1990年	1995年	1996年	1997年	1998年	1999年
接待人数	人次	750 000	779 800	780 000	900 000	600 000	750 000
接待海外游客	人次	6 767	4 057	9 015	9 156	4 413	7 332
国内游客	人次	743 233	775 743	770 985	890 844	595 587	742 668
营业收入	万元	1 915	7 173	7 879	13 614	9 512	10 900
旅游外汇收入	万美元	64	49	159	130	63	87
利润总额	万元	－8	263	300	858	210	100
涉外宾馆(饭店)住宿设施							
宾馆(饭店)	个	6	7	7	8	9	9
#三星级	个	1	1	1	1	2	2
二星级	个	2	2	2	3	3	4
一星级	个	1	2	2	2	2	2
客　房	间	780	815	815	830	884	816
床　位	张	1 826	2 044	2 044	2 126	2 245	1 754
客房出租率	%	45	45	42	48	35	45
旅游车辆	辆	323	453	468	592	494	400
#大型车辆	辆	44	14	14	12	11	11

14－25　井冈山风景区旅游事业发展情况

指　　　　标	单位	1978年	1980年	1985年	1990年	1995年	1996年	1997年	1998年	1999年
接待人数	人次	63 742	21 454	61 575	181 326	241 401	352 276	402 679	343 077	507 138
接待海外游客	人次	2 150	1 210	1 575	1 326	1 401	2 276	2 679	3 077	7 138
国内游客	人次	61 592	20 244	60 000	180 000	240 000	350 000	400 000	340 000	500 000
营业收入	万元	955	418	1 360	3 564	5 235	5 925	5 988	6 930	10 191
旅游外汇收入	万美元					19	78	115	43	112
涉外宾馆(饭店)住宿设施										
宾馆(饭店)	个					2	2	3	3	4
#三星级	个							1	1	1
二星级	个					2	2	2	2	3
床　位	张					600	656	656	779	1 037
床位利用率	%					39	41	43	36	37
旅游车辆	辆			9	16	18	23	34	45	55
#大型车辆	辆			1	6	6	8	8	9	10
中型车辆	辆			3	4	4	5	6	7	10
小型车辆	辆			5	6	8	10	20	29	35

14-26 主要涉外旅游宾馆、饭店

（1999年）

名称	开业时间（年、月）	客房总数（间）	床位总数（张）	地址	邮政编码
江西宾馆	1961年5月	247	445	南昌市	330006
青山湖宾馆	1986年1月	225	450	南昌市	330006
江西饭店	1956年	283	563	南昌市	330006
赣江宾馆	1991年	228	448	南昌市	330003
南昌宾馆	1984年8月	170	458	南昌市	330003
惠苑宾馆	1988年1月	92	250	南昌市	330006
象山宾馆	1985年4月	71	178	南昌市	330008
八一宾馆	1994年	134	329	南昌市	330002
江西省外办招待所	1987年	121	256	南昌市	330001
良茂大厦	1990年3月	176	386	南昌市	330002
正力大厦	1994年	114	228	南昌市	330008
农业大厦	1988年11月	260	520	南昌市	330046
吉利大酒店	1993年	80	160	南昌市	330002
远望大厦	1993年	190	380	南昌市	330003
鄱阳湖大酒店	1989年12月	270	531	南昌市	330002
袁州宾馆	1995年	90	209	南昌市	330008
华鑫大酒店	1994年	130	260	南昌市	330008
五湖大酒店	1996年	306	499	南昌市	330006
裕丰大酒店	1995年	167	326	南昌市	330006
环湖宾馆	1995年	172	318	南昌市	330006
中日友好会馆	1996年	24	48	南昌市	330006
富洲大饭店	1993年	110	250	南昌市	330003
江铃宾馆	1994年	102	243	南昌市	330001
洪都宾馆	1997年	277	554	南昌市	330006
凯莱大酒店	1998年	328	654	南昌市	330008
锦峰大酒店	1998年	167	288	南昌市	330002
景德镇宾馆	1979年6月	110	220	景德镇市	333000
景德镇宾馆企业有限公司	1989年4月	145	287	景德镇市	333000
景德镇饭店	1961年	196	496	景德镇市	333000
萍乡宾馆	1971年	163	336	萍乡市	337055
昭萍宾馆	1989年3月	106	212	萍乡市	337055
萍乡东方宾馆	1993年	75	150	萍乡市	337055
黑天鹅宾馆	1995年	111	269	萍乡市	337000
金鸣大厦	1995年	40	80	萍乡市	337000
安源宾馆	1997年	135	270	萍乡市	337000
南湖宾馆	1960年4月	224	506	九江市	332000
实华宾馆	1987年8月	143	365	九江市	332000
白鹿宾馆	1992年	200	400	九江市	332000
五丰宾馆	1993年	70	140	九江市	332000
九江宾馆	1994年	120	240	九江市	332000
匡庐宾馆	1994年	69	147	九江市	332000
紫云饭店	1987年7月	27	54	湖口县	332500
共青茶山宾馆	1987年	70	200	德安县	330401
芦林饭店	1958年	110	220	庐山	332900
庐山宾馆	1950年	101	242	庐山	332900
庐山大厦	1953年	190	380	庐山	332900
云中宾馆	1985年	168	336	庐山	332900
庐山别墅村	1987年5月	31	62	庐山	332900
牯岭饭店	1984年	170	340	庐山	332900
西湖宾馆	1998年	57	114	庐山	332900

14－26　续表

名　　称	开业时间（年、月）	客房总数（间）	床位总数（张）	地　址	邮政编码
九龙宾馆	1994年	50	100	九江市	332000
金安湖宾馆	1994年	65	124	九江市	332000
北港宾馆	1992年	72	163	九江市	332000
石钟山宾馆	1993年	37	74	九江市	332500
袁河宾馆	1958年	179	358	新余市	336501
华兴大酒店	1992年	64	130	新余市	336500
玉紫山宾馆	1960年	146	292	新余市	336500
钢城大厦	1986年11月	108	225	新余市	336500
北湖宾馆	1984年	121	230	新余市	336500
华侨饭店	1993年	200	600	鹰潭市	335000
余江宾馆	1978年9月	27	88	余江县	335200
贵冶宾馆	1981年8月	225	450	贵溪市	335400
赣南宾馆	1954年10月	164	300	赣州市	341000
赣州大厦	1988年1月	140	280	赣州市	341000
虔城大酒店	1993年	77	154	赣州市	341000
名流大酒店	1994年	69	132	赣州市	341000
赣州宾馆	1989年10月	110	220	赣州市	341000
明珠大酒店	1994年	83	166	赣州市	341000
西华山宾馆	1981年	160	320	大余县	341500
林丰大楼	1992年	39	100	大余县	341500
金都宾馆	1994年	35	70	赣州市	341000
赣龙大酒店	1995年	134	243	赣州市	341000
南康宾馆	1995年	56	134	南康市	341400
宜春宾馆	1978年6月	88	195	宜春市	336000
锦绣山庄	1995年	124	248	宜春市	336000
丰城宾馆	1977年11月	150	300	丰城市	331100
上高宾馆	1983年9月	57	120	上高县	336400
上饶宾馆	1953年	231	530	上饶市	334000
婺源宾馆	1969年	80	263	婺源县	333200
友好宾馆	1994年	79	199	婺源县	333200
铅山宾馆	1987年10月	115	294	铅山县	334500
上饶大酒店	1995年	95	203	上饶市	334000
三清山宾馆	1989年	69	160	玉山县	334000
万年宾馆	1996年	70	140	万年县	335500
吉安宾馆	1958年	160	329	吉安市	343000
白鹭宾馆	1960年1月	141	361	吉安市	343000
米西大厦	1995年	88	206	吉安市	343000
吉州宾馆	1957年	157	333	吉安市	343000
宁冈宾馆	1969年9月	76	180	宁冈县	343500
吉水宾馆	1980年	65	153	吉水县	331600
井冈山宾馆	1960年5月	147	321	井冈山市	343600
井冈山大厦	1961年7月	170	356	井冈山市	343600
杜鹃宾馆	1984年	136	411	井冈山市	343600
抚州宾馆	1960年10月	152	305	临川市	344000
玉茗宾馆	1990年	72	145	临川市	344000
金溪宾馆	1990年	72	145	金溪县	344800
南丰宾馆	1985年11月	92	184	南丰县	344500
赣东宾馆	1992年	165	330	临川市	344000
东乡宾馆	1959年	69	138	东乡县	331800
崇仁宾馆	1982年	62	124	崇仁县	344200

14-27 主要风景名胜一览

名　　称	地　　址	简　　况
滕王阁 （653年，唐永徽四年）	南昌市	唐永徽四年，太宗李世民之弟、滕王李元婴都督洪洲时营建，阁以其封号命名。现阁为1983年第29次重建，主阁于1989年重阳节竣工，高57.5米，为仿宋建筑。滕王阁为江南三大名楼之一。
青云谱 （321年，东晋大兴四年）	南昌市	始建于东晋大兴四年。明末清初朱良月（号八大山人）偕其弟朱秋月（即牛石慧）隐居于此。后人慕其贤，集资改建为“青云圃”。康熙年间改“圃”为“谱”。解放后，建有《八大山人书画馆》，陈列“八大山人”和牛石慧书画百余幅。
万寿宫 （晋）	南昌市	又名铁柱宫。始建于晋，祀东晋蜀郡许逊（号旌阳，又称许真君）。
绳金塔 （904-907年）	南昌市	塔身为砖木结构，七层八面，高59米，周长33.6米，是市内最高的古代建筑物，登上塔顶，可鸟瞰全市。
梅　岭	南昌市	一名飞鸿山。为旅游避暑胜地。
西　山	新建县	古称散原山，山上名胜古迹甚多，西山积翠，景色如画。
莲花塘	景德镇市	因满塘盛开莲花而得名。四周群山环抱，是旅游避暑胜地。
龙珠阁	景德镇市	位于珠山之巅，是座反映景德镇千年历史的代表性建筑，现阁于1987年10月奠基重建，1990年10月落成。
古陶瓷博览区	景德镇市	建于1979年，位于西郊枫树山的盘龙岗，古陶瓷博览区既有景德镇古陶瓷史陈列，又再现古代陶瓷生产方式，是一座反映景德镇陶瓷历史的活的博物馆。
文　庙 （唐）	萍乡市	始建于唐武德年间，分前后两殿、左右长廊。各殿的石雕工艺十分精致，现仍保持原貌。
杨岐寺 （唐）	萍乡市	又叫普通禅寺。唐代建造，清道光年间重修。北宋时，禅宗高僧方会在此创立杨岐宗，为禅宗下临济宗的一派。
孽龙洞	萍乡市	洞长八公里，洞中有洞，幽深莫测，洞内景点甚多，各种石钟乳和石笋、石柱荟萃交织，构成千姿百态奇丽的景观。长年流水不断的地下河贯穿全洞。
庐　山	九江市	又名匡山、匡庐。相传周朝有匡氏七兄弟上山修道，草庐为舍，故名。其飞峙长江边，紧傍鄱阳湖，有“匡庐奇秀甲天下山”之称。庐山为地垒式断块山，多险绝胜景，匡庐瀑布更是名传天下。庐山四季风景如画，夏季凉爽宜人，七月平均气温为22.6摄氏度，为著名旅游避暑胜地。
秀　峰	星子县	其山奇水秀，碑刻如林。其名有奇峰竞秀之意，为著名旅游胜地。
白鹿洞书院 （宋）	星子县	为宋代著名书院，与睢阳、石鼓、岳麓共为当时四大书院，后遭兵火，现存为清道光年间所修。
东林寺 （386年东晋太元十一年）	九江县	是我国佛教净土宗（莲宗）发源地，东晋太元十一年，名僧慧远在此建寺讲学，并创设莲社，倡导弥陀净土法门。寺内有多处古迹和碑刻，历代文人慕名而来者甚多。
狮子洞	九江县	系岩溶洞穴。约有四万平方米，分七个景厅四十多个景点，洞内钟乳石晶莹玉润，步移景换。
涌泉洞	九江县	为大型石灰岩溶洞。因一股清澈的泉水流经整个洞窟而得名，全洞游程1.5公里，面积约一万三千多平方米，洞中有三十二个景点。
龙宫洞	彭泽县	是近年发现的天然溶洞，其景有如传说中的东海龙宫，全长2700米，洞中大量钟乳石、石幔、石笋、形状奇特，别有谐趣。

14－27 续表

名　　称	地　　址	简　　况
鄱阳湖候鸟保护区	永修县、星子县	面积约 224 平方公里，分九个季节性淡水湖泊。从当年十月至次年三月为枯水季节，此时湖滩广阔，水草肥美、鱼、虾、螺、蚌丰富，环境清幽，为越冬候鸟提供了理想的栖息地。每到冬季，保护区吸引了大批国内外鸟类爱好者和旅游者前来考察和观赏。保护区 1983 年建立，1988 年定为国家级自然保护区。
石钟山	湖口县	在鄱阳湖入江之口，长江之南岸。南为上石钟山，北即下石钟山，两山对峙，耸立在鄱阳湖和长江汇合处，合称双钟山。石钟山地形高耸，陡削峥嵘，进可攻，退可守，号称“江湖锁钥”，至今仍有太平天国遗垒。凭栏远眺，匡庐五老峰，如拱如揖。鄱湖、长江，烟波浩渺。湖光山色，风景宜人。
鞋　山	湖口县	又称大孤山、大姑山，在鄱阳湖中，为第四纪冰川期形成的大石岛。因状如鞋，故名。
烟水亭（816－818 年唐元和 11 至 13 年）	九江市	原名浸月亭，在九江市甘棠湖中。相传为三国时东吴都督周瑜点将旧址。1972 年全面修复，并建曲桥一座，自湖畔蜿蜒接于亭上，以便游人参观。
能仁寺（南朝）	九江市	建于南朝梁武帝年间，后废。现存建筑多为清同治九年（1870 年）复建，是九江市现有最大的古建筑群。
天师府	贵溪市	其临清溪，为历代张天师住地。现重修，院内古木参天，风景优美，古称“江南无双地，西江第一家”。
龙虎山	贵溪市	本名云锦山，因第一代天师张道陵于东汉永元二年在山下炼丹，有青龙白虎绕山，故名龙虎山，它是我国道教正一派（亦称天师道）的发祥地。其山间峰奇峦秀，悬崖壁立，奇石盘错，流瀑飞溅，古木参天，景色秀奇，有九十九峰、二十四岩、一百六十多个自然风景点、近百处人文景观。此外，仙岩悬崖峭壁间散布的上百座崖棺，是春秋战国时的古迹，国内罕见。
三清山	玉山县、德兴市	因玉京、玉华、玉虚三峰耸峙，如道教所谓三清境之三尊神踞坐而名。其群峦叠嶂，绝壁悬崖，以奇岩秀石、古木异卉、飞瀑流泉、松涛响云、神光岚影为胜，景物二百八十多处，风景面积约五十三点四平方公里。此山历史上是江南道教圣地之一，素有“高凌云汉江南第一仙峰，清绝尘嚣天下无双福地”之誉。
圭　峰	弋阳县	其奇峰罗列，各极其态。因一奇石形似圭板朝笏而得名，又因其主峰状如乌龟，亦称龟峰。为旅游疗养胜地。
井冈山	井冈山市	地处罗霄山脉万洋山北段，平均海拔 1000 米，山势雄伟险峻，风景秀丽，辟有小井龙潭、茨坪南山、黎坪石燕洞、石架山等风景区，是进行革命传统教育和旅游、疗养的胜地。
青原山	吉安市	海拔 316 米，峰峦多姿，草木繁茂，岩间泉涌，石上飞瀑，名胜古迹甚多。
八境台（1056－1063 年）	赣州市	在章水、贡水合流处，建于北宋年间，是赣州市也是江西省著名古迹之一。台高三层，登台可眺赣州八景，台下辟为八景公园。
郁孤台（763－779 年唐广德至大历年间）	赣州市	台高 14.1 米，面积 275 平方米。“冠冕一郡之形势，而襟带千里之江山”，隆阜郁然孤峙，故名。1959 年又重修，油彩一新，甚为壮观。
通天岩	赣州市	是一座红砂石山。由忘归岩、同心岩、通天岩和翠微岩组成，岩上布满造像、题刻，是一座拥有古刻九十七品，石龛二百七十九座，石刻造像三百四十八尊的艺术宝库。这里岩深谷邃，树木参天，风景秀丽，是赣南避暑胜地之一。
翠微峰	宁都县	又名石鼓峰，为金精十二峰之一。山势险要，树木郁深。
梅关	大余县	在梅岭最高处，北宋时置关。登高远望。千山万岭尽收眼底，每逢入冬霜降，梅花盛开，清香扑鼻。

主要统计指标解释

进出口总额 指实际进出我国国境的货物总金额。包括对外贸易实际进出口货物,来料加工装配进出口货物,国家间、联合国及国际组织无偿援助物资和赠送品,华侨、港澳台同胞和外籍华人捐赠品,租赁期满归承租人所有的租赁货物,进料加工进出口货物,边境地方贸易及边境地区小额贸易进出口货物(边境互市贸易除外),中外合资经营企业、中外合作经营企业、外商独资经营企业进出口货物和公用物品,到、离岸价格在规定限额以上的进出口货物和广告品(无商业价值、无使用价值和免费提供出口的除外),从保税仓库提取在中国境内销售的进出口货物,以及其他进出口货物。进出口总额用以观察一个国家在对外贸易方面的总规模。我国规定出口货物按离岸价格统计,进口货物按到岸价格统计。

利用外资 指我国各级政府、部门、企业和其他经济组织通过对外借款、吸收外商直接投资以及用其他方式筹措的境外现汇、设备、技术等。

利用外资签约金额 指经业务主管部门批准正式签订协议、合同所签约的金额。不包括意向书、口头承诺、草签协议书所签订的金额。

对外借款 是我国利用外资的主要部分。指通过对外正式签订借款协议,从境外筹措的资金。包括外国政府贷款、国际金融组织贷款、外国银行商业贷款、出口信贷以及对外发行债券等。1996年及以前还包括对外发行股票。

外商直接投资 指外国企业和经济组织或个人(包括华侨、港澳台以及我国在境外注册的企业)按我国有关政策、法规,用现汇、实物、技术等在我国境内开办外商独资企业、与我国境内的企业或经济组织共同举办中外合资经营企业、合作经营企业或合作开发资源的投资(包括外商投资收益的再投资)以及经政府有关部门批准的项目投资总额内,企业从境外借入的资金。

外商其他投资 指除对外借款和外商直接投资以外的各种利用外资的形式。包括企业在境内外股票市场公开发行的以外币计价的股票(目前主要是在香港证券市场发行的H股和在境内证券市场发行的B股)发行价总额,国际租赁进口设备的应付款,补充贸易中外商提供的进口设备、技术、物料的价款,加工装配贸易中外商提供的进口设备、物料的价款。

投资总额 指合同规定的投资总额,即合营各方出资额及企业筹措的建设资金的总和,又叫运营资本。除包括注册资本外,还可以包括:⑴以企业名义向银行或其它人所借的贷款;⑵企业用盈利购置的资产或流动资金;⑶企业用可分配的利润追加的,但未注册的投资;⑷股东的追加投入,但未注册的资本;⑸银行存款。

注册资本 指批准设立外商投资企业的合同中规定的注册资本,又叫法定资本。它是企业在国家工商行政管理部门登记注册的资本额。注册资本的构成表明谁是企业的股东。各股东按自己的股权比例承担企业风险和分享企业利润,受法律保护,不得随意减少。合营企业增加注册资本时须经董事会全体股东讨论通过,并向有关部门申请,改变原来的注册。股份越大,为企业承担风险及分享的利润就越大。

对外承包工程 指各对外承包公司以招标议标承包方式承揽的下列业务:⑴承包国外工程建设项目,⑵承包我国对外经援项目,⑶承包我国驻外机构的工程建设项目,⑷承包我国境内利用外资进行建设的工程项目,⑸与外国承包公司合营或联合承包工程项目时我国公司分包部分,⑹对外承包兼营的房屋开发业务。对外承包工程的营业额是以货币表现的本期内完成的对外承包工程的工作量,包括以前年度签订的合同和本年度新签订的合同在报告期内完成的工作量。

对外劳务合作 指以收取工资的形式向业主或承包商提供技术和劳动服务的活动。我国对外承包公司在境外开办的合营企业,中国公司同时又提供劳务的,其劳务部分也纳入劳务合作统计。劳务合作营业额按报告期内向雇主提交的结算款(包括工资、加班费和奖金等)统计。

对外设计咨询 指以服务成果向业主收费的技术服务项目。包括承担地形地貌测绘,地质资源勘探与普查,建设区域规划,提供设计文件、图纸、生产工艺技术资料和工程技术经济咨询,工程项目的可行性考察、研究和评估,进行技术指导和培训人员等;也包括承担国(境)内利用外资进行建设的工程项目的上述规定的设计咨询项目的收取外币部分。

旅游人数 包括入境国际旅游者人数、出境居民人数和国内旅游者人数。

⑴入境国际旅游者人数:指来中国参观、访问、旅行、探亲、访友、休养、考察、参加会议和从事经济、科技、文化、教育、宗教等活动的外国人、华侨、港澳和台湾同胞的人数。不包括外国在我国的常驻机构,如使领馆、通讯社、企业办事处的工作人员;来我国常驻的外国专家、留学生以及在岸逗留不过夜人员。

⑵出境居民人数:指大陆居民因公务活动或私人事务短期出境的人数。公务活动出境居民人数包括在国际交通工具上的中国服务员工,因私出境居民人数不包括在国际交通工具上的中国服务员工。

⑶国内旅游者人数:指我国大陆居民和在我国常驻1年以上的外国人、华侨、港澳台同胞离开常驻地在境内其他地方的旅游设施内至少停留一夜,最长不超过6个月的人数。

国际旅游(外汇)收入 指入境旅游的外国人、华侨、港澳和台湾同胞在中国大陆旅游过程中发生的一切旅游支出,对于国家来说就是国际旅游(外汇)收入。

涉外饭店(宾馆) 指经有关部门批准,允许接待外国人、华侨、港澳和台湾同胞的饭店(宾馆)。

旅游住宿设施 指任何定期(或临时)为旅游者提供住宿条件的设施。旅游住宿设施包括旅游饭店、宾馆、公寓、旅店、招待所、江河及海洋船、疗养院、度假村、假日营地、私人寓所、家庭住宅的出租客房及亲友提供的免费住宅设施。

财政、金融、保险 15

PUBLIC FINANCE, BANKING
ND INSURANCE

- 1999年，财政收入154.98亿元，比1998年增长6.4%。
- 1999年，财政支出207.83亿元，其中，基本建设支出占17.9%，支援农村生产支出占3.9%，文教科学卫生事业费占23.0%。

本篇章

整理	微机处理
明	黄建村
村	

15－1 财 政 收 入

单位:万元

年 份	财政收入总计	#企业收入	#工业收入	#各项税收	#工商税收	#农牧业税	附:上交中央两税收入
1978	122 246	33 166	20 878	82 806	72 594	10 164	
1979	117 771	19 927	26 145	90 357	80 164	10 151	
1980	124 667	23 784	26 427	97 063	86 948	10 080	
1981	131 822	21 516	20 342	105 962	95 341	10 247	
1982	123 283	8 976	16 920	109 859	99 816	9 694	
1983	135 281	13 897	21 142	115 452	103 923	11 213	
1984	150 126	15 142	25 727	128 901	116 006	12 568	
1985	211 843	12 052	26 616	226 674	211 378	14 417	
1986	240 552	25 736	24 675	208 325	193 869	14 456	
1987	282 110	33 042	30 411	234 634	217 828	16 679	
1988	322 931	15 235	31 781	279 642	260 550	16 191	
1989	374 886	1 319	28 626	335 850	308 808	22 264	
1990	406 155	- 313	23 486	355 542	326 964	22 869	
1991	448 050	3 191	21 029	394 104	363 030	23 091	
1992	493 882	2 376	26 188	445 340	409 767	25 316	
1993	656 721	11 002	28 925	595 036	559 318	24 897	
1994	886 707	33 813	16 223	779 334	708 124	44 857	393 800
1995	1 052 172	56 650	22 163	882 074	801 750	42 158	410 844
1996	1 235 782	62 367	16 521	1 038 772	929 555	65 153	464 846
1997	1 349 160	83 957	21 580	1 077 538	956 370	68 211	443 236
1998	1 456 584	73 476	11 082	1 185 267	1 068 503	57 267	485 023
1999	1 549 809	96 377	15 189	1 223 876	1 100 951	56 324	498 438

15－2 财 政 支 出

单位:万元

年 份	财政支出总计	#基本建设支出	#企业挖潜改造资金	#行政管理费	#科技三项费用	#支援农村生产支出	#文教科学卫生事业费
1978	162 701	56 090	9 640	12 798	1 642	3 815	29 257
1979	176 302	51 631	9 002	13 358	1 671	2 395	34 078
1980	159 884	40 483	11 405	17 066	1 222	9 202	40 683
1981	140 292	21 996	9 434	19 563	1 017	6 235	43 474
1982	155 407	18 691	9 615	20 818	1 145	6 853	50 759
1983	174 677	26 181	10 714	23 397	2 089	7 464	56 176
1984	219 439	33 523	22 623	29 344	2 993	7 689	64 582
1985	297 263	42 052	11 942	31 807	3 121	9 922	78 235
1986	366 258	39 294	15 895	37 302	2 904	16 054	91 993
1987	377 878	33 512	17 314	37 767	3 044	18 201	94 328
1988	423 518	34 314	18 271	38 794	2 363	20 216	114 471
1989	487 126	35 338	16 517	45 486	3 547	30 088	127 398
1990	507 559	33 259	21 024	52 904	3 020	32 937	139 217
1991	603 651	29 816	35 838	57 491	3 231	35 654	148 350
1992	683 826	34 799	45 725	73 751	4 069	37 060	182 641
1993	818 983	34 900	83 789	87 465	4 642	42 957	208 319
1994	920 290	32 361	57 495	118 455	4 380	46 724	279 188
1995	1 103 381	39 949	48 790	133 774	4 729	52 956	306 730
1996	1 318 475	46 892	53 029	154 009	6 133	71 406	361 968
1997	1 526 026	70 314	85 342	160 226	7 090	76 760	392 902
1998	1 752 605	125 004	68 733	164 336	9 580	82 886	429 006
1999	2 078 293	370 979	51 472	182 928	9 001	81 438	478 588

注:本表支援农村生产支出含农业综合开发支出。

15－3 地方财政收入

单位:万元

项　　目	1998年	1999年
总　　计	**971 561**	**1 051 371**
#增值税	123 145	125 302
营业税	250 849	249 255
企业所得税	69 235	86 859
企业所得税退税	－26	－17
国有资产经营收益	9 265	12 871
国有企业计划亏损补贴	－4 998	－3 336
外商投资企业和外国企业所得税	4 260	
个人所得税	34 239	43 835
资源税	6 660	6 469
固定资产投资方向调节税	50 500	57 716
城市维护建设税	45 675	46 242
房产税	23 968	25 157
印花税	3 642	4 950
城镇土地使用税	13 996	12 818
土地增值税	569	740
车船使用税	2 140	2 352
屠宰税	23 837	27 677
农业税	57 267	56 324
农业特产税	46 071	50 862
耕地占用税	4 254	2 835
契税	9 172	12 904
行政性收费收入	59 854	77 001
罚没收入	67 871	83 984
土地和海域有偿使用收入	16 382	15 151

15－4 财　政　支　出

单位:万元

项　　目	1998年	1999年
总　　计	**1 752 605**	**2 078 293**
#基本建设支出	125 004	370 979
企业挖潜改造资金	68 733	51 472
地质勘探费	299	4 861
科技三项费用	9 580	9 001
支援农村生产支出	55 336	50 822
农业综合开发支出	27 550	30 616
农林水利气象等部门事业费	83 979	74 083
工业交通等部门事业费	20 038	21 962
流通部门事业费	4 440	5 405
文体广播事业费	49 622	50 565
教育事业费	278 510	320 977
科学事业费	9 344	10 479
卫生经费	91 530	96 567
抚恤和社会福利救济费	49 983	44 336
行政事业单位离退休经费	45 174	64 396
行政管理费	164 336	182 928
公检法司支出	113 425	134 672
城市维护费	73 440	75 313
政策性补贴支出	157 794	134 627
支援不发达地区支出	31 366	28 947

15－5　财政收支总额及增长速度

年　　份	财政收入（万元）	财政支出（万元）	收支差额（万元）	增长速度（%）	
				财政收入	财政支出
1978	122 246	162 701	－40 455	60.4	35.5
1979	117 771	176 302	－58 531	－3.7	8.4
1980	124 667	159 884	－35 217	5.9	－9.3
1981	131 822	140 292	－8 470	5.7	－12.3
1982	123 283	155 407	－32 124	－6.5	10.8
1983	135 281	174 677	－39 396	9.7	12.4
1984	150 126	219 439	－69 313	11.0	25.6
1985	211 843	297 263	－85 420	41.1	35.5
1986	240 552	366 258	－125 706	13.6	23.2
1987	282 110	377 878	－95 768	17.3	3.2
1988	322 931	423 518	－100 587	14.5	12.1
1989	374 886	487 126	－112 240	16.1	15.0
1990	406 155	507 559	－101 404	8.3	4.2
1991	448 050	603 651	－155 601	10.3	18.9
1992	493 882	683 826	－189 944	10.2	13.3
1993	656 721	818 983	－162 262	33.0	19.8
1994	886 707	920 290	－33 583	35.0	12.4
1995	1 052 172	1 103 381	－51 209	18.7	19.9
1996	1 235 782	1 318 475	－82 693	17.5	19.5
1997	1 349 160	1 526 026	－176 866	9.2	15.7
1998	1 456 584	1 752 605	－296 021	8.0	14.8
1999	1 549 809	2 078 293	－528 484	6.4	18.6

15－6 财政收入占国内生产总值的比重

年　　份	财政总收入（亿元）	国内生产总值（亿元）	财政总收入占国内生产总值的比重(%)
1978	12.22	87.00	14.0
1979	11.78	104.15	11.3
1980	12.47	111.15	11.2
1981	13.18	121.26	10.9
1982	12.33	133.96	9.2
1983	13.53	144.13	9.4
1984	15.01	169.11	8.9
1985	21.18	207.89	10.2
1986	24.06	230.82	10.4
1987	28.21	262.90	10.7
1988	32.29	325.83	9.9
1989	37.49	376.46	10.0
1990	40.62	428.62	9.5
1991	44.81	479.37	9.3
1992	49.39	572.55	8.6
1993	65.67	723.04	9.1
1994	88.67	948.16	9.4
1995	105.22	1 245.11	8.5
1996	123.58	1 517.26	8.1
1997	134.92	1 715.18	7.9
1998	145.66	1 851.98	7.9
1999	154.98	1 962.98	7.9

15－7 财政用于农业的支出

单位:万元

年　份	合　计	支援农村生产支出	农林水气等部门事业费	基本建设支出	流动资金	科技三项费用	其　他	合计占财政总支出比重(%)
1980	35 500	9 202	15 341	6 465	944	132	3 416	22.2
1981	30 680	6 235	13 800	5 756	126	140	4 623	21.9
1982	37 777	6 853	18 442	5 821	93	154	6 414	24.3
1983	37 467	7 464	18 819	3 749	16	125	7 294	21.4
1984	40 513	7 689	17 395	4 574		124	10 731	18.5
1985	40 368	9 922	17 114	4 798		136	8 398	13.6
1986	50 523	16 054	20 693	4 636		235	8 905	13.8
1987	54 912	18 201	19 063	6 497		243	10 908	14.5
1988	59 924	20 216	22 060	6 780		161	10 707	14.1
1989	73 856	30 088	23 728	6 086		222	13 732	15.2
1990	77 181	32 937	24 365	6 436		436	13 007	15.2
1991	82 770	35 654	25 751	6 470		415	14 480	13.7
1992	94 197	37 060	31 066	7 203		377	18 491	13.8
1993	99 250	42 957	34 853	7 072		280	14 088	12.1
1994	109 577	46 724	39 506	5 762		245	17 340	11.9
1995	136 714	52 956	48 744	7 096		271	27 647	12.4
1996	179 157	71 406	53 123	14 206		389	40 033	13.6
1997	199 522	76 760	57 747	12 886		876	51 253	13.1
1998	305 974	82 886	83 979	63 644		982	74 483	17.5
1999	389 530	81 438	74 083	166 663		1 383	65 963	18.7

15－8 财政用于教育事业的支出

单位:万元

年　份	合　计	教育事业费	教育基建投　资	各部门事业费中用于教育的支出	其　他	合计占财政总支出比重(%)
1980	28 886	24 919	1 579	2 339	49	18.1
1981	31 186	26 268	1 748	3 146	24	22.2
1982	34 795	30 003	1 449	3 316	27	22.4
1983	38 089	32 101	2 321	3 657	10	21.8
1984	44 236	36 759	2 734	4 716	27	20.2
1985	54 971	45 680	3 464	5 777	50	18.5
1986	64 643	53 606	4 145	6 856	36	17.6
1987	66 653	56 402	3 480	6 717	54	17.6
1988	81 817	69 894	3 610	8 268	45	19.3
1989	88 720	76 160	3 278	9 073	209	18.2
1990	96 409	83 165	3 406	9 733	105	19.0
1991	102 158	87 810	3 615	10 605	128	16.9
1992	134 198	112 057	3 641	12 138	6 362	19.6
1993	156 100	129 875	3 673	13 345	9 207	19.1
1994	213 042	179 009	3 853	17 405	12 775	23.1
1995	232 114	194 142	4 693	18 808	14 471	21.0
1996	275 441	228 651	4 502	23 689	18 599	20.9
1997	301 768	247 256	5 386	23 226	25 900	19.8
1998	312 697	278 510	8 088	7 167	18 932	17.8
1999	355 064	320 977	7 729	6 972	19 386	17.1

注:1998年以后年份教育事业费中含各部门事业费中的中等专业学校经费。

15－9　财政用于抚恤和社会福利支出

单位：万元

年　　份	合　　计	抚恤支出	社会福利救济费	救灾支出	其他支出
1980	6 260	1 929	2 042	758	1 531
1981	5 370	1 714	1 616	1 008	1 032
1982	6 679	1 805	1 793	2 098	983
1983	7 498	1 895	2 114	2 471	1 018
1984	8 469	2 143	2 555	2 695	1 076
1985	8 841	2 323	2 573	2 209	1 736
1986	10 088	2 835	3 139	2 105	2 009
1987	12 075	3 247	3 187	3 430	2 211
1988	13 725	3 873	3 728	3 672	2 452
1989	15 592	4 994	4 100	3 783	2 715
1990	16 356	5 282	4 281	3 655	3 138
1991	17 649	5 217	4 616	4 389	3 427
1992	22 767	5 637	4 849	8 263	4 018
1993	22 532	5 806	4 966	6 781	4 979
1994	25 461	6 769	5 629	6 858	6 205
1995	32 381	8 207	6 804	10 474	6 896
1996	33 601	9 367	7 732	11 926	4 576
1997	35 405	10 094	8 303	11 413	5 595
1998	49 983	10 449	8 238	23 951	7 345
1999	44 336	13 235	10 114	13 530	7 457

15－10　财政政策性补贴支出

单位：万元

年　　份	合　　计	粮油价格补贴	棉花价格补贴	肉食价格补贴	其他价格补贴
1980	12 568	9 500	2 491		577
1981	14 464	10 640	3 158		666
1982	17 739	12 956	4 049		734
1983	15 871	13 726	1 301		844
1984	13 430	12 215	334		881
1985	36 511	28 998		7 500	13
1986	80 795	63 212	529	11 081	5 973
1987	84 960	66 193	397	11 223	7 147
1988	78 684	58 031	572	12 064	8 017
1989	78 304	61 409	533	8 360	8 002
1990	69 285	56 880	373	7 356	4 676
1991	118 066	106 452	123	7 814	3 677
1992	120 070	107 133	935	7 978	4 024
1993	107 018	97 488	15	8 474	1 041
1994	118 665	116 532		1 516	617
1995	119 978	117 010		1 478	1 490
1996	142 800	135 652	300	1 106	5 742
1997	166 240	160 825	34	694	4 687
1998	157 794	155 449	300	592	1 448
1999	134 627	121 377		379	13 629

注：财政价格补贴，1985年以前冲减财政收入，1986年以后作为支出项目列在财政支出中。

15－11 各地区地方财政一般预算收入

（1999年） 单位：万元

地区	财政收入合计	增值税	营业税	个人所得税	农业四税	企业收入	其他各项收入
全省	**1 051 371**	**125 302**	**249 255**	**43 835**	**122 925**	**96 377**	**413 677**
#南昌市	167 714	25 347	58 635	5 228	11 644	13 579	53 281
景德镇市	41 014	9 908	9 767	863	3 257	2 752	14 467
萍乡市	41 513	5 526	10 905	837	3 434	5 465	15 346
九江市	98 492	17 163	25 925	3 470	9 432	4 593	37 909
新余市	35 994	5 172	8 354	874	2 466	1 531	17 597
鹰潭市	28 368	5 662	7 911	767	2 675	1 440	9 913
赣州市	149 467	11 836	31 565	4 141	25 515	9 794	66 616
宜春地区	106 139	11 501	24 184	3 306	20 372	9 054	37 722
上饶地区	103 181	10 763	21 555	2 839	15 729	14 833	37 462
吉安地区	89 236	7 172	18 651	2 293	15 923	6 137	39 060
抚州地区	68 804	5 394	19 651	1 683	12 470	5 953	23 653

注：本表财政收入不含中央两税收入。

15－12 各地区财政一般预算支出

（1999年） 单位：万元

地区	财政支出合计	基本建设支出	支援农村生产支出	农林水气事业费	教育事业费	社会保障补助支出	行政管理费用	公检法司支出	其他各项支出
全省	**2 078 293**	**370 979**	**50 822**	**74 083**	**320 977**	**76 594**	**182 928**	**134 672**	**867 238**
#南昌市	218 552	46 443	5 144	4 657	29 975	11 384	18 886	18 704	83 359
景德镇市	61 208	6 339	2 102	1 817	10 952	4 851	6 300	3 609	25 238
萍乡市	65 536	2 947	2 604	1 703	12 091	3 195	6 967	4 279	31 750
九江市	228 771	86 624	2 757	7 041	30 162	5 079	21 316	9 935	65 857
新余市	54 124	4 136	2 545	1 920	7 218	3 071	5 539	3 142	26 553
鹰潭市	40 761	1 128	1 199	1 351	6 705	1 579	7 376	3 001	18 422
赣州市	240 239	17 110	10 610	10 377	42 648	6 285	27 554	16 844	108 811
宜春地区	161 670	7 755	6 198	5 654	37 972	4 082	20 698	8 861	70 450
上饶地区	291 801	119 172	7 546	7 550	41 413	4 187	23 351	13 050	75 532
吉安地区	145 123	6 871	3 726	7 687	34 071	4 973	18 285	11 351	58 159
抚州地区	116 067	2 565	3 418	6 083	28 451	3 911	15 332	7 618	48 689

15－13 金融机构信贷收支平衡表

（年末余额）　　　　　　　　　　单位:万元

项　　　　目	1999年	比年初增减额	
		1998年	1999年
一、资金来源总计	**17 893 175**	**1 456 386**	**1 144 971**
#各项存款	17 861 293	2 153 058	2 184 806
企业存款	4 625 331	439 261	838 739
财政存款	649 942	256 070	116 325
机关团体存款	279 524	93 266	77 427
储蓄存款	11 624 907	1 410 085	931 754
农业存款	191 047	－196	21 221
信托存款	66 410	1 391	15 097
委托存款	42 920	－101 804	45 684
其他存款	381 212	54 985	138 559
金融债券	3 386	－8 219	1 798
证券业务款项	99 330	18 704	40 785
所有者权益	－494 263	－401 696	－210 425
其他	423 429	－305 306	－871 994
二、资金运用总计	**17 893 175**	**1 456 386**	**1 144 971**
#各项贷款	16 960 935	1 562 839	925 809
#短期贷款	12 676 716	726 472	496 183
#工　业	3 990 823	312 766	161 118
商　业	4 644 666	－6 222	131 362
农　业	1 405 685	220 922	64 714
中长期贷款	3 403 681	427 548	264 053
信托贷款	57 506	1 639	－11 153
委托贷款	46 045	－349	－11 238
逾期类贷款	386 450	117 378	61 941
有价证券及投资	401 747	－70 759	93 327
委托投资	111 613	－64 786	－11 196
金银占款	41 954	23 970	－18 750
外汇占款	2 020	－2 213	3 021
库存现金	335 269	19 384	145 219

注:金融机构包括银行、城市信用社、农村信用社、信托投资公司、财务公司。

15－14　国家银行综合信贷收支平衡表

（年末余额）　　单位:万元

项　　目	1999年	比年初增减额 1998年	比年初增减额 1999年
一、资金来源总计	**15 590 145**	**1 169 104**	**801 942**
#各项存款	14 820 832	2 046 855	1 869 382
企业存款	4 410 603	461 462	797 911
财政存款	641 496	252 422	114 753
机关团体存款	270 452	90 461	75 625
储蓄存款	9 137 171	1 184 060	779 529
农业存款	41 308	－2 768	6 776
信托存款	5 090	－8 206	－14 969
其他存款	314 712	69 424	109 757
金融债券	3 386	－18	3 238
同业往来	225 831	－135 919	－14 577
所有者权益	－558 727	－361 344	－196 136
二、资金运用总计	**15 590 145**	**1 169 104**	**801 942**
#各项贷款	15 009 443	1 383 578	752 841
短期贷款	11 037 869	628 703	339 127
#工　业	3 927 906	317 854	151 893
商　业	4 604 254	13 471	126 405
农　业	704 392	125 728	－4 539
中长期贷款	3 352 578	423 292	267 140
信托贷款	15 263	－8 007	886
逾期类贷款	214 810	48 743	19 604
有价证券及投资	185 529	－105 621	3 584
同业往来	105 993	－139 879	－55 451
金银占款	41 954	23 970	－18 750
外汇占款	351	－1 177	1 352
库存现金	237 344	8 433	118 366

15－15　金融机构现金收支

单位:万元

项　　目	1999年	项　　目	1999年
现金收入合计	**41 872 943**	**现金支出合计**	**40 895 757**
商品销售收入	4 262 895	工资性支出	2 886 332
服务事业收入	2 120 478	农副产品采购支出	709 512
税款收入	393 809	产品采购支出	519 783
城乡个体经营收入	1 906 938	行政企事业管理费支出	2 023 983
储蓄存款收入	28 780 420	城乡个体经营支出	1 607 780
其他金融机构收入	452 493	储蓄存款支出	28 735 044
居民归还贷款收入	888 756	其他金融机构支出	364 612
汇兑收入	605 222	居民提取贷款支出	843 515
有价证券收入	255 366	汇兑支出	818 699
其他收入	2 206 566	有价证券支出	143 638
		其他支出	2 242 859

15－16　国家银行现金投放与回笼

单位：万元

年　　份	现金收入	现金支出	净投放（＋） 净回笼（－）
1978	346 274	358 044	11 770
1979	417 737	443 632	25 895
1980	534 519	560 096	25 577
1981	633 622	652 477	18 855
1982	742 511	774 846	32 335
1983	862 719	896 419	33 700
1984	982 383	1 049 742	67 359
1985	1 246 022	1 314 685	68 663
1986	1 511 826	1 561 206	49 380
1987	1 944 169	2 006 572	62 403
1988	2 755 375	2 906 477	151 102
1989	3 196 399	3 270 203	73 804
1990	3 480 265	3 581 039	100 774
1991	4 302 365	4 472 976	170 611
1992	5 979 370	6 190 116	210 746
1993	9 162 206	9 154 656	－7 550
1994	14 487 108	14 334 781	－ 152 327
1995	19 679 816	19 256 126	－ 423 690
1996	23 966 873	23 580 878	－ 385 995
1997	24 434 258	23 789 567	－ 644 691
1998	29 320 837	28 213 089	－1 107 748
1999	34 168 248	32 922 551	－1 245 697

15－17　银　行　现　金　收　支

单位：万元

项　　目	1999 年	项　　目	1999 年
现金收入合计	**34 168 248**	**现金支出合计**	**32 922 551**
商品销售收入	3 935 726	工资性支出	2 613 332
服务事业收入	1 907 367	农副产品采购支出	538 718
税款收入	305 727	产品采购支出	391 927
城乡个体经营收入	1 380 705	行政企事业管理费支出	1 848 630
储蓄存款收入	23 348 706	城乡个体经营支出	1 015 412
其他金融机构收入	431 289	储蓄存款支出	23 305 937
居民归还贷款收入	290 999	其他金融机构支出	345 066
汇兑收入	593 255	居民提取贷款支出	264 093
有价证券收入	250 127	汇兑支出	792 878
其他收入	1 724 347	有价证券支出	137 047
		其他支出	1 669 511

15－18　中国人民保险公司主要业务指标

指　　　标	单位	1995年	1996年	1997年	1998年	1999年
1.保险金额	亿元	1 119	1 421	1 599	1 682	1 649
2.保费收入	万元	62 616	71 219	80 506	88 344	95 958
3.储金期末有效数	万元	10 481	13 132	21 419	18 004	14 288
4.已决赔案数	件	93 302	60 988	73 851	124 714	67 943
5.已决赔案金额	万元	35 598	39 579	47 130	68 134	47 187
6.满期返还	万元	3 706	2 349	2 964	4 686	4 695

15－19　中国人民保险公司主要业务指标

（1999年）

单位:万元

分　　　类	保费收入	储金期末有效数	已决赔款	满期返还
合　　计	**95 958**	**14 288**	**47 187**	**4 695**
一、按险种分				
财产保险	27 367	14 287	12 369	4 695
机动车辆保险	62 270		32 925	
船舶保险	228		101	
货物运输保险	5 411		1 578	
航空航天保险				
能源保险				
出口信用保险	408			
农业保险	274	1	214	
二、按地区分				
南 昌 市	15 003	1 786	7 109	967
景德镇市	4 671	623	2 940	69
萍 乡 市	4 923	349	2 342	258
九 江 市	10 167	1 488	5 632	1 004
新 余 市	3 741	518	1 719	51
鹰 潭 市	4 127	755	1 966	56
赣 州 市	11 699	1 759	5 489	398
宜春地区	10 602	3 708	5 393	1 036
上饶地区	10 375	999	4 784	441
吉安地区	9 219	1 408	4 504	305
抚州地区	6 160	858	3 007	87

15－20　中国人寿保险公司主要业务指标

指　　标	单 位	1995 年	1996 年	1997 年	1998 年	1999 年
1.保险金额	亿 元	581	730	3 220	9 355	20 033
2.保费收入	万 元	30 832	39 169	85 567	113 035	134 808
3.储金期末余额	万 元	3 997	2 708	499	2 231	195
4.已决赔案数	件	94 944	196 736	136 579	157 012	182 812
5.已决赔案金额	万 元	5 613	6 587	8 958	10 500	12 401
6.满期给付	万 元	12 281	15 808	26 419	33 990	21 643

15－21　中国人寿保险公司主要业务指标

（1999 年）

分　　类	保费收入（万元）	承保人数（人）	已决赔款（万元）	满期给付（万元）
合　　计	**134 808**	**9 802 490**	**12 401**	**21 643**
一、按险种分				
养老年金险	21 021	51 584	155	509
意外短期险	20 898	7 232 466	7 490	
健康险	3 731	2 088 643	2 663	
寿险	89 158	429 797	2 093	21 074
储金性业务				60
二、按地区分				
南 昌 市	22 045	1 032 551	1 053	4 980
景德镇市	6 065	424 316	964	1 608
萍 乡 市	5 927	317 320	610	270
九 江 市	13 148	1 013 922	1 020	2 084
新 余 市	4 506	64 500	309	907
鹰 潭 市	3 976	420 665	315	
赣 州 市	21 278	2 339 113	2 058	4 204
宜春地区	17 715	1 067 188	1 476	2 795
上饶地区	14 926	1 305 967	2 375	491
吉安地区	13 554	1 256 190	1 090	2 269
抚州地区	11 668	560 758	1 131	2 035

15-22 太平洋保险公司主要业务指标

（1999年）

险种	承保金额（万元）	保费收入（万元）	赔案件数（件/人）	赔款金额（万元）
总计	**4 114 883**	**10 017**		**724**
财产险	**3 552 865**	**4 213**	**943**	**558**
国内产险	3 429 395	3 977	932	553
企业财产险	580 730	970	17	70
货物运输险	41 410	92	30	11
家庭财产险	17 496	39	11	1
责任险	2 524 112	79		
保证险	4 000	3		
机动车辆险	252 763	2 714	874	471
其他	8 884	80		
涉外险	123 470	236	11	5
货物运输险	13 552	24	2	1
船舶险				
企业财产险	82 861	131	3	2
工程险	2 227	64	1	1
责任险	18 749	6	5	1
保证险		-4		
其他	6 081	15		
人寿保险	**562 018**	**5 804**	**46**	**166**
意外伤害险	403 718	334	41	77
健康险	48 479	118	5	26
人寿险	109 821	5 352		63

15-23 平安保险公司主要业务指标

（1999年）

险种	承保金额（万元）	保费收入（万元）	赔案件数（件）	赔款金额（万元）
总计	**708 792**	**16 736**		**1 230**
财产险	**455 750**	**2 107**	**1 205**	**1 057**
火险	242 546	385	42	110
财产基本险	50 113	64	6	22
财产综合险	181 075	279	21	78
财产一切险	5 014	13	1	
家庭财产险	3 264	9	9	3
其他	3 080	20	5	7
水险	83 474	128	9	55
车险	124 450	1 573	1 142	843
责任险	5 240	20	12	49
保证险	40	1		
人寿保险	**253 042**	**14 629**		**173**
意外伤害险	98 890	342		25
健康险	67 340	1 864		148
人寿险	86 812	12 423		

主要统计指标解释

财政收入 国家财政参与社会产品分配所取得的收入，是实现国家职能的财力保证。财政收入所包括的内容几经变化，目前主要包括：

(1)各项税收 包括增值税、营业税、消费税、土地增值税、城市维护建设税、资源税、城市土地使用税、印花税、固定资产投资方向调节税、个人所得税、企业所得税、关税、农牧业税和耕地占用税等。

(2)专项收入 包括征收排污费、征收城市水资源费收入、教育费附加收入等。

(3)其他收入 包括基本建设贷款归还收入、国家能源交通重点建设基金收入、国家预算调节基金等。

(4)国有企业计划亏损补贴 这项为负收入，冲减财政收入。

财政支出 国家财政将筹集起来的资金进行分配使用，以满足经济建设和各项事业的需要，主要包括：

(1)基本建设支出 指按国家有关规定，属于基本建设范围内的基本建设有偿使用、拨款、资本金支出以及经国家批准对专项和政策性基建投资贷款，在部门的基建投资额中统筹支付的贴息支出。

(2)企业挖潜改造资金 指国家预算内拨给的用于企业挖潜改造、革新和必造方面的资金。包括各部门企业挖潜改造资金和企业挖潜改造贷款资金，为农业服务的县办“五小”企业技术改造补助，挖潜改造贷款利息支出。

(3)科技三项费用 国家预算用于科技支出的费用，包括新产品试制费、中间试验费、重要科学研究补助费。

(4)支援农村生产支出 国家财政支援农村集体(户)各项生产的支出。包括对农村举办的小型农田水利和打井、喷灌等的补助费；对农村水土保持措施的补助费；对农村举办的小水电站的补助费；特大抗旱的补助费；农村开荒补助费；扶持乡镇企业资金；农村农技推广和植保补助费；农村草场和畜禽保护补助费；农村造林和林木保护补助费；农村水产补助费；发展粮食生产专项资金。

(5)农林水利气象等部门的事业费 国家用于农垦、农场、农业、畜牧、农机、林业、森工、水利、水产、气象、乡镇企业的技术推广、良种推广(示范)、植物(畜禽、森林)保护、水质监测、勘探设计、资源调查、干部训练等费用，园艺特产场补助费，中等专业学校经费，飞播牧草试验补助费，营林机构、气象机构经费，渔政费以及农业管理事业费等。

(6)抚恤和社会福利救济费 国家预算用于抚恤和社会福利救济事业的经费，包括由民政部门开支的烈士家属和牺牲病残人员家属的一次性、定期抚恤金，革命伤残人员的抚恤金，各种伤残补助费、烈军属、复员退伍军人生活补助费、退伍军人安置费、优抚事业单位经费、烈士纪念建筑管理、维修费，自然灾害救济事业费和特大自然灾害灾后重建补助费等。

(7)行政管理费 包括行政管理支出，党派团体补助支出，外交支出，公安安全支出，司法支出，法院支出，检察院支出和公检法办案费用补助。

(8)价格补贴支出 经国家批准，由国家财政拨给的政策性补贴支出，主要包括粮食加价款，粮、棉、油差价补贴，棉花收购价外奖励款，副食品风险基金，市镇居民的肉食价格补贴，平抑市价肉食、蔬菜价差补贴等以及经国家批准的教材课本、报刊新闻纸等价格补贴。

(9)文教科学卫生事业费 包括科学、文化、教育、卫生、公费医疗、体育、通讯和广播、地震、海洋、文物、计划等方面的事业费。

信贷资金 国家银行用于发放贷款的资金叫信贷资金。中国人民银行信贷资金的来源有各项存款、对国际金融机构负债、流通中货币、银行自有资金及当年结益等。信贷资金的运用有各种贷款、黄金占款、外汇占款、财政借款及在国际金融机构中的资产等。

存款 企业、机关、团体或居民根据可以收回的原则,把货币资金存入银行或其他信用机构保管并取得一定利息的一种信用活动形式。根据存款对象的不同可划分:企业存款、财政存款、机关团体存款、对外贸易存款、城乡居民储蓄存款、农村存款等科目。

贷款 银行或其他信用机构根据必须归还的原则,按一定利率,为企业、个人等提供资金的一种信用活动形式。我国银行贷款,分流动资金贷款,中短期设备贷款以及农户贷款等科目。

承保额 又叫保险金额。它是保险人对被保险人负担损失补偿或约定给付的金额。它是保险合同上的最高责任额,也是计算保费的依据。

保费 被保险人按其得到保险利益的保障程度(保险金额)的一定比率向保险人缴付的费用。

赔款 保险人对财产保险的保险事故给予的经济补偿或对人身保险的保险事故给付的保险金。

科技、教育、文化 16

SCIENCE, EDUCATION AND CULTURE

- 1999年末，地方国有经济单位专业技术人员68.03万人，其中自然科学技术人员31.14万人，社会科学技术人员36.89万人。

- 1999年，全省共获9项国家级科技进步奖和国家技术发明奖，98项省级科技进步奖，其中：一等奖4项，二等奖26项，三等奖68项。

- 1999年，小学学龄儿童入学率99.62%。

- 1999年，普通高等学校34所，在校学生11.24万人，毕业生2.54万人。

- 1999年，出版报纸40470万份，杂志9043.0万册，图书2.06亿册。

本篇章

整理	微机处理
志辉	赵志辉
冬明	康冬明
玲	万　玲
付民	赵付民

16－1　科技活动人员情况

（1999 年）

项　　　　目	单位数（个）	从事科技活动人员（人）	科学家、工程师	从事研究与发展活动人员(人年)	科学家、工程师
合　　计	**921**	**77 845**	**47 133**	**19 533**	**12 169**
科学研究和技术开发机构	227	9 166	4 649	3 359	1 870
科技情报和文献机构	13	318	193	38	22
全日制普通高等学校	29	25 210	22 607	3 064	2 911
大中型工业企业	473	35 069	14 831	10 417	5 826
建 筑 企 业	27	2 927	1 046	239	90
水 运 企 业	2	8	8		
医疗卫生单位	62	2 889	2 515	178	166
国家级高技术园区企业	88	2 258	1 284	2 258	1 284

注:建筑企业指原大中型建筑企业,后同。

16－2　科技活动机构基本情况

（1999 年）

项　　　　目	科技活动机构数（个）	机构中从事科技活动人员（人）	科学家、工程师	机构内部经费支出（万元）
合　　计	**580**	**17 404**	**9 979**	**70 713.2**
科学研究与技术开发机构	227	9 166	4 649	45 411.4
科技情报与文献机构	13	318	193	610.7
高等院校属研究与发展机构	64	542	521	524.7
大中型工业企业属研究与发展机构	231	6 951	4 385	23 878.6
建筑企业属研究与发展机构	16	153	49	179.1
大中型水运企业属研究与发展机构	1	8	3	2
医疗卫生单位属研究与发展机构	28	266	179	106.7

16－3 科技活动经费筹集情况

（1999年） 单位:万元

项目	科技活动经费筹集额合计	政府资金	自筹资金	银行贷款	其他
合计	**142 834.8**	**44 181.0**	**72 784.6**	**10 782.4**	**7 885.7**
科学研究和技术开发机构	50 385.3	35 167.7	4 092.8	4 989.9	6 134.9
科技情报和文献机构	795.1	566.1	64.7		164.3
全日制普通高等学校	3 693.5	2 325.0	268.4		1 100.1
大中型工业企业	77 967.4	6 002.2	65 761.7	5 792.5	411.0
建筑企业	775.5		709.7		65.8
水运企业	15.0		15.0		
医疗卫生单位	2 001.9	120.0	1 872.3		9.6
国家级高技术园区企业	7 201.1				

注:国家级高技术园区企业科技活动经费筹集分项数暂缺,合计栏中分项数之和不等于合计。

16－4 科技活动经费使用情况

（1999年） 单位:万元

项目	科技活动经费使用额合计	科技活动经费内部支出	劳务费	业务费	固定资产购建支出	科研仪器设备	其他	科技活动经费外部支出
合计	**142 859.2**	**137 455.6**	**32 353.1**	**25 233.3**	**44 248.6**	**23 665.2**	**19 842.2**	**5 403.6**
科学研究和技术开发机构	45 411.4	45 411.4	14 536.7	8 433.2	14 582.3	9 581.8	7 859.2	
科技情报和文献机构	610.7	610.7	344.9	36.9	121.2	82.2	107.7	
全日制普通高等学校	3 618.0	3 526.1	145.2	1 678.8	1 213.8	1 147.4	488.3	91.9
大中型工业企业	74 721.3	69 571.2	16 324.5	14 950.0	27 216.9	12 003.7	11 079.8	5 150.1
建筑企业	745.7	595.7	154.9	131.9	221.2	31.4	87.7	150.0
水运企业	8.5	5.6	1.8	2.5	1.3	1.3		2.9
医疗卫生单位	1 965.2	1 956.5	845.1		891.9	817.4	219.5	8.7
国家级高技术园区企业	15 778.4	15 778.4						

注:国家级高技术园区企业科技活动经费支出分项数暂缺,合计栏中分项数之和不等于合计。

16－5　科技活动成果与著作

（1999 年）

项　　目	发表科技论文（篇）	出版科技著作（种）	获奖成果数（项）	国家级奖	省、部级奖	地、市级奖
合　　计	**10 753**	**537**	**714**	**34**	**268**	**412**
科学研究和技术开发机构	1 304	60	134	5	43	86
科技情报和文献机构	9					
全日制普通高等学校	8 169	477	169	2	40	127
大中型工业企业			301	27	159	115
建筑企业			15		7	8
医疗卫生单位	1 271		95		19	76

16－6　科技活动成果与著作

（1999 年）

项　　目	合　计	自然科学	农业科学	医药科学	工程与技术科学	人文社会科学
科技论文合计（篇）	10 753	1 199	812	2 884	1 380	4 478
出版科技著作合计（种）	537	41	37	71	44	344
获奖成果数合计（项）	714	18	67	125	381	123
国家级奖（项）	34			1	30	3
省、部级奖（项）	268	9	20	30	199	10
地、市级奖（项）	412	9	47	94	152	110

16－7　地方国有经济单位专业技术人员

单位：人

分　　类	1990年	1995年	1997年	1998年	1999年
总　　计	**491 061**	**569 117**	**610 704**	**613 995**	**680 272**
自然科学专业技术人员	**218 145**	**257 465**	**277 374**	**280 813**	**311 362**
工程技术人员	72 206	80 205	84 619	82 293	91 471
农业技术人员	10 445	13 121	15 373	16 197	17 916
卫生技术人员	75 104	78 383	82 758	84 498	94 600
科学研究人员	1 936	1 629	1 526	1 512	1 568
教学人员	58 454	84 127	93 098	96 313	105 807
社会科学专业技术人员	**272 916**	**311 652**	**333 330**	**333 182**	**368 910**
科学研究人员	781	732	654	648	674
教学人员	177 566	196 297	217 228	224 731	246 883
经济人员	48 621	45 404	43 208	38 918	43 145
会计人员	26 869	30 431	32 514	31 070	35 100
统计人员	6 774	7 006	6 459	5 874	6 886
新闻、出版、播音人员	2 279	3 063	3 469	3 488	3 789
翻译人员	156	226	231	213	197
体育人员	681	517	570	584	665
图书、档案、文博人员	4 920	4 953	4 970	4 854	5 426
工艺美术人员	552	629	604	567	565
艺术人员	3 143	2 975	2 983	2 999	3 235
律师(公证)人员	574	739	754	748	838
其他人员		18 680	19 686	18 488	21 507

16－8　地方国有经济单位专业技术人员

分　　类	人　　数（人）		比　　重（%）		平均每万人口科技人员(人)		平均每万在岗职工科技人员(人)	
	1998 年	1999 年	1998 年	1999 年	1998 年	1999 年	1998 年	1999 年
总　　计	**613 995**	**680 272**			**146**	**160**	**2 409**	**2 224**
自然科学专业技术人员	**280 813**	**311 362**	**100**	**100**	**67**	**74**	**1 102**	**1 018**
工程技术人员	82 293	91 471	29.3	29.4	20	22	323	299
农业技术人员	16 197	17 916	5.8	5.8	4	4	64	59
卫生技术人员	84 498	94 600	30.1	30.3	20	22	331	309
科学研究人员	1 512	1 568	0.5	0.5	…	…	6	5
教学人员	96 313	105 807	34.3	34.0	23	25	378	346
社会科学专业技术人员	**333 182**	**368 910**	**100**	**100**	**79**	**87**	**1 307**	**1 206**
科学研究人员	648	674	0.1	0.1	…	…	2	2
教学人员	224 731	246 883	67.4	66.9	54	58	881	807
经济人员	38 918	43 145	11.9	11.7	10	10	156	141
会计人员	31 070	35 100	9.3	9.5	7	8	121	115
统计人员	5 874	6 886	1.8	1.9	1	2	23	23
新闻、出版、播音人员	3 488	3 789	1.0	1.0	1	1	13	12
翻译人员	213	197	0.1	0.1	…	…	…	…
体育人员	584	665	0.2	0.2	…	…	2	2
图书、档案、文博人员	4 854	5 426	1.5	1.5	1	1	19	18
工艺美术人员	567	565	0.1	0.2	…	…	2	2
艺术人员	2 999	3 235	0.9	0.9	1	1	12	11
律师(公证)人员	748	838	0.2	0.2	…	…	3	3
其他人员	18 488	21 507	5.5	5.8	4	5	73	70

16－9 地方国有经济单位分行业专业技术人员

单位：人

行业	合计		自然科学		社会科学	
	1998年	1999年	1998年	1999年	1998年	1999年
总计	**613 995**	**680 272**	**280 813**	**311 362**	**333 182**	**368 910**
农、林、牧、渔业	40 420	43 426	26 771	29 069	13 649	14 357
采掘业	4 654	11 998	2 659	6 192	1 995	5 806
制造业	69 131	70 571	36 564	37 888	32 567	32 683
电力、煤气及水的生产和供应业	3 442	2 893	1 734	1 415	1 708	1 478
建筑业	8 427	8 599	4 907	5 129	3 520	3 470
地质勘察业、水利管理业	5 525	11 503	4 391	8 511	1 134	2 992
交通运输、仓储及邮电通讯业	15 311	17 165	6 062	6 696	9 249	10 469
批发和零售贸易、餐饮业	23 627	24 023	6 266	5 473	17 361	18 550
金融、保险业	638	578	61	61	577	517
房地产业	415	593	195	259	220	334
社会服务业	11 710	13 626	4 663	5 486	7 047	8 140
卫生、体育和社会福利业	78 628	88 660	75 494	84 796	3 134	3 864
教育、文化艺术及广播电影电视事业	326 833	360 518	97 314	107 615	229 519	252 903
科学研究和综合技术服务业	12 035	12 581	8 073	8 718	3 962	3 863
其他行业	13 199	13 538	5 659	4 054	7 540	9 484

16－10 地方国有经济单位分行业自然科学专业技术人员

（1999年）

单位：人

行　　业	合　计	工程技术人员	农业技术人员	卫生技术人员	科学研究人员	教学人员
总　计	**311 362**	**91 471**	**17 916**	**94 600**	**1 568**	**105 807**
农、林、牧、渔业	29 069	10 301	16 564	1 264	26	914
采掘业	6 192	5 172	8	699		313
制造业	37 888	31 785	125	4 270	1	1 707
电力、煤气及水的生产和供应业	1 415	1 322		72		21
建筑业	5 129	4 826		264		39
地质勘察业、水利管理业	8 511	7 947	110	296		158
交通运输、仓储及邮电通讯业	6 696	6 341	15	263	1	76
批发和零售贸易、餐饮业	5 473	4 257	89	1 092	1	34
金融、保险业	61	61				
房地产业	259	256		1		2
社会服务业	5 486	4 939	80	428	1	38
卫生、体育和社会福利业	84 796	444	3	84 119	45	185
教育、文化艺术及广播电影电视事业	107 615	3 376	112	1 286	700	102 141
科学研究和综合技术服务业	8 718	6 941	635	248	792	102
其他行业	4 054	3 503	175	298	1	77

16－11 各地区地方国有经济单位自然科学专业技术人员

（1999年）

单位：人

地　　区	合　计	工程技术人员	农业技术人员	卫生技术人员	科学研究人员	教学人员
总　计	**248 673**	**53 060**	**16 544**	**79 346**	**393**	**99 330**
南 昌 市	31 016	11 432	1 138	8 425	149	9 872
景德镇市	10 110	2 658	435	3 283	1	3 733
萍 乡 市	11 453	2 305	462	4 013	1	4 672
九 江 市	29 686	5 786	2 089	9 865	4	11 942
新 余 市	6 702	1 843	240	1 970	12	2 637
鹰 潭 市	5 702	1 101	478	1 572	8	2 543
赣 州 市	37 199	7 310	3 365	11 345	14	15 165
宜春地区	28 279	5 086	1 527	9 544	81	12 041
上饶地区	32 096	4 735	1 518	11 178	49	14 616
吉安地区	30 051	6 304	2 894	9 574	38	11 241
抚州地区	26 379	4 500	2 398	8 577	36	10 868

16－12　地方国有经济单位分行业社会科学专业技术人员

（1999 年）　　　　单位：人

行业	合计	科学研究人员	教学人员	经济人员	会计人员	统计人员	新闻出版人员
总计	**368 910**	**674**	**246 883**	**43 145**	**35 100**	**6 886**	**3 132**
农、林、牧、渔业	14 357	12	2 135	4 032	4 325	563	11
采掘业	5 806		730	1 486	1 253	335	33
制造业	32 683		3 983	11 569	7 409	2 134	67
电力、煤气及水的生产和供应业	1 478		50	454	399	65	1
建筑业	3 470		92	1 178	1 204	160	
地质勘察业、水利管理业	2 992		369	560	1 057	190	3
交通运输、仓储及邮电通讯业	10 469		180	4 360	3 199	870	3
批发和零售贸易、餐饮业	18 550	1	78	9 402	5 407	955	1
金融、保险业	517			119	380	6	
房地产业	334		3	134	111	29	
社会服务业	8 140		87	2 481	3 003	514	62
卫生、体育和社会福利业	3 864	20	429	338	1 816	235	25
教育、文化艺术及广播电影电视事业	252 903	300	238 331	1 156	1 877	116	2 652
科学研究和综合技术服务业	3 863	340	239	963	1 325	221	114
其他行业	9 484	1	177	4 913	2 335	493	160

行业	翻译人员	体育人员	图书档案文博人员	工艺美术人员	艺术人员	律师公证人员	播音人员	其他人员
总计	**197**	**665**	**5 426**	**565**	**3 235**	**838**	**657**	**21 507**
农、林、牧、渔业	10	2	56	39	1	9	1	3 161
采掘业			89	1		1	5	1 873
制造业	46	2	442	160	5	10	25	6 831
电力、煤气及水的生产和供应业	1		24	3		2		479
建筑业	6		17	6		2	1	804
地质勘察业、水利管理业	4		47	4		11		747
交通运输、仓储及邮电通讯业	14	1	74	9	1	3	2	1 753
批发和零售贸易、餐饮业	19	1	40	40	1	3		2 602
金融、保险业	1		1					10
房地产业			1	2		1		53
社会服务业	60	5	118	20	11	583	1	1 195
卫生、体育和社会福利业		639	202	11	12	3	1	133
教育、文化艺术及广播电影电视事业	13	11	3 932	148	3 176	6	615	570
科学研究和综合技术服务业	21	2	217	75	7	71	5	263
其他行业	2	2	166	47	21	133	1	1 033

16－13 各地区地方国有经济单位社会科学专业技术人员

（1999 年）

单位：人

地 区	合 计	科学研究人员	教 学人 员	经 济人 员	会 计人 员	统 计人 员	新闻出版人员
总 计	**311 662**	**167**	**231 771**	**26 492**	**24 328**	**5 081**	**1 542**
南 昌 市	41 211	64	23 035	6 841	5 159	1 023	219
景德镇市	12 531		8 709	1 317	888	190	130
萍 乡 市	14 254		10 901	1 030	1 063	250	1
九 江 市	37 625	1	27 866	3 262	2 829	505	160
新 余 市	8 729	5	6 154	977	743	117	82
鹰 潭 市	7 677	4	5 934	546	528	82	84
赣 州 市	45 003	6	35 386	2 801	3 292	646	235
宜春地区	35 580	35	28 097	2 734	2 164	412	204
上饶地区	42 954	21	34 103	2 842	2 962	638	160
吉安地区	33 800	16	26 228	2 032	2 519	586	157
抚州地区	32 298	15	25 358	2 110	2 181	632	110

地 区	翻 译人 员	体 育人 员	图书档案文博人 员	工艺美术人员	艺 术人 员	律师公证人员	其 他人 员
总 计	**88**	**462**	**3 710**	**396**	**2 314**	**748**	**14 563**
南 昌 市	31	71	715	74	410	103	3 466
景德镇市	15	35	210	122	179	37	699
萍 乡 市		3	148	16	122	2	718
九 江 市	21	39	447	33	377	89	1 996
新 余 市	1	16	101	17	51	31	434
鹰 潭 市	2	12	54	3	66	22	340
赣 州 市	4	64	491	57	287	128	1 606
宜春地区	5	70	302	38	84	87	1 348
上饶地区	1	32	360	9	314	66	1 446
吉安地区	7	63	441	11	244	101	1 395
抚州地区	1	57	441	16	180	82	1 115

16－14　县以上政府部门属自然科学研究与开发机构情况

（1999 年）

分类	机构数（个）	从业人员总数（人）	#从事科技活动人员(人)	#科学家工程师	经费收入总额（万元）	#科技经费筹集总额	经费支出总额（万元）	#科技经费支出额
总计	**112**	**13729**	**6141**	**3392**	**64259.4**	**26408.5**	**57574.3**	**22362.3**
一、按隶属关系分								
中央属	5	1600	601	337	10408.0	2661.2	9834.5	2112.7
省　属	55	8082	3786	2296	22257.8	16653.9	19574.2	13840.0
地市属	52	4047	1754	759	31593.6	7093.4	28165.6	6409.6
二、按国民经济行业分								
农、林、牧、渔业	48	7902	2448	1000	37906.0	12357.2	32060.3	9180.2
采掘业	1	95	56	50	557.6	352.6	533.0	320.0
制造业	29	3128	1719	1118	17988.3	5984.7	17098.9	5343.6
电力、煤气及水的生产和供应业	1	308	189	149	2643.0	2643.0	2886.4	2623.3
建筑业	2	124	99	66	691.7	691.7	600.6	600.6
地质勘察业、水利管理业	3	190	137	74	422.8	422.8	610.9	610.9
交通运输、仓储及邮电通信业	2	201	199	118	229.2	229.2	177.6	177.6
社会服务业	1	107	79	65	186.8	186.8	186.8	186.8
卫生、体育和社会福利业	8	622	505	324	1243.5	1227.0	1219.1	1202.9
科学研究和综合技术服务业	16	1030	694	415	2328.4	2251.4	2188.7	2108.4
国家机关、政党机关和社会团体	1	22	16	13	62.1	62.1	12.0	8.0
三、按学科领域分								
自然科学	6	366	293	168	876.5	865.7	875.4	861.1
工程科学技术	46	4585	2758	1816	23320.6	11057.8	22482.2	10191.8
医学科学	9	714	568	373	1930.6	1903.1	1931.2	1904.0
农业科学	49	8030	2500	1019	38070.5	12520.7	32232.7	9352.6
社会与人文科学	2	34	22	16	61.2	61.2	52.8	52.8
四、按所在地分								
南昌市	57	7426	3721	2356	22066.7	16814.9	19106.5	13866.4
景德镇市	6	634	446	195	17891.0	1747.1	13973.4	868.7
萍乡市	6	235	152	61	577.8	574.8	482.2	469.2
九江市	9	1538	352	131	2058.5	1823.2	2650.3	2412.5
新余市	4	1025	248	107	1795.1	1261.9	1858.4	1191.6
鹰潭市	1	15	13	9	83.4	83.4	18.0	12.8
赣州市	11	1449	667	271	17808.2	2210.5	17305.9	1502.5
宜春地区	6	353	206	109	858.0	838.4	828.1	786.9
上饶地区	4	379	117	58	378.9	372.9	553.7	510.7
吉安地区	4	438	129	52	446.9	386.7	540.1	502.8
抚州地区	4	237	90	43	294.9	294.7	257.7	238.2

16-15 县属自然科学研究与开发机构情况

（1999年）

分类	机构数（个）	从业人员总数（人）	#从事科技活动人员（人）	#科学家工程师	经费收入总额（万元）	#政府资金	经费支出总额（万元）	#科技经费支出额
总计	**111**	**5 581**	**1 106**	**294**	**3 088.8**	**935.1**	**3 913.0**	**2 438.5**
一、按国民经济行业分组								
农、林、牧、渔业	95	5 261	867	168	2 402.7	643.8	3 246.4	1 903.3
制造业	5	53	34	14	34.4	9.6	34.4	22.8
建筑业	1	30	30	17	142.0		122.0	122.0
社会服务业	3	99	55	18	227.1	101.7	241.0	138.0
卫生、体育和社会福利业	3	64	52	34	80.9	54.4	80.2	63.4
教育、文化艺术和广播电视事业	2	34	33	25	106.2	85.1	102.8	102.8
科学研究和综合技术服务业	2	40	35	18	95.5	40.5	86.2	86.2
二、按地区分组								
南昌市	8	207	155	75	391.9	156.2	382.6	317.0
景德镇市	5	165	61	33	201.3	112.3	192.5	145.1
九江市	9	1 216	147	20	200.7	48.8	206.9	180.0
鹰潭市	6	329	51	21	190.8	38.2	244.1	168.8
赣州市	31	835	258	47	515.6	201.9	560.1	410.4
宜春地区	10	365	101	17	172.7	75.7	183.5	130.7
上饶地区	19	1 338	159	36	592.2	149.2	596.3	343.3
吉安地区	3	206	15	5	78.0	18.9	141.6	116.4
抚州地区	20	920	159	40	745.6	133.9	1 405.4	626.8

16-16 大中型工业企业技术开发机构和人员

（1999年）

分类	企业数（个）	技术开发机构数（个）	技术开发人员数（人）	#科学家工程师	#技术开发机构人员	#科学家工程师
总计	**473**	**231**	**35 069**	**14 831**	**6 951**	**4 385**
一、按企业规模分						
大型	113	101	26 785	11 196	4 673	2 986
中型	360	130	8 284	3 635	2 278	1 399
二、按登记注册类型分						
#国有	349	158	19 047	8 242	3 720	2 245
集体	25	6	171	116	62	51
三、按隶属关系分						
中央属	74	54	10 608	4 341	2 307	1 424
地方属	399	177	24 461	10 490	4 644	2 961

16－17　大中型工业企业技术开发经费筹集情况

（1999年）　　单位:万元

分　类	合　计	上级拨款	银行贷款	企业自筹资金	其　他
总　计	**77 967.4**	**6 002.2**	**5 792.5**	**65 761.7**	**411.0**
一、按企业规模分					
大型	63 318.4	5 170.7	2 513.5	55 358.2	276.0
中型	14 649.0	831.5	3 279.0	10 403.5	135.0
二、按登记注册类型分					
#国有	34 597.6	3 015.2	3 287.5	28 077.9	217.0
集体	363.3		200.0	163.3	
三、按隶属关系分					
中央属	19 923.1	4 695.2	408.5	14 819.4	
地方属	58 044.3	1 307.0	5 384.0	50 942.3	411.0

16－18　大中型工业企业技术开发经费支出情况

（1999年）　　单位:万元

分　类	合　计	劳务费	原材料费	固定资产购建费	其　他
总　计	**69 571.2**	**16 324.5**	**14 950.0**	**27 216.9**	**11 079.8**
一、按企业规模分					
大型	57 140.4	12 866.1	11 539.9	22 377.9	10 356.5
中型	12 430.8	3 458.4	3 410.1	4 839.0	723.3
二、按登记注册类型分					
#国有	30 685.1	8 715.2	7 810.2	11 437.5	2 722.2
集体	351.7	48.7	46.4	237.6	19.0
三、按隶属关系分					
中央属	19 125.2	6 010.7	4 446.3	1 797.8	6 870.4
地方属	50 446.0	10 313.8	10 503.7	25 419.1	4 209.4

16－19　大中型工业企业技术改造、技术引进经费支出情况

（1999年）　　单位：万元

分　　类	技术改造经费支出	技术引进经费支出	消化吸收经费支出	购买国内技术支出
总　　计	**92 922.3**	**9 330.9**	**527.2**	**3 622.9**
一、按企业规模分				
大　　型	80 280.7	7 057.4	402.7	3 404.7
中　　型	12 641.6	2 273.5	124.5	218.2
二、按登记注册类型分				
#国　　有	42 177.4	5 959.4	202.1	2 100.0
集　　体				10.0
三、按隶属关系分				
中 央 属	26 208.0	2 520.0	15.0	1 200.0
地 方 属	66 714.3	6 810.9	512.2	2 422.9

16－20　大中型工业企业技术开发新产品情况

（1999年）　　单位：万元

分　　类	新产品开发项目	新产品产值	新产品销售收入	#出口新产品	新产品实现利税
总　　计	**856**	**519 543.1**	**486 104.7**	**31 009.7**	**36 246.2**
一、按企业规模分					
大　　型	368	409 151.1	385 870.4	15 553.5	24 460.9
中　　型	488	110 392.0	100 234.3	15 456.2	11 785.3
二、按登记注册类型分					
#国　　有	539	175 907.5	151 363.7	27 749.5	15 820.8
集　　体	7	6 571.6	1 200.7	678.7	67.8
三、按隶属关系分					
中 央 属	126	127 122.1	109 323.6	347.8	5 471.8
地 方 属	730	392 421.0	376 781.1	30 661.9	30 774.4

16－21 高等学校研究与发展人员和经费

（1999 年）

类　　别	研究与发展人员（人）	#高级职称	#中级职称	#初级职称	收入总额（万元）	支出总额（万元）
总　　计	**6 509**	**2 789**	**2 419**	**1 160**	**3 693.5**	**3 526.1**
理、工、农、医学科领域	**4 196**	**1 776**	**1 494**	**814**	**3 404.6**	**3 260.3**
自然科学	1 019	448	365	175		
工程与技术	1 157	567	422	144		
医药科学	1 555	576	555	382		
农业科学	465	185	152	113		
人文、社会科学	**2 313**	**1 013**	**925**	**346**	**288.9**	**265.8**

16－22 高等学校研究与发展机构和人员

（1999 年）

类　　别	机构（个）	研究与发展人员（人年）	#高级职称	#中级职称	#初级职称
总　　计	**64**	**542**	**287**	**172**	**65**
理、工、农、医学科领域	**32**	**371**	**183**	**120**	**50**
自然科学	7	95	51	26	12
工程与技术	7	74	44	29	
医药科学	14	137	55	52	27
农业科学	4	65	33	13	11
人文、社会科学	**32**	**171**	**104**	**52**	**15**

16－23 技术市场基本情况

项目	单位	1998年	1999年	1999年比1998年增减数
一、技术贸易机构	**个**	**1 129**	**903**	**－226**
二、从事技术贸易活动人员	**人**	**22 119**	**33 671**	**11 552**
三、签订技术合同数	**项**	**4 157**	**2 802**	**－1 355**
1.按合同类别分				
技术开发合同	项	513	376	－137
技术转让合同	项	592	473	－119
技术咨询合同	项	596	373	－223
技术服务合同	项	2 456	1 580	－876
2.按卖方类型分				
科研机构	项	1 023	475	－548
大中专院校	项	113	59	－54
企　业	项	952	462	－490
技术贸易机构	项	1 008	1 471	463
个人及个人合伙	项	236	160	－76
其　他	项	825	175	－650
四、技术合同成交金额	**万元**	**38 332**	**51 444**	**13 112**
技术开发合同	万元	11 540	14 782	3 242
技术转让合同	万元	5 860	11 979	6 119
技术咨询合同	万元	3 247	4 139	892
技术服务合同	万元	17 685	20 544	2 859

16－24　专利申请受理量和批准量

单位:项

项　　目	受理量					批准量				
	1990 年	1995 年	1997 年	1998 年	1999 年	1990 年	1995 年	1997 年	1998 年	1999 年
总　　计	**601**	**1 008**	**1 303**	**1 259**	**1 387**	**282**	**509**	**611**	**765**	**1 011**
一、按总类分										
发　　明	111	184	204	247	217	19	19	25	20	30
实用新型	440	710	747	664	769	245	402	403	456	673
外观设计	50	114	356	348	401	18	88	183	289	308
二、按申请者分										
个　　人	435	841	1 077	1 020	1 152	224	422	463	576	812
大专院校	27	15	5	5	8	6	6	6	9	4
科研单位	32	16	12	12	12	16	10	8	5	6
工矿企业	96	127	202	222	211	22	55	127	168	183
机关团体	11	9	7		4	14	16	7	7	6

16－25　获国家级、省级科技奖项数

单位:项

年　　份	国家级		省级			
	发明奖	科技进步奖	合　　计	#一等奖	#二等奖	#三等奖
1979			143	6	17	29
1980			183	5	22	44
1981			172	2	14	52
1982			162	4	21	56
1983			119	2	16	41
1984			214	8	35	84
1985	3	7	143	1	16	126
1986	1		123	1	16	106
1988	4	4	69	1	10	58
1989	3	8	122	1	21	100
1990	3	9	108	1	16	91
1991	3	4	129	3	22	104
1992		5	121		27	94
1993	3	1	109		25	84
1994			115	6	17	92
1995	3	3	120	1	26	93
1996		3	122	1	22	99
1997	4	7	120	4	20	96
1998	1	7	125	4	37	84
1999		9	98	4	26	68

16－26 科协系统科技活动情况

（1999 年）

项目	单位	科协合计	省科协	地市科协	县级科协	省学会合计
一、机构与人员						
机构数	个	112	1	11	100	105
人员数	人	673	40	132	501	4 766
二、学术活动						
举办国内学术会议						
次数	次	45	1	9	35	230
参加人数	人次	4 000	154	799	3 047	13 686
交流学术论文	篇	2 488	133	563	1 792	7 563
三、科普培训						
36 学时以上培训班	个	213		38	175	214
培训人次	人次	16 302		1 785	14 517	12 148
四、科普活动						
科普讲座次数	次	1 040	7	56	977	389
听讲人次	人次	221 557	3 600	15 734	202 223	54 186
科普展览次数	次	450	5	91	354	65
参观人次	人次	1 405 636	58 300	570 211	777 125	633 558
五、咨询服务						
决策咨询项目数	项	250		125	125	114
完成技术咨询合同	项	1 478	300	1 128	50	194
咨询合同实现金额	千元	30 388	18 000	12 266	122	940
六、出版						
科技期刊种数	种	5	4	1		47
科技期刊年发行总数	万册	136.3	136.1	0.2	…	46.1
科技报纸种数	种	1		1		4
科技报纸年发行总数	千份	500		500		108
科技图书种数	种	64	51	10	3	36
科技图书年发行总数	万册	19.2	14	3.6	1.6	13.7

16－27 医疗卫生单位科技活动情况

（1999年）

指　　标	单位	合　计	综合医院	专科医院	中医医院
一、调查单位数	个	**62**	**33**	**23**	**6**
#有科技活动单位数	个	52	28	18	6
#有 R&D 活动单位数	个	23	12	9	2
年末从业人员	人	25 383	17 858	5 922	1 603
#从事科技活动人员	人	2 889	2 238	549	102
#高中级职称人员	人	1 900	1 393	429	78
研究与发展人员	人	355	220	120	15
科技活动经费筹集	万元	2001.9	1400.6	498.2	103.1
#来自上级单位	万元	120.0	69.2	44.7	6.1
单位自筹	万元	1872.3	1323.8	451.5	97.0
科技活动经费内部支出	万元	1956.5	1361.8	512.6	82.1
#R&D 经费	万元	333.5	112.4	211.0	10.1
固定资产购建支出	万元	891.9	650.1	200.0	41.8
#仪器设备	万元	817.4	587.3	188.8	41.3
科技活动课题数	项	195	139	38	18
#R&D 课题数	项	35	21	9	5
课题投入人员	人	987	669	232	86
#R&D 课题投入人员	人	215	168	37	10
课题投入经费	万元	1164.9	765.4	334.9	64.6
#R&D 课题投入经费	万元	213.2	95.1	111.7	6.4
科技活动获奖成果数	项	95	85	9	1
#省、部级	项	19	15	4	
发表论文数	篇	1 271	974	226	71
二、单位办科技机构数	个	**28**	**20**	**6**	**2**
机构年末从业人数	人	266	185	51	30
#高中级职称人员	人	179	130	31	18
机构科技活动经费支出	万元	106.7	88.8	14.7	3.2

注：1.调查范围为省（部）属、地（市）属医院、不包括县（区）属医院、乡镇人民医院、医学院校附属医院、企业附属医院和军队医院。

2.科技活动课题为当年投入经费在一万元以上的课题数。

16－28 各类全日制学校基本情况

（1999 年） 单位：人

类别	学校数（所）	在校学生数	招生数	毕业生数	教职工数	# 专任教师
研究生		1 573	661	364		
普通高等学校	34	110 873	43 586	25 057	25 481	10 147
中等专业学校	101	161 755	62 482	45 460	13 598	7 278
中等技术学校	77	126 496	48 579	33 209	10 518	5 316
中等师范学校	24	35 259	13 903	12 251	3 080	1 962
普通中学	2 739	2 468 362	906 514	700 389	155 552	135 034
高中	465	322 198	129 423	86 523		22 261
初中	2 274	2 146 164	777 091	613 866		112 773
职业中学	314	152 038	63 225	47 636	11 695	7 784
技工学校	73	37 484	14 376	22 915	5 845	4 243
小学	22 617	4 399 376	732 469	838 959	237 666	224 835
特殊教育学校	31	5 389	965	877	394	323
盲聋哑学校	26	1 483	299	248	317	261
弱智儿童教育	5	3 906	666	629	77	62
幼儿园	7 602	626 009	514 200		29 179	24 124

16－29 各类全日制学校在校学生数

类别	单位	1978 年	1980 年	1985 年	1990 年	1995 年	1998 年	1999 年
研究生	人	17	58	271	479	757	1 281	1 573
普通高等学校	人	21 830	35 623	44 855	56 608	81 999	94 103	110 873
中等专业学校	人	28 926	40 800	49 426	61 675	106 297	145 253	161 755
中等技术学校	人	15 828	25 163	27 292	34 921	75 753	111 620	126 496
中等师范学校	人	13 098	15 637	22 134	26 754	30 544	33 633	35 259
普通中学	万人	169.20	154.86	155.53	181.06	193.27	234.87	246.84
高中	万人	38.69	28.01	25.88	26.23	25.45	28.63	32.22
初中	万人	130.51	126.85	129.65	154.83	167.82	206.24	214.62
职业中学	万人	3.42	0.51	9.38	11.69	12.85	15.84	15.20
技工学校	人		13 370	14 472	34 237	77 840	44 310	37 484
小学	万人	513.77	529.30	572.83	450.44	430.54	452.89	439.94
特殊教育学校	人	489	485	585	1 195	4 970	6 126	5 389
盲聋哑学校	人	489	485	585	666	1 013	1 558	1 483
弱智儿童教育	人				529	3 957	4 568	3 906
幼儿园	万人	10.59	30.61	32.30	36.26	52.53	61.90	62.60

16－30　各类全日制学校毕业生数

类　　别	单位	1978年	1980年	1985年	1990年	1995年	1998年	1999年
研究生	人			18	215	163	292	364
普通高等学校	人	2 357	3 363	9 759	13 616	22 004	22 938	25 057
中等专业学校	人	7 887	11 296	14 761	21 040	26 564	41 151	45 460
中等技术学校	人	3 429	2 898	7 918	11 717	16 892	28 897	33 209
中等师范学校	人	4 458	8 398	6 843	9 323	9 672	12 254	12 251
普通中学	万人	57.54	34.82	36.41	49.02	53.60	67.29	70.04
高　中	万人	15.77	15.83	6.82	8.39	7.75	8.57	8.65
初　中	万人	41.77	18.99	29.59	40.63	46.25	58.72	61.39
职业中学	万人	1.43	0.12	1.27	3.03	3.89	4.39	4.76
技工学校	人		297	5 535	9 457	33 586	24 212	22 915
小　学	万人	72.03	60.89	71.75	86.02	70.05	80.35	83.90
特殊教育	人		65	43	98	347	898	877
盲聋哑学校	人		65	43	76	183	271	248
弱智儿童教育	人				22	164	627	629

16－31　各类学校教师负担学生数

年　份	高等学校		中等学校		小　学	
	教师数（万人）	平均每个教师负担学生数（人）	教师数（万人）	平均每个教师负担学生数（人）	教师数（万人）	平均每个教师负担学生数（人）
1978	0.43	5.07	8.54	20.55	19.85	25.88
1979	0.50	5.84	8.04	20.22	20.03	25.62
1980	0.53	6.72	7.98	20.15	20.39	25.96
1981	0.58	6.53	8.00	18.90	20.89	25.45
1982	0.68	5.26	8.20	18.15	20.93	25.74
1983	0.71	5.13	8.27	18.10	20.55	26.39
1984	0.74	5.26	8.42	18.89	20.72	27.36
1985	0.80	5.61	8.99	19.05	21.17	27.06
1986	0.88	5.61	9.76	19.15	21.63	26.46
1987	0.92	5.66	10.38	18.99	21.68	25.30
1988	0.92	5.73	11.30	17.38	22.08	23.02
1989	0.94	5.69	11.63	16.78	22.16	21.46
1990	0.91	6.24	12.16	16.64	22.41	20.10
1991	0.91	6.21	12.68	16.55	22.42	19.20
1992	0.90	6.56	13.12	16.19	22.44	18.68
1993	0.90	7.91	13.22	15.80	22.48	18.43
1994	0.93	8.42	13.45	15.88	22.72	18.54
1995	0.95	8.71	13.72	16.37	22.80	18.88
1996	0.97	8.86	14.19	17.05	22.92	19.35
1997	0.98	9.10	14.61	17.62	23.08	19.69
1998	0.96	9.96	15.03	17.95	22.88	19.79
1999	1.01	11.08	15.43	18.27	22.48	19.57

注：中等学校含中等专业学校、普通中学、职业中学、技工学校。

16－32 普通高等学校基本情况

（1999年）　　　　单位：人

院　　校	主管部门	校　址	在校学生数	招生数	毕业生数	教职工数	#专任教师
总　　计（34所）			**110 873**	**43 586**	**25 057**	**25 481**	**10 147**
一、大学、专门学院和专科学校			**105 167**	**40 192**	**23 912**	**23 784**	**9 424**
#女			32 998	11 639	6 946	9 093	2 958
综合大学			19 634	7 046	4 407	3 962	1 814
南昌大学	省教委	南昌市	14 128	5 090	2 682	2 965	1 228
景德镇高等专科学校	市政府	景德镇市	1 280	442	390	236	149
萍乡高等专科学校	市政府	萍乡市	1 592	593	478	295	163
南昌高等专科学校	市政府	南昌市	1 269	460	441	290	153
新余高等专科学校	市政府	新余市	1 365	461	416	176	121
理工院校			25 343	9 856	5 038	5 121	1 981
华东交通大学	铁道部	南昌市	4 667	1 650	948	997	471
华东地质学院	核工业部	临川市	4 091	1 742	632	617	292
南昌航空工业学院	航空工业部	南昌市	5 675	2 101	1 222	1 558	410
南方冶金学院	有色总公司	赣州市	5 911	2 609	1 057	931	397
景德镇陶瓷学院	轻工业部	景德镇市	3 157	1 144	622	577	236
南昌水利水电高等专科学校	水利电力部	南昌市	1 842	610	557	441	175
农业院校			7 351	2 943	1 725	3 276	613
江西农业大学	省教委	南昌市	6 083	2 491	1 334	3 077	483
宜春农业专科学校	地区行署	宜春市	1 268	452	391	199	130
医药院校			10 261	3 634	2 032	3 438	1 197
江西医学院	省卫生厅	南昌市	3 640	1 141	512	977	367
江西中医学院	省卫生厅	南昌市	1 546	648	272	1 100	287
赣南医学院	省卫生厅	赣州市	1 974	684	294	500	231
井冈山医学高等专科学校	地区行署	吉安市	951	358	293	452	110
宜春医学专科学校	地区行署	宜春市	1 047	403	322	186	102
九江医学专科学校	市政府	九江市	1 103	400	339	223	100

16－32　续表　　单位：人

院　　　　校	主管部门	校　址	在　校 学生数	招生数	毕业生数	教职工数	# 专　任 教　师
师 范 院 校			31 692	12 347	8 373	5 704	2 843
江西师范大学	省教委	南昌市	8 148	3 426	1 779	1 526	676
九江师范专科学校	市政府	九江市	2 481	880	791	453	221
上饶师范专科学校	地区行署	上饶市	3 635	1 285	1 154	710	374
宜春师范专科学校	地区行署	宜春市	2 612	938	829	502	280
赣南师范学院	省教委	赣州市	5 697	2 210	1 243	922	482
吉安师范专科学校	地区行署	吉安市	3 019	1 072	966	566	256
抚州师范专科学校	地区行署	临川市	2 285	790	797	405	222
南昌职业技术师范学院	市政府	南昌市	3 815	1 746	814	620	332
财 经 院 校			9 718	3 908	2 086	1 943	852
江西财经大学	财政部	南昌市	7 170	2 340	1 537	1 481	652
九江财经高等专科学校	总后勤部	九江市	2 548	1 568	549	462	200
政 法 院 校			1 168	458	251	340	124
江西公安专科学校	省公安厅	南昌市	1 168	458	251	340	124
二、高校分校、大专班			**1 618**	**676**	**515**	**223**	**141**
#女			673	277	197	96	56
理 工 院 校			154	154			
江西省教育学院	江西省	南昌市	154	154			
医 药 院 校			1 336	444	470	223	141
江西医学院上饶分院	地区行署	上饶市	446	150	170	87	60
江西医学院抚州分院	地区行署	临川市	890	294	300	136	81
师 范 院 校			128	78	45		
南昌师范学校	市教委	南昌市	128	78	45		
三、职业技术学院			**4 088**	**2 718**	**630**	**1 474**	**582**
#女			1 476	965	206	563	221
江西工业职业技术学院	江西省	南昌市	773	773		600	317
民办蓝天职业技术学院	江西省	南昌市	350	350		60	28
九江职业大学	市政府	九江市	800	300	200	116	74
九江职业技术学院	省财政厅	九江市	2 165	1 295	430	698	163

16－33　普通高等学校分科学生、专任教师情况

（1999 年）　　单位：人

类　　别	在校学生数	招生数	毕业生数	专任教师	# 正、副高级	中级	初级
总　　计	**110 873**	**43 586**	**25 057**	**10 147**	**3 763**	**3 405**	**2 492**
#女	35 147	12 881	7 349	3 235	887	1 134	1 047
哲学	140	24	59	399	154	146	91
经济学	17 763	7 456	4 210	912	318	331	216
法学	3 776	1 546	746	284	67	123	81
教育学	4 581	1 717	1 385	1 120	276	457	331
文学	17 636	7 381	4 349	1 785	616	599	459
历史学	1 124	272	293	312	147	102	46
理学	10 882	4 213	2 591	2 217	975	730	419
工学	40 328	15 942	8 160	1 754	625	531	522
农学	3 046	957	762	355	131	97	104
医学	11 597	4 078	2 502	1 009	454	289	223
总计中：							
本科	66 735	25 290	9 497				
专科	44 138	18 296	15 560				

16－34　中等专业学校基本情况

（1999 年）　　单位：人

类　　别	学校数（所）	在校学生数	招生数	毕业生数	教职工数	# 专任教师
总　　计	**101**	**161 755**	**62 482**	**45 460**	**13 598**	**7 278**
#女		91 569	35 651	22 448	5 407	2 715
中等技术学校	77	126 496	48 579	33 209	10 518	5 316
工业学校	24	54 756	19 573	13 672	3 762	1 805
农业学校	12	15 735	5 771	4 460	1 661	748
林业学校	2	3 711	1 114	1 111	355	199
医药学校	13	22 066	8 554	5 596	1 713	986
财经学校	14	18 049	7 902	4 908	1 732	810
政法学校	5	3 543	2 348	1 204	356	174
体育学校	3	2 369	941	688	264	138
艺术学校	3	3 492	1 223	1 013	461	356
其他学校	1	2 775	1 153	557	214	100
中等师范学校	24	35 259	13 903	12 251	3 080	1 962
#幼儿师范学校	1	810	240	209	89	61

16－35　中等专业学校分科学生数

（1999年）　　单位：人

类别	在校学生数	招生数	招收高中毕业生数	招收初中毕业生数	毕业生数
总计	**161 755**	**62 482**	**5 651**	**56 831**	**45 460**
工科	53 903	20 086	466	19 620	9 384
农科	5 906	1 481	45	1 436	2 069
林科	1 675	444		444	309
医药卫生科	21 076	8 483		8 483	5 184
财经	15 092	5 496	178	5 318	6 145
管理	16 082	6 685	285	6 400	6 432
政法	4 179	2 715	1 631	1 084	1 392
艺术	8 690	3 436	72	3 364	2 177
体育	2 389	941		941	688
师范	32 763	12 715	2 974	9 741	11 680

16－36　各地区中等专业学校基本情况

（1999年）　　单位：人

地区	学校数（所）	在校学生数	招生数	毕业生数	教职工数	#专任教师
总计	**101**	**161 755**	**62 482**	**45 460**	**13 598**	**7 278**
南昌市	47	78 632	30 940	20 313	6 129	3 204
景德镇市	4	5 830	2 385	1 330	418	243
萍乡市	4	5 826	1 964	1 968	616	312
九江市	5	10 346	3 499	3 320	695	336
新余市	2	1 037	307	540	141	97
鹰潭市	2	2 283	961	722	271	148
赣州市	9	16 862	6 308	5 212	1 537	833
宜春地区	7	12 009	4 806	3 292	1 039	596
上饶地区	8	11 239	4 490	3 209	1 033	603
吉安地区	7	9 368	3 648	2 705	661	385
抚州地区	6	8 323	3 174	2 849	1 058	521

16－37　中等专业学校基本情况

（1999年）

单位：人

院　　校	主管部门	校　址	在校学生数	招生数	毕业生数	教职工数	#专任教师
总　　计			**161 755**	**62 482**	**45 460**	**13 598**	**7 278**
#女			91 569	35 651	22 448	5 407	2 715
一、中等技术学校			**126 496**	**48 579**	**33 209**	**10 518**	**5 316**
工科学校			54 756	19 573	13 672	3 762	1 805
南方工业学校	国土资源部	赣州市	3 573	1 321	940	275	120
南昌铁路机械学校	上海铁路局	南昌市	2 748	1 038	632	223	113
江西电力工业学校	电力部	南昌市	940	429	408	572	171
江西邮电学校	邮电部	南昌市	852		239	167	105
南昌气象学校	国家气象局	南昌市	2 071	945	670	213	102
九江船舶工业学校	中国船舶总公司	九江市	2 250	775	714		
南昌有色金属工业学校	中国钨业总公司	南昌市	1 912	448	991	202	116
江西省水利水电学校	省水利厅	南昌市	2 403	796	302	105	52
吉安地区工业学校	地区经委	吉安市	1 682	613	270		
江西省第一工业学校	省煤炭厅	萍乡市	3 016	947	1 033	309	123
江西省新闻出版学校	省出版局	南昌市	773	363	89	76	48
江西省机械工业学校	省机械厅	南昌市	3 327	1 118	614	158	88
江西景德镇陶瓷学校	省轻工厅	景德镇市	3 223	1 320	534	158	95
萍乡市工业学校	市经委	萍乡市	627	185	236	80	66
南昌无线电工业学校	省电子局	南昌市	3 082	1 068	624		
江西南昌城市建设学校	省建设厅	南昌市	667	176	196	18	12
江西省建筑工程学校	省建设厅	南昌市	1 773	805	892	189	118
江西省国防科技工业学校	省国防工办	南昌市	3 600	1 198	884		
江西省化学工业学校	省石化厅	南昌市	2 124	762	622	132	66
江西省纺织工业学校	省纺织局	南昌市	1 939	595	670		
省建筑材料工业学校	省建材总公司	南昌市	2 813	1 167	396	153	73
江西省交通学校	省交通厅	南昌市	1 920	871	241	238	71
江西省工业贸易学校	省粮食局	南昌市	2 564	890	450	172	83
江西省轻工业学校	省轻工厅	南昌市	2 724	988	830	144	77
江西广播电视学校	省广播电视厅	南昌市	639	293	145	51	29
上饶地区工业学校	地区经委	上饶市	1 514	462	50	127	77
农业学校			15 735	5 771	4 460	1 661	748
吉安地区农业学校	地区农业局	吉安市	1 094	460	270	104	50
九江地区农业学校	地区农业局	九江县	848	260	294	118	62
抚州地区农业学校	地区农业局	临川市	985	400	491	102	50
鹰潭市农业学校	市农业局	余江县	909	361	271	125	52
上饶地区农业学校	地区农业局	上饶市	1 214	535	575	92	54
赣州市农业学校	市农业局	赣县	1 598	611	454	161	70
江西省樟树农业学校	省农业厅	樟树市	2 214	870	397	251	84
江西省农垦学校	省农业厅	永修县	1 667	409	347	189	63
江西婺源茶业学校	省农业厅	婺源县	541	147	185	131	41
宜春地区农业学校	地区农业局	上高县	1 405	504	350	124	73
江西省畜牧水产学校	省农业厅	南昌县	2 237	886	546	188	102
南昌市农业专科学校	市农委	南昌市	1 023	328	280	76	47

16－37 续表1 单位：人

院校	主管部门	校址	在校学生数	招生数	毕业生数	教职工数	#专任教师
林业学校			3 711	1 114	1 111	355	199
江西省赣州林业学校	省林业厅	赣州市	2 115	596	740	189	98
江西省南昌林业学校	省林业厅	南昌市	1 596	518	371	166	101
医药学校			22 066	8 554	5 596	1 713	986
南昌铁路卫生学校	上海铁路局	南昌市	1 291	459	418	114	58
江西省卫生学校	省卫生厅	南昌市	2 631	1 090	647	216	117
新余市卫生学校	市卫生局	新余市	362	151	100	44	29
吉安地区卫生学校	地区卫生局	吉安市	1 526	598	453	123	51
上饶地区卫生学校	地区卫生局	上饶市	2 286	936	580	231	142
宜春地区卫生学校	地区卫生局	宜春市	2 273	782	679	181	123
景德镇市卫生学校	市卫生局	景德镇市	1 201	503	211	84	47
九江市卫生学校	市卫生局	九江市	1 120	457	243	55	30
江西省中医学校	地区卫生局	临川市	2 307	949	523	133	89
萍乡市卫生学校	市卫生局	萍乡市	1 141	459	248	89	56
赣州市卫生学校	市卫生局	赣州市	1 994	746	578	210	105
江西省医药学校	省医药管理局	南昌市	1 924	660	431	83	57
南昌市卫生学校	市卫生局	南昌市	2 010	764	485	150	82
财经学校			18 049	7 902	4 908	1 732	810
江西银行学校	中国人行总行	南昌市	482	245	112		
江西省税务学校	国家税务总局	南昌市	1 363	838	201	97	41
九江财经高专中专部	总后勤部	九江市	220	170	40		
南昌保险学校	中国保险总公司	南昌市	747	322	332	69	35
江西对外经贸学校	省外贸厅	南昌市	1 928	721	444	140	87
井冈山经贸学校	地区教育局	吉水县	1 033	379	349	100	63
抚州地区经贸学校	地区教育局	南城县	1 839	689	735	478	135
江西省物资学校	省物资局	南昌市	1 260	556	421	86	52
江西省计划统计学校	省统计局	南昌市	1 465	700	250	99	57
宜春财经学校	地区行署	宜春市	1 255	575	299	103	51
江西省商业学校	省供销社	南昌市	2 220	994	414	164	91
江西省财务会计学校	省财政厅	九江市	1 158	364	560	186	83
江西工商行政管理学校	省工商局	南昌市	763	306	218	58	36
江西省贸易学校	省商业厅	新建县	1 565	660	386	89	47
江西省旅游学校	省旅游局	南昌市	751	383	147	63	32
政法学校			3 543	2 348	1 204	356	174
南昌市人民警察学校	市公安局	南昌市	255	150	100	47	30
江西省人民警察学校	省公安厅	南昌市			177		
江西省司法学校	省司法厅	南昌市	1 354	900	434	145	67
江西省人民武装学校	省军区	南昌市	335	180	173	85	36
江西司法警官学校	省司法厅	新建县	1 599	1 118	320	79	41

16－37　续表2　　　　单位：人

院　　校	主管部门	校　址	在校学生数	招生数	毕业生数	教职工数	#专任教师
体育学校			2 369	941	688	264	138
江西省体育运动学校	省体委	南昌市	1 749	704	481	153	82
景德镇市体育运动学校	市体委	景德镇市	312	109	144	75	47
南昌市体育运动学校	市体委	南昌市	308	128	63	36	9
艺术学校			3 492	1 223	1 013	461	356
江西省文化艺术学校	省文化厅	南昌市	2 492	859	624	357	271
赣南文艺学校	市文化局	赣州市	552	224	225	70	54
江西省宜春文艺学校	地区文化局	宜春市	448	140	164	34	31
其他学校			2 775	1 153	557	214	100
江西省民政学校	省民政厅	南昌市	1 240	650	194	50	26
江西省团校中专班	团省委	南昌市	1 535	503	363	164	74
二、中等师范学校			**35 259**	**13 903**	**12 251**	**3 080**	**1 962**
普师学校			34 449	13 663	12 042	2 991	1 901
东乡师范学校	地区教育局	东乡县	1 024	470	397	115	91
景德镇师范学校	市教育局	景德镇市	1 094	453	441	101	54
高安师范学校	地区教委	高安市	2 214	965	692	172	124
宜春师范学校	地区教委	宜春市	2 200	970	711	174	110
瑞金师范学校	市教育局	瑞金市	1 574	785	638	107	71
万年师范学校	地区教育局	万年县	1 342	550	348	121	90
南昌第二师范学校	市教委	南昌县	1 237	508	538	111	75
鹰潭师范学校	市教育局	鹰潭市	1 374	600	451	146	96
上饶师范学校	地区教育局	上饶市	1 693	595	601	160	100
龙南师范学校	市教育局	龙南县	1 642	641	503	150	98
九江师范学校	市教育局	九江市	1 894	1 064	403	147	98
湖村师范学校	地区教育局	上饶市	1 535	855	520	80	42
泰和师范学校	地区教育局	泰和县	1 148	452	420	107	72
都昌师范学校	市教育局	都昌县	590		360		
萍乡师范学校	市教育局	萍乡市	1 042	373	451	138	67
崇仁师范学校	地区教育局	崇仁县	1 416	465	300	128	83
南城师范学校	地区教育局	南城县	752	201	403	102	73
新余师范学校	市教育局	新余市	675	156	440	97	68
修水师范学校	市教育局	修水县	599		359		
吉安师范学校	地区教育局	吉水县	1 694	662	483	132	83
波阳师范学校	地区教育局	波阳县	1 114	410	350	91	57
宁都师范学校	市教育局	宁都县	1 921	738	533	155	97
赣州师范学校	市教育局	赣州市	1 893	646	601	220	120
南昌师范学校	市教委	南昌市	1 591	620	639	142	66
永新师范学校	地区教育局	永新县	1 191	484	460	95	66
幼师学校			810	240	209	89	61
南昌幼儿师范学校	市教委	南昌市	810	240	209	89	61

16－38 普通中学基本情况

（1999年） 单位：人

类别	学校数（所）	在校学生数	初中	高中	招生数	初中
总计	**2 739**	**2 468 362**	**2 146 164**	**322 198**	**906 514**	**777 091**
#女		1 083 831	974 807	109 024	402 052	358 865
#民办	73	24 585	17 428	7 157	12 140	8 054
一、按城市分						
城市	316	312 831	209 964	102 867	114 436	74 754
县镇	933	1 043 765	846 180	197 585	388 129	306 911
农村	1 490	1 111 766	1 090 020	21 746	403 949	395 426
二、按地区分						
南昌市	253	237 794	201 460	36 334	87 556	73 976
景德镇市	111	87 661	76 524	11 137	31 597	27 253
萍乡市	125	113 839	96 535	17 304	41 189	34 035
九江市	362	291 786	251 779	40 007	109 554	94 144
新余市	71	68 584	57 360	11 224	24 307	19 948
鹰潭市	81	72 798	63 636	9 162	26 544	22 670
赣州市	448	406 266	363 869	42 397	151 005	133 467
宜春地区	313	311 559	268 120	43 439	112 994	95 468
上饶地区	412	353 437	312 462	40 975	124 361	108 037
吉安地区	313	284 167	247 495	36 672	108 764	93 540
抚州地区	239	232 504	200 915	31 589	85 722	72 370
南昌铁路局	11	7 967	6 009	1 958	2 921	2 183

类别	高中	毕业生数	初中	高中	教职工数	#专任教师
总计	**129 423**	**700 389**	**613 866**	**86 523**	**155 552**	**135 034**
#女	43 187	303 037	274 057	28 980	40 597	35 562
#民办	4 086	3 565	2 427	1 138	1 284	917
一、按城市分						
城市	39 682	89 364	60 337	29 027	26 654	22 132
县镇	81 218	286 149	234 188	51 961	65 655	56 220
农村	8 523	324 876	319 341	5 535	63 243	56 682
二、按地区分						
南昌市	13 580	67 720	56 456	11 264	15 441	12 708
景德镇市	4 344	26 111	22 827	3 284	6 102	5 259
萍乡市	7 154	33 648	29 267	4 381	7 946	7 085
九江市	15 410	78 541	67 810	10 731	18 414	16 448
新余市	4 359	20 496	17 319	3 177	4 730	4 178
鹰潭市	3 874	20 661	18 272	2 389	4 325	3 688
赣州市	17 538	121 707	111 218	10 489	23 968	20 157
宜春地区	17 526	91 144	79 596	11 548	20 200	17 975
上饶地区	16 324	94 777	84 996	9 781	20 859	17 840
吉安地区	15 224	76 645	66 881	9 764	18 509	16 339
抚州地区	13 352	66 909	57 726	9 183	14 196	12 773
南昌铁路局	738	2 030	1 498	532	862	584

16－39 职业中学基本情况

（1999年）　　　　单位：人

类别	学校数（所）	在校学生数	初中	高中	招生数	初中
总计	**314**	**152 038**	**27 808**	**124 230**	**63 225**	**8 598**
#女		58 192	11 887	46 305	24 002	3 711
#民办	50	20 597	258	20 339	10 655	86
一、按城市分						
城市	108	46 906		46 906	21 313	
县镇	129	69 504	8 718	60 786	28 547	2 415
农村	77	35 628	19 090	16 538	13 365	6 183
二、按地区分						
南昌市	34	25 609	2 771	22 838	9 637	946
景德镇市	11	3 697	505	3 192	1 632	162
萍乡市	26	7 213		7 213	3 300	
九江市	38	14 531		14 531	5 963	
新余市	13	8 238		8 238	4 403	
鹰潭市	6	3 710		3 710	1 680	
赣州市	58	33 917	14 578	19 339	14 116	5 102
宜春地区	37	18 416	4 945	13 471	7 152	1 519
上饶地区	37	18 414	2 905	15 509	7 943	799
吉安地区	31	9 651	2 104	7 547	3 054	70
抚州地区	23	8 195		8 195	4 166	
南昌铁路局		447		447	179	

类别	高中	毕业生数	初中	高中	教职工数	#专任教师
总计	**54 627**	**47 636**	**8 965**	**38 671**	**11 695**	**7 784**
#女	20 291	17 939	3 535	14 404	3 286	2 043
#民办	10 569	5 626	57	5 569	529	355
一、按城市分						
城市	21 313	13 354		13 354	3 489	2 565
县镇	26 132	22 994	2 984	20 010	5 426	3 697
农村	7 182	11 288	5 981	5 307	2 780	1 522
二、按地区分						
南昌市	8 691	8 060	990	7 070	1 384	1 127
景德镇市	1 470	1 238	144	1 094	391	302
萍乡市	3 300	2 378		2 378	631	509
九江市	5 963	3 783		3 783	1 220	846
新余市	4 403	2 148		2 148	377	231
鹰潭市	1 680	1 202		1 202	253	212
赣州市	9 014	9 528	4 309	5 219	2 155	1 585
宜春地区	5 633	7 865	2 595	5 270	1 265	882
上饶地区	7 144	5 666	870	4 796	2 283	880
吉安地区	2 984	2 975	57	2 918	927	592
抚州地区	4 166	2 529		2 529	781	590
南昌铁路局	179	264		264	28	28

16－40 职业中学高中阶段分科学生情况

(1999 年) 单位:人

类别	在校学生数	招生数	毕业生数
总计	**124 230**	**54 627**	**38 671**
工科	53 724	25 245	14 651
农科	16 341	7 246	5 434
林科	1 703	514	701
医药卫生科	10 961	3 971	2 800
财经科	17 822	7 341	8 015
管理科	9 220	3 697	2 589
政法	818	365	517
艺术	5 295	2 486	1 019
体育	2 013	1 074	458
师范	6 333	2 688	2 487

16－41 小学、特殊教育、工读学校基本情况

(1999 年) 单位:人

类别	学校数(所)	在校学生数	招生数	毕业生数	教职工数	# 专任教师
一、小学	**22 617**	**4 399 376**	**732 469**	**838 959**	**237 666**	**224 835**
#女		2 090 088	344 835	403 205	91 494	88 235
#民办	176	13 714	3 643	755	543	450
1.按城乡分						
城市	513	327 732	57 887	65 222	18 312	16 960
县镇	7 322	1 666 211	283 434	299 752	87 500	82 968
农村	14 782	2 405 433	391 148	473 985	131 854	124 907
2.按地区分						
南昌市	1 308	423 381	72 234	78 576	22 401	20 791
景德镇市	587	144 091	26 339	28 784	8 059	7 687
萍乡市	732	168 699	29 612	35 261	10 151	9 401
九江市	2 718	495 426	78 625	98 492	27 490	26 493
新余市	395	96 152	13 458	20 768	6 282	5 996
鹰潭市	640	105 360	17 821	23 844	5 925	5 554
赣州市	4 004	802 023	143 249	145 043	39 381	36 896
宜春地区	2 572	476 055	81 013	101 440	28 422	27 445
上饶地区	4 566	776 164	122 994	128 982	39 027	36 370
吉安地区	2 736	490 621	76 329	97 434	25 748	24 665
抚州地区	2 347	410 488	68 786	78 228	24 134	22 996
南昌铁路局	12	10 916	2 009	2 107	646	541
二、特殊教育	**31**	**5 389**	**965**	**877**	**394**	**323**
#女		2 012	319	287	242	216
盲聋哑学校	6	227	55	27	61	56
聋哑学校	19	1 077	207	174	208	168
盲校	1	179	37	47	48	37
弱智儿童教育	5	3 906	666	629	77	62
三、工读学校	**1**				**9**	**2**
#女					1	

注:普校附设及随班就读的盲生、聋哑生分别统计在盲校与聋哑学校中。

16－42 平均每万人口在校学生数

指标	单位	1978年	1980年	1985年	1990年	1995年	1998年	1999年
各类学校在校学生占全省人口比重	%	21.72	21.21	21.33	17.28	16.33	17.47	17.33
平均每万人口在校学生数								
普通高等学校	人	6.85	10.91	12.86	14.98	20.37	22.76	26.58
中等学校	人	551.43	491.67	488.06	530.97	552.69	643.40	666.40
中等专业学校	人	9.08	12.48	14.08	16.18	26.16	34.66	38.23
普通中学	人	531.60	473.55	443.13	475.13	475.74	560.38	583.38
职业中学	人	10.75	1.55	26.73	30.68	31.63	37.79	35.93
技工学校	人		4.09	4.12	8.98	19.16	10.57	8.86
小学	人	1 614.20	1 618.56	1 632.09	1 182.05	1 059.77	1 080.58	1 039.75

注:普通高等学校包括研究生。

16－43 各类学校学生构成情况

单位：%

类别	1978年	1980年	1985年	1990年	1995年	1998年	1999年
各类学校学生占学生总数比重							
普通高等学校	0.3	0.5	0.6	0.9	1.3	1.3	1.5
中等学校	25.4	23.2	22.9	30.7	33.8	36.8	38.5
中等专业学校	0.4	0.6	0.7	0.9	1.6	2.0	2.2
普通中学	24.5	22.3	20.8	27.5	29.1	32.1	33.7
职业中学	0.5	0.1	1.2	1.8	1.9	2.1	2.1
技工学校		0.2	0.2	0.5	1.2	0.6	0.5
小学	74.3	76.3	76.5	68.4	64.9	61.9	60.0

注:普通高等学校包括研究生。

16－44 初中毕业生、小学毕业生升学率

年份	初中 毕业生数（万人）	初中 高级中等学校招生数（万人）	初中 升学率（%）	小学 毕业生数（万人）	小学 初级中等学校招生数（万人）	小学 升学率（%）
1978	41.77	20.69	49.53	72.03	56.36	78.25
1979	39.55	21.36	54.01	61.41	45.49	74.08
1980	19.03	10.78	56.65	60.89	41.23	67.71
1981	33.88	15.22	44.92	64.86	41.13	63.41
1982	31.71	12.40	39.10	67.30	39.89	59.27
1983	29.99	12.64	42.15	69.90	41.20	58.94
1984	28.75	14.26	49.60	67.85	42.58	62.76
1985	30.04	13.42	44.67	71.75	45.50	63.41
1986	34.07	14.68	43.09	76.41	50.10	65.57
1987	37.32	15.14	40.57	83.68	52.55	62.80
1988	40.35	15.46	38.31	88.94	54.07	60.79
1989	41.18	14.88	36.13	86.96	53.83	61.90
1990	41.27	15.88	38.48	86.02	56.65	65.86
1991	43.41	16.38	37.73	85.44	57.66	67.49
1992	45.83	17.10	37.31	79.45	57.18	71.97
1993	47.51	18.36	38.64	71.50	57.87	80.94
1994	48.44	19.26	39.76	67.99	58.23	85.64
1995	46.99	20.57	43.78	70.05	63.08	90.04
1996	51.27	20.96	40.88	73.70	68.44	92.86
1997	55.51	21.38	38.52	77.20	72.88	94.39
1998	59.55	21.99	36.92	80.35	75.70	94.21
1999	62.28	25.53	40.99	83.90	78.57	93.65

16－45 小学学龄儿童数和入学率

年份	学龄儿童数（万人）	#农村	已入学学龄儿童数（万人）	#农村	入学率（%）	#农村
1978	436.66	391.79	411.10	366.48	94.15	93.54
1979	441.58	398.05	410.82	367.76	93.03	92.39
1980	443.15	397.47	415.07	369.60	93.66	92.99
1981	445.81	398.40	416.46	368.27	93.42	92.44
1982	456.45	406.80	426.33	376.98	93.40	92.67
1983	462.17	413.08	437.56	388.56	94.67	94.06
1984	458.27	409.40	440.82	392.12	96.19	95.78
1985	464.66	412.84	450.19	398.32	96.89	96.48
1986	459.05	409.02	445.54	395.65	97.06	96.73
1987	435.42	385.39	423.66	373.92	97.30	97.02
1988	403.31	355.63	392.06	344.68	97.21	96.92
1989	378.45	328.56	370.01	320.33	97.77	97.50
1990	358.31	318.24	351.99	312.00	98.24	98.04
1991	349.80	264.94	343.78	260.00	98.28	98.14
1992	351.62	261.22	347.18	257.64	98.74	98.63
1993	363.71	258.84	359.45	255.31	98.83	98.64
1994	370.48	255.01	367.15	252.49	99.10	99.01
1995	389.04	257.54	386.78	255.89	99.42	99.36
1996	404.23	252.15	402.80	251.07	99.65	99.57
1997	413.80	244.25	411.99	243.08	99.56	99.52
1998	416.12	238.82	414.31	237.74	99.57	99.55
1999	405.52	223.09	403.96	222.11	99.61	99.56

16－46 幼儿园基本情况

（1999年）　　单位:人

类　　别	园　数（所）	入园幼儿数	在园幼儿数	教职工数	#教　师
总　计	**7 602**	**514 200**	**626 009**	**29 179**	**24 124**
#女		228 955	277 530	27 487	22 584
#民办	2 597	92 578	114 528	6 410	4 935
一、按城乡分					
城　市	849	68 728	115 799	9 229	6 386
县　镇	2 624	196 092	236 298	10 843	9 265
农　村	4 129	249 380	273 912	9 107	8 473
二、按地区分					
南昌市	651	53 864	81 565	5 057	3 473
景德镇市	310	17 323	29 163	2 063	1 709
萍乡市	137	25 293	28 193	1 314	1 161
九江市	700	51 104	58 838	2 466	2 087
新余市	284	16 007	20 944	1 327	984
鹰潭市	103	13 489	15 468	590	572
赣州市	1 841	105 828	116 588	5 031	4 499
宜春地区	703	58 796	69 156	3 136	2 605
上饶地区	1 536	70 376	81 590	3 428	3 141
吉安地区	758	45 227	53 640	2 213	1 887
抚州地区	560	30 859	37 081	2 139	1 861
南昌铁路局	19	1 548	3 975	415	145

注:包括学前班,下同。

16－47 幼儿园基本情况

单位:人

类　　别	园　数（所）	入园幼儿数	在园幼儿数	教职工数	#教　师
1978	2 104		105 914	6 278	4 159
1979	3 854		172 476	8 304	6 509
1980	7 204		306 055	13 565	11 184
1981	6 364		300 231	14 366	11 853
1982	5 488		300 630	15 638	12 693
1983	1 857		296 400	16 000	12 923
1984	4 987		310 300	15 257	13 454
1985	5 208		323 021	14 778	12 998
1986	5 866	190 318	318 347	17 744	14 147
1987	5 406	194 370	329 718	18 229	14 259
1988	4 547	182 034	327 540	18 471	14 579
1989	4 520	187 932	330 680	18 953	14 574
1990	4 827	208 294	362 621	19 798	15 492
1991	4 141	283 249	394 487	20 013	15 780
1992	4 490	294 967	450 005	21 050	16 983
1993	3 856	337 689	491 055	21 365	17 271
1994	4 123		505 530	21 058	17 755
1995	4 600	419 190	525 330	22 284	18 976
1996	5 084	462 715	584 601	23 757	19 822
1997	5 986	496 134	609 026	26 124	21 764
1998	6 626	518 683	619 048	26 879	22 321
1999	7 602	514 200	626 009	29 179	24 124

16－48 成人教育基本情况

（1999年）　　单位:人

类　　别	学校数（所）	在校学生数	招生数	毕业生数	教职工数	# 专任教师
成人高等学校	20	68 740	28 495	18 185	3 944	1 841
广播电视大学	1	14 886	5 910	3 956	705	361
职工高等学校	12	8 906	4 171	2 920	1 400	858
普通高等学校办夜大学		10 107	3 260	1 994		
普通高等学校办函授部		21 346	8 627	4 557		
普通高等学校办成人脱产班		4 567	2 249	1 339		
管理干部学院	2	2 699	1 437	1 503	997	189
教育学院	5	6 229	2 841	1 916	842	433
成人高等学校其他学生		19 097	8 536	21 970		
成人中等专业学校	139	34 823	11 548	12 192	5 641	3 170
成人中等专业学校其他学生		4 103	6 617	19 411		
中等专业学校办成人班及其他		11 573	4 260	2 137		
成人中学	65	5 208	3 954	17 303	232	138
职工中学	30	2 090	1 590	1 946	191	100
农民中学	35	3 118	2 364	15 357	41	38
成人初等学校	10 434	236 623	201 629	259 413	5 193	1 499
职工初等学校	5	350	413	328	12	3
农民初等学校	10 429	236 273	201 216	259 085	5 181	1 496
小　学　班	1 289	58 541	46 074	42 597	1 246	235
扫　盲　班	9 140	177 732	155 142	216 488	3 935	1 261
成人技术培训学校	12 022	1 652 552	1 603 017	1 649 119	5 598	1 685
职工技术培训学校	31	3 113	3 177	3 674	100	44
农民技术培训学校	11 991	1 649 439	1 599 840	1 645 445	5 498	1 641

注:1.中等专业学校办成人班中含短期训练班。
2.中等专业学校其他学生中毕业生均为结业。
3.成人中学毕业生含结业。

16－49 成人教育基本情况

单位：人

类　别	1985 年	1990 年	1995 年	1998 年	1999 年
成人高等学校					
学校数(所)	26	28	23	22	20
在校学生数	34 079	37 525	51 711	59 004	68 740
招生数	14 920	14 191	19 408	21 464	28 495
毕业生数	7 019	11 156	10 985	18 918	18 185
教职工数	3 077	4 732	4 108	4 337	3 944
#专任教师	1 432	2 165	1 967	1 976	1 841
成人高等学校其他学生					
在校学生数	1 291	10 551	16 402	29 522	19 097
招生数	1 015	8 770	12 989	14 726	8 536
毕业生数	2 586	6 236	14 064	21 999	21 970
成人中等专业学校					
在校学生数	11 918	28 215	32 214	41 536	46 396
招生数	7 490	11 318	10 622	14 732	15 808
毕业生数	2 175	6 822	4 083	17 501	14 329
成人中等专业学校其他学生					
在校学生数	3 046	2 684	4 844	6 757	4 103
招生数	4 109	1 782	4 960	7 606	6 617
结业生数	3 459	610	6 225	12 048	19 411
成人中学					
在校学生数	44 281	33 492	14 181	9 243	5 208
招生数	34 959	25 627	10 531	7 408	3 954
毕业生数	31 213	16 125	4 675	8 799	17 303
成人初等学校					
在校学生数	373 803	277 810	300 011	264 929	236 623
招生数	134 690	205 164	225 115	224 703	201 629
毕业生数	175 325	122 310	300 516	246 101	259 413
成人技术培训学校					
在校学生数		107 932	1 236 278	1 586 379	1 652 552
招生数		89 438	1 177 371	1 531 561	1 603 017
毕业生数		96 023	1 490 663	1 633 896	1 649 119

16－50　社会力量办非学历高等教育情况一览表

（1999年）　　单位：人

院　　校	地　址	注册学生数	招生数	结业生数	专职教职工数	#教师
总　　计		**57 826**	**47 962**	**28 871**	**1 783**	**980**
#女		14 806	10 653	5 624	525	293
江西女子专修学院	南昌市	327	187	59	26	16
江西华海专修学院	南昌市	310	231	58	15	8
江西航天科技专修学院	南昌昌北	1 139	1 139	0	60	40
江西洪城专修学院	南昌市	322	167	136	22	15
江西工商专修学院	南昌市	81	27	104	23	10
江西井冈山科技专修学院	吉安市	0	48	0	53	41
江西职业进修学院	南昌市	0	261	0	12	8
江西职业外国语专修学院	南昌市	110	60	40	8	2
江西医药卫生科技专修学院	南昌市	420	265	450	42	6
江西华夏经济专修学院	南昌市	202	79	88	50	5
江西海大专修学院	南昌市	626	374	254	37	11
江西东南进修学院	南昌市	10 531	7 046	568	300	119
江西美术专修学院	南昌市	59	38	64	8	6
江西服装专修学院	南昌市	1 002	502	380	106	78
江西九江专修学院	九江市	587	337	301	42	30
江西渝州电子工业学院	新余市	4 216	2 875	787	307	230
江西省农村致富技术函授大学	南昌市	29 570	29 570	23 848	122	93
江西省城市建设专修学院	南昌市	115	115	80	53	37
江西文化艺术专修学院	南昌市	89	198	0	13	7
江西外经贸专修学院	南昌市	1 250	564	244	49	23
江西华邦专修学院	南昌莲塘	172	118	0	13	6
江西信息技术专修学院	南昌市	56	56	0	11	3
江西3S专修学院	南昌市	208	148	0	13	3
江西豫章专修学院	南昌市	2 142	888	474	119	68
江西华侨专修学院	南昌市	401	207	185	23	5
江西外国语专修学院	南昌市	0	621	0	8	2
江西长城专修学院	宜春市	1 016	403	0	59	36
江西赣南专修学院	赣州市章贡区	664	452	122	63	10
江西外贸专修学院	南昌市新建县	1 586	726	419	102	54
江西光明中西医专修学院	南昌市	625	260	210	24	8

16－51　文化事业单位数

单位：个

指　　标	1978年	1980年	1985年	1990年	1995年	1998年	1999年
艺术表演团体	118	118	105	86	81	80	79
艺术表演场所	59	59	80	77	69	64	63
文化馆(站)	453	739	2 038	2 084	1 987	1 985	1 914
文 化 馆	106	102	103	101	101	101	101
文 化 站	347	637	1 935	1 983	1 886	1 884	1 813
群众艺术馆		11	12	12	12	12	12
图　书　馆		49	105	104	104	104	104
博　物　馆		52	73	82	82	83	84
文物保护管理所		10	17	33	37	40	42
文物商店		3	4	4	4	4	4

16－52　文化事业单位人员数

单位：人

指　　标	1978年	1980年	1985年	1990年	1995年	1998年	1999年
艺术表演团体	8 178	7 747	5 866	4 384	3 988	3 946	4 098
艺术表演场所	145	107	653	874	1 119	947	941
文 化 馆(站)	1 734	2 296	4 292	5 119	4 492	4 314	3 845
文 化 馆	1 380	1 434	1 324	1 484	1 553	1 540	1 525
文 化 站	354	862	2 968	3 635	2 939	2 774	2 320
群众艺术馆		244	324	369	380	356	346
图　书　馆		475	1 006	1 277	1 386	1 433	1 455
博　物　馆		764	981	1 134	1 226	1 227	1 300
文物保护管理所		292	564	510	576	519	535
文物商店		47	101	136	152	130	139

16－53 各地区文化事业单位数

（1999年）　　　　单位:个

地区	电影放映单位	艺术表演团体	群众艺术馆文化馆	公共图书馆	#总藏量(万册)	博物馆	文物保护管理所
总计	**859**	**79**	**113**	**104**	**1 236.3**	**84**	**42**
南昌市	77	6	10	10	125.7	6	4
景德镇市	48	3	5	3	43.4	2	2
萍乡市	106	3	6	6	48.6	2	
九江市	22	6	14	12	137.3	8	9
新余市	42	1	3	3	20.0	2	1
鹰潭市	10	2	4	4	18.9	2	1
赣州市	163	19	19	18	148.4	15	3
宜春地区	153	8	11	10	96.8	10	1
上饶地区	182	10	13	12	77.2	11	5
吉安地区	129	12	14	13	238.4	13	8
抚州地区	18	3	13	12	80.6	8	7
省级	11	6	1	1	201.0	5	1

注:文物保护管理所包括其他文物机构,下同。

16－54 电影事业

指标	单位	1978年	1980年	1985年	1990年	1995年	1998年	1999年
放映单位	个	4 267	3 809	5 231	4 401	1 874	1 285	859
电影院	个	125	119	652	693	376	262	115
放映队	个	2 486	2 968	3 465	2 983	1 129	767	419
俱乐部	个	1 656	722	1 114	725	369	256	325
放映场数	万场	90.31	125.5	109.9	103.2	10.8	11.4	13.66
观众人数	万人次	63 770	87 851	68 491	57 055	2 338	6 631	3 430
放映收入	万元	2 778.9	4 010.0	4 221.2	6 796.8	2 401.4	1 949.5	1 668.7

注:电影院包括影剧院。

16－55 报纸、杂志、图书出版种数

单位：种

指标	1978年	1980年	1985年	1990年	1995年	1998年	1999年
报纸	**2**	**6**	**50**	**28**	**41**	**39**	**59**
综合报	2	2	16	18	25	26	26
专业报		4	34	10	16	13	33
杂志	**8**	**84**	**114**	**141**	**157**	**147**	**167**
综合		6	10	1	21	1	1
哲学、社会科学		10	22	33	36	38	48
自然科学、技术	6	47	54	63	78	71	73
文化、教育		9	8	27	6	19	33
文学、艺术	2	10	18	13	11	9	5
少年儿童读物		2	2	3	4	9	7
画刊				1	1		
图书	**327**	**362**	**630**	**1 264**	**1 247**	**1 708**	**1 948**
#课本	151	134	198	329	304	346	453

16－56 报纸、杂志、图书出版数量

单位：万份

指标	1978年	1980年	1985年	1990年	1995年	1998年	1999年
报纸	**14 453**	**17 048**	**30 698**	**58 930**	**34 935**	**34 985**	**40 470**
综合报	14 453	16 506	19 750	38 936	28 826	28 500	33 383
专业报		542	10 948	19 994	6 109	6 485	7 087
杂志	**377.7**	**584.1**	**2 329.4**	**2 713.9**	**5 182.9**	**7 906.3**	**9 043.0**
综合		23.4	64.7	54.0	681.6	2.1	2.1
哲学、社会科学		18.1	304.4	932.8	967.4	1 813.8	2 103.8
自然科学、技术	349.7	119.0	439.3	240.9	1 069.1	432.0	718.4
文化、教育		210.2	534.8	679.4	932.8	783.4	881.5
文学、艺术	28.0	183.5	699.9	383.8	440.3	610.6	601.1
少年儿童读物		29.9	286.3	417.0	1 076.7	4 264.4	4 736.1
画刊				6.0	6.0		
图书	**8 494.8**	**8 474.1**	**13 429.2**	**19 215.7**	**14 486.1**	**20 928.5**	**20 594.3**
#课本	5 272.0	4 860.9	7 338.0	10 935.0	9 632.3	9 680.2	11 478.1

16－57 广播、电视事业

指　　　　标	单位	1978年	1980年	1985年	1990年	1995年	1998年	1999年
广播台(站)								
无线广播电台	个		3	6	7	11	10	10
节目套数	套		3	8	8	12	36	36
平均每日播音时间	时、分		37:1	74:7	83:3	150:4	319:08	355:31
中短波广播发射台	个		17	16	17	17	16	15
广播人口覆盖率	%		38.5	55.2	62.3	70.1	82.1	84.7
电视台								
无线电视台	座		1	7	13	31	12	12
节目套数	套			9	14	33	33	33
平均每周播出时间	时、分			381:2	661:2	1 843:2	3 072:11	3 069:26
有线电视台	座						6	11
有线电视站	座						1 908	1 369
有线电视总用户数	万户						175.55	205.72
电视发射机台数	座		58	498	1 066	1 087	781	615
电视人口覆盖率	%		50.5	72.4	82.0	85.0	88.7	89.9
广播电视卫星收转站	座					2 695	5 075	7 084
有线广播电视台	座							6
节目套数	套							46
#电视节目	套							28
平均每周播出时间	时、分							2 202:31
农村广播电视普及情况								
乡广播电视站	个	1 778	1 681	1 759	1 819	1 815	1 796	1 801
广播专用线路	万杆公里	18.2	13.0	7.7	7.4	5.7	3.5	2.5
微波站	座						13	38
微波长度	公里						423	1 288
电缆长度	公里						1 477	24 358
光缆长度	公里						6	1 609
广播喇叭数	万只	313.8	238.1	100.6	97.8	120.6	89.2	66.2
村通广播率	%	90.0	77.8	53.7	51.8	57.5	66.9	77.8
村通电视率	%						71.9	83.4

注:1.1997年以前中短波广播发射台数是指广播发射台及转播台数;乡广播电视站数是指有线乡广播站数。

2.1997年以前无线电视台数是指原电视台数。

主要统计指标解释

科技活动 是指在所有科学技术领域内,即在自然科学、工程科学与技术、医药科学、农业科学、社会科学及人文科学中,与科技知识的产生、发展、传播和应用密切相关的全部的、有组织的、系统的科技活动。我们在这里统计的科技活动,是指包括科学研究和技术开发机构、科技情报与文献机构、全日制普通高等学校、大中型工业企业、医疗卫生单位、国家级高技术园区企业在内的有组织的系统开展的科技活动。

从事科技活动人员 指报告年末调查单位中从事科技活动的人员。包括直接从事科技活动的人员和为科技活动提供直接服务,累计时间占全年工作时间10%以上的人员。

研究与发展(又称R&D活动) 指为了增进知识,以及利用这些知识去开创新的用途而进行的系统的创造性的工作。它应具备四种基本因素:(1)创造性因素;(2)新颖性或创新的因素;(3)科学方法的运用;(4)新知识的产生。它包括三种类型:(1)基础研究;(2)应用研究;(3)实验发展。

研究与发展成果应用 为解决R&D活动阶段产生的新产品、新装置、新工艺、新技术、新方法、新系统和服务等能投入生产或在实际中运用所存在的技术问题而进行的系统性活动,它不具有创新成分。此类活动包括为达到生产目的而进行的定型设计和试制以及为形成生产规模和应用领域而进行的适应性试验、小批量试生产等。

科技服务 指同研究与试验发展活动、研究与试验发展成果应用活动有关的和有助于科技知识的产生、传播和应用的活动。目前我们所统计的科技服务是指调查范围内,除为研究与试验发展活动直接服务(完全或主要是为某项研究与发展活动而开展的辅助性活动)以外的科技服务。如情报、文献、咨询等。

劳务费 指当年调查单位以货币或实物形式直接或间接支付给从事科技活动人员的劳动报酬及各种费用。包括各种形式的工资(补助工资),津贴、奖金、福利、离退休人员费用、人民助学金等。

自然科学技术人员 指已取得专业技术职称,或大学、中专的理、工、农、医科系毕业,以及国民经济各部门从工作实践中提拔,从事理、工、农、医、自然科学技术的研究、教学、生产(事业)技术方面工作的专业人员和在机关、企业、事业中从事科学技术业务管理工作的专业人员。

工程技术人员 指在国民经济各行业从事工程技术工作的自然科学技术的专业人员,包括:高级工程师、工程师、助理工程师、技术员和未评定职称的技术人员。

卫生技术人员 指在国民经济各行业从事卫生医务工作的自然科学技术的专业人员,包括:正副主任医师、主治医师、医师、医(护)士和未评定职称的技术人员。

科学研究人员 指在国民经济各行业从事科学技术活动的自然科学技术的专业人员,包括:正副研究员、助理研究员、研究实习员、技术员和未评定职称的技术人员。

教学人员 指在国民经济各行业从事自然科学技术方面的教学活动的专业人员,包括:正副教授、讲师、助教、教师和在中学从事自然科学技术方面的教学活动的人员。

社会科学专业人员 系指已取得专业技术职称,或大学、中专的文科、师范、财经、政法、体育、艺术等系毕业,以及国民经济各部门从工作实践中提拔,从事文科、财经、政法、体育、艺术等社会科学技术研究、教学、专业技术方面工作的专业人员和机关、企业、事业中从事专业技术业务管理工作的专业人员。

综合性研究机构 指主要从事揭示客观事物本质，运动规律，提出新发现、新学说和对有重大应用前景的新的产品、工艺、材料、方法等提出新的理论、构思、原理等工作的机构。

企业技术开发机构 指主要从事提供企业第一次出现的新的产品、工艺、材料、方法等和为新的技术成果应用提供完整的技术规范设计图纸、样品和操作规程的机构。

科学家工程师 指大学毕业及以上文化程度和其他具有高、中级职称的从事科技活动人员。

其他技术人员 指中专、大专毕业和具有初级职称的从事科技活动人员。

大中型工业企业技术开发项目 指企业在报告年内列入企业级及以上计划、且经费累计支出在一万元以上的开发项目。

新产品 是指采用新技术原理、新设计构思研制、生产的全新产品或在结构、材质、工艺等某一方面比老产品有明显改进，从而显著提高了产品性能或扩大了使用功能的产品。它的范围包括经过国家级或地区级有关部门认证并颁发给新产品证书的，且在新产品证书规定的有效期内生产的产品；未经上述有关部门认证，在报告期内从企业角度出发符合新产品定义，从投产之日起一年之内的产品。

发明 专利法所称的发明是指对产品、方法或者其改进所提出的新的技术方案。

实用新型 专利法所称的实用新型是指对产品的形状、构造或者其结合所提出的适于实用的新的技术方案。

外观设计 专利法所称的外观设计是指对产品的形状、图案、色彩或者其结合所作出的富有美感并适于工业上应用的新设计。

普通高等学校 指按照国家规定的审批程序批准举办，通过全国统一招生考试，招收高级中等学校毕业生和具有同等学历者，实施高等教育，培养高等专门人才的学校。包括：大学、专门学院、专科学校和短期职业大学。

成人高等学校 指按照国家规定的审批程序批准举办，招收在职高中毕业或同等学历者，利用多种形式对成人实施高等教育，培养相当普通高等学校专科或本科毕业水平的专门人才的学校。包括广播电视大学、职工高等学校、农民高等学校、干部管理学院、教育学院、独立函授学院以及普通高等学校举办的函授、夜大学等。

小学学龄儿童入学率 指调查范围内已入小学学习的学龄儿童占校内外学龄儿童总数（包括弱智儿童在内，但不包括盲聋哑儿童）的比重。计算公式是：

$$小学学龄儿童入学率=\frac{已入学的小学学龄儿童数}{校内外小学学龄儿童总数}\times 100\%$$

电影放映单位 指具有放映机器设备、固定或不固定的放映场所与专职或兼职的放映技术人员，经文化行政部门登记批准，经营为一定的观众对象映出电影的机构。包括经批准对外开放进行营业，并与电影发行放映管理机构分账的专用放映单位。

电影观众人数 指各类型放映单位的观众人数，一个观众连续看了一部长片和短片专场规定的短片，为 2 人次。

艺术表演团体 指从事戏曲、音乐、舞蹈、杂技等专业艺术表演，有独立账户，实行单独核算的团体。不包括半工半艺、半农半艺的业余剧团。

卫生、体育、社会福利及其他 17

PUBLIC HEALTH, SPORTS, SOCIAL WELFARE AND OTHERS

- 1999年,全省拥有卫生机构7953个,病床9.12万张,卫生部门人员11.03万人。
- 1999年,全省各级举办运动竞赛会3344次;参加运动会的运动员168.10万人。
- 1999年,全省运动员在国际国内比赛中获金牌24枚,银牌16枚,铜牌22枚。
- 1999年,全省律师工作者2221人。

本篇章

整理	微机处理
志辉	赵志辉
爱平	周爱平
冬明	康冬明

17－1 卫生机构、床位及人员数

年份	机构数（个）	#医院卫生院	床位数（张）	#医院卫生院	人员数（人）	#卫生技术人员	#医生
1978	5 178	2 107	72 289	65 237	87 018	70 247	30 430
1979	5 268	2 157	74 314	67 398	92 090	73 868	31 054
1980	5 373	2 189	76 924	69 716	97 831	79 014	32 675
1981	5 474	2 195	78 630	70 876	111 364	90 812	37 021
1982	5 615	2 199	81 011	72 471	115 000	93 392	38 578
1983	5 624	2 205	82 098	72 963	119 748	97 661	40 628
1984	5 587	2 217	82 623	73 510	126 059	100 673	40 865
1985	5 538	2 206	84 134	75 203	127 679	102 209	43 322
1986	5 597	2 221	86 431	76 779	131 342	105 401	45 012
1987	5 614	2 234	89 227	79 304	134 846	108 065	46 109
1988	5 583	2 253	90 151	80 342	138 238	111 765	48 801
1989	5 613	2 283	92 194	82 059	141 587	114 402	50 525
1990	5 632	2 305	92 274	82 601	144 583	116 786	51 994
1991	5 632	2 308	92 745	83 190	146 418	117 903	51 893
1992	5 620	2 321	93 291	83 619	147 375	118 708	52 304
1993	5 389	2 276	93 315	82 625	147 217	118 318	52 619
1994	5 432	2 304	94 372	83 911	149 247	120 503	54 212
1995	5 423	2 313	93 669	83 625	151 246	122 649	55 095
1996	7 966	2 302	88 509	81 323	147 057	118 700	50 876
1997	8 056	2 310	90 251	82 489	148 605	120 072	51 864
1998	7 972	2 305	91 641	83 349	149 356	121 119	52 498
1999	7 953	2 298	91 230	82 326	152 264	122 321	53 147

注:从1996年起卫生统计口径变动,机构数中包括个体机构。

17－2 卫生机构、床位、人员数

（1999年）

类别	机构数（个）	#卫生部门	床位数（张）	#卫生部门	人员数（人）	#卫生部门
总计	**7 953**	**2 075**	**91 230**	**67 398**	**152 264**	**110 345**
一、各类医院及医学教育科研机构	**2 988**	**2 048**	**91 230**	**67 398**	**141 622**	**110 207**
医院	608	263	61 821	44 962	83 415	63 513
县及县以上医院	574	263	61 375	44 962	82 746	63 513
#综合医院	431	130	44 727	29 454	58 250	39 735
中医医院	100	95	7 664	7 434	11 711	11 456
其他医院	34		446		669	
卫生院	1 690	1 164	20 505	16 274	35 636	26 442
疗养院	14	3	2 773	560	1 157	330
门诊部	34	6	213	24	616	254
专科防治所、站	132	129	4 152	4 132	3 422	3 380
卫生防疫机构	128	125	32	32	6 022	5 862
妇幼保健机构	120	117	1 288	1 281	3 213	3 164
药品检验机构	93	93			1 016	1 016
医学科学研究机构	10	9	43	43	683	652
高等医学教育机构	5	4			2 613	2 427
中等医药教育机构	58	57	20	20	2 599	2 463
其他卫生事业机构	96	78	383	70	1 230	704
二、诊所、卫生保健所、医务室	**4 965**	**27**			**10 642**	**138**
#个体	2 763				3 010	

17－3 卫生机构人员数

单位：人

类别	1978年	1980年	1985年	1990年	1995年	1998年	1999年
总计	**87 018**	**97 831**	**127 679**	**144 583**	**151 246**	**149 356**	**152 264**
卫生技术人员	70 247	79 014	102 209	116 786	122 649	121 119	122 321
医生	30 430	32 675	43! 322	51 994	55 095	52 498	53 147
中医	7 125	7 397	12 448	13 109	12 434	10 459	10 242
西医师	10 789	13 569	17 227	31 369	32 929	33 842	34 120
西医士	12 516	11 709	13 643	7 458	9 615	7 681	8 366
中西医结合高级医师			4	58	117	516	419
中药人员	4 058	5 574	6 555	7 620	7 425	7 191	6 782
西药师	371	742	897	3 168	3 802	4 376	4 458
检验技师	112	393	482	2 578	3 110	3 537	3 666
其他技师	99	289	449	1 323	1 739	2 524	2 545
护师、士	11 603	13 582	20 131	30 858	33 623	35 242	36 161
助产士	2 863	2 716	2 877	1 774	1 227	1 349	1 378
西药剂士	2 239	2 440	2 905	3 024	3 007	2 856	2 868
检验技士	1 890	2 314	2 794	2 180	2 338	2 304	2 347
其他技士	1 007	1 141	1 305	1 474	1 503	1 445	1 483
护理员	4 532	5 614	6 835	2 744	2 132	1 415	1 226
西药剂员	2 445	2 175	3 001	1 237	1 057	756	679
检验员	1 171	1 222	1 738	891	677	450	416
其他	7 427	8 137	8 918	5 921	5 914	5 176	5 165
其他技术人员	482	567	855	1 229	2 329	4 038	4 912
业务管理人员					4 464	4 862	4 895
行政管理人员	9 378	10 020	14 561	16 070	10 992	7 252	7 011
工勤人员	6 911	8 230	10 054	10 498	10 812	12 085	13 125
平均每千人中有卫生技术人员	2.21	2.42	2.91	3.06	3.02	2.89	2.89
#医生	0.96	1.00	1.23	1.36	1.36	1.25	1.26

17－4 各地区卫生事业基本情况

（1999年）

地区	机构数（个）	#医院卫生院	床位数（张）	#医院卫生院	卫生机构人员数（人）	#医院卫生院
总计	**7 953**	**2 298**	**91 230**	**82 326**	**152 264**	**119 051**
南昌市	998	174	14 604	13 751	29 729	21 281
景德镇市	384	79	3 875	3 672	6 788	5 168
萍乡市	286	83	4 156	4 328	7 790	6 401
九江市	929	309	12 043	9 989	16 402	12 652
新余市	225	57	2 920	2 868	4 779	4 214
鹰潭市	280	62	2 090	2 064	3 504	2 883
赣州市	1 222	423	12 285	11 676	20 979	16 909
宜春地区	819	245	13 033	10 355	18 123	14 492
上饶地区	1 469	332	10 071	8 754	17 633	13 341
吉安地区	767	303	9 225	8 616	14 500	11 930
抚州地区	574	231	6 928	6 253	12 037	9 780

17－5 各地区卫生技术人员数

（1999年）　　单位：人

地区	合计	#医生	#中医	#西医师	#西医士	#护师护士
总计	**122 321**	**53 147**	**10 661**	**34 120**	**8 366**	**36 161**
南昌市	22 376	9 407	1 755	6 678	974	7 330
景德镇市	5 577	2 169	440	1 430	299	1 803
萍乡市	6 291	2 621	514	1 590	523	2 004
九江市	13 164	6 027	1 141	4 191	695	3 975
新余市	3 974	1 652	291	958	397	1 258
鹰潭市	2 945	1 421	204	961	256	828
赣州市	16 678	7 140	1 556	4 268	1 316	4 558
宜春地区	14 800	6 138	1 461	3 696	981	4 300
上饶地区	14 743	6 470	970	4 356	1 144	4 055
吉安地区	11 579	5 277	1 249	3 089	939	3 232
抚州地区	10 194	4 825	1 080	2 903	842	2 818

注：中医包括中西医结合高级医师。

17－6　各类医院机构、床位及人员数

（1999年）

医院类别	机构数（个）	床位数（张）	人员数（人）	#卫生技术人员
总　　计	**608**	**61 821**	**83 415**	**65 965**
县及县以上医院	574	61 375	82 746	65 393
综合医院	431	44 727	58 250	46 051
中医医院	100	7 664	11 711	9 647
医学院附属医院	8	3 352	4 871	3 833
传染病院	1	100	125	104
精神病院	9	1 386	1 568	1 076
结核病院	1	235	429	260
妇幼保健院	11	1 030	2 087	1 628
妇产医院	1	440	835	647
儿童医院	1	410	698	527
麻风病院	2	341	246	176
职业病院	1	400	119	60
肿瘤医院	2	630	803	585
康复医院	1	20	23	5
骨科医院	1	40	78	57
中西医结合医院	2	550	867	710
其他专科医院	2	50	36	27
其他医院	34	446	669	572

17－7　医院病床使用情况

（1999年）

医院类别	病床周转次数（次）	病床工作日（日）	病床使用率（%）	出院者平均住院日（日）
县及县以上医院	15.54	158.08	43.31	9.71
卫生部门	17.63	177.40	48.60	9.72
#综合医院	18.46	173.43	47.52	9.05
中医医院	18.65	172.98	47.39	8.65
传染病院	12.30	123.22	33.76	10.06
结核病院	13.60	256.79	70.35	18.95
妇幼保健院	9.18	57.25	15.68	6.14
妇产医院	24.88	259.05	70.97	10.13
儿童医院	38.01	249.26	68.29	7.59
肿瘤医院	11.25	265.35	72.70	23.42
工业及其他部门	9.79	104.84	28.72	9.70
集体所有制	9.44	103.62	28.40	10.15
卫生院	40.64	133.11	36.47	2.81
其他医院	6.97	85.94	23.55	6.77

17－8 医院、卫生院诊疗人次及入院人数

（1999年）

医院类别	诊疗人次（万人次）	#门、急诊	入院人数（万人）	每百诊次的入院人数（人）	#门、急诊
县及县以上医院	3 081.54	2 776.92	100.71	3.27	3.63
卫生部门	2 128.29	1 993.01	83.86	3.94	4.21
工业及其他部门	924.36	756.88	16.63	1.80	2.20
集体所有制	28.89	27.03	0.22	0.77	0.82
卫生院	2 052.42	1 832.95	79.74	3.88	4.35
其他医院	114.07	35.08	0.32	0.28	0.91

17－9 医院病人疾病死亡情况

（1999年）

城市			农村		
顺位	死亡原因	占死亡总人数的%	顺位	死亡原因	占死亡总人数的%
1	循环系统疾病	22.2	1	损伤和中毒	26.3
2	肿瘤	21.0	2	循环系统疾病	16.3
3	损伤和中毒	13.7	3	肿瘤	11.0
4	消化系统疾病	11.0	4	起源于围产期	11.0
5	呼吸系统疾病	8.1	5	消化系统疾病	9.6
6	起源于围产期	6.3	6	传染病和寄生虫病	9.2
7	传染病和寄生虫病	6.0	7	呼吸系统疾病	8.8
8	泌尿生殖系统疾病	3.3	8	神经系统和感觉器官疾病	1.6
9	神经系统和感觉器官疾病	1.8	9	内分泌.营养和代谢疾病及免疫疾病	1.2
10	内分泌、营养和代谢疾病及免疫疾病	1.7	10	妊娠、分娩病和产褥期并发症	1.2
11	体征、病状和不明确情况	1.6	11	泌尿生殖系统疾病	1.1
12	血液和造血器官疾病	1.0	12	体征、病状和不明确情况	0.9
13	先天异常	0.8	13	血液和造血器官疾病	0.7
14	妊娠、分娩病及产褥期并发症	0.7	14	先天异常	0.5
15	肌肉、骨胳系统和结缔组织疾病	0.4	15	皮肤和皮下组织疾病	0.3
16	皮肤和皮下组织疾病	0.3	16	肌肉、骨胳系统和结缔组织疾病	0.3
17	精神病	0.1			

17－10 育龄妇女节育情况

（1999年）

地　　区	已婚育龄妇女人数 （人）	采取各种节育措施人数 （人）	节育率 （%）
总　计	**8 079 538**	**7 452 951**	**92.24**
南 昌 市	778 750	733 863	94.24
景德镇市	284 379	262 151	92.18
萍 乡 市	338 614	318 398	94.03
九 江 市	836 394	768 058	91.83
新 余 市	224 103	202 137	90.20
鹰 潭 市	220 253	202 437	91.91
赣 州 市	1 518 746	1 413 195	93.05
宜春地区	1 006 516	908 423	90.25
上饶地区	1 286 617	1 200 093	93.28
吉安地区	833 164	763 098	91.59
抚州地区	752 002	681 098	90.57

17－11 计 划 生 育 情 况

（1999年）

地　　区	现有一孩育龄妇女人数 （人）	现有一孩育龄妇女占已婚育龄妇女比重 （%）	领取独生子女证人数占一孩育龄妇女比重 （%）	计划生育率 （%）
总　计	**2 735 901**	**33.86**	**31.84**	**94.83**
南 昌 市	329 416	42.30	47.42	97.74
景德镇市	114 867	40.39	37.92	94.01
萍 乡 市	119 332	35.24	20.58	98.57
九 江 市	285 727	34.16	26.90	93.22
新 余 市	95 830	42.76	74.84	99.32
鹰 潭 市	82 754	37.57	23.20	97.88
赣 州 市	479 344	31.56	29.45	96.45
宜春地区	319 415	31.73	63.92	93.16
上饶地区	387 003	30.08	9.94	92.23
吉安地区	272 759	32.74	14.55	96.36
抚州地区	249 454	33.17	22.21	93.30

17－12 体 育 事 业

指　　标	单位	1978年	1980年	1985年	1990年	1995年	1998年	1999年
各级举办运动竞赛会	次	645	818	1 251	5 581	4 266	2 719	3 344
#省　级	次	9	16	32	37	43		1
地 市 级	次	91	117	141	389	286	164	223
县 区 级	次	545	685	959	2 331	1 525	1 616	2 028
参加运动会的运动员人数	万人		20.93	23.56	130.41	213.16	77.52	168.10
等级裁判员发展人数	人		1 687	2 198	2 008	1 523	1 341	2 328
等级运动员发展人数	人		1 725	789	1 517	1 222	1 613	1 387
《国家体育锻炼标准》达标人数	万人	9.23	16.07	88.56	142.36	319.06	308.73	402.28
体育场地数								
运 动 场	个	7	8	50	102	138	147	155
体 育 场	座	5	6	5	12	22	26	27
灯光球场	个	92	138	196	277	192	193	196
游 泳 池	个	8	17	35	89	91	103	106
在国际国内比赛中获奖牌数	枚			212	90	88	36	62
金　牌	枚			67	28	24	20	24
银　牌	枚			71	33	40	7	16
铜　牌	枚			74	29	24	9	22

17－13 少年儿童业余体育学校基本情况

指　　标	单位	1978年	1980年	1985年	1990年	1995年	1998年	1999年
学 校 数	所	106	97	103	133	99	104	104
在校学生数	人	6 039	4 996	5 277	7 122	5 174	7 335	7 520
输送到优秀运动队人数	人	88	90	141	57	67	61	73
专职教练员人数	人	203	259	290	400	398	460	438

17－14　历届全省人民代表大会的代表人数

单位：人

届　　次	代表总数	# 女代表	占代表总数(%)	# 少数民族代表	占代表总数(%)
一　届(1954 年)	404				
二　届(1958 年)	500	76	15.2		
三　届(1963 年)	613	129	21.0	7	1.1
五　届(1978 年)	1 200	261	21.8	9	0.8
六　届(1983 年)	958	184	19.2	17	1.8
七　届(1988 年)	583	99	17.0	15	2.6
八　届(1993 年)	615	108	17.6	12	2.0
九　届(1998 年)	603	136	22.6	11	1.8

注:1968 年 1 月成立的江西省革命委员会作为江西省第四届人民代表大会的届次计算。

17－15　历届全省政治协商会议的委员人数

单位：人

届　　次	委员总数	# 中国共产党委员	占委员总数(%)	# 少数民族委员	占委员总数(%)
一　届(1955 年)	159	50	31.5	6	3.8
二　届(1959 年)	571	227	39.8	11	1.9
三　届(1964 年)	601	266	44.3	10	1.7
四　届(1978 年)	752	340	45.3	12	1.6
五　届(1983 年)	760	259	34.1	17	2.2
六　届(1988 年)	755	258	36.0	22	2.9
七　届(1993 年)	704	281	39.9	17	2.4
八　届(1998 年)	649	274	42.2	19	2.9

17－16 工会组织情况

年份	工会基层组织数（万个）	全省已建工会组织的基层单位的职工和会员人数（万人）				工会专职工作人员数（万人）
		职工人数	# 女职工	会员人数	# 女会员	
1980	1.28	193.33	57.67	162.17		0.70
1985	1.78	260.16	90.84	229.87	77.46	1.55
1986	1.87	265.37	90.04	234.39	79.74	1.28
1987	1.95	274.43	96.85	243.38	84.88	1.29
1988	2.01	283.54	101.39	250.24	89.69	1.29
1989	2.10	293.33	102.66	260.64	93.71	1.45
1990	2.14	299.93	107.36	271.76	97.41	1.56
1991	2.16	305.12	111.02	278.47	100.88	1.60
1992	2.19	311.86	115.47	282.70	102.99	1.66
1993	2.14	300.12	111.29	272.28	99.72	1.58
1994	2.14	312.54	116.58	289.86	102.84	1.61
1995	2.01	306.17	112.10	281.77	100.15	0.91
1996	2.14	318.51	120.94	286.57	107.94	1.37
1997	1.76	243.00	91.08	222.57	81.72	1.40
1998	1.70	251.32	94.22	232.77	86.34	1.18
1999	1.56	242.01	88.92	230.59	80.78	1.16

17－17 共青团组织情况

年份	基层团支部（万个）	共青团员（万人）	# 女团员	专职团干部（人）
1978	11.10	133.22	49.87	4 342
1979	11.51	125.81		
1980	10.56	124.04	41.80	4 732
1981	8.75	123.62	46.22	5 323
1982	6.47	124.05	45.27	5 713
1983	6.26	126.96	46.66	5 839
1984	6.12	131.67	46.23	5 903
1985	6.48	152.69	53.00	6 473
1986	6.64	169.37	56.83	6 729
1987	6.75	183.48	60.62	6 542
1988	6.78	181.34	58.23	6 337
1989	6.88	161.66	50.39	6 074
1990	6.75	162.03	53.60	6 725
1991	6.77	160.19	55.06	7 156
1992	6.39	157.53	52.54	6 821
1993	6.55	156.32	53.66	6 801
1994	10.31	238.38	83.32	10 339
1995	10.40	248.42	85.93	8 752
1996	12.00	219.78	81.46	7 855
1997	11.13	222.37	78.98	9 759
1998	8.52	212.80	72.73	7 909
1999	6.98	187.68	68.39	7 362

17－18　妇联系统组织情况

单位：个

年　　份	基层妇代会			机关、事业单位妇委会
	城　市	农　村	# 乡镇企业	
1987	1 938	21 697		718
1988	2 274	18 940		980
1989	2 146	21 724		1 714
1990	1 843	21 098	1 289	1 555
1991	2 132	20 717	1 478	1 733
1992	2 086	20 845	1 101	2 366
1993	1 656	20 821	708	1 766
1994	2 159	20 739	1 201	2 481
1995	2 054	20 817	1 201	2 408
1996	2 237	20 406	1 407	2 494
1997	2 226	20 589	1 190	2 610
1998	2 211	20 591	814	2 982
1999	2 081	20 216	691	2 836

17－19　各地区农村服务网络和城镇社区服务情况

（1999年）

单位：个

地　　区	农村社会保障服务网络数	城镇社区服务设施	从业人员数（人）	城镇便民利民服务网点	社区服务志愿者组织数	社区服务志愿者人数（人）
总　计	**562**	**1 063**	**15 590**	**3 961**	**347**	**4 020**
南昌市	19	290	10 687	1 760	16	1 113
景德镇市	10	7	30	11		
萍乡市	50	28	110	21		
九江市	66	121	432	3	2	316
新余市	24					
鹰潭市	9	4	36	106	30	120
赣州市	124	12	1 102	189	163	1 049
宜春地区	75	16	830	209	31	580
上饶地区	63	7	51	647	4	23
吉安地区	102	113	385	432	1	20
抚州地区	20	465	1 927	583	100	799

17－20 社 会 福 利 事 业

指　　标	单位	1978年	1980年	1985年	1990年	1995年	1998年	1999年
民政部门办社会福利单位								
优抚、休养院	个	101	18	25	24	29	32	33
社会福利院	个	42	51	77	92	89	90	91
精神病福利院	个	3	3	2	2	2	2	2
供、收养人数	人	4 115	3 025	3 390	3 968	4 837	5 593	6 249
集体办光荣院、敬老院								
光 荣 院	个			225	261	245	242	238
敬 老 院	个			1 604	1 978	2 025	1 994	1 949
供、收养人数	人			29 079	38 378	44 797	47 113	46 746
民政部门办社会福利企业单位	个	**89**	**109**	**148**	**212**	**269**	**227**	**213**
年末职工人数	人	6 266	8 397	10 197	12 536	12 035	9 614	11 005
#残疾职工人数	人	975	2 635	3 914	4 411	5 450	5 064	4 287
社会办社会福利企业单位	个					**853**	**563**	**458**
年末职工人数	人					23 966	16 568	13 378
#残疾职工人数	人					11 022	8 264	5 754
社会救济人数	人					**870 413**	**941 888**	**595 231**
#城镇传统救济	人					693 073	791 647	63 552
农村传统救济	人	237 713	157 596	148 828	160 783	177 340	150 241	525 628

注：1.1999年镇办、乡办光荣院、敬老院改为集体办光荣院、敬老院。
　　2.1999年社会救济人数统计口径作了调整。

17－21 职工保险福利费用

单位:万元

年份	合计	#国有经济单位	单位支付	民政部门支付	保险福利费用总额相当于工资总额的%
1978		18 272.0	17 589.0	683.0	
1979		22 663.0	21 714.0	949.0	
1980	31 046.9	28 666.1	27 247.0	1 419.1	15.5
1981		35 233.0	34 280.0	953.0	
1982		39 929.2	38 941.0	988.2	
1983		45 218.0	44 280.0	938.3	
1984		53 705.0	52 712.0	993.0	
1985	73 695.4	64 431.8	63 405.0	1 026.8	22.3
1986	88 916.7	77 586.8	76 362.1	1 224.7	22.5
1987	112 191.1	98 938.3	97 590.0	1 348.3	26.0
1988	142 757.8	125 400.6	123 854.0	1 546.6	26.8
1989	155 086.0	135 315.6	133 676.5	1 639.1	26.6
1990	192 313.2	171 617.0	169 705.7	1 911.3	29.3
1991	214 625.5	190 263.5	188 313.2	1 950.3	29.8
1992	262 649.0	231 894.6	229 534.7	2 359.9	30.5
1993	298 842.2	265 779.7	263 166.5	2 613.2	29.6
1994	348 754.8	311 743.6	308 846.6	2 897.0	24.8
1995	401 942.4	358 502.1	354 838.3	3 663.8	24.8
1996	453 325.9	409 520.3	405 619.9	3 900.4	24.4
1997	527 220.1	484 949.5	480 956.4	3 993.1	27.1
1998	545 414.5	482 225.1	477 671.4	4 553.7	31.4
1999	565 365.0	560 364.8	408 386.8	5 000.2	27.5

注:1999年合计数为单位支付和民政部门支付合计,国有单位为国有、集体、其他全部单位支付,单位支付为企业支付。

17－22　企业在岗职工保险福利费用和构成

（1999 年）

项　　目	合　计 （万元）	构　成 （%）
保险福利费用总额	**116 053.9**	**100.0**
医疗卫生费	47 536.2	41.0
文体宣传费	6 124.6	5.3
集体福利设施及集体福利事业补贴	37 116.3	31.9
其　　他	25 276.8	21.8

17－23　企业非在职职工保险福利费用和构成

（1999 年）

项　　目	合　计 （万元）	构　成 （%）
保险福利费用总额	**292 332.9**	**100.0**
离 休 金	9 133.7	3.1
退 休 金	246 130.0	84.2
退职生活费	3 052.6	1.0
医疗卫生费	25 082.1	8.6
其　　他	8 934.5	3.1

17－24　离休、退休及退职职工人数和保险福利费用总额

（年末数）

项　目	1980年	1985年	1990年	1995年	1996年	1997年	1998年	1999年
一、离休、退休及退职职工人数(人)	**202137**	**401537**	**616583**	**737964**	**784109**	**783837**	**824124**	**812632**
国有单位	173804	308203	483687	611707	651141	659692	671073	
单位支付	149736	297241	475053	604522	644132	652817	664463	806660
民政部门支付	24068	10962	8634	7185	7009	6875	6610	5972
城镇集体单位				124064	131010	121824	121950	
其　他				2193	1958	2321	31101	
二、离休、退休及退职职工人数与在职职工人之比(以离休、退休及退职职工人数为1)	**14.18**	**8.51**	**6.26**	**5.57**	**5.25**	**5.22**	**3.95**	**3.76**
国有经济单位	13.41	8.46	6.28	5.44	5.16	5.06	3.80	
城镇集体单位				5.75	5.25	5.55	3.36	
其　他				32.70	36.75	33.52	8.57	
三、费用总额(万元)	**11994**	**33487**	**99434**	**256373**	**297427**	**374076**	**380548**	**449311**
国有单位	11144	28456	87218	225199	262073	338601	328250	
单位支付	9725	27429	85307	221535	258173	334608	323696	444311
民政部门支付	1419	1027	1911	3664	3900	3993	4554	5000
城镇集体单位				30354	34491	34315	33244	
其　他				820	863	1160	19054	

注：单位支付为国有、集体、其他单位支付。

17－25　社会保险情况

年　份	社会(养老)保险			失业保险基金		
	单位数(个)	人数(人)	基金收入(万元)	单位数(个)	人数(人)	收缴基金(万元)
1990	9 830	1 902 843	44 595	15 677	1 539 552	14 700
1991	15 005	1 997 624	54 332	15 402	1 582 902	1 708
1992	20 757	2 042 208	75 116	16 513	1 671 494	1 981
1993	26 367	2 059 185	92 678	16 900	1 665 993	2 807
1994	29 619	2 419 144	106 844	17 379	1 709 239	3 008
1995	31 541	2 647 259	119 493	18 212	1 834 365	4 884
1996	33 463	2 746 630	148 540	18 290	1 830 319	5 462
1997	29 329	2 007 280	157 532	16 170	1 522 352	5 370
1998		2 356 748	244 528	19 172	1 827 641	7 590
1999		2 539 861	273 200	24 000	2 096 000	11 600

17－26 劳动争议处理基本情况

（1999年）

项目	单位	合计	国有企业	城镇集体企业	乡村集体企业	其他经济类型企业	个体工商户	机关社团事业单位
案件受理情况								
案件数	件	615	371	85	13	110	19	17
#用人单位申诉案件数	件	40	20	5	2	11	1	1
劳动者申诉案件数	件	575	351	80	11	99	18	16
劳动者当事人人数	人	3 568	1 841	574	370	714	27	42
#集体争议数	人	68	30	14	5	16	1	2
集体争议劳动者当事人人数	人	2 939	1 464	502	362	582	6	23
争议原因								
劳动报酬		208	93	26	10	65	8	6
保险福利		171	108	29	1	20	9	4
劳动保护		49	27	11	1	10		
案件处理情况								
结案案件数	件	612	370	85	12	108	20	17
用人单位胜诉	件	95	70	10	1	12		2
劳动者胜诉	件	347	191	53	8	72	16	7
双方部分胜诉	件	170	109	22	3	25	3	8
本期未结案数	件	25	14	4	1	5		1
其他方式调解案件数	件	463	332	90	18	18	5	
用人单位调解								
受理劳动争议案件数	件	1 491	1 272	172	17	23	3	4
调解成功案件数	件	1 350	1 169	159	12	5	1	4

17－27 律师、公证及调解工作基本情况

指　　标	单位	1985年	1990年	1995年	1998年	1999年
律师工作						
律师事务所	个	103	118	208	247	255
律　　师	人	702	1 820	2 353	1 971	2 221
#专职律师	人	524	792	1 238	1 143	1 447
担任法律顾问	家	763	4 124	6 743	8 100	8 123
民事诉讼代理	件	3 191	11 688	10 369	10 527	10 205
刑事诉讼辩护及代理	件	2 350	7 952	7 918	8 140	8 159
非诉讼法律事务	件	748	32 652	16 664	26 600	26 757
涉外及港澳台	件	1	22	108	72	122
解答法律咨询	万人次	2.8	9.2	5.2	8.3	6.0
代写法律事务文书	万件	0.9	2.0	1.1	1.4	1.6
公证工作						
公证处	个	96	104	112	112	112
公证人员	人	347	537	569	584	590
#公证员	人	193	331	306	411	408
助理公证员	人	47	74	69	41	37
办理公证文书	万件	4.4	22.8	23.7	37.0	22.1
#国内经济合同公证	万件	3.2	14.2	13.9	21.0	11.2
人民调解工作						
专职司法助理员	人	1 844	1 461	2 256	1 941	1 623
人民调解委员会	万个	2.5	2.7	2.6	2.8	2.7
调解人员	万人	20.7	20.9	30.3	26.5	25.2
调解民间纠纷	万件	21.7	21.6	15.9	13.1	20.3
调解成功率	%	93.4	96.5	96.9	97.6	98.0

注:1995年律师一栏的数据按1997年新口径调整。

17－28 婚姻登记情况

年份	准予登记结婚（对）	初婚（人）	再婚（人）	离婚（对）
1978	159 661	150 186	9 475	7 387
1979	127 242	239 747	14 737	6 844
1980	148 365	284 253	12 477	10 200
1981	210 132	402 171	18 093	5 717
1982	213 296			6 487
1983	174 610			4 791
1984	223 765			5 666
1985	232 469	453 632	11 306	11 113
1986	231 917	453 021	10 813	11 241
1987	258 275	504 338	12 212	12 473
1988	250 353	488 228	12 478	14 063
1989	283 406	551 914	13 075	16 391
1990	334 773	652 052	17 494	17 637
1991	261 054	508 724	13 384	17 376
1992	255 777	496 201	15 353	17 682
1993	236 384	458 275	14 493	19 291
1994	249 091	483 833	14 349	18 979
1995	260 573	502 791	18 355	19 751
1996	271 049	526 016	16 082	20 037
1997	272 364	525 087	19 641	21 087
1998	278 088	539 122	17 054	21 502
1999	289 370	558 788	17 454	26 935

注：1.1978、1979 年和 1981 年至 1984 年离婚对数中未包括法院离婚数。

2.1999 年华侨、港澳台居民登记结婚中未分出初婚、再婚人数，下同。

17－29 各地区婚姻登记情况

（1999 年）

地区	准予登记结婚（对）	初婚（人）	再婚（人）	离婚（对）
总计	**289 370**	**558 788**	**17 454**	**26 935**
南昌市	25 704	48 129	2 409	5 131
景德镇市	11 329	21 805	759	676
萍乡市	11 746	22 227	1 045	646
九江市	35 271	67 699	2 459	1 570
新余市	5 431	10 181	621	410
鹰潭市	7 464	14 063	793	456
赣州市	57 910	112 633	2 837	1 385
宜春地区	36 021	70 115	1 833	856
上饶地区	41 176	80 250	1 970	1 081
吉安地区	35 966	70 538	1 264	538
抚州地区	21 352	41 148	1 464	782

注：各地市离婚人数未包括法院调解、判决离婚人数，故小于总计。

17－30　儿童生存、保护和发展状况

指　　　　标	单 位	1990 年	1998 年	1999 年
一、社会经济基本情况				
人均国内生产总值(当年价格)	元	1 134.4	4 440.4	4 661.0
财政收入比上年增长	%	8.3	8.0	6.4
卫生经费比上年增长	%	12.3	5.4	3.3
教育事业费比上年增长	%	11.2	13.4	14.7
妇幼卫生经费占卫生事业经费的比重	%	4.7	4.6	5.4
卫生防疫经费占卫生事业经费的比重	%	20.8	16.5	14.5
城镇居民人均可支配收入	元	1 187.9	4 251.4	4 720.6
农村居民人均纯收入	元	669.9	2 048.0	2 129.5
人口总数	万人	3 810.6	4 191.2	4 231.2
#0－4 岁人口数	万人	416.3	268.0	270.4
0－14 岁人口数	万人	1 198.4	1 110.9	1 100.1
15－49 岁育龄妇女人口数	万人	973.9	1 147.1	1 155.1
农村贫困人口数	万人		216.9	126.1
出生人口数	万人	92.9	70.3	69.5
人口自然增长率	‰	17.1	9.8	9.5
县级单位数	个	84	86	85
#国家级贫困县数	个	18	18	18
二、儿童死亡				
婴儿死亡率	‰	55.0	37.4	35.8
婴儿死因位次				
#第一位死因		肺 炎	肺 炎	肺 炎
第二位死因		早产低体重	出生窒息	出生窒息
第三位死因		意外伤害	早产低体重	早产低体重
5 岁以下儿童死亡率	‰	74.0	47.4	45.3
5 岁以下儿童死因位次				
#第一位死因		肺 炎	肺 炎	肺 炎
第二位死因		早产低体重	出生窒息	出生窒息
第三位死因		意外伤害	早产低体重	早产低体重
三、儿童营养				
5 岁以下儿童中重度营养不良患病率	%	23.2	5.5	5.2
4 个月内婴儿纯母乳喂养率	%	38.4	61.9	65.0
8 至 10 岁在校儿童甲状腺肿大率	%	10.6	6.2	5.3

17－30　续表1

指　　标	单 位	1990年	1998年	1999年
碘化盐生产量	万吨	12.1	25.5	25.1
比 重	%	82.5	74.6	78.6
碘化盐销售量	万吨	8.3	21.7	22.6
比 重	%	42.9	88.5	87.5
销售点碘盐合格率	%	85.2	99.7	92.0
居民户合格碘盐食用率	%	84.0	98.8	90.0
四、儿童保健				
单种疫苗接种				
#卡介苗接种率	%	97.2	96.8	96.5
脊灰疫苗接种率	%	95.6	97.6	97.4
百白破三联制剂接种率	%	94.7	96.4	96.8
麻疹疫苗接种率	%	92.4	97.2	96.7
7岁以下儿童保健管理率	%	45.5	65.2	66.6
新生儿访视率	%	74.2	91.3	92.5
新生儿破伤风发病率	1/万	8.9	2.5	2.7
新生儿破伤风发病率高于1‰的县数	个		3	5
五、基础教育				
3至6岁学龄前儿童入园率	%	16.0	26.7	35.3
男童	%	16.9	26.2	35.0
女童	%	15.2	27.2	35.6
小学一年级按时入学率	%	85.6	93.7	95.8
男生	%	87.1	94.0	95.8
女生	%	83.2	93.1	95.8
小学学龄儿童净入学率	%	98.2	99.6	99.6
男生	%	99.9	99.5	99.6
女生	%	96.4	99.6	99.6
小学学生辍学率	%	2.2	0.6	0.5
男生	%	3.1	0.7	0.4
女生	%	1.1	0.5	0.7
小学学生留级率	%	8.0	1.5	1.4
男生	%	8.6	1.5	1.5
女生	%	7.4	1.4	1.4
小学学生完成率	%	67.1	90.1	88.2
男生	%	71.4	89.2	86.7
女生	%	62.0	91.2	89.5

17－30 续表 2

指　　　　　标	单 位	1990 年	1998 年	1999 年
15 岁及以上人口文盲率	%	23.8	12.8	13.7
男性	%	23.2	6.4	7.2
女性	%	24.4	19.2	20.4
小学在校学生数	万人	450.4	452.9	439.9
国家财政性教育经费	万元	86 571	286 598	328 706
#小学财政性教育经费	万元	31 408	120 315	136 632
六、妇女健康与保健				
孕产妇死亡率	1/10 万	108.0	60.3	59.5
孕产妇死因位次				
#第一位死因		产科出血	产科出血	产科出血
第二位死因		内科合并症	妊高症	妊高症
第三位死因		妊高症	羊水栓塞	羊水栓塞
已婚育龄妇女避孕率	%	89.4	93.0	92.2
婚前医学检查率	%	89.6	70.8	70.3
孕妇产前医学检查率	%	88.5	91.8	92.2
总和生育率	人	2.4	1.8	1.7
非住院分娩中消毒接生率	%		96.2	96.4
住院分娩率	%	34.6	65.1	68.9
住院分娩出生缺陷发生率	1/万	122.4	108.2	144.3
低出生体重发病率	%	1.4	1.7	1.7
七、供水与环境卫生				
城市自来水用水普及率	%	84.7	92.8	93.2
农村安全饮用水人口覆盖率	%	87.1	97.4	93.4
农村改水受益率	%	80.0	97.4	93.4
城市公共厕所数	座	1 029	1 889	1 871
农村享有卫生厕所的人口覆盖率	%	7.1	41.4	46.8
八、处于困境中的儿童				
残疾儿童小学入学率	%		62.1	64.2
流浪儿童救助保护机构数	个	0	1	1
儿童福利院个数	个	0	2	2
社会性福利院收养儿童数	人	1 170	2 036	2 204
“希望工程”等累计救助失学儿童数	人	750	133 766	153 367

17－31 妇女发展基本情况

指　　　　标	单 位	1995 年	1997 年	1998 年	1999 年
一、人口情况					
人口总数	万人	4 062.54	4 150.33	4 191.21	4 231.17
#女性	万人	1 978.83	2 015.81	2 054.71	2 050.09
0－14 岁人口数	万人	1 229.30	1 128.47	1 111.09	1 100.1
#女性	万人	578.33	516.72	512.17	504.79
15－64 岁人口数	万人	2 572.99	2 777.82	2 804.34	2 834.04
#女性	万人	1 281.00	1 355.50	1 373.46	1 387.83
65 岁以上人口数	万人	259.67	244.04	275.78	297.03
#女性	万人	142.19	131.57	169.08	157.47
平均预期寿命	岁	68	68	68	68
女性	岁	69	69	69	69
男性	岁	67	67	67	67
育龄妇女(15－49 岁)人数	万人	1 078.30	1 141.20	1 147.11	1 155.11
二、参政议政					
全国人大代表数	人	83	83	79	79
#女性	人	13	13	17	17
省人大代表数	人	615	615	603	603
#女性	人	108	108	136	136
市人大代表数	人			1 705	1 705
#女性	人			414	414
县人大代表数	人	25 315	25 315	20 101	20 101
#女性	人	4 713	4 713	4 042	4 042
全国政协委员人数	人	23	23	23	23
#女性	人	2	2	3	3
省政协委员人数	人	704	704	652	652
#女性	人	111	111	119	119
省级国家机关各部门负责人数	人	267	234	221	223
#女性	人	17	14	16	15
省级党政班子负责人数	人	17	17	18	19
#女性	人	1	1	1	0
地级党政班子负责人数	人	193	204	196	192
#女性	人	14	15	12	13
县级党政班子负责人数	人	1 589	1 528	1 578	1 613
#女性	人	123	123	129	124
中共党员人数	万人	152.32	160.03	161.01	163.89
#女性	万人	19.60	21.37	21.75	22.54
干部人数	万人	88.17	92.46	93.61	101.59
#女性	万人	23.86	25.49	26.30	29.64
企业职工代表大会代表人数	万人	21.80	19.90	20.87	31.18
#女性	万人	6.16	6.02	6.12	9.65
三、社会生产					
从业人员数	万人	2 100.50	2 120.60	2 094.30	2 089.00

17－31 续表 1

指　　　　标	单 位	1995 年	1997 年	1998 年	1999 年
城镇从业人员数	万人	544.40	570.10	552.80	543.20
农村从业人员数	万人	1 556.10	1 550.50	1 541.50	1 545.80
城镇登记失业人员数	万人	8.66	14.22	14.45	15.50
#女性	万人	4.21	7.80	7.82	8.54
非经济活动人口数	万人	539.00	630.50	693.20	707.30
单位从业人员数	万人	411.26	409.41	322.51	314.12-)
#女性	万人	154.32	153.42	117.14	114.23-)
按行业划分的单位从业人员数					
农、林、牧、渔业	万人	27.87	29.63	23.10	21.03
#女性	万人	10.35	11.87	8.57	8.17
采掘业	万人	28.05	26.45	16.53	14.15
#女性	万人	7.26	6.95	4.33	3.91
制造业	万人	146.49	135.76	91.17	84.78
#女性	万人	65.72	59.52	38.81	35.71
电力、煤气及水的生产和供应业	万人	7.62	9.08	9.11	9.28
#女性	万人	2.56	3.06	3.18	3.22
建筑业	万人	21.91	21.12	16.07	15.83
#女性	万人	4.80	4.69	3.06	3.08
地质勘查业、水利管理业	万人	4.18	4.06	3.18	3.14
#女性	万人	1.16	1.14	0.84	0.70
交通运输、仓储及邮电通信业	万人	21.75	22.79	18.67	18.61
#女性	万人	5.73	6.19	5.37	5.29
批发和零售贸易、餐饮业	万人	49.39	50.33	32.73	29.99
#女性	万人	22.34	23.30	14.89	13.88
金融、保险业	万人	7.56	8.01	8.14	8.80
#女性	万人	2.88	3.14	3.23	3.68
房地产业	万人	1.33	1.58	1.50	1.68
#女性	万人	0.48	0.59	0.57	0.63
社会服务业	万人	7.29	7.90	6.38	7.10
#女性	万人	3.73	3.93	3.19	3.55
卫生、体育和社会福利业	万人	12.26	12.74	12.67	12.90
#女性	万人	6.22	6.61	6.52	6.61
教育、文化艺术和广播电影电视业	万人	39.07	41.41	43.38	46.74
#女性	万人	13.25	13.81	15.26	16.60
科学研究和综合技术服务业	万人	3.73	3.47	3.43	3.89
#女性	万人	1.24	1.20	1.16	1.11
国家机关、政党机关和社会团体	万人	31.88	33.87	34.73	34.91
#女性	万人	6.24	7.06	7.44	7.60
其他行业	万人	0.88	1.21	1.72	1.29
#女性	万人	0.36	0.44	0.72	0.49
按经济类型划分的单位从业人员数					
国有单位	万人	332.70	333.99	254.92	249.81
女性	万人	116.65	118.24	88.42	87.91

注:1995 年和 1997 年的单位从业人员数为职工数,1998 年为在岗职工数。

17－31 续表 2

指　　　　　　　标	单位	1995 年	1997 年	1998 年	1999 年
城镇集体单位	万人	71.39	67.64	40.95	37.08
#女性	万人	34.15	31.67	17.96	15.39
其他单位	万人	7.17	7.78	26.64	27.23
#女性	万人	3.52	3.59	10.76	10.93
下岗职工人数	万人	14.36	50.22	30.30	26.19
#女性	万人		25.41	15.15	12.30
四、劳动权益					
职工人均保险福利费用支出	元	1 044	1 380	525	608
参加失业保险基金社会统筹职工人数	万人	183.44	152.20	182.76	209.60
人均领取失业保险金额	元	1 504	928	520	1 403
参加生育保险基金社会统筹职工人数	万人	104.01	143.24	140.00	141.98
农村社会养老保险投保人数	万人	122.00	214.00	240.00	263.00
五、教育培训					
小学学龄儿童入学率	%	99.4	99.6	99.6	99.6
女性	%	99.1	99.7	99.6	99.6
男性	%	99.7	99.5	99.5	99.6
小学学生辍学率	%	1.2	0.6	0.6	0.5
女性	%	0.6	0.2	0.5	0.7
男性	%	1.7	0.6	0.7	0.4
初中学生辍学率	%	3.2	2.4	2.3	2.7
女性	%	2.2	2.5	2.1	3.3
男性	%	3.8	2.3	2.5	2.0
普通高等学校在校学生数	万人	8.28	8.91	9.40	11.25
#女性	万人	2.21	2.60	2.90	3.51
中等专业学校在校学生数	万人	10.63	13.80	14.53	16.18
#女性	万人	4.92	6.94	7.84	9.16
技工学校在校学生数	万人	7.78	5.54	4.43	3.75
普通高中在校学生数	万人	25.45	27.61	28.62	32.22
#女性	万人	8.50	9.19	9.60	10.90
职业中学在校学生数	万人	12.85	14.48	15.84	15.20
#女性	万人	4.90	5.86	6.30	5.82
普通初中在校生数	万人	167.82	195.97	206.24	214.61
#女性	万人	70.53	87.20	93.16	97.48
小学在校学生数	万人	430.54	454.47	452.89	439.94
#女性	万人	203.61	217.43	216.34	209.01
成人高等学校在校学生数	万人	5.17	6.04	5.90	6.87
#女性	万人	1.97	1.78	2.39	2.89
成人中等学校在校学生数	万人	128.28	175.98	164.45	169.26
#女性	万人				
成人初等学校在校学生数	万人	30.00	27.09	26.49	23.66
#女性	万人	21.58	20.04	19.15	17.38
脱盲人口数	万人	25.26	25.27	19.49	21.65
各类专业技术人员数	万人	56.91	61.07	61.40	68.00
#女性	万人	18.06	19.50	20.10	22.58
农村女农民技术人员数	万人		0.73	0.93	0.93

17－31 续表 3

指　　　　　标	单 位	1995 年	1997 年	1998 年	1999 年
六、卫生保健					
妇幼保健机构数	个	147	122	120	120
妇幼保健机构病床数	张	851	1 007	1 135	1 288
妇幼保健机构医生数	人	1 441	1 453	1 473	1 508
孕产妇系统管理率	%	55.5	63.9	71.4	73.3
住院分娩率	%	55.5	63.6	65.0	68.9
孕产妇死亡率	1/10 万	45.8	66.5	60.3	59.5
非住院分娩新法接生率	%		93.8	96.2	96.4
已婚育龄妇女避孕率	%	92.7	92.9	93.0	92.4
人工流产率	%	2.7	2.2	1.6	1.1
婚前医学检查率	%	82.3		70.8	70.3
七、婚姻家庭					
育龄妇女平均初婚年龄	岁			24	24
结婚登记人口数	万人	52.11	54.47	55.42	55.40
初婚人口数	万人	50.27	52.51	53.77	53.80
#女性	万人			27.71	27.70
再婚人口数	万人	1.84	1.96	1.65	1.60
#女性	万人			0.83	0.80
结婚率	‰	12.9	13.2	13.3	13.2
离婚人口数	万人	3.95	4.22	4.30	5.39
离婚率	‰	1.0	1.0	1.0	1.3
八、法律保护					
破获组织、强迫、引诱、容留妇女卖淫案件数	件	4	19	32	46
破获强奸案件数	件	587	508	553	550
破获拐卖妇女、儿童案件数	件	71	54	62	122
九、社会福利					
福利院个数	个	2 390	2 291	2 360	2 316
福利院在院人数	万人	4.96	5.01	5.27	5.30
#女性	万人				2.27
幼儿园个数	个	4 600	5 986	6 626	7 602
在园幼儿数	万人	52.53	60.90	61.90	62.60
#女童	万人	24.57	28.61	29.00	27.75
福利企业残疾职工人数	万人	1.66	1.46	1.33	1.43
城镇社区服务设施数	个	958	1 726	1 824	1 853
便民利民服务网点数	个	1 238	3 701	3 108	3 148
分散安置残疾人数	万人	0.04	0.05	0.07	0.18
妇女培训和活动场所数	个	10	10	18	17
各级妇联组织机构数	个	31 669	31 290	31 592	33 525
各级妇联组织机构人员数	人	33 067	32 701	33 375	34 185

17－32 火灾、交通事故情况

指标	单位	1985 年	1990 年	1995 年	1998 年	1999 年
火灾情况						
起数	起	842	896	2 422	2 938	4 301
死亡	人	59	63	34	50	91
伤人	人	59	87	66	136	154
损失折款	万元	1 149	1 139	2 947	6 254	3 939
交通事故情况						
起数	起	4 823	5 326	5 040	4 312	7 990
死亡	人	1 213	1 387	1 952	1 959	2 803
伤人	人	3 138	3 343	2 825	2 762	5 645
损失折款	万元		573	2 550	2 258	3 857

注：1996 年消防统计口径变动，1995 年火灾数据按新统计口径作了修改。

17－33 各地区火灾、交通事故情况

（1999 年）

地区	火灾				交通事故			
	起数（起）	死亡（人）	伤人（人）	损失折款（万元）	起数（起）	死亡（人）	伤人（人）	损失折款（万元）
总计	**4 301**	**91**	**154**	**3 939**	**7 990**	**2 803**	**5 645**	**3 857**
南昌市	485	20	8	409	1 045	315	402	442
景德镇市	176	4	8	160	291	122	201	50
萍乡市	172	10	18	238	584	134	451	132
九江市	494	3	18	336	669	236	449	221
新余市	177	3	1	158	174	74	85	40
鹰潭市	126	3	8	75	407	110	220	262
赣州市	756	19	35	734	723	398	677	228
宜春地区	772	6	10	571	881	316	755	314
上饶地区	354	9	21	593	915	353	733	574
吉安地区	401	12	22	445	1 291	485	969	738
抚州地区	388	2	5	220	598	207	555	165
直属支队					412	53	148	691

主要统计指标解释

医院、卫生院 指设有固定床位能收容病人住院并能为病人提供医疗、护理服务的医疗机构。包括县及县以上医院、农村乡卫生院、其他医院三部份。按所属性质分为卫生部门、工业及其他部门、集体所有制三类。其中县及县以上医院按业务性质分为综合医院和专科医院。

卫生技术人员 指卫生事业机构支付工资的全部固定职工和合同制职工中现任职务为卫生技术工作人员。包括中医师、西医师、中西医结合高级医师、护师、中药师、西药师、检验师、其他技师、中医士、西医士、护士、助产士、中药剂士、西药剂士、检验士、其他技士、其他中医、护理员、中药剂员、西药剂员、检验员、其他初级卫生技术人员。

医生 指经卫生部门审查合格,从事医疗工作的专业人员。分为中医医生和西医医生,包括卫生技术人员中的中医师、西医师、中西医结合高级医师、中医士、西医士和其他中医。

等级运动员人数 指经考核正式批准授予等级运动员称号的人数。运动员等级分为国际级运动健将、运动健将、一级运动员、二级运动员、三级运动员、少年级运动员。

等级裁判员人数 指经考核正式批准授予等级裁判员称号的人数。裁判员等级分为国际裁判、国家级裁判、一级裁判、二级裁判、三级裁判。

运动场 指有 200 米跑道(中心含足球场)和固定道牙,跑道 6 条以上,没有固定看台的室外田径场地。

体育场 指有 400 米跑道(中心含足球场)和固定道牙,跑道 6 条以上,并有固定看台的田径场地。以看台容纳观众人数分:甲级 25000 人以上,乙级 15000－25000 人,丙级 5000－15000 人,丁级 5000 人以下,共四级。

律师 指受聘参加法律顾问处工作,担任法律顾问、刑(民)事代理人、刑事辩护人、办理非诉讼事件、解答法律询问、代写法律事务文书等主要律师业务的专职律师和兼职律师。

公证人员 指在国家公证机关依法办理公证事务的司法人员。包括公证员、助理公证员和在公证处工作的其他人员。

办理公证 指公证处年内办结的公证文书件数。公证文书系按司法部规定或批准的格式制作。包括国内公证和涉外公证两部分。其中国内公证分为经济合同公证和民事法律关系公证两大类。

调解人员 在人民调解委员会担负调解民间一般民事纠纷和轻微违法行为所引起的纠纷的工作人员,包括调解委员会的委员和调解小组的调解员。

调解民间纠纷 指调解委员会依照法律规定,根据自愿原则,用说服教育的方法调解民间发生的有关民事权利和义务的争执,促成当事双方达到协议和谅解,解决纠纷。包括婚姻家庭纠纷,财产权益纠纷等。包括法院管理调解的民事案件数。

社会福利事业单位 指集中收养社会孤、老、残、幼的机构。包括由民政部门管理的社会福利院、儿童福利院、精神病人福利院和城镇集体办的福利院,以及农村集体举办的敬老院。

社会福利事业单位收养人数 包括民政部门管理的和城镇及农村集体举办的社会福利事业单位中收养的老人、少年儿童、缺乏生活自理能力的残疾人员和精神病人。

劳保福利费用总额 指各单位在工资以外实际支付给职工个人和用于集体的劳动保险和福利费用,不包括用于职工的劳动保护费用。从企业来讲劳保福利费不仅包括由职工福利基金支出的部分,而且还包括由企业营业外支出,企业基金或利润留成、工会文教费、企业管理费支出的部分。预算单位包括由职工福利费、公务费、差额补助费等支出部分。具体包括有:(1)退休离休退职费。(2)医疗卫生费。(3)职工死亡丧葬费和职工因病或非因工死亡的丧葬补助费、供养直系亲属的抚恤费、救济费和供养直系亲属的死亡丧葬补助费、救济费等。(4)职工生活困难补助。(5)文娱体育宣传费。(6)集体福利事业的补贴费。(7)集体福利设施费。

企业调查 18

ENTERPRISE INVESTIGATION

- 1999年交通运输仓储及邮电通讯业景气度居各行业之首,第四季度景气指数为27.5%。

- 1999年股份有限公司和联营企业保持较高的景气度,第四季度景气指数分别为20.3%、33.3%。

- 68家省级调查企业集团注册资本319亿元,年末资产总计962亿元,从业人员36.92万人。

- 90家现代企业制度及国家重点企业注册资本106亿元,年末资产总计665亿元,从业人员26.87万人。

本篇章

整理	微机处理
海东	谢海东
凡	刘　凡
翎	邵　翎

18－1 企 业 家

年　　份	一　季　度				二　季　度			
	上升	扯平	下降	景气指数	上升	扯平	下降	景气指数
1998	22.8	28.6	48.6	－25.8	22.4	36.5	41.1	－18.7
1999	22.1	46.7	31.2	－9.1	20.4	45.0	34.6	－14.2

18－2 企 业

年　　份	一　季　度				二　季　度			
	上升	扯平	下降	景气指数	上升	扯平	下降	景气指数
1998	22.7	46.8	30.6	－7.9	23.5	53.3	23.2	0.3
1999	26.8	51.7	21.5	5.3	21.2	49.6	29.2	－8.0

18－3 各 行 业

（19

行　　　　业	一　季　度				二	
	上升	扯平	下降	景气指数	上升	扯平
工业企业	25.9	52.4	21.7	4.2	19.6	50.6
采掘业	13.3	50.9	35.8	－22.5	16.8	46.7
制造业	27.1	51.2	21.8	5.3	18.8	50.0
电力、煤气及水的生产和供应业	26.3	60.8	12.9	13.4	30.0	56.3
建筑业	16.2	66.7	17.1	－0.9	10.5	62.5
交通运输仓储及邮电通讯业	54.2	33.4	12.4	41.8	47.6	30.9
批发和零售贸易、餐饮业	21.9	50.4	27.7	－5.8	15.7	49.1
房地产业	17.9	51.3	30.8	－12.9	15.0	47.5
社会服务业	8.1	62.2	29.7	－21.6	13.5	64.9

信心指数

单位:%

三季度				四季度			
上升	扯平	下降	景气指数	上升	扯平	下降	景气指数
22.9	36.5	40.6	-17.7	36.4	35.3	28.3	8.1
20.8	47.2	32.0	-11.2	22.4	52.8	24.9	-2.5

景气指数

单位:%

三季度				四季度			
上升	扯平	下降	景气指数	上升	扯平	下降	景气指数
22.3	49.4	28.4	-6.1	31.3	47.6	21.0	10.3
21.5	50.3	28.2	-6.7	21.7	53.6	24.6	-2.9

企业景气指数

99年)

单位:%

季度		三季度				四季度			
下降	景气指数	上升	扯平	下降	景气指数	上升	扯平	下降	景气指数
29.8	-10.2	19.1	52.8	28.1	-8.9	21.2	54.3	24.5	-3.3
36.5	-19.7	19.1	40.8	40.0	-20.9	17.6	49.5	32.9	-15.3
31.2	-12.4	16.9	55.3	27.8	-10.9	21.6	52.8	25.6	-4.0
13.7	16.3	34.9	45.3	19.8	15.1	22.2	67.8	10.0	12.2
27.0	-16.5	11.7	59.5	28.8	-17.1	11.4	64.9	23.7	-12.3
21.5	26.1	51.3	32.5	16.1	35.2	40.0	47.5	12.5	27.5
35.2	-19.5	14.9	44.8	40.3	-25.5	20.1	47.3	32.6	-12.5
37.5	-22.5	17.5	57.5	25.0	-7.5	17.5	45.0	37.5	-20.0
21.6	-8.1	10.8	56.8	32.4	-21.6	11.4	62.9	25.7	-14.3

18－4 各经济类型

（19

分类	一季度				二	
	上升	扯平	下降	景气指数	上升	扯平
国有企业	25.4	53.3	21.3	4.1	20.8	47.9
集体企业	13.3	50.1	36.5	－23.2	11.3	57.4
股份合作企业	44.4	22.2	33.3	11.1	22.2	44.4
联营企业	16.7	50.0	33.3	－16.6	20.0	80.0
有限责任公司	28.6	56.8	14.7	13.9	8.1	68.1
股份有限公司	53.6	28.6	17.8	35.8	53.6	23.8
私营企业	16.7	66.6	16.7	0.0	16.7	50.0
外商及港澳台投资企业	25.1	45.9	29.0	－3.9	21.5	53.6

18－5 各规模企

年份	企业规模	一季度				二	
		上升	扯平	下降	景气指数	上升	扯平
1998	大型	24.0	30.1	46.0	－22.0	11.5	59.5
	中型	23.2	28.2	48.6	－25.4	25.3	33.4
	小型	15.6	34.1	50.3	－34.7	19.4	29.1
1999	大型	37.9	54.2	8.0	29.9	23.7	50.8
	中型	22.6	49.6	27.8	－5.2	19.1	50.6
	小型	21.2	54.7	24.1	－2.9	16.7	50.7

18－6 企业生产经营

（19

分类	一季度				二	
	上升	扯平	下降	景气指数	上升	扯平
生产	41.0	27.4	31.7	9.3	36.4	30.2
税后利润	26.2	29.0	44.8	－18.6	22.3	26.6
流动资金	5.8	35.1	59.1	－53.3	7.1	28.9
货款拖欠	21.9	46.3	31.8	－9.9	22.1	46.2
用工	8.1	46.7	45.2	－37.1	6.2	48.2
固定资产投资	25.6	46.7	27.7	－2.1	23.6	46.9

企业景气指数

99年)

单位:%

季度		三季度				四季度			
下降	景气指数	上升	扯平	下降	景气指数	上升	扯平	下降	景气指数
31.2	-10.4	20.2	48.8	31.0	-10.8	21.7	52.4	25.9	-4.2
31.3	-20.0	9.8	53.2	37.0	-27.2	14.5	45.9	39.6	-25.1
33.3	-11.1	22.2	33.3	44.4	-22.2		77.8	22.2	-22.2
	20.0	50.0	50.0	0.0	50.0	33.3	66.7		33.3
23.8	-15.7	13.4	64.8	21.8	-8.4	18.7	59.0	22.3	-3.6
22.6	31.0	28.6	55.7	15.7	12.7	34.6	51.1	14.3	20.3
33.3	-16.6	33.3	16.7	50.0	-16.7	33.3	16.7	50.0	-16.7
24.9	-3.4	20.2	64.9	14.8	5.4	18.8	51.9	29.3	-10.4

业景气指数

单位:%

季度		三季度				四季度			
下降	景气指数	上升	扯平	下降	景气指数	上升	扯平	下降	景气指数
28.9	-17.4	26.7	35.8	37.5	-10.8	54.8	27.3	17.9	36.8
41.3	-16.1	21.4	36.7	41.9	-20.5	30.2	36.4	33.4	-3.2
51.5	-32.1	14.7	36.5	48.7	-34.0	26.0	37.5	36.5	-10.5
25.5	-1.8	27.8	47.5	24.7	3.1	20.4	60.5	19.1	1.3
30.3	-11.2	17.4	51.7	30.9	-13.5	22.8	49.0	28.2	-5.4
32.6	-15.9	15.2	51.5	33.3	-18.1	16.1	55.5	28.4	-12.4

状况景气指数一览表

99年)

单位:%

季度		三季度				四季度			
下降	景气指数	上升	扯平	下降	景气指数	上升	扯平	下降	景气指数
33.3	3.1	37.9	27.3	34.8	3.1	41.5	28.6	29.9	11.6
51.1	-28.8	22.4	30.7	47.0	-24.6	28.9	31.7	39.4	-10.5
64.0	-56.9	4.6	34.5	60.9	-56.3	6.1	35.9	58.0	-51.9
31.7	-9.6	21.4	48.4	30.2	-8.8	26.2	47.3	26.5	-0.3
45.6	-39.4	7.0	48.8	44.2	-37.2	9.9	49.4	40.7	-30.8
29.5	-5.9	22.9	51.2	25.9	-3.0	24.1	53.1	22.8	1.3

18－7　省级调查企业集团基本情况

（1999年）

分　　类	单位数（个）	注册资本	所属公司企　业（个）	所属公司主营业务收入	从业人员（人）	工资总额（元）
总　　计	**68**	**3193334.61**	**572**	**3649245.94**	**369161.00**	**321357.14**
按集团审批部门分						
国务院						
国务院主管部门						
省级人民政府	42	3026339.86	320	3254237.93	290061.00	278108.74
省级政府主管部门	9	105905.00	140	273679.08	57327.00	32200.60
其他	17	61089.75	112	121328.93	21773.00	11047.80
按集团主营行业分						
农、林、牧、渔业	6	17436.82	154	49297.61	22805.00	9069.40
采掘业	4	31611.64	35	109837.44	28212.00	19015.12
制造业	43	812868.45	317	2890298.28	211226.00	176252.94
电气水的生产和供应业						
建筑业	4	33731.00	13	79203.61	18484.00	12378.98
运输邮电业	2	2243510.70	11	350509.00	83729.00	101573.00
批发零售贸易餐饮业	5	32424.00	26	149065.00	3549.00	2416.70
金融保险业						
房地产业	2	16820.00	7	2764.00	338.00	149.00
其他	2	4932.00	9	18271.00	818.00	502.00
按母公司控股情况分						
国有绝对控股	55	3038145.61	434	3067264.31	324458.00	290463.44
国有相对控股	4	79978.00	55	425619.68	27339.00	21918.20
集体绝对控股						
集体相对控股						
其他	9	75211.00	83	156361.95	17364.00	8975.50
按母公司登记注册类型分						
国有企业	35	2544589.31	287	1703048.49	196830.00	175106.30
国有独资企业	10	376383.00	71	1110722.00	101021.00	91711.90
其他有限责任公司	12	70726.80	67	220180.82	15501.00	13946.30
股份有限公司	8	168698.50	99	579970.68	47433.00	37756.64
其他	3	32937.00	48	35323.95	8376.00	2836.00
按母公司是否国家重点企业						
是国家重点企业	2	63195.00	32	398479.00	20718.00	17641.00
其他	66	3130139.61	540	3250766.94	348443.00	303716.14

单位:万元

年末资产总计	年末负债合计	所有者权益	股　本	主营业务收入	利润总额
9616095.14	**4845376.63**	**4408350.69**	**3723874.89**	**3426475.04**	**69115.73**
8543072.74	4105774.01	4082390.91	3484682.74	3078591.03	59331.38
708142.61	509716.57	197219.04	120272.47	221062.08	11567.79
364879.79	229886.05	128740.74	118919.68	126821.93	-1783.44
201621.19	225443.02	-23821.83	13852.82	49297.61	-13258.10
256395.59	183592.41	72793.18	42196.34	109837.44	4077.04
5896362.31	3633303.49	1907680.00	1233496.37	2730279.38	32593.75
186565.05	128089.71	56535.34	33767.36	79203.61	197.04
2846727.00	488203.00	2353485.00	2355285.00	356546.00	46640.00
183972.00	160325.00	23647.00	26384.00	80903.00	-938.00
32995.00	19243.00	13752.00	17717.00	2781.00	-620.00
11457.00	7177.00	4280.00	1176.00	17627.00	424.00
8394921.08	4109650.59	3932495.37	3430258.29	2828255.41	44274.46
915367.91	571502.57	335342.64	154652.97	441840.68	18382.39
305806.15	164223.47	140512.68	138963.63	156378.95	6458.88
5317313.32	2324800.85	2930795.47	2645700.19	1601372.59	35350.88
2382878.20	1289620.30	816741.90	489914.60	1025189.00	12989.00
262567.56	167643.44	94591.00	73205.50	168397.82	6767.58
1459782.91	954996.57	482054.64	421225.97	596191.68	15116.39
193553.15	108315.47	84167.68	93828.63	35323.95	-1108.12
886483.00	569568.00	291768.00	130244.00	398479.00	8662.00
8729612.14	4275808.63	4116582.69	3593630.89	3027996.04	60453.73

18－8 省级调查企业集团主要财务指标

单位:万元

指　　　　　　　　标	1998年	1999年
资产总计	8 842 267.52	9 616 095.14
固定资产原价	6 004 948.84	6 565 430.92
累计折旧	1 416 961.10	1 629 844.38
#本年折旧	3 549 966.40	3 806 597.23
累计对外投资	199 550.07	212 204.52
#对境外投资	46.80	46.80
存货	968 847.25	1 007 897.42
流动资产平均余额	2 789 042.96	3 100 607.99
负债合计	4 481 431.71	4 845 376.63
流动负债	2 804 960.53	3 330 761.17
少数股东权益	307 118.09	362 367.82
股东(所有者)权益	4 053 717.72	4 408 350.69
股本(实收资本)	3 301 488.57	3 723 874.89
主营业务收入	3 214 812.18	3 426 475.04
#出口额	126 647.73	89 282.90
#营业成本	2 661 978.97	2 772 314.60
主营业务税金及附加	74 775.53	82 769.91
其他业务收入	262 975.56	313 687.91
存货跌价损失和营业、管理、财物费用合计	536 269.46	580 426.66
#利息支出	127 107.30	124 341.92
投资收益	4 371.04	－3 372.85
营业外收入	12 793.66	16 331.32
利润总额	591.44	69 115.73
应交所得税	24 134.67	42 330.04
应缴增值税	126 912.94	131 092.89
固定资产投资完成额	424 201.17	291 007.38
研究开发费用	30 616.63	32 157.18

18－9　省级调查企业集团劳动工资指标

指　　标	年末人数（人）		劳动报酬（万元）	
	1998 年	1999 年	1998 年	1999 年
从业人员	367 059	369 161	282 551.61	303 716.14
#在岗职工	333 207	335 555	292 625.75	314 365.22
其他从业人员	13 701	13 076	6 093.86	6 991.92
离职人员	63 923	70 533	12 933.46	15 633.74

18－10　省级调查企业集团主要业务指标

指　　标	单位	1998 年	1999 年
农林牧渔业总产值（当年价格）	万元	34 159.10	34 889.50
采掘业工业总产值（当年价格）	万元	144 536.50	150 486.30
制造业工业总产值（当年价格）	万元	2 575 790.05	2 695 348.95
电力、煤气及水的生产和供应业工业总产值（当年价格）	万元	37 538.60	36 110.40
建筑业总产值（当年价格）	万元	164 477.21	235 269.66
交通运输业			
货运量	万吨	2 838.87	2 925.61
客运量	万人	2 858.36	3 571.72
批发零售贸易业商品销售总额	万元	297 350.60	299 025.34
外贸企业进出口总额	万美元	12 440.00	8 373.70
#出口额	万美元	10 541.00	12 416.00

18－11　现代企业制度及国家重点企业主要经济指标

（1999 年）

分　　类	单位数（个）	注册资本合计	年末资产总计	固定资产原价	累计折旧	本年折旧
总　　计	**90**	**1055801.75**	**6653095.26**	**4029262.57**	**1351344.38**	**173747.49**
按企业改制主管部门分						
国家经贸委						
国家体改委	1	64094.00	528887.00	392155.00	153757.00	9948.00
省经贸委	10	125622.82	1105208.97	485028.25	140463.84	24237.46
省体改委	24	284063.92	1692541.21	1117305.89	294944.62	61731.84
企业主管部门	40	271570.01	1978384.08	971518.73	284463.12	38722.69
其他	15	310451.00	1348074.00	1063254.70	477715.80	39107.50
按控股情况分						
国有绝对控股	73	935864.15	6150567.41	3884235.96	1315001.41	166747.12
国有相对控股	3	25500.70	111515.70	41735.90	13401.10	3022.40
集体绝对控股	2	2276.00	65435.00	3761.00	1027.00	98.00
集体相对控股						
其他	12	92160.90	325577.15	99529.71	21914.87	3879.97
按企业规模分						
特大型	2	288944.00	1495170.00	1357979.00	610953.00	45268.00
大型	38	546192.39	3907028.43	2162059.92	605068.22	110846.67
中型	39	182495.06	1093198.43	472056.40	125396.57	16802.68
小型	8	21367.30	100130.15	24023.01	7509.37	591.07
其他	3	16803.00	57568.25	13144.24	2417.22	239.07
按主营行业分						
农、林、牧、渔业	4	8131.33	104155.24	45833.95	12502.69	1260.82
采掘业	4	89572.00	721990.60	533983.60	198679.30	15243.60
制造业	61	733714.91	4389809.65	2468644.20	895324.87	99487.33
电气水的生产和供应业	4	147792.10	917761.98	761815.05	192975.60	49764.27
建筑业	3	10248.29	80986.10	32047.23	10267.20	1872.80
运输邮电业	1	5238.50	17015.60	14543.50	5703.00	1980.00
批发零售贸易餐饮业	9	34975.60	226707.25	37220.24	5315.22	1138.07
金融保险业						
房地产业	2	16172.00	32065.00	5024.00	57.00	4.00
其他	2	9957.02	162603.84	130150.80	30519.50	2996.60
按登记注册类型分						
国有企业	45	524886.34	3063600.49	2213643.08	788556.97	96410.62
国有独资企业	11	230062.72	2063868.73	1206040.11	366506.22	41928.53
其他有限责任公司	13	72213.69	603219.30	203622.83	66412.40	11612.70
股份有限公司	16	178524.00	670256.59	351546.84	115749.92	21631.67
其他	5	50115.00	252150.15	54409.71	14118.87	2163.97

单位:万元

累计对外投资	#对境外投资	存货	流动资产年平均余额	年末负债合计	流动负债	所有者权益	股本
215897.45	**46.80**	**948071.58**	**2684830.81**	**3951623.29**	**2654257.05**	**2701470.97**	**1257568.75**
14854.00		96629.00	220623.00	403984.00	371714.00	124903.00	85746.00
41384.30		160695.73	482743.85	638530.61	411466.98	466678.36	200339.42
26588.43		208107.04	551889.90	1015197.21	480262.67	677344.00	264627.12
82489.72		274852.71	958677.36	1328607.77	1024689.10	649775.31	322568.71
50581.00	46.80	207787.10	470896.70	565303.70	366124.30	782770.30	384287.50
206639.85	46.80	885216.35	2458922.92	3716556.02	2461960.88	2434011.39	1070934.12
4862.60		14720.20	49658.76	42768.80	37117.70	68746.90	26548.00
36.00		6284.00	61523.00	59515.00	59132.00	5919.00	2409.00
4359.00		41851.03	114726.13	132783.47	96046.47	192793.68	157677.63
42181.00	46.80	257537.00	511550.00	788114.00	607568.00	707056.00	318887.00
120536.41		492405.80	1611460.82	2298064.56	1396295.32	1608963.87	663860.52
37204.42		169905.24	467174.84	729736.44	539256.24	363460.99	236359.08
5056.00		23692.63	63430.73	93098.87	71377.27	7031.28	21658.93
10919.62		4530.91	31214.42	42609.42	39760.22	14958.83	16803.22
8853.41		9601.48	50984.60	110971.00	87831.75	-6815.76	8716.33
15982.00		114932.00	298436.50	526854.10	438696.10	195136.50	121718.50
144633.81	46.80	681586.04	1854265.92	2443089.22	1615595.52	1946720.43	899225.01
18784.21		72553.99	241604.92	474962.58	219040.15	442799.40	141967.86
1812.00		5084.82	22839.29	64248.96	59446.41	16737.14	10248.29
613.40		99.20	7644.46	7836.90	4246.00	9178.70	6286.00
25218.62		25042.91	141185.42	171662.42	162721.22	55043.83	38314.22
		13707.00	25445.00	18888.00	7767.00	13177.00	16128.00
		25464.14	42424.70	133110.11	58912.90	29493.73	14964.54
104423.72	46.80	432375.25	1051050.78	1789793.18	1101671.05	1273807.31	513707.36
71022.21		328511.10	886710.73	1410730.16	979657.53	653138.57	325176.45
2455.30		110773.29	346381.99	377788.86	290483.68	225430.44	135531.79
35960.22		62633.91	291451.18	258588.62	179408.32	411667.97	170418.52
2036.00		13778.03	109236.13	114722.47	103036.47	137426.68	112734.63

18－11 续表

分　　类	营业收入	主营业务收入	#出口额	主营业务成本	主营业务税金及附加	其他业务收入
总　　计	**3620914.28**	**3532381.07**	**171354.91**	**2858695.97**	**121827.81**	**88533.21**
按企业改制主管部门分						
国家经贸委						
国家体改委	327279.00	320366.00	3772.00	287458.00	1497.00	6913.00
省经贸委	587300.76	584624.91	3436.81	436247.50	9502.22	2675.85
省体改委	943758.23	908655.93	4001.70	763945.57	40559.32	35102.30
企业主管部门	1251939.49	1235810.43	128953.40	963761.80	68016.17	16129.06
其他	510636.80	482923.80	31191.00	407283.10	2253.10	27713.00
按控股情况分						
国有绝对控股	3320474.33	3243437.22	151597.91	2652454.04	119395.44	77037.11
国有相对控股	42087.00	38000.90		27254.70	391.90	4086.10
集体绝对控股	63677.00	63677.00	6049.00	57092.00	727.00	
集体相对控股						
其他	194675.95	187265.95	13708.00	121895.23	1313.47	7410.00
按企业规模分						
特大型	707160.00	674329.00	21255.00	599855.00	2363.00	32831.00
大型	2287885.20	2237452.09	127453.90	1813214.81	60411.07	50433.11
中型	583034.63	578090.56	22646.01	409026.64	58693.64	4944.07
小型	26173.78	25865.65		21528.23	292.07	308.13
其他	16660.67	16643.77		15071.29	68.03	16.90
按主营行业分						
农、林、牧、渔业	21206.15	20704.15		15405.72	286.48	502.00
采掘业	432399.80	411744.80	3772.00	355640.40	2245.10	20655.00
制造业	2071732.65	2028943.95	62508.91	1576308.43	79502.48	42788.70
电气水的生产和供应业	620451.16	599871.16		488614.78	37510.89	20580.00
建筑业	52409.05	50010.44		40890.55	1277.13	2398.61
运输邮电业	6878.60	5271.60		3357.00	174.00	1607.00
批发零售贸易餐饮业	294570.67	294568.77	105074.00	271344.29	453.03	1.90
金融保险业						
房地产业	2313.00	2313.00		1879.00	83.00	
其他	118953.20	118953.20		105255.80	295.70	
按登记注册类型分						
国有企业	1744849.50	1692087.25	129664.60	1351446.86	95163.52	52762.25
国有独资企业	1020545.86	1001020.86	21704.61	833281.64	9777.36	19525.00
其他有限责任公司	454773.10	454717.44	9106.00	349701.25	12514.53	55.66
股份有限公司	281845.87	273055.57	61.70	232421.99	3168.93	8790.30
其他	118899.95	111499.95	10818.00	91844.23	1203.47	7400.00

单位:万元

存货跌价损失和营业管理财务费用合计	# 利息支出	投资收益	营业外收入	利润总额	应交所得税	应缴增值税	固定资产投资完成额	研究开发费用
535348.81	**116372.62**	**13792.41**	**12883.43**	**107910.79**	**32297.67**	**165417.53**	**288550.95**	**31092.91**
58309.00	10029.00	888.00	1331.00	8319.00		17427.00	12245.00	
131040.72	27399.03	1105.10	4752.41	21170.09	4604.00	28645.49	33646.81	13728.10
110909.69	31913.81	8093.75	2740.71	24917.44	9410.32	52247.11	68142.01	2918.00
160842.80	30186.88	2225.26	2741.31	46309.96	14820.85	45060.63	44114.93	13133.81
74246.60	16843.90	1480.30	1318.00	7194.30	3462.50	22037.30	130402.20	1313.00
479152.72	111770.15	7249.51	12616.53	79003.81	29097.87	152555.53	268874.95	30691.91
6591.80	1310.40	6145.90	142.90	14275.10	1186.80	2122.00	1347.00	347.00
275.00	33.63			791.00	260.00	513.00	170.00	20.00
49329.29	3258.44	397.00	124.00	13840.88	1753.00	10227.00	18159.00	34.00
104143.00	21014.00	1316.00	2435.00	11959.00	1325.00	33889.00	114417.00	914.00
339875.61	71263.01	10960.92	9209.07	65861.25	20250.13	96610.42	133727.51	29148.50
79670.15	19043.58	1312.49	1058.06	35654.04	10622.71	34243.31	40212.30	1014.41
8986.88	4476.39	52.00	138.30	-4482.92	59.50	533.00	194.14	16.00
2673.17	575.64	151.00	43.00	-1080.58	40.33	141.80		
10907.73	5151.92	-31.04	286.19	-5279.98	403.82	155.00	178.00	
80789.40	14652.70	888.00	1654.40	15033.80	2264.20	22646.80	15873.00	110.00
336977.01	71568.75	10445.80	9138.02	89714.97	26901.33	93146.92	222783.54	29249.91
68255.37	18253.97	1628.85	1472.52	4955.00	2169.30	41259.71	18041.41	1733.00
7713.48	180.24	136.00	68.12	-472.64	143.00	26.00	24841.00	
955.80		152.80	94.60	2216.00		3.90		
17807.17	2562.64	572.00	55.00	1357.42	293.33	874.80	71.00	
872.00	552.00			-609.00		117.00		
11070.85	3450.40		114.58	995.22	122.69	7187.40	6763.00	
224687.12	58050.67	3822.89	4037.06	24537.65	14839.31	90621.64	205599.40	4848.31
183440.35	43992.50	1984.12	7180.74	23312.68	4617.63	38322.39	42011.95	23715.60
88462.78	6630.94	202.50	416.73	13031.56	3813.70	22210.30	16233.00	1458.00
32100.27	7054.44	7386.90	1168.90	39632.02	7950.03	10900.20	11814.60	1051.00
6658.29	644.07	396.00	80.00	7396.88	1077.00	3363.00	12892.00	20.00

18－12 现代企业制度及国家重点企业从业人员和劳动报酬

(1999年)

分类	从业人员(人)	在岗职工	其他人员	离职人员(人)	从业人员劳动报酬(万元)	在岗职工	其他人员	离职人员生活费(万元)
总计	**268756**	**260900**	**7856**	**43293**	**239771.08**	**235471.13**	**4299.95**	**12129.76**
按企业改制主管部门分								
国家经贸委								
国家体改委	37408	37408		6011	34771.00	34771.00		2196.00
省经贸委	37006	35935	1071	3887	31797.90	31407.90	390.00	2254.10
省体改委	45696	44520	1176	10545	39314.77	38628.27	686.50	1915.71
企业主管部门	102272	98990	3282	20935	84803.51	82443.66	2359.85	5232.25
其他	46374	44047	2327	1915	49083.90	48220.30	863.60	531.70
按控股情况分								
国有绝对控股	250517	242917	7600	42565	226215.88	222059.23	4156.65	11984.76
国有相对控股	4045	4045		219	3795.00	3795.00		17.00
集体绝对控股	1608	1608			653.70	653.70		
集体相对控股								
其他	12586	12330	256	509	9106.50	8963.20	143.30	128.00
按企业规模分								
特大型	71814	71795	19	7239	70139.70	70123.70	16.00	2528.70
大型	136502	132607	3895	19913	120385.81	118455.61	1930.20	6776.07
中型	52910	49292	3618	9103	46058.47	43853.32	2205.15	2631.19
小型	6261	5945	316	5378	2633.60	2487.00	146.60	50.30
其他	1269	1261	8	1660	553.50	551.50	2.00	143.50
按主营行业分								
农、林、牧、渔业	12819	11419	1400	7358	5115.13	4345.88	769.25	180.30
采掘业	61745	61565	180	15419	52114.80	52074.20	40.60	4116.60
制造业	157008	154234	2774	14672	142486.07	140847.97	1638.10	5786.58
电气水的生产和供应业	11101	10548	553	457	14092.37	13662.77	429.60	178.91
建筑业	11297	9067	2230	1421	12084.04	10955.44	1128.60	418.67
运输邮电业	1029	1029		219	904.00	904.00		17.00
批发零售贸易餐饮业	5287	4590	697	202	3792.57	3503.57	289.00	26.50
金融保险业								
房地产业	300	300			129.00	129.00		
其他	8170	8148	22	3545	9053.10	9048.30	4.80	1405.20
按登记注册类型分								
国有企业	112295	106388	5907	17739	107210.31	104217.36	2992.95	3552.58
国有独资企业	106157	105927	230	22447	91554.93	91424.93	130.00	7395.01
其他有限责任公司	25514	24783	731	2312	22766.64	22142.04	624.60	1041.67
股份有限公司	20884	20136	748	795	15203.50	14790.40	413.10	140.50
其他	3906	3666	240		3035.70	2896.40	139.30	

18－13　国家重点企业基本情况

（1999年）

分　　类	单位数（个）	主营业务收入（万元）	利润总额（万元）	年末资产总计（万元）	从业人员（人）	工资总额（万元）
总　　计	**10**	**1811540.99**	**12042.39**	**3535867.18**	**95850.00**	**99487.60**
按企业改制主管部门分						
国家经贸委						
国家体改委						
省经贸委	2	395270.00	6479.00	842505.00	18825.00	19291.00
省体改委	3	568624.00	－4908.00	879794.50	11289.00	12918.57
企业主管部门	3	471688.99	3813.39	766525.68	30649.00	30520.33
其他	2	375958.00	6658.00	1047042.00	35087.00	36757.70
按控股情况分						
国有绝对控股	10	1811540.99	12042.39	3535867.18	95850.00	99487.60
国有相对控股						
集体绝对控股						
集体相对控股						
其他						
按企业规模分						
特大型	1	353963.00	3640.00	966283.00	34406.00	35368.70
大型	8	1435582.99	5384.39	2488825.18	60763.00	62729.90
中型	1	21995.00	3018.00	80759.00	681.00	1389.00
小型						
其他						
按主营行业分						
农、林、牧、渔业						
采掘业						
制造业	8	1271415.99	20417.39	2820858.68	87790.00	88724.03
电气水的生产和供应业	2	540125.00	－8375.0	715008.50	8060.0	10763.57
建筑业						
运输邮电业						
批发零售贸易餐饮业						
金融保险业						
房地产业						
其他						
按登记注册类型分						
国有企业	5	946231.00	－415.00	1893852.50	46453.00	52088.27
国有独资企业	4	563843.99	9124.39	1210466.68	39518.00	35473.33
其他有限责任公司	1	301466.00	3333.00	431548.00	9879.00	11926.00
股份有限公司						
其他						

18－14　省重点扶持企业集团基本情况

（1999年）

分　　类	单位数（个）	营业收入（万元）	#主营业务收入（万元）	利润总额（万元）	年末资产总计（万元）	从业人员（人）	工资总额（万元）
总　　计	**28**	**2885696.38**	**2817543.68**	**27356.89**	**5898002.91**	**203756.00**	**182774.84**
按集团审批部门分							
国务院							
国务院主管部门							
省级人民政府	19	2312242.10	2253675.00	10540.00	4911147.80	144524.00	136216.84
省级政府主管部门	5	412172.28	402835.68	15483.89	769771.11	55300.00	43464.10
其他	4	161282.00	161033.00	1333.00	217084.00	3932.00	3093.90
按集团主营行业分							
农、林、牧、渔业							
采掘业	1	327279.00	320366.00	8319.00	528887.00	37408.00	34771.00
制造业	24	2387837.38	2326597.68	17274.89	5197160.91	161674.00	145264.84
电气水的生产和供应业	1	50069.00	50069.00	861.00	122465.00	4056.00	1951.00
建筑业							
运输邮电业							
批发零售贸易餐饮业	1	105074.00	105074.00	426.00	42385.00	312.00	702.00
金融保险业							
房地产业							
其他	1	15437.00	15437.00	476.00	7105.00	306.00	86.00
按母公司控股情况分							
国有绝对控股	23	2431640.00	2328787.00	8381.00	4881589.00	171235.00	161247.74
国有相对控股	4	438472.38	473172.68	18349.89	901710.91	32123.00	21296.10
集体绝对控股							
集体相对控股							
其他	1	15584.00	15584.00	626.00	114703.00	398.00	231.00
按母公司登记注册类型分							
国有企业	14	983401.00	964133.00	－745.00	1701867.50	52728.00	38649.30
国有独资企业	5	1267220.00	1224373.00	12709.00	2484084.00	103971.00	105906.00
其他有限责任公司	1	25589.00	24929.00	32.00	43305.00	2374.00	1578.00
股份有限公司	7	593902.38	588524.68	14734.89	1479247.91	44285.00	36410.54
其他	1	15584.00	15584.00	626.00	114703.00	398.00	231.00

企业景气调查简介

企业景气调查是为适应我国社会主义市场经济需要，借鉴西方国家的成功经验而建立起来的一种新的统计调查制度。它通过对企业家进行定期的问卷调查，并根据他们对企业经营情况及宏观经济状况的判断和预期来编制企业景气指数，由此反映企业的经营状况和经济运行情况，预测未来经济发展的变化趋势，为党政领导进行宏观管理，企业家制定经营决策提供参考依据。景气指数又称景气度，它是对企业景气调查中定性指标的量化描述，其最大的特点是具有信息超前性和预测功能，可靠性较强。景气指数的数值介于－100%和＋100%之间，一般地讲，当景气指数为0即临界值时，则说明经济处于景气与不景气的边缘；大于0时，则表示经济处于景气状态，越接近＋100%状态越好；小于0时，则表示经济处于不景气状态，越接近－100%，状态越差。

江西省企业调查队根据国家统计局的统一部署，建立了1000家江西企业景气调查体系。企业景气调查每年调查四次，逢2、5、8、11月份进行。企业景气调查为季度性资料，一季度指上年的12月、本年度的1月、2月，二季度指本年度的3月、4月、5月，三、四季度以此类推。调查企业涉及采掘业、制造业、电力、煤气及水的生产和供应业、建筑业、交通运输、仓储及邮电通信业、批发和零售贸易业、餐饮业、房地产业和社会服务业8个国民经济行业门类。

景气指数的计算方法

在计算景气指数过程中，对不同规模的企业，采用不同的加权方法计算。首先对大型企业依据上年销售收入进行加权（中小企业不加权），然后通过大型企业与中小型企业的样本比例再进行加权，总加权后得到景气指数。计算景气指数的基本方法是：用选择“上升”的企业比例减去选择“下降”的企业比例，所得的值即为景气指数。

宏观景气总指数的计算方法如下：

第一、分别计算工业、建筑业、交通运输、仓储及邮电通信业、批发和零售贸易餐饮业、房地产业和社会服务业的景气指数；

第二、计算各行业上年增加值占这些行业增加值之和的比重；

第三、利用各行业的景气指数，以各行业上年增加值占这些行业增加值之和的比重为权数计算宏观景气总指数。

企业集团、现代企业制度及国家重点企业简要说明

一、根据国家统计局《关于布置1999年统计年报和2000年定期报表制度的通知》（国统字［2000］5号）文件精神，江西省企业调查队决定对全省企业集团和现代企业制度及国家重点企业进行定期统计调查。

二、统计范围：

1.企业集团：一是由国务院批准的国家试点企业集团；二是由国务院主管部门批准的企业集团；三是由省人民政府及省直主管部门批准的企业集团；四是已在各地工商部门登记注册、年主营业务收入和资产总计均在

5000万元以上的其他各类企业集团。企业内部的统计范围包括企业集团的母公司、在江西省内、省外和中国境外的全资子公司、绝对控股子公司和相对控股子公司;不包括参股企业、协作企业和子公司下属的二级公司。

2.建立现代企业制度企业:一是国务院确定的建立现代企业制度原试点企业;二是省政府及主管部门确定的现代企业制度原试点企业;三是国家重点联系企业;三是国家重点企业(包括原512户重点企业); 四是省级调查企业集团的母公司(即核心企业);四是已在工商部门登记的公司制企业;五是地市级调查企业集团的母公司(即核心企业);五是已在工商部门登记的其他各类省级重点企业。

三、企业集团:以一个实力雄厚的大型企业为核心,以产权联结为主要纽带,并以产品、技术、经济、契约等多种纽带把多个企业、事业单位联结在一起,具有多层次结构的以母子公司为主体的多法人经济联合体。

四、现代企业制度:适应市场经济要求,产权明晰、责权明确、政企分开、管理科学的制度。产权明晰是指企业中国有资产所有权属于国家,企业拥有全部法人财产权;责权明确是指出资者按投入企业的资本额享有资产受益、重大决策审定、选择管理者等权利,同时以其出资额为限,对企业债务承担有限责任, 企业以其全部法人财产为限,对企业债务承担有限责任,并依法自主经营、自负盈亏、照章纳税,企业对出资者承担资产保值增值责任;政企分开是指企业以提高生产力和经济效益为目的,按照市场需求组织生产经营,政府不再直接干预企业生产经营活动;管理科学是指有科学的企业领导体制和组织管理制度,调节所有者、经营者和职工之间的关系,并形成激励和约束相结合的机制。

主要统计指标解释

所属公司、企业 指企业集团的母公司、全资子公司、绝对控股子公司、相对控股子公司,不包括参股企业、协作企业和子公司的二级公司。但如果企业集团的子公司是一个纯粹管理型公司,该子公司的二级控股子公司也应作为企业集团所属公司、企业进行统计。上述企业集团的各类子公司中应包括在中国境内和境外的子公司。

主营业务收入 按各行业会计制度或报表定义的口径进行填报, 其中农业企业是指“主营业务收入”;工业企业是指“产品销售收入”;交通运输企业指“主营业务收入”;建筑企业指“工程结算收入”;批发零售贸易企业指“商品销售收入”;房地产企业指“房地产经营收入”;其他企业指“经营(营业)收入”。

注册资本合计 指企业集团各成员企业在工商行政管理部门登记注册资金的合计。包括国家资本、集体资本、法人资本、个人资本以及外商资本等。

主营行业 指本企业集团生产经营活动的主要行业性质。企业集团往往从事多种生产经营活动,一般应根据集团内获得营业收入份额最大的三项产品或活动确定其主要行业性质。主营业务如果是工业或农业应填报其主要产品的产量(实物量),非工业和农业应填报主营业务的营业收入(价值量)。

登记注册类型 是指在工商行政管理机关登记注册的具有法人资格的各类企业其中:①国有企业:是指企业全部资产归国家所有,并按《中华人民共和国企业法人登记管理条例》规定登记注册的非公司制的经济组织。不包括有限责任公司中的国有独资公司;②国有独资公司:是指国家授权的投资机构或者国家授权的部门单独投资设立的有限责任公司;③其他有限责任公司:是指根据《中华人民共和国公司登记管理条例》规定登记注册,由两个以上,五十个以下的股东共同出资,每个股东以其所认缴的出资额对公司承担有限责任,公司以其全部资产对其债务承担责任的经济组织。其他有限责任公司不包括国有独资公司;④股份有限公司:是指根据《中华人民共和国公司登记管理条例》规定登记注册,其全部注册资本由等额股份构成并通过发行股票筹集资本,股东以其认购的股份对公司承担有限责任,公司以其全部资产对其债务承担责任的经济组织;⑤其他:指上述登记注册类型以外的其他登记注册类型。

控股情况 指按所有制性质和控股状况划分的企业情况,包括:①国有绝对控股:指在企业的全部资本中,国家资本(股本)所占比例大于50%的企业; ②国有相对控股:指在企业的全部资本中,国家资本(股本)所占的比例虽未大于50% ,但相对大于企业中的其他经济成分所占比例的企业;或者虽不大于其他经济成分,但根据协议规定,由国家拥有实际控制权的企业(协议控制);③集体绝对控股:指在企业的全部资本中,集体资本(股本)所占比例大于50%的企业; ④集体相对控股:指在企业的全部资本中,集体资本(股本)所占的比例虽未大于50%, 但相对大于企业中的其他经济成分所占比例的企业;或者虽不大于其他经济成分,但根据协议规定,由集体拥有实际控制权的企业(协议控制);⑤其他:指国有绝对控股、国有相对控股、集体绝对控股和集体相对控股以外的控股情况。

从业人员 指在企业(企业集团包括母公司和子公司,下同)工作并领取工资或其他形式的劳动报酬的全部人员数,包括在岗职工、再就业的离退休人员以及在企业(集团)中工作的外方人员和港澳台方人员、兼职人员、借用的外单位人员和第二职业者。不包括离开本企业(集团)仍保留劳动关系的职工。

在岗职工 指在本企业(集团)工作并由企业(集团)支付工资的人员,以及有工作岗位,但由于学习、病伤、产假等原因暂未工作,仍由企业集团支付工资的人员。

其他从业人员 指在本企业(集团)工作并由企业(集团)支付劳动报酬的离退休人员以及在企业(集团)中工作的外方人员和港澳台方人员、兼职人员、借用的外单位人员和第二职业者。

离职人员 指离开本企业(集团)仍保留劳动关系的职工。

确定企业改制工作的主管部门 指确定建立现代企业制度试点企业的主管部门,分为国家经贸委、国家体改委、省(自治区、直辖市)经贸委、省(自治区、直辖市)体改委、企业主管部门以及其他部门。

企业规模 指企业按某一数量指标进行的分类,如工业企业按产品生产能力或生产经营用固定资产进行的分类。工业企业规模的确定,应按全国统一制订的《大中小型工业企业划分标准》中的具体划分规定执行,非工业企业规模的确定,应暂按统计上使用的《大中小型非工业企业划分标准》中的具体划分规定执行。没有划分标准的非工业企业填报“其他”项。

省重点扶持企业集团 指省人民政府《关于印发〈江西省扶持重点企业集团政策措施〉的通知》(赣府发[1998]35号)中确定的省级26家重点扶持企业集团。其中江西九江石化集团包括九江石化总厂和江西昌九化工集团,景德镇陶瓷集团包括景德镇陶瓷股份公司和景德镇焦化煤气总厂,本次调查以28家企业集团为调查单位。由省计委、省企业调查队联合开展省重点扶持企业集团跟踪监测季度统计调查。

国家重点企业 指国务院批准确定的520家国家重点企业,我省共有10家企业。

市、县基本情况 19

BASIC STATISTICS OF [CI]TIES AND COUNTIES

- 1999年,全省共设7个省辖市,14个县级市,71个县。

本篇章

[资料]整理	微机处理
[徐]晓林	徐晓林
[邹纪]新	章小彪
	邹纪新

19－1 省 辖 市 社 会

（19

指标	单位	省辖市合计	#市区	南昌市	#市区	景德镇
一、人口、劳动力和土地面积						
年末总人口	万人	2 179.08	469.52	424.2	166.20	142.23
#非农业人口	万人	551.83	302.78	169.16	129.68	50.43
年出生人口	人	253 240	47 220	53 065	15 879	15 281
年死亡人口	人	82 960	18 510	15 071	6 815	5 423
年末总户数	万户	545.28	131.33	105.5	43.93	40.21
年末单位从业人员数	万人	252.20	121.98	65.19	53.31	77.78
(1)农、林、牧、渔业	万人	39.39	7.82	3.97	2.33	29.88
(2)采掘业	万人	8.31	2.24	0.02	0.01	1.82
(3)制造业	万人	75.77	48.65	22.61	19.84	21.09
(4)电力、煤气及水的生产和供应业	万人	5.43	2.61	1.08	0.82	0.71
(5)建筑业	万人	12.75	8.17	5.86	5.17	2.40
(6)地质勘查业、水利管理业	万人	1.62	1.29	0.83	0.78	0.05
(7)交通运输、仓储及邮电通信业	万人	10.43	7.18	5.02	4.84	1.87
(8)批发和零售贸易、餐饮业	万人	21.36	11.53	5.79	4.21	6.28
(9)金融保险业	万人	5.49	3.34	1.71	1.66	0.45
(10)房地产业	万人	1.10	0.69	0.44	0.36	0.08
(11)社会服务业	万人	6.52	4.69	2.49	2.41	1.57
(12)卫生、体育和社会福利业	万人	7.61	3.81	2.36	1.76	0.82
(13)教育文化艺术和广播电影电视业	万人	26.51	9.53	6.99	4.48	2.25
(14)科学研究和综合技术服务业	万人	2.74	2.20	1.41	1.36	0.46
(15)国家机关、政党机关和社会团体	万人	19.49	7.63	4.24	2.92	1.44
(16)其他行业	万人	7.68	0.60	0.37	0.36	6.61
城镇个体从业人员	人	506 650	220 053	113 000	74 000	49 900
城镇登记失业人员数	人	95 749	61 731	20 000	11 000	7 200
土地面积	平方公里	81 428	4 596	7 432	607	5 248
#建成区面积	平方公里		234		67	
二、综合经济						
(一)国内生产总值(当年价格)	万元	11 238 861	5 809 243	3 998 020	2 883 562	876 154
第一产业增加值	万元	2 251 415	245 413	459 217	46 233	104 233
第二产业增加值	万元	4 813 394	3 076 775	1 880 875	1 527 988	439 619
#工业增加值	万元	3 930 938	2 582 821	1 496 997	1 179 277	406 703
第三产业增加值	万元	4 174 052	2 487 055	1 657 928	1 309 341	332 302
国内生产总值(1990年不变价格)	万元	6 934 541	3 096 942	2 153 304	1 240 651	638 551
第一产业增加值	万元	1 333 366	140 812	237 756	26 523	56 945
第二产业增加值	万元	3 194 279	1 786 734	1 078 447	715 339	359 294
#工业增加值	万元	2 702 897	1 580 821	888 661	637 758	339 656
第三产业增加值	万元	2 406 896	1 169 396	837 101	498 789	222 312
(二)农业						
农林牧渔业总产值(当年价格)	万元	3 443 969		688 289		153 949
年末实有耕地面积	千公顷	1 043		223		63

经 济 主 要 指 标

99年）

# 市区	萍乡市	# 市区	九江市	# 市区	新余市	# 市区	鹰潭市	# 市区	赣州市	# 市区
40.08	173.04	75.65	448.35	50.30	104.85	74.91	104.09	16.92	782.32	45.46
31.85	53.27	39.84	92.91	36.58	32.33	25.44	26.77	11.33	126.96	28.06
4 831	16 363	6 644	51 263	3 347	12 563	9 064	10 658	1 762	94 047	5 693
1 114	8 354	3 573	15 430	1 480	5 657	3 524	2 860	445	30 165	1 559
13.15	42.61	19.52	111.99	15.83	30.95	22.35	26.49	4.75	187.53	11.80
24.88	13.73	10.73	37.02	12.72	12.66	10.38	9.51	2.34	36.31	7.62
4.9	0.19	0.08	3.18	0.21	0.34	0.26	0.68	0.01	1.15	0.03
0.05	2.75	1.86	0.53	0.06	0.37	0.25	0.17	0.00	2.65	0.01
11.34	3.47	2.92	12.46	5.73	6.54	5.92	3.38	0.47	6.22	2.43
0.44	0.24	0.20	1.04	0.45	0.60	0.40	0.26	0.08	1.50	0.22
0.67	0.35	0.31	1.86	0.97	0.55	0.33	0.43	0.11	1.30	0.61
0.05	0.10	0.06	0.18	0.13	0.05	0.02	0.17	0.11	0.24	0.14
0.57	0.40	0.33	1.40	0.73	0.24	0.16	0.26	0.15	1.24	0.40
3.76	1.13	0.98	3.71	0.90	1.06	0.88	0.55	0.23	2.84	0.57
0.22	0.49	0.44	0.90	0.31	0.25	0.20	0.37	0.20	1.32	0.31
0.05	0.09	0.07	0.16	0.07	0.01	0.01	0.10	0.05	0.22	0.08
0.66	0.37	0.31	0.81	0.52	0.21	0.19	0.25	0.13	0.82	0.47
0.45	0.54	0.39	1.40	0.45	0.30	0.23	0.26	0.11	1.93	0.42
0.78	1.97	1.48	5.20	0.85	1.06	0.79	1.16	0.24	7.88	0.91
0.39	0.13	0.11	0.30	0.14	0.12	0.03	0.03	0.02	0.29	0.15
0.51	1.46	1.17	3.73	1.05	0.95	0.70	1.05	0.43	6.62	0.85
0.04	0.05	0.02	0.16	0.15	0.01	0.01	0.39	0.00	0.09	0.02
27 200	40 000	30 000	78 175	21 852	29 900	26 340	30 175	7 861	165 500	32 800
7 200	28 300	22 300	18 386	8 122	6 012	5 662	6 251	4 047	9 600	3 400
408	3 827	1 090	18 823	699	3 164	1 176	3 554	137	39 380	479
35		25		48		23		12		24
421 411	919 901	673 998	1 919 469	826 600	599 750	482 606	420 336	93 600	2 505 231	427 466
11 822	138 347	51 905	390 819	16 180	131 456	88 312	106 373	5 219	920 970	25 742
232 115	499 358	400 759	839 550	451 520	257 244	211 544	180 985	28 581	715 763	224 268
224 601	474 968	383 645	611 907	396 900	221 744	183 614	165 743	22 860	552 876	191 924
177 474	282 196	221 334	689 100	358 900	211 050	182 750	132 978	59 800	868 498	177 456
336 236	527 163	369 655	1 252 688	529 000	393 900	300 464	270 344	62 214	1 698 591	258 722
4 001	71 226	28 884	212 623	7 700	78 600	53 262	78 453	4 604	597 763	15 838
221 406	277 648	211 230	604 463	321 800	197 700	155 566	109 060	17 220	567 667	144 173
210 491	266 221	205 501	462 320	245 300	180 200	144 873	95 683	13 195	470 156	123 703
110 829	178 289	129 541	435 602	199 500	117 600	91 636	82 831	40 390	533 161	98 711
	234 757		585 127		210 763		176 642		1 394 442	
	53		232		64		59		349	

19－1 续表1

指标	单位	省辖市合计	#市区	南昌市	#市区	景德镇
蔬菜产量	吨	5 637 322		1 071 090		508 924
水果产量	吨	411 139		7 764		4 522
猪肉产量	吨	764 041		164 228		39 018
牛羊肉产量	吨	28 550		2 550		553
奶类产量	吨	45 711		43 766		73
禽蛋产量	吨	215 103		97 465		8 284
禽肉产量	吨	204 132		36 012		3 533
水产品产量	吨	652 305		219 732		13 291
(三)工业						
工业企业经济指标(国有及年销售收入500万元以上的非国有)						
工业企业数	个	2 044	824	586	350	142
#内资企业	个	1 928	764	541	319	135
港澳台商投资企业	个	72	37	26	18	4
外商投资企业	个	44	23	19	13	3
工业总产值(当年价格)	万元	6 194 815	4 247 548	2 305 881	1 763 962	743 977
#内资企业	万元	5 530 772	3 693 381	1 812 110	1 298 236	736 867
港澳台商投资企业	万元	190 612	113 293	79 691	62 341	5 687
外商投资企业	万元	473 431	440 874	414 080	403 385	1 423
从业人员平均人数	万人	80.69	50.70	22.31	19.72	12.53
流动资产年平均余额	万元	4 879 457	3 444 020	1 654 772	1 558 749	756 659
固定资产净值年平均余额	万元	5 187 980	3 485 858	1 440 859	1 371 200	579 417
产品销售收入	万元	5 882 437	4 278 536	2 098 988	1 838 827	770 465
#产品销售税金及附加	万元	147 021	122 055	69 650	65 912	13 713
本年应交增值税	万元	289 449	204 479	87 316	77 308	35 885
利润总额	万元	42 062	22 586	76 890	67 287	36 994
工业企业经济指标(年销售收入500万元以下的非国有)						
工业企业数	个	25 749	6 703	1 365	533	358
工业总产值(当年价)	万元	2 193 831	1 161 267	382 047	147 950	313 823
(四)交通运输、邮电通信、电力						
铁路客运量	万人	2 201.31	1 672.83	931.44	807.83	148
铁路货运量	万吨	2 073	1 413	203	168	127
民用汽车拥有量	辆	107 249	67 705	36 558	26 558	13 409
公路客运量	万人	15 914	7 489.6	2 649	1 555	1 432
公路货运量	万吨	10 548	4 887	2 826	1 629	1 144
水运客运量	万人	264.49	149.62	25.91	20.31	
水运货运量	万吨	724	413	159	69	44
民用航空货邮运量	吨	7 003	325	6 678		225
民用航空客运量	人	735 459	57 300	678 159		30 000
年末邮电局(所)数	处	1 642	470	327	181	148

# 市区	萍乡市	# 市区	九江市	# 市区	新余市	# 市区	鹰潭市	# 市区	赣州市	# 市区
	324 763		923 839		286 691		131 538		2 390 477	
	11 233		10 926		13 718		19 998		342 978	
	59 600		128 815		45 209		56 118		271 053	
	2 417		4 213		4 895		1 429		12 493	
	68		987		97		9		711	
	5 656		13 140		10 059		10 340		70 159	
	7 277		5 535		7 423		9 761		134 591	
	18 114		217 039		22 601		21 664		139 864	
73	99	65	449	150	99	68	78	27	591	91
69	98	64	438	144	94	63	70	23	552	82
3	1	1	5	4	4	4	4	1	28	6
1			6	2	1	1	4	3	11	3
586 108	323 064	288 412	1 149 551	827 847	516 785	477 547	510 832	67 478	644 725	236 194
580 913	322 607	287 955	1 108 295	794 783	496 953	457 715	494 547	57 707	559 393	216 072
4 325	457	457	22 960	21 995	17 231	17 231	5 525	823	59 061	6 121
870			18 296	11 069	2 601	2 601	10 760	8 948	26 271	14 001
6.51	7.13	6.38	13.98	7.34	8.09	7.37	4.16	0.59	12.49	2.79
529 661	212 040	189 432	847 262	494 617	438 351	412 237	418 462	41 835	551 911	217 489
411 386	272 739	249 823	1 159 823	809 828	482 128	457 306	740 949	32 077	512 065	154 238
572 301	311 784	279 114	995 697	818 766	521 763	490 460	602 809	64 482	580 931	214 556
9 591	3 378	2 052	41 206	39 301	3 703	2 646	1 871	248	13 500	2 305
25 120	18 421	16 122	64 417	50 157	26 839	25 234	30 119	1 524	26 452	9 014
−17 324	−3 578	−4 126	−46 080	−30 571	15 804	13 867	−25 336	−1 218	−12 632	−5 329
138	20 642	5 296	1 105	204	151	100	925	337	1 203	95
203 985	1 209 093	698 053	99 191	67 432	25 155	21 424	34 612	12 207	129 910	10 216
97	107.05	101.27	274.8	159.08	150.04	107.96	463.38	319.58	126.6	80.11
88	583	546	303	214	330	215	437	182	90	
9 945	10 346	7 809	20 448	10 328	9 463	7 522	7 802	3 644	9 183	1 899
926	2 585	2 060	3 491	1 561.6	932	432	750	362	4 075	593
697	1 135	750	1 138	357	932	682	851	244	2 522	528
			181	89.60	8.91	8.91	28.8	28.8	19.87	2
			225	153	74	66	118	118	104	7
225									100	100
30 000			10 000	10 000					17 300	17 300
88	95	59	220	29	89	62	79	15	684	36

19－1 续表2

指　　标	单位	省辖市合　计	# 市区	南昌市	# 市区	景德镇
邮电业务总量(1990年不变价)	万元	342 945	243 726	142 381	127 816	21 554
本地电话用户	万户	116	110	62	53	9
年末无线寻呼用户数	户	720 129	527 232	256 789	229 450	65 308
年末移动电话用户数	户	559 300	324 499	267 589	158 947	28 533
全年用电量	万千瓦小时	986 619	693 732	332 302	290 521	61 421
#工业用电	万千瓦小时	653 086	488 807	194 632	183 360	32 823
城乡居民生活用电	万千瓦小时	119 497	70 498	46 871	33 224	13 067
(五)批发零售贸易与外经、旅游						
批发零售贸易业商品销售总额	万元	6 001 670	4 130 263	2 726 759	2 416 023	292 169
社会消费品零售总额	万元	3 716 082	2 153 613	1 307 748	1 079 572	255 638
外国和港澳台地区在华直接投资:						
当年新签项目(合同)数	个	166	84	52	34	9
当年合同外资金额	万美元	28 706	8 472	12 500	2 676	432
当年实际使用外资金额	万美元	30 879	15 926	13 400	10 533	998
已投产(开业)企业	个	1 754	540	1 276	306	90
从业人员数	人	67 472	21 585	25 781	7 158	2 165
国际旅游者人数	人	117 233	88 922	34 160	34 160	13 698
国际旅游收入	万美元	4 094	3 543	2 155	2 155	489
(六)固定资产投资						
固定资产投资完成额	万元	1 542 821	1 073 306	712 139	601 402	111 346
#住宅建设	万元	288 845	183 340	162 507	105 630	17 900
房地产开发投资完成额	万元	249 970	221 725	105 061	102 087	15 630
#住宅	万元	156 217	138 184	56 117	53 930	8 986
全年新增固定资产	万元	999 403	666 685	370 494	290 740	108 485
本年施工住宅建筑面积(包括商品房)	万平方米	744.26	640.20	324.98	311.98	53.85
本年竣工住宅建筑面积(包括商品房)	万平方米	368.30	229.86	121.29	52.71	25.56
商品房屋销售建筑面积	万平方米	156.91	111.87	55.09	36.76	9.72
商品房屋销售额	万元	148 914	123 073	66 451	56 206	8 276
三、教育、科技、文化、卫生						
学校数						
#高等学校	个	26	26	12	12	2
中等专业学校	个	78	68	49	43	4
普通中学	个	1 452	340	253	111	111
小学	个	10 384	1 050	1 308	197	587
专任教师数						
#高等学校	人	7 952	7 952	5 358	5 358	385
中等专业学校	人	5 464	4 729	3 445	3 073	243
普通中学	人	69 563	18 949	12 708	5 744	5 259
小学	人	112 618	21 033	20 791	6 082	7 687

# 市区	萍乡市	# 市区	九江市	# 市区	新余市	# 市区	鹰潭市	# 市区	赣州市	# 市区
17 371	27 676	22 797	44 297	20 391	19 086	17 513	17 354	13 210	70 597	24 628
7	11	8	33	23	9	7	8	4	34	8
47 218	57 036	53 476	127 813	70 297	41 111	35 624	33 550	33 550	138 522	57 617
22 598	26 958	20 524	103 441	54 506	25 143	23 442	22 682	14 487	84 954	29 995
28 254	99 885	69 911	158 467	104 653	137 556	122 049	68 838	28 272	128 150	50 072
14 870	81 267	60 606	99 525	79 627	126 743	114 068	45 223	11 075	72 873	25 201
10 274	9 894	6 911	11 792	6 814	8 334	5 974	6 914	3 028	22 625	4 273
142 447	315 507	275 086	815 719	322 400	358 772	301 443	225 111	113 283	1 267 633	559 581
138 692	316 318	230 436	589 259	240 769	240 062	181 715	177 270	84 309	829 787	198 120
9	7	3	18	7	16	14	10	5	54	12
432	3 589	1 481	2 216	140	1 406	1 206	437	175	8 126	2 362
998	1 435	573	3 728	223	1 622	1 422	355	175	9 341	2 002
90	4	3	74	38	25	21	46	31	239	51
2 015	1 100	750	5 233	2 166	2 790	2 232	3 587	1 264	26 816	6 000
13 698	1 158	1 158	20 461	20 461	117	117	13 000	13 000	34 639	6 328
489	52	52	478	478	8	8	160	160	752	201
85 384	86 845	73 671	299 623	163 877	65 034	54 030	54 257	36 468	213 577	58 474
17 577	24 104	22 801	16 131	3 731	16 766	13 636	20 887	10 649	30 550	9 316
14 610	21 780	20 327	41 129	34 299	5 535	5 420	20 753	17 866	40 082	27 116
8 986	17 715	16 679	29 487	23 592	2 648	2 648	16 143	13 150	25 061	19 199
78 238	94 995	82 048	136 224	83 040	50 050	43 828	27 618	20 680	211 537	68 111
52.82	92.63	87.33	72.96	59.69	56.47	46.21	60.37	57.29	83	24.88
25.04	57.12	53.33	29.22	18.71	42.78	35.66	23.84	21.21	68.49	23.20
9.25	28.83	26.73	28.4	16.39	2.87	2.87	9.28	7.57	22.72	12.30
8 018	19 333	18 110	24 294	18 309	3 517	3 517	7 293	6 223	19 750	12 690
2	1	1	6	6	1	1	1	1	3	3
4	6	6	6	5	2	2	2	2	9	6
37	126	60	362	48	71	48	81	13	448	23
90	732	243	2 718	134	395	226	640	53	4 004	107
385	163	163	758	758	121	121	57	57	1 110	1 110
243	344	344	336	239	122	122	141	141	833	567
2 328	7 125	3 259	16 448	2 442	4 178	3 035	3 688	785	20 157	1 356
2 145	9 401	4 077	26 493	2 571	5 996	4 104	5 354	528	36 896	1 526

19－1　续表3

指　　　　　　标	单位	省辖市合　计	# 市区	南昌市	# 市区	景德镇
在校学生数						
#高等学校	人	90 710	90 710	59 151	59 151	4 437
中等专业学校	人	119 609	104 078	79 999	71 272	5 830
普通中学	万人	127.92	29.16	23.78	10.76	8.77
小学	万人	224.51	40.25	43.34	13.99	14.41
成人高等教育学校在校学生数	人	48 453	47 916	32 700	32 535	1 507
各类专业技术人员数	万人	31.58	15.07	7.23	5.87	2.29
#中级技术职称以上人员	万人	9.32	5.49	2.72	2.35	0.69
从事科技活动人员数	人	123 088	35 858	20 603	13 375	6 259
剧场、影剧院数	个	129	46	77	30	5
公共图书馆总藏量	千册、件	17 519	15 490	13 270	13 224	434
医院、卫生院数	个	1 236	396	174	128	111
医院、卫生院床位数	张	48 882	27 661	14 541	11 562	3 672
医生数	人	28 020	15 635	9 400	7 573	2 169
四、财政、金融、保险						
中央财政预算内收入	万元	436 763	295 932	159 329	125 309	78 133
地方财政预算内收入	万元	562 570	292 518	167 714	131 904	41 014
地方财政预算内支出	万元	909 460	373 207	218 821	150 799	61 208
#科学事业费支出	万元	3 172	1 989	803	731	200
教育事业费支出	万元	139 751	40 842	29 975	14 256	10 952
金融机构数	个	2 872	882	312	38	19
#保险机构数	个	350	78	201	29	7
年末金融机构存款余额	万元	12 000 684	8 145 070	5 828 944	4 906 922	801 024
#城乡居民储蓄年末余额	万元	7 106 458	4 080 474	2 640 460	2 009 472	542 766
年末金融机构各项贷款余额	万元	11 048 291	7 004 800	4 324 874	3 508 429	9 635 303
承保额	万元	37 719 985	19 165 027	10 544 000	7 717 986	12 399 790
保费	万元	251 624	105 338	62 300	57 217	10 736
已决赔款	万元	46 170	29 539	20 400	16 917	3 634
五、人民生活						
住宅建筑面积	万平方米		5 279.67		1 922.88	
住宅使用面积	万平方米		3 946.61		1 413.64	
居住人口(与使用面积口径一致)	万人		314.284		128.52	
在岗职工平均人数	万人	191.46	104.37	62.08	52.14	16.6
在岗职工工资总额	万元	1 268 092	794 162	479 555	427 314	91 733
居民人均可支配收入	元		4 859		5 288	
居民人均消费支出	元		3 888		4 077	
居民消费价格指数(以上年价格为100)	%		98.6		99.8	
商品零售价格指数(以上年价格为100)	%		97.2		96.9	
职工保险福利费用总额	万元	89 486	66 134	45 197	42 570	4 883
年末离休、退休、退职人员数	万人	53.66	36.54	22.42	20.57	5.15
离休退休退职人员保险福利费用总额	万元	297 991	216 783	138 323	128 429	24 101
社会福利院数	个	1 042	66	113	11	2
社会福利院床位数	张	26 955	3 961	2 974	1 406	276

# 市区	萍乡市	# 市区	九江市	# 市区	新余市	# 市区	鹰潭市	# 市区	赣州市	# 市区
4 437	1 592	1 592	10 193	10 193	1 365	1 365	390	390	13 582	13 582
5 830	6 162	6 162	6 907	5 240	1 642	1 642	2 207	2 207	16 862	11 725
2.44	11.43	4.81	29.18	2.93	6.86	4.95	7.27	1.08	40.63	2.19
3.79	16.87	6.48	49.54	4.30	9.62	6.68	10.53	1.64	80.20	3.37
1 507	1 595	1 595	1 041	1 041	2 590	2 590	660	660	8 360	7 988
1.44	3.90	2.93	6.74	1.76	2.85	2.23	1.33	0.44	7.24	0.40
0.50	1.10	0.86	1.72	0.66	0.83	0.72	0.55	0.28	1.71	0.12
3 505	3 151	2 251	4 510	3 016	6 669	4 740	2 251	560	79 645	8 411
3	3	2	21	4	3	2	8	3	12	2
364	573	520	1 373	873	198	140	187	120	1 484	249
51	83	40	309	80	57	37	79	24	423	36
2 467	4 046	3 079	9 989	4 602	2 868	2 190	2 090	710	11 676	3 051
1 367	2 414	1 687	4 408	1 829	1 333	1 077	1 156	426	7 140	1 676
50 032	21 261	15 453	83 712	68 408	30 069	27 323	18 427	4 466	45 832	4 941
22 616	41 514	29 446	98 492	48 024	35 994	28 563	28 375	10 006	149 467	21 959
33 898	65 536	43 774	228 771	68 485	54 124	43 177	40 761	19 802	240 239	13 272
173	293	271	574	483	273	247	101	75	928	9
5 052	12 091	5 975	30 162	6 346	7 218	5 332	6 705	2 178	42 648	1 703
7	215	151	1 252	284	297	223	143	67	634	112
3	14	6	71	23	9	7	9	5	39	5
506 050	577 872	443 196	1 628 175	868 140	633 272	540 726	518 241	256 341	2 013 156	623 695
305 769	461 473	343 150	1 088 459	470 313	484 674	407 824	363 484	166 113	1 525 142	377 833
670 560	604 654	490 629	2 039 271	917 169	659 083	583 575	684 853	212 221	1 772 026	622 217
4 985 730	1 555 713	1 403 119	2 720 641	961 188	2 150 000	2 010 000	1 493 773	1 161 843	6 856 068	925 161
5 943	10 850	9 191	116 360	10 309	9 347	7 923	8 691	5 409	33 340	9 346
2 507	2 954	2 194	6 983	2 765	2 228	1 776	2 361	1 437	7 610	1 943
568		515		1 097.79		434		211		531
398		425.47		844.80		304		163.70		397
40.084		33		50.00		23.3		11.32		28.06
9.2	13.58	10.20	35.94	12.72	12.45	10.26	9.14	2.23	41.67	7.62
54 271	90 647	69 214	215 575	101 800	89 301	76 815	68 826	16 219	232 455	48 529
4 560		4 673		4 583		5 020		5 292		4 599
3 415		3 798		3 870		4 181		4 236		3 636
99.7		99.0		98.1		97.6		98.8		97.5
97.8		98.1		97.9		96.6		96.6		96.8
3 384	6 681	5 913	9 345	3 693	8 989	8 797	3 143	1 191	11 248	586
3.66	4.62	3.88	6.40	3.05	3.34	3.03	2.26	0.89	9.47	1.46
17 015	25 630	23 984	26 450	13 082	21 889	19 785	11 492	4 910	50 106	9 578
1	98	22	269	15	2	1	50	5	508	11
165	2 950	1 185	5 014	430	134	75	1 588	200	14 019	500

19－2 省辖市各市、县

（19

指　　标	单 位	南昌县	新建县	安义县	进贤县
一、社区基本情况					
乡(镇)个数	个	23	24	12	27
村民委员会个数	个	311	326	116	296
#通公路的村数	个	311	323	116	296
通电的村数	个	311	326	116	296
通电话的村数	个	311	326	116	284
自来水受益村数	个	20	21	5	11
二、人口、劳动力情况					
年末总人口	万人	98.6	64.4	23.6	71.4
#乡村人口	万人	83.6	55.9	18.3	61.4
年末总户数	户	246 014	140 483	66 414	162 845
#乡村户数	户	193 549	111 579	40 766	129 957
当年出生人口数	人	18 277	9 009	2 243	10 606
当年死亡人口数	人	3 202	2 299	1 181	1 574
年末单位从业人数	万人	3.3	3.8	0.9	2.9
城镇个体从业人员	万人	1.4	0.4	0.5	1.6
乡村从业人员	万人	40.9	27.5	5.7	30.7
乡村从业人员按国民经济行业分:					
农、林、牧、渔业	万人	30	22.1	4.2	19.6
工　业	万人	2.2	1.3	0.3	3.9
建筑业	万人	1.8	0.8	0.3	1.4
交通运输、仓储及邮电通讯业	万人	0.9	0.4	0.1	0.4
批发和零售贸易、餐饮业	万人	1	0.5	0.1	0.5
其它	万人	5	2.4	0.7	4.9
城镇登记失业人员数	万人	0.8	0.1		
三、自然资源					
行政区域土地面积	平方公里	1 820	2 383	667	1 955
耕地面积	公顷	84 308	52 588	18 588	55 702
#水田	公顷	78 654	45 234	16 558	35 563
旱地	公顷	5 654	7 354	2 030	20 139
四、综合经济					
(一)国内生产总值(当年价格)	万元	555 999	287 433	89 709	230 743
第一产业增加值	万元	199 899	84 933	33 509	94 643
农业增加值	万元	107 322	38 707	18 335	33 263
林业增加值	万元	496	1 401	3 059	1 155
牧业增加值	万元	61 175	23 942	3 666	19 253
渔业增加值	万元	30 906	20 883	8 449	40 972
第二产业增加值	万元	168 100	111 500	20 400	77 600
#工业	万元	125 300	111 100	17 400	63 920
第三产业增加值	万元	188 000	91 000	35 800	58 500
国内生产总值(1990 年不变价)	万元	522 800	197 800	57 300	142 400

社会经济主要指标(一)

99年)

浮梁县	乐平市	上栗县	芦溪县	莲花县	分宜县	贵溪市	余江县
23	25	10	12	18	13	24	14
191	360	199	180	210	162	206	135
186	360	199	141	209	161	197	127
188	360	199	170	210	162	201	135
126	311	175	116	140	156	144	116
147	22	79	81	30	68	39	15
27.1	75.1	45.8	27.3	24.3	29.9	53.9	33.2
22.5	61.4	44.8	24.8	20.5	21.8	41.5	27.5
77 413	192 990	105 388	68 702	56 854	86 068	135 039	82 380
56 524	140 059	95 829	59 719	44 228	57 809	95 148	65 208
2 207	8 243	5 073	2 446	2 200	3 499	5 253	3 643
1 097	3 215	2 163	1 513	1 105	2 133	1 557	858
2.3	5.3	1	0.6	1.2	2.9	5.2	2.1
0.5	0.9	0.4	0.3	0.3	0.5	2.4	0.6
10	27	23.2	13.2	9.6	10.8	19.9	13.5
7.4	18.1	12	7.9	6.2	7.7	15.2	10.3
0.9	1.6	5.9	2.2	0.7	0.9	0.5	0.3
0.2	1.2	1.2	0.5	0.2	0.4	0.4	0.7
0.2	0.5	0.4	0.2	0.2	0.2	0.2	0.1
0.2	0.5	0.4	0.3	0.2	0.2	0.3	0.7
1.1	5.1	3.3	2.1	2.1	1.4	3.3	1.4
		0.2	0.2	0.2	0.1	0.3	0.1
2 867	1 973	721	960	1 063	1 389	2 313	933
20 199	37 684	12 543	11 666	14 655	18 491	32 294	21 829
18 558	30 363	10 558	10 402	13 463	15 907	30 173	19 136
1 641	7 321	1 985	1 264	1 192	2 584	2 121	2 693
115 243	322 279	99 970	83 015	62 938	117 144	267 509	78 149
33 143	58 241	36 020	28 900	21 112	43 144	57 156	39 649
18 445	37 939	14 357	12 147	11 623	20 286	28 678	18 524
7 390	2 841	1 814	1 794	2 278	7 217	3 469	967
6 495	12 168	18 239	13 405	5 707	10 634	17 416	16 289
813	5 293	1 610	1 554	1 504	5 007	7 593	3 869
41 000	155 604	39 760	37 845	20 994	45 700	140 957	20 600
36 600	145 502	36 400	36 000	18 923	38 130	129 115	20 360
41 100	108 434	24 190	16 270	20 832	28 300	69 396	17 900
77 644	230 030	66 003	47 000	41 027	93 436	168 531	50 015

19－2 续表 1

指　标	单 位	南昌县	新建县	安义县	进贤县
(二)农　业					
农业机械总动力	万千瓦	42.6	16.7	7.2	21.1
化肥使用量(折纯量)	吨	66 523	22 758	13 444	18 130
农药使用量	吨	3 065	1 273	368	870
地膜使用量	吨	457	113	42	273
农村用电量	万千瓦小时	21 733	8 449	1 165	6 872.4
有效灌溉面积	公顷	71 540	48 590	18 400	50 180
农林牧渔业总产值(当年价格)	万元	302 783	121 687	52 910	154 935
农业产值	万元	136 145	53 101	26 125	57 400
林业产值	万元	1 020	1 764	3 591	1 630
牧业产值	万元	113 795	41 368	11 745	40 548
渔业产值	万元	51 823	25 454	11 449	55 357
农林牧渔业总产值(1990 年不变价)	万元	192 046	81 998	30 216	94 834
农业产值	万元	73 124	32 314	12 663	29 887
林业产值	万元	891	1 595	2 201	1 035
牧业产值	万元	78 780	26 236	6 558	23 864
渔业产值	万元	39 251	21 853	8 794	40 048
农作物总播种面积	公顷	202 371	134 646	50 632	147 213
#粮食作物播种面积	公顷	125 896	78 844	28 787	82 507
#稻　谷	公顷	123 081	70 727	27 516	60 846
油料播种面积	公顷	23 636	32 116	15 748	39 753
棉花播种面积	公顷	10	968	697	967
糖料播种面积	公顷	402	22	11	387
粮食总产量	吨	778 108	342 247	140 561	293 915
#稻 谷	吨	768 928	329 109	138 241	271 130
油料产量	吨	20 329	25 212	17 092	28 899
棉花产量	吨	9	875	421	954
麻类产量	吨			1	
糖料产量	吨	18 323	586	147	8 780
烟叶产量	吨				
茶叶产量	吨	189	124	5	187
水果产量	吨	2 307	789	882	3 439
猪肉产量	吨	71 142	39 038	7 524	29 022
牛肉产量	吨	683	307	225	820
羊肉产量	吨	11	4	1	20
禽肉产量	吨	17 030	7 015	1 361	6 890
牛、羊奶产量	吨	82	4 974		
禽蛋产量	吨	69 964	4 552	3 312	12 745
水产品产量	吨	80 045	41 700	11 500	70 609

浮梁县	乐平市	上栗县	芦溪县	莲花县	分宜县	贵溪市	余江县
12.7	17.8	8.8	8.1	8.7	7.3	8.1	4.3
7 689	22 157	9 899	7 569	9 770	7 099	19 024	15 358
142	492	236	410	257	448	261	362
84	237	45	103	27	188	153	63
1 973	9 164	5 835	6 463	1 096.6	3 964.1	1 573.9	1 709
16 490	31 120	10 250	9 420	10 300	12 690	30 400	21 829
46 845	87 753	69 734	42 842	37 715	70 433	93 400	68 440
26 573	54 883	29 975	20 173	18 871	33 057	48 125	30 820
8 125	3 210	3 607	2 519	3 838	9 424	4 518	1 525
11 207	23 598	33 172	18 241	12 598	21 516	31 048	30 124
940	6 062	2 980	1 909	2 408	6 436	9 709	5 971
31 413	57 127	28 804	24 497	22 389	42 995	56 170	36 994
16 244	34 247	15 099	12 472	12 096	17 609	25 761	15 475
7 602	2 782	2 209	2 035	2 155	7 546	3 509	854
6 820	15 320	9 546	8 438	6 483	12 265	18 256	15 742
747	4 778	1 950	1 552	1 655	5 575	8 644	4 923
50 931	98 803	33 074	29 063	38 179	52 146	93 639	61 940
31 559	58 625	21 870	19 072	23 822	29 697	61 591	38 028
27 300	52 526	18 909	16 192	20 859	25 620	56 445	35 360
8 212	14 510	1 463	1 300	4 804	8 065	5 220	5 821
149	1 084	35	16	65	64	9	16
190	422	1	10	6	38	124	472
147 529	280 715	151 941	134 218	122 245	144 784	267 295	174 716
136 277	267 144	142 612	124 386	114 188	138 738	255 559	169 505
4 244	13 246	1 711	1 702	4 090	6 482	6 854	9 181
81	581	42	9	46	62	12	11
2	2	1	4		2 692	64	560
4 750	16 768	23	138	10	865	3 394	17 161
		118	14	62		14	
2 200	83	33	111	48	16	176	27
1 610	1 884	1 990	1 978	2 640	2 118	15 200	3 610
10 715	22 629	16 986	12 507	8 811	18 089	24 960	27 400
128	227	177	583	158	829	962	249
15	6	894	92	12	863	54	6
461	1 277	1 560	1 805	1 982	1 718	5 460	2 394
		8					9
2 150	5 545	1 239	1 174	1 362	4 530	6 100	3 800
1 200	10 800	4 305	2 847	3 402	8 991	10 117	8 500

19－2 续表 2

指　　标	单 位	南昌县	新建县	安义县	进贤县
当年造林面积	公顷	190	47	19	95
(三)工业					
国有及年销售收入500万元以上的非国有：					
工业企业数	个	53	92	37	54
内资企业	个	52	82	35	53
港、澳、台商投资企业	个	1	5	1	1
外商投资企业	个		5	1	
工业总产值(现价)	万元	211 395	221 334	18 989	90 201
内资企业	万元	208 041	206 915	16 843	82 075
港、澳、台商投资企业	万元	3 354	4 824	1 046	8 126
外商投资企业	万元		9 595	1 100	
年销售收入500万元以下非国有：					
工业企业数	个	228	182	72	350
工业总产值(现价)	万元	60 226	41 015	19 738	113 118
(四)交通运输和邮电通信业					
境内公路里程	公里	460	496	554	346
境内铁路里程	公里	121			48
公路客运量	万人	248	291	194	361
公路货运量	万吨	425	320	127	325
邮电业务总量(1990年不变价)	万元	5 160	4 098	1 382	3 925
本地电话用户	户	54 877	37 069	14 556	34 772
#城市电话用户	户	18 198	16 040	8 090	16 081
(五)贸易、外经					
限额以上批发零售贸易业商品销售总额	万元	95 102	15 600		18 649
社会消费品零售总额	万元	77 449	45 831	31 072	73 824
粮食出售量	吨	249 112	144 315	50 672	109 287
当年合同外资额	万美元	1 980	180	1 091	
当年实际使用外资额	万美元	1 489	45	729	
(六)固定资产投资					
全社会固定资产投资完成额	万元	84 777	6 916	9 667	9 377
#基本建设	万元	75 918	6 754	8 524	8 387
更新改造	万元	4 711	128	169	990
全年新增固定资产	万元	58 541	4 551	8 333	8 329
本年竣工房屋面积	平方米	896 570	48 652	108 300	287 528
#住宅	平方米	482 787	42 252	80 900	251 106
商品房屋销售面积	平方米	143 280	40 000		
商品房屋销售额	万元	7 880	2 365		
五、教育、科技、卫生					
学校总数	所	372	374	130	393
#普通中学	所	35	48	15	45
职业中学	所	6	2	1	3
小学	所	330	322	114	345
专任教师总数	人	8 652	5 185	1 882	6 385
#普通中学	人	2 439	1 837	701	2 089

浮梁县	乐平市	上栗县	芦溪县	莲花县	分宜县	贵溪市	余江县
301	583	161	132	66	61	195	54
59	50	5	13	21	27	24	27
59	49	5	13	21	27	21	25
	1					2	1
						1	1
32 175	111 656	3 337	16 445	20 989	41 772	408 616	31 103
32 175	107 155	3 337	16 445	20 989	41 772	404 136	29 618
	4 501					3 855	848
						625	637
49	131	7 166	5 947	2 233	3 875	143	445
8 584	30 847	251 241	177 797	81 202	77 372	8 357	14 048
739	594	305	402	258	807	648	375
86	37		50		38	156	35
81	422	113	800	168	500	240	188
115	332	71	160	255	250	464	279
774	2 710	2 003	1 531	1 724	1 573	5 678	2 238
7 404	23 541	12 598	11 343	8 856	17 718	29 037	14 827
2 961	15 780	5 728	6 167	5 988	13 107	21 953	7 941
30 506	88 050				16 283	1 774	3 965
25 228	95 456	34 405	35 100	16 377	58 347	56 703	36 006
39 026	65 761	45 582	40 265	36 674	50 700	147 012	103 082
42	45	994	684	430	200	54	180
42	45	204	320	280	200	40	180
13 971	23 956	24 480	14 200	9 800	25 816	15 289	9 088
6 006	9 676	3 296	531	4 014	6 856	6 939	7 617
1 590	6 538			181	3 974	3 534	844
11 850	18 401	5 135	5 011	7 946	8 298	4 251	5 877
86 897	95 600	194 139	200 000	211 656	169 286	264 665	301 674
9 500	72 600	189 009	180 000	149 514	102 816	262 189	170 640
1 447	3 255	14 000	7 005		3 000	23 212	7 000
46	212	648	575		95	1 532	450
215	363	214	218	129	193	467	193
27	47	25	19	20	23	44	24
1	6	2	3	3	1	3	1
187	310	187	196	106	169	420	167
2 479	6 634	3 906	2 892	2 446	3 420	4 970	2 957
936	1 995	1 549	1 233	961	1 246	1 883	1 020

19－2 续表 3

指　　　　　　　　标	单 位	南昌县	新建县	安义县	进贤县
职业中学	人	190	67	16	114
小学	人	5 981	3 233	1 165	4 182
在校学生总数	人	157 882	107 570	49 436	126 891
#普通中学	人	51 515	37 342	18 074	42 265
职业中学	人	4 035	2 539	761	2 109
小学	人	102 290	67 146	30 601	82 517
学龄儿童入学率	%	99	99.1	99.5	100
小学毕业升学率	%	95.8	96.7	95.5	94.6
成人中等教育学校在校学生数	人		508		113
成人高等教育学校在校学生数	人				165
医院、卫生院数	所	22	25	10	26
医院、卫生院床位数	床	986	1 049	305	639
医院、卫生院技术人员数	人	1 185	1 065	370	995
从事科技活动人员数	人	3 312	3 126	563	10 227
#农业科学	人	781	1 684	211	351
六、财政、金融					
财政收入	万元	22 338	12 207	5 256	11 743
#地方财政收入	万元	15 262	8 678	3 720	7 916
各项税收	万元	13 171	7 548	2 945	6 385
#农牧业税	万元	3 152	1 901	772	1 441
财政支出	万元	33 252	19 278	6 164	19 677
#基建支出	万元	12 329	5 715	271	8 221
支农支出	万元	2 750	1 223	782	874
福利救济费	万元	877	684	320	503
科技三项费	万元	74	21	15	22
文教科卫事业费	万元	8 018	3 746	2 316	5 841
年末各项存款余额	万元	342 671	160 859	93 590	195 965
#城乡居民储蓄存款余额	万元	254 894	114 622	80 248	160 377
年末各项贷款余额	万元	212 059	151 756	70 570	164 162
#农业贷款	万元	45 623	17 143	2 846	15 326
七、人民生活					
城镇在岗职工年平均人数	人	29 973	33 616	8 901	26 934
城镇在岗职工工资总额	万元	16 911	15 935	5 259	14 136
城镇人均居住面积	平方米	15	18	12	23
农村居民人均纯收入	元	2 337	2 141	2 232	2 153
农村居民人均生活费总支出	元	1 739	1 566	1 775	1 776
#食品支出	元	1 009	962	976	1 023
衣着支出	元	81	66	72	84
农村钢筋砖木结构住房比例	%	100	99.95	100	100

浮梁县	乐平市	上栗县	芦溪县	莲花县	分宜县	贵溪市	余江县
19	49	49	95	44	19	104	40
1 524	4 018	2 308	1 564	1 441	1 925	2 983	1 843
41 109	130 090	81 845	48 214	41 900	48 806	93 220	61 247
13 999	49 272	29 281	20 229	15 679	19 147	39 195	22 699
51	1 711	1 031	1 450	370	266	1 935	708
27 059	79 107	51 533	26 535	25 851	29 393	51 990	36 929
100	100	100	100	99.7	100	99.6	100
95	100	95	95.1	99.1	100	97.5	95.5
						34 076	4 345
24	36	12	13	18	25	39	16
231	1 166	534	315	313	678	884	496
328	1 731	651	635	541	805	941	657
1 380	1 785	622	480	522	3 765	4 993	4 345
420	542	88	78	59	180	225	160
6 398	18 570	7 608	5 988	4 530	10 767	27 575	5 539
4 658	11 628	4 103	4 411	3 554	7 951	13 952	4 410
4 010	7 471	3 447	3 892	2 594	5 272	11 756	2 704
1 301	1 451	674	588	500	818	1 463	804
6 712	17 552	8 243	6 482	7 037	11 437	14 154	6 815
56	2 480	27	517	16	163	138	84
646	748	342	407	187	906	648	178
340	498	515	266	338	277	731	329
2	15	19	14		76	101	22
2 193	539	3 363	2 429	2 286	2 866	3 986	2 121
49 045	207 770	40 558	46 043	48 075	90 538	180 754	81 146
39 388	166 353	34 500	40 672	43 151	76 850	130 345	67 026
68 739	182 978	30 194	47 122	36 709	74 008	384 796	87 836
7 186	14 185	6 143	4 345	4 106	7 420	18 653	21 163
23 000	53 000	9 699	5 837	12 373	21 891	50 947	19 498
12 190	33 677	4 839	3 324	6 479	12 486	43 947	9 641
15	18	17	18	22	24	11	12
2 206	2 408	1 880	1 731	1 333	2 399	2 349	2 189
1 765	1 797	1 630	1 426	1 346	1 072	1 375	1 784
964	1 045	870	784	777	397	758	1 087
88	91	66	69	101	73	72	100
100	91.72	83	77	90.82	98.4	85.97	99.51

指标	单位	九江县	武宁县	修水县	永修县
一、社区基本情况					
乡(镇)个数	个	16	24	36	17
村民委员会个数	个	137	243	449	223
#通公路的村数	个	137	223	387	216
通电的村数	个	137	241	443	219
通电话的村数	个	126	167	369	124
自来水受益村数	个	38	25	24	16
二、人口、劳动力情况					
年末总人口	万人	33.9	37.6	76.8	35.2
#乡村人口	万人	27.3	28.9	63.1	27.5
年末总户数	户	89 792	85 380	173 867	90 470
#乡村户数	户	64 851	67 066	138 627	66 644
当年出生人口数	人	3 693	3 062	9 625	5 626
当年死亡人口数	人	856	1 199	2 394	2 229
年末单位从业人数	万人	3	1.6	2.3	3.6
城镇个体从业人员	万人	0.7	0.7	2.5	1.1
乡村从业人员	万人	13.5	12.7	32	11.4
乡村从业人员按国民经济行业分:					
农、林、牧、渔业	万人	9.9	9	21.3	8.2
工　业	万人	0.4	0.4	0.9	0.3
建筑业	万人	0.7	0.2	0.7	0.3
交通运输、仓储及邮电通讯业	万人	0.2	0.2	0.3	0.2
批发和零售贸易、餐饮业	万人	0.3	0.3	0.7	0.2
其它	万人	2	2.6	8.1	2.2
城镇登记失业人员数	万人		0.3		0.5
三、自然资源					
行政区域土地面积	平方公里	873	3 497	4 504	2 035
耕地面积	公顷	17 952	20 437	46 596	22 088
#水田	公顷	7 830	15 656	30 002	13 523
旱地	公顷	10 122	4 781	16 594	8 565
四、综合经济					
(一)国内生产总值(当年价格)	万元	65 835	107 074	159 046	125 048
第一产业增加值	万元	24 584	56 774	68 713	48 048
农业增加值	万元	11 749	17 826	40 095	22 822
林业增加值	万元	2 178	8 980	7 892	397
牧业增加值	万元	4 752	19 430	15 277	12 537
渔业增加值	万元	5 905	10 538	5 449	12 292
第二产业增加值	万元	18 822	28 000	38 107	38 400
#工业	万元	10 685	24 210	25 643	24 000
第三产业增加值	万元	22 429	22 300	52 226	38 600
国内生产总值(1990年不变价)	万元	55 863	76 099	103 125	98 040

社会经济主要指标(二)

99年)

德安县	星子县	都昌县	湖口县	彭泽县	瑞昌市	赣　县	信丰县	大余县
18	14	30	16	19	24	24	23	17
106	91	330	151	203	218	315	322	144
106	91	315	150	184	210	266	316	137
106	91	330	151	193	218	293	318	141
94	80	299	101	171	203	236	229	115
40	8	7	10	28	73	20	33	10
21.5	22.7	67.9	26.7	34.1	41.6	52.7	63.3	27.4
10.5	19.1	60.5	21.9	31.5	31.1	46.2	54.9	20.4
57 054	52 493	156 817	68 579	85 865	101 248	128 691	165 864	76 193
26 438	41 554	137 797	50 325	73 147	70 772	110 007	132 910	47 784
2 066	3 337	10 369	2 277	3 098	4 763	5 589	6 848	2 684
494	1 041	2 331	1 113	1 244	1 049	2 124	2 866	916
1.8	1.3	2.5	1.6	2.3	20.6	1.8	2.2	2
1	0.5	0.7	0.4	0.6	0.8	1.4	0.8	0.7
5.2	7.9	31.5	10.4	13.3	13.9	24.6	28.5	10.4
3.8	5	18.3	7.9	10.5	10.4	17.5	17.8	7.5
0.3	0.4	0.5	0.3	0.5	0.5	0.3	1.5	0.5
0.2	0.6	1.1	0.8	0.4	0.5	0.5	0.7	0.3
0.1	0.2	0.4	0.1	0.2	0.2	0.2	0.3	0.1
0.1	0.2	0.4	0.2	0.2	0.3	0.4	0.6	0.3
0.7	1.5	10.8	1.1	1.5	2	5.7	7.6	1.7
0.1		0.1	0.2	0.1		0.1		
937	894	2 670	669	1 542	1 423	2 993	2 878	1 368
8 656	10 205	41 631	16 378	21 465	18 157	24 751	32 253	11 413
5 004	7 000	24 375	7 899	6 405	7 329	22 440	26 553	10 785
3 652	3 205	17 256	8 479	15 060	10 828	2 311	5 700	628
67 044	46 810	71 839	62 675	72 870	117 156	126 830	198 988	129 500
17 195	21 800	26 683	31 310	38 238	37 516	64 126	81 257	37 959
9 391	7 136	16 226	16 912	21 056	15 449	35 072	44 667	23 002
2 276	376	126	162	1 591	2 847	2 817	4 746	1 358
3 820	5 412	2 283	4 466	4 980	8 402	19 244	21 883	8 748
1 708	8 876	8 048	9 770	10 611	10 818	6 993	9 961	4 851
33 274	15 450	12 107	13 900	13 799	44 260	24 821	79 044	48 011
30 658	10 236	5 479	10 160	11 056	37 250	16 039	53 881	40 526
16 575	9 560	33 049	17 465	20 833	35 380	37 883	38 687	43 530
53 613	39 120	58 283	37 510	49 783	97 420	80 179	134 282	68 962

19－3 续表1

指　　　　　　　　标	单　位	九江县	武宁县	修水县	永修县
(二)农　业					
农业机械总动力	万千瓦	10.2	8	11.6	6.2
化肥使用量(折纯量)	吨	18 568	5 959	14 075	21 061
农药使用量	吨	3 007	200	279	1 102
地膜使用量	吨	533	64	325	172
农村用电量	万千瓦小时	4 004	1 982.4	5 602	2 602
有效灌溉面积	公顷	15 360	13 360	31 670	19 220
农林牧渔业总产值(当年价格)	万元	43 247	76 677	100 983	66 477
农业产值	万元	23 950	28 362	59 160	32 483
林业产值	万元	2 222	10 212	9 345	608
牧业产值	万元	8 453	25 950	26 647	17 078
渔业产值	万元	8 622	12 153	5 831	16 308
农林牧渔业总产值(1990年不变价)	万元	29 842	42 617	58 617	50 944
农业产值	万元	16 057	14 509	33 199	23 031
林业产值	万元	1 735	4 906	7 824	531
牧业产值	万元	4 792	14 210	13 161	10 479
渔业产值	万元	7 258	8 992	4 433	16 903
农作物总播种面积	公顷	41 261	53 478	85 511	64 855
#粮食作物播种面积	公顷	18 357	32 375	56 724	32 328
#稻　谷	公顷	11 248	20 756	40 909	27 592
油料播种面积	公顷	10 008	9 618	8 397	16 387
棉花播种面积	公顷	7 113	533	226	4 158
糖料播种面积	公顷	158	161	2	114
粮食总产量	吨	64 164	126 186	229 429	162 403
#稻谷	吨	48 445	103 889	200 530	150 728
油料产量	吨	13 760	10 853	7 967	16 483
棉花产量	吨	7 013	800	194	4 059
麻类产量	吨	147	11	3	
糖料产量	吨	3 525	2 288	13	4 748
烟叶产量	吨		5	2	
茶叶产量	吨	13	576	1 248	101
水果产量	吨	764	2 791	1 943	1 555
猪肉产量	吨	7 199	25 304	16 810	11 675
牛肉产量	吨	5	82	60	394
羊肉产量	吨		237	1 894	10
禽肉产量	吨	421	658	1 020	1 075
牛、羊奶产量	吨	2			
禽蛋产量	吨	1 499	3 349	1 745	1 310
水产品产量	吨	14 894	20 508	5 488	27 502

德安县	星子县	都昌县	湖口县	彭泽县	瑞昌市	赣　县	信丰县	大余县
3.6	4.9	12.5	5.2	11	5.2	9	13.2	6
4 177	5 194	19 817	8 619	9 466	4 749	9 987	14 042	4 903
251	195	776	372	521	249	697	845	428
24	49	128	62	103	51	153	842	33
2 598.2	1 570	3 040.3	1 439.8	3 080	4 269	2 446.7	2 970.1	1 735.5
8 656	8 600	29 720	12 690	19 020	10 620	18 460	24 960	10 050
27 291	33 044	60 944	51 766	54 780	51 314	98 430	117 741	59 757
14 403	11 489	27 414	28 042	31 987	22 607	49 589	63 557	35 219
2 407	489	381	247	1 920	3 721	3 370	5 191	1 684
7 797	9 294	11 522	8 823	9 337	12 251	36 964	37 801	17 133
2 684	11 772	21 627	14 654	11 536	12 735	8 507	11 192	5 721
16 748	21 516	39 545	28 493	31 541	29 469	56 523	68 921	32 215
8 604	6 458	16 785	13 158	17 155	11 849	27 528	36 945	15 472
1 646	190	290	187	1 073	2 210	3 682	3 318	1 709
4 116	4 638	6 707	4 231	5 119	7 155	20 248	22 652	10 800
2 382	10 230	15 763	10 917	8 194	8 255	5 065	6 006	4 234
19 298	22 626	83 778	37 799	45 632	40 230	65 640	71 607	30 965
9 421	14 225	50 116	17 651	18 735	22 250	42 401	44 623	18 656
6 278	10 731	35 853	13 281	11 886	11 679	36 750	37 944	15 685
4 590	5 570	23 620	12 176	13 588	8 085	6 543	7 447	3 337
2 755	1 739	4 463	4 555	10 226	1 981	4	2	7
25	7	106	129	9	10	64	2 283	127
39 396	52 366	159 525	67 216	56 807	81 352	199 643	238 221	103 176
33 788	42 852	138 829	59 135	44 167	55 893	188 267	220 921	96 287
4 159	7 363	15 125	13 034	19 227	9 615	9 400	13 722	8 781
2 967	1 344	2 805	4 012	8 159	1 114	4	1	11
3		20			1 660	360	16	
447	135	1 870	2 700	340	159	3 397	137 947	7 220
		3		32		944	1 868	1
7	22	6	16	60	15	74	99	50
431	511	186	397	111	864	12 296	27 504	24 511
3 689	8 719	14 274	7 011	7 258	12 314	25 680	22 138	8 302
53	352		78	303	634	883	1 111	298
12	4			3	76	8		5
188	345	286	199	217	613	9 954	4 348	10 550
	30							2
613	402	657	992	772	617	2 863	3 113	3 708
3 284	21 015	51 668	22 725	20 240	17 071	8 043	13 500	4 783

19－3 续表 2

指　　　标	单 位	九江县	武宁县	修水县	永修县
当年造林面积	公顷	492	1 208	1 172	385
(三)工业					
国有及年销售收入 500 万元以上的非国有:					
工业企业数	个	64	17	22	73
内资企业	个	61	17	21	72
港、澳、台商投资企业	个	1			
外商投资企业	个	2		1	1
工业总产值(现价)	万元	9 158	10 925	37 448	59 885
内资企业	万元	6 836	10 925	32 864	59 197
港、澳、台商投资企业	万元	1 922			
外商投资企业	万元	400		4 584	688
年销售收入 500 万元以下非国有:					
工业企业数	个	62	94	245	152
工业总产值(现价)	万元	8 297	23 619	16 729	8 761
(四)交通运输和邮电通信业					
境内公路里程	公里	629	1 119	800	477
境内铁路里程	公里	69			45
公路客运量	万人	271	423	408	288
公路货运量	万吨	232	139	106	45
邮电业务总量(1990 年不变价)	万元	2 325	1 569	2 441	1 694
本地电话用户	户	20 233	16 082	25 251	29 465
#城市电话用户	户	10 209	10 135	13 329	10 281
(五)贸易、外经					
限额以上批发零售贸易业商品销售总额	万元	5 322	5 100	27 071	2 325
社会消费品零售总额	万元	24 245	41 600	54 522	35 592
粮食出售量	吨	17 624	27 080	11 540	42 903
当年合同外资额	万美元	866	500	510	1 928
当年实际使用外资额	万美元	73	110	220	10
(六)固定资产投资					
全社会固定资产投资完成额	万元	8 421	14 700	17 762	22 757
#基本建设	万元	2 177	5 007	5 875	11 086
更新改造	万元	1 095	1 996	1 750	2 586
全年新增固定资产	万元	5 243	8 512	11 543	7 083
本年竣工房屋面积	平方米	7 802	122 417	191 997	36 390
#住宅	平方米	2 000	75 044	156 743	27 250
商品房屋销售面积	平方米	9 072		33 890	12 135
商品房屋销售额	万元	362		1 537	903
五、教育、科技、卫生					
学校总数	所	279	271	904	226
#普通中学	所	32	26	56	21
职业中学	所	1	4	1	2
小学	所	148	241	847	203
专任教师总数	人	3 677	3 224	5 746	4 068
#普通中学	人	1 266	1 206	2 043	1 531

德安县	星子县	都昌县	湖口县	彭泽县	瑞昌市	赣　县	信丰县	大余县
313	116	161	242	519	358	1 278	250	30
19	20	34	20	1	9	25	43	46
19	20	34	19	1	8	22	41	43
					1	2	1	3
			1			1	1	
3 972	10 328	10 612	18 867	3 880	6 374	25 563	36 739	42 704
3 972	10 328	10 612	17 450	3 880	5 994	13 378	35 608	40 050
					380	9 796	547	2 654
			1 417			2 389	584	
86	2 148		165	78	21	37	94	66
5 182	39 118		1 014	10 612	2 800	5 471	7 234	5 708
222	449	405	321	690	380	1 160	1 843	789
23					20	48	70	
183	80	85.1	128	10.3	284	165	282	139
79	30	57.2	97	137	185	174	231	131
1 468	872	1 399	1 824	1 783	3 141	3 382	3 881	2 762
17 538	12 430	21 460	15 129	18 340	22 371	16 247	21 641	15 028
11 129	7 076	10 725	9 847	8 963	12 312	7 671	11 245	9 367
3 871	5 864	7 238	23 847		35 353	5 620	1 244	788
26 194	22 230	51 430	22 810	26 013	43 854	39 555	39 917	37 331
34 037	6 600	50 010	17 840	11 967	8 030	70 336	53 610	21 902
863	200	90	72		400	278	898	180
686	150	20	72		32 000		700	325
6 305	14 600	14 890	13 633	12 883	79 327	29 733	23 380	26 033
1 781	3 181	7 483	2 250	6 497	49 332	4 590	6 667	4 783
2 001	398	160	840	1 769	1 230	10 298	3 060	3 720
1 401	5 841	12 107	4 825	2 734	10 071	4 882	10 088	17 034
21 980	462 894	65 323	100 617	28 948	38 057	178 200	341 570	292 152
10 900	422 620	21 230	70 127	27 104	19 885	167 400	315 836	259 309
3 650		3 660			57 677			18 790
187		209			2 765			1 865
119	119	370	193	252	255	306	327	169
18	15	36	18	41	36	31	27	23
2	2	4	3	2	3	4	1	5
99	102	330	171	209	216	271	299	141
1 593	2 039	6 744	2 653	4 130	4 571	3 885	5 057	2 286
606	729	2 254	985	1 599	1 556	1 326	1 671	716

19－3 续表 3

指　　　　标	单 位	九江县	武宁县	修水县	永修县
职业中学	人	18	80	88	71
小学	人	1 938	1 938	3 615	2 466
在校学生总数	人	71 756	64 843	143 469	63 106
#普通中学	人	22 580	23 233	52 294	23 839
职业中学	人	515	1 464	2 726	1 507
小学	人	42 078	40 146	88 449	37 760
学龄儿童入学率	%	99.8	99.98	98.1	100
小学毕业升学率	%	95	87.61	95	95.6
成人中等教育学校在校学生数	人	24	31	1 017	345
成人高等教育学校在校学生数	人			1 100	
医院、卫生院数	所	29	33	46	28
医院、卫生院床位数	床	562	521	722	790
医院、卫生院技术人员数	人	691	601	1 160	1 105
从事科技活动人员数	人	3 901	4 026	6 730	6 598
#农业科学	人	688	105	689	425
六、财政、金融					
财政收入	万元	5 384	6 382	9 121	7 116
#地方财政收入	万元	4 254	5 410	7 958	5 658
各项税收	万元	4 686	3 800	5 425	4 247
#农牧业税	万元	576	943	611	1 013
财政支出	万元	10 740	7 826	15 467	24 852
#基建支出	万元	3 512	296	2 157	16 357
支农支出	万元	242	499	1 242	1 205
福利救济费	万元	322	276	660	513
科技三项费	万元	13	63	36	4
文教科卫事业费	万元	2 965	3 134	4 393	3 587
年末各项存款余额	万元	69 163	73 291	84 210	113 793
#城乡居民储蓄存款余额	万元	53 850	59 876	65 352	77 671
年末各项贷款余额	万元	83 741	88 795	112 387	176 344
#农业贷款	万元	12 354	6 976	7 892	8 057
七、人民生活					
城镇在岗职工年平均人数	人	29 911	14 741	21 046	36 391
城镇在岗职工工资总额	万元	13 160	7 774	13 576	10 917
城镇人均居住面积	平方米	15	12	9	16
农村居民人均纯收入	元	1 945	2 117	1 197	2 032
农村居民人均生活费总支出	元	1 525	1 624	1 327	1 544
#食品支出	元	860	275	344	997
衣着支出	元	66	49	48	54
农村钢筋砖木结构住房比例	%	98	73.51	7.8	95.7

德安县	星子县	都昌县	湖口县	彭泽县	瑞昌市	赣　县	信丰县	大余县
31	51	72	18	62	63	74	71	144
956	1 259	4 361	1 630	2 469	2 952	2 485	3 315	1 426
25 737	41 758	132 582	48 487	60 984	72 502	88 882	97 580	42 631
11 040	12 325	47 770	16 890	23 810	25 417	27 785	33 107	12 991
237	388	2 351	270	1 131	1 649	1 754	2 027	2 201
14 460	29 045	82 461	31 327	36 043	45 436	59 343	62 446	27 439
100	99.8	100	99.9	98.6	99.85	100	100	100
100	95	95.4	100	98.6	94.8	100	96.1	93.9
	54				22			
31	22	32	18	42	41	25	28	21
590	1 079	946	425	673	1 253	548	690	758
693	588	1 072	651	1 469	1 067	737	977	860
2 169	3 140	11 518	127	1 738	74	5 404	5 635	3 259
73	205	789	127	1 315	19	210	227	141
4 342	3 717	5 894	4 858	4 614	8 877	9 239	13 910	8 601
2 988	3 169	5 042	4 028	3 528	7 584	7 432	10 956	6 426
2 988	3 275	3 976	4 266	3 041	7 355	5 591	7 170	4 154
246	452	546	724	603	664	1 684	1 919	903
7 182	12 994	46 284	10 992	9 536	11 072	12 856	14 266	8 551
990	6 213	34 482	4 927	1 883	553	1 267	652	101
144	702	312	198	1 321	754	890	1 418	300
267	216	669	242	375	337	484	398	259
25	31	18	10	5	20	9	7	29
1 958	2 285	4 023	2 490	2 345	3 705	3 555	3 451	2 082
82 398	38 706	104 162	63 300	60 006	91 919	96 620	138 083	82 755
66 574	27 565	74 891	47 027	43 275	69 286	77 824	122 332	67 317
194 495	51 035	111 711	85 082	120 431	97 309	83 117	96 104	65 618
55 993	2 229	17 327	5 421	40 870	7 331	7 748	14 767	5 773
18 316	12 594	24 793	16 167	21 628	24 694	15 789	20 507	19 590
9 298	5 977	3 720	8 631	9 442	14 178	9 275	11 638	10 773
12	16	15	15	18	22	15	12	13
2 012	1 462	1 135	1 863	1 459	1 918	1 389	2 232	2 347
1 434	1 320	1 220	1 691	1 589	1 507	1 263	1 827	1 755
784	675	734	918	861	785	887	967	1 159
77	65	50	67	141	93	62	84	56
78.63	91	9.06	53.86	82.3	88.85	0.26	58.39	79.99

19－4 省辖市各市、县

（19

指标	单位	上犹县	崇义县	安远县	龙南县
一、社区基本情况					
乡(镇)个数	个	18	18	21	16
村民委员会个数	个	180	155	243	187
#通公路的村数	个	166	149	237	183
通电的村数	个	180	153	236	184
通电话的村数	个	149	123	186	149
自来水受益村数	个	46	54	29	49
二、人口、劳动力情况					
年末总人口	万人	27.7	19.5	32.7	29.4
#乡村人口	万人	24.4	16.1	28	24.8
年末总户数	户	67 241	50 059	71 388	68 038
#乡村户数	户	57 700	38 884	59 734	56 786
当年出生人口数	人	3 090	2 018	4 211	3 197
当年死亡人口数	人	1 176	986	1 185	912
年末单位从业人数	万人	1.4	1.3	1.3	1.3
城镇个体从业人员	万人	0.5	0.2	1.2	0.4
乡村从业人员	万人	14.8	7.9	13.9	15.4
乡村从业人员按国民经济行业分:					
农、林、牧、渔业	万人	10.7	5.6	10.5	10.6
工　业	万人	0.5	0.5	0.3	1.3
建筑业	万人	0.4	0.1	0.4	0.4
交通运输、仓储及邮电通讯业	万人	0.1	0.1	0.1	0.2
批发和零售贸易、餐饮业	万人	0.2	0.2	0.3	0.3
其它	万人	2.9	1.4	2.3	2.6
城镇登记失业人员数	万人	0.1		0.1	
三、自然资源					
行政区域土地面积	平方公里	1 544	2 197	2 375	1 641
耕地面积	公顷	11 083	8 984	15 015	10 488
#水田	公顷	10 345	8 030	11 606	8 887
旱地	公顷	738	954	3 409	1 601
四、综合经济					
(一)国内生产总值(当年价格)	万元	79 573	85 840	80 892	77 859
第一产业增加值	万元	38 115	28 860	42 132	37 204
农业增加值	万元	17 064	9 233	16 694	16 683
林业增加值	万元	1 498	10 630	7 125	2 526
牧业增加值	万元	8 325	4 715	15 345	14 970
渔业增加值	万元	11 228	4 282	2 968	3 025
第二产业增加值	万元	22 764	21 882	13 972	17 445
#工业	万元	15 113	16 663	9 009	14 360
第三产业增加值	万元	18 694	35 098	24 788	23 210
国内生产总值(1990年不变价)	万元	52 463	56 346	41 520	59 160

社 会 经 济 主 要 指 标(三)

9 9 年)

定南县	全南县	宁都县	于都县	兴国县	会昌县	寻乌县	石城县	瑞金市	南康市
13	16	26	27	29	22	19	15	19	29
151	113	348	402	371	278	222	140	272	379
145	113	347	377	360	247	207	139	265	365
149	113	347	388	363	269	219	140	256	372
132	104	277	367	319	199	188	112	219	364
16	52	23	29	41	20	29	25	27	24
19.3	18.1	69.4	81.3	65.2	40.9	28.2	28.6	57.9	75.4
16.7	13.2	60.5	69.4	59.6	36.4	24.1	23.6	49.4	66.7
47 409	45 986	160 638	177 745	150 805	90 745	65 102	65 602	127 293	198 554
37 272	31 054	134 187	155 688	133 945	79 412	53 316	49 156	106 407	155 716
1 841	2 212	9 513	8 655	6 911	5 819	5 301	5 058	6 302	9 105
1 065	1 187	2 155	3 032	2 133	1 438	1 414	940	2 620	2 457
0.8	1.2	2.6	2.7	2.3	1.6	1.1	1.2	2.1	2.1
0.6	0.3	0.8	0.2	0.3	0.5	0.7	0.7	1.6	2.4
9	6.6	32.3	32.9	35.8	21.1	11.4	12.6	23.4	39.3
6.8	4	23.8	21.9	26.7	16.4	9.2	9.6	15.9	21.3
0.6	0.8	1.4	1.1	0.6	0.7	0.2	0.2	0.6	3.4
0.1	0.2	0.6	0.8	0.9	0.4	0.3	0.3	0.7	2.7
0.1	0.1	0.3	0.2	0.2	0.1	0.1	0.1	0.3	0.4
0.3	0.1	0.5	0.5	0.5	0.4	0.2	0.1	0.6	0.6
1.1	1.4	5.7	8.4	6.9	3.1	1.4	2.3	5.3	10.9
			0.1			0.1		0.1	0.1
1 317	1 521	4 053	2 893	3 215	2 722	2 311	1 582	2 448	1 845
8 530	9 085	44 211	31 737	30 867	20 820	13 605	14 934	23 803	29 640
7 967	7 945	39 742	28 591	27 514	19 956	12 497	13 649	21 295	23 918
563	1 140	4 469	3 146	3 353	864	1 108	1 285	2 508	5 722
62 700	79 517	197 716	169 273	152 842	103 901	74 740	86 649	158 430	193 551
27 263	32 795	89 736	69 588	82 773	50 610	36 722	43 982	61 043	71 098
12 283	19 283	51 113	35 146	37 838	24 929	23 014	20 597	32 019	33 748
3 335	3 785	5 370	2 445	4 981	3 877	1 188	2 230	3 844	732
8 480	6 080	23 429	26 229	34 035	16 917	9 519	5 900	16 152	27 091
3 165	3 647	9 824	5 768	5 919	4 887	3 001	15 255	9 028	9 527
13 765	23 695	55 990	55 227	35 700	22 126	12 068	14 944	33 244	52 273
8 810	18 045	34 510	40 557	20 766	14 900	9 352	9 079	26 392	46 344
21 672	23 027	51 990	44 458	34 369	31 165	25 950	27 723	64 143	70 180
36 922	53 655	125 820	124 302	96 400	73 082	45 064	54 701	100 951	132 514

19－4续表1

指标	单位	上犹县	崇义县	安远县	龙南县
(二)农　业					
农业机械总动力	万千瓦	3.9	3.3	5.3	6.4
化肥使用量(折纯量)	吨	5 580	3 246	7 095	3 083
农药使用量	吨	178	492	510	55
地膜使用量	吨	27	20	139	40
农村用电量	万千瓦小时	1 654	4 443.5	1 168	1 693
有效灌溉面积	公顷	9 330	7 690	11 030	7 720
农林牧渔业总产值(当年价格)	万元	55 097	39 871	63 551	58 801
农业产值	万元	24 626	13 661	24 243	24 585
林业产值	万元	1 715	12 468	8 214	2 823
牧业产值	万元	15 226	8 731	27 639	27 647
渔业产值	万元	13 530	5 011	3 455	3 746
农林牧渔业总产值(1990年不变价)	万元	36 797	27 751	37 101	31 556
农业产值	万元	13 373	7 139	14 091	11 385
林业产值	万元	1 667	12 697	6 288	2 546
牧业产值	万元	7 213	4 637	14 575	13 852
渔业产值	万元	14 544	3 278	2 147	3 773
农作物总播种面积	公顷	33 378	17 753	29 540	29 660
#粮食作物播种面积	公顷	19 680	12 499	22 297	16 626
#稻　谷	公顷	16 033	11 052	21 061	13 004
油料播种面积	公顷	1 447	394	575	1 763
棉花播种面积	公顷		3	10	
糖料播种面积	公顷	17	1	30	
粮食总产量	吨	104 979	69 945	114 080	80 929
#稻谷	吨	95 490	64 560	110 590	73 482
油料产量	吨	2 806	1 035	852	4 994
棉花产量	吨		4	13	
麻类产量	吨	5			
糖料产量	吨	1 367	13	1 508	
烟叶产量	吨	44	15	165	
茶叶产量	吨	508	339	118	19
水果产量	吨	14 120	4 731	10 669	5 181
猪肉产量	吨	7 996	5 900	9 283	13 522
牛肉产量	吨	90	388	1 247	122
羊肉产量	吨	5	419	23	160
禽肉产量	吨	2 966	1 861	5 692	5 596
牛、羊奶产量	吨	10		3	43
禽蛋产量	吨	1 990	500	8 706	8 370
水产品产量	吨	11 703	6 318	3 020	4 633

定南县	全南县	宁都县	于都县	兴国县	会昌县	寻乌县	石城县	瑞金市	南康市
4.7	3	12	8.2	6.9	3.2	3.6	4.6	5.6	11
3 089	6 101	18 590	12 622	13 087	11 729	7 922	8 365	11 689	17 171
21	438	758	935	925	647	902	346	470	684
15	82	451	469	134	82	318	414	58	197
893	1 937	3 207.6	3 141.7	2 220	1 958	1 302.5	1 021.9	2 023.4	5 389.5
6 020	7 720	31 980	25 230	24 140	16 130	10 100	11 140	18 030	23 760
39 789	46 050	131 086	105 998	130 680	75 998	57 071	62 063	94 632	115 506
17 113	27 542	69 240	49 551	56 952	35 735	33 805	29 694	47 305	49 359
3 747	4 205	6 287	2 682	5 639	4 561	1 400	2 478	4 443	1 187
15 035	10 274	43 748	46 885	60 704	29 508	18 318	11 556	29 570	52 263
3 894	4 029	11 811	6 880	7 385	6 194	3 548	18 335	13 314	12 697
21 248	27 355	78 283	64 959	67 175	46 566	35 818	35 617	61 011	68 935
9 353	14 329	38 574	29 633	27 882	18 909	22 273	13 471	29 515	29 394
3 386	4 648	5 992	3 458	5 169	4 348	1 417	1 422	2 836	1 136
6 880	5 521	25 887	26 990	29 292	16 552	9 343	5 526	16 242	27 433
1 629	2 857	7 830	4 878	4 832	6 757	2 785	15 198	12 418	10 972
21 584	30 062	96 708	89 898	75 586	48 808	34 111	36 069	59 766	74 677
13 354	15 368	58 112	53 905	46 369	33 377	23 780	22 439	36 813	41 516
11 724	12 247	52 490	43 716	39 547	29 414	20 443	20 381	30 668	35 673
968	2 818	10 150	18 385	6 547	2 720	1 218	2 523	8 738	6 284
	2	33	29	2	13	5	7		4
15	4	195	396	2 425	1 327	14	9	1 463	2 029
63 582	75 552	297 578	242 483	212 284	167 400	116 647	118 746	173 115	222 310
59 368	65 353	281 047	225 770	199 299	160 907	110 224	114 082	160 228	209 347
1 365	4 274	16 100	29 404	7 677	2 847	2 032	2 944	10 336	15 924
	1	42	51	1	15	3	7		4
		118	15	13	5				69
446	114	9 955	12 907	157 689	114 873	309	218	94 019	100 011
	23	1 063	5	419	880	197	3 668	550	135
92	150	110	67	159	88	43	46	16	43
16 549	22 395	36 672	16 896	11 365	14 539	79 889	3 515	13 176	18 962
10 670	6 140	21 114	23 798	30 290	13 008	12 397	7 745	16 812	26 590
290	210	1 024	1 758	641	700	620	413	864	544
8	170		1		2	83			
3 386	2 849	15 573	11 339	18 167	8 111	4 580	1 136	7 517	8 840
21	11	45	13		14		12	11	56
560	994	9 012	8 068	4 108	3 222	1 518	893	3 192	7 210
3 300	4 705	14 809	11 464	8 220	8 146	4 300	5 377	8 400	13 810

19－4 续表 2

指　　　　　标	单 位	上犹县	崇义县	安远县	龙南县
当年造林面积	公顷	879		1 188	639
（三）工业					
国有及年销售收入 500 万元以上的非国有：					
工业企业数	个	38	26	30	31
内资企业	个	33	26	28	29
港、澳、台商投资企业	个	4		2	2
外商投资企业	个	1			
工业总产值(现价)	万元	27 317	22 026	7 492	20 876
内资企业	万元	19 526	22 026	6 126	18 741
港、澳、台商投资企业	万元	6 038		1 366	2 135
外商投资企业	万元	1 753			
年销售收入 500 万元以下非国有：					
工业企业数	个	79	41	40	50
工业总产值(现价)	万元	7 035	6 342	2 422	7 854
（四）交通运输和邮电通信业					
境内公路里程	公里	737	955	1 067	773
境内铁路里程	公里				29
公路客运量	万人	117	64	110	143
公路货运量	万吨	101	81	49	117
邮电业务总量(1990 年不变价)	万元	1 520	1 839	1 794	2 602
本地电话用户	户	10 005	11 754	11 289	14 221
#城市电话用户	户	5 698	6 455	7 025	10 556
（五）贸易、外经					
限额以上批发零售贸易业商品销售总额	万元				
社会消费品零售总额	万元	21 876	21 714	22 303	25 968
粮食出售量	吨	22 297	11 905	20 200	12 655
当年合同外资额	万美元	360	90	230	1 524
当年实际使用外资额	万美元	392	345	120	986
（六）固定资产投资					
全社会固定资产投资完成额	万元	9 292	12 207	8 715	12 629
#基本建设	万元	2 482	2 658	1 866	6 430
更新改造	万元	1 065	3 941	1 824	391
全年新增固定资产	万元	5 063	3 246	3 058	7 402
本年竣工房屋面积	平方米	46 820	13 516	62 100	130 760
#住宅	平方米	31 226	10 704	48 000	108 400
商品房屋销售面积	平方米		7 927		6 000
商品房屋销售额	万元		385		340
五、教育、科技、卫生					
学校总数	所	179	185	242	199
#普通中学	所	17	19	18	18
职业中学	所	2	4	4	1
小学	所	160	162	220	179
专任教师总数	人	2 222	1 460	2 177	2 193
#普通中学	人	683	505	741	814

定南县	全南县	宁都县	于都县	兴国县	会昌县	寻乌县	石城县	瑞金市	南康市
	10	330	469	709	150	270	380	50	828
14	34	35	23	31	20	22	21	32	29
14	34	34	18	30	18	22	21	30	27
		1	2	1	1			2	1
			3		1				1
5 431	22 201	20 873	39 765	25 942	19 916	8 971	6 863	27 755	48 097
5 431	22 201	19 771	23 429	25 080	12 690	8 971	6 863	20 155	43 274
		1 102	10 888	862	6 364			7 600	3 589
			5 448		862				1 234
51	66	80	87	85	45	56	37	60	134
6 601	10 290	10 743	7 765	9 371	1 679	3 145	3 022	7 463	17 550
565	539	2 253	1 128	1 018	815	919	711	898	1 044
17				48					38
93	152	362	303	127	156	143	261	288	577
29	64	205	114	58	79	42	183	118	218
1 990	1 682	3 387	3 937	3 322	2 069	1 678	1 651	4 091	4 806
10 423	10 127	20 531	26 106	19 283	11 124	10 305	9 742	18 587	27 851
6 497	5 589	13 052	11 132	10 117	6 979	6 507	6 536	12 075	13 389
109			2 424	4 044	1 501		2 063		638
20 267	30 535	50 415	60 916	43 173	40 697	29 402	18 530	70 400	58 668
8 140	17 720	95 307	51 689	48 245	41 606	28 710	33 687	36 654	67 811
80	41	22	47	295	459	34		890	100
612	61	70	125	569	398	173		727	120
12 852	9 501	44 821	34 442	29 189	21 287	14 824	14 778	45 324	37 801
2 155	6 796	9 771	5 817	14 204	5 848	5 265	5 649	20 249	11 095
6 723	260	1 507	801	1 872	1 800	3 787	810	3 419	7 320
17 528	6 391	14 551	19 828	18 429	10 518	29 232	11 485	10 587	24 264
126 246	76 329	164 030	433 652	140 672	185 150	99 850	178 352	208 123	510 465
108 375	46 881	110 105	342 116	69 720	162 000	76 150	127 144	185 628	339 867
		12 524	9 311	6 685			24 000		5 970
		1 179	865	311			1 200		485
148	101	318	386	461	321	265	149	269	354
16	17	31	39	32	20	25	17	32	43
1	2	1	8	3	5	3	1	3	6
131	82	285	339	426	296	237	131	233	305
1 545	1 537	5 519	5 932	4 559	3 014	2 019	2 247	4 805	5 424
602	583	1 808	2 117	1 548	954	740	851	1 375	1 767

19-4 续表 3

指　　标	单位	上犹县	崇义县	安远县	龙南县
职业中学	人	52	126	63	94
小学	人	1 487	829	1 373	1 187
在校学生总数	人	40 237	31 604	55 595	50 003
#普通中学	人	12 225	9 739	18 192	15 755
职业中学	人	965	1 688	1 599	1 338
小学	人	27 047	20 177	35 804	31 268
学龄儿童入学率	%	100	100	99.8	100
小学毕业升学率	%	96.7	95.2	94.9	98.1
成人中等教育学校在校学生数	人				
成人高等教育学校在校学生数	人				
医院、卫生院数	所	21	21	23	18
医院、卫生院床位数	床	296	324	340	354
医院、卫生院技术人员数	人	507	501	597	648
从事科技活动人员数	人	2 657	2 339	3 650	2 655
#农业科学	人	142	126	92	116
六、财政、金融					
财政收入	万元	7 426	6 828	5 757	8 305
#地方财政收入	万元	5 688	5 506	5 016	6 908
各项税收	万元	3 998	3 551	2 931	4 699
#农牧业税	万元	872	1 250	1 095	847
财政支出	万元	8 768	7 153	9 315	8 611
#基建支出	万元	95	55	820	43
支农支出	万元	753	277	223	368
福利救济费	万元	237	193	275	227
科技三项费	万元	5	17	22	17
文教科卫事业费	万元	1 756	1 900	2 649	2 001
年末各项存款余额	万元	53 684	47 300	44 152	68 827
#城乡居民储蓄存款余额	万元	43 508	37 615	34 333	60 180
年末各项贷款余额	万元	47 393	41 717	51 115	49 854
#农业贷款	万元	5 290	5 990	7 789	6 095
七、人民生活					
城镇在岗职工年平均人数	人	13 518	11 686	12 427	12 690
城镇在岗职工工资总额	万元	7 992	7 113	6 552	7 409
城镇人均居住面积	平方米	13	13	13	13
农村居民人均纯收入	元	1 334	2 179	1 409	2 247
农村居民人均生活费总支出	元	1 214	1 402	1 294	1 796
#食品支出	元	728	834	667	1 096
衣着支出	元	63	42	47	89
农村钢筋砖木结构住房比例	%	0.21	3.89	2.26	33.11

定南县	全南县	宁都县	于都县	兴国县	会昌县	寻乌县	石城县	瑞金市	南康市
14	37	102	118	69	82	34	51	163	150
929	917	3 512	3 697	2 942	1 978	1 245	1 345	3 196	3 507
31 053	29 626	118 596	127 400	100 048	63 638	45 354	52 823	96 726	116 222
10 157	9 971	39 808	39 812	34 954	19 359	13 145	16 630	33 525	37 192
226	829	2 261	2 253	1 231	1 505	1 269	1 145	3 510	4 409
20 670	18 826	74 606	85 335	63 863	42 774	30 940	35 048	58 117	74 621
99.6	98.5	100	100	100	100	99.9	100	100	100
95.4	98.5	95.5	91.7	93	94.3	94.3	94.9	95	96.5
									74
16	21	25	32	28	23	18	17	22	28
330	560	1 053	715	545	407	336	365	561	834
440	505	1 086	1 115	1 166	609	440	497	767	1 144
2 493	1 816	6 894	6 705	6 490	3 384	2 701	2 918	4 881	7 353
134	72	228	140	230	164	121	138	138	193
6 000	6 070	10 177	12 127	11 869	7 164	6 418	6 448	10 968	12 620
5 206	5 292	8 436	9 376	8 072	5 947	5 812	5 649	8 712	10 021
2 806	2 589	6 451	6 695	5 926	4 262	3 255	2 957	6 212	6 724
626	800	2 426	1 468	1 535	1 591	1 325	1 047	1 695	1 334
7 560	6 560	14 354	15 986	17 375	10 295	10 339	8 484	13 817	15 894
277	93	338	346	1 726	201	1 062	487	461	1 665
161	199	358	615	816	538	438	343	417	379
178	158	742	895	946	529	274	290	1 281	576
67	18	15	24	11	29	8	25	17	9
2 010	1 796	4 487	5 330	4 125	2 854	2 167	2 431	4 352	4 551
34 915	44 962	135 518	142 426	102 069	50 022	30 724	49 436	120 990	146 978
27 085	40 434	112 699	114 709	80 363	38 770	25 177	41 472	102 145	121 346
43 499	38 010	98 133	88 582	90 940	54 380	46 818	34 091	79 077	141 361
1 755	6 751	17 019	10 181	13 784	4 729	4 233	4 608	10 250	20 393
7 643	11 785	24 887	25 658	21 950	15 385	10 951	11 048	19 784	19 906
4 696	5 928	13 067	15 738	12 858	8 198	5 755	6 278	11 326	11 594
11	10	16	10	14	13	14	11	10	9
2 125	2 296	1 322	1 484	1 354	1 329	1 305	2 116	2 134	2 146
1 625	1 941	1 248	1 376	1 087	1 174	1 266		1 608	1 235
810	983	671	856	637	777	746		930	754
111	55	52	50	49	51	61		75	32
69.91	93.93	0.79	0.33	0.44	3.7	3.58	27.26	80.41	63.21

19-5 宜春地区各市、县

（19

指　　　　标	单位	宜春市	丰城市	樟树市
一、社区基本情况				
乡(镇)个数	个	26	31	17
村民委员会个数	个	361	529	275
#通公路的村数	个	359	527	275
通电的村数	个	361	521	275
通电话的村数	个	290	467	258
自来水受益村数	个	164	39	16
二、人口、劳动力情况				
年末总人口	万人	92.2	119.5	53.5
#乡村人口	万人	72.9	95	41.1
年末总户数	户	239 614	285 963	136 256
#乡村户数	户	171 780	205 115	95 016
当年出生人口数	人	9 842	13 904	5 542
当年死亡人口数	人	4 046	4 591	1 932
年末单位从业人数	万人	6.9	6.5	3.6
城镇个体从业人员	万人	3.3	0.8	1.7
乡村从业人员	万人	35.8	45	22.3
乡村从业人员按国民经济行业分:				
农、林、牧、渔业	万人	23.7	28.3	13.5
工　业	万人	2.1	5.3	1.3
建筑业	万人	1.4	2.3	0.6
交通运输、仓储及邮电通讯业	万人	0.5	0.9	0.4
批发和零售贸易、餐饮业	万人	0.6	1	0.3
其它	万人	7.5	7.2	6.2
城镇登记失业人员数	万人	1.7	0.1	0.1
三、自然资源				
行政区域土地面积	平方公里	2 532	2 845	1 287
耕地面积	公顷	38 418	86 271	40 793
#水田	公顷	31 745	72 290	33 672
旱地	公顷	6 673	13 981	7 121
四、综合经济				
(一)国内生产总值(当年价格)	万元	305 410	398 545	180 343
第一产业增加值	万元	90 094	150 163	75 702
农业增加值	万元	57 164	91 015	42 537
林业增加值	万元	7 510	5 561	1 431
牧业增加值	万元	14 500	37 829	20 782
渔业增加值	万元	10 920	15 758	10 952
第二产业增加值	万元	108 179	101 584	52 200
#工业	万元	91 368	84 658	42 552
第三产业增加值	万元	107 137	146 798	52 441
国内生产总值(1990年不变价)	万元	213 321	272 453	112 439

社会经济主要指标

99年）

高安市	奉新县	万载县	上高县	宜丰县	靖安县	铜鼓县
24	17	20	17	16	15	13
311	185	213	196	205	116	109
311	185	208	196	205	116	106
311	184	213	196	205	116	107
279	130	151	183	121	102	88
37	29	71	72	88	32	24
78.6	28.7	46.6	33.1	26.4	13.7	13.6
58.3	22.5	40	24.3	17.9	9.3	9.6
195 177	80 683	119 856	101 414	81 134	37 963	36 722
140 282	56 003	97 802	65 736	48 218	25 088	23 300
9 230	2 663	5 419	3 136	2 688	1 526	1 476
2 646	1 286	1 892	1 603	1 325	705	327
4.8	1.9	2.5	2.2	1.4	1.2	1.1
0.4	0.3	0.7	0.3	0.3	0.1	0.4
27.9	12.2	18.2	11.4	8.3	4.1	4.4
21.1	9.8	11.6	8	6.2	3	3.5
1.8	0.4	1.6	1	0.7	0.1	0.1
0.9	0.2	0.5	0.4	0.3	0.1	
0.6	0.2	0.2	0.2	0.2	0.1	0.1
0.3	0.2	0.4	0.2	0.2	0.1	0.1
3.2	1.4	3.9	1.6	0.7	0.7	0.6
0.4	0.5	0.3		0.1		0.1
2 439	1 642	1 714	1 350	1 935	1 377	1 548
66 793	27 793	25 039	25 176	24 046	10 584	7 474
52 363	25 887	22 531	20 383	22 856	9 807	6 386
14 430	1 906	2 508	4 793	1 190	777	1 088
248 777	119 250	129 718	173 790	109 646	61 950	67 700
85 890	57 893	48 311	76 340	43 608	24 765	23 400
53 282	38 239	32 321	56 640	23 112	11 724	7 371
3 126	5 890	6 162	3 500	10 302	6 390	11 762
21 579	7 838	4 977	8 800	5 868	4 758	2 631
7 903	5 926	4 851	7 400	4 326	1 893	1 636
78 050	24 950	38 401	49 667	36 874	21 434	22 250
65 452	24 581	30 666	45 233	31 789	17 956	20 780
84 837	36 407	43 006	47 783	29 164	15 751	22 050
183 520	84 208	127 383	125 060	83 136	52 865	48 150

19－5 续表 1

指　　　标	单 位	宜春市	丰城市	樟树市
(二)农　业				
农业机械总动力	万千瓦	19	28.4	18
化肥使用量(折纯量)	吨	17 185	43 254	26 171
农药使用量	吨	1 404	1 949	1 203
地膜使用量	吨	200	343	108
农村用电量	万千瓦小时	5 799.8	8 585.2	4 647
有效灌溉面积	公顷	30 840	73 170	33 960
农林牧渔业总产值(当年价格)	万元	195 680	258 355	140 361
农业产值	万元	101 758	149 537	68 075
林业产值	万元	14 432	6 314	1 995
牧业产值	万元	55 673	72 746	56 184
渔业产值	万元	23 817	29 758	14 107
农林牧渔业总产值(1990 年不变价)	万元	116 213	182 341	86 773
农业产值	万元	63 568	102 754	37 264
林业产值	万元	7 858	5 980	1 886
牧业产值	万元	32 368	53 391	34 496
渔业产值	万元	12 419	20 216	13 127
农作物总播种面积	公顷	115 911	240 436	115 282
#粮食作物播种面积	公顷	73 378	148 400	68 116
#稻　谷	公顷	55 099	125 178	60 421
油料播种面积	公顷	12 846	35 816	22 150
棉花播种面积	公顷	223	2 629	548
糖料播种面积	公顷	118	1 136	46
粮食总产量	吨	401 167	780 663	354 567
#稻 谷	吨	342 828	728 940	330 820
油料产量	吨	12 251	25 050	26 575
棉花产量	吨	185	2 352	836
麻类产量	吨	1 677	20	13
糖料产量	吨	3 383	77 867	1 853
烟叶产量	吨	395	28	
茶叶产量	吨	98	633	79
水果产量	吨	4 162	1 848	4 923
猪肉产量	吨	54 437	41 749	39 142
牛肉产量	吨	639	2 981	1 680
羊肉产量	吨	242	8	22
禽肉产量	吨	4 001	8 382	6 315
牛、羊奶产量	吨	100		54
禽蛋产量	吨	5 387	17 896	9 860
水产品产量	吨	24 388	53 800	25 093

高安市	奉新县	万载县	上高县	宜丰县	靖安县	铜鼓县
27	8.3	7.5	9.3	13.9	7.8	3.6
57 933	11 427	10 171	13 302	14 154	2 863	1 711
2 054	318	313	1 473	480	250	115
228	258	162	433	116	34	26
8 014	5 264.4	3 096.5	2 432	3 895	1 342	821
57 480	24 020	20 050	20 990	21 390	8 870	5 340
161 965	93 569	96 503	138 653	84 377	40 936	40 990
90 394	66 171	46 900	85 277	40 868	20 103	13 558
3 667	6 964	8 194	4 502	14 868	10 160	17 046
52 676	13 720	34 639	37 817	21 776	7 624	8 343
15 228	6 714	6 770	11 057	6 865	3 049	2 043
110 889	56 948	61 500	79 690	54 537	26 795	27 576
66 054	37 426	28 179	44 255	25 500	11 893	7 586
3 364	6 426	6 308	4 175	10 417	9 147	13 928
31 952	8 522	20 293	21 276	12 584	3 255	4 630
9 519	4 574	6 720	9 984	6 036	2 500	1 432
161 578	67 191	68 730	82 468	56 778	24 807	15 351
92 144	42 341	43 697	43 501	37 874	14 683	9 759
82 306	38 767	37 080	36 043	34 516	12 681	7 165
44 589	10 738	7 510	15 113	7 094	3 757	1 053
5 937	905	68	908	80	55	22
45	7	72	848	288	33	
523 445	236 485	239 394	275 455	226 944	82 275	45 354
500 237	225 937	222 799	249 106	214 598	73 490	38 665
44 220	10 429	6 747	21 230	5 968	5 140	1 375
5 287	1 139	51	1 190	103	79	30
	1	206	2 138	557	2	8
2 580	128	1 840	45 301	6 638	818	
5	1	95	5		16	7
291	50	80	106	59	41	98
3 252	2 059	4 482	16 869	3 084	7 731	945
44 133	11 394	29 969	34 551	16 862	3 876	5 231
5 386	102	286	794	431	117	46
31	15	307	86	153	4	728
2 284	596	4 996	3 202	1 538	364	402
			10		4	11
6 318	2 460	2 396	5 211	1 996	712	332
24 923	8 017	10 008	20 000	9 210	3 769	3 404

19－5 续表 2

指　　　　标	单 位	宜春市	丰城市	樟树市
当年造林面积	公顷	176	287	894
(三)工业				
国有及年销售收入500万元以上的非国有:				
工业企业数	个	62	40	35
内资企业	个	60	37	31
港、澳、台商投资企业	个	1	2	3
外商投资企业	个	1	1	1
工业总产值(现价)	万元	102 714	794 972	108 835
内资企业	万元	92 856	751 961	88 449
港、澳、台商投资企业	万元	1 700	8 851	8 228
外商投资企业	万元	8 158	34 160	12 158
年销售收入500万元以下非国有:				
工业企业数	个	218	93	4 942
工业总产值(现价)	万元	31 609	298 840	90 317
(四)交通运输和邮电通信业				
境内公路里程	公里	626	1 265	579
境内铁路里程	公里	41	65	100
公路客运量	万人	674.2	630	237
公路货运量	万吨	513.8	670	16 200
邮电业务总量(1990年不变价)	万元	7 420	6 308	3 259
本地电话用户	户	65 003	45 356	30 042
#城市电话用户	户	49 031	21 905	18 962
(五)贸易、外经				
限额以上批发零售贸易业商品销售总额	万元	95 584	63 682	44 971
社会消费品零售总额	万元	162 751	193 877	92 575
粮食出售量	吨	152 356	246 610	155 954
当年合同外资额	万美元	300	5 107	170
当年实际使用外资额	万美元	106	234	292
(六)固定资产投资				
全社会固定资产投资完成额	万元	28 277	179 400	34 614
#基本建设	万元	21 152	69 625	7 804
更新改造	万元	5 078	657	
全年新增固定资产	万元	23 552	9 964	32 713
本年竣工房屋面积	平方米	375 832	296 242	568 781
#住宅	平方米	342 103	256 423	452 400
商品房屋销售面积	平方米	43 381	5 100	28 994
商品房屋销售额	万元	3 067	347	1 853
五、教育、科技、卫生				
学校总数	所	509	596	263
#普通中学	所	44	65	33
职业中学	所	6	3	4
小学	所	446	528	226
专任教师总数	人	8 707	10 514	4 889
#普通中学	人	2 842	3 624	2 258

高安市	奉新县	万载县	上高县	宜丰县	靖安县	铜鼓县
606	151	72	383	128	56	32
13	66	42	8	57	44	37
11	65	41	8	55	42	33
		1		2	2	4
2	1					
30 095	44 361	32 343	7 136	43 580	26 770	31 290
27 065	42 751	31 266	7 136	34 840	25 771	24 686
		1 077		8 740	999	6 604
3 030	1 610					
380	2 546	100	96	104	1 555	827
21 823	39 930	19 415	24 528	13 818	45 773	71 333
1 196	305	851	1 402	876	439	626
33			28			
758.9	15 087	521	315	401	178	118
610.6	24 236	160	301	300	70	68
3 910	1 690	1 135	1 396	1 607	7 578	246
35 286	15 022	12 382	18 650	17 508	13 900	11 565
21 219	9 486	10 071	12 405	10 079	7 024	7 561
41 867	13 739		23 595	11 940	5 232	
121 188	45 966	67 561	57 080	48 010	20 837	21 633
234 850	112 969	119 394	68 828	111 591	37 000	8 050
	116	358	1 200	21	700	139
	154	242	260	21	46	136
69 000	25 173	30 131	33 800	28 560	6 345	19 268
23 481	4 150	5 648	5 881	21 420	3 228	2 544
1 050	2 026	952	1 976	7 140	2 935	683
21 000	24 290	7 440	8 426	17 136	4 597	3 966
338 500	683 955	124 439	153 269	312 354	28 753	41 331
271 500	628 489	119 549	92 633	289 056	15 837	22 883
25 100		27 777	13 078	7 151	32 000	2 125
1 414		2 397	450	375	1 070	80
381	475	234	216	188	337	148
37	27	25	28	21	14	12
11	1	3	1	2	1	1
333	214	206	187	165	124	135
7 023	3 187	4 029	3 216	2 970	1 576	1 229
2 807	1 298	1 554	1 275	1 100	583	436

指　　　　标	单 位	宜春市	丰城市	樟树市
职业中学	人	102	60	65
小学	人	4 820	6 361	2 566
在校学生总数	人	151 031	186 485	92 122
#普通中学	人	44 226	66 999	40 430
职业中学	人	1 670	694	1 152
小学	人	90 648	118 792	50 540
学龄儿童入学率	%	99.36	100	99.99
小学毕业升学率	%	92.61	95.5	99.48
成人中等教育学校在校学生数	人	552	1 023	
成人高等教育学校在校学生数	人	1 182		
医院、卫生院数	所	34	53	28
医院、卫生院床位数	床	2 416	3 755	1 380
医院、卫生院技术人员数	人	2 502	3 064	1 267
从事科技活动人员数	人	6 500	11 845	8 231
#农业科学	人	1 200	342	198
六、财政、金融				
财政收入	万元	23 203	31 487	17 761
#地方财政收入	万元	16 370	19 035	11 695
各项税收	万元	14 013	16 021	15 520
#农牧业税	万元	2 256	2 908	1 875
财政支出	万元	29 477	24 878	15 101
#基建支出	万元	3 505	1 872	402
支农支出	万元	534	841	426
福利救济费	万元	670	641	331
科技三项费	万元	43	46	32
文教科卫事业费	万元	9 282	8 881	5 852
年末各项存款余额	万元	332 182	303 841	224 946
#城乡居民储蓄存款余额	万元	237 775	264 912	188 828
年末各项贷款余额	万元	340 133	288 509	216 786
#农业贷款	万元	23 178	38 343	24 349
七、人民生活				
城镇在岗职工年平均人数	人	67 062	65 000	32 257
城镇在岗职工工资总额	万元	38 840	34 721	16 145
城镇人均居住面积	平方米	11	7	9
农村居民人均纯收入	元	2 403	2 415	2 376
农村居民人均生活费总支出	元	2 178	1 734	2 389
#食品支出	元	1 216	949	1 059
衣着支出	元	93	58	162
农村钢筋砖木结构住房比例	%	90.44	61.4	49.1

高安市	奉新县	万载县	上高县	宜丰县	靖安县	铜鼓县
193	91	83	81	101	50	56
4 023	1 594	2 392	1 860	1 769	800	737
125 437	48 055	78 893	40 277	41 479	45 319	19 959
52 187	20 489	31 056	21 406	17 318	8 308	6 822
3 108	1 072	6 236	1 722	1 660	364	458
70 142	26 494	41 601	17 149	22 501	11 827	12 679
99.92	100	99.8	100	99.96	99.9	99.9
95.29	100	92.9	99	99	96.3	97
	49 586			26 546		158
32	26	27	52	26	17	18
1 544	566	699	785	709	321	200
1 949	826	1 316	1 068	815	413	338
9 672	7 700	4 240	1 320	5 527	2 633	1 806
840	1 300	175	450	144	82	100
17 881	9 601	12 905	11 724	10 435	6 004	7 124
13 298	7 605	7 722	8 625	7 269	4 740	5 860
15 249	7 605	6 076	8 144	9 531	3 998	2 946
3 643	1 646	1 247	1 280	1 635	209	1 847
17 791	9 260	11 556	11 173	10 513	6 245	6 586
34	27	92	88	654	29	30
418	368	910	882	1 347	528	694
468	179	365	220	431	134	163
36	24	27	19	19	24	4
6 853	2 385	4 148	3 321	2 985	1 586	1 555
222 031	92 703	96 123	110 558	105 907	53 238	42 463
179 445	76 097	77 929	91 355	84 656	44 614	33 024
275 391	108 135	94 019	136 922	105 989	57 408	39 818
33 873	17 550	3 824	17 114	20 673	6 412	6 252
46 110	18 671	18 897	21 500	14 000	11 022	9 905
24 913	10 224	10 527	12 881	13 545	6 415	6 140
16	15	10	14	16	15	11
2 495	2 533	2 311	2 662	2 622	2 400	2 225
1 729	2 082	1 852	1 288	1 676	1 688	2 168
944	424	461	806	967	408	1 051
64	66	78	55	77	82	107
95.28	85	49	76	50	64	18.7

19－6 上饶地区各市、县

（19

指　　　　标	单 位	上饶市	德兴市	上饶县	广丰县
一、社区基本情况					
乡(镇)个数	个	7	17	30	30
村民委员会个数	个	76	123	300	267
#通公路的村数	个	76	123	298	262
通电的村数	个	76	123	300	267
通电话的村数	个	76	108	283	253
自来水受益村数	个	10	51	67	18
二、人口、劳动力情况					
年末总人口	万人	33.3	30.7	66.1	73.6
#乡村人口	万人	15.5	19	58.3	66.8
年末总户数	户	93 386	87 214	150 605	186 750
#乡村户数	户	35 551	48 286	133 329	148 339
当年出生人口数	人	3 301	2 889	5 599	7 368
当年死亡人口数	人	1 031	1 031	2 599	3 039
年末单位从业人数	万人	6	2.3	2.2	3.1
城镇个体从业人员	万人	5	0.4	0.5	2
乡村从业人员	万人	6.3	9.1	26.7	30.5
乡村从业人员按国民经济行业分:					
农、林、牧、渔业	万人	3.1	6.8	15.8	16.3
工　业	万人	0.6	0.3	1.7	2
建筑业	万人	0.8	0.2	1	1.8
交通运输、仓储及邮电通讯业	万人	0.2	0.2	0.5	0.4
批发和零售贸易、餐饮业	万人	0.2	0.2	0.6	0.6
其它	万人	1.4	1.4	7.1	9.4
城镇登记失业人员数	万人		0.1	0.1	0.2
三、自然资源					
行政区域土地面积	平方公里	338	2 082	2 240	1 378
耕地面积	公顷	6 171	14 272	24 395	19 544
#水田	公顷	5 465	12 936	21 724	18 847
旱地	公顷	706	1 336	2 671	697
四、综合经济					
(一)国内生产总值(当年价格)	万元	228 076	194 000	137 896	244 000
第一产业增加值	万元	29 716	32 831	48 447	61 000
农业增加值	万元	20 757	16 487	30 110	29 315
林业增加值	万元	456	8 268	6 558	4 755
牧业增加值	万元	3 833	5 549	4 493	18 586
渔业增加值	万元	4 670	2 527	7 286	8 344
第二产业增加值	万元	90 922	125 000	49 698	101 000
#工业	万元	75 369	113 000	36 322	95 920
第三产业增加值	万元	107 438	36 169	39 751	82 000
国内生产总值(1990 年不变价)	万元		168 638	112 322	212 174

社会经济主要指标

99年）

玉山县	铅山县	横峰县	弋阳县	余干县	波阳县	万年县	婺源县
23	25	12	22	30	41	19	26
274	212	84	191	436	662	191	196
266	205	83	171	419	614	191	184
274	212	84	191	434	652	191	196
253	161	78	131	396	487	160	112
182	23	16	21	4	24	23	82
52.8	39.9	18.9	35.9	84.1	123.2	34.5	32.6
44.8	34	17.9	29.3	76.2	114.7	28.7	26.5
143 439	99 820	48 401	91 176	180 495	250 364	88 890	89 187
117 982	83 149	35 891	69 173	160 249	224 451	68 307	67 276
5 011	3 619	1 527	3 396	11 103	15 665	4 392	3 091
2 371	1 564	599	1 257	2 969	6 095	1 610	1 927
2.1	1.4	1.3	2.5	3.1	6	2.6	2
1.3	1.6	0.1	0.5	0.3	4.8	1.9	0.2
16.3	14.9	6.5	13.7	33.4	51.1	15.1	11.5
9.7	10.1	4.4	10.4	22.7	27.3	8.4	8.3
0.8	0.8	0.3	0.3	1.3	3.8	0.4	0.3
1.1	0.4	0.2	0.4	1.2	1.3	0.3	0.3
0.3	0.2	0.1	0.2	0.5	0.5	0.3	0.1
0.4	0.3	0.1	0.3	0.5	1.8	0.5	0.2
4	3.1	1.4	2.1	7.2	16.4	5.2	2.3
0.2	0.1	0.1	1	0.8	1	0.1	0.3
1 728	2 178	648	1 582	2 331	4 970	1 140	2 948
21 793	21 139	8 938	23 519	46 410	74 735	20 750	20 042
19 841	19 264	7 986	21 331	39 555	55 897	19 182	18 344
1 952	1 875	952	2 188	6 855	18 838	1 568	1 698
121 864	120 500	64 629	84 506	120 961	191 910	91 040	98 716
43 041	46 500	16 300	31 877	72 959	100 850	32 890	35 280
16 678	30 950	12 489	18 901	30 110	54 473	9 857	19 791
5 651	4 453	123	5 435	791	4 488	7 251	11 368
12 887	5 303	2 703	3 977	21 896	16 363	8 208	2 810
7 825	5 794	985	3 564	20 162	25 526	7 574	1 311
36 999	42 100	36 134	26 958	19 953	37 408	35 120	36 706
26 739	38 700	11 971	25 552	15 466	21 374	26 540	31 920
41 824	31 900	12 195	25 671	28 049	53 652	23 030	26 730
98 733	81 320	30 386	68 055	76 842	171 348	67 480	85 833

19－6 续表 1

指　　　　标	单 位	上饶市	德兴市	上饶县	广丰县
(二)农　业					
农业机械总动力	万千瓦	3.1	3.8	11.7	9.7
化肥使用量(折纯量)	吨	4 795	8 361	12 795	9 305
农药使用量	吨	184	217	356	443
地膜使用量	吨	34	504	45	184
农村用电量	万千瓦小时	1 679.5	7 054.9	2 940	3 485.2
有效灌溉面积	公顷	5 860	11 840	21 930	16 740
农林牧渔业总产值(当年价格)	万元	39 163	66 510	83 486	97 718
农业产值	万元	24 256	35 978	47 335	49 103
林业产值	万元	491	12 236	8 912	5 680
牧业产值	万元	7 021	10 714	19 469	32 490
渔业产值	万元	7 395	7 582	7 770	10 445
农林牧渔业总产值(1990 年不变价)	万元	25 563	50 555	51 790	67 443
农业产值	万元	14 303	24 248	27 863	35 303
林业产值	万元	192	10 777	6 135	5 063
牧业产值	万元	3 347	8 515	10 732	17 541
渔业产值	万元	7 721	7 015	7 060	9 536
农作物总播种面积	公顷	18 139	39 142	62 765	58 512
#粮食作物播种面积	公顷	9 967	24 470	41 499	39 225
#稻　谷	公顷	8 517	20 767	35 250	31 975
油料播种面积	公顷	1 270	5 501	5 009	4 967
棉花播种面积	公顷	51	69	72	28
糖料播种面积	公顷	70	237	188	98
粮食总产量	吨	46 452	117 563	190 308	192 938
#稻 谷	吨	43 991	106 535	176 112	173 783
油料产量	吨	1 501	3 788	4 450	5 266
棉花产量	吨	67	63	53	18
麻类产量	吨	54	59	30	224
糖料产量	吨	3 414	8 508	5 539	5 859
烟叶产量	吨	30		29	762
茶叶产量	吨	13	432	438	141
水果产量	吨	879	6 180	2 807	8 199
猪肉产量	吨	5 001	10 853	19 389	21 677
牛肉产量	吨	61	83	232	561
羊肉产量	吨	8	8	30	633
禽肉产量	吨	1 783	457	1 354	6 029
牛、羊奶产量	吨	60		12	3
禽蛋产量	吨	477	664	1 175	3 300
水产品产量	吨	7 941	6 800	10 007	15 482

玉山县	铅山县	横峰县	弋阳县	余干县	波阳县	万年县	婺源县
6.1	7.1	2.6	7.5	23.2	29.9	4.6	7.4
8 672	12 974	3 530	18 863	25 440	49 700	7 333	7 949
496	304	431	45	576	452	53	316
117	116	25	243	165	221	40	82
2 176.2	3 235.5	956.6	2 250	9 668	13 925	1 616	3 337.5
20 330	19 240	8 780	18 270	37 170	57 420	19 480	17 530
77 651	77 121	34 130	57 582	117 124	205 389	75 275	54 205
30 726	46 449	20 139	35 499	47 883	117 893	39 573	30 400
6 808	7 817	1 551	6 056	1 300	8 267	9 384	13 745
28 061	11 308	10 210	12 324	35 141	35 757	17 537	7 480
12 056	11 547	2 230	3 703	32 800	43 472	8 781	2 580
62 070	51 508	22 710	39 419	77 148	155 616	42 632	51 090
26 504	26 359	13 596	25 213	31 150	91 980	20 348	25 972
5 870	6 021	1 254	4 913	1 000	6 617	3 767	15 958
17 977	8 015	5 850	6 292	18 079	24 302	11 763	6 990
11 719	11 113	2 010	3 001	26 919	32 717	6 754	2 170
59 955	56 558	26 422	59 833	124 690	187 610	58 607	47 819
38 711	34 252	16 932	40 620	82 337	110 123	34 962	30 455
31 240	30 562	13 669	37 217	74 798	94 328	30 857	26 871
6 708	3 266	2 508	6 823	20 988	48 055	10 576	7 329
137	18	35	34	279	2 561	1 435	119
1 914	320	132	225	440	389	416	60
164 704	163 788	78 297	184 270	388 768	437 993	156 730	124 991
149 434	157 114	67 047	175 747	367 880	409 667	148 224	117 886
7 594	3 336	3 828	7 253	16 374	43 688	8 465	5 701
192	13	34	63	145	2 174	1 507	52
52	54		17	132	615	24	
101 555	13 888	4 978	9 002	16 709	7 390	9 360	1 217
	4	7			507		
262	210	147	75	19	284	166	3 908
9 788	6 973	2 842	1 604	1 667	6 875	1 053	898
29 819	13 328	11 275	10 185	24 372	25 485	15 001	6 686
506	399	204	135	704	489	194	23
18	17	1	1			18	7
1 275	880	445	677	6 424	2 182	806	296
60	2						
1 684	1 453	547	679	6 424	4 268	2 006	631
15 040	12 800	2 553	10 000	57 010	60 012	6 160	4 300

19－6 续表 2

指 标	单 位	上饶市	德兴市	上饶县	广丰县
当年造林面积	公顷	142	124	576	425
(三)工业					
国有及年销售收入500万元以上的非国有:					
工业企业数	个	109	132	28	39
内资企业	个	107	131	28	38
港、澳、台商投资企业	个	1			
外商投资企业	个	1	1		1
工业总产值(现价)	万元	131 995	63 237	29 654	150 158
内资企业	万元	131 249	63 218	29 654	124 345
港、澳、台商投资企业	万元	59			
外商投资企业	万元	687	19		25 813
年销售收入500万元以下非国有:					
工业企业数	个	5	3 361	62	3 249
工业总产值(现价)	万元	1 054	138 600	7 052	96 816
(四)交通运输和邮电通信业					
境内公路里程	公里	131	1 203	458	147
境内铁路里程	公里		25	35	
公路客运量	万人	500	287	361.7	451
公路货运量	万吨	82	214	221	127.4
邮电业务总量(1990年不变价)	万元	6 382	1 685	1 683	1
本地电话用户	户	46 482	25 748	19 997	26 536
#城市电话用户	户	43 677	9 445	8 059	13 790
(五)贸易、外经					
限额以上批发零售贸易业商品销售总额	万元	101 863	3 377	3 433	5 046
社会消费品零售总额	万元	159 671	52 630	61 530	78 616
粮食出售量	吨	19 420	34 476	26 600	24 810
当年合同外资额	万美元	400	925	312	321
当年实际使用外资额	万美元	248	846	157	321
(六)固定资产投资					
全社会固定资产投资完成额	万元	34 714	24 983	85 383	43 826
#基本建设	万元	15 992	4 265	49 406	10 701
更新改造	万元	1 684	1 621	15 196	11 419
全年新增固定资产	万元	10 448	5 924	1 606	31 392
本年竣工房屋面积	平方米	113 738	64 053	21 332	74 800
#住宅	平方米	11 300	32 616	12 645	28 934
商品房屋销售面积	平方米	67 581	23 192	3 770	17 770
商品房屋销售额	万元	5 106	1 300	195	891
五、教育、科技、卫生					
学校总数	所	111	238	471	309
#普通中学	所	23	27	36	38
职业中学	所	7	1	2	2
小学	所	81	210	433	269
专任教师总数	人	2 677	2 760	5 901	6 544
#普通中学	人	1 109	985	1 638	2 267

玉山县	铅山县	横峰县	弋阳县	余干县	波阳县	万年县	婺源县
106	452	230	815	1 108	1 125	851	248
23	23	19	58		3	62	53
23	22	18	55		3	62	53
	1	1	3				
22 415	15 652	8 585	44 349		3 190	45 846	20 268
22 415	5 838	7 717	43 576		3 190	45 846	20 268
	9 814	868	773				
46	2 323	37	96	107	93	53	1 667
6 243	69 245	6 883	6 152	54 350	21 109	41 825	79 127
473	208	173	523	350	354	76	1 299
30	70	42	42			6	
323	338	93.5	168	24	525	78.9	233.5
201	206	53.5	110	1 089	445	376.3	33.2
3 639	1 552	759	1 057	1 800	2 489	1 673	1 263
26 021	15 685	11 331	17 304	22 775	20 346	14 226	12 455
12 817	7 336	6 972	12 800	10 689	13 041	8 789	6 564
1 432	2 764		298	12 029	26 865	19 667	358
63 468	69 210	45 092	53 416	44 099	56 198	37 156	45 720
20 880	49 149	8 330	55 690	62 266	213 456	53 762	14 650
282	800	56			18		
25	500	56			4		
21 376	8 597	3 546	8 516	7 500	24 760	4 961	8 606
4 470	792	1 594	4 672	1 313	5 046	1 378	3 014
3 471	2 800	1 134	1 829	2 042	3 875	2 438	2 396
7 094	3 664	1 327	1 546	5 774	5 485	3 167	5 327
91 036	4 752	2 287	1 500	59 100	2 468 732	42 115	24 100
47 118	2 851	1 687	1 500	24 800	2 075 341	27 853	3 038
50 000	522	605		2 019	7 000	13 676	2 300
3 000	22	75		125	374	508	115
344	348	179	349	799	1 039	362	649
29	30	25	30	47	88	22	25
5	3	3	2	3	6	1	2
310	315	151	317	748	945	339	622
4 447	3 354	2 861	3 847	9 630	10 864	3 782	3 856
1 555	1 003	959	1 211	4 793	3 691	46	1 116

19－6 续表 3

指　　　　　　标	单 位	上饶市	德兴市	上饶县	广丰县
职业中学	人	123	22	65	148
小学	人	1 445	1 753	4 198	4 129
在校学生总数	人	50 261	55 031	113 843	155 443
#普通中学	人	16 744	15 900	30 147	48 813
职业中学	人	1 763	1 128	2 480	1 466
小学	人	31 754	38 003	81 216	105 164
学龄儿童入学率	%	100	100	99	100
小学毕业升学率	%	100	91.3	99	100
成人中等教育学校在校学生数	人				110
成人高等教育学校在校学生数	人	3 931			
医院、卫生院数	所	32	31	29	55
医院、卫生院床位数	床	1 632	881	235	659
医院、卫生院技术人员数	人	2 978	1 117	648	1 048
从事科技活动人员数	人	5 890	4 760	319	9 275
#农业科学	人	182	656	176	158
六、财政、金融					
财政收入	万元	25 800	19 400	10 846	31 156
#地方财政收入	万元	17 104	11 572	7 634	18 892
各项税收	万元	10 575	8 676	9 245	15 499
#农牧业税	万元	246	1 010	725	1 215
财政支出	万元	19 099	13 583	16 953	24 705
#基建支出	万元	377	366	2 750	39
支农支出	万元	507	1 045	327	1 253
福利救济费	万元	487	488	489	523
科技三项费	万元	35	160	24	74
文教科卫事业费	万元	4 171	3 219	4 867	8 053
年末各项存款余额	万元	372 086	156 734	109 182	136 945
#城乡居民储蓄存款余额	万元	233 311	133 101	92 135	10 581
年末各项贷款余额	万元	318 152	157 896	106 845	104 733
#农业贷款	万元	8 954	20 710	16 828	22 965
七、人民生活					
城镇在岗职工年平均人数	人	59 864	23 000	19 452	29 419
城镇在岗职工工资总额	万元	34 533	12 076	10 564	18 457
城镇人均居住面积	平方米	10	11	22	20
农村居民人均纯收入	元	2 705	2 526	1 286	2 555
农村居民人均生活费总支出	元	1 767	863	1 529	1 499
#食品支出	元	798	310	858	241
衣着支出	元	80	59	70	99
农村钢筋砖木结构住房比例	%	93	100	2.12	85.2

玉山县	铅山县	横峰县	弋阳县	余干县	波阳县	万年县	婺源县
79	76	32	164	40	808	1 150	42
2 813	2 275	1 870	2 472	4 797	6 365	2 586	2 698
92 783	66 559	51 953	60 165	166 242	231 308	61 074	61 074
28 880	20 701	17 591	20 658	46 863	73 510	18 678	18 678
1 669	1 824	450	2 933	1 675	1 982	831	831
62 234	44 034	33 912	36 574	117 704	155 816	41 565	41 565
99.3	100	0.99	99	98.2	99	99	100
94.4	95.4	0.99	96	78.4	95	98	100
	130	2 002			305		
					87		
35	24	12	27	53	59	28	26
781	279	239	647	1 316	1 687	689	455
1 260	456	403	766	1 589	2 104	903	706
6 310	3 574	302	6 634	4 996	16 759	887	5 166
105	41	156	285	1 547	3 071	370	97
9 595	8 716	3 650	7 806	7 910	9 018	9 104	8 018
7 576	6 358	2 826	5 170	6 276	6 901	6 135	5 878
6 998	6 937	2 020	6 446	5 037	6 901	7 128	4 562
611	1 141	200	977	2 413	2 141	917	1 964
11 566	13 359	7 216	13 108	52 833	72 832	17 191	8 485
360	5 039	1 202	4 230	38 846	53 835	7 362	178
780	644	224	140	170	275	828	331
455	268	283	517	675	1 327	716	256
16	14	18	36	15	871	43	68
4 274	2 993	1 744	3 073	6 015	8 977	4 267	3 385
110 589	95 905	49 718	94 524	108 931	160 519	76 032	86 357
93 989	82 685	42 033	77 017	74 369	109 249	22 260	72 719
97 499	71 417	50 205	120 375	139 056	211 910	13 457	85 339
19 604	8 235	4 261	16 195	7 273	21 194	1 787	15 060
20 631	13 417	12 432	24 179	31 000	56 515	26 000	16 711
11 460	7 519	5 140	11 942	14 108	25 696	18 007	5 123
26	12	16	12	14	16	18	18
2 136	2 058	1 258	1 997	1 342	1 260	1 962	2 117
1 382	1 324	1 260	1 236	1 130	2 076	1 450	1 316
786	722	737	831	816	875	295	315
56	81	64	69	63	68	370	66
96	82	58.6	34	54	87	39	88.15

19－7 吉安地区各市、县

（19

指　　标	单位	吉安市	井冈山市	吉安县	吉水县
一、社区基本情况					
乡(镇)个数	个	7	5	29	24
村民委员会个数	个	113	29	427	330
#通公路的村数	个	113	29	420	329
通电的村数	个	113	29	424	330
通电话的村数	个	112	24	328	259
自来水受益村数	个	22	3	6	17
二、人口、劳动力情况					
年末总人口	万人	33	5.9	55.5	48.3
#乡村人口	万人	13.4	3.2	49.5	40.9
年末总户数	户	91 183	18 314	136 557	121 767
#乡村户数	户	33 452	7 462	104 451	88 709
当年出生人口数	人	3 857	1 314	6 731	5 459
当年死亡人口数	人	860	222	1 529	927
年末单位从业人数	万人	5.2	1.1	2.7	2.3
城镇个体从业人员	万人	1.1	0.2	0.2	0.3
乡村从业人员	万人	6.4	1.7	22.5	18.9
乡村从业人员按国民经济行业分：					
农、林、牧、渔业	万人	4.5	1.3	17.6	14.6
工　业	万人	0.1	0.1	0.3	0.3
建筑业	万人	0.5		0.5	0.4
交通运输、仓储及邮电通讯业	万人	0.1		0.2	0.2
批发和零售贸易、餐饮业	万人	0.1		0.2	0.3
其它	万人	1.1	0.3	3.7	3.1
城镇登记失业人员数	万人	0.4		0.1	0.1
三、自然资源					
行政区域土地面积	平方公里	509	661	2 751	2 708
耕地面积	公顷	12 580	3 666	49 706	42 230
#水田	公顷	11 133	3 327	45 021	38 269
旱地	公顷	1 447	339	4 685	3 961
四、综合经济					
(一)国内生产总值(当年价格)	万元	200 521	37 500	172 312	121 087
第一产业增加值	万元	29 121	9 412	76 505	55 749
农业增加值	万元	19 473	4 872	37 000	33 401
林业增加值	万元	102	2 772	7 638	6 670
牧业增加值	万元	976	1 103	24 907	10 346
渔业增加值	万元	8 570	665	6 960	5 332
第二产业增加值	万元	77 100	12 088	43 009	38 066
#工业	万元	46 000	9 300	36 021	29 602
第三产业增加值	万元	94 300	16 000	52 798	27 272
国内生产总值(1990年不变价)	万元	144 846	27 631	168 603	86 013

社会经济主要指标

99年）

峡江县	新干县	永丰县	泰和县	遂川县	万安县	安福县	永新县	宁冈县
12	14	26	26	29	19	24	29	12
100	169	269	364	380	165	351	362	77
100	168	267	359	310	149	334	348	68
100	169	269	358	380	160	345	354	77
81	169	237	336	206	139	233	348	64
10	2	12	12	31	7	9	9	2
15.6	29.4	39.4	50.6	50.9	28.1	38.3	46.1	8.7
12.3	25.6	33.5	42.6	47.1	23.6	28.9	39.2	7.3
40 681	86 412	90 821	120 881	124 727	73 671	92 467	101 751	19 525
28 997	71 169	70 019	94 385	110 713	55 266	64 210	76 760	14 291
1 236	3 631	4 406	4 871	6 470	3 218	3 911	5 152	626
355	878	1 474	2 082	2 779	1 032	1 028	1 409	174
1.1	1.8	2	2.1	1.7	1.4	2.6	1.9	0.7
0.4	0.4	0.5	0.9	0.8	0.2	0.1	0.1	0.2
5.8	12.6	15.6	19.8	23	11	14.2	21.3	3.6
5	9	13.1	14.6	17.3	8.7	11.9	15.4	2.8
0.1	0.4	0.4	0.8	0.7	0.3	0.2	0.7	0.1
0.1	0.5	0.3	0.5	0.8	0.2	0.2	0.7	0.1
0.1	0.3	0.2	0.2	0.3	0.1	0.2	0.2	
0.1	0.2	0.2	0.4	0.4	0.1	0.1	0.3	
0.4	2.2	1.4	3.3	3.5	1.6	1.6	4	0.6
0.1	0.1	0.1		0.1		0.1	0.3	
1 287	1 248	2 695	2 665	3 102	2 046	2 793	2 195	609
20 397	28 850	33 814	48 536	27 625	21 372	37 260	26 848	5 938
19 788	26 300	31 445	41 703	24 732	19 735	34 181	24 618	5 661
609	2 550	2 369	6 833	2 893	1 637	3 079	2 230	277
57 150	106 224	119 216	199 600	119 100	77 890	146 169	108 100	22 704
29 334	44 573	56 247	88 000	45 692	36 053	52 924	46 590	8 682
17 097	29 176	33 831	44 332	21 469	17 014	37 814	27 886	5 482
3 652	2 590	11 980	7 965	12 179	6 408	5 781	5 062	1 564
4 582	8 312	7 790	26 763	8 840	6 333	3 771	5 836	930
4 003	4 495	2 646	8 940	3 204	6 298	5 558	7 806	706
14 898	31 420	31 819	58 100	35 800	25 885	42 860	24 100	6 953
10 800	22 067	25 909	53 557	24 300	21 703	33 490	16 860	4 212
12 918	30 231	31 150	53 500	37 608	15 952	50 385	37 410	7 069
38 094	108 451	84 673	110 700	91 405	49 885	99 375	103 758	18 065

19－7 续表1

指　　　　　标	单 位	吉安市	井冈山市	吉安县	吉水县
(二)农　业					
农业机械总动力	万千瓦	4.8	0.4	11.6	12.4
化肥使用量(折纯量)	吨	596	1 199	11 707	17 692
农药使用量	吨	194	101	634	809
地膜使用量	吨	38	20	107	123
农村用电量	万千瓦小时	1 379.6	470.6	2 698	2 764.4
有效灌溉面积	公顷	10 650	2 790	36 160	37 050
农林牧渔业总产值(当年价格)	万元	48 901	17 640	119 828	99 538
农业产值	万元	28 091	8 275	61 720	57 588
林业产值	万元	780	4 169	11 433	11 136
牧业产值	万元	9 284	4 220	38 185	23 326
渔业产值	万元	10 746	976	8 490	7 488
农林牧渔业总产值(1990年不变价)	万元	23 811	9 407	64 613	63 719
农业产值	万元	10 681	3 937	35 974	34 275
林业产值	万元	536	3 027	7 435	7 686
牧业产值	万元	4 433	2 022	15 159	15 773
渔业产值	万元	8 161	421	6 045	5 985
农作物总播种面积	公顷	34 370	8 186	105 552	101 753
#粮食作物播种面积	公顷	21 605	4 882	69 099	66 890
#稻　谷	公顷	18 573	4 007	61 635	60 680
油料播种面积	公顷	5 583	1 100	23 585	19 926
棉花播种面积	公顷	1		24	1
糖料播种面积	公顷	16	20	1 655	54
粮食总产量	吨	87 041	25 000	284 826	297 591
#稻 谷	吨	82 449	22 162	273 300	287 022
油料产量	吨	3 251	1 325	19 362	18 737
棉花产量	吨			13	1
麻类产量	吨	163		458	2
糖料产量	吨	960	383	77 085	3 812
烟叶产量	吨			9	
茶叶产量	吨	2	68	26	10
水果产量	吨	1 817	1 883	2 860	8 696
猪肉产量	吨	4 298	2 192	21 605	21 220
牛肉产量	吨	112	117	1 801	872
羊肉产量	吨	2		26	3
禽肉产量	吨	242	604	1 264	778
牛、羊奶产量	吨	312			
禽蛋产量	吨	468	212	2 202	524
水产品产量	吨	8 609	806	11 922	9 321

峡江县	新干县	永丰县	泰和县	遂川县	万安县	安福县	永新县	宁冈县
3.3	9.6	10.1	13	5.7	7.6	9.8	7.6	1.9
8 743	13 934	14 427	10 165	10 208	9 014	12 643	13 088	3 032
245	1 150	705	876	545	730	522	604	37
70	218	308	183	76	72	63	80	17
1 635	1 534.2	1 834.7	2 290.7	6 738	1 481.6	1 377	1 549	305.6
16 650	25 160	29 080	38 950	20 150	17 500	30 000	22 760	3 500
47 379	72 875	88 861	136 700	74 266	63 206	86 040	87 804	14 718
27 359	44 358	53 951	70 519	33 029	33 121	53 090	48 078	8 967
4 437	2 995	15 358	9 130	14 249	6 821	6 219	6 971	1 955
11 455	20 099	16 476	47 006	23 262	15 357	20 582	23 902	2 787
4 128	5 423	3 076	10 045	3 726	7 907	6 149	8 853	1 009
28 775	47 456	51 570	71 300	46 653	36 288	48 095	43 895	9 074
16 706	28 568	29 891	33 326	19 087	16 196	27 497	20 742	5 138
2 843	2 198	10 537	5 690	11 885	4 696	3 905	4 472	1 509
6 940	11 710	8 526	24 892	13 150	9 751	11 546	13 808	1 633
2 286	4 980	2 616	7 392	2 531	5 645	5 147	4 873	794
55 321	76 059	88 725	108 966	59 123	49 479	89 690	64 303	10 627
31 405	47 801	54 047	63 814	39 630	31 204	56 542	43 492	6 554
26 741	42 905	47 158	56 359	34 090	28 104	51 202	41 092	5 748
9 194	18 201	9 585	27 301	7 118	10 079	22 107	12 835	1 283
40	120	17	21		3	59		4
218	43	53	2 215	19	995	59	49	7
153 425	240 613	232 828	275 106	188 625	134 805	248 494	222 748	38 391
141 530	229 872	221 791	260 260	178 408	130 553	239 983	215 843	35 659
10 068	15 791	7 868	32 629	4 740	12 225	27 889	15 328	1 868
54	121	20	8		1	36		2
53		228		7	5	9		
7 802	1 113	2 373	109 263	421	48 182	1 976	805	212
2 673				80	4	117	9	21
8	29	65	229	545	47	35	17	12
4 339	31 178	3 070	6 293	12 728	3 648	9 469	2 497	1 498
9 786	20 556	12 559	26 848	14 317	14 657	17 550	17 852	2 646
827	303	864	1 585	186	313	374	2 040	94
52	29		7		1	3		4
1 358	1 356	1 461	7 089	3 520	2 432	611	1 640	868
			36					
1 017	770	1 477	2 956	1 003	2 409	1 051	770	112
4 803	7 388	4 303	13 320	4 200	10 075	8 250	10 721	1 355

19－7 续表2

指　　　　　　　　标	单 位	吉安市	井冈山市	吉安县	吉水县
当年造林面积	公顷	59	20	385	1 214
（三）工业					
国有及年销售收入500万元以上的非国有：					
工业企业数	个	194	49	114	71
内资企业	个	189	49	114	70
港、澳、台商投资企业	个	4			1
外商投资企业	个	1			
工业总产值（现价）	万元	110 345	16 847	43 290	12 932
内资企业	万元	103 508	16 847	43 290	12 326
港、澳、台商投资企业	万元	6 737			606
外商投资企业	万元	100			
年销售收入500万元以下非国有：					
工业企业数	个	417	615	1 077	2 654
工业总产值（现价）	万元	6 120	6 048	44 164	3 166
（四）交通运输和邮电通信业					
境内公路里程	公里	133	226	502	606
境内铁路里程	公里	15		15	47
公路客运量	万人	262	254	329	580
公路货运量	万吨	308	33	268	303
邮电业务总量（1990年不变价）	万元	20 874	1 021	1 942	1 536
本地电话用户	户	57 255	10 947	21 021	19 693
#城市电话用户	户	57 255	7 786	12 469	12 767
（五）贸易、外经					
限额以上批发零售贸易业商品销售总额	万元	80 872		15 536	7 995
社会消费品零售总额	万元	82 898	21 000	58 165	53 933
粮食出售量	吨	24 055	7 029	95 197	106 909
当年合同外资额	万美元	1 575	24	12	12
当年实际使用外资额	万美元	749	29	12	68
（六）固定资产投资					
全社会固定资产投资完成额	万元	95 582	8 753	20 181	17 318
#基本建设	万元	81 333	3 007	8 028	7 242
更新改造	万元		1 820	8 310	2 030
全年新增固定资产	万元	29 618	4 645	20 037	12 020
本年竣工房屋面积	平方米	507 668	30 485	171 730	162 076
#住宅	平方米	350 853	23 500	97 100	120 771
商品房屋销售面积	平方米	205 100	4 600	10 300	21 200
商品房屋销售额	万元	10 382	381	607	1 526
五、教育、科技、卫生					
学校总数	所	134	48	392	319
#普通中学	所	20	6	36	30
职业中学	所	4	1	3	4
小学	所	102	41	353	284
专任教师总数	人	3 992	707	4 912	4 252
#普通中学	人	1 524	249	1 865	1 558

峡江县	新干县	永丰县	泰和县	遂川县	万安县	安福县	永新县	宁冈县
326	109	99	178	276	197	355	257	49
101	110	117	62	111	91	104	102	38
101	108	111	61	105	90	101	102	38
	1	3	1	6				
	1	3			1	3		
14 393	42 512	43 849	393 121	15 423	8 939	37 091	34 428	10 290
14 393	40 877	24 366	392 092	14 847	8 424	36 553	34 428	10 290
	1 095	8 116	1 029	576	515			
	540	11 367				538		
460	345	257	324	476	91	172	108	56
1 854	3 166	1 502	60 047	1 718	353	2 420	660	545
336		612	642	508	370	511	485	150
20	43		24			65	59	
234	234	114	524	110	92	222	442	63
113	176	69	152	72	94	124	122	24
808	1 311	1 282	1 577	1 182	1 166	1 680	1 394	674
9 282	18 780	18 268	23 501	18 520	14 516	18 084	18 972	6 367
5 774	13 490	13 852	14 072	12 189	8 632	12 325	11 652	4 762
494	14 394	11 296	15 838	10 862	4 282	10 545	8 050	
21 563	49 163	37 944	54 213	36 728	23 155	59 763	44 802	8 686
59 198	94 126	100 299	147 345	23 002	75 982	83 841	43 498	7 996
24	10	110	442		14	200	39	
76	28	229	561	50	39	100	42	
16 501	30 182	19 273	25 472	14 367	13 387	16 198	20 195	4 922
7 980	6 651	5 071	9 048	6 719	2 681	3 480	7 215	1 155
1 303	489	961	2 744	1 941	1 341	630	918	2 486
8 484	11 622	10 702	15 436	9 527	9 637	6 852	7 317	3 532
148 047	183 719	219 163	171 558	161 812	191 614	127 693	94 653	39 980
124 925	151 304	200 296	127 931	97 246	153 328	70 273	41 466	20 300
9 600	1 700	24 200	4 400	4 800	12 600	5 300	800	
296	113	1 468	212	345	425	306	118	
113	190	299	424	396	152	314	255	54
15	20	28	34	33	21	29	33	8
1	2	2	3	1	3	3	2	1
97	168	269	386	362	128	282	219	45
1 735	3 240	3 892	4 469	3 964	2 537	3 628	4 243	828
733	1 230	1 538	1 844	1 576	978	1 546	1 376	322

19－7 续表 3

指标	单位	吉安市	井冈山市	吉安县	吉水县
职业中学	人	85	14	88	107
小学	人	1 781	444	2 959	2 524
在校学生总数	人	57 434	9 043	92 871	85 920
#普通中学	人	18 608	3 304	32 890	29 850
职业中学	人	1 221	70	352	966
小学	人	27 735	5 669	59 629	54 071
学龄儿童入学率	%	100	100	99.75	97.79
小学毕业升学率	%	96.41	92.69	92.69	99.05
成人中等教育学校在校学生数	人	309		123	81
成人高等教育学校在校学生数	人	1 921			
医院、卫生院数	所	18	7	35	26
医院、卫生院床位数	床	1 767	237	549	607
医院、卫生院技术人员数	人	1 637	248	961	785
从事科技活动人员数	人	8 327	1 093	5 769	5 744
#农业科学	人	271	25	199	507
六、财政、金融					
财政收入	万元	26 402	4 129	13 173	8 478
#地方财政收入	万元	18 611	3 163	9 924	6 773
各项税收	万元	13 048	2 251	7 067	4 699
#农牧业税	万元	939	204	1 889	1 457
财政支出	万元	32 413	5 698	13 247	9 063
#基建支出	万元	409	282	23	27
支农支出	万元	2 108	855	1 454	919
福利救济费	万元	602	91	592	536
科技三项费	万元	189	64	17	7
文教科卫事业费	万元	9 982	1 110	4 678	3 800
年末各项存款余额	万元	355 326	47 150	128 170	108 087
#城乡居民储蓄存款余额	万元	236 226	29 794	107 810	89 966
年末各项贷款余额	万元	344 252	40 472	103 065	94 766
#农业贷款	万元	12 256	6 837	15 862	15 053
七、人民生活					
城镇在岗职工年平均人数	人	50 757	10 506	26 397	22 969
城镇在岗职工工资总额	万元	31 356	6 065	15 155	13 004
城镇人均居住面积	平方米	9	12	32	24
农村居民人均纯收入	元	2 430	2 342	2 307	2 139
农村居民人均生活费总支出	元	2 229	1 720	1 728	1 480
#食品支出	元	904	916	1 078	861
衣着支出	元	96	71	61	76
农村钢筋砖木结构住房比例	%	100	100	95.77	100

峡江县	新干县	永丰县	泰和县	遂川县	万安县	安福县	永新县	宁冈县
23	41	28	56	47	45	26	22	10
979	1 969	2 326	2 497	2 341	1 514	2 056	2 779	496
29 964	52 773	77 150	93 708	89 386	47 313	65 453	80 458	16 197
10 644	19 307	30 016	35 476	28 323	16 542	24 270	29 038	5 888
178	487	1 229	960	2 380	408	417	817	166
19 142	32 979	45 905	56 124	58 683	30 363	40 766	49 412	10 143
100	99.97	99.81	99.95	100	100	100	100	100
96.24	99.25	97.63	100	99.55	90.65	95.67	88.16	95.44
			87			145		
15	19	27	31	30	21	30	34	10
387	598	557	827	546	493	787	750	211
438	861	717	817	755	531	846	824	232
2 450	4 033	4 615	4 984	4 788	3 411	3 966	4 471	1 337
151	135	240	178	258	288	118	238	114
5 481	8 530	8 119	10 858	7 445	7 022	9 144	6 602	2 049
4 702	6 561	6 038	8 787	5 975	5 391	6 592	5 024	1 695
3 253	4 746	4 151	6 482	4 558	3 523	5 076	3 623	1 102
1 276	1 281	1 229	1 617	1 757	830	1 607	1 499	338
6 087	9 130	10 119	13 051	11 167	9 541	9 289	11 593	4 725
51	52	437	1 780	726	1 130	85	1 533	336
921	1 167	1 350	1 665	1 044	1 114	1 212	929	413
189	290	370	474	524	375	333	504	175
13	18	17	13	9	12	6	37	8
1 659	3 644	3 594	4 388	3 888	3 120	3 450	3 836	1 395
56 442	109 138	87 729	129 087	80 910	69 913	101 612	110 365	21 117
46 566	89 696	71 521	107 327	62 972	56 865	84 932	94 440	17 006
49 278	102 415	78 422	99 431	58 124	113 846	91 851	76 504	21 260
7 976	19 471	12 301	9 617	9 336	8 160	9 686	11 391	2 701
10 185	16 975	18 634	20 638	15 790	13 480	25 066	18 618	7 033
5 079	8 378	9 105	11 903	9 843	7 629	13 571	9 459	3 496
12	15	26	23	13	13	15	23	15
2 563	2 322	2 211	2 449	1 451	1 999	2 176	1 317	1 286
2 105	1 715	1 735	1 751	1 213	1 965	1 891	1 232	1 053
930	838	941	1 024	707	1 194	1 059	668	673
95	75	74	69	42	46	97	78	54
96.18	97.69	71.98	93.35	15	96.71	98.83	24	0.1

19－8 抚州地区各市、县

（19

指　　　　标	单 位	临川市	南城县	黎川县	南丰县
一、社区基本情况					
乡(镇)个数	个	37	17	17	17
村民委员会个数	个	435	169	131	176
#通公路的村数	个	435	169	120	171
通电的村数	个	435	169	116	176
通电话的村数	个	274	164	96	112
自来水受益村数	个	19	38	34	81
二、人口、劳动力情况					
年末总人口	万人	94.5	28.7	23	26.4
#乡村人口	万人	68.9	23.2	18.7	21.5
年末总户数	户	263 469	66 788	56 880	62 932
#乡村户数	户	173 468	51 628	45 347	48 731
当年出生人口数	人	10 518	3 424	2 839	2 924
当年死亡人口数	人	3 530	944	540	498
年末单位从业人数	万人	8.8	1.7	2.6	1.6
城镇个体从业人员	万人	6.1	0.6	1.7	1.1
乡村从业人员	万人	32.7	10.8	8.6	11.1
乡村从业人员按国民经济行业分:					
农、林、牧、渔业	万人	21.7	8.6	6.7	8.9
工　业	万人	2.6	0.5	0.3	0.5
建筑业	万人	4.3	0.3	0.2	0.2
交通运输、仓储及邮电通讯业	万人	0.6	0.2	0.1	0.2
批发和零售贸易、餐饮业	万人	0.7	0.2	0.1	0.3
其它	万人	2.8	1	1.2	1
城镇登记失业人员数	万人	1.6	0.1	0.2	
三、自然资源					
行政区域土地面积	平方公里	2 121	1 698	1 729	1 909
耕地面积	公顷	55 896	18 664	16 850	19 117
#水田	公顷	52 492	16 940	16 208	15 930
旱地	公顷	3 404	1 724	642	3 187
四、综合经济					
(一)国内生产总值(当年价格)	万元	400 300	115 508	57 110	99 349
第一产业增加值	万元	102 200	46 501	27 110	46 220
农业增加值	万元	73 269	30 674	17 749	28 500
林业增加值	万元	3 650	5 437	5 154	4 765
牧业增加值	万元	13 861	5 868	1 983	10 443
渔业增加值	万元	11 420	4 522	2 224	2 512
第二产业增加值	万元	160 300	32 405	16 100	25 695
#工业	万元	121 431	26 139	12 800	21 200
第三产业增加值	万元	137 800	36 602	13 900	27 434
国内生产总值(1990 年不变价)	万元	293 900	78 004	51 300	74 329

社会经济主要指标

99年）

崇仁县	乐安县	宜黄县	金溪县	资溪县	东乡县	广昌县
21	20	16	17	10	17	16
161	210	151	163	78	162	129
161	202	146	163	78	161	126
161	206	151	163	78	161	126
130	76	96	131	59	121	67
8	18	104	11	45	12	70
30.5	33.6	20.4	26	10.5	40.9	22.2
24.6	26.2	16.7	23.4	7.9	33.9	19.2
73 425	86 950	52 003	65 600	29 134	110 981	54 064
55 520	57 634	41 803	51 492	18 216	73 883	43 698
4 670	3 807	2 393	3 662	1 100	6 210	2 466
657	904	682	858	302	1 349	567
1.7	1.5	1.2	1.2	1	2.9	1.2
0.6	2.6	0.2	1.5	0.4	1.6	1.1
12.2	12.7	7.9	11	3.7	15.9	9.2
9	10.1	6.1	7.3	2.3	11.4	7
0.5	0.2	0.2	0.5	0.3	0.5	0.2
1.2	0.3	0.2	0.3	0.2	0.5	0.2
0.2	0.1	0.1	0.2		0.2	0.1
0.2	0.3	0.2	0.2	0.5	0.3	0.2
1.1	1.7	1.1	2.5	0.4	3	1.5
0.1	0.1	0.1	0.4		0.1	0.1
1 520	2 413	1 944	1 358	1 251	1 263	1 612
21 767	24 968	19 370	24 777	7 061	28 486	14 209
20 197	22 804	17 730	23 627	6 425	25 842	12 999
1 570	2 164	1 640	1 150	636	2 644	1 210
120 066	85 162	59 600	69 760	39 982	154 200	42 453
45 072	37 328	28 912	32 420	14 562	48 800	16 972
24 596	18 914	17 134	19 066	7 500	22 289	9 194
1 029	6 491	7 143	2 064	3 830	3 412	2 928
17 163	9 530	2 178	9 475	2 622	19 033	3 302
2 284	2 393	2 457	1 815	610	4 066	1 548
42 416	23 382	17 800	16 707	15 259	64 700	10 734
37 264	16 763	15 500	10 807	11 059	54 448	5 297
32 578	24 452	12 888	20 633	10 161	40 700	14 747
96 006	55 080	49 480	59 460	31 967	102 685	33 518

19－8 续表1

指　　标	单 位	临川市	南城县	黎川县	南丰县
(二)农　业					
农业机械总动力	万千瓦	14.3	9.3	4.1	5.6
化肥使用量(折纯量)	吨	27 512	7 091	1 276	15 569
农药使用量	吨	2 310	336	174	1 593
地膜使用量	吨	1 665	95	55	187
农村用电量	万千瓦小时	3 688	1 925.9	1 452.3	1 276.8
有效灌溉面积	公顷	51 990	15 110	11 650	17 430
农林牧渔业总产值(当年价格)	万元	205 231	81 111	60 871	69 460
农业产值	万元	133 027	41 038	34 869	44 124
林业产值	万元	5 455	6 296	6 774	5 215
牧业产值	万元	54 119	25 484	12 934	16 123
渔业产值	万元	12 630	8 293	6 294	3 998
农林牧渔业总产值(1990年不变价)	万元	138 500	55 508	40 808	50 046
农业产值	万元	92 256	27 030	20 758	30 923
林业产值	万元	4 055	5 980	3 814	4 998
牧业产值	万元	33 100	15 016	7 562	10 025
渔业产值	万元	9 089	7 482	8 674	4 100
农作物总播种面积	公顷	153 606	56 034	41 789	57 799
#粮食作物播种面积	公顷	84 174	31 106	26 586	32 616
#稻　谷	公顷	78 430	23 469	23 100	25 877
油料播种面积	公顷	16 544	3 944	3 247	5 512
棉花播种面积	公顷	1 864	60	51	1
糖料播种面积	公顷	2 300	308	162	407
粮食总产量	吨	474 325	194 013	160 006	190 855
#稻 谷	吨	458 019	168 907	148 640	166 460
油料产量	吨	18 276	8 776	4 022	7 121
棉花产量	吨	2 412	57	66	1
麻类产量	吨			21	50
糖料产量	吨	121 819	10 549	4 022	13 660
烟叶产量	吨		320	172	49
茶叶产量	吨	21	23	47	26
水果产量	吨	10 462	13 392	3 153	58 156
猪肉产量	吨	40 204	19 954	13 376	17 451
牛肉产量	吨	891	538	187	363
羊肉产量	吨		46	48	3
禽肉产量	吨	3 963	4 834	929	1 492
牛、羊奶产量	吨	197	23	219	381
禽蛋产量	吨	10 325	6 089	1 226	2 395
水产品产量	吨	17 206	12 100	9 983	4 800

崇仁县	乐安县	宜黄县	金溪县	资溪县	东乡县	广昌县
5.9	5.7	4	3.2	1.2	9.4	7.9
14 269	6 993	4 526	15 048	1 607	26 534	7 444
422	206	368	738	55	336	165
116	96	21		20	305	8
1 494	698	1 425.1	1 669	764	1 191.3	2 417
21 070	18 590	13 480	19 220	5 360	25 630	9 910
79 605	71 046	47 485	59 965	23 820	107 811	30 473
38 354	37 244	25 914	35 265	12 512	49 956	17 687
2 053	10 893	8 768	3 817	5 047	6 306	4 443
34 068	18 463	9 388	16 972	5 272	43 744	5 545
5 130	4 446	3 415	3 911	989	7 805	2 798
52 104	48 624	34 533	41 115	15 610	58 823	19 553
25 535	22 143	16 867	23 971	6 772	28 520	9 583
1 662	10 381	9 046	3 385	5 041	2 359	3 674
21 712	11 666	6 421	10 637	3 237	22 668	3 423
3 195	4 434	2 199	3 122	560	5 276	2 873
64 650	53 210	47 659	71 647	16 852	77 620	30 511
31 645	41 276	25 914	40 779	9 385	44 853	16 402
28 300	35 473	21 777	36 947	7 987	40 111	14 754
10 097	2 973	3 013	4 008	327	9 833	1 423
1 280	37	18	8		1	
3 047	162	171	376	120	257	2
187 927	213 350	151 769	225 155	46 845	224 313	79 030
177 887	201 063	136 040	214 486	42 336	210 829	74 975
14 760	4 253	3 253	3 620	419	11 042	869
1 386	40	20	8		1	
80		55	1 083		52	
178 527	6 451	6 363	9 158	4 577	18 433	50
10	72	7				1 760
14	13	12	556	24	4	16
5 298	963	1 791	5 194	920	2 513	1 800
15 094	12 597	8 056	11 501	3 520	40 602	5 017
397	468	112	650	14	212	129
		1	28	121	15	5
17 004	2 635	537	1 712	264	837	921
		1	35		4 364	
2 494	1 058	1 050	1 378	680	4 095	707
7 700	5 211	4 400	5 620	760	12 003	3 304

19-8 续表 2

指　　　　标	单 位	临川市	南城县	黎川县	南丰县
当年造林面积	公顷	696	1 173	734	696
（三）工业					
国有及年销售收入 500 万元以上的非国有：					
工业企业数	个	91	40	16	36
内资企业	个	91	40	15	36
港、澳、台商投资企业	个			1	
外商投资企业	个				
工业总产值（现价）	万元	205 374	35 532	15 030	30 931
内资企业	万元	205 374	35 532	8 203	30 931
港、澳、台商投资企业	万元			6 827	
外商投资企业	万元				
年销售收入 500 万元以下非国有：					
工业企业数	个	329	118	75	108
工业总产值（现价）	万元	46 065	20 643	7 337	10 489
（四）交通运输和邮电通信业					
境内公路里程	公里	1 603	504	972	318
境内铁路里程	公里	60			
公路客运量	万人	1 450	186.3	26	82
公路货运量	万吨	260	211.5	22	76
邮电业务总量（1990 年不变价）	万元	12 544	1 738	1 142	1 906
本地电话用户	户	60 542	18 000	12 289	10 850
#城市电话用户	户	45 410	11 800	7 854	10 752
（五）贸易、外经					
限额以上批发零售贸易业商品销售总额	万元	78 134	6 301	4 326	5 557
社会消费品零售总额	万元	196 083	48 579	32 659	62 006
粮食出售量	吨	235 600	94 748	77 500	75 748
当年合同外资额	万美元	1 000	460	40	96
当年实际使用外资额	万美元	686	242	40	96
（六）固定资产投资					
全社会固定资产投资完成额	万元	100 750	23 400	8 241	12 359
#基本建设	万元	33 715	6 227	4 411	3 600
更新改造	万元	15 166	1 253	1 540	2 324
全年新增固定资产	万元	40 480	10 111	6 410	8 056
本年竣工房屋面积	平方米	443 400	126 100	86 900	107 300
#住宅	平方米	290 900	75 900	64 000	73 600
商品房屋销售面积	平方米	67 303	25 040	1 730	29 375
商品房屋销售额	万元	5 514	1 266	103	2 102
五、教育、科技、卫生					
学校总数	所	493	196	144	219
#普通中学	所	50	20	20	18
职业中学	所	4	3	2	1
小学	所	439	171	119	199
专任教师总数	人	9 420	3 330	2 214	2 498
#普通中学	人	3 754	1 200	757	852

崇仁县	乐安县	宜黄县	金溪县	资溪县	东乡县	广昌县
1 245	706	324	305	324	658	1 251
32	22	30	19	23	44	30
32	22	30	17	23	43	29
			2		1	1
53 131	12 518	16 801	14 578	12 938	58 156	17 057
53 131	12 518	16 801	13 338	12 938	53 773	16 130
			1 240		4 383	927
156	72	77	44	11	44	55
39 217	3 436	9 075	7 228	987	15 260	3 205
831	1 591	1 010	601	663	375	580
45	28			30	40	
285	136	50	205	72	81	102
83	42	87	50	42	145	136
1 982	156	1 550	925	1 051	1 873	1 160
8 272	10 944	17 210	13 589	7 623	16 982	11 383
6 485	6 298	14 515	7 261	5 467	10 894	7 226
2 441	1 062	4 571	1 992	2 717	19 270	872
42 321	44 089	30 770	31 287	18 636	75 156	18 462
80 000	88 147	60 700	125 000	13 800	159 138	39 885
556	84	264	268	260	301	434
246	36	121	127	240	250	156
17 380	10 053	7 415	49 049	17 950	18 212	5 113
6 418	3 628	3 879	3 942	6 294	10 800	3 157
1 274	1 211	425	1 515	4 410	2 557	776
6 996	6 687	8 304	6 385	8 491	16 634	1 547
158 400	86 500	173 600	50 700	161 900	58 200	35 158
123 200	63 800	139 000	40 200	113 200	43 200	10 990
23 114	2 339	7 000	10 871	96 100		9 800
1 093	179	388	935	4 810		290
183	494	156	174	85	443	141
24	23	15	19	9	27	14
1	4	1	2	1	3	1
158	444	140	153	75	326	126
3 066	3 908	2 137	2 903	1 046	4 263	1 988
962	1 088	813	971	366	1 495	596

19－8 续表 3

指　　　　标	单 位	临川市	南城县	黎川县	南丰县
职业中学	人	144	97	44	70
小学	人	5 522	2 003	1 413	1 571
在校学生总数	人	161 804	50 041	38 421	51 797
#普通中学	人	61 088	19 521	12 792	18 726
职业中学	人	2 096	1 345	845	876
小学	人	98 620	29 124	24 774	32 195
学龄儿童入学率	%	100	99.2	100	100
小学毕业升学率	%	100	100	97	100
成人中等教育学校在校学生数	人	147	3	16	245
成人高等教育学校在校学生数	人		85		
医院、卫生院数	所	39	18	20	18
医院、卫生院床位数	床	1 325	522	394	384
医院、卫生院技术人员数	人	2 540	407	606	592
从事科技活动人员数	人	15 620	4 805	2 687	860
#农业科学	人	1 200	385	280	688
六、财政、金融					
财政收入	万元	29 840	7 150	4 001	6 290
#地方财政收入	万元	21 065	5 876	3 273	5 184
各项税收	万元	17 325	4 309	3 380	4 369
#农牧业税	万元	2 192	1 110	417	1 346
财政支出	万元	22 556	7 699	6 958	7 073
#基建支出	万元	207	285	94	22
支农支出	万元	2 167	162	427	493
福利救济费	万元	640	271	260	236
科技三项费	万元	38	7	39	9
文教科卫事业费	万元	7 814	2 837	2 819	2 531
年末各项存款余额	万元	447 570	84 210	52 615	75 078
#城乡居民储蓄存款余额	万元	345 488	70 354	43 047	60 592
年末各项贷款余额	万元	512 741	83 410	74 949	68 425
#农业贷款	万元	47 205	12 705	10 991	8 335
七、人民生活					
城镇在岗职工年平均人数	人	78 712	15 121	11 843	15 168
城镇在岗职工工资总额	万元	46 501	9 323	6 669	8 014
城镇人均居住面积	平方米	10	26	10	16
农村居民人均纯收入	元	2 449	2 554	2 300	2 472
农村居民人均生活费总支出	元	1 497	1 657	1 497	1 476
#食品支出	元	872	915	824	906
衣着支出	元	59	78	60	78
农村钢筋砖木结构住房比例	%	80	99	98	95.45

崇仁县	乐安县	宜黄县	金溪县	资溪县	东乡县	广昌县
42	32	17	43	28	72	14
2 062	2 788	1 307	1 889	652	2 696	1 378
61 515	60 970	39 617	53 245	16 977	79 466	39 782
24 251	17 086	15 164	20 559	5 974	25 068	11 530
232	506	620	182	110	1 249	115
37 032	43 378	23 833	32 504	10 893	50 077	28 137
100	100	98.7	100	100	100	100
78.6	82.61	95	100	100	96	99
63						
22	29	16	18	9	27	22
368	718	461	326	202	763	280
542	381	652	642	178	1 513	397
3 814	4 276	3 515	3 090	234	3 048	2 866
185	1 032	352	111	146	762	109
7 700	4 151	4 270	4 420	3 400	10 487	4 135
6 370	3 582	3 441	3 831	2 734	8 481	3 373
5 075	3 582	2 138	3 154	2 919	5 600	3 238
487	617	953	548	259	718	270
9 507	7 685	5 441	6 564	4 158	11 309	8 405
1	69	109	50	9	236	61
198	205	113	229	746	1 086	1 034
205	237	287	156	139	346	227
24	8	14	50	14	31	18
2 296	2 770	1 621	2 131	1 218	3 735	2 796
75 448	85 431	55 044	51 469	54 636	85 337	45 486
61 694	72 723	44 464	39 923	47 203	73 660	29 637
104 571	66 025	75 958	78 905	30 608	136 497	41 133
3 300	7 659	4 101	41 000	3 839	28 167	10 322
16 986	14 705	11 769	11 761	9 695	28 374	11 533
9 013	7 920	6 250	7 100	5 183	16 345	6 488
23	25	20	17	15	21	28
2 398	1 930	2 190	2 200	2 300	2 462	1 157
1 338	1 544	1 617	1 614	1 742	1 692	1 307
906	868	854	971	1 026	945	776
84	63	91	50	99	66	99
99.96	97.87	81.7	86	46	100	45

1999年江西统计大事记

1月15日　省统计局局长黄耀春结束了为期四个半月的中央党校学习，回局工作。

1月13—15日　省统计局副局长王建农参加在北京召开的全国统计工作会议。

1月20日　省统计局派驻南昌县灾区执行灾后重建任务工作组的14名同志，经过三个多月紧张艰苦的工作，圆满完成了省委、省政府下达的灾后重建任务，回局工作。省统计局工作组被南昌市委、市政府评为灾后重建工作先进单位。

2月11日　省政府办公厅发出《江西省人民政府办公厅转发国办发[1998]144号文切实做好工业统计制度改革工作的通知》(赣府厅发[1999]8号)。

3月10—11日　全省统计工作会议在南昌召开。受省委副书记、常务副省长黄智权的委托，省政府副秘书长、办公厅主任洪礼和到会并讲话。刘和平副局长总结了1998年全省统计工作，王建农副局长作了工作报告，黄耀春局长作了会议总结。

3月26日　省统计局发出《关于在全省实行统计人员持证上岗制度的通知》(赣统发[1999]6号)。

3月30—31日　全省企业调查队组建后的首次企业调查工作会议在南昌召开。7个中心城市企业调查队队长(副队长)和未设企业调查队的地级市统计局局长(副局长)参加了会议。省统计局局长兼省企业调查队队长黄耀春作了题为《齐心协力，迎难而上，努力开创企业调查工作新局面》的讲话。

4月13—14日　全省常规农业统计与第一次农业普查数据衔接工作会议在南昌召开。各地、市统计局局长(副局长)和农业科长参加了会议。

6月21日　省政府发出《江西省人民政府关于制止和纠正在统计数据上弄虚作假的通知》(赣府发[1999]20号)。

7月20日　副省长朱英培在省企业调查队报送的《江西名牌产品跟踪调查方案》上批示："这是一件很有意义的工作，各部门、各企业都应支持。"

7月27—28日　全省第五次人口普查办公室主任会议在南昌召开。省政府副秘书长、省第五次人口普查领导小组第一副组长洪礼和到会并讲话；省第五次人口普查领导小组副组长、省统计局局长黄耀春就人口普查工作安排作了报告；省统计局副局长、省人口普查办公室主任王建农作了会议总结。

7月28日　全省第一次"三讲"教育工作会议在南昌召开。会议部署了地厅级领导班子和领导干部"三讲"教育工作。省统计局被列为全省第一批"三讲"教育单位。黄耀春局长参加了会议。

8月6日　省统计局召开"三讲"教育动员大会，全局干部职工和副处级以上离、退休干部参加了会议。黄耀春局长作动员报告，省委"三讲"教育巡视组组长吴吉祥讲了话。

8月18日　省委、省政府发出《中共江西省委、江西省人民政府关于坚持实事求是，防止和纠正弄虚作假行为的意见》(赣发[1999]19号)。

9月9日　省政府办公厅发出《江西省人民政府办公厅转发国家统计局关于加强县级统计工作意见的通知》(赣府厅发[1999]54号)。

9月26日　省长舒圣佑在《江西企业调查》第10期《崛起的经验和启示》一文上批示："这个材料很好，可发给县

(市、区)长参阅。”

9月26日 省统计局主编的《新中国五十年的江西》一书正式出版。省委书记舒惠国为该书作序,省长舒圣佑、常务副省长黄智权分别任编委会主任、副主任。

10月13日 省长舒圣佑在省统计局呈报的关于高安市政府在乡镇机关人员分流中稳定乡镇统计队伍的经验报告上批示:“请印发给各县长(市长),乡镇机关人员分流要坚定不移,现在还分得不够。在分流中,应保持乡镇统计队伍的稳定,要有素质较高的同志负责统计工作,对此,请各位县(市)长高度关注。”省政府副秘书长、办公厅主任洪礼和批示:“经请示,请调研处即发《江西政务》,并加按语,以引起各地重视。”

10月13日 省统计局发出《关于认真贯彻舒圣佑省长重要批示的通知》,要求各地统计部门认真贯彻,做好工作,以稳定乡镇统计队伍,确保基层统计工作的正常开展。

11月16日 省统计局召开“三讲”教育总结大会。黄耀春局长作了“三讲”教育总结报告;省委“三讲”教育巡视组组长吴吉祥讲了话,对省统计局“三讲”教育所取得的成果给予了充分肯定。至此,省统计局领导班子和领导干部及处级干部“三讲”教育,历时三个半月,历经四个阶段,较好地达到了省委的要求而告一段落。

11月26日 省政府办公厅发出《关于稳定乡镇统计队伍的通知》(赣府厅发[1999]163号)。

12月4—8日 国家统计局局长刘洪一行6人到我省检查统计数据质量、了解我省今年的经济形势和2000年统计工作的设想。省长舒圣佑、常务副省长黄智权会见了刘洪局长一行。

12月8日 省政府办公厅发出《关于对第五次人口普查准备工作进行检查的通知》(赣府厅发[1999]167号)。

12月13—20日 省人口普查领导小组分5个组逐一检查11个地市、抽查30个县(市、区)第五次人口普查准备工作情况,并对检查情况进行了通报。

中国统计出版社最新统计资料书简目

中国统计年鉴－2000
中国统计摘要－2000
中国城市统计年鉴－1999
中国农村统计年鉴－2000
中国劳动统计年鉴－2000
中国人口统计年鉴－2000
中国市场统计年鉴－2000
中国建筑业统计年鉴－2000
中国固定资产投资统计年鉴－2000
中国物价及城镇居民家庭
收支调查统计年鉴－2000
国际统计年鉴－2000
中国对外经济贸易统计年鉴－2000
中国基本单位统计年鉴－1999
中国食品工业年鉴－1999
如何使用统计年鉴
北京统计年鉴－2000
天津统计年鉴－2000
河北经济年鉴－2000
山西统计年鉴－2000
内蒙古统计年鉴－2000
辽宁统计年鉴－2000
吉林统计年鉴－2000
黑龙江统计年鉴－2000
上海统计年鉴－2000
江苏统计年鉴－2000
浙江统计年鉴－2000
安徽统计年鉴－2000
福建统计年鉴－2000
江西统计年鉴－2000
山东统计年鉴－2000
河南统计年鉴－2000
湖北统计年鉴－2000
湖南统计年鉴－2000
广东统计年鉴－2000
广西统计年鉴－2000
贵州统计年鉴－2000
云南统计年鉴－2000
海南统计年鉴－2000
四川统计年鉴－2000
重庆统计年鉴－2000
西藏统计年鉴－2000
陕西统计年鉴－2000
甘肃年鉴－2000
青海统计年鉴－2000
宁夏统计年鉴－2000
新疆统计年鉴－2000
新疆生产建设兵团统计年鉴－2000
石家庄统计年鉴－2000
唐山统计年鉴－2000
廊坊统计年鉴－2000
邯郸统计年鉴－2000
衡水统计年鉴－2000
张家口统计年鉴－2000
邢台经济统计年鉴－2000
临汾年鉴－2000
呼和浩特经济统计年鉴－2000
沈阳年鉴－2000
吉林市社会经济统计年鉴－2000
四平统计年鉴－2000
延吉统计年鉴－2000
哈尔滨统计年鉴－2000
齐齐哈尔经济统计年鉴－2000
双鸭山社会经济统计年鉴－2000
黑龙江垦区统计年鉴－2000
上海浦东新区统计年鉴－2000
宝山年鉴－2000
苏州统计年鉴－2000
无锡统计年鉴－2000
常州统计年鉴－2000
徐州统计年鉴－2000
南通统计年鉴－2000
杭州统计年鉴－2000
宁波统计年鉴－2000
绍兴统计年鉴－2000
嘉兴统计年鉴－2000
台州统计年鉴－2000
舟山统计年鉴－2000
金华统计年鉴－2000
温州统计年鉴－2000
福州年鉴－2000
厦门经济特区年鉴－2000
福州经济开发区年鉴－2000
南昌统计年鉴－2000
九江统计年鉴－2000
宜春统计年鉴－2000
济南统计年鉴－2000
青岛统计年鉴－2000
潍坊统计年鉴－2000
泰安统计年鉴－2000
德州统计年鉴－2000
日照统计年鉴－2000
郑州统计年鉴－2000
洛阳统计年鉴－2000
开封统计年鉴－2000
三门峡统计年鉴－2000
平顶山统计年鉴－2000
南阳经济统计年鉴－2000
武汉统计年鉴－2000
宜昌统计年鉴－2000
广州统计年鉴－2000
深圳统计信息年鉴－2000
惠州统计年鉴－2000
珠海统计年鉴－2000
东莞统计年鉴－2000
南宁统计年鉴－2000
南宁地区统计年鉴－2000
桂林经济社会统计年鉴－2000
柳州经济统计年鉴－2000
柳州地区统计年鉴－2000
贵阳统计年鉴－2000
海口统计年鉴－2000
成都统计年鉴－2000
广安统计年鉴－2000
攀枝花统计年鉴－2000
西安统计年鉴－2000
兰州年鉴－2000
西宁统计年鉴－2000
乌鲁木齐统计年鉴－2000
巴音郭楞统计年鉴－2000
吐鲁番统计年鉴－2000
石河子统计年鉴－2000
伊犁统计年鉴－2000
巴州年鉴－2000
河北农村统计年鉴－2000
广东农村统计年鉴－2000
福建农村统计年鉴－2000
湖北农村统计年鉴－2000
河南农村统计年鉴－2000
山东城市统计年鉴－2000
湖北工交统计年鉴－2000